한 권으로 배우는
파이썬 기초 &
알고리즘 사고법

Python and Algorithmic Thinking for the Complete Beginner
by Aristides S. Bouras and Loukia V. Ainarozidou

Copyright ⓒ 2015 Aristides S. Bouras and Loukia V. Ainarozidou.
All rights reserved.
J-Pub Co.
Korean Translation Copyright ⓒ 2018 by J-Pub Co.

The Korean edition was published by arrangement with
Aristides S. Bouras and Loukia V. Ainarozidou through Agency-One, Seoul.

한 권으로 배우는
파이썬 기초 & 알고리즘 사고법

1쇄 발행 2018년 7월 10일
4쇄 발행 2021년 12월 9일

지은이 아리스티데스 보우라스, 루키아 아이나로지두
옮긴이 길준민, 임종범, 송의성, 유헌창
펴낸이 장성두
펴낸곳 주식회사 제이펍

출판신고 2009년 11월 10일 제406-2009-000087호
주소 경기도 파주시 회동길 159 3층 / **전화** 070-8201-9010 / **팩스** 02-6280-0405
홈페이지 www.jpub.kr / **원고투고** submit@jpub.kr / **독자문의** help@jpub.kr / **교재문의** textbook@jpub.kr

편집부 김정준, 이민숙, 최병찬, 이주원, 송영화
소통기획부 이상복, 송찬수, 배인혜 / **소통지원부** 민지환, 김수연 / **총무부** 김유미

교정·교열 안종군 / **내지디자인** 성은경 / **표지디자인** 미디어픽스
용지 에스에이치페이퍼 / **인쇄** 한승인쇄 / **제본** 일진제책사

ISBN 979-11-88621-13-2 (93000)
값 30,000원

제이펍은 독자 여러분의 아이디어와 원고 투고를 기다리고 있습니다. 책으로 펴내고자 하는 아이디어나 원고가 있는
분께서는 책의 간단한 개요와 차례, 구성과 저(역)자 약력 등을 메일(submit@jpub.kr)로 보내 주세요.

한 권으로 배우는
파이썬 기초 &
알고리즘 사고법

Python and Algorithmic Thinking
for the Complete Beginner:

Learn to Think Like a Programmer

Aristides Bouras, Loukia Ainarozidou 지음
길준민, 임종범, 송의성, 유헌창 옮김

Jpub
제이펍

배우는 것을 즐기고,

그럼으로써 자신의 목표에

꼭 도달하기를 바랍니다.

차 례

PART I 시작하기 전에

CHAPTER 1 컴퓨터의 작동 원리 3

CHAPTER 2 파이썬 10

CHAPTER 3 소프트웨어 패키지 설치 14

PART II 파이썬 시작하기

CHAPTER 4 알고리즘 기초와 개념 25

옮긴이 머리말

길준민

2016년 1월 스위스 다보스에서 열린 '세계 경제 포럼'에서 '제4차 산업 혁명'이라는 주제가 논의되면서 전 세계는 제4차 산업 혁명 시대에 대비하기 위한 변화의 기로에 서 있습니다. 제4차 산업 혁명 시대에는 인공지능, 3D 프린팅, 자율주행차, 생명공학 등과 사물 인터넷(IoT), 클라우드, 빅데이터 등이 결합하여 우리에게 더 풍요로운 미래를 제공해 줄 것으로 예상하고 있습니다.

그러나 최근의 화두는 '제4차 산업 혁명 시대를 사는 인간은 어떤 역할을 해야 하는가?'입니다. 이세돌 9단이 인공지능 바둑 기계와의 대결에서 4:1로 패배함으로써 앞으로 인공지능이 인간을 지배할 것이라는 의견이 대두되고 있습니다. 하지만 인공지능 바둑 기계의 학습 데이터로 사용되는 기보는 어떻게 만들어진 것인지를 생각해 봐야 합니다. 인공지능 바둑 기계는 바로 인간이 수천 년 동안 축적해 놓은 기보 데이터를 단지 기계적으로 학습하고 그것을 바둑에 적용한 것입니다. 인간이 축적해 놓은 기보 데이터가 없었다면 인간과 대결할 정도의 인공지능 바둑 기계는 탄생하지 못했을 것입니다. 결국, 인간 없는 인공지능 바둑 기계는 무용지물인 셈입니다. 인간이 수천 년 동안 축적해 놓은 기보 데이터는 단숨에 이루어진 것이 아니라 세대를 거치면서 만들어진 산물이라 할 수 있습니다. 이러한 점에서 볼 때 창의적 문제 해결 능력은 기계가 흉내 낼 수 없는 인간 역량 중 하나이고, 세대를 거치면서 모든 분야에 걸쳐 혁신을 이끌어 내는 능력이며, 제4차 산업 혁명 시대에 반드시 인간이 갖춰야 능력입니다.

스티브 잡스는 하버드 대학 연설에서 "이 나라에 살고 있는 모든 사람은 컴퓨터 프로그래밍을 배워야 합니다. 프로그래밍은 생각하는 방법을 가르쳐 주기 때문입니다"라고 주장했습니다. 빌 게이츠(마이크로소프트 창업자), 마크 저커버그(페이스북 설립자) 등과 같은 많은 오피니언 리더들 또한 이와 똑같은 견해를 갖고 있습니다.

그렇다면 생각하는 방법을 가르쳐 주는 컴퓨터 프로그래밍을 배우기 위해서는 어떤 프로그래밍 언어를 배워야 할까요? 복잡하고 배우기 어려운 컴퓨터 프로그래밍 언어보다는 이해하기 쉽고 손쉽게 활용할 수 있으며, 다양한 분야에 적용할 수 있는 컴퓨터 프로그래밍 언어가 좋을 것입니다.

이 책에서 다루고 있는 파이썬은 어렵고 복잡하게만 느꼈던 프로그래밍 언어의 세계를 흥미롭게 탐험할 수 있는 훌륭한 프로그래밍 도구라 생각합니다. 프로그래밍은 자신이 생각하는 바를 논리적으로 구상하고 그것을 알고리즘(algorithm)으로 표현하며, 코딩(coding)으로 실행에 옮길 수 있는 과정으로, 프로그램 개발뿐 아니라 최근에는 컴퓨팅 사고(computational thinking)를 배양할 수 있는 도구로 활용되고 있습니다. 특히, 컴퓨터 전공자는 물론 비전공자라도 논리적 사고 능력과 창의적 문제 해결 능력을 배양할 수 있도록 해 주는 것이 바로 프로그래밍입니다. 이러한 의미에서 초보자도 쉽게 따라 할 수 있는 파이썬 언어야말로 자신의 생각과 논리를 표현하기에 가장 적절하고 강력한 프로그래밍 도구입니다.

한편, 이 책은 컴퓨터 비전공자도 쉽게 이해하고 활용할 수 있는 풍부한 예제를 제공함으로써 프로그래밍 기본 개념의 정립뿐 아니라 문제 해결력 증진에 도움이 되는 알고리즘 사고를 배양하는 데 중점을 두었습니다. 따라서 실생활과 밀접하게 연관된 다양한 예제를 통해 창의적 문제 해결 능력이 자연스럽게 증진될 수 있을 것입니다.

이 책은 원저자의 오랜 경험과 능력, 치밀한 구성에 의해 완성된 책이므로 완성도 및 충실도가 매우 뛰어납니다. 역자들도 평소 무심코 넘겼던 개념에 대해 다시 한 번 생각해 보는 계기를 마련해 주기도 했습니다. 그만큼 이 책은 프로그래밍 개념 정립과 알고리즘 사고 배양에 관한 바이블로서 손색이 없다고 생각합니다. 이 책을 번역하면서 원저자의 프로그래밍에 관한 해박한 지식과 식견에 놀라움을 감출 수가 없었습니다. 그래서 원저자의 생각과 의도를 여러 번 생각해 가며 이 책의 완결성에 해가 되지 않도록 최선을 다해 번역했습니다. 이 책을 프로그래밍에 관심이 있는 입문자나 프로그래밍 초보자들에게 프로그래밍의 기본 개념을 정립해 줄 입문서로서 추천합니다.

끝으로, 이 책이 나오기까지 많은 수고를 해 주신 제이펍 사장님을 비롯한 관계자 여러분께 감사드립니다. 또한, 출판 막바지까지 교정 작업을 도와준 대구가톨릭대학교 컴퓨터소프트웨어학부 대학원생 이윤수, 테이퍼악떠라 학생과 고려대학교 컴퓨터학과 대학원생 명노영, 박봉우 학생의 노고에 진심으로 감사드립니다. 이 책이 독자 여러분이 파이썬 언어의 개념을 파악하고 프로그래밍 능력의 향상을 통한 알고리즘 사고의 증진과 창의적 문제 해결력을 배양하는 데 조금이나마 도움이 되길 바랍니다.

임종범

세상이 급격하게 변화함에 따라 시대가 요구하는 인재상도 바뀌었습니다. 현시대에는 기존 문제들에 대한 해답을 잘 외우고 학습한 사람보다는 새로운 문제에 직면했을 때 그 문제를 해석하고 해결 방안을 찾아낼 수 있는 사람을 원하고 있습니다. 이것은 단순히 프로그래밍 책이 아니라 여러 문제에 대한 해결 방안을 모색하고, 이를 단계별로 사고하는 데 도움을 주는 책입니다. 물론, 그 도구는 프로그래밍 언어가 될 것입니다.

만약 여러분이 어느 날 갑자기 사막에 떨어졌다고 가정해 봅시다. 여러분들은 아마도 구조를 받을 때까지 살아남아야겠다는 생각을 할 것입니다. 이러한 목표를 달성하기 위해서는 구체적인 목표를 만들어 하나하나 실천해야 합니다. 알고리즘적 사고도 이와 마찬가지입니다. 새로운 문제에 직면했을 때 이를 작은 문제들로 나누고, 이 작은 문제들을 해결해 나가면서 커다란 문제를 해결해 나가는 과정이 바로 알고리즘적 사고입니다. 그 과정들을 프로그래밍 언어를 통해 작성해 나가는 과정을 통해 여러분들은 알고리즘적 사고를 학습할 수 있습니다.

이 책은 컴퓨터 과학 분야를 전공하고자 하는 사람뿐만 아니라 프로그래밍 언어를 처음 접하는 사람, 프로그래밍을 취미로 하고 싶은 사람, 프로그래머가 어떤 방식을 통해 사고하는지 알고 싶어 하는 사람 모두에게 적합한 책입니다. 이 책을 모두 학습하고 나면 프로그래머가 얼마나 창의적이며 능동적인 사고를 하는지 알 수 있을 것입니다. 아무쪼록 이 책을 통해 여러분들이 알고리즘과 프로그래밍을 바라보는 시야가 넓어지기를 기대합니다.

송의성

파이썬은 프로그래밍 언어가 어떤 것이며 무슨 일을 할 수 있는지 분명하고 쉽게 알 수 있도록 해 주는 언어입니다. 따라서 프로그래밍 언어에 익숙하지 않은 초보자들이 처음 접하는 교육용 언어로 널리 사용되고 있으며, 활용 가치도 높아 다양한 분야의 실무에 적용되고 있습니다. 이러한 측면에서 볼 때 파이썬 초보자에게 쉽고 다양한 경험을 제공하고, 사고력을 키워 주는 훌륭한 교재의 제공은 매우 중요합니다. 그러나 지금까지는 단순히 문제의 결과를 얻기 위해 교재의 코드를 입력해 보고 그 결과를 확인해 보는 수준의 단순 코딩 작업 위주의 교재가 많았고, 알고리즘에 기반을 둔 문제 해결력을 향상시킬 수 있는 교재는 거의 없었습니다.

역자는 처음 이 책을 접했을 때 알고리즘에 기반을 둔 파이썬을 이토록 쉽고 자세하게 그리고 다양한 종류의 많은 예제를 다루고 있는 것에 놀라움을 금할 수 없었습니다. 그동안 출간되었던 초보자용 파이썬 책들에서 부족해 보여 아쉬웠던 점들이 거의 완벽히 채워져 있던 책이었습니다. 특히, 초보자들이 힘들어하는 알고리즘적 사고력을 신장시키는 데 많은 도움을 줄 수 있다는 생각이 들었습니다. 우리나라에는 왜 이런 책이 없을까 하는 아쉬움도 있었지만, 이제 부족하나마 번역서가 출간되니 프로그래밍 언어 초보 입문자들에게 큰 도움이 되었으면 하는 바람입니다.

마지막으로, 이 책을 집필한 저자에게 감사하며 책을 번역하는 동안 많은 힘이 되어 준 가족들에게도 감사를 전합니다. 그리고 이 책이 완성될 때까지 많은 협조와 지원을 해 주신 출판사 관계자 여러분들께도 감사드립니다.

유헌창

애플의 전 CEO인 스티브 잡스는 "소프트웨어와 컴퓨터가 세상의 중심이 돼 가면서 코딩에 대한 지식이 기술 중심의 경제 사회에서 장점이 된다"라고 언급했습니다. 미국의 전 대통령인 오바마 또한 "코딩은 개인의 미래가 아니라 국가의 미래를 위해 중요하다"라고 말했습니다. 코딩을 배우는 것은 컴퓨팅 사고력을 비롯하여 창의성을 키워 줄 수 있다는 사실을 많은 연구 결과가 증명하고 있습니다. 결국, 코딩이라는 것은 컴퓨터 프로그래밍 언어를 도구로 사용해 문제를 해결하는 과정을 서술하는 것이고, 이러한 도구는 C, 자바, 파이썬 등 너무나 많은 프로그래밍 언어들이 존재합니다. 그중에서도 최근 들어 파이썬에 관련된 교육이 학교 현장에서 점차 증가하고 있는 이유는 기존 언어들과는 달리 사람이 생각하는 방식을 똑같이 표현할 수 있고, 문법이 쉬워 빠르게 배울 수 있다는 장점을 갖고 있기 때문입니다. 영어, 중국어 등과 같은 자연어와 마찬가지로 프로그래밍 언어도 쉽게 배울 수 있어야 합니다.

좋은 책을 만드는 것은 어려운 작업이지만, 기존에 만들어진 좋은 책을 번역하는 것도 어려운 작업이라 생각합니다. 원저자의 뜻을 최대한 반영하려고 노력했지만, 아직 부족한 점이 많다는 것도 번역하는 과정에서 느꼈습니다. 이 책을 번역하는 과정에서 많은 부분을 수정 및 보완했지만, 오류가 있을 수 있습니다. 독자 여러분들의 많은 관심으로 책의 완성도가 높아지기를 기대해 봅니다.

저자 소개

아리스티데스 보우라스

Aristides[1] S. Bouras는 1973년에 태어났다. 어린 시절부터 컴퓨터 프로그래밍을 좋아했으며, 12살에 ROM 기반 버전의 BASIC 프로그래밍 언어와 64킬로바이트의 RAM이 통합된 코모도어 64를 첫 번째 컴퓨터로 소유했다.

피레에푸스(Piraeus)의 기술교육 연구소에서 컴퓨터 엔지니어링 학위, 트라키아(Thrace)의 Democritus Polytechnic 대학교에서 전기 및 컴퓨터공학 학위를 받았다. 산업 데이터 흐름과 제품 라벨링에 특화된 회사에서 소프트웨어 개발자로 근무했으며, 마이크로소프트 SQL 서버에 데이터를 수집하고 저장하는 PC 소프트웨어 애플리케이션과 데이터 터미널용 소프트웨어 애플리케이션을 주로 개발하였다. 기업용 웨어하우스 관리 시스템 등의 다양한 애플리케이션을 개발하였으며, 지금은 고등학교에서 교사로 근무하며 주로 컴퓨터 네트워크, 인터넷/인트라넷 프로그래밍 툴 및 데이터베이스 과목을 가르치고 있다. 공저자인 루키아 아이나로지두와 결혼해 두 명의 자녀를 두고 있다.

루키아 아이나로지두

Loukia V. Ainarozidou는 1975년에 태어났다. 13세의 나이에 128킬로바이트의 RAM과 내장형 3인치 플로피 디스크 드라이브를 장착한 Amstrad CPC6128을 첫 번째 컴퓨터로 소유했다.

---

1 아리스티드(기원전 530~468년)는 고대 아테네의 정치가이자 장군이었다. 고대 역사학자 헤로도토스(Herodotus)는 그를 '아테네에서 가장 훌륭하고 존경스러운 인물'이라고 기술했다. 그는 그가 한 모든 일에서 매우 공평했기 때문에 종종 '아리스티드의 정의'라고 불렸다. 그는 아테네의 고전 시대 초반에 활약하였고, 아테네인들이 살라미스와 플라타의 전투에서 페르시아인들을 물리치도록 도와주었다.

피레에푸스의 기술교육 연구소에서 컴퓨터 엔지니어링 학위, 트라키아의 Democritus Polytechnic 대학교에서 전기 및 컴퓨터 공학 학위를 받았다. 과일 및 채소의 포장을 담당하는 회사의 데이터 물류 부서에서 감독관으로 일했으며, 지금은 고등학교에서 교사로 근무하며 컴퓨터 네트워크, 컴퓨터 프로그래밍 및 디지털 디자인 과목을 가르치고 있다. 공저자인 아리스티데스 보우라스와 결혼해 두 명의 자녀를 두고 있다.

감사의 글

야니 카포스(Yannis T. Kappos) 박사가 없었다면 이 책을 출간하지 못했을 것이다. 오토캐드 기술 서적의 유명 저자인 그는 우리가 이 책을 출간할 수 있도록 격려해 주었고, 우리의 모든 질문, 심지어는 바보 같은 질문에도 답변을 위해 많은 시간을 할애해 주었다. 편집에 도움을 준 우리의 친구이자 수석 편집자인 빅토리아 오스틴(Victoria(Vicki) Austin)에게도 감사의 인사를 전한다. 그녀가 없었다면 이 책이 가진 잠재력을 완전히 발휘하지 못했을 것이다. 그녀의 수고와 가치 있고 건설적인 제안으로 이 책의 수준이 한층 높아질 수 있었다.

이 책의 구성 방법

이 책은 미국의 심리학자 제롬 브루너(Jerome Bruner)가 1960년에 제안한 나선형 교육 과정의 교수 방법을 따른다. 이 방법에 따르면, 독자가 학습 주제를 완전히 이해할 때까지 학습 주제를 배울 때 매번 보다 정교한 수준으로 기본 아이디어가 주기적으로 재검토된다. 먼저, 독자는 세부 사항에 신경 쓰지 않고 기본 요소들을 학습한다. 이후에 더 많은 세부 사항의 내용을 학습하게 되고 이때에도 기본 요소가 반복적으로 언급되어, 결국 뇌의 장기 기억 저장소에 저장된다.

제롬 브루너에 따르면, 학습은 학생의 적극적인 참여, 실험, 탐구 및 발견이 필요하다. 이 책은 많은 예제를 포함하고 있으며, 예제 대부분은 실제 생활에 활용될 수 있다. 이를 통해 독자는 파이썬을 사용하여 자신의 프로그램을 만들 수 있다.

이 책의 대상 독자

컴퓨터 프로그래밍을 배우고 싶지만 컴퓨터 프로그래밍을 전혀 모르는 사람들을 위한 책이다. 이 책이 애플릿이나 데스크톱 또는 모바일용 애플리케이션을 만드는 법을 가르쳐 줄 것인지를 궁금해한다면 그 대답은 '아니요'이다. 이런 목적을 위해서는 다른 책을 찾아야 할 것이며, 수많은 책이 파이썬, C# 또는 자바를 이용해서 그런 기술을 가르쳐 줄 수 있다. 그러나 그 많은 책들

중 어떤 책들은 24시간 안에 가르쳐 줄 수 있다고 주장한다! 웃기는 이야기다! 이런 책들이 그렇게 해 줄 수도 있을지는 모르지만, 그렇게 하기 위해서는 모두가 당연하게 생각하는 것 중 한 가지를 전제 조건으로 해야 할 것이다. 즉, 독자가 컴퓨터 프로그래밍에 대한 기본 사항들은 이미 알고 있다는 가정 말이다. 불행히도 그런 책들 중 어느 것도 초보 프로그래머가 배워야 할 첫 번째 항목인 '알고리즘적 사고(Algorithmic Thinking)'를 가르쳐 주지 않는다.

알고리즘적 사고는 단순히 코드를 배우는 것 이상으로 코드 작성법을 학습하는 과정까지 포함한 문제 해결 과정을 배우는 것이다. 800페이지가 넘는 본문에 300개 이상의 프로그래밍 예제와 400개 이상의 프로그래밍 연습문제, 450개 이상의 참/거짓 문제, 150개 이상의 객관식 문제, 180개 이상의 복습 문제(인터넷에서 해결책과 답을 찾을 수 있음)가 포함된 이 책은 학생, 교사, 교수, 초보자 또는 일반 프로그래머, 적절한 규칙과 기법을 사용하여 컴퓨터 프로그래밍을 배우거나 가르치기를 원하는 사람에게 적합하다.

복습문제와 연습문제의 해답

모든 복습문제에 대한 해답과 연습문제의 해결책은 인터넷을 통해 무료로 제공된다. 다음 주소에서 해답과 해결책을 내려받을 수 있다.

★ https://bit.ly/2lAIofb(혹은 제이펍 홈페이지의 이 책 소개 페이지)

오타 신고 방법

교재의 정확성을 높이기 위해 많은 노력을 기울였지만 실수가 있을 수 있다. 이 책의 텍스트나 코드에서 오류를 발견하면 신고해 주기 바란다. 그렇게 해 주면 이 책의 다음 버전 개선에 큰 도움이 된다. 오탈자를 발견하면 다음 주소를 방문하여 알려 주면 된다.

★ http://www.bouraspage.com/report-errata(혹은 readers.jpub@gmail.com)

오탈자인 것으로 판명되면 신고 내용이 채택되고, 해당 오탈자는 웹 사이트에 업로드 후 기존의 정오표 목록에 추가된다.

이 책에 사용된 규칙

이 책에서 사용된 규칙에 대해 설명한다. 여기서 '규칙'은 텍스트의 특정 부분이 표시되는 표준 방법을 말한다.

파이썬 명령문

이 책은 파이썬 언어로 작성된 많은 예제를 사용한다. 파이썬 명령문은 다음과 같은 글체자로 표시된다.

```
This is a Python statement
```

세 점(...) 줄임표

명령문의 일반 형식에서는 예제의 목록에서 '줄임표'라고도 불리는 세 개의 점(...)을 볼 수 있다. 줄임표는 명령문의 일부는 아니지만, 목록에서 원하는 만큼의 항목을 가질 수 있음을 의미한다. 예를 들어, 일반 형식의 줄임표를 다음 명령문과 같이 표현할 수 있다.

```
display_messages ( arg1, arg2, ... )
```

위 명령문은 목록에 두 개 이상의 인자가 포함될 수 있음을 의미한다. 이와 같은 형식의 명령문을 프로그램에서 다음과 같이 사용할 수 있다.

```
display_messages ( message1, "안녕하세요!", message2, "안녕!" )
```

대괄호

일부 명령문이나 함수의 일반 형식에서는 [ ](대괄호)가 사용될 수 있다. 이 경우, 대괄호로 둘러싸인 부분은 선택 사항(옵션)을 의미한다. 예를 들어, 일반 형태의 다음 명령문에서 [, step]은 생략될 수도 있음을 의미한다.

```
range( initial_value, final_value [, step ] )
```

다음 두 명령문의 결과는 서로 다르지만, 양쪽 모두 구문적으로는 올바르다.

```
range(0, 10)
range(0, 10, 2)
```

어두운 헤더

이 책의 대부분 예제는 다음과 같은 글자체로 표시된다.

```
file_29_2_3
a = 2
b = 3

c = a + b

print(c)
```

맨 위에 있는 어두운 헤더 file_29_2_3은 프로그램을 테스트하기 위해 열어야 하는 파일 이름을 나타낸다. 이 헤더를 포함하는 모든 예제는 인터넷상의 다음 주소에서 무료로 내려받을 수 있다.

★ https://bit.ly/2lAIofb(번역서의 예제는 https://github.com/Jpub/Python_Algorithms)

안내문

이 책에서는 개념을 더 잘 이해할 수 있도록 '주목할 것!'이라는 이름의 안내문을 자주 사용한다. 안내문의 형식은 다음과 같다.

 주목할 것!   이 모양은 쪽지를 나타낸다.

이미 알려 준 것이나 기억해야 할 것

이 책은 매우 자주 이미 배운 것(아마도 이전 장에서)을 다시 기억할 수 있도록 도와준다. 기억해야 할 것들에 대한 주의를 환기시키는 알림 형식은 다음과 같다.

 기억할 것!   이 모양은 기억해야 할 것을 나타낸다.

베타리더 후기

🦅 구민정(SK주식회사)

프로그래밍 기초부터 알고리즘 사고법까지를 책 한 권에 잘 녹여낸 좋은 책입니다! 풍부한 예제와 연습문제를 제공하고 있으며, 설명 또한 매우 친절하면서도 재미있습니다. :) 실제 자주 접하는 상황을 예시로 활용하고 있고, 점점 더 나은 코드로 발전시켜 가는 과정을 보여 주고 있습니다. 책에서 제시한 문제들은 가능하면 풀어 보시기를 추천합니다. 자신의 답안과 비교하고 고민하며 풀어 나간다면 실력이 쑥쑥 향상될 것입니다.

🦅 김진영(프리랜서)

실제 현업에서 일하면서는 퀵 정렬이나 버블 정렬 등과 같은 것보다는 현실의 데이터와 상황을 반영한 알고리즘적 사고가 더 필요했습니다. 그런데 지금까지의 책들은 '이런 알고리즘이 있고, 이렇게 구성된다'와 같은 원론적인 부분이라 이론적 알고리즘과 현업에서의 알고리즘 사이에서의 괴리감을 적잖이 느꼈었습니다. 그런데 이번 베타리딩을 하면서 이 책이 그 괴리감을 완충시킬 수도 있겠다는 생각을 했습니다. 현실과 연관된 데이터 기반의 문제들이기에 보다 더 현실감 있는 알고리즘으로 느껴졌습니다.

🦅 김정헌(BTC)

파이썬으로 프로그래밍을 처음 배우고 싶은 사람에게 어울리는 책입니다. 이 책은 파이썬의 모든 기능을 설명하는 바이블은 아니지만, 프로그래밍 기본 개념인 순차 구조, 조건문, 반복문, 리스트, 함수 등을 학습하여 어떻게 프로그래밍을 하는지를 제대로 배울 수 있습니다. 그리고 자신의 실력을 테스트할 수 있는 문제가 많아 정말 혹독하게 트레이닝할 수 있습니다. 알고리즘을 배우는 과정에서 순서도와 추적표를 사용하고 있는데, 이러한 도구는 초보 프로그래머에게 큰 도움이 될 것 같습니다. 오타와 문제점이 별로 없어서 난감할 정도였고, 내용도 편집도 모두 만족스러운 책입니다. 다만, 수식과 문제가 너무 많아 초보가 다 풀고 넘어가기에는 많은 시간이 필요할 것 같습니다.

🐦 김용현(마이크로소프트 MVP)

기존의 개발 언어 입문서들은 키워드를 소개하고 이에 대한 짧은 예제와 응용 예제가 반복되는 구조가 일반적입니다. 하지만 프로그래밍이라는 것의 실체는 문제 해결의 연속입니다. 작게는 자료구조에 값을 삽입하고 이들을 구조화해 데스크와 조직, 사회적인 해결책을 내놓습니다. 이 책은 입문자를 대상으로 파이썬이라는 언어를 소개함과 동시에 순서도와 함께 문제 해결을 위한 사고의 과정을 함께 고민하게 해 줍니다. 언어와 프로그래밍을 함께 배우려는 분들에게 추천합니다. 순서도 등을 이용해 사고의 과정을 함께 고민하는 내용이 인상 깊은 책이었습니다.

🐦 한상곤(Favorie)

프로그래밍을 처음 시작하는 분들에게 강력하게 추천하고 싶은 책입니다. 추적표와 순서도를 사용하여 코드의 진행 과정을 한눈에 볼 수 있고, 다양한 연습문제를 제공하고 있어서 혼자서도 충분히 프로그래밍을 연습할 수 있습니다. 굳이 파이썬이 아니더라도 프로그래밍을 처음 접하는 분들에게도 좋은 책이 될 것 같습니다. 책의 절반을 '제어문에 할애하고, 순서도나 추적표를 도입해서 코드를 논리적으로 소개하는 개념의 책이라 굉장히 좋았습니다. 가끔 대학교에서 1학년을 대상으로 파이썬을 강의해야 할 때 마땅한 교재가 없어서 너무 아쉬웠는데, 이 책이 출간되면 교재로 꼭 사용해야겠다는 생각이 들 만큼 훌륭한 내용입니다. 오타도 거의 없고 대부분의 코드를 실행했는데 별다른 오류 없이 진행되고, 코드의 양도 적당해서 좋았습니다. 주변에 프로그래밍을 처음 접하는 분들에게 이 책을 추천하고 싶네요.

🐦 한홍근(eBrain)

독자의 입장에서 고민할 법한 내용이 가득 담긴 책입니다. 문제 해결을 위한 코드를 'Why'에 근거를 두고 설명합니다. 파이썬 언어를 배우기에도 좋은 구성이지만, 코드를 작성하면서 고려해야 할 문제점과 개선법을 익히는 데에도 좋은 자료가 되리라 생각합니다. 책의 구성도 너무 재미있었습니다. 지금까지 봐 오던 책들은 이론을 설명한 후 그것으로 간단한 예제 한두 개 정도를 돌려 보는 게 일반적이었다면, 이 책은 하면 하지 말아야 할 것들과 입문자들이 실수하는 사례들을 보여 주고 그걸 개선시켜 나가는, 즉 보다 독자의 입장을 고려한 구성이었습니다. 일부 어색한 문체가 조금은 있었지만 전체적인 번역 품질은 좋았습니다.

제이펍은 책에 대한 애정과 기술에 대한 열정이 뜨거운 베타리더들로 하여금
출간되는 모든 서적에 사전 검증을 시행하고 있습니다.

I

시작하기 전에

PART I 시작하기 전에

컴퓨터의 작동 원리

1.1 들어가기

현대 사회에서는 거의 모든 업무에 컴퓨터를 사용한다. 학생들은 인터넷을 검색하거나 이메일을 보내기 위해, 직장인들은 발표 자료를 작성하거나, 데이터를 분석하거나, 고객과 소통하기위해 컴퓨터를 사용한다. 집에서는 게임을 하거나 채팅을 하기 위해 컴퓨터를 사용한다. 아이폰과 같은 스마트폰도 이와 유사한 목적으로 사용한다. 사실, 스마트폰도 일종의 컴퓨터다.

앞에서 언급한 바와 같이 컴퓨터를 이용하여 다양한 작업을 할 수 있다. 이것이 가능한 이유는 바로 컴퓨터는 프로그램(program)에 명시된 대로 작업을 수행하기 때문이다. 여기서 프로그램이라 하는 것은 특정 작업을 수행하기 위해 컴퓨터에게 지시하는 명령문들의 집합(흔히 명령어(instruction 혹은 command)라 부른다)이다.

(일반적으로 응용 소프트웨어(application software)로 언급되는) 프로그램은 컴퓨터의 핵심이다. 프로그램이 없으면 컴퓨터는 아무런 일도 하지 않는 더미 기계(dummy machine)일 뿐이다. 실제로 프로그램은 컴퓨터에게 어떤 일을 해야 하고, 언제 수행해야 하는지를 지시한다. 이런 컴퓨터 프로그램을 설계하고, 만들고, 테스트하는 사람을 프로그래머(programmer) 혹은 소프트웨어 개발자(software developer)라고 한다.

이 책은 파이썬(Python) 언어 기반의 컴퓨터 프로그래밍에 관한 기본 개념을 소개한다.

1.2 하드웨어란?

하드웨어(hardware)는 컴퓨터를 구성하고 있는 모든 장치나 부품을 의미한다. 컴퓨터나 노트북의 케이스를 열어 보면 CPU, 메모리, 하드 디스크와 같은 여러 부품을 볼 수 있다. 컴퓨터는 장치 자체가 아니라 여러 장치가 함께 동작하는 일종의 시스템이다. 그럼, 컴퓨터 시스템의 기본 구성요소를 먼저 살펴보자.

- **중앙 처리 장치(CPU: Central Processing Unit)**
  프로그램에 정의된 모든 일(산술, 논리, 입출력 연산)을 실제로 수행하는 컴퓨터의 구성요소다.

- **주기억 장치(main memory)**
  프로그램 수행에 필요한 프로그램과 데이터를 저장하고 있는 영역이다. 주기억 장치에 저장된 모든 프로그램과 데이터는 컴퓨터를 셧다운(shutdown)하거나 플러그를 뽑으면 사라진다(즉, 휘발된다).

- **보조 기억 장치(secondary storage device)**
  일반적으로 하드 디스크(hard disk)라 하며, CD/DVD 드라이브도 이 장치에 속한다. 보조 기억 장치는 주기억 장치와 달리, 컴퓨터에 전원이 공급되지 않더라도 오랜 기간 데이터를 유지할 수 있다. 그러나 컴퓨터는 보조 기억 장치에 저장된 프로그램을 직접 실행할 수 없다. 좀 더 속도가 빠른 주기억 장치로 프로그램이 전송되고 난 후에 실행할 수 있다.

- **입력 장치(input device)**
  외부로부터 데이터를 모아 컴퓨터 내부로 들여보내는 장치를 의미한다. 키보드, 마우스, 마이크 등이 이에 해당한다.

- **출력 장치(output device)**
  데이터를 외부로 내보내기 위한 장치를 의미한다. 모니터(스크린)와 프린터가 이에 해당한다.

1.3 소프트웨어란?

컴퓨터가 수행하는 모든 것은 소프트웨어(software)가 제어한다. 일반적으로 소프트웨어는 시스템 소프트웨어(system software)와 응용 소프트웨어(application software)로 구분된다.

시스템 소프트웨어는 컴퓨터의 기본 동작을 제어하고 관리하는 프로그램이다. 예를 들어, 시스템 소프트웨어는 컴퓨터의 내부 동작을 제어하거나, 서로 연결된 모든 장치를 관리하거나,

데이터를 저장 혹은 불러들이거나, 다른 프로그램을 수행하는 역할을 한다. 윈도우, 리눅스, 맥 OS, 안드로이드, iOS와 같은 '운영체제(operating system)' 또한 시스템 소프트웨어의 한 가지 예다.

시스템 소프트웨어를 제외한 웹 브라우저, 워드프로세서, 노트패드, 게임 등과 같은 거의 모든 프로그램은 응용 소프트웨어에 해당한다.

1.4 컴퓨터가 프로그램을 어떻게 수행(실행)할까?

주기억 장치는 컴퓨터를 켰을 때 완전히 비어 있는 상태에 있다. 이때 컴퓨터는 가장 먼저 하드 디스크에서 주기억 장치로 운영체제를 전송한다.

운영체제가 주기억 장치로 전송되면 원하는 어떠한 프로그램(응용 소프트웨어)도 수행(실행)할 수 있다. 일반적으로 해당 프로그램의 아이콘을 클릭 혹은 더블클릭하거나 스마트 기기인 경우에는 손으로 눌러 실행한다. 예를 들어, 문서 편집을 하기 위해 워드프로세서 아이콘을 클릭했다고 가정해 보자. 이런 동작은 CPU가 워드프로세서 프로그램을 수행하도록 그 프로그램을 하드 디스크에서 주기억 장치로 불러들이는(혹은 복사하는) 명령을 컴퓨터에게 지시하는 것이다.

기억할 것! 프로그램은 하드 디스크와 같은 보조 기억 장치에 저장된다. 프로그램을 컴퓨터에 설치할 때 그 프로그램은 실제로 하드 디스크에 복사된다. 그러나 프로그램이 수행될 때는 하드 디스크에서 주기억 장치로 전송된 프로그램의 복사본이 실제로 수행되는 것이다.

주목할 것! '실행하다(run)'와 '수행하다(execute)'는 동의어다.

1.5 컴파일러와 인터프리터

컴퓨터는 매우 정형화된 컴퓨터 언어(computer language)로 작성된 프로그램을 수행한다. 프로그램을 영어나 한국어와 같은 자연어(natural language)를 사용하여 작성할 수는 없다. 컴퓨터는 자연어를 전혀 이해하지 못하기 때문이다.

그러면 실제로 컴퓨터는 어떤 언어를 이해할 수 있을까? 컴퓨터는 '기계어(machine language)'라는 저급(혹은 저수준) 언어(low-level language)만을 이해한다. 기계어로 작성된 모든 명령문(혹은 명령어)은 0과 1로 이루어져 있다. 다음은 기계어로 작성한 프로그램의 예로, 두 수의 합을 계산하는 프로그램이다.

```
0010 0001 0000 0100
0001 0001 0000 0101
0011 0001 0000 0110
0111 0000 0000 0001
```

위 기계어를 살펴보면 충격적이다. 그러나 걱정할 필요는 없다. 어느 누구도 위와 같은 방법으로 컴퓨터 프로그램을 작성하지는 않는다. 현시대의 모든 프로그래머는 사람이 쉽게 이해할 수 있는 고급 언어(high-level language)로 프로그램을 작성하며, 고급 언어로 작성된 프로그램을 기계어로 번역해 주는 특별한 프로그램을 사용한다. 프로그램의 번역을 위해 사용할 수 있는 프로그램으로는 컴파일러(compiler)와 인터프리터(interpreter)가 있다.

컴파일러는 고급 언어로 작성된 명령문을 개별적인 기계어 프로그램으로 번역해 주는 프로그램이다. 번역된 기계어 프로그램은 여러분이 원할 때마다 수행할 수 있다. 번역이 일단 끝나면 컴파일러는 더 이상 필요 없다.

인터프리터는 고급 언어로 작성된 명령문을 번역함과 동시에 수행하는 프로그램이다. 즉, 인터프리터는 프로그램 내의 각 명령문을 읽은 후에 그것을 기계어 코드로 번역하며, 곧바로 수행한다. 프로그램 내의 모든 명령문에 이 과정이 반복되어 수행된다.

1.6 소스 코드란?

프로그래머가 고급 언어로 작성한 명령문을 '소스 코드(source code)' 혹은 단순히 '코드(code)'라 한다. 프로그래머는 우선 소스 코드를 코드 편집기(code editor)라 불리는 프로그램을 사용하여 작성한다. 그런 다음, 해당 소스 코드를 기계어 프로그램으로 번역하기 위해 컴파일러를 사용하거나 번역함과 동시에 수행하는 인터프리터를 사용한다. 프로그래머가 소스 코드를 작성하고 실행하는 것까지를 한꺼번에 가능하게 해 주는 통합 개발 환경(IDE: Integrated Development Environment)의 한 예로 이클립스(Eclipse)가 있다. 이클립스에 관한 자세한 사항은 3장에서 학습한다.

1.7 복습문제: 참/거짓

다음 문제를 읽고 **참** 또는 **거짓**으로 답하여라.

1. 현대의 컴퓨터는 기가바이트의 주기억 장치를 가지고 있으므로 수많은 다양한 업무를 수행할 수 있다.
2. 컴퓨터는 프로그램 없이 동작할 수 있다.
3. 하드 디스크는 하드웨어의 일종이다.
4. 데이터는 전원이 없어도 오랜 기간 주기억 장치에 저장될 수 있다.
5. 데이터는 주기억 장치에 저장되지만, 프로그램은 주기억 장치에 저장되지 않는다.
6. 스피커는 출력 장치의 일종이다.
7. 윈도우와 리눅스는 소프트웨어의 일종이다.
8. 미디어 플레이어는 시스템 소프트웨어의 일종이다.
9. 컴퓨터에 전원을 켜기 전에 운영체제는 주기억 장치에 이미 존재한다.
10. 워드프로세서 애플리케이션을 열면, 그 프로그램은 보조 기억 장치에서 주기억 장치로 복사된다.
11. 기계어의 모든 명령문(명령어)은 0과 1로 이루어져 있다.
12. 현재의 컴퓨터는 0과 1을 이해하지 못한다.
13. 현재의 소프트웨어는 0과 1로 구성된 언어로 작성된다.
14. 소프트웨어는 컴퓨터의 물리적 구성요소다.
15. 고급 컴퓨터 프로그래밍 언어를 사용할 때 컴퓨터는 0과 1을 이해하지 못한다.
16. 컴파일러와 인터프리터는 소프트웨어다.
17. 컴파일러는 소스 코드를 수행 가능한 파일로 변환한다.
18. 인터프리터는 기계어 프로그램을 생성한다.
19. 소스 코드가 변환된 후에는 인터프리터가 더 이상 필요 없다.
20. 소스 코드는 텍스트 편집기를 사용하여 작성할 수 있다.
21. 컴퓨터는 컴파일 과정이나 해석 과정 없이도 소스 코드를 수행할 수 있다.
22. 기계어로 작성된 프로그램은 컴파일 과정(변환 과정)이 필요하다.
23. 컴파일러는 고급 언어로 작성된 프로그램을 기계어로 변환한다.

1.8 복습문제: 객관식

다음 문제에서 옳은 것을 골라라.

1. 다음 중 컴퓨터 하드웨어가 **아닌** 것은?
   a. 하드 디스크
   b. DVD 디스크
   c. 사운드 카드
   d. 주기억 장치

2. 다음 중 보조 기억 장치가 **아닌** 것은?
   a. DVD reader/writer 장치
   b. 하드 디스크
   c. USB 메모리
   d. RAM

3. 다음 동작 중에 CPU가 수행하지 **않는** 것은?
   a. 데이터를 주기억 장치로 이동하는 동작
   b. 데이터를 사용자에게 보여 주는 동작
   c. 주기억 장치에서 데이터를 가져오는 동작
   d. 산술 연산을 수행하는 동작

4. 터치스크린(touch screen)은 어떤 장치에 해당하는가?
   a. 입력 장치
   b. 출력 장치
   c. 위 모두 옳다.

5. 다음 중 소프트웨어가 **아닌** 것은?
   a. 윈도우
   b. 리눅스
   c. iOS
   d. 비디오 게임
   e. 웹 브라우저
   f. 위 모두 소프트웨어다.

6. 다음 설명 중 옳은 것은?
   a. 프로그램은 하드 디스크에 저장된다.
   b. 프로그램은 DVD 디스크에 저장된다.

c. 프로그램은 RAM에 저장된다.

d. 위 모두 옳다.

7. 다음 설명 중 옳은 것은?

a. 프로그램은 하드 디스크에서 직접 수행될 수 있다.

b. 프로그램은 DVD 디스크에서 직접 수행될 수 있다.

c. 프로그램은 주기억 장치에서 직접 수행될 수 있다.

d. 위 모두 옳다.

e. 위 모두 옳지 않다.

8. 다음 중 프로그래머가 컴퓨터 프로그램으로 작성할 수 **없는** 것은?

a. 기계어

b. 영어, 한국어 등의 자연어

c. 파이썬

9. 컴파일러에 대한 설명으로 옳은 것은?

a. 기계어로 작성된 프로그램을 고급 언어로 작성된 프로그램으로 변환한다.

b. 자연어(영어, 한국어 등)로 작성된 프로그램을 기계어 프로그램으로 변환한다.

c. 고급 언어로 작성된 프로그램을 기계어로 변환한다.

d. a, b, c 모두 옳지 않다.

e. a, b, c 모두 옳다.

10. 기계어에 대한 설명으로 옳은 것은?

a. 기계들끼리 소통하기 위해 사용하는 언어다.

b. 컴퓨터가 직접 사용하는 수치 명령어로 이루어진 언어다.

c. 연산을 위해 영어 단어를 사용하는 언어다.

11. 두 개의 동일한 명령문이 연속해 있다고 가정해 보자. 이때, 인터프리터의 동작 방식으로 옳은 것은?

a. 첫 번째 명령문을 번역하는 즉시 수행하고, 그런 다음 두 번째 명령문을 번역하고 즉시 수행한다.

b. 첫 번째 명령문을 번역하고, 그런 다음 두 번째 명령문을 번역한다. 그리고 이 둘을 수행한다.

c. 두 명령문이 서로 동일하기 때문에 첫 번째 명령문만을 번역하고, 그런 다음 첫 번째 명령문을 두 번 수행한다.

파이썬

2.1 파이썬이란?

파이썬은 애플리케이션, 웹페이지 등 다양한 유형의 소프트웨어를 프로그래머가 만들 수 있는 고급 컴퓨터 프로그래밍 언어로 널리 사용되고 있다.

파이썬의 공식 홈페이지에서 자신이 **프로그래밍(programming)** 언어의 일종이라고 밝히고 있음에도 파이썬은 스크립팅(scripting) 언어로 흔히 언급되고 있다. 사실 파이썬은 이 둘 사이의 중간쯤으로, 스크립팅 언어로 사용될 수도 있고 프로그래밍 언어로도 사용될 수 있다.

2.2 스크립트와 프로그램의 차이는?

기술적으로 말하면, 스크립트는 **해석(interpret)**되는 것인 반면, 프로그램은 **컴파일(compile)**되는 것이다. 그러나 이런 설명이 이 둘 사이의 근본적인 차이점을 구별하지는 못한다. 미묘하지만 좀 더 중요한 차이점이 있다.

자바스크립트나 VBA(Visual Basic for Applications)와 같은 스크립팅 언어로 작성된 스크립트의 주요 목적은 다른 애플리케이션을 제어하는 것에 있다. 그래서 자바스크립트는 웹 브라우저를 제어하며, VBA는 MS 워드와 엑셀과 같은 마이크로소프트 오피스 애플리케이션을 제어한다.

반면, C++나 C#과 같은 프로그래밍 언어로 작성된 프로그램은 다른 애플리케이션과 완전히 독립적으로 수행된다. 이러한 프로그램은 컴파일되어 기계어 명령어들의 집합으로 만들어지고, 그런 다음 원할 때마다 단독(stand-alone)으로 수행될 수 있다.

주목할 것! 마이크로소프트 오피스의 매크로는 VBA로 작성된 스크립트다. 이 스크립트의 목적은 마이크로 소프트 오피스의 특정 함수를 자동화해 주는 것에 있다.

 기억할 것! 스크립트는 수행을 위한 호스팅 애플리케이션(hosting application)이 필요하며, 단독으로 수행 될 수 없다.

2.3 파이썬을 왜 배워야 하는가?

파이썬은 '고급' 컴퓨터 언어로 알려져 있으며, 중규모 정도의 애플리케이션이나 동적 웹페이지를 개발하기에 적합한 언어다. 또한, 프로그래밍을 가르치기에 완벽한 언어이며, 과학과 수치 컴퓨팅을 위해 널리 사용되고 있다. 파이썬의 코딩 스타일은 이해하기 쉽고, 매우 효율적이다.

파이썬의 월등한 능력 중 하나는 컴퓨터의 파일 시스템과 상호작용할 수 있다는 것이다. 파이썬으로 파일을 생성할 수 있고, 파일에 쓸 수 있고, 파일에서 내용을 읽을 수도 있다. 또한, 디렉터리를 생성하거나, 파일을 지우거나, 파일 이름을 바꾸거나, 심지어 파일 속성조차 변경할 수 있다. 파이썬은 파일 시스템과 관련된 어떤 작업도 수행할 수 있어서 시스템 관리 작업에도 적합하다. 예를 들어, 파일 백업을 위한 파이썬 프로그램을 작성할 수도 있고, 파일 내용을 재포맷하는 텍스트 파일 처리용 프로그램을 만들 수도 있다.

게다가, 파이썬은 명령문이나 시스템에 설치된 다른 프로그램을 수행할 수도 있다. 그래서 C, C++, 자바 등의 다른 컴퓨터 언어로 작성되고 컴파일된 프로그램을 수행할 수 있으며, 이때 이들 프로그램의 출력 결과를 활용할 수도 있다. 이런 기능을 활용하면 여러분이 이미 작성해 놓은 프로그램을 파이썬으로 재작성하는 데 소요되는 시간을 줄일 수 있다.

수백만 혹은 수십억 줄의 코드가 이미 파이썬으로 작성되어 있다면 당연히 코드를 재사용해야겠다는 생각이 들 것이다. 이런 점에서 많은 사람이 다른 프로그래밍 언어보다 파이썬을 선호하고 있으며, 이것이 파이썬을 반드시 배워야 하는 이유다.

2.4 파이썬의 동작 방식

컴퓨터는 영어나 한국어와 같은 자연어를 이해하지 못한다. 그래서 컴퓨터와 소통하기 위해 파이썬과 같은 컴퓨터 언어가 필요하다. 파이썬은 매우 강력한 고급 컴퓨터 언어다. 파이썬 인터프리터(혹은 실제로는 컴파일러와 인터프리터의 조합)는 파이썬 언어를 컴퓨터가 실제로 이해할 수 있는 언어인 '기계어(machine language)'로 변환해 준다.

과거 컴퓨터 언어는 인터프리터나 컴파일러 중 하나를 이용하였다. 그러나 파이썬을 포함한 현재의 대다수 컴퓨터 언어는 컴파일러와 인터프리터 모두를 이용하고 있다. 파이썬 컴파일러는 파이썬 명령문을 바이트코드(bytecode) 명령문으로 번역하고, 그것을 .pyc 파일에 저장한다. 그런 다음, 인터프리터에 의해 .pyc 파일이 수행된다. 이러한 인터프리터를 '파이썬 가상 머신(Python Virtual Machine)'이라고 부르며, 이것의 임무는 바이트코드를 저급 기계어로 변환하는 것이다.

주목할 것!　파이썬 바이트코드는 파이썬 가상 머신이 수행하는 기계어다.

그림 2-1은 파이썬으로 작성된 명령문을 바이트코드로 컴파일하는 과정과 바이트코드가 어떻게 수행되는지를 보여 준다.

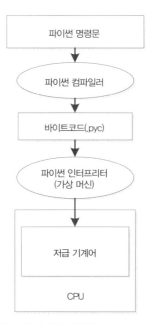

그림 2-1 **파이썬 가상 머신을 이용한 파이썬 명령문의 수행 과정**

이제 다음과 같은 의문이 생길 것이다. 파이썬은 왜 두 번의 변환을 할까? 파이썬 명령문을 왜 직접 저급 기계어 코드로 변환하지 않을까? 이에 대한 답변은 순전히 효율성에 있다. 오늘날 소수의 인터프리터만이 실제로 코드를 줄 단위로 직접 해석하고 수행한다. 현재 거의 모든 인터프리터는 다음과 같은 두 가지 이유 때문에 중간 과정을 거치는 방식을 사용하고 있다.

1. 중간 코드(바이트코드)가 있어야 최소한의 최적화 수행이 가능하다.

2. .py와 동일한 이름을 가진 .pyc 파일이 존재하면 파이썬은 자동으로 그 파일을 수행한다. .pyc 파일이 이미 존재하고 소스 파일을 변경하지 않았다면 소스 파일을 다시 컴파일하지 않음으로써 시간을 절약할 수 있다.

소프트웨어 패키지 설치

3.1 파이썬 설정 방법

첫 번째 단계로 파이썬 설치를 위해 다음 주소에서 무료로 파이썬 설치 파일을 내려받는다.

https://www.python.org/downloads/

여러분의 플랫폼에 적합한 파이썬 버전을 선택해야 한다. 가능하면 최신 버전을 내려받는 것이 좋다(이 책을 번역할 당시의 최신 파이썬 버전은 3.6.3이다). 이 책에서는 윈도우 플랫폼에서 파이썬을 설치하는 과정을 보여 준다. 내려받기가 완료되면 Setup 프로그램인 python-3.6.3.exe 파일을 실행한다. 처음에 나타나는 창은 다음과 같으며, 'Customize installation'을 클릭하여 설치 위치, 특성 등을 선택하는 다음 창으로 넘어가자.

그림 3-1 **설치 첫 화면**

그림 3-2에서 볼 수 있듯이, 옵션 특성(feature)을 그대로 유지하고 'Next' 버튼을 클릭한다.

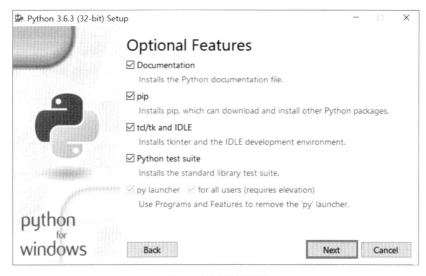

그림 3-2 **옵션 특성 선택하기**

다음으로 그림 3-3에서 볼 수 있듯이, 고급 특성(feature)에 대한 선택이 나타난다. 파이썬 프로그램의 설치 위치를 바꾸고 싶다면, 'Customize install location'의 아래 박스에 'C:\Python36-32'와 같이 입력한 후 'Install' 버튼을 클릭한다.

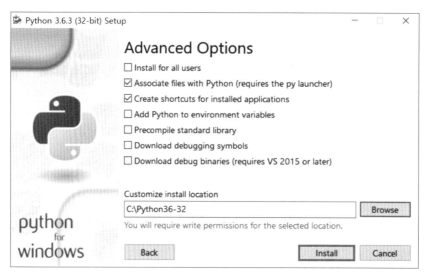

그림 3-3 **고급 특성 선택하기**

🔊 **주목할 것!**   설치 폴더(디렉터리)는 파이썬 버전에 따라 그림 3-3에 나타난 설치 폴더 이름과 다를 수 있다.

설치 과정이 완료되면 설치 창에 나타난 'Close' 버튼을 클릭한다.

3.2 이클립스

이클립스(Eclipse)는 자바, C, C++, PHP 등 다양한 프로그래밍 언어로 프로그램을 작성할 수 있도록 도와주는 통합 개발 환경(IDE: Integrated Development Environment)이며, 일반 애플리케이션뿐만 아니라 웹사이트, 웹애플리케이션, 웹서비스를 손쉽게 생성할 수 있도록 해 준다. 개별적으로 설치된 플러그인을 통해 이클립스는 파이썬뿐만 아니라 펄(Perl), 리스프(Lisp), 루비(Ruby) 등과 같은 다양한 언어도 지원한다.

이클립스는 텍스트 에디터 이상의 기능을 가지고 있다. 행 들여쓰기, 단어와 괄호의 매칭, 부정확한 소스 코드의 하이라이트 등 다양한 기능을 제공한다. 또한, 자동 코딩 기능을 제공하여 가능하면 완전한 코드로 표시하도록 해 준다. 이클립스 IDE는 여러분의 코드를 분석하고 잠재적 문제를 찾는 데도 도움을 준다. 심지어 이들 문제에 대한 간단한 해결책을 제시하기도 한다.

이클립스 IDE는 윈도우에서 리눅스, 맥 OS X 시스템에 이르기까지 파이썬을 지원하는 모든 운영체제에 설치될 수 있다. 이클립스는 무료이고 오픈 소스이며, 전 세계 사용자와 개발자로 이루어진 수많은 커뮤니티를 보유하고 있다.

 주목할 것! 이클립스를 이용하여 프로그램을 작성할 수 있을 뿐만 아니라 작성된 프로그램을 IDE를 통해 직접 수행할 수 있다.

3.3 이클립스 설정 방법

이클립스 설치를 위해 우선 다음 주소에서 이클립스 설치 파일을 무료로 내려받도록 하자.

https://www.eclipse.org/downloads/

먼저, 이클립스 홈페이지에서 필수 플랫폼(윈도우, 리눅스, 맥 OS X 등)을 선택하도록 하는 드롭다운 리스트를 볼 수 있다. 여러분의 PC에 맞는 플랫폼을 선택한다. 이 책에서는 윈도우 플랫폼에서 이클립스를 설치하는 방법을 설명한다.

eclipse.org의 'Package Solutions'에서 'Eclipse IDE for Java Developers'를 선택한 후 내려받는다. 'Java Developers'라는 단어가 있어서 걱정할 수도 있지만, 자바 언어를 배울 필요는 없다. 내려받기가 완료되면 'C:\' 위치에 내려받은 파일을 압축 해제한다.

이제 'C:\eclipse\eclipse.exe'을 찾아 수행한다.

 주목할 것! 'C:\eclipse\eclipse.exe'에 대한 바로가기를 바탕화면에 만들어 놓으면 편리하게 사용할 수 있다.

 주목할 것! 이클립스는 대부분 자바로 작성되어 있다. 설치 중에 다음과 같은 메시지 창이 나타날 수도 있다. 이 메시지 창은 자바 가상 머신(JVM: Java Virtual Machine)을 시스템에서 찾을 수 없다는 의미다.

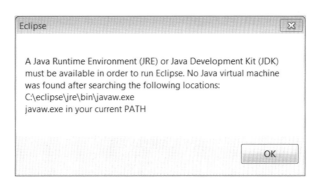

다음 주소에서 무료로 자바 가상 머신을 내려받을 수 있다.
https://java.com/en/download/

이클립스의 첫 번째 화면은 workspace 폴더를 선택하도록 물어보는 화면이다. 그림 3-4와 같이 제시된 폴더를 그대로 남겨 두고 'Use this as the default and do not ask again' 필드에 체크한다.

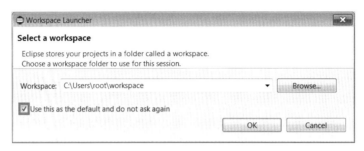

그림 3-4 **workspace 폴더 선택하기**

제시된 폴더는 이클립스 버전이나 윈도우 버전에 따라 그림 3-4의 폴더와 다를 수 있다.

이클립스 환경을 열면, 그림 3-5와 같은 화면이 나타난다.

그림 3-5 **이클립스 IDE**

이제 이클립스가 파이썬을 지원하도록 이클립스를 구성해 보자. 주메뉴에서 'Help → Eclipse Marketplace'를 선택한다. 팝업 창이 나타나면, 3-6과 같이 팝업 창의 Find 필드에 'PyDev'라는 키워드를 입력하고 검색해 보자. 그런 다음, 'PyDev – Python IDE for Eclipse' 플러그인의 위치를 찾으면 'Install' 버튼을 클릭한다.

그림 3-6 **Eclipse Marketplace**

라이선스 동의에 관한 팝업 창(그림 3-7)이 나타나면 약관을 읽고 수락해야 한다. 'I accept the terms of the license agreements' 필드에 체크하고 'Finish' 버튼을 클릭한다.

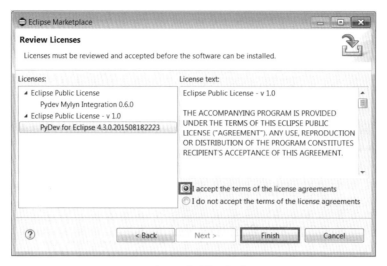

그림 3-7 **라이선스 동의**

설치 과정 중에 그림 3-8과 같이 'Brainwy Software' 인증서의 수락 여부를 물어본다. 해당 필드에 체크한 후 'OK' 버튼을 클릭한다.

그림 3-8 **'Brainwy Software' 인증서**

마지막으로, 설치 과정이 완료되면 변경에 대한 효과를 반영하기 위해 이클립스의 재시작 여부를 물어본다. 'yes' 버튼을 클릭한다.

자, 이제 이클립스가 적절하게 구성되었다. 이제부터는 파이썬 세계를 정복하자. 4장부터 파이썬 프로그램의 작성 방법, 파이썬 프로그램의 수행 방법 등에 관한 모든 것을 학습한다.

다음 질문에 답하여라.

1. 하드웨어란?
2. 컴퓨터 시스템의 다섯 가지 기본 구성요소를 나열하여라.
3. 프로그램을 실제로 수행하는 컴퓨터의 구성요소는?
4. 프로그램이 실행 중일 때 프로그램과 데이터를 가지고 있는 컴퓨터의 구성요소는?
5. 컴퓨터에 전원이 공급되지 않더라도 오랜 기간 데이터를 유지하고 있는 컴퓨터의 구성요소는?
6. 외부에서 데이터를 모아 컴퓨터 내부로 들여보내는 장치를 무엇이라 하는가?
7. 입력 장치의 예를 나열하여라.
8. 컴퓨터에서 외부로 데이터를 내보내는 장치를 무엇이라 하는가?
9. 출력 장치의 예를 나열하여라.
10. 소프트웨어란?
11. 소프트웨어의 종류를 나열하여라.
12. 워드프로세서 프로그램은 소프트웨어의 어떤 종류에 해당하는가?
13. 컴파일러란?
14. 인터프리터란?
15. '기계어'의 의미를 설명하여라.
16. 소스 코드란?
17. 파이썬이란?
18. 스크립트와 프로그램 간의 차이점은 무엇인가?
19. 파이썬의 우수한 기능 중 두 가지 이상을 나열하여라.
20. 이클립스란?

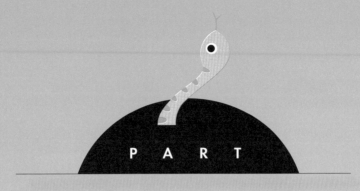

PART

II

파이썬 시작하기

PART II 파이썬 시작하기

04

알고리즘 기초와 개념

4.1 알고리즘이란?

알고리즘은 하나의 문제 혹은 특정 문제에 대한 해결책을 제시한 명령문들의 조합을 의미한다. 알고리즘은 해결하고자 하는 문제의 조건 혹은 입력값들에 대해 명확한 결과를 도출해야 하며, 명령문들이 무한히 수행되지 않고 유한 번 수행한 후 마칠 수 있는 순서들로 만들어져야 한다. 간단히 말해, 알고리즘은 주어진 문제를 해결하는 단계별 절차(procedure)를 말한다. 위 정의에서 '유한'이라는 의미는 영원히 수행되지 않고, 반드시 종료돼야 함을 뜻한다.

컴퓨터 과학 분야에서뿐만 아니라 일상생활 어디에서나 알고리즘을 쉽게 찾아볼 수 있다. 예를 들어, 토스트를 만드는 과정이나 커피를 제조하는 과정을 알고리즘으로 표현할 수 있다.

4.2 차를 만드는 알고리즘

다음은 차(tea)를 만드는 알고리즘이다.

1. 티백을 컵에 넣는다.
2. 주전자에 물을 채운다.
3. 주전자를 가스레인지에 올리고 물을 끓인다.
4. 끓인 물을 용량에 맞게 컵에 따른다.
5. 우유를 컵에 따른다.
6. 설탕을 컵에 따른다.
7. 차를 젓는다.
8. 차를 마신다.

이 예에서 볼 수 있듯이, 알고리즘은 반드시 따라야 하는 명확한 절차들로 구성되어 있다. 각 단계는 정해진 절차대로 구성되어야 하지만 몇몇 단계는 순서가 바뀔 수도 있다. 예를 들어, 단계 5와 6은 순서가 바뀌어도 무방한데, 차에 설탕을 먼저 넣고 우유를 나중에 넣을 수도 있다.

몇몇 단계는 순서가 바뀔 수도 있지만, 일부 단계는 정확한 위치에 있어야 하며 위치할 곳에서 너무 멀리 이동되면 안 된다는 점에 유의하자. 예를 들어, 단계 3(주전자를 가스레인지에 올리고 물을 끓인다)을 알고리즘의 마지막 단계로 이동하면 안 된다. 그렇게 하면 원래 목적과 달리 따뜻한 차가 아니라 차가운 차를 마시게 된다.

4.3 알고리즘의 속성

알고리즘은 다음과 같은 속성들을 만족해야 한다.

- **입력값(Input)**: 알고리즘은 입력 집합으로부터 유효한 입력값을 받아야 한다.
- **출력값(Output)**: 알고리즘은 입력값에 대한 출력값을 산출해야 한다. 출력값은 문제에 대한 해결책이어야 한다.
- **유한성(Finiteness)**: 입력값에 대해 알고리즘은 유한한 단계 이후에 종료해야 한다.
- **명확성(Definiteness)**: 알고리즘의 모든 단계는 명확히 정의되어야 한다.
- **효과성(Effectiveness)**: 알고리즘의 각 단계는 유한한 시간 안에 정확하게(correctly) 수행될 수 있을 정도로 충분히 단순해야 한다. 즉, 각 단계는 기본에 충실해야 한다. 예를 들어, 연필과 종이를 사용하는 사람도 정해진 시간 안에 실행할 수 있어야 한다. 각 단계가 명확히(혹은 정확히) 정의되어야 한다는 점 이외에 각 단계는 실현 가능(feasible)해야 한다.

4.4 컴퓨터 프로그램이란?

컴퓨터 프로그램은 컴퓨터가 이해할 수 있는 파이썬, 자바, C 등의 프로그래밍 언어로 작성된 알고리즘에 지나지 않는다.

컴퓨터 프로그램은 여러분이 한 잔의 차를 만들거나 저녁 식사 요리를 하는 단계에서 도움을 줄 수는 있어도 '실제로' 차를 만들거나 저녁 식사 요리를 해 주진 않는다. 예를 들어, 컴퓨터 프로그램은 숫자들의 평균을 계산한다든지 숫자 중에서 최댓값을 찾는 데 사용될 수 있다. 인공지능 프로그램은 체스를 두거나 퍼즐을 풀 수도 있다.

4.5 세 명의 파티 동반자

알고리즘에는 항상 세 명의 파티 동반자가 있다. 즉, 알고리즘을 작성하는 사람, 알고리즘을 수행하는 사람, 알고리즘을 사용하거나 즐기는 사람이다.

식사를 준비하는 알고리즘이 있다고 가정해 보자. 어떤 사람은 알고리즘을 작성하고(음식 조리법 도서의 저자), 어떤 사람은 알고리즘을 수행하고(음식 조리법 도서에 나와 있는 음식 만드는 절차에 따라 식사를 준비하는 여러분의 어머니), 어떤 사람은 알고리즘을 사용한다(아마도 여러분이 음식을 맛있게 즐길 것이다).

이제 실제 컴퓨터 프로그램을 생각해 보자. 비디오 게임의 경우, 어떤 사람은 프로그래밍 언어로 알고리즘을 작성하고(프로그래머), 어떤 사람 혹은 무엇인가가 그것을 수행시키고(일반적으로 노트북 혹은 데스크톱 컴퓨터), 어떤 사람은 그것을 사용하거나 비디오 게임을 즐긴다(사용자).

경우에 따라 '프로그래머'와 '사용자' 용어는 혼용되곤 한다. 여러분이 컴퓨터 프로그램을 '작성'하고 있을 때는 '프로그래머'지만, 작성한 프로그램을 '사용'하고 있을 때는 '사용자'가 된다.

4.6 알고리즘 작성의 주요 3단계

알고리즘의 주요 3단계는 데이터 입력, 데이터 처리, 결과 출력이다. 이런 순서는 정확히 지켜져야 하며, 바뀌면 안 된다.

세 숫자의 평균값을 구하는 컴퓨터 프로그램을 생각해 보자. 먼저, 사용자로부터 세 숫자를 입력값으로 받아야 한다(데이터 입력). 그런 다음, 세 숫자의 평균값을 계산한다(데이터 처리). 마지막으로, 모니터에 결괏값을 출력한다(결과 출력).

앞서 설명한 3단계를 자세히 살펴보자.

1. 사용자로부터 첫 번째 숫자를 입력받는다(입력).
2. 사용자로부터 두 번째 숫자를 입력받는다(입력).
3. 사용자로부터 세 번째 숫자를 입력받는다(입력).
4. 세 숫자의 합을 계산한다(처리).
5. 합을 3으로 나눈다(처리).
6. 결과를 화면에 출력한다(출력).

드문 경우이긴 하지만 데이터 입력 단계 없이 컴퓨터 프로그램을 두 단계로만 구성할 수도 있다. 예를 들어, 다음과 같이 합을 계산하는 컴퓨터 프로그램을 작성한다고 가정해 보자.

$$1+2+3+4+5+6+7+8+9+10$$

이 예제의 경우, 컴퓨터 프로그램이 무엇을 해야 할지 정확히 알고 있기 때문에 사용자는 어떤 값도 입력하지 않는다. 이 프로그램은 단지 1부터 10까지의 합만을 계산한다.

이 예제를 약간 변형하여 다음과 같이 합을 계산하는 컴퓨터 프로그램을 작성한다고 가정해 보자.

$$1+2+3+ \cdots +N$$

이 예제의 결과는 이전 예제의 결과와 다를 수 있다. 이 예제에서는 사용자가 특정 데이터 값을 입력해야 한다. 컴퓨터 프로그램이 숫자 N 값을 스스로 결정할 수 없기 때문이다. 이 값은 반드시 사용자가 입력해야 한다. 사용자가 숫자 N에 대한 값을 입력하면, 컴퓨터 프로그램은 결과를 계산하기 위한 절차를 수행한다. 예를 들어, 사용자가 숫자 N에 대해 5라는 값을 입력하면, 컴퓨터 프로그램은 1+2+3+4+5의 값을 계산한다.

4.7 순서도

순서도(flowchart)는 알고리즘을 종이 혹은 화면에 도식적으로 표현하는 방법으로, 알고리즘의 수행 흐름을 시각적으로 표현한다. 다시 말해, 순서도를 통해 알고리즘의 시작부터 종료까지 각 단계의 수행 흐름이 어떻게 진행되는지를 시각적으로 표현할 수 있다. 그렇다고 컴퓨터가 바로 수행할 수 있는 형태로 순서도가 만들어지는 것은 아니다. 알고리즘을 순서도로 작성하였다면, 이를 컴퓨터가 이해할 수 있는 파이썬과 같은 프로그래밍 언어로 작성해야 한다.

표 4.1 순서도 기호 및 기능

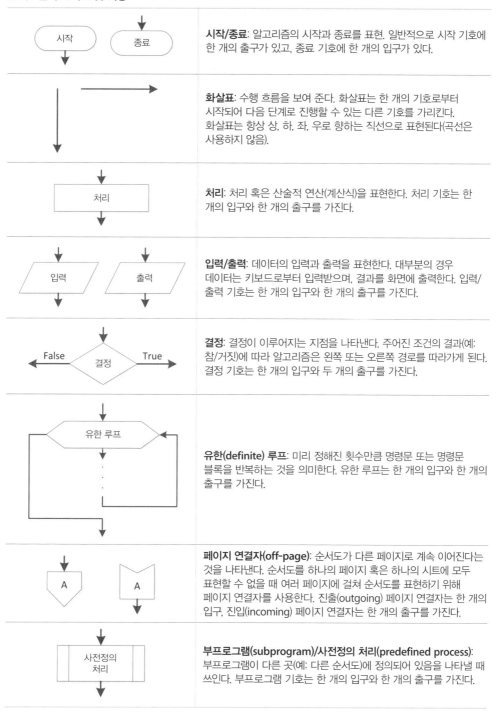

시작/종료: 알고리즘의 시작과 종료를 표현. 일반적으로 시작 기호에 한 개의 출구가 있고, 종료 기호에 한 개의 입구가 있다.

화살표: 수행 흐름을 보여 준다. 화살표는 한 개의 기호로부터 시작되어 다음 단계로 진행할 수 있는 다른 기호를 가리킨다. 화살표는 항상 상, 하, 좌, 우로 향하는 직선으로 표현된다(곡선은 사용하지 않음).

처리: 처리 혹은 산술적 연산(계산식)을 표현한다. 처리 기호는 한 개의 입구와 한 개의 출구를 가진다.

입력/출력: 데이터의 입력과 출력을 표현한다. 대부분의 경우 데이터는 키보드로부터 입력받으며, 결과를 화면에 출력한다. 입력/출력 기호는 한 개의 입구와 한 개의 출구를 가진다.

결정: 결정이 이루어지는 지점을 나타낸다. 주어진 조건의 결과(예: 참/거짓)에 따라 알고리즘은 왼쪽 또는 오른쪽 경로를 따라가게 된다. 결정 기호는 한 개의 입구와 두 개의 출구를 가진다.

유한(definite) 루프: 미리 정해진 횟수만큼 명령문 또는 명령문 블록을 반복하는 것을 의미한다. 유한 루프는 한 개의 입구와 한 개의 출구를 가진다.

페이지 연결자(off-page): 순서도가 다른 페이지로 계속 이어진다는 것을 나타낸다. 순서도를 하나의 페이지 혹은 하나의 시트에 모두 표현할 수 없을 때 여러 페이지에 걸쳐 순서도를 표현하기 위해 페이지 연결자를 사용한다. 진출(outgoing) 페이지 연결자는 한 개의 입구, 진입(incoming) 페이지 연결자는 한 개의 출구를 가진다.

부프로그램(subprogram)/사전정의 처리(predefined process): 부프로그램이 다른 곳(예: 다른 순서도)에 정의되어 있음을 나타낼 때 쓰인다. 부프로그램 기호는 한 개의 입구와 한 개의 출구를 가진다.

그림 4-1은 순서도의 한 예를 보여 준다. 이 순서도는 사용자로부터 세 개의 숫자를 입력받고, 이들 숫자들의 평균값을 계산하며, 결과를 화면에 출력하는 알고리즘을 표현한다.

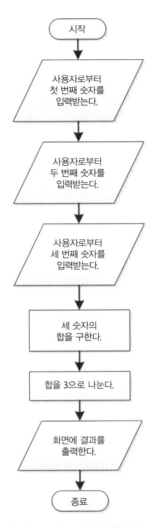

그림 4-1 **세 숫자의 평균을 계산하고 화면에 출력하는 알고리즘의 순서도**

 기억할 것!   순서도는 항상 시작 기호로 시작하여 종료 기호로 끝난다.

예제 4.7-1 세 숫자의 평균값 찾기

세 숫자의 평균값을 계산하는 알고리즘을 설계하여라. 평균값이 10 미만이면 '실패!'라는 메시지를 출력하고, 평균값이 10 이상이면 '통과!'라는 메시지가 출력되도록 한다.

풀이

이 문제에 대한 알고리즘은 두 개의 서로 다른 메시지가 출력되어야 하지만 알고리즘을 수행할 때마다 두 메시지 중 한 메시지만을 출력해야 한다. 즉, 평균값에 따라 출력 메시지가 달라진다. 이 알고리즘에 대한 순서도는 다음과 같다.

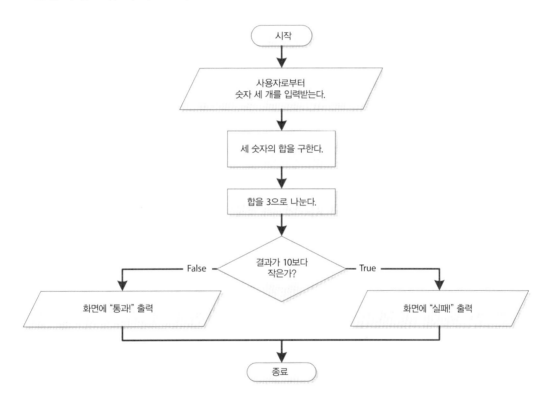

 주목할 것!   순서도에서 공간 절약을 위해 하나의 기호에 숫자 세 개를 한꺼번에 입력받도록 표현할 수도 있다.

기억할 것!   결정 기호는 항상 한 개의 입구와 두 개의 출구를 가진다.

물론, 여러분이 지금 알고리즘을 작성하기에는 아직 너무 이르다. 위 문제는 알고리즘을 작성할 때 어떠한 방법으로 생각해야 하고, 순서도로 어떻게 표현할 수 있는지를 보여 주기 위해 제시한 것이다. 여러분만의 알고리즘을 작성하거나 파이썬 프로그램을 작성하기 전까지 알아야 할 것들이 아직 많다.

4.8 예약어는 무엇인가?

프로그래밍 언어에서 '예약어(reserved word)'는 미리 정의된 의미를 가진 단어들을 말한다. 예약어는 특별한 용도를 위해 예약되어 있으며, 그 외 다른 목적으로는 사용할 수 없다. 예를 들어, 순서도에서 시작, 끝, 읽기, 쓰기는 이미 정의된 의미가 있다. 이들 각각은 시작, 끝, 데이터 입력, 결과 출력의 의미가 있다.

예약어는 모든 고급 컴퓨터 프로그래밍 언어에 존재한다. 파이썬도 if, while, else, for와 같은 많은 예약어가 있다. 이런 예약어들은 이미 정해진 용도가 있으므로 다른 목적으로 사용할 수 없다.

주목할 것!　프로그래밍 언어에서 예약어는 종종 키워드(keyword)로 불리기도 한다.

4.9 명령문과 명령은 어떤 차이점이 있는가?

인터넷상에서 명령문(statement)과 명령(command)에 관한 의미상의 차이를 두고 토론이 일어나기도 한다. 어떤 사람들은 '명령문(statement)'이라는 용어, 어떤 사람들은 '명령(command)'이라는 용어를 선호한다. 초급 프로그래머는 두 용어의 차이점을 정확히 구분하는 것이 어려우며, 두 용어 모두 단순히 컴퓨터에게 지시를 내리는 것으로 이해하면 좋을 것이다.

4.10 구조적 프로그래밍이란 무엇인가?

구조적 프로그래밍(structured programming)은 모듈화와 구조적 설계를 이용한 소프트웨어 개발 방법을 의미한다. 좀 더 구체적으로 말해, 큰 프로그램을 작은 모듈들로 나누고 각 모듈의 코드가 최소한의 오류(error)와 오역(misinterpretation)을 가질 수 있도록 명령문을 구성하는 프로그래밍 방식이다. 이름을 통해 알 수 있듯이, 구조적 프로그래밍은 구조적 프로그래밍 언어를 통해 이루어지며, 파이썬 또한 구조적 프로그래밍을 사용하는 언어다(물론, 파이썬으로 객체지향

프로그래밍도 할 수 있다). 구조적 프로그래밍이라는 용어는 코라도 뵘(Corrado Böhm)[1]과 주세페 야코피니(Giuseppe Jacopini)[2]에 의해 공식적으로 사용되었다.

4.11 세 가지 기본 제어 구조

구조적 프로그래밍에는 세 가지 기본 제어 구조가 있다.

- **순차(sequence) 제어 구조**: 명령문들이 줄 단위(line-by-line), 즉 순차적으로(프로그램에서 프로그래밍 코드가 나오는 순서대로) 수행되는 것을 의미한다. 예를 들어, 연속된 읽기 또는 쓰기 연산, 산술 연산, 변수 할당문이 이에 해당한다.
- **결정(decision) 제어 구조**: 조건이 참 또는 거짓인 경우에 따라, 명령문 블록 수행을 건너뛰거나 다른 여러 코드 블록 중에서 일부 명령문 블록만을 수행할 수 있는 형태다.
- **루프(loop) 제어 구조**: 특정 조건을 만족할 때까지 명령문 블록을 반복적으로 수행하는 제어 구조다.

앞서 설명한 세 가지 제어 구조의 의미를 깊게 이해할 수 없더라도 걱정하지 마라. 앞으로 배울 장들에서 이런 구조들을 철저히 분석해 볼 것이다.

예제 4.11-1 순서도를 통한 제어 구조 이해하기

순서도를 이용하여 세 가지 제어 구조의 예제를 제시하여라.

---

1 코라도 뵘(Corrado Böhm, 1923~2017): 구조적 프로그래밍의 이론과 구현에 기여한 컴퓨터 과학자
2 주세페 야코피니(Giuseppe Jacopini, 1936~2001): 코라도 뵘과 함께 1966년 "Flow Diagrams, Turing Machines, and Languages with Only Two Formation Rules"라는 제목의 논문을 발표한, 구조적 프로그래밍 이론에 기여한 컴퓨터 과학자

순차 제어 구조의 예

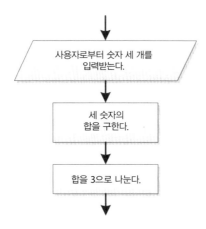

결정 제어 구조의 예

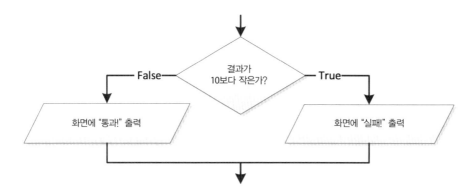

루프 제어 구조의 예

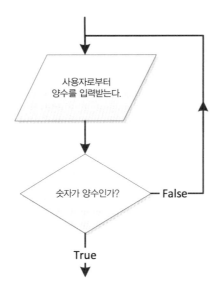

4.12 첫 번째 파이썬 프로그램

순서도를 파이썬 프로그래밍 언어로 변환하면 파이썬 프로그램이 된다. 파이썬 프로그램은 파이썬 명령문을 포함하고 있는 텍스트 파일에 불과하며, 여러분들이 일반적으로 사용하고 있는 텍스트 편집기로 작성할 수 있다. 파이썬 프로그램을 작성할 때는 이클립스(Eclipse)를 사용하는 것이 좋다. 이클립스는 여러분들의 프로그래밍 생활을 쉽게 해 주는 다양한 기능을 제공한다.

파이썬 소스 코드는 .py라는 기본 확장자를 가지며, 보조 기억 장치인 HDD(Hard Disk Drive)나 SSD(Solid State Drive)에 저장된다. 다음은 세 개의 메시지를 화면에 출력하는 매우 간단한 파이썬 프로그램 코드다.

```
print("안녕하세요!")
print("안녕하세요")
print("종료")
```

4.13 구문 오류와 논리 오류의 차이점은 무엇인가?

프로그래머가 고급 프로그래밍 언어로 코드를 작성할 때 구문 오류(syntax error)나 논리 오류(logic error)를 접할 수 있다.

구문 오류는 키워드 오타, 문장 부호 생략, 중괄호 생략, 닫는 괄호 생략 등으로 발생하는 오류를 말한다. 다행히 이클립스를 사용하면 이클립스에서 이런 구문 오류들을 자동으로 감지하고 구문 오류가 발생한 명령문을 빨간색 밑줄로 표시해 준다. 구문 오류가 있는 상태에서 파이썬 프로그램을 수행하면, 프로그램은 수행되지 않고 화면에 오류 메시지가 표시된다. 프로그램을 정상적으로 수행하려면, 모든 구문 오류를 수정한 후에 프로그램을 다시 수행해야 한다.

논리 오류는 프로그래머가 예상한 대로 수행되지 않는 것을 의미한다. 논리 오류가 있더라도 파이썬에서 어떠한 경고 메시지도 출력되지 않는다. 즉, 논리 오류가 있더라도 프로그램은 정상적으로 컴파일되고 수행되지만, 예상하지 못한 수행 결과를 얻을 수 있다. 그래서 논리 오류는 감지하기에 가장 어려운 오류 중 하나다. 논리 오류가 있다면 어디에서 논리 오류가 발생했는지 프로그래밍 코드를 철저히 분석해야 한다. 예를 들어, 세 숫자를 사용자로부터 입력받아 이들 숫자의 평균을 계산하고, 그 결과를 화면에 출력하는 프로그램이 있다고 가정해 보자. 프로그래머가 세 숫자의 합을 3으로 나누어야 할 것을 실수로 5로 나누는 명령문을 작성하는 논리 오류를 범했다고 하자. 물론, 이럴 때도 파이썬 프로그램은 오류 메시지 없이 사용자로부터 세 숫자를 입력받고 결괏값을 출력한다. 하지만 그 결괏값은 프로그래머가 예상한 값이 아니다. 논리 오류가 발생한 파이썬 명령문을 찾아 수정해야 하는 주체는 컴퓨터나 컴파일러가 아닌 프로그래머다.

4.14 코드에 주석 달기

쉽고 간단한 프로그램을 작성할 때는 누구든지 코드가 어떻게 작동하는지 줄 단위로 읽어 내려가면서 이해할 수 있어야 한다. 하지만 긴 프로그램 코드는 이해하기 어렵고 심지어 프로그램 코드를 작성한 사람도 자신이 작성한 코드를 이해하지 못하는 경우가 있다. 주석(comment)은 읽기 쉽고 이해를 도와주는 프로그램 코드에 포함된 추가 정보다. 주석에 다음과 같은 정보들을 추가할 수 있으며, 프로그래머의 기호에 따라 다른 정보도 포함될 수 있다.

- 프로그램 코드 작성자

- 프로그램 코드의 생성 시간과 마지막 수정 시간
- 프로그램 코드의 기능
- 프로그램 코드의 동작 원리

하지만 프로그램 코드의 모든 줄에 주석을 다는 것처럼 지나치게 많은 주석을 작성할 필요는 없다. 주석은 프로그램 코드를 이해하기 어려운 곳에 추가하는 것이 좋다. 파이썬에서 주석은 # 기호를 사용하여 다음과 같이 작성한다.

```
# 작성자: Bouras Aristides
# 생성 날짜: 2017.12.25
# 수정 날짜: 2018.04.03
# 설명: 이 프로그램은 화면에 메시지가 출력된다.
print("안녕하세요!")      # 화면에 첫 번째 메시지가 출력
# 화면에 두 번째 메시지가 출력
print("안녕하세요!")
# 주석임.                  print("종료")
```

일반적으로 주석은 명령문 위 또는 뒤에 오게 하는 것이 좋다. 위 프로그램 코드에서 마지막 줄을 살펴보면, 주석이 명령문이 있는 줄 앞에 있는 것을 볼 수 있다. 이런 경우, 마지막 명령문의 '종료' 메시지가 출력되지 않는다. 마지막 줄의 print("종료") 명령문은 주석의 일부로 간주하여 수행하지 않기 때문이다.

4.15 사용하기 편한 프로그램

사용하기 편한(user-friendly) 프로그램이란 무엇인가? 사용하기 편한 프로그램은 말 그대로 초보자도 쉽게 사용할 수 있는 친구 같은 프로그램을 말한다.

사용하기 편한 프로그램을 작성하고 싶다면 사용자 입장이 되어 생각해야 한다. 사용자는 최소한의 노력으로 자신의 방식대로 컴퓨터가 일을 대신하여 수행해 주기를 원한다. 숨겨진 메뉴, 정확하지 않은 표시/지시, 오해의 소지가 있는 오류 메시지 등은 사용하기 불편한 프로그램이라고 할 수 있다.

사용하기 편한 프로그램의 설계를 가장 잘 설명한 것이 POLA(Principle of Least Astonishment)다. POLA에서는 사용하기 편한 프로그램의 설계를 다음과 같이 설명하고 있다.

"프로그램은 사용자를 가장 적게 놀라게 하는 방식으로 동작해야 한다."

4.16 복습문제: 참/거짓

다음 문제를 읽고 **참** 또는 **거짓**으로 답하여라.

1. 식사를 준비하는 과정도 알고리즘이다.

2. 알고리즘은 컴퓨터 과학 분야에서만 사용한다.

3. 알고리즘은 영원히 수행될 수도 있다.

4. 알고리즘에서 원하는 곳 어디든 단계를 이동할 수 있다.

5. 알고리즘은 단 하나의 입력값에 대해서만 정확한 값을 산출해 내야 한다.

6. 컴퓨터는 체스를 둘 수 있다.

7. 알고리즘은 항상 컴퓨터 프로그램이 될 수 있다.

8. 프로그래밍은 컴퓨터 프로그램을 만드는 과정이다.

9. 컴퓨터 프로그램에는 항상 세 명(프로그래머, 컴퓨터, 사용자)의 파티 참가자가 있다.

10. 프로그래머와 사용자는 종종 같은 사람일 수도 있다.

11. 컴퓨터 프로그램이 아무런 결과를 출력하지 않을 수도 있다.

12. 순서도는 컴퓨터 프로그램이다.

13. 순서도는 여러 도형 모양의 집합으로 구성된다.

14. 순서도는 알고리즘을 표현하는 방법 중 하나다.

15. '시작' 또는 '종료' 기호 없이 순서도를 설계할 수 있다.

16. '처리' 기호 없이 순서도를 설계할 수 있다.

17. '입력' 또는 '출력' 기호 없이 순서도를 설계할 수 있다.

18. 순서도는 항상 한 개 이상의 결정 기호를 가진다.

19. 순서도에서 결정 기호는 주어진 문제에 따라 한 개, 두 개, 혹은 세 개의 탈출 경로를 가질 수 있다.

20. 예약어는 프로그래밍 언어에서 엄격히 정의된 의미 있는 단어를 나타낸다.

21. 구조적 프로그래밍은 구조적 설계를 포함한다.

22. 파이썬은 구조적 컴퓨터 프로그래밍 언어다.

23. 구조적 프로그래밍의 기본 원칙은 단지 네 개의 기본 제어 구조만 포함한다는 것이다.

24. 하나의 명령문을 열 번 작성해야 할 경우, 루프 제어 구조의 사용을 고려해야 한다.

25. 결정 제어 구조는 줄 단위(line-by-line) 실행을 의미한다.

26. 오타로 잘못 쓴 키워드는 논리 오류에 해당한다.

27. 파이썬 프로그램은 논리 오류가 있어도 수행될 수 있다.

28. 명령문 마지막에 있는 느낌표는 구문 오류로 볼 수 있다.

29. 명령문 마지막에 있는 느낌표는 파이썬 프로그램의 수행에 방해가 되지 않는다.

30. 구조적 프로그래밍의 장점 중 하나는 컴퓨터 프로그램을 작성할 때 오류가 발생하지 않는다는 것이다.

31. 논리 오류는 컴파일 과정에서 탐지될 수 있다.

32. 구문 오류는 탐지하기 가장 어려운 오류다.

33. 삼각형의 면적을 계산하였지만, 잘못된 결괏값을 출력하는 프로그램은 논리 오류를 가지고 있다.

34. 프로그램에 출력 명령문이 포함되어 있지 않으면 구문 오류에 해당한다.

35. 프로그램은 반드시 주석을 포함해야 한다.

36. 프로그램에 주석을 추가하면 컴퓨터가 프로그램을 더 잘 이해한다.

37. 프로그램의 어느 곳이든 주석을 추가할 수 있다.

38. 주석은 프로그램 사용자에게 보이지 않는다.

39. 초급 사용자가 쉽게 사용할 수 있는 프로그램을 사용하기 편한 프로그램이라고 부른다.

40. POLA의 약자는 'Principle of Least Amusement'다.

4.17 복습문제: 객관식

다음 문제에서 옳은 것을 모두 골라라.

1. 알고리즘은 _____에 대한 해결책을 제시하는 잘 정의된 명령문들이 엄격하게 나열된 유한 순서 조합이다.

   a. 문제

   b. 특정 종류의 문제들

   c. 위 모두 옳다.

2. 알고리즘이 만족해야 할 속성이 **아닌** 것은?

   a. 효과성

   b. 적합성

   c. 명확성

   d. 입력

3. 컴퓨터 프로그램은

    a. 알고리즘이다.

    b. 명령문의 조합이다.

    c. a, b 모두 옳다.

    d. a, b 모두 옳지 않다.

4. 식사를 준비하는 사람은

    a. 프로그래머다.

    b. 사용자다.

    c. 위 모두 옳지 않다.

5. 다음 중 알고리즘 생성과 관련된 세 가지 주요 단계에 포함되지 **않는** 것은?

    a. 데이터 생산

    b. 데이터 입력

    c. 데이터 출력

    d. 데이터 처리

6. 순서도는

    a. 종이에 표현할 수 있다.

    b. 컴퓨터에 직접 입력될 수 있다.

    c. 위 모두 옳다.

7. 순서도에서 직사각형은

    a. 입출력을 의미한다.

    b. 처리 작업을 의미한다.

    c. 결정을 의미한다.

    d. 위 모두 옳지 않다.

8. 다음 중 어느 것이 제어 구조에 해당하는가?

    a. 결정

    b. 순차

    c. 루프

    d. a, b, c 모두 제어 구조다.

9. 다음 파이썬 명령문 중 구문 오류가 있는 것은?

    a. print(안녕 철수)

    b. print("여기에 구문 오류가 있어.")

    c. print("안녕 영희")

    d. a, b, c 모두 없다.

10. 다음 print 명령문 중 실제로 실행되는 것은?

    a. #print("안녕 호동")

    b. #print("안녕 호순")

    c. # 이 명령문이 수행된다. print("안녕 길동")

    d. print("안녕 민준") # 이 명령문이 수행된다.

    e. a, b, c, d 모두 실행되지 않는다.

변수와 상수

5.1 변수란 무엇인가?

컴퓨터 과학(computer science)에서 변수(variable)는 프로그램이 수행되면서 값을 저장하고 변경할 수 있는 공간으로 컴퓨터의 주기억 장치에 위치한다.

변수를 어떠한 물건을 넣거나 보관할 수 있는 투명 상자라고 생각해 보자. 상자는 투명하기 때문에 그 안에 무엇이 들어 있는지 들여다볼 수 있다. 두 개 이상의 투명 상자가 있다면 각각의 상자를 식별할 수 있도록 이름을 붙여 주어야 한다. 예를 들어, 서로 다른 숫자값을 보관하고 있는 세 개의 투명 상자가 있다면, 각 상자에 numberA, numberB, numberC라는 이름을 붙여줄 수 있다.

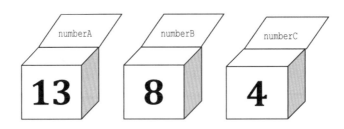

위 그림에서 numberA, numberB, numberC라는 이름을 가진 상자들은 각각 13, 8, 4라는 숫자값을 보관하고 있다. 물론, 언제든지 상자 안에 저장된 값을 확인해 보거나 값을 원하는 숫자로 바꿀 수도 있다.

누군가 여러분에게 맨 왼쪽의 두 상자에 있는 숫자값을 더하고, 그 더한 값을 마지막 상자에 저장하라고 지시했다고 가정해 보자. 그렇다면 여러분은 다음 절차에 따라 일을 처리할 것이다.

1. 처음 두 개의 상자를 각각 들여다보고 저장된 값을 확인한다.
2. 여러분의 뇌(컴퓨터의 CPU)를 이용하여 두 값의 합(결과)을 계산한다.
3. 결과를 마지막 세 번째 상자에 저장한다. 여기서 각각의 상자는 한순간에 하나의 숫자값만 저장할 수 있으므로 세 번째 상자에 저장되어 있는 4라는 값이 21이라는 값으로 바뀐다.

위 절차를 모두 수행한 후의 상자 모습은 다음과 같다.

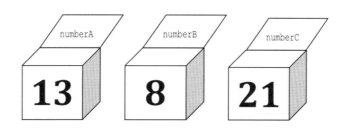

다음 순서도에서 볼 수 있듯이, 변숫값을 저장하는 행동(action)을 왼쪽 화살표로 표현한다.

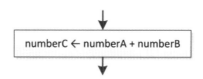

일반적으로 이러한 행동은 '값 또는 식의 결과를 변수에 할당한다'라고 표현하며, 순서도에서 왼쪽 화살표를 '(값의) 할당 연산자'라고 한다.

주목할 것!

화살표가 항상 왼쪽을 가리킨다는 점을 기억하라. 변수를 할당할 때 오른쪽 화살표는 사용되지 않으며, 화살표의 왼쪽 편에는 항상 하나의 변수만 있어야 한다.

컴퓨터에서 이 세 개의 상자는 주기억 장치 안에 있는 세 개의 개별 영역을 의미하며, 각 영역은 numberA, numberB, numberC라는 이름을 가진다.

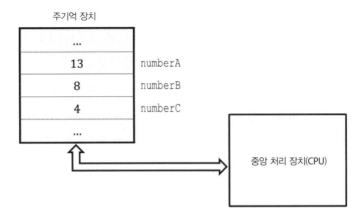

프로그램이 CPU에게 다음과 같은 명령문을 수행하도록 지시하면, CPU는 이전 예제의 3단계와 유사한 방식으로 이를 처리한다.

numberC ← numberA + numberB

1. 주기억 장치의 numberA라는 영역에 저장되어 있는 숫자값 13을 CPU에 전달한다. 그리고 numberB라는 영역에 저장되어 있는 숫자값 8을 CPU에 전달한다(첫 번째 단계로서 맨 왼쪽에 위치하고 있는 두 개의 투명 상자에 어떤 물건(값)이 있는지 확인하는 단계다).
2. CPU는 13 + 8을 계산한다(두 번째는 뇌에서 합계 또는 결과를 계산하는 단계다).
3. CPU는 결괏값 21을 주기억 장치의 numberC라는 영역에 전달한다(세 번째 단계로서 4라는 값은 21로 바뀌며, 계산 결과를 왼쪽에서 세 번째 상자에 집어넣는 단계다).

위 명령을 수행한 후의 주기억 장치 모습은 다음과 같다.

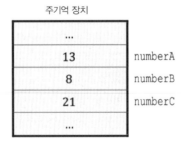

기억할 것! 파이썬 프로그램이 실행되는 동안 변수는 다양한 값을 가질 수 있지만, 한순간에 하나의 값만을 가질 수 있다. 변수에 어떤 값을 할당하면 그 변수에 다른 새로운 값을 할당하기 전까지는 그 값을 유지한다. 하지만 새로운 값을 할당하면 기존에 저장하고 있는 값은 지워진다.

변수를 통해 CPU와 주기억 장치 사이에서 데이터를 처리하고 저장할 수 있기 때문에 컴퓨터 과학, 특히 프로그래밍 언어에서 변수는 가장 중요한 요소다. 곧 파이썬에서 변수를 어떻게 할당하고 사용하는지를 배우게 될 것이다.

5.2 상수란 무엇인가?

컴퓨터 프로그램이 수행되면서 변하지 않는 값을 사용해야만 할 때가 있다. 이러한 값을 '상수(constant)'라고 한다. 간단히 말해, 상수는 잠겨진(locked) 변수로 비유할 수 있다. 프로그램이 시작되고 어떤 값이 상수에 할당되었다면 프로그램이 수행되고 있는 동안 상수의 값은 바뀌지 않는다. 예를 들어, 금융 프로그램에서 이율을 상수로 선언할 수 있다.

상수 이름에 서술적인 이름을 붙이는 것은 프로그램 코드의 가독성을 높여줄 뿐만 아니라 오류 방지에도 도움이 된다. 예를 들어, 파이(π) 값(3.14159265…)이 프로그램에서 자주 사용된다고 가정해 보자. 파이 값을 입력할 때 실수로 다른 값을 입력했다면 잘못 입력된 파이 값으로 인하여 잘못된 결과를 도출한다. 하지만 이 파이 값에 이름을 부여하고 상수로 지정하면, 파이 값이 할당된 상수 이름을 잘못 입력한 오류는 컴파일러에 의해 감지되고, 오류 메시지가 제공되어 오류의 발생 여부를 쉽게 알 수 있다.

 주목할 것! 불행하게도 파이썬은 상수를 지원하지 않는다. 상수를 사용하고 싶을 때에도 변수를 이용해야 하며, 이 경우 프로그램 코드를 작성할 때 실수로 초기에 할당된 값이 변경되는 일이 없도록 각별히 주의해야 한다.

순서도에서 상수 할당은 등호 기호(=)를 이용하여 표현한다.

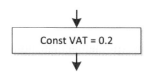

 주목할 것! 이 책은 순서도에서 상수를 표기할 때 Const 예약어를 사용하여 변수와 상수를 구별하며, 상수는 대문자로 표시할 것이다.

사용자가 세 개의 상품에 대한 가격을 입력하면 세 상품 각각에 대한 20%의 부가가치세(VAT)를 계산하여 화면에 보여 주는 알고리즘이 있다고 가정해 보자. 그림 5-1의 순서도는 상수를 사용하지 않았을 때의 알고리즘 처리 과정을 보여 준다.

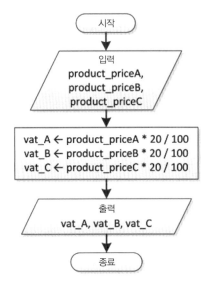

그림 5-1 **상수를 사용하지 않고 세 상품의 20% 부가가치세를 계산하는 알고리즘의 순서도**

이 알고리즘은 오류 없이 동작하지만 문제는 20%의 부가가치세를 계산할 때 똑같은 나눗셈(20/100) 연산을 세 번 한다는 점이다. 실제 컴퓨터 프로그램 코드로 작성되어 수행된다면 CPU는 부가가치세 계산을 위해 나눗셈 연산을 세 번 수행할 것이다.

> 주목할 것! 일반적으로 나눗셈과 곱셈 연산은 시간이 비교적 많이 소요되는 연산이기 때문에 가능한 한 사용을 줄여야 한다.

그림 5-2는 나눗셈 연산(20/100)의 값을 변수에 저장하는 알고리즘의 순서도를 보여 준다. 이렇게 알고리즘을 바꾸었을 때 곱셈 또는 나눗셈 연산의 수를 줄일 수 있고, 오타로 인한 오류도 방지할 수 있다.

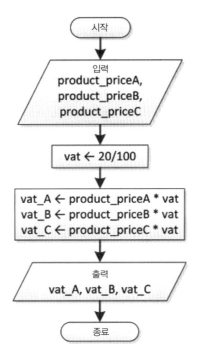

그림 5-2 변수 vat를 이용하여 세 상품의 20% 부가가치세를 계산하는 알고리즘의 순서도

20%의 부가가치세 계산을 위해 나눗셈(20/100) 연산은 한 번만 수행하고, 이 결괏값을 실제 세 상품의 부가가치세를 계산할 때 이용한다. 그럼에도 이 알고리즘은 완벽하지 않다. 알고리즘에 사용된 vat는 변수고, 프로그래머가 실수로 이 값을 바꿀 수도 있기 때문이다. 최종 해결책은 그림 5-3과 같이 vat 변수를 상수 VAT로 선언하여 사용하는 것이다.

📢 **주목할 것!** 상수를 선언하고 사용할 때에는 왼쪽 화살표가 아닌 등호 기호를 사용한다.

앞서 살펴본 세 알고리즘 중에서 마지막 알고리즘이 가장 좋은 알고리즘이다. 상수를 사용했을 때의 장점은 다음과 같다.

- 프로그래머를 포함한 누구도 VAT 값을 의도치 않게 변경할 수 없다(예를 들어, 프로그램 코드의 어떤 곳에서 VAT ← 0.6 명령문이 있다고 하더라도 VAT 값은 변경되지 않는다).
- 오타로 인해 발생하는 오류를 최소화할 수 있다.
- 곱셈과 나눗셈 연산의 수를 줄일 수 있다.
- 부가가치세율이 20%에서 22%로 올랐다면, 프로그래머는 단 한 줄의 코드만 변경하면 된다.

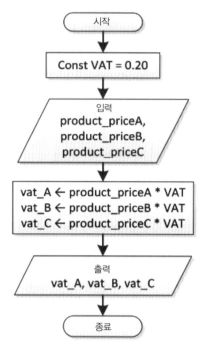

그림 5-3 **상수 VAT를 이용하여 세 상품의 20% 부가가치세를 계산하는 알고리즘의 순서도**

5.3 얼마나 많은 종류의 변수와 상수가 있을까?

대부분의 컴퓨터 프로그래밍 언어에는 많은 종류의 변수와 상수가 있다. 변수와 상수의 종류가 다양한 이유는 변수 및 상수의 종류에 따라 저장할 수 있는 데이터(값)의 종류가 다르기 때문이다. 일반적으로 변수와 상수는 종류에 따라 다음과 같은 데이터를 저장할 수 있다.

- **정수(integer)**: 5, 100, 135, −25, −5123과 같이 소수점이 존재하지 않는 양수 또는 음수
- **실수(real 혹은 float)**: 5.14, 7.23, 5.0, 3.14, −23.78976과 같이 소수점이 있는 양수 또는 음수
- **불리언(boolean)**[1]: 참(true) 또는 거짓(false)을 가질 수 있는 변수 또는 상숫값
- **문자(character)**: "a", "c", "Hello Zeus", "I am 25 years old", 'Peter Loves Jane Forever'와 같이 작은따옴표(') 또는 큰따옴표(")로 묶어 표현하는 알파벳, 숫자, 기호 등의 문자를 말한다. 문자의 연속을 문자열(string)이라 한다.

---

1 조지 불(George Boole, 1815~1864): 영국의 수학자이자 논리학자다. 현대 디지털 컴퓨터의 근간이 되는 불리언 대수와 불리언 논리를 창안하여 기호 논리학 분야에 큰 업적을 남겼다.

기억할 것! 파이썬은 상수를 지원하지 않는다.

5.4 파이썬의 변수 이름 붙이기 규칙

변수 이름을 정할 때 지켜야 하는 규칙은 다음과 같다.

- 변수 이름에는 알파벳 대문자와 소문자, 숫자, 밑줄(_)만 사용할 수 있다(예: firstName, age, last_name).
- 변수 이름은 대소문자를 구분한다. 같은 변수 이름이지만 대소문자가 다르면 다른 변수로 취급한다. 예를 들어, myVAR, myvar, MYVAR, MyVar는 모두 다른 변수다.
- 변수 이름 중간에 공백(space)은 들어갈 수 없다. 변수 이름을 두 개 이상의 단어로 묶어 사용하려면 단어 사이에 밑줄을 사용한다. 예를 들어, "student age"라는 변수 이름은 사용할 수 없고, "student_age" 또는 "studentAge" 등으로 사용해야 한다.
- 변수 이름은 알파벳 또는 밑줄로 시작해야 한다. 변수 이름에 숫자가 들어갈 수는 있지만, 숫자를 변수 이름 맨 앞에 붙이면 안 된다. 예를 들어, "1student_name"은 변수 이름으로 사용할 수 없다. 대신 "student_name1" 또는 "student1_name" 등으로 사용해야 한다.
- 변수 이름은 저장되는 데이터 값의 의미나 역할을 표현할 수 있어야 한다. 예를 들어, 온도값을 저장하기 위한 변수 이름으로 temperature는 좋은 변수 이름이 될 수 있지만, temp 나 t는 변수 이름만으로 변수의 의미나 역할을 명확히 구분할 수 없으므로 좋은 변수 이름이 아니다.

 주목할 것! 파이썬은 C++이나 C# 프로그래밍 언어처럼 상수를 지원하지는 않지만, 상수 용도로 변수를 사용할 수 있다. 변수를 이용하여 상수를 표현하고 싶을 때에는 대문자만을 사용하여 변수 이름을 정하길 권장한다. 이를 통해 일반 변수와 상수 용도로 사용되는 변수를 가시적으로 쉽게 구분할 수 있다.

5.5 '변수를 선언하라'는 말은 무슨 의미인가?

선언(declaration)은 변수에 저장된 내용(contents)을 저장하기 위해 주기억 장치의 일부 영역을 예약하는 과정이다. 많은 고급 컴퓨터 프로그래밍 언어에서 프로그래머는 주기억 장치의 일부를 예약하는 명령문을 반드시 작성해야 한다. 대부분의 경우, 프로그래머는 컴파일러나 인터프리터에게 얼마만큼의 공간을 예약해야 할지 알려 주기 위해 변수의 종류까지 명시해 주어야 한다.

다음 표는 고급 컴퓨터 프로그래밍 언어들에서 정수 형태의 sum이라는 변수를 어떻게 선언하는지를 보여 준다.

선언 명령문	고급 컴퓨터 프로그래밍 언어
Dim sum As Integer	Visual Basic
int sum;	C++, C#, Java 등
sum:Integer;	Pascal, Delphi
var sum;	Javascript

5.6 파이썬의 변수 선언 방법

파이썬에서는 변수를 사용 전에 변수 선언을 미리 명시할 필요 없이(이에 반해, C++나 C#에서는 변수를 미리 선언해야 한다), 해당 변수를 제일 처음에 사용할 때 선언된다.

```
number1 = 0
```

위 명령문은 number1이라는 변수를 선언하고, 0으로 초기화하는 명령문이다.

 주목할 것! 파이썬에서는 등호 기호를 사용하여 변수에 값을 할당하는 명령문을 작성할 수 있다. 파이썬에서 = 기호는 순서도에서 ← 기호와 같은 기능을 한다.

5.7 파이썬에서 상수를 어떻게 선언하는가?

앞서 설명한 것과 같이 파이썬에서는 상수 자체를 선언할 수는 없다. 하지만 상수 용도로 알파벳 대문자로만 이루어진 변수를 선언하여 사용할 수 있다. 따라서 파이썬 코드를 작성할 때 상수 용도로 선언된 변수의 초깃값이 바뀌는 일이 발생하지 않도록 주의해야 한다. 다음은 파이썬에서 상수 용도로 사용된 변수의 예를 보여 준다.

```
VAT = 0.22
NUMBER_OF_PLAYERS = 25
FAVORITE_SONG = "We are the world"
FAVORITE_CHARACTER = "w"
```

기억할 것! 프로그램이 수행되는 동안 상수 또는 상수 용도로 선언된 변수의 값은 바뀌면 안 된다. 파이썬 프로그래밍에서는 변수를 이용하여 상수를 표현하기 때문에 이런 일이 얼마든지 일어날 수 있다. 그래서 상수 용도로 선언된 변수에 대해 의도하지 않은 값 변경이 발생하지 않도록 주의해야 한다.

5.8 복습문제: 참/거짓

다음 문제를 읽고 **참** 또는 **거짓**으로 답하여라.

1. 변수는 컴퓨터의 보조 기억 장치에 위치한다.
2. 순서도에서 변수 할당 연산자는 왼쪽 또는 오른쪽 화살표로 표현한다.
3. 변수의 값은 프로그램이 수행되면서 바뀔 수 있다.
4. 일반적으로 상수는 프로그램이 수행되면서 그 값이 바뀐다.
5. 숫자 10.0은 정수다.
6. 불리언 변수는 두 개의 값 중 하나만 가질 수 있다.
7. 큰따옴표로 묶인 "10.0"은 실숫값이다.
8. 컴퓨터 과학에서 스트링은 입을 수 있는 어떤 것이다.
9. 변수 이름에 숫자를 포함할 수 있다.
10. 변수 이름은 프로그램이 수행되면서 바뀔 수 있다.
11. 변수 이름은 숫자가 될 수 없다.
12. 상수 이름은 반드시 용도를 설명할 수 있는 이름이어야 한다.
13. "student name"은 변수 이름으로 적합하지 않다.
14. "student_name"은 상수 이름으로 적합하다.
15. 파이썬에서 변수 이름에는 대문자와 소문자가 함께 포함될 수 있다.
16. 파이썬에서는 변수를 선언할 필요가 없다.
17. 파이썬에서는 항상 하나 이상의 상수를 선언해야 한다.

5.9 복습문제: 객관식

다음 문제에서 옳은 것을 모두 골라라.

1. 변수는 _____에 위치해 있다.
    a. 하드 디스크

b. DVD 디스크

c. USB 메모리

d. a, b, c 모두 옳다.

e. a, b, c 모두 옳지 않다.

2. 변수는

a. 한순간에 하나의 값만 가질 수 있다.

b. 한순간에 여러 값을 가질 수 있다.

c. a, b 모두 옳다.

d. a, b 모두 옳지 않다.

3. 일반적으로 프로그램에서 상수를 사용하는 것은

a. 프로그래머의 오타 발생을 막는 데 도움이 된다.

b. 곱셈과 나눗셈의 사용을 막는 데 도움이 된다.

c. a, b 모두 옳다.

d. a, b 모두 옳지 않다.

4. 다음 중 정수인 것은?

a. 5.0

b. −5

c. "5"

d. 위 모두 옳지 않다.

5. 불리언 변수가 가질 수 있는 값은?

a. one

b. "True"

c. True

d. 위 모두 옳지 않다.

6. 파이썬에서 문자열은

a. 작은따옴표로 묶는다.

b. 큰따옴표로 묶는다.

c. a, b 모두 옳다.

7. 다음 중 올바르지 **않은** 파이썬 변수 이름은?

a. city_name

b. cityName

c. cityname

d. city-name

8. 순서도에서 상수는 Const라는 키워드를 사용하여 선언할 수 있다. 상수는 한 번 선언되면

a. 그 값은 바뀔 수 없다.

b. Const 키워드를 사용하여 그 값을 다시 바꿀 수 있다.

c. a, b 모두 옳다.

5.10 프로그래밍 연습문제

다음 프로그래밍 연습문제를 완성하여라.

1. 다음 변수의 값에 해당하는 변수 종류를 연결하여라.

값	데이터 종류
1. "True"	a. 불리언
2. 123	b. 실수
3. False	c. 문자열
4. 10.0	d. 정수

2. 다음 용도에 가장 적합한 변수 종류를 연결하여라.

용도	데이터 종류
1. 사람의 이름	a. 불리언
2. 사람의 나이	b. 실수
3. 5 나누기 2의 결과	c. 정수
4. 거미는 곤충인가 아닌가?	d. 문자열

입력값과 출력값 다루기

6.1 메시지와 결과를 사용자 화면에 출력하는 명령어

순서도에서 평행 사변형을 사용하여 출력을 표현할 수 있으며, "출력(output)" 예약어를 사용하여 메시지나 최종 결과를 화면으로 출력한다.

위 그림에서 arg1, arg2, arg3은 변수, 상수, 식 또는 큰따옴표로 묶인 문자열 등이 될 수 있다.
위의 평행 사변형 그림을 다음과 같이 표현할 수도 있다.

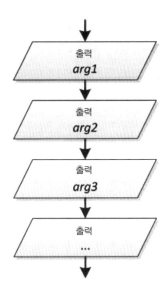

위의 출력 순서도는 print 명령문을 사용하여 파이썬 코드로 다음과 같이 나타낼 수 있다.

```
print(arg1, arg2, arg3, ... [, sep = " "] [, end = "\n"])
```

- arg1, arg2, arg3, …는 화면에 표시될 인자(argument) 또는 값으로, 변수, 상수, 식 또는 문자열 등이 될 수 있다.
- sep 옵션은 화면에 표시될 항목들 사이에 추가되는 문자열을 설정할 수 있다. 선택 항목으로 사용해도 되고, 사용하지 않아도 무방하다. 이 옵션을 사용하지 않을 경우, 기본값으로 공백(space) 한 개가 사용된다.
- end 옵션은 모든 항목을 출력한 후 출력문 가장 뒤에 추가되는 항목을 설정할 수 있다. sep 옵션과 마찬가지로 선택 항목이므로 사용해도 되고, 사용하지 않아도 된다. 사용하지 않을 경우, 기본값으로 개행 문자(Enter 키와 동일한 결과)가 사용된다.

```
a = 5 + 6
print("5와 6의 합:", a)
```

위의 두 명령문은 그림 6-1과 같은 메시지 결괏값을 출력한다.

그림 6-1 **모니터 화면에 출력된 문자열**

파이썬에서 문자열을 화면에 출력하고 싶다면, 문자열을 작은따옴표 또는 큰따옴표 안에 넣어
print 명령문을 사용해야 한다.

위 예제에서 첫 번째 항목("5와 6의 합:")과 두 번째 항목 (a) 사이에 공백이 자동으로 추가되었음
을 알아 두길 바란다(따라서 결과가 "5와 6의 합:11"이 아닌 "5와 6의 합: 11"이다)..

print 명령문 안에서 수식을 직접 사용하여 계산 결과를 출력할 수도 있다.

```
print("5와 6의 합:", 5 + 6)
```

위 명령문은 그림 6-1의 결과와 동일한 메시지가 출력된다.

6.2 print 명령문으로 할 수 있는 다양한 출력 방법

파이썬의 print 명령문은 출력되는 항목들 사이에 공백을 자동으로 추가한다.

```
print("아침", "점심", "저녁")
```

위 명령문의 결과는 그림 6-2와 같다.

그림 6-2 **인자 사이에 공백이 추가되어 출력된 결과 화면**

```
print("아침","점심","저녁")
print("아침", "점심", "저녁")
print("아침",    "점심",    "저녁")
```

위 세 명령문의 출력 결과는 그림 6-3과 같이 모두 같다.

그림 6-3 **인자 사이에 항상 공백 하나가 추가되어 출력된 결과 화면**

출력 항목의 구분자 문자를 변경하고 싶다면 sep 옵션 항목을 추가하여 원하는 구분자를 사용할 수 있다.

```
print("아침", "점심", "저녁", sep = "#")
```

위 명령문의 출력 결과는 그림 6-4와 같다.

그림 6-4 **sep 옵션을 주어 인자 사이에 다른 문자가 추가된 결과 화면**

다음 명령문을 살펴보자.

```
a = "길동"
print("안녕", a)
print("반갑다", a)
print("오랜만이야", a)
```

파이썬에서 print 명령문은 출력 결과 마지막에 개행 문자를 자동으로 추가한다. 따라서 위 세 개의 print 명령문은 그림 6-5와 같이 순서대로 한 줄 한 줄 표시된다(a 변수가 출력된 후 개행이 이루어짐).

그림 6-5 **세 줄로 표시된 결과 화면**

```
a = "길동"
print("안녕", a, end = " - ")
print("반갑다", a, end = " - ")
print("오랜만이야", a)
```

위와 같이 end 옵션을 추가하여 print 명령문 마지막에 추가될 문자열을 바꾸어 줄 수 있으며, 위 명령문의 결과는 그림 6-6과 같다.

그림 6-6 **한 줄로 표시된 결과 화면**

```
a = "길동"
print("안녕 ", a, "\n", "반갑다 ", a, "\n", "오랜만이야 ", a, sep = "")
```

또한, 위와 같이 하나의 print 명령문 안에 개행 문자("\n")를 임의로 추가하여 세 줄로 출력할 수도 있다. 위 명령문의 결과는 그림 6-7과 같다.

그림 6-7 **세 줄로 표시된 결과 화면**

또 다른 특수 문자로 "\t"를 예로 들 수 있다. "\t"는 탭(tab)을 나타내는 특수 문자로서 출력 결과를 정렬하여 표시하고 싶을 때 유용하게 사용된다.

```
print("철수", "\t", "영희")
print("길동", "\t", "정하")
```

위 명령문의 결과는 그림 6-8과 같다.

그림 6-8 **탭 기호가 추가되어 표시된 결과 화면**

다음과 같은 하나의 print 명령문으로도 같은 결과를 얻을 수 있다.

```
print("철수", "\t", "영희", "\n", "길동", "\t", "정하", sep = "")
```

6.3 사용자로부터 입력을 받을 수 있는 명령어

알고리즘 또는 프로그램을 작성하는 주요 3단계가 무엇인지 기억하는가? 첫 번째 단계가 바로 '데이터 입력'이다. 이 단계에서 컴퓨터는 사용자로부터 숫자, 이름, 주소, 생년월일 등을 입력 받는다.

순서도에서 데이터 입력은 출력과 마찬가지로 평행 사변형으로 표현하며, '입력(read)' 예약어를 사용하여 데이터 입력을 표현한다.

위 순서도에서 var_name1, var_name2, var_name3 등은 반드시 변수이어야 한다. 위 순서도 는 다음과 같이 표현할 수도 있다.

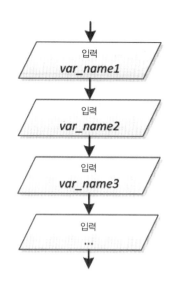

 입력 명령문이 수행되면 프로그램의 수행 흐름은 사용자가 요구하는 데이터가 모두 입력될 때까지 중지(interrupt)된다. 사용자의 데이터 입력이 완료되면 프로그램의 수행 흐름은 다음 명령문으로 계속 진행된다. 일반적으로 데이터는 키보드를 통해 입력된다.

주목할 것!

파이썬에서는 다음과 같은 명령문을 사용하여 사용자로부터 데이터를 입력받을 수 있다.

```python
# 키보드로부터 문자열 입력받기
var_name_str = input([prompt])
# 키보드로부터 정수 입력받기
var_name_int = int(input([prompt]))
# 키보드로부터 실수 입력받기
var_name_float = float(input([prompt]))
```

- prompt는 화면에 표시될 프롬프트(prompt) 메시지를 나타내며, 변수나 문자열 중에 하나가 사용된다. prompt 항목은 옵션(선택사항)이다.
- var_name_str은 문자열(string) 변수다.
- var_name_int는 정수(integer) 변수다.
- var_name_float은 실수(float) 변수다.

주목할 것! int( )와 float( ) 함수에 대해서는 나중에 살펴보자.

다음 파이썬 코드는 사용자로부터 이름과 나이를 입력받는다.

```
name = input()
age = int(input())
print(name, "님의 나이는 ", age, "살입니다.", sep="")
```

사용자로부터 데이터를 입력받을 때 '프롬프트' 메시지를 표시해 주어 프로그램을 좀 더 사용하기 편하게 만들 수 있다. 예를 들어, 다음 프로그램 코드를 살펴보자.

```
name = input("당신의 이름은 무엇인가요?")
age = int(input("나이는 몇 살인가요?"))
print(name, "님의 나이는 ", age, "살입니다.", sep="")
```

위의 프로그램을 수행하였을 때 사용자는 무엇을 입력해야 할지 쉽게 알 수 있다. 위 코드를 다음과 같이 표현할 수도 있다.

```
print("당신의 이름은 무엇인가요?", end = "")
name = input("당신의 이름은 무엇입니까? ")
print("나이는 몇 살인가요? ", end = "")
age = int(input("나이는 몇 살인가요? "))
print(name, "님의 나이는 ", age, "살입니다.", sep="")
```

 주목할 것!   파이썬에서는 input() 명령문 안에 프롬프트 메시지를 활용하여 출력하는 것을 권장한다.

다음 순서도는 위 코드를 표현한 것이다.

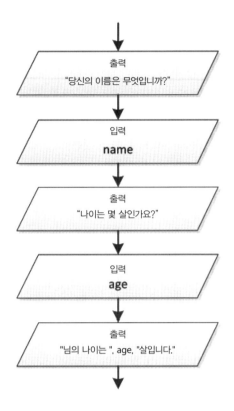

6.4 복습문제: 참/거짓

다음 문제를 읽고 **참** 또는 **거짓**으로 답하여라.

1. 파이썬에서 print는 예약어다.
2. print( ) 명령문을 사용하여 메시지나 변수의 값을 출력할 수 있다.
3. input( ) 명령문이 수행되면 사용자가 값을 입력할 때까지 수행 흐름이 중지된다.
4. 하나의 input( ) 명령문으로 여러 개의 입력값을 입력받을 수 있다.
5. 데이터 입력을 받기 전에 프롬프트 메시지가 항상 출력되어야 한다.

6.5 복습문제: 객관식

다음 문제에서 옳은 것을 모두 골라라.

1. print("안녕") 명령문의 설명으로 옳은 것은?

    a. 따옴표 없는 안녕을 출력한다.

    b. 따옴표 있는 "안녕"을 출력한다.

    c. 변수 Hello의 값을 출력한다.

    d. 위 모두 옳지 않다.

2. print("안녕\n하세요") 명령문의 설명으로 옳은 것은?

    a. 안녕 하세요를 출력한다.

    b. 안녕을 출력한 후 다음 줄에 하세요를 출력한다.

    c. 안녕하세요를 출력한다.

    d. 안녕\n하세요를 출력한다.

    e. 위 모두 옳지 않다.

3. data1_data2 = input( ) 명령문의 설명으로 옳은 것은?

    a. 사용자로부터 입력값을 받고, 그 값을 data1에 할당한다. 변수 data2는 아무런 값을 가지지 않는다.

    b. 사용자로부터 입력값을 받고, 그 값을 변수 data1_data2에 할당한다.

    c. 사용자로부터 두 개의 입력값을 받고, 그 값을 각각 data1, data2에 할당한다.

    d. 위 모두 옳지 않다.

연산자

7.1 값 할당 연산자

파이썬에서 가장 많이 사용되는 연산자 중 하나는 값 할당 연산자(=)다. 예를 들어, 다음 파이썬 명령문을 살펴보자.

```
x = 5
```

위 명령문은 5라는 값을 x라는 변수에 할당한다. 5장에서 살펴본 바와 같이 값 할당 연산자는 순서도에서 왼쪽 화살표(←)와 같은 역할을 한다.

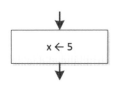

순서도에서 사용하는 왼쪽 화살표는 값 할당 연산자보다 편리하고 명확해 보인다. 왜냐하면, 명령문의 왼쪽 화살표 오른쪽에 있는 값이나 결과가 왼쪽의 변수에 할당된다는 것을 시각적으로 좀 더 잘 표현하기 때문이다.

파이썬에서 '=' 기호를 사용할 때에는 수학 분야에서 사용하는 의미와 다르다는 점을 유념해야 한다. 수학 분야에서 'x = 5'는 'x는 5와 같다'라는 뜻을 지니고 있지만, 파이썬에서 'x = 5'는 '5라는 값을 변수 x에 할당하라' 또는 'x에 5 값을 가지게 하라'라는 뜻을 지니고 있다. 같은 식이지만 그 의미는 수학 분야에서 사용하는 경우와 컴퓨터 프로그래밍 언어 분야에서 사용하는 경우가 서로 다르다.

수학 분야에서 다음과 같은 두 식은 같은 의미를 지닌다.

```
x = y + z
y + z = x
```

첫 번째 식은 수학 분야에서 'x는 y와 z의 합과 같다'라는 뜻을 지니고 있고, 두 번째 식은 'y와 z의 합은 x와 같다'라는 뜻을 지니고 있다. 하지만 파이썬에서는 위의 두 식은 전혀 다른 뜻을 지니고 있다. 엄격히 말해 파이썬에서 두 번째 식은 잘못된 것이다.

```
x = y + z
y + z = x
```

첫 번째 명령문은 문제가 없어 보인다. 파이썬에서 첫 번째 명령문은 'y와 z의 합을 x에 할당하라' 또는 'x를 y와 z의 합과 같게 하라'라는 뜻을 지니고 있다. 하지만 두 번째 명령문은 어떤지 생각해 보자. 변수 x가 가지고 있는 값을 y + z에 할당할 수 있는가? 당연히 이 물음에 대한 답은 '아니다'이다.

기억할 것!

파이썬에서 값 할당 연산자(=)의 왼쪽에 있는 변수는 값이 저장될 수 있는 주기억 장치의 특정 공간을 의미한다. 따라서 값 할당 연산자의 왼쪽에는 반드시 하나의 변수만 있어야 한다. 반면, 값 할당 연산자의 오른쪽에는 숫자, 변수, 문자열 또는 복잡한 수식도 들어갈 수 있다.

표 7-1 **값 할당 예제**

a = 9	9라는 값을 변수 a에 할당한다.
b = c	변수 c가 가지고 있는 값을 변수 b에 할당한다.
d = "안녕 철수"	문자열 "안녕 철수"를 변수 d에 할당한다.
d = a + b	변수 a와 b가 가지고 있는 값의 합을 변수 d에 할당한다.
b = a + 1	변수 a의 값과 1의 합을 계산하고, 그 결과를 변수 b에 할당한다. 변수 a의 값은 변경되지 않는다.
a = a + 1	변수 a의 값과 1의 합을 계산하고, 그 결과를 다시 변수 a에 할당한다. 다시 말해, a를 1 증가시킨다.

표 7-1의 마지막 예제가 잘 이해되는가? 지금 학창시절의 수학 선생님을 생각하고 있지는 않은 가? 수학 선생님이 칠판에 a = a + 1이라고 적었다면 선생님이 이것을 어떻게 설명할 것 같은 가? 어떤 값이 그 값에 1을 더한 결과와 같다고 생각하지 않을까? 이와 같이 생각한다면 5는 6과 같고, 10은 11과 같다는 의미다.

물론, 컴퓨터 프로그래밍 언어에서 위 식의 의미는 다르다. 명령문 a = a + 1은 올바른 명령문이다. 이 명령문은 CPU에게 변수 a의 값을 주기억 장치에서 읽어오게 한 다음, 그 값을 1 증가시키고, 증가시킨 결과를 다시 변수 a에 할당한다. 명령문을 수행시키기 전의 변수 a 값은 새로운 값으로 변경된다.

아직도 잘 이해되지 않는가? A ← A + 1(파이썬에서 a = a + 1 명령문) 명령문을 수행하기 위해 컴퓨터 시스템에서 CPU와 주기억 장치가 어떻게 상호작용하는지 살펴보자.

주기억 장치에 A라고 명명된 공간이 있고, 그 공간에 13이라는 값이 저장되어 있다고 가정해보자.

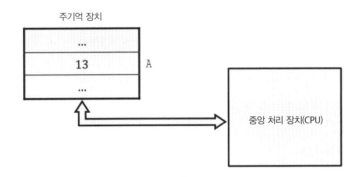

프로그램은 CPU에게 다음 명령문을 수행하도록 지시한다.

위 명령문은 다음 순서에 따라 수행된다.

- CPU가 A라는 이름의 주기억 장치 공간에 저장되어 있는 숫자 13을 가져온다.
- CPU는 13과 1의 합을 계산한다.
- CPU가 결괏값 14를 기존에 13 값을 가지고 있던 A라는 주기억 장치 공간에 저장한다.

수행 후 주기억 장치의 모습은 다음과 같다.

주기억 장치

14   A

지금까지 설명한 모든 것을 이해했다면 다른 예제를 좀 더 살펴보자. 파이썬에서는 한 개의 명령문으로 한 개의 값을 여러 변수에 할당할 수 있다.

```
a = b = c = 4
```

위 명령문은 4라는 값을 변수 a, b, c에 할당한다. 또한, 다수의 값을 다수의 변수에 각각 할당할 수도 있다. 파이썬에서는 이를 동시 할당(simultaneous assignment)이라고 한다.

```
a, b, c = 2, 10, 3
```

위 명령문은 2라는 값을 변수 a, 10이라는 값을 변수 b, 3이라는 값을 변수 c에 할당한다.

7.2 산술 연산자

파이썬도 대부분의 고급 프로그래밍 언어와 마찬가지로 많은 종류의 산술 연산자를 지원한다.

산술 연산자	설명
+	덧셈
−	뺄셈
*	곱셈
/	나눗셈
//	정수 나눗셈의 몫
%	정수 나눗셈의 나머지
**	거듭제곱

처음 네 개 연산자는 기본 사칙 연산자이므로 설명을 생략한다. 정수 나눗셈 연산자 "//"는 정수 나눗셈을 수행한 후의 몫을 반환한다.

```
a = 13 // 3
```

위 명령문은 4라는 값을 변수 a에 할당한다. 또한, 이 연산자(//)는 실수와 같이 사용할 수도 있다.

```
b = 14.4 // 3
```

위 명령문은 4라는 값을 변수 b에 할당한다. 이와 대조적으로 나머지 연산자 "%"는 정수 나눗셈을 수행한 후 나머지를 반환한다.

```
c = 13 % 3
```

위 명령문은 1이라는 값을 변수 c에 할당한다. 이 나머지 연산자(%)는 // 연산자와 마찬가지로 실수와 함께 사용할 수 있다. 하지만 그 결과는 실숫값을 가지게 된다.

```
d = 14.4 % 3
```

위 명령문은 2가 아닌 2.4 값을 변수 d에 할당한다.

거듭제곱 연산자(**)는 연산자의 왼쪽에 있는 숫자를 오른쪽에 있는 숫자의 횟수만큼 제곱한 결과를 반환한다.

```
f = 2 ** 3
```

위 명령문은 8(2^3=8)이라는 값을 변수 f에 할당한다.

> **◀)) 주목할 것!**
>
> 거듭제곱 연산자는 제곱근을 계산할 때도 사용될 수 있다. 파이썬 코드로 제곱근은 y = x ** (1/2)로 간단히 표현할 수 있다. 또한, y = x**(1/3)와 같이 세제곱근을 표현할 수도 있다.

수학에서는 다음과 같이 소괄호뿐만 아니라 중괄호, 대괄호까지 사용할 수 있다는 것을 이미 알고 있을 것이다.

$$y = \frac{5}{2}\left\{3 + 2\left[4 + 7\left(7 - \frac{4}{3}\right)\right]\right\}$$

파이썬에서는 중괄호와 대괄호는 식에서 사용하지 않는다. 단지 소괄호만 사용할 수 있다. 따라서 위 수식을 중괄호와 대괄호 없이 다음과 같이 표현할 수 있다.

```
y = 5 / 2 * (3 + 2 * (4 + 7 * (7 - 4 / 3)))
```

수학에서는 3x(3 곱하기 x)와 같이 곱셈 연산자를 생략하여 수식을 표현하기도 한다. 하지만 파이썬에서는 이렇게 곱셈 연산자를 생략하여 사용할 수 없다. 수식을 파이썬으로 표현할 때 곱셈이 이루어지는 곳에는 항상 곱셈 연산자(*)를 써 주어야 한다. 파이썬에서 수식을 표현할 때 곱셈 연산자를 생략하는 것은 초급 파이썬 프로그래머가 자주 범하는 실수 중 하나다.

7.3 산술 연산자의 우선순위

파이썬에서 산술 연산자의 우선순위는 수학에서 사용하는 것과 동일하다. 거듭제곱이 먼저 수행되며, 곱셈과 나눗셈이 그 다음, 덧셈과 뺄셈이 나중에 수행된다.

하나의 식에 같은 우선순위를 가지는 곱셈과 나눗셈이 나란히 있다면, 식의 왼쪽부터 차례대로 수행된다.

```
y = 6 / 3 * 2
```

위 명령문은 수식 $y = \dfrac{6}{3} \cdot 2$ 와 같다. 즉, 4라는 값이 변수 y에 할당된다(나눗셈이 곱셈보다 먼저 나오므로 먼저 계산된다). 하지만 나눗셈보다 곱셈을 먼저 수행하고 싶다면 수학에서 사용하는 것과 마찬가지로 괄호를 이용하여 연산의 우선순위를 조정할 수 있다.

```
y = 6 / (3 * 2)
```

주목할 것!

위 명령문은 수식 $y = \dfrac{6}{3 \cdot 2}$ 와 같다.

윈도우 운영체제에서 기본적으로 제공하는 메모장 등의 텍스트 편집기를 이용해도 파이썬 프로그램을 작성할 수 있다. 하지만 메모장 등의 텍스트 편집기는 분수를 $\dfrac{6}{3}$ 과 $\dfrac{4x+5}{6}$ 등의 형태로 표현할 수 없다. 텍스트 편집기에는 수식 편집기가 없기 때문이다. 파이썬에서 분수는 $\dfrac{6}{3}$ 과 같은 분수 표현이 아니라 한 줄로 표현한다. 즉, $\dfrac{6}{3}$ 은 6/3으로, $\dfrac{4x+5}{6}$ 은 (4 * x + 5) / 6으로 표현한다.

연산의 우선순위에 대해 정리하면 다음과 같다.

1. 괄호 안에 있는 연산이 먼저 수행된다.
2. 거듭제곱 연산이 그 다음으로 수행된다.

3. 다음으로 곱셈과 나눗셈 연산이 왼쪽에서 오른쪽 순서로 수행된다.

4. 마지막으로 덧셈과 뺄셈 연산이 왼쪽에서 오른쪽 순서로 수행된다.

예를 들어, y = (20 + 3) + 12 + 2 ** 3 / 4 * 3은 다음과 같은 순서로 계산된다.

1. 20과 3을 더하여 23으로 만든다.

2. 2의 3 제곱을 계산하여 8로 만든다.

3. 8을 4로 나눈 결괏값 2에 3을 곱하여 6으로 만든다.

4. 23과 12를 더하여 35로 만들고, 다시 35와 6을 더하여 41이라는 결괏값을 만든다.

이를 그림으로 표현하면 다음과 같다.

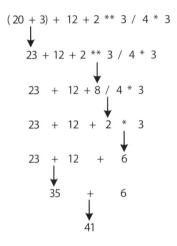

7.4 복합 할당 연산자

파이썬은 프로그램 연산을 빠르게 작성할 수 있도록 복합 할당 연산자(compound assignment operator)라는 특수 연산자를 제공한다.

연산자	설명	예제	동일식
+=	덧셈 할당	a += b	a = a + b
-=	뺄셈 할당	a -= b	a = a - b
*=	곱셈 할당	a *= b	a = a * b
/=	나눗셈 할당	a /= b	a = a / b
//=	정수 나눗셈 할당	a //= b	a = a // b
%=	나머지 할당	a %= b	a = a % b

**=*	거듭제곱 할당	a **= b	a = a ** b

위 표에서 각 복합 할당 연산자에 대응하는 동일식 열을 살펴보면 각 연산이 어떻게 계산되는지 쉽게 파악할 수 있다. 그렇다면 파이썬은 왜 이런 복합 할당 연산자를 제공하는 것일까? 이에 대한 답은 이외로 간단하다. 편리하기 때문이다. 여러분이 프로그래밍을 할 때 복합 할당 연산자를 사용하다 보면 좀 더 편한 프로그래밍 세상을 경험하게 될 것이다.

주목할 것!

사실, 알고리즘을 표현하는 데 순서도가 가장 좋은 방법은 아니다. 순서도에서 복합 할당 연산자를 사용하는 것이 불가능하지는 않지만, 이 책에서는 위 표의 동일식 열과 같은 형태로 복합 할당 연산자를 나타낼 것이다. 예를 들어, a += b 식을 다음과 같이 표현한다.

예제 7.4-1 **파이썬 명령문에 구문 오류가 있을까? 없을까?**

다음 파이썬 명령문에서 구문 오류가 있는 것을 찾아라.

i. a = -10	**ii.** 10 = b	**iii.** a_b = a_b + 1
iv. a = "COWS"	**v.** a = COWS	**vi.** a + b = 40
vii. a = 3 b	**viii.** a = "True"	**ix.** a = True
x. a //= 2	**xi.** a += 1	**xii.** a =* 2

풀이

i. **문제 없음.** -10의 값을 변수 a에 할당한다.

ii. **구문 오류.** 변수 할당 연산자의 왼쪽에는 변수만 올 수 있다.

iii. **문제 없음.** 변수 a_b를 1 증가시킨다.

iv. **문제 없음.** 문자열 "COWS"를 변수 a에 할당한다.

v. **문제 없음.** 변수 COWS의 값을 변수 a에 할당한다.

vi. **구문 오류.** 변수 할당 연산자의 왼쪽에는 하나의 변수만 올 수 있다.

vii. 구문 오류. 수식을 생각했다면 a = 3 * b로 작성되어야 한다.

viii. 문제 없음. 문자열 "True"를 변수 a에 할당한다.

ix. 문제 없음. 불리언 값 True를 변수 a에 할당한다.

x. 문제 없음. a = a // 2와 같은 식이다.

xi. 문제 없음. a = a + 1과 같은 식이다.

xii. 구문 오류. a *= 2 또는 a = a * 2로 작성되어야 한다.

예제 7.4-2 변수의 종류가 무엇인지 찾아낼 수 있는가?

다음 변수들의 종류가 무엇인지 말하여라.

i. a = 15	**ii.** width = "10 meters"	**iii.** b = "15"
iv. temp = 13.5	**v.** b = True	**vi.** b = "True"

풀이

i.   15는 정수다. 따라서 변수 a도 정수다.

ii.   "10 meters"는 문자의 연속이고 따옴표로 묶여 있으므로 문자열이다.

iii.   "15"는 숫자이지만 따옴표로 묶여 있으므로 변수 b는 문자열이다.

iv.   13.5는 실수다. 따라서 변수 temp도 실수다.

v.   True는 참을 나타낸다. 따라서 변수 b도 불리언이다.

vi.   True가 따옴표로 묶여 있으므로 변수 b는 문자열이다.

7.5 문자열 연산자

파이썬에서는 다음과 같은 두 가지 형태의 문자열 연산자를 사용하여 문자열을 서로 연결(concatenation)할 수 있다.

연산자	설명	예제	동일식
+	연결	a = "안녕" + " 하세요"	
+=	연결 할당	a += "안녕"	a = a + " 하세요"

예를 들어, 다음 명령문은 "무슨 일 있니?"를 출력한다.

```
a = "무슨 "
b = "일 "
c = a + b
c += "있니?"
print(c)
```

예제 7.5-1 **이름 연결하기**

사용자로부터 영문 이름과 영문 성을 각각 입력받은 후(서로 다른 변수에 할당함), 이들을 하나의 문자열로 합치는(연결하는) 파이썬 프로그램을 작성하여라.

풀이

파이썬 프로그램은 다음과 같다.

```
first_name = input("영문 이름을 입력하여라: ")
last_name = input("영문 성을 입력하여라: ")

full_name = first_name + " " + last_name
print(full_name)
```

주목할 것!   영문 이름과 영문 성 사이에 공백 문자가 추가되었음에 주목하자.

7.6 복습문제: 참/거짓

다음 문제를 읽고 **참** 또는 **거짓**으로 답하여라.

1.   명령문 x = 5는 변수 x는 5와 같다는 뜻이다.
2.   변수 할당 연산자는 식의 결과를 변수에 할당할 수 있다.
3.   문자열을 변수에 할당하는 것은 input( ) 명령문을 통해서만 가능하다.
4.   명령문 5 = y는 5라는 값을 변수 y에 할당한다.
5.   변수 할당 연산자의 오른쪽에는 항상 산술 연산자가 반드시 있어야 한다.
6.   변수 할당 연산자의 왼쪽에는 두 개 이상의 변수가 올 수 있다.
7.   변수 할당 연산자의 양쪽에 같은 변수를 사용할 수 없다.
8.   명령문 a = a + 1은 변수 a의 값을 1 감소시킨다.
9.   파이썬에서 MOD는 예약어다.

10. 명령문 x = 0 % 5는 5라는 값을 변수 x에 할당한다.

11. 5 % 0이라는 연산은 불가능하다.

12. 곱셈과 나눗셈은 모든 산술 연산자 중에서 가장 우선순위가 높다.

13. 곱셈과 나눗셈 연산자가 하나의 식에 같이 존재할 때, 곱셈 연산자가 나눗셈 연산자보다 먼저 계산된다.

14. 8 / 4 * 2 식의 결괏값은 1이다.

15. 4 + 6 / 6 + 4 식의 결괏값은 9다.

16. a + b + c / 3 식은 변수 a, b, c 값의 평균값을 계산한다.

17. a += 1 명령문은 a = a + 1 명령문과 같은 식이다.

18. a = "True" 명령문은 불리언 값을 변수 a에 할당한다.

19. a = 2·a 명령문은 변수 a의 값을 두 배로 증가시킨다.

20. a += 2 명령문과 a = a − (−2) 명령문은 같은 식이 아니다.

21. a −= a + 1 명령문은 항상 −1이라는 값을 변수 a에 할당한다.

22. a = "안녕" + " 하세요" 명령문은 안녕하세요라는 값을 변수 a에 할당한다.

23. 다음 파이썬 프로그램은 명확성(definiteness)을 만족시킨다.

```
a = int(input())
b = int(input())
x = a / (b - 7)
print(x)
```

7.7 복습문제: 객관식

다음 문제에서 옳은 것을 모두 골라라.

1. 다음 중 숫자 10을 변수 a에 할당하는 명령문은 무엇인가?

   a. 10 = a

   b. a ← 10

   c. a = 100 / 10

   d. 위 모두 옳지 않다.

2. 명령문 a = b에 대한 설명으로 옳은 것은?

   a. 변수 a의 값을 변수 b에 할당한다.

   b. 변수 b는 변수 a와 같다는 의미다.

c. 변수 b의 값을 변수 a에 할당한다.

d. 위 모두 옳지 않다.

3. 0 % 10 + 2 식의 값은?

a. 7

b. 2

c. 12

d. 위 모두 옳지 않다.

4. 다음 파이썬 명령문 중 문법적으로 올바른 것은?

a. a = 4 * 2 y – 8 / (4 * q)

b. a = 4 * 2 * y – 8 / 4 * q)

c. a = 4 * 2 * y – 8 / (4 */ q)

d. 위 모두 옳지 않다.

5. 다음 파이썬 명령문 중 문법적으로 올바른 것은?

a. a ** 5 = b

b. b = a ** 5

c. a =** 5

6. 다음 중 변수 a에 "좋은 아침"라는 값을 할당하는 명령문은?

a. a = "좋은" + " " + "아침"

b. a = "좋은" + " 아침"

c. a = "좋은 " + "아침"

d. 위 모두 옳다.

7. 다음 파이썬 코드에 대한 설명으로 옳은 것은?

```
x = 2
x += 1
```

a. 유한성을 만족하지 않는다.

b. 명확성을 만족하지 않는다.

c. 효과성을 만족하지 않는다.

d. 위 모두 옳지 않다.

8. 다음 파이썬 코드에 대한 설명으로 옳은 것은?

```python
a = int(input())
x = 1 / a
```

a. 유한성을 만족하지 않는다.

b. 명확성을 만족하지 않는다.

c. 효과성을 만족하지 않는다.

d. 위 모두 옳지 않다.

7.8 프로그래밍 연습문제

다음 프로그래밍 연습문제를 완성하여라.

1. 다음 파이썬 명령문 중 문법적으로 올바른 것은?

   ⅰ. a ← a + 1   ⅱ. a += b

   ⅲ. a b = a b + 1   ⅳ. a = a + 1

   ⅴ. a = hello   ⅵ. a = 40"

   ⅶ. a = b · 5   ⅷ. a =+ "True"

   ⅸ. fdadstwsdoiejwfowgfgw = 1   ⅹ. a = a**5

2. 다음 변수의 종류를 나타내어라.

   ⅰ. a = "False"   ⅱ. w = False

   ⅲ. b = "15 meters"   ⅳ. weight = "40"

   ⅴ. b = 13.0   ⅵ. b = 13

3. 왼쪽 열의 수식 결과를 오른쪽 열의 결과와 연결시켜라.

식	결과
a. 1 / 2	a. 100
b. 1 / 2 * 2	b. 0.25
c. 0 % 10 * 10	c. 0
d. 10 % 2 + 7	d. 0.5
	e. 7
	f. 1.0

4. 다음 파이썬 프로그램의 결괏값은 무엇인가?

   i.
```
a = 5
b = a * a + 1
print(b + 1)
```

   ii.
```
a = 9
b = a / 3 * a
print(b + 1)
```

5. 다음 파이썬 프로그램의 결괏값은 무엇인가?

   i.
```
a = 5
a += a - 5
print(a)
```

   ii.
```
a = 5
a = a + 1
print(a)
```

6. 다음 식의 결과는 무엇인가?

   i. 21 % 5
   ii. 10 % 2
   iii. 11 % 2
   iv. 10 % 6 % 3
   v. 0 % 3
   vi. 100 / 10 % 3

7. 다음 파이썬 프로그램의 결괏값은 무엇인가?

   i.
```
a = 5
b = 2
c = a % (b + 1)
d = (b + 1) % (a + b)
print(c, "*", d)
```

   ii.
```
a = 0.4
b = 8
a += 0.1
c = a * b % b
print(c)
```

8. 변수 a와 b의 값이 다음과 같을 때 a % b의 값은 무엇인가?

   i. a = 20, b = 3
   ii. a = 15, b = 3
   iii. a = 22, b = 3
   iv. a = 0, b = 3
   v. a = 3, b = 0
   vi. a = 2, b = 2

9. 변수 a와 b의 값이 다음과 같을 때 b * (a % b) + a / b의 값은 무엇인가?

   i. a = 10, b = 5
   ii. a = 10, b = 4

10. 다음 파이썬 코드의 결과는 무엇인가?

```
a = "나의 이름은"
a += " "
a = a + "홍길동"
print(a)
```

11. 다음 파이썬 코드의 결괏값이 5가 나오도록 빈칸을 채워라.

i.
```
a = 2
a = a - ____
print(a)
```

ii.
```
a = 4
b = a * 0.5
b += a
a = b - ____
print(a)
```

12. 다음 파이썬 프로그램의 결괏값은 무엇인가?

```
city = "California"
California = city
print(city, California)
```

추적표

8.1 추적표란 무엇인가?

추적표(trace table)란, 알고리즘이나 컴퓨터 프로그램을 수행하면서 발생할 수 있는 논리 오류를 검사하는 기술을 말한다. 추적표를 통해 알고리즘이나 컴퓨터 프로그램의 수행 흐름을 모의 실행(simulation)하면, 명령문들을 하나씩 실행하면서 할당 명령문에 의해 변숫값들이 어떻게 바뀌는지를 살펴볼 수 있다.

알고리즘이나 컴퓨터 프로그램이 어떻게 수행되는지를 추적표를 통해 가시적으로 보여 줄 수 있으며, 논리 오류를 검사할 수도 있다. 추적표의 일반 형태는 다음과 같다.

단계	명령문	설명	변수1	변수2	변수3
1					
2					
…					

실제로 추적표를 사용해 보자.

```
x = 10
y = 15
z = x * y
z += 1
print(z)
```

위 파이썬 코드에 있는 명령문의 각 수행 단계별 변숫값의 변화를 알아보기 위해서는 다음과 같이 추적표를 만들 수 있다.

단계	명령문	설명	x	y	z
1	x = 10	변수 x에 10을 할당함	**10**	–	–
2	y = 15	변수 y에 15를 할당함	10	**15**	–
3	z = x * y	변수 x와 y의 곱의 결과를 변수 z에 할당함	10	15	**150**
4	z += 1	변수 z에 1을 더함	10	15	**151**
5	print(z)	151을 출력			

예제 8.1-1 **추적표 만들기**

다음 파이썬 프로그램에 대한 추적표를 만들어라.

```
Ugly = "Beautiful"
Beautiful = "Ugly"
Handsome = Ugly

print("Beautiful")
print(Ugly)
print(Handsome)
```

풀이

단계	명령문	설명	Ugly	Beautiful	Handsome
1	Ugly = "Beautiful"	문자열 "Beautiful"를 변수 Ugly에 할당함	**Beautiful**	–	–
2	Beautiful = "Ugly"	문자열 "Ugly"를 변수 Beautiful에 할당함	Beautiful	**Ugly**	–
3	Handsome = Ugly	Ugly 변수의 값을 Handsome 변수에 할당함	Beautiful	Ugly	**Beautiful**
4	print("Beautiful")	문자열 "Beautiful"을 출력			
5	print(Ugly)	문자열 "Beautiful"을 출력			
6	print(Handsome)	문자열 "Beautiful"을 출력			

예제 8.1-2 두 변수의 값을 서로 맞바꾸기

다음을 만족하는 파이썬 프로그램을 작성하고 추적표를 만들어라. 사용자로부터 두 개의 숫자값을 입력받아 각각을 변수 a와 b에 할당한다. 마지막에 변수 a와 b를 출력할 때 그 값이 서로 바뀌어 있어야 한다. 예를 들어, 사용자로부터 숫자 5와 7을 입력받아 5는 변수 a, 7은 변수 b에 할당하였다면 프로그램 마지막에 변수 a와 b의 값을 출력하였을 때 변수 a는 7이라는 값, 변수 b는 5라는 값을 출력해야 한다.

풀이

다음 파이썬 프로그램은 두 변수의 값을 맞바꾸는 것처럼 보이지만, 실제로는 그렇지 않다.

```python
a = int(input())
b = int(input())

a = b
b = a

print(a)
print(b)
```

다음 추적표를 참고하여 사용자가 숫자 5와 7을 입력하였을 때 두 변수의 값이 어떻게 바뀌는지 살펴보자.

단계	명령문	설명	a	b
1	a = int(input( ))	사용자가 입력한 숫자 5를 변수 a에 할당	5	–
2	b = int(input( ))	사용자가 입력한 숫자 7을 변수 b에 할당	5	7
3	a = b	변수 b의 값을 변수 a에 할당	7	7
4	b = a	변수 a의 값을 변수 b에 할당	7	7
5	print(a)	숫자 7이 출력		
6	print(b)	숫자 7이 출력		

이럴 수가! 숫자 5가 어디로 사라졌을까? 위 파이썬 프로그램은 두 변수의 값을 맞바꾸지 못하였다. 그럼 어떻게 하면 두 변수의 값을 서로 바꿀 수 있을까?

다음과 같이 두 개의 물컵이 있다고 가정해 보자. 물컵 A에는 오렌지 주스가 담겨 있고, 물컵 B에는 레몬주스가 담겨 있다. 두 물컵의 내용물을 서로 맞바꾸려면 비어 있는 물컵 C가 하나 더 있어야 한다.

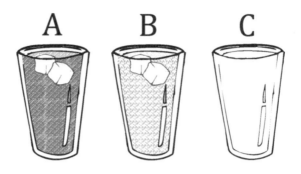

빈 물컵 C가 있을 때 다음 순서로 물컵 A와 B의 내용물을 맞바꿀 수 있다.

1. 물컵 A에 담겨 있는 오렌지 주스를 물컵 C에 따른다.

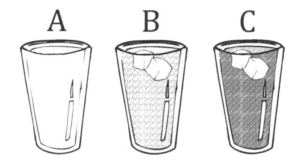

2. 물컵 B에 담겨 있는 레몬주스를 물컵 A에 따른다.

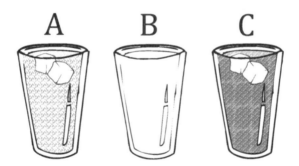

3. 물컵 C에 담겨 있는 오렌지 주스를 물컵 B에 따른다.

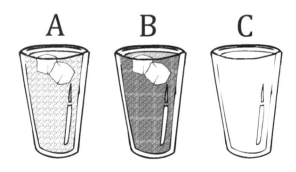

두 물컵의 내용물이 성공적으로 맞바뀌었다.

이런 방식으로 파이썬 프로그램을 다음과 같이 수정해 보자.

```python
a = int(input())
b = int(input())
c = a   # 물컵 A에 담겨 있는 오렌지 주스를 물컵 C에 따른다.
a = b   # 물컵 B에 담겨 있는 레몬주스를 물컵 A에 따른다.
b = c   # 물컵 C에 담겨 있는 오렌지 주스를 물컵 B에 따른다.
print(a)
print(b)
```

 주목할 것!　위 파이썬 코드의 할당 명령문 뒤에 "#" 기호가 있는 것에 주목하자. "#" 기호 다음에 있는 문자들은 주석으로 간주되며 실행되지 않는다.

두 변수의 값을 맞바꾸기 위한 파이썬 프로그램을 다음과 같이 작성할 수도 있다.

```python
a = int(input())
b = int(input())

a, b = b, a

print(a)
print(b)
```

예제 8.1-3 두 변수의 값을 맞바꾸는 다른 방법

다음을 만족하는 파이썬 프로그램을 작성하고 추적표를 만들어라. 사용자로부터 두 개의 숫자값을 입력받아 각각을 변수 a와 b에 할당한다. 마지막에 변수 a와 b를 출력할 때 그 값이 서로 바뀌어 있어야 한다. 앞서 살펴본 방법 이외에 다른 방법을 사용해야 한다.

풀이

값이 숫자일 때는 다음 파이썬 코드로 두 변수의 값을 맞바꿀 수 있다.

```python
a = int(input())
b = int(input())

a = a + b
b = a - b
a = a - b

print(a)
print(b)
```

 주목할 것! 위 방식의 단점은 숫자 이외에 알파벳 등의 문자열 값은 맞바꿀 수 없다는 점이다.

예제 8.1-4 **추적표 만들기**

다음 파이썬 프로그램에 사용자로부터 0.3, 0.45, 10이라는 값이 입력되었을 때의 추적표를 각각 만들어라.

```python
b = float(input())
c = 3
c = c * b
a = 10 * c % 10

print(a)
```

풀이

i. 입력값이 0.3인 경우

단계	명령문	설명	a	b	c
1	b = float(input( ))	사용자로부터 0.3 값을 입력받음	–	**0.3**	–
2	c = 3	숫자 3을 변수 c에 할당	–	0.3	3
3	c = c * b	변수 c와 b의 곱을 변수 c에 할당	–	0.3	**0.9**
4	a = 10 * c % 10	변수 c에 10을 곱한 결과를 10으로 나눈 나머지 값을 변수 a에 할당	**9**	0.3	0.9

| 5 | print(a) | 9를 출력 | | | |

ii. 입력값이 4.5인 경우

단계	명령문	설명	a	b	c
1	b = float(input())	사용자로부터 4.5 값을 입력받음	–	**4.5**	–
2	c = 3	숫자 3을 변수 c에 할당	–	4.5	**3**
3	c = c * b	변수 c와 b의 곱을 변수 c에 할당	–	4.5	**13.5**
4	a = 10 * c % 10	변수 c에 10을 곱한 결과를 10으로 나눈 나머지 값을 변수 a에 할당	**5**	4.5	13.5
5	print(a)	5를 출력			

iii. 입력값이 10인 경우

단계	명령문	설명	a	b	c
1	b = float(input())	사용자로부터 10 값을 입력받음	–	**10**	–
2	c = 3	숫자 3을 변수 c에 할당	–	10	**3**
3	c = c * b	변수 c와 b의 곱을 변수 c에 할당	–	10	**30**
4	a = 10 * c % 10	변수 c에 10을 곱한 결과를 10으로 나눈 나머지 값을 변수 a에 할당	**0**	10	30
5	print(a)	0을 출력			

예제 8.1-5 **추적표 만들기**

다음 파이썬 프로그램에서 사용자가 3이라는 값을 입력했을 때의 추적표를 만들어라.

```
a = float(input())

b = a + 10
a = b * (a - 3)
c = 3 * b / 6
d = c * c
d -= 1

print(d)
```

풀이

단계	명령문	설명	a	b	c	d
1	a = float(input( ))	사용자로부터 3 값을 입력받음	**3**	-	-	-
2	b = a + 10	변수 b에 변수 a의 값과 10을 더한 결괏값을 할당	3	**13**	-	-
3	a = b * (a − 3)	변수 a에서 3을 뺀 값에 변수 b의 값을 곱한 결과를 변수 a에 할당	**0**	13	-	-
4	c = 3 * b / 6	변수 b의 값에 3을 곱한 값을 6으로 나눈 결괏값을 변수 c에 할당	0	13	**6.5**	-
5	d = c * c	변수 c의 값을 제곱한 결괏값을 변수 d에 할당	0	13	6.5	**42.25**
6	d −= 1	변수 d를 1 감소	0	13	6.5	**41.25**
7	print(d)	41.25를 출력				

8.2 복습문제: 참/거짓

다음 문제를 읽고 **참** 또는 **거짓**으로 답하여라.

1. 추적표는 컴퓨터를 검사하는 기술이다.
2. 추적표는 프로그래머가 컴퓨터 프로그램의 오류를 찾는 데 도움이 된다.
3. 추적표를 먼저 작성하지 않으면 컴퓨터 프로그램을 작성할 수 없다.
4. 두 변수의 값을 서로 맞바꾸기 위해서는 반드시 추가 변수를 사용해야 한다.

8.3 프로그래밍 연습문제

다음 프로그래밍 연습문제를 완성하여라.

1. 다음 파이썬 프로그램에 사용자로부터 (i) 3, (ii) 4, (iii) 1이라는 값이 입력되었을 때의 추적표를 각각 만들어라.

```
a = int(input())

a = (a + 1) * (a + 1) + 6 / 3 * 2 + 20
b = a % 13
c = b % 7
d = a * b * c
print(a, ",", b, ",", c, ",", d)
```

2. 다음 파이썬 프로그램에 사용자로부터 (i) 3, 4, (ii) 4, 4라는 값이 입력되었을 때의 추적
표를 각각 만들어라.

```
a = float(input())
b = float(input())

c = a + b
d = 1 + a / b * c + 2
e = c + d
c += d + e
e -= 1
d -= c + d % c
print(c, ",", d, ",", e)
```

이클립스 사용하기

9.1 새로운 파이썬 프로젝트 만들기

지금까지 파이썬 프로그램에 대한 기본적인 사항들을 살펴보았다. 이제 프로그램을 컴퓨터에 어떻게 입력하고, 프로그램을 어떻게 수행하며, 프로그램이 어떻게 수행되는지 살펴보자. 그리고 결과를 화면에 어떻게 출력하는지 살펴보자.

가장 먼저 해야 할 일은 새로운 파이썬 프로젝트를 만드는 것이다. 이클립스는 파이썬 프로젝트를 생성하여 주는 마법사를 제공한다. 이클립스를 실행한 후, 그림 9-1과 같이 File → New → PyDev Project를 선택한다.

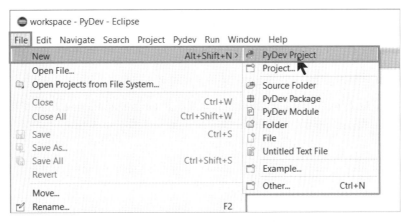

그림 9-1 **이클립스에서 파이썬 프로젝트 시작하기**

'PyDev Project'가 보이지 않으면 그림 9-2와 같이 File → New → Other를 선택한다. 그리고 마법사 팝업 창에서 'PyDev Project'를 선택하고 'Next' 버튼을 누른다.

그림 9-2 **PyDev Project 마법사 선택하기**

그림 9-3과 같이 'PyDev Project' 창의 'Project name'란에 'testingProject'(다른 이름을 사용해도 되지만, 지금 예제에서는 이 값을 사용할 것이다)라고 입력하고 'Grammar Version' 드롭 박스에서 '3.0' 또는 그 이상을 선택한다.

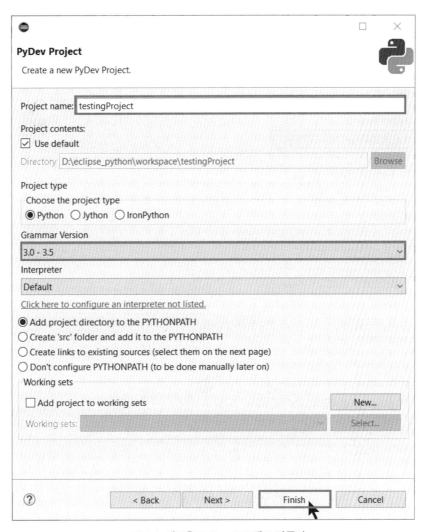

그림 9-3 **새로운 PyDev 프로젝트 만들기**

주목할 것! 'Project interpreter not specified'라는 오류 메시지가 나타나면 'PyDev Project' 창에서 'Please configure an interpreter before proceeding.' 링크를 클릭한 후 나타나는 팝업 창에서 'Quick Auto-Config' 버튼을 누른다.

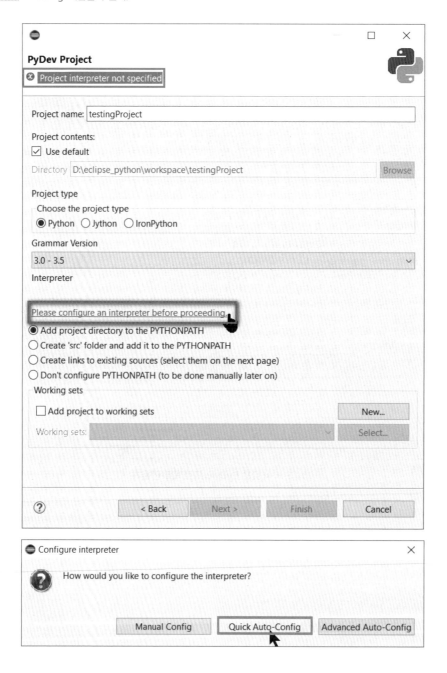

'Finish' 버튼을 누른다. 그림 9-4와 같은 창이 나타나면 'Remember my decision'을 선택하고 "yes" 버튼을 누른다.

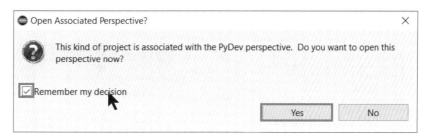

그림 9-4 **PyDev 관점(perspective)으로 화면 열기**

이제 파이썬 프로젝트가 이클립스 통합 개발 환경에서 만들어졌다. 'PyDev Package Explorer' 창이 최소화되었다면 그림 9-5와 같이 'Restore' 아이콘을 클릭하면 된다.

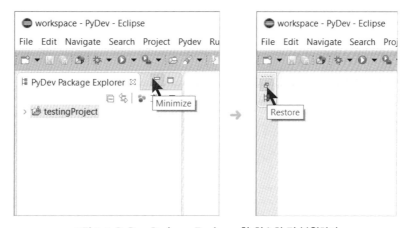

그림 9-5 **PyDev Package Explorer 창 최소화 및 복원하기**

'PyDev Package Explorer' 창에서 지금 막 생성된 'testingProject'를 선택하고, File → New → PyDev Module을 선택한다. 'PyDev Module'이 보이지 않는다면 File → New → Other를 선택하고, 마법사 팝업 창에서 'PyDev Module'을 선택하고 'Next' 버튼을 누른다.

그림 9-6과 같이 나타난 화면에서 Source Folder에 입력된 값이 '/testingProject'라는 것을 확인하기 바란다. 'Name' 항목에는 'test'라고 입력하고 'Finish' 버튼을 누른다.

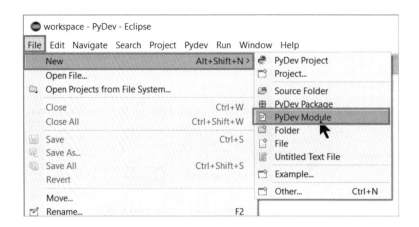

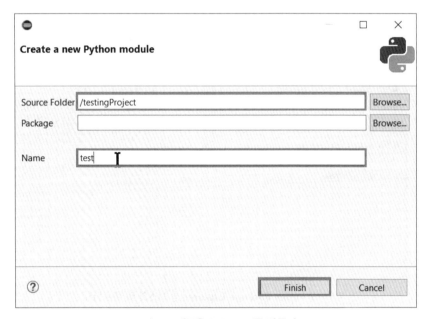

그림 9-6 **새로운 PyDev 모듈 만들기**

그림 9-7과 같은 화면이 나타나면 모든 항목 체크하고 'OK' 버튼을 누른다.

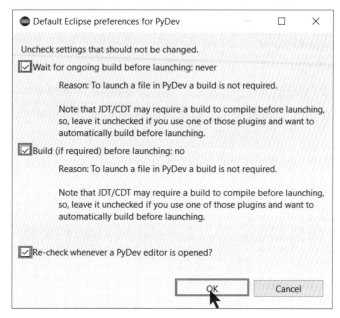

그림 9-7 **PyDev의 기본 설정 선택하기**

다음에 나타나는 화면에서 템플릿을 선택한다. 템플릿이 필요 없다면 'Cancel' 버튼을 눌러 창을 닫는다.

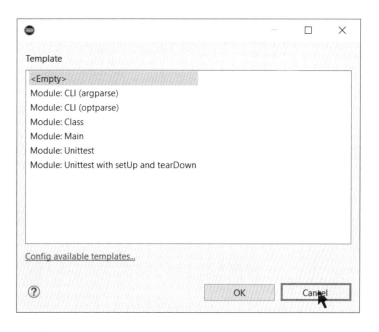

그러면 그림 9-8과 같은 화면에서 다음과 같은 구성요소를 볼 수 있다.

- **PyDev Package Explorer**: 프로그램 소스 파일, 라이브러리 등 프로젝트를 구성하는 요소를 확인할 수 있다.
- **Source Editor**: 'test.py' 파일이 열려 있는 것을 볼 수 있다. 이 파일에 파이썬 프로그램 코드를 작성하면 된다. 물론, 하나의 파이썬 프로젝트에 여러 개의 파이썬 파일이 존재할 수 있다.
- **Console**: 파이썬 프로그램의 결과 화면 또는 메시지를 볼 수 있는 곳이다.

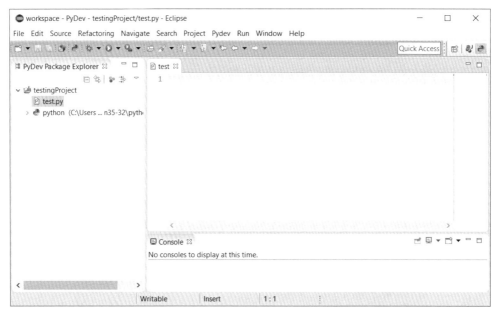

그림 9-8 **Package Explorer, Source Editor, Console 창이 보이는 이클립스 화면**

(( )) 주목할 것! 콘솔(Console) 창이 보이지 않으면 메뉴에서 Window → Show View → Console을 선택하면 된다.

9.2 파이썬 프로그램 작성 및 수행하기

이제 파이썬 프로그램을 작성하고 수행해 보자. 'test' 소스 편집 창에서 print 명령문을 작성하기 위해 'p'를 입력해 보자. 그러면 그림 9-9와 같이 팝업 창이 나타나는 것을 볼 수 있다. 이 팝업 창에서 'p'로 시작하는 명령문, 변수, 함수 등을 볼 수 있다. 추가로 이 상태에서 Ctrl + Space 키를 누르면 더 많은 선택 사항들을 볼 수 있다.

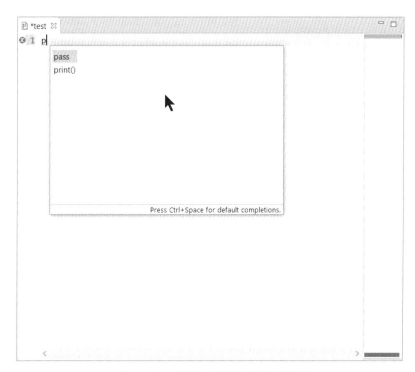

그림 9-9 **소스 편집기 창에서 나타난 팝업 창**

키보드의 위 또는 아래 화살표 키를 누르면 각 항목으로 이동할 수 있다. 각 항목으로 이동할 때마다 선택 항목에 대한 추가 내용이 팝업 창의 오른쪽에 나타난다.

print 명령문을 작성하기 위해 두 번째 문자인 'r'을 입력해 보자. 그러면 팝업 창에 나타나는 항목 수가 감소한 것을 볼 수 있다.

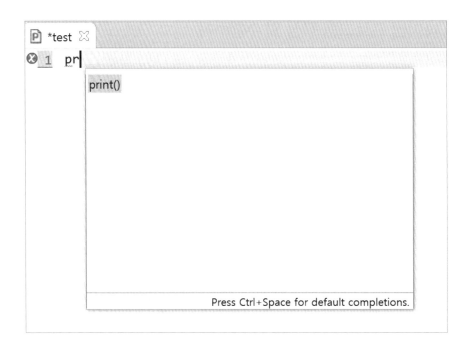

'print – print (considers python 2 or 3)' 항목을 선택하고 [Enter] 키를 눌러보자. 그러면 선택한 항목에 대한 명령문이 소스 편집 창에 입력된다는 것을 알 수 있다.

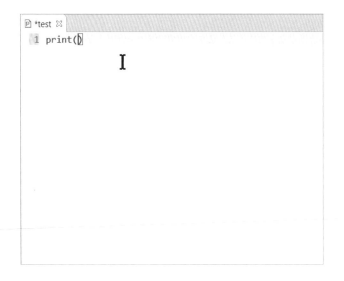

그림 9-10과 같이 print 명령문 괄호 안에 'Hello World!'를 작성해 보자.

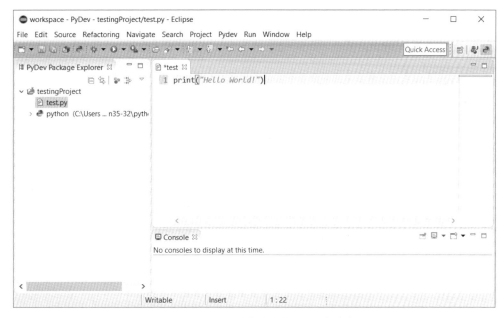

그림 9-10 **test.py 파일에 파이썬 프로그램 작성하기**

파이썬 명령문을 작성했으므로 이제 프로그램을 실행해 보자. 툴바 메뉴에서 저장 버튼(🖫) 또는 [Ctrl]+[S] 키를 눌러 작성한 test.py 파일을 저장하고, 녹색 바탕에 삼각형이 있는 'Run As' 버튼(▶)을 눌러보자. 또는 메뉴에서 'Run → Run'을 선택하거나 실행 명령을 위한 키보드 단축키 [Ctrl]+[F11] 키를 눌러도 실행할 수 있다. 그러면 작성한 파이썬 프로그램이 실행되고, 그림 9-11과 같은 결과 화면이 'Console' 창에 나타난다.

그림 9-11 **Console 창에 프로그램 실행 결과 화면이 나타난 모습**

주목할 것! 파이썬 프로그램을 수행하려고 할 때 'test.py'를 수행하는 방식을 묻는 팝업 창이 나타나면 'Python Run'을 선택하고 'OK' 버튼을 누르면 된다.

첫 번째 파이썬 프로그램을 작성하고 실행한 것을 축하한다. 이제 'test.py' 파일을 수정하여 사용자 이름을 입력받고 메시지가 출력되는 프로그램을 작성해 보자.

다음 명령문을 작성하고 Ctrl + F11 키를 눌러 프로그램을 실행하여 보자.

file_9_2

```
#-*- coding: utf-8 -*-
name = input("이름을 입력하세요: ")
print("안녕하세요, ", name, "님!", sep="")
print("좋은 하루 보내세요!")
```

 기억할 것!

툴바 메뉴에서 녹색 바탕에 삼각형이 있는 'Run As' 버튼을 클릭하거나, 메뉴에서 'Run → Run'을 선택하거나, Ctrl + F11 키를 눌러 프로그램을 실행할 수 있다.

 주목할 것!

파이썬에서 한글을 인식하기 위해서는 파이썬 소스 코드의 첫 줄에 '#-*- coding: utf-8 -*-'을 작성하여 인코딩 방식 방식을 UTF-8로 해 주면 된다. 또는 Window → Preferences 창에서 General → Workspace 항목의 'Text file encoding'에서 'Other'를 체크한 후 UTF-8을 선택한다. 그리고 'OK' 버튼을 눌러 텍스트 파일의 인코딩 방식을 UTF-8로 지정하면 한글을 인식하게 할 수 있다.

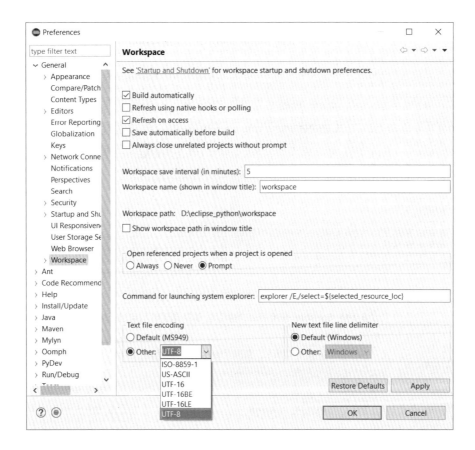

프로그램을 실행하면 '이름을 입력하세요:'라는 메시지가 'Console' 창에 나타나는 것을 볼 수 있다. 프로그램은 그림 9-12와 같이 사용자가 이름을 입력할 때까지 기다린다.

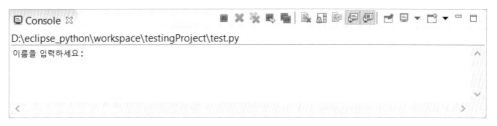

그림 9-12 **Console 창에서 프롬프트 화면이 나타난 모습**

이름을 입력하려면 'Console' 창이 활성화된 상태이어야 한다. 'Console' 창을 마우스로 클릭하여 활성화한 후, 이름을 입력하고 [Enter] 키를 누른다. 그러면 CPU가 나머지 파이썬 명령문들을 수행한다. 그림 9-13은 수행을 마친 후의 결과 화면이다.

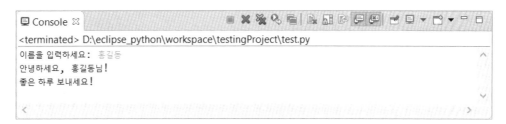

그림 9-13 **Console 창에 실행 결과 화면이 나타난 모습**

9.3 디버깅이란 무엇인가?

디버깅(debugging)이란, 컴퓨터 프로그램이 프로그래머가 예상한 것과 같이 동작하도록 프로그램의 결함 또는 버그(bug)를 찾거나 고치는 과정을 말한다.

'디버깅'이라는 말의 근원에 대한 일화가 있다. 1940년 그레이스 호퍼(Grace Hopper)[1]가 하버드 대학에서 Mark II 컴퓨터가 비정상으로 동작하는 원인이 내부에 있는 버그(나방) 때문이었다

---

1 그레이스 브루스터 머리 호퍼(Grace Brewster Murray Hopper, 1906~1992)는 미국의 컴퓨터 과학자이자 미국 해군 제독이다. 프로그래밍 언어 코볼을 개발하였다. Harvard Mark I 컴퓨터의 첫 프로그래머였으며, A-0라는 최초의 프로그래밍 언어 컴파일러를 개발하였다. 이후에 B-0(FLOW-MATIC)라는 최초의 영어 데이터 처리 컴파일러를 개발하였다.

는 것을 알고, 이 버그를 제거하는 작업을 '시스템을 디버깅(debugging)하고 있다'라고 지칭하였다고 한다.

9.4 이클립스에서 파이썬 프로그램 디버깅하기

고급 언어를 이용하여 코드를 작성할 때 프로그래머는 두 종류의 오류를 범할 수 있다고 배웠다. 하나는 구문 오류(syntax error)고, 다른 하나는 논리 오류(logic error)다. 이클립스는 프로그램 코드의 오류를 찾고 디버깅하는 데 필요한 도구들을 제공한다.

구문 오류 디버깅

다행히 이클립스는 여러분들이 코드를 작성하고 있을 때 또는 프로그램을 실행할 때 구문 오류를 감지하여 그림 9-14와 같이 구문 오류가 발생한 곳에 빨간색 밑줄로 표시해 준다.

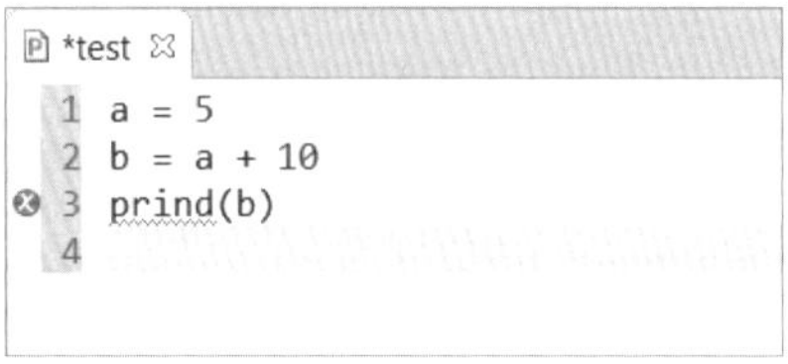

그림 9-14 **이클립스에서 구문 오류가 빨간색 밑줄로 표시된 모습**

이런 구문 오류를 만났을 때 해야 할 일은 오류를 고쳐 빨간색 밑줄을 없애는 것이다. 하지만 구문 오류가 발생한 코드에 어떤 문제가 있는지 정확히 모를 때 구문 오류가 발생한 곳에 마우스 커서를 올려놓으면 그림 9-15와 같이 오류에 대한 간략한 설명이 팝업으로 표시된다.

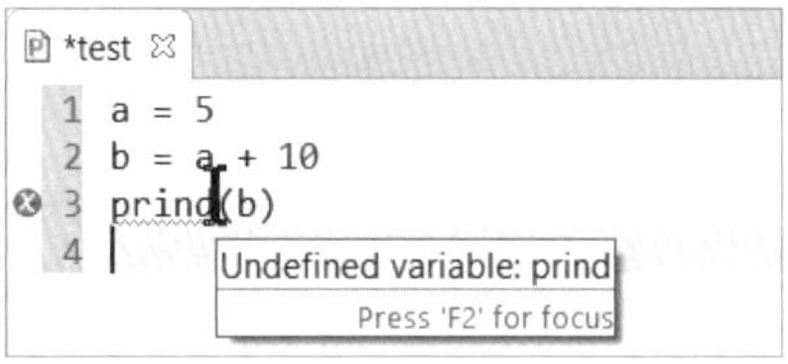

그림 9-15 **구문 오류의 설명이 표시된 모습**

논리 오류 디버깅

논리 오류는 구문 오류에 비해 찾기 힘들다. 논리 오류에 대해서는 이클립스가 감지하거나 표시해 주지 않아 논리 오류는 여러분이 찾아야 한다. 다음 파이썬 프로그램을 살펴보자. 이 프로그램은 사용자로부터 숫자 두 개를 입력받고, 두 숫자의 합을 계산하여 화면에 출력하는 명령문을 가지고 있지만, 여기에는 논리 오류가 존재한다.

```
S = 0
a = float(input("첫 번째 수를 입력하세요: "))
b = float(input("두 번째 수를 입력하세요: "))
s = a + b
print("두 수의 합:", S)
```

위 코드를 이클립스를 통해 작성하였을 때 구문 오류, 즉 빨간색 밑줄로 표시되는 부분이 없다는 점을 확인할 수 있다. 하지만 프로그램을 실행시키고 5와 3이라는 두 개의 숫자를 입력하면 출력 결과로 8이라는 값 대신 그림 9-16과 같이 0이라는 결괏값이 나온다.

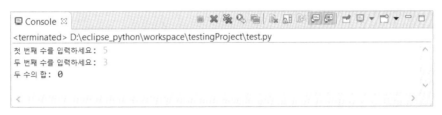

그림 9-16 **Console 창에 논리 오류의 결과가 표시된 모습**

도대체 무슨 일이 벌어진 것일까? 물론, 고급 프로그래머는 이런 논리 오류를 매우 쉽게 찾아 고칠 수 있을 것이다. 하지만 초급 프로그래머라면 어디에 무엇이 잘못되었는지 찾기가 매우 어려울 것이다. 어디에서 오류가 발생한 것인지 알겠는가?

사람의 눈은 분명한 오류도 종종 보지 못할 때가 있다. 여기서 한 가지 마법을 사용해 보자. 이클립스에서 제공하는 디버깅 도구를 이용하여 프로그램을 단계별로 실행하여 보자. 디버깅 도구는 프로그램 수행 흐름을 관찰할 수도 있고, 각 수행 단계에서의 변숫값을 하나씩 검사할 수도 있다.

이클립스에서 디버깅하기 위해서는 이클립스 화면을 'Debug perspective'로 바꿔 주어야 한다. 메뉴에서 'Window → Open Perspective → Other…'를 선택하면 나타나는 팝업 창에서 'Debug'를 선택하고 'OK' 버튼을 눌러보자. 그러면 이클립스 환경이 그림 9-17과 같이 변경된다.

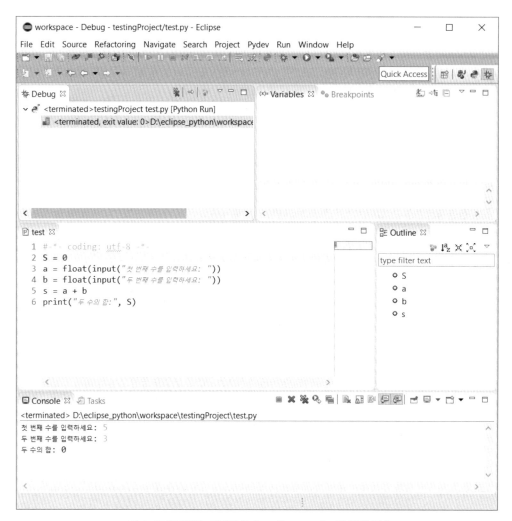

그림 9-17 **이클립스 화면이 Debug Perspective로 바뀐 모습**

'S = 0' 명령문이 있는 위치에 마우스 버튼을 클릭하여 해당 명령문에 커서가 있는 상태에서
⎡Shift⎤ + ⎡Ctrl⎤ + ⎡B⎤ 키를 눌러 중단지점(breakpoint)을 설정해 보자. 그러면 그림 9-18과 같이
녹색 아이콘이 줄 왼쪽 여백에 표시되는 것을 볼 수 있다.

```
 P test ⋈
  1 #-*- coding: utf-8 -*-
♪ 2 S = 0                   I
  3 a = float(input("첫 번째 수를 입력하세요: "))
  4 b = float(input("두 번째 수를 입력하세요: "))
  5 s = a + b
  6 print("두 수의 합:", S)
```

그림 9-18 **중단지점 추가하기**

메뉴에서 'Run → Dubug'를 선택하거나 F11 키를 누르면 디버깅을 시작할 수 있다. 그러면 그림 9-19와 같이 프로그램 수행 흐름이 중단지점으로 설정한 지점(첫 번째 줄)에서 멈추는 것을 볼 수 있다(파란색 화살표로 표시됨). 디버깅을 시작하면 툴바 메뉴에 다음과 같은 디버깅과 관련된 툴바들을 사용할 수 있다.

```
 P test ⋈
  1 #-*- coding: utf-8 -*-
♪ 2 S = 0
  3 a = float(input("첫 번째 수를 입력하세요: "))
  4 b = float(input("두 번째 수를 입력하세요: "))
  5 s = a + b
  6 print("두 수의 합:", S)
```

그림 9-19 **이클립스에서 디버깅 도구 사용하기**

 주목할 것!
프로그램 흐름이 중단되었을 때 파란색 화살표로 표시되는 부분(프로그램 카운터)은 바로 이후에 수행될 명령문을 가리킨다.

이 단계에서 'S = 0' 명령문은 아직 수행되지 않은 상태다. 이 상태에서 'Step Over' 툴바 아이콘(🐢)을 누르거나 F6 키를 누르면 그때서야 비로소 'S = 0' 명령문이 수행된다. 그 뒤에 파란색 화살표로 표시되는 프로그램 카운터가 다음 파이썬 명령문으로 이동되는 것을 볼 수 있다.

그림 9-20과 같이 'Variables' 창에서 각 수행 단계마다 주기억 장치에 선언된 모든 변수의 이름과 값을 확인할 수 있다.

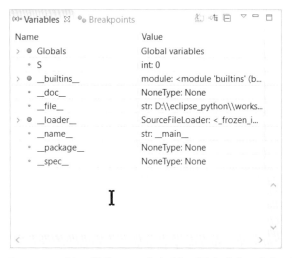

그림 9-20 **Variables 창에 프로그램의 변수 이름과 값이 표시된 모습**

다시 한 번 'Step Over' 툴바 아이콘(🔲)을 누르거나 F6 키를 눌러보자. 두 번째 명령문이 실행되고 그림 9-21과 같이 'Console' 창에서 두 번째 명령문이 수행된 결과를 볼 수 있다.

그림 9-21 **Console 창에서 프롬프트 화면이 나타난 모습**

이 단계에서 프로그램은 사용자가 숫자값을 입력하기를 기다린다. 'Console' 창에 마우스를 클릭하여 커서를 두고 숫자 5를 입력한 후 Enter 키를 눌러보자.

프로그램 카운터가 세 번째 명령문으로 이동한다. 다시 한 번 'Step Over' 툴바 아이콘(🔲)을 누르거나 F6 키를 누르면 세 번째 파이썬 명령문이 실행되고, 'Console' 창에 두 번째 숫자값을 입력하라는 메시지가 나타난다. 'Console' 창에 마우스를 클릭하여 커서를 두고 숫자 3을 입력한 후 `Enter` 키를 눌러보자. 그러면 프로그램 카운터는 네 번째 명령문으로 이동한다. 다시 한번 'Step Over' 툴바 아이콘(🐛)을 누르거나 `F6` 키를 눌러보자. 그러면 's = a + b' 명령문이 실행된다. 여러분이 예상한 5.0과 3.0의 합은 8.0일 것이다. 그리고 이 결과가 변수 S(대문자)에 할당되는 것으로 예상할 것이다. 하지만 실제로는 그림 9-22와 같이 8.0이라는 값이 변수 S(대문자)가 아닌 변수 s(소문자)에 할당된 것을 볼 수 있다.

(x)= Variables ⊠ ◦ Breakpoints	⌞ ⌐ ⊟ ▽ ▭ □
Name	**Value**
▷ ● Globals	Global variables
◦ S	int: 0
▷ ● __builtins__	module: <module 'builtins' (b...
◦ __doc__	NoneType: None
◦ __file__	str: C:\\Users\\aristides\\work...
▷ ● __loader__	SourceFileLoader: <_frozen_i...
◦ __name__	str: __main__
◦ __package__	NoneType: None
◦ __spec__	NoneType: None
◦ a	float: 5.0
◦ b	float: 3.0
◦ s	float: 8.0

그림 9-22 **Variables 창에 프로그램 현재 상태의 변숫값이 표시된 모습**

이제 뭔가 명확해졌다. 주기억 장치에 두 개의 변수(소문자 변수 s와 대문자 변수 S)를 실수로 잘못 선언한 것이다. 따라서 마지막 명령문 "print("두 수의 합:", S)"를 수행하면 8이라는 값 대신 0이라는 값을 출력한 것이다.

논리 오류를 찾은 것을 축하한다. 툴바 메뉴에서 'Terminate' 아이콘(■)을 눌러 디버깅을 중지하고, 마지막 명령문에서 변수 S를 변수 s로 변경하자. 여러분은 첫 디버깅 경험을 한 것이다. 프로그램을 다시 실행하면 우리가 예상한 8이라는 값이 정확히 계산되어 출력되는 것을 확인할 수 있다.

기억할 것!

디버깅 모드(Debug Perspective)를 종료하고, 다시 PyDev 모드(PyDev Perspecive)로 돌아오려면 Window → Perspective → Close Perspective를 선택하거나 Window → Perspective → Open Perspective → Other..에서 PyDev를 선택 후 OK 버튼을 누르면 된다.

중단지점을 추가하여 논리 오류 디버깅하기

프로그램의 모든 단계를 하나하나씩 디버깅하는 것이 항상 좋은 것만은 아니다. 이렇게 하려면 'Step Over' 아이콘(🐾)을 계속 누르거나 검사하고 싶은 지점이 나올 때까지 F6 키를 계속 눌러야 한다. 대규모 프로그램에서 이렇게 디버깅하는 것은 상상만 해도 매우 힘든 일이다.

그래서 대규모 프로그램을 디버깅할 때는 다른 방식을 사용해야 한다. 프로그램 코드의 마지막 부분에 오류가 있을 것으로 예상한다면, 프로그램의 처음부터 디버깅을 수행할 필요가 없다. 오류가 있을 것 같은 지점에 중단지점을 지정할 수 있다. 중단지점을 설정하고 디버깅을 시작하면 프로그램은 중단지점이 있는 곳 이전까지 수행되고 자동으로 흐름을 멈춘다. 그러면 일시 중지된 상태에서 변숫값들을 확인할 수 있다.

주목할 것! 일시 중지되면 흐름을 재개할 수 있는 두 가지 선택사항이 있다. 하나는 현재 일시 중지된 중단지점 아래의 다른 위치에 새로운 중단지점을 설정한 후 'Resume' 아이콘(▶)을 눌러 새로운 중단지점까지 수행하는 것이고, 다른 하나는 'Step Over' 아이콘(🐾)을 눌러 일시 중지된 중단지점 이후부터 프로그램을 단계별로 수행하는 것이다.

다음 파이썬 프로그램은 사용자로부터 두 개의 숫자를 입력받아 두 수에 대한 덧셈, 뺄셈, 평균값을 계산한다. 하지만 프로그램에 논리 오류가 존재한다. 사용자가 10과 12를 입력하면, 평균값으로 11이 아닌 16이라는 결과를 출력한다.

file_9_4b

```
a = float(input("첫 번째 수를 입력하세요: "))
b = float(input("두 번째 수를 입력하세요: "))
s = a + b
d = a - b
average = a + b / 2
print("합:", s)
print("차:", d)
print("평균:", average)
```

프로그램 코드의 특정 부분에 오류가 있을 것으로 예상되기 때문에 전체 명령문에 대하여 디버깅할 필요는 없다. 그림 9-23과 같이 'd = a - b' 명령문에 중단지점을 추가해 보자. 명령문에 중단지점을 추가하는 데에는 해당 명령문에 마우스 커서를 두고 Shift + Ctrl + B 키를 누르는 방법과 명령문 왼쪽 여백 부분을 더블클릭하는 방법이 있다.

```
P test ☒
  1  a = float(input("첫 번째 수를 입력하세요: "))
  2  b = float(input("두 번째 수를 입력하세요: "))
  3  s = a + b
🔖 4  d = a - b
  5  average = a + b / 2
  6  print("합:", s)
  7  print("차:", d)
  8  print("평균:", average)
```

그림 9-23 **5번 줄(네 번째 명령문)에 중단지점 추가하기**

주목할 것! 코드 편집 창 왼쪽 여백에 녹색 아이콘을 보면 어느 부분에 중단지점이 지정되었는지 알 수 있다.

이클립스 환경을 'Debug Perspective'로 하고 [F11] 키를 눌러 디버깅을 시작해 보자. 'Console' 창에서 숫자를 입력하라는 프롬프트가 나오면 10과 12를 입력하자. 두 숫자를 입력하고 나면 중단지점을 설정한 지점까지 프로그램 흐름이 진행된다(중단지점은 녹색 배경으로 표시되어 확인할 수 있다).

기억할 것! 디버깅을 시작하기 위해서는 메뉴에서 'Run → Debug'를 선택하거나 [F11] 키를 누른다.

중단지점에서 프로그램 흐름이 일시 중지되었다면 현 상태에서 변숫값들을 검사해 보자. 변수 a, b, s는 각각 10.0, 12.0, 22.0이라는 값을 가지고 있다. 그림 9-24와 같이 변숫값에는 문제가 없다.

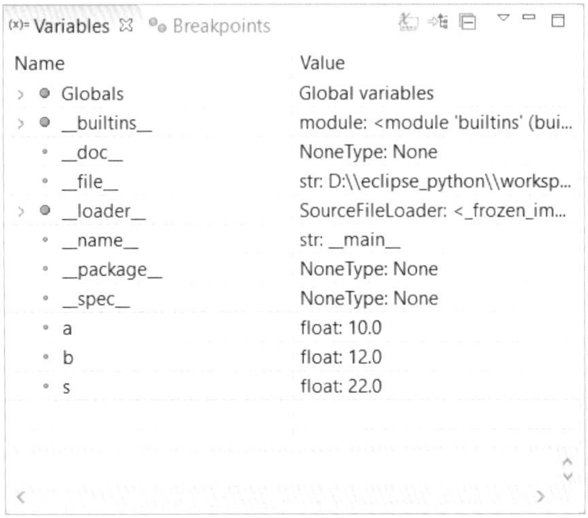

그림 9-24 **Variables 창에 프로그램 현재 상태의 변숫값이 표시된 모습**

'Step Over' 툴바 아이콘(⊙)을 누르고 'd = a – b' 명령문을 수행해 보자. 변수 a, b, s, d는 각각 10.0, 12.0, 22.0, –2.0이라는 값을 가지고 있다. 그림 9-25와 같이 아직까지 잘못된 점이 나타나지 않았다.

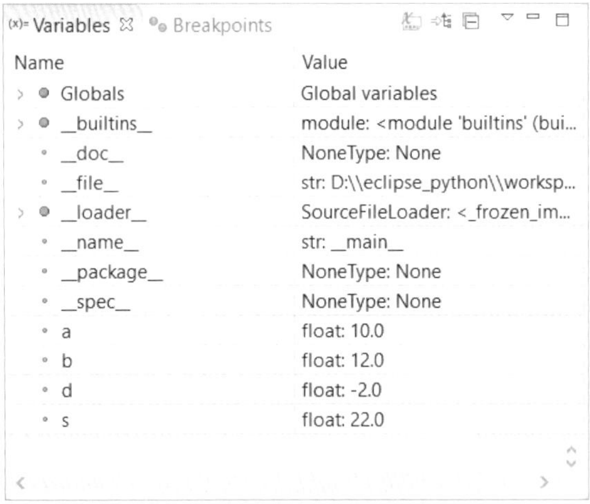

그림 9-25 **Variables 창에 프로그램 현재 상태의 변숫값이 표시된 모습**

'Step Over' 툴바 아이콘(⊙)을 다시 한 번 눌러보자. 'average = a + b / 2' 명령문이 수행된 후에 변수 a, b, s, d, average는 그림 9-26과 같이 각각 10.0, 12.0, 22.0, –2, 16이라는 값을 가진다.

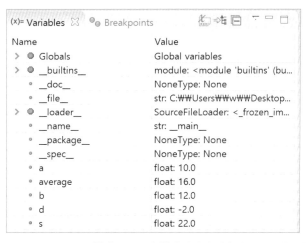

그림 9-26 **Variables 창에 프로그램 현재 상태의 변숫값이 표시된 모습**

변수 average에 11.0이라는 값 대신 16.0이라는 값을 할당한 명령문을 찾았다. 이제 왜 이런 일이 발생했는지를 생각해 볼 차례다.

이틀간의 생각 끝에 그 이유를 찾아내었다. a + b에 괄호를 넣는 것을 잊은 것이다. 따라서 b / 2가 먼저 계산된 후에 a가 더해진 것이다. 이제 툴바 아이콘에서 'Terminate' 아이콘(■)을 누르고 모든 중단지점을 제거하자. a + b에 괄호를 넣고 프로그램을 다시 수행하면 정확한 값이 계산되어 출력되는 것을 확인할 수 있다.

주목할 것!

중단지점을 제거하는 것은 추가하는 방법과 동일하다. 중단지점이 설정되어 있는 왼쪽 여백의 아이콘을 더블클릭하거나 중단지점에 있는 명령문에 커서를 두고 Shift + Ctrl + B 키를 누르면 된다.

9.5 프로그래밍 연습문제

다음 프로그래밍 연습문제를 완성하여라.

1. 다음 코드를 이클립스에서 작성하고 1 + 3 + 5의 값을 정확히 출력하지 못하는 이유를 설명하여라.

```
SS = 0
S1 = 1
S3 = 3
S5 = 5
S = S1 + S3 + SS
print(S)
```

2. 다음 파이썬 프로그램에 사용자로부터 (i) 5, 5, (ii) 4, 8이라는 값이 입력되었을 때의 추적표를 각각 만들고, 이클립스에서 각 단계별 변숫값을 확인하여라.

```
a = float(input())
b = float(input())
c = a + b
d = 5 + a / b * c + 2
e = c - d
c -= d + c
e -= 1
d -= c + a % c
print(c, ",", d, ",", e)
```

3. 다음 파이썬 프로그램에 사용자로부터 (i) 0.50, (ii) 3, (iii) 15라는 값이 입력되었을 때의 추적표를 각각 만들고, 이클립스에서 각 단계별 변숫값을 확인하여라.

```
b = float(input())
c = 5
c = c * b
a = 10 * c % 10
print(a)
```

1. 알고리즘이란 무엇인가?

2. 커피를 만드는 알고리즘을 제시하라.

3. 알고리즘의 다섯 가지 속성은 무엇인가?

4. 알고리즘은 영원히 수행될 수 있는가?

5. 컴퓨터 프로그램이란 무엇인가?

6. 알고리즘의 세 명의 파티원은 무엇인가?

7. 컴퓨터 프로그램 작성에 주요 세 단계는 무엇인가?

8. 컴퓨터 프로그램이 두 단계만으로도 만들어질 수 있는가?

9. 순서도란 무엇인가?

10. 순서도는 컴퓨터에 직접 입력될 수 있는가?

11. 순서도에서 사용하는 기본적인 기호들은 무엇인가?

12. 예약어란 무엇인가?

13. 구조적 프로그래밍이란 무엇인가?

14. 구조적 프로그래밍의 기본 제어 구조 세 가지는 무엇인가?

15. 순서도를 사용하여 각 제어 구조의 예를 제시하여라.

16. 프로그래머는 텍스트 편집기를 통해 컴퓨터 프로그램을 만들 수 있는가?

17. 구문 오류란 무엇인가? 예를 제시하여라.

18. 논리 오류란 무엇인가? 예를 제시하여라.

19. 키워드를 잘못 사용했을 때, 콤마나 따옴표를 잘못 사용했을 때, 연산자 기호를 잘못 사용했을 때 발생하는 오류는 어떤 종류의 오류인가?

20. 프로그래머가 주석을 사용하는 이유는 무엇인가?

21. 프로그래머가 사용하기 편한 프로그램을 작성해야 하는 이유는 무엇인가?

22. POLA는 무엇의 약자인가?

23. 변수란 무엇인가?

24. 순서도에서 왼쪽 화살표 왼쪽에는 변수가 몇 개까지 들어갈 수 있는가?

25. 컴퓨터의 어느 곳에 변수의 값이 저장되는가?

26. 상수란 무엇인가?

27. 상수의 사용이 어떻게 프로그래머에게 도움을 주는가?

28. 컴퓨터 프로그램을 작성할 때 곱셈과 나눗셈 연산의 사용을 가급적 줄여야 하는 이유는 무엇인가?

29. 파이썬에서 기본적인 네 가지 종류의 변수는 무엇인가?

30. 변수를 선언한다는 말은 어떤 의미인가?

31. 파이썬에서 변수를 어떻게 선언할 수 있는가? 예를 제시하여라.

32. 순서도에서 메시지를 출력할 때 사용하는 기호는 무엇인가?

33. 파이썬 출력문에서 공백을 추가하고 싶을 때 사용하는 특수 문자는 무엇인가?

34. 순서도에서 사용자로부터 입력받는 것을 표현할 때 어떤 기호를 사용하는가?

35. 순서도와 파이썬에서 변수 할당 연산자로 각각 어떤 기호를 사용하는가?

36. 파이썬에서 지원하는 산술 연산자를 열거하여라.

37. 나머지 연산자란 무엇인가?

38. 산술 연산자의 우선순위 규칙에 대하여 설명하여라.

39. 파이썬에서 지원하는 복합 할당 연산자를 열거하여라.

40. 파이썬에서 지원하는 문자열과 관련된 연산자를 열거하여라.

41. 추적표란 무엇인가?

42. 추적표를 사용해 얻을 수 있는 장점은 무엇인가?

43. 두 변수의 값(숫자 또는 문자열)을 맞바꾸는 단계를 기술하여라.

44. 두 변수의 값을 맞바꾸는 세 가지 방법을 이 책에서 설명하였다. 어떤 방법이 좋은가? 그 이유를 설명하여라.

45. 디버깅이란 무엇인지 설명하여라.

46. 이클립스에서 구문 오류를 찾는 방법을 설명하여라.

47. 이클립스에서 논리 오류를 찾는 방법을 설명하여라.

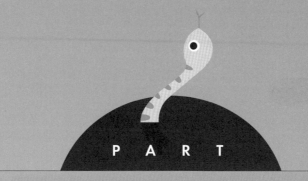

III

순차 제어 구조

PART III   순차 제어 구조

< **10** >

순차 제어 구조 소개

10.1 순차 제어 구조란?

'순차 제어 구조(sequence control structure)'란, 프로그램에 나타난 순서대로 명령문이 수행되는 것을 의미하며, 줄 단위 수행(line-by-line execution)이라고도 한다. 예를 들어, 읽기 혹은 쓰기 연산, 산술 연산, 변수 할당이 일렬로 나열되어 순서대로 수행되는 것이다.

순차 제어 구조는 4장에서 배웠던 세 가지 기본 제어 구조 중 가장 단순한 구조다. 다음 프로그램은 파이썬 명령문들이 순차적으로 수행되는 예다.

file_10_1

```
a = int(input("숫자를 입력하여라: "))

b = a ** 2

print(a, "의 제곱:", b)
```

예제 10.1-1 **평행 사변형의 면적 계산하기**

평행 사변형의 면적을 계산하고, 그 결과를 출력하는 파이썬 프로그램을 작성하여라.

풀이

평행 사변형의 면적은 다음 수식으로 계산할 수 있다.

$$면적 = 밑변 \times 높이$$

이 예제는 사용자로부터 밑변(base)과 높이(height)값을 입력받고, 이들 값을 이용하여 평행 사변형의 면적(area)을 계산하고 출력하는 것이다. 파이썬 프로그램은 다음과 같다.

```
file_10_1_1
base = float(input("밑변을 입력하여라: "))
height = float(input("높이를 입력하여라: "))

area = base * height

print("평행 사변형의 면적:", area)
```

예제 10.1-2 원의 면적 계산하기

원의 면적을 계산하고 그 결과를 출력하는 파이썬 프로그램을 작성하여라.

풀이

원의 면적은 다음 수식으로 계산할 수 있다.

$$면적 = \pi \cdot 반지름^2$$

π 값은 3.14159로 알려져 있다. 그래서 사용자가 입력해야 할 값은 반지름(radius)값이다. 파이썬 프로그램은 다음과 같다.

```
file_10_1_2a
radius = float(input("반지름값을 입력하여라: "))

area = 3.14159 * radius ** 2

print("원의 면적:", area)
```

좀 더 나은 접근 방법은 상수 PI를 사용하는 것이다.

```
file_10_1_2b
PI = 3.14159

radius = float(input("반지름값을 입력하여라: "))

area = PI * radius ** 2

print("원의 면적:", area)
```

기억할 것! 지수 연산이 곱셈 연산보다 우선순위가 높기 때문에 곱셈 연산보다 지수 연산이 먼저 수행된다.

예제 10.1-3 **연비 계산하기**

미국에서 자동차 연비는 갤런당 마일(miles per gallon)을 의미하는 MPG로 측정한다. MPG는 다음 수식으로 계산된다.

$$MPG = \frac{주행한\ 총\ 마일}{소비된\ 휘발유(갤런)}$$

주행한 총 마일과 소비된 휘발유(갤런)를 사용자로부터 입력받고, 이들 값을 이용하여 자동차의 MPG를 계산하고 출력하는 파이썬 프로그램을 작성하여라.

풀이

이 예제는 매우 단순한 편이다. 먼저, 주행한 총 마일과 소비된 휘발유(갤런)값을 사용자로부터 입력받는다. 그런 다음, 자동차의 MPG를 계산하고 출력한다.

file_10_1_3

```python
miles_driven = float(input("주행한 총 마일을 입력하여라: "))
gallons = float(input("소비된 갤런 값을 입력하여라: "))

mpg = miles_driven / gallons

print("자동차 연비(MPG):", mpg)
```

예제 10.1-4 **어디쯤 자동차가 있을까? 주행 거리 계산하기**

자동차가 정지 상태에서 출발하여 주어진 시간 동안 직선 도로를 따라 일정한 가속도로 운행한다고 가정해 보자. 가속도와 주행 시간을 사용자로부터 입력받아 주행 거리를 계산하고 출력하는 파이썬 프로그램을 작성하여라. 수식은 다음과 같다.

$$S = u_o + \frac{1}{2}at^2$$

여기서

• S는 미터 단위(m)의 주행 거리를 의미한다.

- u_0는 초당 미터 단위(m/sec)의 초기 속도를 의미한다.
- t는 초 단위(sec)의 주행 시간을 의미한다.
- a는 초 제곱당 미터 단위(m/sec^2)의 가속도를 의미한다.

풀이

자동차가 정지 상태에서 출발한다고 가정했기 때문에 초기 속도 u_0는 0이다. 그래서 위 수식을 다음과 같이 간소화할 수 있다.

$$S = \frac{1}{2}at^2$$

파이썬 프로그램은 다음과 같다.

```
file_10_1_4
```

```
a = float(input("가속도값을 입력하여라: "))
t = float(input("주행 시간을 입력하여라: "))

S = 0.5 * a * t ** 2

print("주행 거리(m):", S)
```

 기억할 것! 지수 연산의 우선순위가 곱셈 연산보다 높기 때문에 지수 연산이 곱셈 연산보다 먼저 수행된다.

예제 10.1-5 켈빈 온도를 화씨 온도로 변환하기

화씨(Fahrenheit)[1] 온도값을 켈빈(Kelvin)[2] 온도값으로 변환하는 파이썬 프로그램을 작성하여라. 변환 수식은 다음과 같다.

$$1.8 \times 켈빈\ 온도 = 화씨\ 온도 + 459.67$$

---

1 다니엘 가브리엘 파렌하이트(Daniel Gabriel Fahrenheit, 1686~1736)는 알코올 온도계 및 수은 온도계의 발명과 자신의 이름을 딴 온도 눈금으로 유명한 독일의 물리학자이자 엔지니어, 유리 세공자다.
2 윌리엄 톰슨(William Thomason), 배런 켈빈 1세(1st baron Kelvin, 1824~1907)은 아일랜드 태생의 영국 수리 물리학자이자 엔지니어다. 그는 절대 영도(켈빈 온도 눈금)의 개발과 자신의 이름을 딴 온도 측정 단위로 널리 알려져 있다. 그는 열전기 분야에서 톰슨 효과(Thomson effect)를 발견했고, 열역학 제2법칙(second law of thermodynamics)의 개발에 도움을 줬다.

풀이

위 수식을 프로그램에서 그대로 사용할 수 없다. 파이썬과 같은 컴퓨터 언어에서 다음과 같은 명령문은 허용되지 않는다.

```
1.8 * kelvin = fahrenheit + 459.67
```

 기억할 것! = 기호의 왼쪽에는 변수 하나만 올 수 있다. 이 변수는 실제로 값을 저장할 수 있는 RAM의 특정 영역이다.

이 예제는 화씨 온도를 켈빈 온도로 변환하는 것이다. 화씨 온도는 사용자의 입력값인 반면, 켈빈 온도는 파이썬 프로그램이 계산하는 값이다. 그래서 위 수식을 다음과 같이 켈빈 온도로 정리해야 한다.

$$\text{켈빈 온도} = \frac{\text{화씨 온도} + 459.67}{1.8}$$

파이썬 프로그램은 다음과 같다.

file_10_1_5

```
fahrenheit = float(input("화씨 온도를 입력하여라: "))

kelvin = (fahrenheit + 459.67) / 1.8

print("켈빈 온도:", kelvin)
```

예제 10.1-6 **판매세 계산하기**

상품의 세전 가격을 입력한 후에 19%의 부가가치세가 포함된 상품의 세후 가격을 계산하는 파이썬 프로그램을 작성하여라.

풀이

판매세(sales tax)의 계산 과정은 의외로 간단하다. 상품의 세전 가격에 판매세 비율을 곱하기만 하면 된다. 판매세는 최종 가격이 아니라 단지 세금이라는 점만 주의하자.

세후 가격은 세전 가격과 판매세를 더하여 계산된다. 다음 파이썬 프로그램에서 VAT 상수는 판매세 비율을 나타낸다.

```
VAT = 0.19
price_before_tax = float(input("상품의 세전 가격을 입력하여라: "))

sales_tax = price_before_tax * VAT
price_after_tax = price_before_tax + sales_tax

print("세후 가격:", price_after_tax)
```

예제 10.1-7 할인 가격 계산하기

사용자로부터 상품 가격과 할인율(0~100%)을 입력받고, 할인 가격이 적용된 상품 가격을 계산하고 출력하는 파이썬 프로그램을 작성하여라.

풀이

할인 가격의 계산 또한 매우 간단하다. 상품의 할인 전 가격에 할인율값을 곱하고, 100으로 나누면 된다. 사용자는 0에서 100 사이의 할인율값을 입력하기 때문에 나눗셈이 필요하다. 이 결과는 최종 상품 가격이 아니라 할인 가격이라는 점에 주의하자.

최종 상품 가격은 상품의 할인 전 가격에서 할인 가격을 빼 계산한다.

```
price_before_discount = float(input("상품 가격을 입력하여라: "))

discount = int(input("할인율을 입력하여라(0 - 100): "))

discount_amount = price_before_discount * discount / 100
price_after_discount = price_before_discount - discount_amount

print("최종 상품 가격:", price_after_discount)
```

예제 10.1-8 판매세와 할인 가격 계산하기

사용자로부터 상품의 세전 가격과 할인율(0~100%)을 입력받아 판매세와 할인 가격이 적용된 상품 가격을 계산하고 출력하는 파이썬 프로그램을 작성하여라.

풀이

이 예제는 이전 두 예제를 조합한 형태다.

```
file_10_1_8
```
```
VAT = 0.19

price_before_discount = float(input("상품 가격을 입력하여라: "))
discount = int(input("할인율을 입력하여라(0 - 100): "))

discount_amount = price_before_discount * discount / 100
price_after_discount = price_before_discount - discount_amount

sales_tax = price_after_discount * VAT
price_after_tax = price_after_discount + sales_tax

print("최종 상품 가격:", price_after_tax)
```

10.2 프로그래밍 연습문제

다음 프로그래밍 연습문제를 완성하여라.

1. 사용자로부터 밑변과 높이를 입력받고, 삼각형의 면적을 계산하는 파이썬 프로그램을 작성하여라.

2. 사용자로부터 삼각형의 두 각도를 입력받고, 세 번째 각도를 계산하고 출력하는 파이썬 프로그램을 작성하여라.

3. 네 개 과목의 학생 시험 성적을 입력받고, 평균 성적을 출력하는 파이썬 프로그램을 작성하여라.

4. 사용자로부터 반지름 값을 입력받고 원의 둘레를 계산하는 파이썬 프로그램을 작성하여라.

5. 사용자로부터 식당의 음식값을 입력받아 그 음식값에 대한 10%의 팁과 7%의 판매세, 팁과 판매세가 포함된 최종 음식값을 계산하고 출력하는 파이썬 프로그램을 작성하여라.

6. 정지 상태에서 자동차가 출발하여 주어진 시간(초 단위) 동안 직선 도로를 따라 일정한 가속도로 이동한다. 사용자로부터 가속도(m/sec² 단위)와 주행 시간을 입력받은 후, 주행 거리를 계산하는 파이썬 프로그램을 작성하여라. 수식은 다음과 같다.

$$S = u_o + \frac{1}{2}at^2$$

7. 사용자로부터 화씨 온도값을 입력받고, 그 값을 섭씨(Celsius)[3] 온도값으로 변환해 주는 파이썬 프로그램을 작성하여라. 수식은 다음과 같다.

$$\frac{C}{5} = \frac{F - 32}{9}$$

8. 체질량지수(BMI: Body Mass Index)는 사람의 키와 몸무게를 기준으로 과체중인지 저체중인지를 판단하는 데 사용하는 지수다. BMI 계산 수식은 다음과 같다.

$$BMI = \frac{몸무게}{키^2}$$

사용자로부터 키(미터 단위)와 몸무게(킬로그램 단위)를 입력받아 BMI를 계산하고 출력하는 파이썬 프로그램을 작성하여라.

9. 사용자로부터 소계와 팁 비율(0에서 100 사이의 값)을 입력받고 팁과 총계를 계산하는 파이썬 프로그램을 작성하여라. 예를 들어, 사용자가 3000과 10을 각각 입력하면 파이썬 프로그램은 '팁은 300원이고, 총계는 3300원입니다.'라고 출력한다.

10. 세 개 상품에 대한 세전 가격을 각각 입력하고, 각 상품의 세후 가격과 세 상품의 평균 가격을 계산하는 파이썬 프로그램을 작성하여라. 단, 부가가치세는 20%라고 가정한다.

11. 세후 가격을 입력받고, 세전 가격을 계산하는 파이썬 프로그램을 작성하여라. 단, 부가가치세는 20%라고 가정한다.

12. 상품의 초기 가격과 퍼센트 단위로 할인율(0에서 100 사이의 값)을 입력받고, 최종 가격과 할인 가격을 출력하는 파이썬 프로그램을 작성하여라.

13. 한 달간 사용한 전력 소비량(kWh 단위)을 입력받고, kWh당 600원을 지불하는 경우 총 전기요금을 계산하는 파이썬 프로그램을 작성하여라. 단, 부가가치세는 20%라고 가정한다.

14. 사용자로부터 두 개의 숫자(각각 월과 일을 의미)를 입력받고, 1월 1일부터 경과된 총 일 수를 계산하는 파이썬 프로그램을 작성하여라. 단, 한 달은 30일이라고 가정한다.

---

3 앤더스 셀시우스(Anders Celsius, 1701~1744)는 스웨덴의 천문학자이자 물리학자, 수학자다. 그는 스웨덴의 웁살라(Uppsala) 천문 관측소를 설립하였고, 자신의 이름을 딴 섭씨 온도 눈금을 제안하였다.

숫자 다루기

11.1 들어가기

다른 고급 프로그래밍 언어와 마찬가지로, 파이썬도 필요할 때마다 사용 가능한 다양한 함수 (function)와 메서드(method)를 제공한다. 함수와 메서드는 이름이 부여되어 있고, 특정한 작업을 수행하는 명령문들의 블록이다.

함수와 메서드를 보다 잘 이해하기 위해서 양수 제곱근을 계산하는 헤론(Heron)[1]의 반복식을 살펴보자.

$$x_{n+1} = \frac{1}{2}\left(x_n + \frac{y}{x_n}\right)$$

여기서

- y는 찾고자 하는 제곱근의 숫자를 의미한다.
- x_n은 y의 제곱근에 대한 n번째 반복값이다.

위 수식이 이해되지 않는다고 실망하지 말자. 현재는 어느 누구도 어떤 숫자의 제곱근을 계산하기 위해 위와 같은 수식을 사용하지는 않는다. 다행히도 파이썬은 이 목적을 위해 사용할 수 있는 메서드를 제공하고 있다. sqrt라는 이름의 메서드며, 어떤 숫자의 제곱근 계산을 위해

---

1 알렉산드리아의 헤론(Heron, 서기 10년~70년)은 고대 그리스의 수학자이자 물리학자, 천문학자, 공학자다. 그는 고대의 가장 위대한 실험자로 간주되고 있다. 그는 최초 기록된 증기 터빈 엔진인 'aeolipile'(흔히 '영웅 엔진'이라 불림)을 기술하였다. 또한 헤론은 양수 제곱근을 반복적으로 계산하는 방법을 고안했다. 오늘날 그는 삼각형의 변 길이로 삼각형의 면적을 구하는 헤론의 공식 증명으로 유명하다.

단지 이 메서드를 호출하기만 하면 된다. sqrt 메서드가 내부적으로 헤론의 반복식을 사용하는 지도 모른다. 아니면 다른 고전 수학이나 현대 수학의 수식을 사용할는지도 모른다. 이런 수식에 신경 쓰지 않기를 바라며, 실제로 우리가 관심을 기울여야 할 부분은 math.sqrt를 이용하면 원하는 결과를 정확하게 얻을 수 있다는 점이다. 다음 예제를 살펴보자.

```
import math

x = float(input())
y = math.sqrt(x)
print(y)
```

주목할 것! 파이썬에서 sqrt() 메서드를 사용하기 위해서는 math 모듈을 임포트해야 한다. 모듈은 많은 함수(혹은 메서드)를 가지고 있는 파일이다. 파이썬은 그러한 모듈을 꽤 많이 가지고 있지만, 이들 모듈 안에 있는 함수나 메서드를 사용하려면 그 모듈을 프로그램에 임포트해야 한다.

파이썬은 많은 수학 함수(메서드)를 지원하고 있지만, 11장에서는 단지 이 책의 목적을 위해 반드시 필요한 것들만을 다룬다. 하지만 좀 더 많은 정보를 얻고 싶다면 다음 웹사이트를 방문하라.

https://docs.python.org/3.6/library/math.html

주목할 것! 제곱근, 사인, 코사인, 절댓값 등을 계산할 때마다 수학 함수를 사용할 수 있다.

11.2 유용한 수학 함수, 메서드, 상수

절댓값

```
abs( number )
```

이 함수는 number의 절댓값을 반환한다.

예제

file_11_2a

```
a = -5
b = abs(a)
```

```
print(abs(a))                              # 출력: 5
print(b)                                    # 출력: 5
print(abs(-5.2))                            # 출력: 5.2
print(abs(5.2))                             # 출력: 5.2
```

코사인

```
math.cos( number )
```

이 메서드는 number의 코사인 값을 반환한다. 라디안(radian)으로 number 값을 표현해야 한다.

예제

file_11_2b

```
import math                                # math 모듈을 임포트한다.

p = 3.14159265
a = math.cos(2 * p)

print(a)                                   # 출력: 1.0
```

))) 주목할 것! cos() 메서드는 math 모듈에 정의되어 있다. 파이썬에서 직접 접근할 수 없으므로 math 모듈을 임포트해야 한다.

정수 나눗셈의 몫과 나머지

```
divmod( number1, number2 )
```

이 함수는 다음 두 개의 값을 반환한다.

- number1과 number2에 대한 정수 나눗셈의 몫
- number1과 number2에 대한 정수 나눗셈의 나머지

예제

file_11_2c

```
c, d = divmod(13, 4)

print(c, d, sep = ", ")                     # 출력: 3, 1
```

))) 주목할 것! 파이썬의 함수나 메서드는 두 개 이상의 값을 반환할 수 있다.

정숫값

```
int( value )
```

이 함수는 value의 정수 부분을 반환한다. 또한, 이 함수는 정수의 문자열 표현을 숫자값으로 변환하기 위해 사용된다.

예제

file_11_2d

```
a = 5.4

print(int(a))                          # 출력: 5
print(int(34))                         # 출력: 34
print(int(34.9))                       # 출력: 34
print(int(-34.999))                    # 출력: -34

b = "15"
c = "3"
print(b + c)                           # 출력: 153
print(int(b) + int(c))                 # 출력: 18
```

최댓값

```
max( sequence )
max( value1, value2, value3, ... )
```

이 함수는 sequence에서 가장 큰 값을 반환하거나 두 개 이상의 인자값 중에 가장 큰 것을 반환한다.

예제

file_11_2e

```
print(max(5, 3, 2, 6, 7, 1, 5))        # 출력: 7

a = 5
b = 6
c = 3
d = 4
y = max(a, b, c, d)
print(y)                               # 출력: 6

seq = [2, 8, 4, 6, 2]                   # 정수 시퀀스
print(max(seq))                        # 출력: 8
```

최솟값

```
min( sequence )
min( value1, value2, value3, ... )
```

이 함수는 sequence에서 가장 작은 값을 반환하거나 두 개 이상의 인자값들 중에 가장 작은 것을 반환한다.

예제

file_11_2f

```
print(min(5, 3, 2, 6, 7, 1, 5))          # 출력: 1

a = 5
b = 6
c = 3
d = 4
y = min(a, b, c, d)
print(y)                                  # 출력: 3

seq = [2, 8, 4, 6, 2]                      # 정수 시퀀스
print(min(seq))                           # 출력: 2
```

파이값

Pi

```
math.pi
```

이 상수는 π 값을 나타낸다.

예제

file_11_2g

```
import math

print(math.pi)                            # 출력: 3.141592653589793
```

 주목할 것! pi는 함수도 메서드도 아니다. 이 때문에 괄호가 사용되지 않는다.

 주목할 것! 상수 pi는 math 모듈에 정의되어 있다. 파이썬에서 직접 접근할 수 없으므로 math 모듈을 임포트해야 한다.

실숫값

```
float( value )
```

이 함수는 실수의 문자열 표현을 숫자값으로 변환한다.

예제

file_11_2h

```
a = "5.2"
b = "2.4"

print(a + b)                       # 출력: 5.22.4
print(float(a) + float(b))         # 출력: 7.6
```

랜덤

```
random.randrange([minimum_value,] maximum_value)
```

이 함수는 minimum_value와 maximum_value – 1 사이의 정숫값을 반환한다. minimum_value 인자는 옵션으로, 이 인자가 생략되면 기본값은 0이다.

예제

file_11_2i

```
import random                      # random 모듈을 임포트한다.

# 0과 65535 사이의 랜덤 정수를 출력한다.
print(random.randrange(0, 65536))

# 0과 10 사이의 랜덤 정수를 출력한다.
print(random.randrange(11))

# -20과 20 사이의 랜덤 정수를 출력한다.
print(random.randrange(-20, 21))
```

 랜덤 숫자는 컴퓨터 게임에서 널리 사용되고 있다. 예를 들어, 적들이 랜덤한 시간에 나타나거나 랜덤한 방향으로 움직일 수 있다. 게다가, 랜덤 숫자는 시뮬레이션 프로그램, 통계 프로그램, 데이터 암호화를 위한 컴퓨터 보안 등에 사용된다.

 randrange( ) 메서드는 random 모듈에 정의되어 있다. 파이썬에서 직접 접근할 수 없으므로 random 모듈을 임포트해야 한다.

범위

```
range( [initial_value,] final_value [, step] )
```

이 함수는 initial_value와 final_value – 1 사이의 연속적인 정수들을 반환한다. initial_value 인자는 옵션으로, 이 인자가 생략되면 기본값은 0이다. step 인자는 연속적인 두 정수의 차이를 나타낸다. 이 인자 또한 옵션으로, 생략되면 기본값은 1이다.

 주목할 것!   initial_value, final_value, step은 반드시 정수이어야 한다. 또한, 음수를 허용한다.

예제

file_11_2j

```
# [1, 2, 3, 4, 5]를 변수 a에 할당
a = range(1, 6)

# [0, 1, 2, 3, 4, 5]를 변수 b에 할당
b = range(6)

# [0, 10, 20, 30, 40]을 변수 c에 할당
c = range(0, 50, 10)

# [100, 95, 90, 85]를 변수 d에 할당
d = range(100, 80, -5)
```

반올림

```
round( number )
```

이 함수는 가장 가까운 정수를 반환한다. 지정된 정밀도(precision)로 number의 반올림값을 구하려면 다음 수식을 사용할 수 있다.

$$round(number * 10 ** precision) / 10 ** precision$$

예제

file_11_2k

```
a = 5.9
print(round(a))                          # 출력: 6
print(round(5.4))                        # 출력: 5
```

```
a = 5.312
y = round(a * 10 ** 2) / 10 ** 2
print(y)                                    # 출력: 5.31

a = 5.315
y = round(a * 10 ** 2) / 10 ** 2
print(y)                                    # 출력: 5.32
print(round(2.3447 * 1000) / 1000)          # 출력: 2.345
```

사인

```
math.sin( number )
```

이 함수는 number의 사인 값을 반환한다. 라디안(radian)으로 number 값을 표현해야 한다.

예제

file_11_2l

```
import math                                 # math 모듈을 임포트한다.

a = math.sin(3 * math.pi / 2)
print(a)                                    # 출력: -1.0
```

 주목할 것!   sin( ) 메서드는 math 모듈에 정의되어 있다. 파이썬에서 직접 접근할 수 없으므로 math 모듈을 임포트해야 한다.

제곱근

```
math.sqrt( number )
```

이 함수는 number의 제곱근(square root)을 반환한다.

예제

file_11_2m

```
import math                                 # math 모듈을 임포트한다.

print(math.sqrt(9))                         # 출력: 3.0
print(math.sqrt(2))                         # 출력: 1.4142135623730951
```

주목할 것! sqrt( ) 메서드는 math 모듈에 정의되어 있다. 파이썬에서 직접 접근할 수 없으므로 math 모듈을 임포트해야 한다.

총합

```
math.fsum( sequence )
```

이 함수는 sequence에 있는 원솟값들의 총합을 반환한다.

예제

file_11_2n

```
import math

seq = [5.5, 6.3, 2]                    # 숫자들의 시퀀스를 변수 seq에 할당
print(math.fsum(seq))                  # 출력: 13.8
```

 주목할 것! fsum( ) 메서드는 math 모듈에 정의되어 있다. 파이썬에서 직접 접근할 수 없으므로 math 모듈을 임포트해야 한다.

탄젠트

```
math.tan( number )
```

이 함수는 number의 탄젠트 값을 반환한다. 라디안(radian)으로 number 값을 표현해야 한다.

예제

file_11_2o

```
import math                            # math 모듈을 임포트한다.

a = math.tan(10)
print(a)                               # 출력: 0.6483608274590866
```

주목할 것! tan( ) 메서드는 math 모듈에 정의되어 있다. 파이썬에서 직접 접근할 수 없으므로 math 모듈을 임포트해야 한다.

예제 11.2-1 두 점 사이의 거리 계산하기

두 점의 좌푯값을 입력받고, 두 점 사이의 직선 거리를 계산하는 파이썬 프로그램을 작성하여라. 수식은 다음과 같다.

$$d = \sqrt{(x_1 - x_2)^2 + (y_1 - y_2)^2}$$

풀이

이 예제의 해결을 위해서는 우선 숫자의 제곱근을 반환하는 sqrt( ) 메서드를 사용해야 한다. 단순화하기 위해 $(x_1 - x_2)^2$와 $(y_1 - y_2)^2$을 개별적으로 계산하고, 각각을 두 개의 임시 변수에 할당해 놓는다. 파이썬 프로그램은 다음과 같다.

file_11_2_1a

```python
import math

print("점 A의 좌표를 입력하여라: ")
x1 = float(input())
y1 = float(input())

print("점 B의 좌표를 입력하여라: ")
x2 = float(input())
y2 = float(input())

x_temp = (x1 - x2) ** 2
y_temp = (y1 - y2) ** 2

d = math.sqrt(x_temp + y_temp)
print("두 점 사이의 거리:", d)
```

다른 방법을 살펴보자. 함수(혹은 메서드) 호출 안에서도 실제로 연산이 수행될 수 있다는 점을 인식해야 한다. 그렇게 하기 위해 연산 결과를 함수나 메서드의 인자로 사용할 수 있다. 이런 방식을 사용하면 코드 수를 많이 줄일 수 있기 때문에 대다수 프로그래머가 선호하는 코딩 스타일이다. 이런 방식을 사용한 파이썬 프로그램은 다음과 같다.

file_11_2_1b

```python
import math

print("점 A의 좌표를 입력하여라: ")
x1 = float(input())
y1 = float(input())
```

```
print("점 B의 좌표를 입력하여라: ")
x2 = float(input())
y2 = float(input())

d = math.sqrt((x1 - x2) ** 2 + (y1 - y2) ** 2)

print("두 점 사이의 거리:", d)
```

예제 11.2-2 자동차의 주행 시간은?

자동차가 정지 상태에서 출발하여 주어진 시간 동안 직선 도로를 따라 일정한 가속도로 운행한다고 가정해 보자. 사용자로부터 가속도와 주행 거리를 입력받아 주행 시간을 계산하고 출력하는 파이썬 프로그램을 작성하여라. 수식은 다음과 같다.

$$S = u_o + \frac{1}{2}at^2$$

여기서

- S는 미터 단위(m)의 주행 거리를 의미한다.
- u_0는 초당 미터 단위(m/sec)의 초기 속도를 의미한다.
- t는 초 단위(sec)의 주행 시간을 의미한다.
- a는 초 제곱당 미터 단위(m/sec^2)의 가속도를 의미한다.

풀이

정지 상태에서 자동차가 출발하는 것으로 가정했기 때문에 초기 속도 u_0는 0이다. 그래서 위 수식을 다음과 같이 간소화할 수 있다.

$$S = \frac{1}{2}at^2$$

위 수식을 시간으로 다시 정리하면 최종 수식은 다음과 같다.

$$t = \sqrt{\frac{2S}{a}}$$

이 예제의 해결을 위해 다음 파이썬 프로그램은 숫자의 제곱근을 반환하는 sqrt( ) 메서드를 사용한다.

```
import math

a = float(input("가속도값을 입력하여라: "))
S = float(input("주행 거리를 입력하여라: "))

t = math.sqrt(2 * S / a)

print("주행 시간(초):", t)
```

11.3 복습문제: 참/거짓

다음 문제를 읽고 **참** 또는 **거짓**으로 답하여라.

1. 일반적으로 함수는 작은 문제를 해결하는 부프로그램(subprogram)이다.

2. 모든 프로그래머는 양수의 제곱근을 계산하기 위해 헤론의 반복식을 사용해야 한다.

3. abs( ) 함수는 항목의 절댓값을 반환한다.

4. int(3.59) 명령문은 3.6을 결과로 반환한다.

5. math.pi 상수는 3.14와 동일하다.

6. 2 ** 3 명령문은 9를 결과로 반환한다.

7. randrange( ) 메서드는 음수 랜덤 값을 반환할 수 있다.

8. y = random.randrange(0, 2) 명령문이 변수 y에 1의 값을 할당할 가능성은 50%다.

9. round(3.59) 명령문은 4를 결과로 반환한다.

10. 사인 90도의 값을 계산하는 명령문은 y = math.sin(math.pi / 2)다.

11. y = math.sqrt(-2) 명령문은 합당하다.

12. 다음 코드는 명확성(definiteness)의 특성을 만족한다.

```
import math
a = float(input())
b = float(input())
x = a * math.sqrt(b)
print(x)
```

11.4 복습문제: 객관식

다음 문제에서 옳은 것을 모두 골라라.

1. 다음 중 a의 제곱을 생성하는 명령문은?

   a. y = a * a

   b. y = a ** 2

   c. y = a * a / a * a

   d. 위 모두 옳지 않다.

2. 명령문 y = abs(+5.2)가 수행될 때 변수 y의 값은?

   a. -5.2

   b. -5

   c. 0.2

   d. 5.2

   e. 위 모두 옳지 않다.

3. 다음 중 사인 180도를 계산하는 명령문은?

   a. math.sin(180)

   b. math.sin(math.pi)

   c. a, b 모두 옳다.

   d. a, b 모두 옳지 않다.

4. 명령문 y = int(5/2)가 수행될 때 변수 y의 값은?

   a. 2.5

   b. 3

   c. 2

   d. 0.5

5. 명령문 y = math.sqrt(4) ** 2가 수행될 때 변수 y의 값은?

   a. 4

   b. 2

   c. 8

   d. 16

6. 명령문 y = round(5.2) / 2가 수행될 때 변수 y의 값은?

    a. 2

    b. 2.5

    c. 2.6

    d. 위 모두 옳지 않다.

11.5 프로그래밍 연습문제

다음 프로그래밍 연습문제를 완성하여라.

1. 다음 파이썬 프로그램을 서로 다른 입력값으로 각각 수행할 때 각 단계별 변숫값을 결정하는 추적표를 생성하여라(프로그램 수행별로 추적표를 작성해야 함). 두 번 수행에 대한 각각의 입력값은 (i) 9와 (ii) 4다.

```
import math

a = float(input())

a += 6 / math.sqrt(a) * 2 + 20
b = round(a) % 4
c = b % 3

print(a, ",", b, ",", c)
```

2. 다음 파이썬 프로그램을 서로 다른 입력값으로 각각 수행할 때 각 단계별 변숫값을 결정하는 추적표를 생성하여라(프로그램 수행별로 추적표를 작성해야 함). 두 번 수행에 대한 각각의 입력값은 (i) -2와 (ii) -3이다.

```
a = int(input())

b = abs(a) % 4 + a ** 4
c = b % 5

print(b, ",", c)
```

3. 사용자로부터 라디안 단위의 각도 θ를 입력받고, 360도 단위의 각도를 계산하고 출력하는 파이썬 프로그램을 작성하여라. 단, 2π = 360°이다.

4. 두 개의 직각 변 A와 B가 주어졌을 때 직각 삼각형의 빗변을 계산하는 파이썬 프로그램을 작성하여라. 직각 삼각형의 빗변은 피타고라스[2] 정리(Pythagorean theorem)를 이용하여 다음과 같이 계산할 수 있다.

$$빗변 = \sqrt{A^2 + B^2}$$

5. 사용자로부터 직각 삼각형의 각도 θ(360도 단위)와 이와 이웃하는 밑변의 길이를 각각 입력받은 후, 빗변의 길이를 계산하는 파이썬 프로그램을 작성하여라. 단, $2\pi = 360°$이며, 다음 수식을 이용하여 계산할 수 있다.

$$\tan(\theta) = \frac{빗변의\ 길이}{밑변의\ 길이}$$

---

2 피타고라스(Pythagoras, 기원전 571~497)는 그리스의 수학자이자 철학자, 천문학자다. 그는 피타고라스 정리의 증명으로 유명하며, 플라톤에 영향을 주었다. 그의 이론은 여전히 오늘날 수학에서 사용되고 있다.

복잡한 수식

12.1 복잡한 수식 작성하기

7장에서 산술 연산을 배웠지만, 복잡한 수식의 사용과 작성 방법은 자세히 배우지 않았다. 이번 장에서는 수식을 파이썬 명령문으로 쉽게 변환하는 방법을 배울 것이다.

기억할 것! 파이썬의 산술 연산자는 수학과 동일한 우선순위를 사용한다. 이는 곱셈과 나눗셈이 덧셈과 뺄셈보다 먼저 수행되는 것을 의미한다. 게다가, 곱셈과 나눗셈이 동일 수식에 함께 존재할 때는 연산을 왼쪽에서 오른쪽으로 수행한다.

예제 12.1-1 **파이썬으로 수식 표현하기**

다음 수식을 파이썬 명령문으로 정확하게 표현한 것은?

$$x = \frac{1}{10 + z} 27$$

i. x = 1 * 27 / 10 + z

ii. x = 1 · 27 / (10 + z)

iii. x = 27 / 10 + z

iv. x = 27 / (10 + z)

v. x = (1 / 10 + z) * 27

vi. x = 1 / ((10 + z) * 27)

vii. x = 1 / (10 + z) * 27

viii. x = 1 / (10 + z) / 27

풀이

i. **틀림.** 곱셈과 나눗셈이 덧셈 전에 수행되기 때문에 $x = \frac{1}{10}27 + z$와 동일하다.

ii. **틀림.** 곱셈으로 별표 기호가 사용되어야 한다.

iii. **틀림.** 나눗셈이 덧셈 전에 수행되기 때문에 $x = \frac{27}{10} + z$와 동일하다.

iv. **맞음.** $x = \frac{27}{10 + z}$과 정확히 같다.

v. **틀림.** 괄호 내부에서 나눗셈이 덧셈보다 먼저 수행된다. 이것은 $x = \left(\frac{1}{10} + z\right)27$과 동일하다.

vi. **틀림.** 괄호가 먼저 수행되기 때문에 $x = \frac{1}{(10+z)27}$과 동일하다.

vii. **맞음.** 나눗셈이 곱셈 전에 수행된다(왼쪽에서 오른쪽 방향). $\frac{1}{10+z}$ 항이 먼저 계산되고, 그 결과가 27과 곱해진다.

viii. **틀림.** 이것은 $\frac{\frac{1}{10+z}}{27}$과 동일하다.

예제 12.1-2 **파이썬으로 수식 작성하기**

다음 수식을 계산하는 파이썬 프로그램을 작성하여라.

$$y = 10\,x - \frac{10 - z}{4}$$

풀이

우선, 데이터 입력과 출력을 구분해야 한다. 출력 결과는 y에 할당되며, 사용자가 x와 z 값을 입력해야 한다. 이 예제에 대한 파이썬 프로그램은 다음과 같다.

file_12_1_2

```
x = float(input("x 값을 입력하여라: "))
z = float(input("z 값을 입력하여라: "))

y = 10 * x - (10 - z) / 4

print("결과:", y)
```

예제 12.1-3 **파이썬으로 복잡한 수식 작성하기**

다음 수식을 계산하는 파이썬 프로그램을 작성하여라.

$$y = \cfrac{5\cfrac{3x^2 + 5x + 2}{7w - \cfrac{1}{z}} - z}{4\cfrac{3 + x}{7}}$$

풀이

수식이 너무 복잡하다. 이번에는 다른 방법으로 해결해 보자.

이 문제의 해결을 위한 아이디어는 복잡한 수식을 좀 더 작고 단순한 수식으로 분할하고, 분할된 수식의 결과 각각을 임시 변수에 할당해 놓는 것이다. 결국, 이들 임시 변수를 이용하여 원래 수식을 구성할 수 있다. 이런 원리를 활용한 파이썬 프로그램은 다음과 같다.

file_12_1_3a
```python
x = float(input("x 값을 입력하여라: "))
w = float(input("w 값을 입력하여라: "))
z = float(input("z 값을 입력하여라: "))

temp1 = 3 * x ** 2 + 5 * x + 2
temp2 = 7 * w - 1 / z
temp3 = (3 + x) / 7
nominator = 5 * temp1 / temp2 - z
denominator = 4 * temp3

y = nominator / denominator

print("결과:", y)
```

위 프로그램은 아무런 문제가 없어 보이지만, 너무 많은 변수가 있고, 이미 알고 있듯이 각 변수마다 주기억 장치 영역을 차지한다. 그러면 원래 수식을 메모리 낭비 없이 한 줄로 어떻게 작성할 수 있을까?

이에 대한 해결 방안은 고급 프로그래머에게는 식은 죽 먹기와 같이 쉽다. 하지만 프로그래밍 초보자인 여러분은 어떤가? 다음에 살펴볼 방법은 아무리 수식이 복잡하더라도 구문 오류나 논리 오류 없이 복잡한 수식을 작성하는 데 도움을 준다. 규칙은 다음과 같으며, 의외로 매우 단순하다.

"복잡한 수식을 좀 더 작은 수식으로 분할한 후에 분할된 각 수식의 결과를 임시 변수에 할당한다. 역으로 시작하여 각 임시 변수를 이 변수에 할당된 수식으로 대치한다. 여기서 주의해야 할 점은 변수를 수식으로 할당할 때 항상 괄호로 그 수식을 감싸야 한다는 것이다."

조금 혼란스러울 수도 있다. 이제 이전 파이썬 프로그램을 이와 같은 방법으로 재작성해 보자. 역으로 시작하여 nominator와 denominator 변수를 이들 변수에 할당된 수식으로 대치해 보자. 그 결과는 다음과 같다.

```
y = (5 * temp1 / temp2 - z) / (4 * temp3)
```
        └─────────────────┘   └──────────┘
             nominator   denominator

🔊)) **주목할 것!**   괄호가 추가된다는 점에 주목하자.

이제 temp1, temp2, temp3 변수를 이들 변수에 할당된 수식으로 다시 대치해 보자. 그러면 전체 수식이 다음과 같이 한 줄로 완성된다.

```
y = (5 * (3 * x ** 2 + 5 * x + 2) / (7 * w - 1 / z) - z) / (4 * ((3 + x) / 7))
```
        └────────────────────┘   └─────────────┘   └──────────────┘
               temp1   temp2   temp3

그다지 어려운 것은 아니다. 이제 파이썬 프로그램을 다음과 같이 재작성할 수 있다.

file_12_1_3b

```
x = float(input("x 값을 입력하여라: "))
w = float(input("w 값을 입력하여라: "))
z = float(input("z 값을 입력하여라: "))

y = (5 * (3 * x ** 2 + 5 * x + 2)/(7 * w - 1 / z) - z)/(4 * ((3 + x) / 7))

print("결과:", y)
```

12.2 프로그래밍 연습문제

다음 프로그래밍 연습문제를 완성하여라.

1. 첫 번째 표의 각 수식과 일치하는 수식을 두 번째 표에서 찾아라.

수식
i. 5 / x ** 2 * y + x ** 3
ii. 5 / (x ** 3 * y) + x ** 2

수식
a. 5 * y / x ** 2 + x ** 3

```
b. 5 * y / x * x + x ** 3

c. 5 / (x * x * x * y) + x * x

d. 5 / (x * x * x) * y + x * x

e. 5 * y / (x * x) + x * x * x

f. 1 / (x * x * x * y) * 5 + x * x

g. y / (x * x) * 5 + x ** 3

h. 1 / (x * x) * 5 * y + x / 1 * x * x
```

2. 다음 수식을 한 줄로 표현된 파이썬 코드로 작성하여라.

   i. $y = \dfrac{(x+3)^{5w}}{7(x-4)}$

   ii. $y = \sqrt[5]{\left(3x^2 - \dfrac{1}{4}x^3\right)}$

   iii. $y = \dfrac{\sqrt{x^4 - 2x^3 - 7x^2 + x}}{\sqrt[3]{4\left(7x^4 - \frac{3}{4}x^3\right)(7x^2 + x)}}$

   iv. $y = \dfrac{x}{x - 3(x-1)} + \left(x\sqrt[5]{x-1}\right)\dfrac{1}{(x^3 - 2)(x-1)^3}$

   v. $y = \left(\sin\left(\dfrac{\pi}{3}\right) - \cos\left(\dfrac{\pi}{2}w\right)\right)^2$

   vi. $y = \dfrac{\left(\sin\left(\frac{\pi}{2}x\right) + \cos\left(\frac{3\pi}{2}w\right)\right)^3}{\left(\tan\left(\frac{2\pi}{3}w\right) - \sin\left(\frac{\pi}{2}x\right)\right)^{\frac{1}{2}}} + 6$

3. 사용자로부터 x 값을 입력받아 다음 수식의 결과를 출력하는 파이썬 프로그램을 작성하여라.

$$y = \sqrt{x}(x^3 + x^2)$$

4. 사용자로부터 x 값을 입력받아 다음 수식의 결과를 출력하는 파이썬 프로그램을 작성하여라(단, 한 줄 코드로 수식을 작성하여라).

$$y = \dfrac{7x}{2x + 4(x^2 + 4)}$$

5. 사용자로부터 x, w 값을 입력받아 다음 수식의 결과를 출력하는 파이썬 프로그램을 작성하여라(단, 한 줄 코드로 수식을 작성하여라).

$$y = \frac{x^{x+1}}{\left(\tan\left(\frac{2w}{3} + 5\right) - \tan\left(\frac{x}{2} + 1\right)\right)^3}$$

6. 사용자로부터 x, w 값을 입력받아 다음 수식의 결과를 출력하는 파이썬 프로그램을 작성하여라(단, 한 줄 코드로 수식을 작성하여라).

$$y = \frac{3 + w}{6x - 7(x + 4)} + \left(x\sqrt[5]{3w + 1}\right)\frac{5x + 4}{(x^3 + 3)(x - 1)^7}$$

7. 사용자로부터 x, w 값을 입력받아 다음 수식의 결과를 출력하는 파이썬 프로그램을 작성하여라(단, 한 줄 코드로 수식을 작성하여라).

$$y = \frac{x^x}{\left(\sin\left(\frac{2w}{3} + 5\right) - x\right)^2} + \frac{(\sin(3x) + w)^{x+1}}{\left(\sqrt{7w}\right)^{\frac{3}{2}}}$$

8. 사용자로부터 삼각형의 세 변의 길이 A, B, C를 입력받고 삼각형의 면적을 계산하고 출력하는 파이썬 프로그램을 작성하여라. 단, 2,000년 전부터 알려져 왔던 다음 헤론 공식을 사용하여라.

$$Area = \sqrt{S(S - A)(S - B)(S - C)}$$

여기서, S는 반둘레다.

$$S = \frac{A + B + C}{2}$$

몫과 나머지 예제

13.1 들어가기

다양한 문제에서 정수 나눗셈의 몫과 나머지를 사용하곤 한다. 주로 다음 유형의 문제에서 정수 나눗셈의 몫과 나머지를 사용한다.

- 전체 숫자를 자릿수별 숫자로 분리
- 숫자가 홀수인지 짝수인지를 판별
- 경과 시간을 시, 분, 초값으로 변경
- 금액을 100달러, 50달러, 20달러 등의 단위로 변경
- 최대공약수 계산
- 숫자가 회문인지를 판별(회문: 앞뒤가 대칭인 숫자, 예를 들어 2002)
- 숫자의 자릿수 세기
- 숫자의 특정한 자릿수 결정

이제부터 정수 나눗셈의 몫과 나머지에 관한 다양한 예제를 살펴보자.

예제 13.1-1 **정수 나눗셈의 몫과 나머지 계산하기**

사용자로부터 두 개의 정수를 입력받아 정수 나눗셈의 몫과 나머지를 계산하는 파이썬 프로그램을 작성하여라.

풀이

파이썬은 나눗셈 연산으로 //이나 % 연산자를 사용한다. // 연산자는 정수 나눗셈을 수행한 후 몫 값을 정수로 반환한다. 반면, % 연산자는 정수 나눗셈을 수행한 후 나머지 값을 정수로 반환한다. 다음 파이썬 프로그램을 살펴보자.

file_13_1_1a

```
number1 = int(input("첫 번째 숫자를 입력하여라: "))
number2 = int(input("두 번째 숫자를 입력하여라: "))

q = number1 // number2
r = number1 % number2

print("몫 값:", q, "\n나머지 값:", r)
```

🔊 **주목할 것!** 다음 순서도는 정수 나눗셈의 몫과 나머지 계산을 위해 각각 DIV와 MOD 연산자를 사용하고 있다.

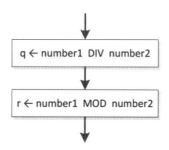

좀 더 '파이썬스러운' 방법은 다음과 같이 divmod( ) 함수를 사용하는 것이다.

file_13_1_1b

```
number1 = int(input("첫 번째 숫자를 입력하여라: "))
number2 = int(input("두 번째 숫자를 입력하여라: "))

q, r = divmod(number1, number2)

print("몫값:", q, "\n나머지 값:", r)
```

예제 13.1-2 **자릿수값의 총합 계산하기**

사용자로부터 네 자리 정수를 입력받고, 자릿수값의 총합을 계산하는 파이썬 프로그램을 작성하여라.

풀이

염두에 두어야 할 것은 우선 다음 명령문이다.

```
number = int(input())
```

위 명령문은 네 자리 정수를 네 개의 개별 변수가 아닌 하나의 단일 변수인 number로 할당한다.

그래서 입력받은 네 자리 정수를 네 개의 자릿수로 분할하고, 각 자릿수값을 네 개의 서로 다른 변수에 할당해야 한다. 그런 다음, 이들 네 개 변수의 합을 계산한다. 두 가지 방법 중 하나로 이 문제를 해결할 수 있다.

첫 번째 방법

다음 예제를 이용하여 첫 번째 방법을 이해해 보자. 예를 들어, 6753의 정수가 있다고 가정해 보자.

첫 번째 자릿수값 = 6	첫 번째 자릿수값은 정수 몫을 얻기 위해 주어진 정수를 1000으로 나누면 분리된다. digit1 = 6753 // 1000
나머지 값 = 753	나머지 값은 정수 나머지를 얻기 위해 주어진 정수를 1000으로 나누면 분리된다. r = 6753 % 1000
두 번째 자릿수값 = 7	두 번째 자릿수값은 정수 몫을 얻기 위해 나머지 값을 100으로 나누면 분리된다. digit2 = 753 // 100
나머지 값 = 53	마찬가지 방식으로 나머지 값인 753을 100으로 나누면 얻을 수 있다. r = 753 % 100
세 번째 자릿수값 = 5	세 번째 자릿수값은 정수 몫을 얻기 위해 나머지 값을 10으로 나누면 분리된다. digit3 = 53 // 10
네 번째 자릿수값 = 3	마지막 자릿수값은 다음과 같이 계산된다. digit4 = 53 % 10

첫 번째 방법의 알고리즘을 해결하는 파이썬 프로그램은 다음과 같다.

```
number = int(input("네 자리 정수를 입력하여라: "))

digit1 = number // 1000
r = number % 1000

digit2 = r // 100
r = r % 100

digit3 = r // 10
digit4 = r % 10

total = digit1 + digit2 + digit3 + digit4
print(total)
```

위 프로그램에 대한 추적표는 다음과 같다.

단계	명령문	설명	number	digit1	digit2	digit3	digit4	r	total
1	number = int(input ("네 자리 ...)	6753 입력	**6753**	–	–	–	–	–	–
2	digit1 = number // 1000		6753	**6**	–	–	–	–	–
3	r = number % 1000		6753	6	–	–	–	**753**	–
4	digit2 = r // 100		6753	6	**7**	–	–	753	–
5	r = r % 100		6753	6	7	–	–	**53**	–
6	digit3 = r // 10		6753	6	7	**5**		53	–
7	digit4 = r % 10		6753	6	7	5	**3**	53	–
8	total = digit1 + digit2 + digit3 + digit4		6753	6	7	5	3	53	**21**
9	print(total)	21 값이 출력된다.							

좀 더 이해를 돕기 위해 주어진 정수를 분리하기 위해 사용할 수 있는 일반화된 파이썬 프로그램을 살펴보자. 프로그램의 길이는 정수의 자릿수 N에 의해서 좌우되기 때문에 N-1개의 명령문 쌍이 존재한다.

```
number = int(input("N-자리 정수를 입력하여라: "))

digit1 = number // 10^{N-1}
r = number % 10^{N-1}
```
← 첫 번째 명령문 쌍

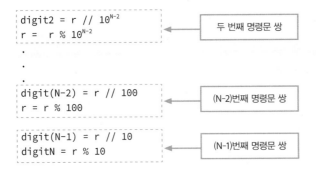

```
digit2 = r // 10^(N-2)        ←  두 번째 명령문 쌍
r =  r % 10^(N-2)

  .
  .
  .
digit(N-2) = r // 100         ←  (N-2)번째 명령문 쌍
r = r % 100

digit(N-1) = r // 10          ←  (N-1)번째 명령문 쌍
digitN = r % 10
```

예를 들어, 여섯 자리 정수를 분리한다면 다음과 같이 다섯 개의 명령문 쌍을 작성해야 한다.

file_13_1_2b

```
number = int(input("여섯 자리 정수를 입력하여라: "))
```

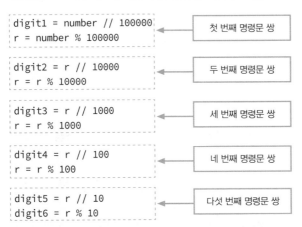

```
digit1 = number // 100000     ←  첫 번째 명령문 쌍
r = number % 100000

digit2 = r // 10000           ←  두 번째 명령문 쌍
r = r % 10000

digit3 = r // 1000            ←  세 번째 명령문 쌍
r = r % 1000

digit4 = r // 100             ←  네 번째 명령문 쌍
r = r % 100

digit5 = r // 10              ←  다섯 번째 명령문 쌍
digit6 = r % 10
```

```
print(digit1, digit2, digit3, digit4, digit5, digit6)
```

그러나 divmod( ) 함수를 사용하여 좀 더 단순한 형태로 개선할 수 있다.

file_13_1_2c

```
number = int(input("여섯 자리 정수를 입력하여라: "))

digit1, r = divmod(number, 100000)
digit2, r = divmod(r, 10000)
digit3, r = divmod(r, 1000)
digit4, r = divmod(r, 100)
digit5, digit6 = divmod(r, 10)

print(digit1, digit2, digit3, digit4, digit5, digit6)
```

두 번째 방법

다시 한 번 산술 예제를 이용한 두 번째 방법을 이해해 보자. 예를 들어, 첫 번째 방법에서 사용한 숫자인 6,753으로 고려해 보자.

네 번째 자릿수값 = 3	네 번째 자릿수값은 정수 나머지를 얻기 위해 주어진 정수를 10으로 나누면 분리된다. digit4 = 6753 % 10
나머지 값 = 675	나머지 값은 정수 몫을 얻기 위해 주어진 정수를 10으로 나누면 분리된다. r = 6753 // 10
세 번째 자릿수값 = 5	세 번째 자릿수값은 정수 나머지를 얻기 위해 나머지 값을 10으로 나누면 분리된다. digit3 = 675 % 10
나머지 값 = 67	마찬가지 방식으로 나머지 값인 675를 10으로 나누면 얻을 수 있다. r = 675 // 10
두 번째 자릿수값 = 7	두 번째 자릿수값은 정수 나머지를 얻기 위해 나머지 값을 10으로 나누면 분리된다. digit2 = 67 % 10
첫 번째 자릿수값 = 6	마지막 자릿수값은 다음과 같이 계산된다. digit1 = 67 // 10

두 번째 방법의 알고리즘을 해결하는 파이썬 프로그램은 다음과 같다.

file_13_1_2d

```
number = int(input("네 자리 정수를 입력하여라: "))

digit4 = number % 10
r = number // 10

digit3 = r % 10
r = r // 10

digit2 = r % 10
digit1 = r // 10

total = digit1 + digit2 + digit3 + digit4
print(total)
```

좀 더 쉽게 이해할 수 있도록 주어진 정수를 분리하기 위해 사용할 수 있는 일반화된 파이썬 프로그램을 살펴보자. 이 프로그램은 두 번째 방법을 위한 것이며, 프로그램의 길이는 정수의 자릿수 N에 의해서 좌우되기 때문에 N-1개의 명령문 쌍이 존재한다.

```
number = int(input("N-자리 정수를 입력하여라: "))
```

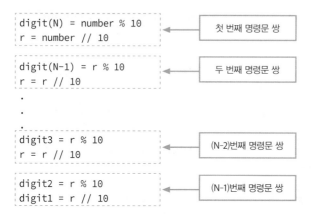

예를 들어, 다섯 자리 정수를 분리한다면 다음과 같이 네 개의 명령문 쌍을 작성해야 한다.

```
number = int(input("다섯 자리 정수를 입력하여라: "))
```

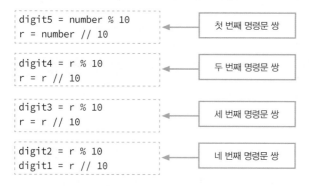

```
print(digit1, digit2, digit3, digit4, digit5)
```

이번 예제도 divmod( ) 함수를 사용하면 좀 더 단순한 형태로 개선할 수 있다.

```
number = int(input("다섯 자리 정수를 입력하여라: "))

r, digit5 = divmod(number, 10)
r, digit4 = divmod(r, 10)
r, digit3 = divmod(r, 10)
digit1, digit2 = divmod(r, 10)

print(digit1, digit2, digit3, digit4, digit5)
```

예제 13.1-3 경과 시간 출력하기

사용자로부터 초 단위의 경과 시간을 정수로 입력받고, "DD일 HH시간 MM분 SS초" 형식으로 출력하는 파이썬 프로그램을 작성하여라. 예를 들어, 사용자가 700005를 입력하면 "8일 2시간 26분 45초"를 출력한다.

풀이

1분은 60초, 1시간은 3600초, 1일은 86400초다. 첫 번째 접근 방법으로 700005를 분석해 보자.

days = 8	정수 몫을 얻기 위해 주어진 정수를 84600으로 나누면, 총 일수를 분리할 수 있다. days = 700005 // 86400
나머지 초값 = 8885	정수 나머지를 얻기 위해 주어진 정수를 86400으로 나누면, 나머지 초값을 분리할 수 있다. r = 700005 % 86400
hours = 2	정수 몫을 얻기 위해 나머지 초값을 3600으로 나누면, 총 시간을 분리할 수 있다. hours = 8805 // 3600
나머지 초값 = 1605	마찬가지 방식으로 8805를 3600으로 나누면, 나머지 초값을 얻을 수 있다. r = 8805 % 3600
minutes = 26	정수 몫을 얻기 위해 나머지 초값을 60으로 나누면, 총 분값을 분리할 수 있다. minutes = 1605 // 60
seconds = 45	마지막 나머지 값은 다음과 같이 계산된다. seconds = 1605 % 60

위 알고리즘에 대한 파이썬 프로그램은 다음과 같다.

file_13_1_3

```
number = int(input("경과 시간(초)을 입력하여라: "))

days, r = divmod(number, 86400)        # 60 * 60 * 24 = 86400
hours, r = divmod(r, 3600)             # 60 * 60 = 3600
minutes, seconds = divmod(r, 60)

print(days, "일", hours, "시간")
print(minutes, "분", seconds, "초")
```

예제 13.1-4 숫자를 역순으로 바꾸기

사용자로부터 세 자릿수의 정수를 입력받고, 그 정수를 역순으로 바꾸어 주는 파이썬 프로그램을 작성하여라. 예를 들어, 사용자가 정수 375를 입력하면 정수 573을 출력한다.

풀이

주어진 숫자를 세 자릿수로 분리하기 위해 이전에 설명한 첫 번째 방법이나 두 번째 방법 중 하나를 이용할 수 있다. 이전 예제보다 조금 어려운 점은 역순 숫자를 생성하는 일이다. 자릿수 분리 후에 각 자릿수값이 다음과 같다고 하자.

```
digit1 = 3
digit2 = 7
digit3 = 5
```

그러면 다음 수식과 같이 간단히 곱의 합(sum of product)을 계산하여 역순 숫자를 생성할 수 있다.

$$digit3 \times 100 + digit2 \times 10 + digit1 \times 1$$

이전과 달리, 두 번째 방법을 사용하여 주어진 숫자를 분리해 보자. 파이썬 프로그램은 다음과 같다.

file_13_1_4

```python
number = int(input("세 자리 정수를 입력하여라: "))

digit3 = number % 10                    # 가장 오른쪽 자릿수값
r = number // 10

digit2 = r % 10                         # 중간 자릿수값
digit1 = r // 10                        # 가장 왼쪽 자릿수값

reversed_number = digit3 * 100 + digit2 * 10 + digit1
print(reversed_number)
```

13.2 프로그래밍 연습문제

다음 프로그래밍 연습문제를 완성하여라.

1. 사용자로부터 입력받은 임의의 정수의 마지막 자릿수값에 8을 곱한 후에 그 결과를 출력하는 파이썬 프로그램을 작성하여라.

2. 사용자로부터 다섯 자리 정수를 입력받고 그 정수를 역순으로 바꿔 주는 파이썬 프로그램을 작성하여라. 예를 들어, 사용자가 정수 32675를 입력하면 57623을 출력한다.

3. 사용자로부터 정수를 입력받고 그 정숫값이 홀수이면 1을 출력하고, 그렇지 않으면 0을 출력하는 파이썬 프로그램을 작성하여라. 아직 배우지 않은 결정 제어 구조(decision control structure)를 사용하지 않고 문제를 해결하여라.

4. 사용자로부터 정수를 입력받아 그 정숫값이 짝수이면 1을 출력하고, 그렇지 않으면 0을 출력하는 파이썬 프로그램을 작성하여라. 아직 배우지 않은 결정 제어 구조(decision control structure)를 사용하지 않고 문제를 해결하여라.

5. 사용자로부터 초 단위의 경과 시간을 나타내는 정수를 입력받아 "WW주 DD일 HH시간 MM분 SS초" 형태로 출력하는 파이썬 프로그램을 작성하여라. 예를 들어, 사용자가 숫자 2000000을 입력하면, "3주 2일 3시간 33분 20초" 형태의 메시지가 출력된다.

6. ATM의 지급액 단위가 오만 원, 만 원, 천 원 단위로 구분되어 있다. 사용자로부터 인출 금액(정숫값으로)을 입력받아 ATM이 지급할 수 있는 각 지급액 단위별 최소 금액을 출력하는 파이썬 프로그램을 작성하여라. 예를 들어, 사용자가 76,000원을 입력하면 "오만 원 1장, 만 원 2장, 천 원 6장" 형태의 메시지가 출력된다.

7. 실험을 수행하기 위해 로봇이 달에 착륙한다. 로봇의 한 걸음당 보폭은 25인치라고 가정한다. 사용자로부터 로봇의 전체 걸음 수를 입력받아 로봇의 이동 거리를 "마일, 야드, 피트, 인치" 형태로 계산하고 출력하는 파이썬 프로그램을 작성하여라. 예를 들어, 이동 거리가 100,000인치라면, "1마일, 1017야드, 2피트, 4인치" 형태의 메시지가 출력된다. 다음을 참고하여라.

    *   1마일 = 63,360인치
    *   1야드 = 36인치
    *   1피트 = 12인치

문자열 다루기

14.1 들어가기

일반적으로 문자, 기호(&, *, @ 등), 숫자 등을 포함하여 키보드로 타이핑하는 모든 것은 문자열 (string)이다. 프로그램은 이런 형태의 문자열(텍스트)을 데이터로 취급한다. 파이썬에서 문자열 은 항상 단일 따옴표나 이중 따옴표로 둘러싸인다.

다음 예제의 각 명령문은 문자열을 출력한다.

```
print("이중 따옴표로 둘러싸인 모든 것은 문자열이다.")
print("심지어 다음 숫자도 문자열이다:")
print("3, 4, 7")
print("다음과 같이 문자, 기호, 숫자를 혼합한 형태도")
print("문자열이다.")
print("3 + 4의 결과는 7이다.")
```

문자열은 워드프로세서에서 웹 브라우저, 문자 메시지 프로그램까지 어느 곳이든 존재한다. 이 책에서 다루는 대다수의 예제는 실제로 문자열을 광범위하게 사용하고 있다. 문자열을 다 루는 유용한 함수와 메서드를 파이썬이 풍부하게 지원하고 있지만, 14장은 이 책의 목적에 필요한 함수와 메서드만을 다룬다. 그러나 좀 더 많은 정보를 원하면 다음 웹사이트를 방문 해 보자.

https://docs.python.org/3.6/library/stdtypes.html#string-methods

주목할 것! 파이썬의 문자열 함수와 메서드는 필요할 때마다 언제든지 사용할 수 있다. 예를 들어, 문자열에서 문자 개수를 얻어 내거나, 문자열 앞부분에서 스페이스를 제거하거나, 문자열 내의 모든 문자를 대문자로 변경 하고자 할 때 사용할 수 있다.

기억할 것! 함수와 메서드는 작은 문제를 해결하는 부프로그램 그 이상도, 그 이하도 아니다. 부프로그램은 특정한 일을 수행하기 위해 이름이 붙여진 단위체로, 명령문들의 블록으로 정의된다.

모듈은 바로 사용할 수 있는 함수(혹은 메서드)를 담고 있는 파일일 뿐이다. 파이썬은 이런 모듈을 꽤 많이 가지고 있다. 그러나 특정 모듈에 포함된 함수나 메서드를 사용하려면, 그 모듈을 프로그램에 임포트 해야 한다.
기억할 것!

14.2 문자열에서 개별 문자 검색하기

다음 예제를 위해 <<Hello World>>를 고려해 보자. 이 문자열은 11개의 문자로 이루어져 있다 (두 단어 사이에 스페이스까지 포함). 각 문자의 위치는 다음과 같다.

0	1	2	3	4	5	6	7	8	9	10
H	e	l	l	o		W	o	r	l	d

파이썬은 첫 번째 문자를 위치 0으로, 두 번째 문자를 위치 1로, 세 번째 문자를 위치 2 등으로 표현하는 규칙을 사용하여 문자 위치를 나타낸다. 두 단어 사이의 스페이스 또한 문자로 간주한다.

기억할 것! 스페이스도 다른 문자와 마찬가지로 문자다. 보이지 않는다고 해서 존재하지 않는 것을 의미하지는 않는다.

파이썬은 부분 문자열(substring) 표현을 사용하여 문자열 내의 개별 문자를 검색할 수 있다. 첫 번째 문자에 접근하기 위해 인덱스 0, 두 번째 문자에 접근하기 위해 인덱스 1, 세 번째 문자에 접근하기 위해 인덱스 2 등을 사용할 수 있다. 그래서 마지막 문자의 인덱스는 문자열의 길이 보다 하나가 적다. 다음 파이썬 프로그램을 살펴보자.

file_14_2a

```python
a = "Hello World"

print(a[0])          # 첫 번째 문자를 출력
print(a[6])          # 문자 W를 출력
print(a[10])         # 마지막 문자를 출력
```

주목할 것! 단어 'Hello'와 'World' 사이의 스페이스는 문자로 간주된다. 그래서 문자 W는 위치 5에 있는 것이 아니라 위치 6에 있다.

문자열의 끝에서부터 문자를 세고 싶다면, 음수 인덱스를 사용할 수도 있다. 예를 들어, 맨 오른쪽 문자는 인덱스로 –1을 사용한다.

텍스트 ≪Hello World≫에서 음수 인덱스로 표현된 각 문자의 위치는 다음과 같다.

-11	-10	-9	-8	-7	-6	-5	-4	-3	-2	-1
H	e	l	l	o		W	o	r	l	d

다음 예제를 살펴보자.

file_14_2b

```
a = "Hello World"

print(a[-1])                          # 마지막 문자를 출력
print(a[-3])                          # 문자 r을 출력
```

한편, 문자열 길이를 넘어서는 인덱스 값을 사용하려고 하면 그림 14-1과 같은 오류 메시지가 출력된다.

그림 14-1 **부적절한 인덱스를 나타내는 오류 메시지**

문자열로부터 개별 문자를 추출하는 또 다른 방법은 다음과 같이 각 문자를 개별 변수로 할당하는 것이다.

file_14_2c

```
name = "Zeus"

a, b, c, d = name
```

```
print(a)                              # 문자 Z를 출력
print(b)                              # 문자 e를 출력
print(c)                              # 문자 u를 출력
print(d)                              # 문자 s를 출력
```

 주목할 것! 위 방법은 문자열 내의 문자 개수를 미리 알고 있어야 한다. 변수 개수와 문자열 내의 문자 개수가 서로 일치하지 않으면 파이썬은 오류를 출력한다.

예제 14.2-1 **자릿수값의 총합 계산하기**

사용자로부터 세 자리 정수를 입력받고, 각 자릿수의 총합을 계산하는 파이썬 프로그램을 작성하여라.

풀이

문자열을 다루는 방법을 설명하는 14장에서 위와 같은 프로그래밍 예제를 왜 다루는지 궁금할 것이다. 정수 몫 연산자(//)와 정수 나머지 연산자(%)를 사용하여 13장에서 세 자리 정수를 세 개의 문자로 분리하고, 그것을 개별 변수에 할당하는 방법을 이미 배웠다. 그러면 14장에서 이러한 프로그래밍 예제를 왜 다시 살펴보는 것일까?

그 이유는 파이썬은 매우 강력한 언어라 이전 방법과 완전히 다른 방법으로 이 예제를 해결할 수 있기 때문이다. 주요 아이디어는 문자열로 입력받은 후, 그것을 정수로 변경하고, 각 자릿수를 개별 변수에 할당하는 것이다. 다음 예제를 살펴보자.

file_14_2_1
```
number = int(input("세 자리 정수를 입력하여라: "))

digit1, digit2, digit3 = str(number)

total = int(digit1) + int(digit2) + int(digit3)
print(total)
```

14.3 문자열에서 부분 문자열 검색하기

다음 수식을 이용하여 문자열의 일부를 추출할 수 있다.

$$subject[\ [beginIndex]\ :\ [endIndex]\ [:\ step]\ ]$$

위 수식은 subject의 일부를 반환한다. 특히, beginIndex 위치에서 endIndex 위치까지의 부분 문자열을 반환한다(단, endIndex 위치의 문자는 포함하지 않음). 한편, beginIndex와 endIndex 인자는 옵션이다. beginIndex를 생략하면 위치 0부터 시작하여 위치 endIndex – 1까지의 부분 문자열을 반환한다. endIndex를 생략하면 위치 beginIndex부터 시작하여 subject의 마지막 위치까지의 부분 문자열을 반환한다.

 주목할 것! 파이썬에서 '슬라이싱(slicing)'은 시퀀스(여기서는 문자열)에서 요소의 범위(여기서는 문자들)를 선택하는 메커니즘이다.

마지막 인자인 step 또한 옵션이다. step 옵션은 건너뛸 문자 수를 정의한다. 기본값은 1이며, 생략하지 않으면 step 수만큼 문자를 건너뛰면서 문자열을 검색한다. 다음 프로그램을 살펴보자.

file_14_3a

```
a = "Hello World"

print(a[7:9])                        # 문자 o와 r을 출력

print(a[4:10:2])                     # step이 2로 설정. 문자 o, W, r을 출력

print(a[7:])                         # 문자 o, r, l, d를 출력

print(a[:3])                         # 문자 H, e, l을 출력
```

문자열의 시작 대신 문자열의 끝에서부터 문자를 세기 원하면 다음과 같이 음수 인덱스를 사용하라.

file_14_3b

```
a = "Hello World"

print(a[3:-2])                       # "lo Wor"를 출력
print(a[-4:-2])                      # 문자 o와 r을 출력
print(a[-3:])                        # "rld"를 출력
print(a[:-3])                        # "Hello Wo"를 출력
```

예제 14.3-1 문자열을 역순으로 출력하기

사용자로부터 네 개의 문자를 가진 문자열을 입력받고, 그것을 역순으로 출력하는 파이썬 프로그램을 작성하여라. 예를 들어, 입력된 문자열이 'Zeus'이면 'sueZ'를 출력한다.

풀이

세 가지 방법이 있으며, 각각을 순차적으로 살펴보자.

첫 번째 방법

사용자의 입력값이 변수 s에 할당된다고 가정해 보자. s[3]을 사용하여 네 번째 문자에 접근할 수 있고, s[2]를 사용하여 세 번째 문자에 접근할 수 있다. s[1]과 s[0]도 이와 마찬가지 방식으로 각각 두 번째와 첫 번째 문자에 접근할 수 있다. 첫 번째 접근 방법에 대한 파이썬 프로그램은 다음과 같다.

file_14_3_1a

```
s = input("네 개 문자를 가진 단어를 입력하여라: ")

s_rev = s[3] + s[2] + s[1] + s[0]

print(s_rev)
```

두 번째 방법

이 방법은 다음과 같이 네 개의 문자를 개별 문자로 할당하여 해결하는 방식이다.

file_14_3_1b

```
s = input("네 개 문자를 가진 단어를 입력하여라: ")

a, b, c, d = s
s_rev = d + c + b + a

print(s_rev)
```

세 번째 방법

이 방법은 step 인자로 음숫값 –1을 사용한다.

file_14_3_1c

```
s = input("네 개 문자를 가진 단어를 입력하여라: ")
```

```
s_rev = s[::-1]

print(s_rev)
```

14.4 유용한 문자열 함수, 메서드, 상수

문자열 다듬기

다듬기(trimming)는 문자열의 시작이나 끝에 있는 공백 문자(whitespace character)를 제거하는 과정이다. 다듬기 과정을 통해 제거되는 공백 문자는 다음과 같다.

- 스페이스(space) 문자
- 탭(tab) 문자
- 줄 내림(new line) 혹은 라인피드(line feed) 문자
- 개행 복귀(carriage return) 문자

예를 들어, 문자열의 시작이나 끝 부분에 실수로 입력된 스페이스 문자를 제거할 수 있다. 문자열 다듬기를 위해 사용할 수 있는 메서드는 다음과 같다.

```
subject.strip()
```

위 메서드는 subject의 시작과 끝 부분에 있는 공백 문자를 제거한다.

예제

file_14_4a

```
a = "       Hello              "
b = a.strip()

print(b, "Poseidon!")                  # Hello Poseidon!을 출력한다.
```

문자열 대체하기

```
subject.replace( search, replace )
```

위 메서드는 subject 안에서 search 문자열을 모두 찾아 replace 문자열로 대체한다.

예제

```
a = "I am newbie in Java. Java rocks!"
b = a.replace("Java", "Python")

print(b)                                    # 출력: I am newbie in Python. Python rocks
```

문자 개수 세기

```
len( subject )
```

위 함수는 subject의 길이를 반환한다. 즉, subject 내의 문자 개수(문자, 기호, 숫자 등을 포함)를 반환한다.

예제

```
a = "Hello Olympians!"
print(len(a))                               # 출력: 16

b = "I am newbie in Python"
k = len(b)
print(k)                                     # 출력: 21
```

문자열 위치 찾기

```
subject.find( search )
```

위 메서드는 subject에서 search가 나타난 첫 번째 위치값을 반환한다.

예제

```
a = "I am newbie in Python. Python rocks!"
i = a.find("newbie")

print(i)                                     # 출력: 5
```

 기억할 것!   첫 번째 문자는 위치 0에 있다.

소문자나 대문자로 바꾸기

다음 두 가지 방법을 사용하면 문자열 내의 모든 문자열을 소문자나 대문자로 바꿀 수 있다.

소문자로 바꾸기

```
subject.lower()
```

위 메서드는 subject를 소문자로 바꾼 문자열을 반환한다.

예제

file_14_4e

```
a = "My NaMe is JohN"
b = a.lower()

print(b)                          # 출력: my name is john
```

대문자로 바꾸기

```
subject.upper()
```

위 메서드는 subject를 대문자로 바꾼 문자열을 반환한다.

예제

file_14_4f

```
a = "My NaMe is JohN"
b = a.upper()

print(b)                          # 출력: MY NAME IS JOHN
```

예제

file_14_4g

```
a = "I am newbie in Java. Java rocks!"
b = a.replace("Java", "Python").upper()

print(b)                          # 출력: I AM NEWBIE IN PYTHON. PYTHON ROCKS
```

주목할 것! replace( ) 메서드 다음에 upper( ) 메서드가 연결되어 있음에 주목하자. 첫 번째 메서드의 결과는 두 번째 메서드를 위해 사용되었다. 코드 수를 줄일 수 있기 때문에 대다수 프로그래머는 이런 방식의 작성 스타일을 선호한다. 물론, 원하는 만큼 많은 메서드를 서로 연결할 수 있다. 그러나 너무 많은 메서드를 연결하면 코드를 이해하기가 힘들어진다.

숫자를 문자열로 바꾸기

```
str( number )
```

위 함수는 number를 문자열 형태로 반환한다. 즉, 숫자(실수 혹은 정수)를 문자열로 바꾼다.

예제

file_14_4h

```
age = int(input("당신의 나이를 입력하여라: "))

new_age = age + 10
message = "10년 후 당신의 나이는 " + str(new_age) + "살 입니다."

print(message)
```

문자열이 숫자형인지 검사하기

```
re.match( IS_NUMERIC, subject )
```

여기서 IS_NUMERIC은 상숫값 "^[-+]?\\d+(\\.\\d+)?$"이다. 위 메서드는 subject가 숫자형인지를 검사하며, 실제로는 True/False 값을 반환하는 것은 아니지만 일반적 의미로 True/False로 간주되는 값을 반환한다.

주목할 것! 숫자형 문자열은 부호(옵션), 숫자, 소수부(옵션)로 이루어져 있다.

예제

file_14_4i

```
import re
IS_NUMERIC = "^[-+]?\\d+(\\.\\d+)?$"

a = "753"
print(re.match(IS_NUMERIC, a))                # True로 간주됨.

a = "-753.6"
```

```
print(re.match(IS_NUMERIC, a))              # True로 간주됨.

a = "Hello"
print(re.match(IS_NUMERIC, a))              # False로 간주됨.
```

 주목할 것! match( ) 메서드는 re 모듈에 정의되어 있다. 파이썬에서 직접 접근할 수 없으므로 re 모듈을 임 포트해야 한다.

영문 알파벳 검색하기

string 모듈에는 두 가지 종류의 상수가 정의되어 있는데, 영문 소문자와 대문자 알파벳을 나 타내는 상수다.

영문 소문자 알파벳

```
string.ascii_lowercase
```

위 상수는 영문 소문자 알파벳을 포함하고 있다.

예제

file_14_4j

```
import string

print(string.ascii_lowercase)              # 출력: abcdefghijklmnopqrstuvwxyz
```

 주목할 것! ascii_lowercase는 string 모듈에 정의되어 있다. 파이썬에서 직접 접근할 수 없으므로 string 모듈을 임포트해야 한다.

영문 대문자 알파벳

```
string.ascii_uppercase
```

위 상수는 대문자 영문 알파벳을 포함하고 있다.

예제

file_14_4k

```
import string

print(string.ascii_uppercase)              # 출력: ABCDEFGHIJKLMNOPQRSTUVWXYZ
```

주목할 것! ascii_uppercase는 string 모듈에 정의되어 있다. 파이썬에서 직접 접근할 수 없으므로 string 모듈을 임포트해야 한다.

파이썬의 문자열 상수에 관해 좀 더 많은 정보가 필요하면 다음 웹사이트를 방문해 보자.

https://docs.python.org/3.6/library/string.html#string-constants

예제 14.4-1 **이름 순서 교환하기**

사용자로부터 이름과 성을 문자열로 입력받아 이름과 성을 서로 교환하는 파이썬 프로그램을 작성하여라.

풀이

이번 예제는 8장에서 배웠던 두 변수의 숫자값을 교환하는 프로그래밍 예제와 동일하지는 않다. 이 예제에서는 먼저 문자열을 분리하고 서로 다른 변수에 이름과 성을 할당해야 한다. 그런 다음, 이름과 성을 역순으로 단순히 합치기만 하면 된다.

다음 예를 살펴보면서 이 예제를 이해해 보자.

0	1	2	3	4	5	6	7	8
T	o	m		S	m	i	t	h

스페이스 문자에 의해 이름과 성은 구분된다. 문제는 이 문자가 항상 위치 3에 있지 않다는 것이다. "Tom"이라는 이름을 가질 수도 있지만, "Robert"와 같이 더 긴 이름을 가질 수도 있다. 그래서 문자열 내용에 상관없이 스페이스 문자의 위치를 실제로 찾아 주는 무언가가 필요하다.

find() 메서드가 이런 경우에 딱 들어맞는 메서드다. "Tom Smith" 문자열에서 스페이스 문자의 위치를 찾기 위해 이 메서드를 사용하면, 결괏값으로 3이 반환된다. "Angelina Brown" 문자열에서 스페이스 문자의 위치를 찾기 위해 이 메서드를 사용하면 결괏값으로 8을 얻을 수 있다.

 주목할 것! 결괏값 3은 스페이스 문자가 있는 위치만을 나타내는 것이 아니라 단어 "Tom"에 포함된 문자 개수도 나타낸다. "Angelina Brown" 문자열에 대한 반환값 8도 동일한 의미로 적용된다. 스페이스 문자가 있는 위치뿐만 아니라 단어 "Angelina"에 포함된 문자 개수도 나타낸다.

파이썬 프로그램은 다음과 같다.

```
full_name = input("당신의 영문 이름을 입력하여라: ")

# 스페이스 문자의 위치를 찾는다. 또한, 이름에 포함된 문자 개수를 나타낸다.
space_pos = full_name.find(" ")

# 위치 0에서 space_pos 문자 개수만큼의 부분 문자열을 얻는다.
name1 = full_name[:space_pos]

# 위치 space_pos + 1에서 마지막까지의 부분 문자열을 얻는다.
name2 = full_name[space_pos + 1:]

full_name = name2 + " " + name1
print(full_name)
```

 주목할 것!　　"Maria Teresa García Ramírez de Arroyo"와 같은 스페인 이름에는 위 프로그램을 적용할 수 없다. 그 이유는 분명하다. 이름과 성뿐만 아니라 중간이름도 있기 때문이다.

예제 14.4-2 로그인 ID 생성하기

사용자로부터 성(last name)을 입력받고, 성의 첫 번째 네 개의 문자(소문자로 변경)와 그 뒤에 세 자리 랜덤 정수로 이루어진 로그인 ID를 생성하는 파이썬 프로그램을 작성하여라.

풀이

randrange( ) 메서드를 사용하여 랜덤 정수를 생성할 수 있다. 세 자리 랜덤 정수가 필요하기 때문에 정수 범위를 100에서 999까지 지정한다. 파이썬 프로그램은 다음과 같다.

```
import random

last_name = input("당신의 영문 성 이름을 입력하여라: ")

# 100과 999 사이의 랜덤 정수를 얻는다.
random_int = random.randrange(100, 1000)

print(last_name[:4].lower() + str(random_int))
```

예제 14.4-3 랜덤 단어 생성하기

다섯 개의 문자로 이루어진 랜덤 단어를 출력하는 파이썬 프로그램을 작성하여라.

풀이

랜덤 단어를 생성하기 위해 영문 알파벳 26개 문자를 가지고 있는 ascii_lowercase 상수가 필요하다. 이 상수는 string 모듈에 정의되어 있어서 먼저 string 모듈을 임포트해야 한다. 그런 다음, randrange( ) 메서드를 사용하여 위치 0에서 위치 25 사이의 문자를 랜덤하게 고른다. 파이썬 프로그램은 다음과 같다.

file_14_4_3a

```python
import random
import string

alphabet = string.ascii_lowercase

random_word = alphabet[random.randrange(26)] +     \
              alphabet[random.randrange(26)] +     \
              alphabet[random.randrange(26)] +     \
              alphabet[random.randrange(26)] +     \
              alphabet[random.randrange(26)]

print(random_word)
```

 주목할 것! 파이썬에서 긴 줄을 여러 줄로 분할하기 위해서는 각 줄의 끝에 백슬래시(\) 문자를 추가(마지막 줄은 제외)한다.

다음 예제와 같이 문자열 alphabet의 길이를 반환하는 len( ) 함수를 사용할 수도 있다.

file_14_4_3b

```python
import random
import string

alphabet = string.ascii_lowercase

random_word = alphabet[random.randrange(len(alphabet))] +     \
              alphabet[random.randrange(len(alphabet))] +     \
              alphabet[random.randrange(len(alphabet))] +     \
              alphabet[random.randrange(len(alphabet))] +     \
              alphabet[random.randrange(len(alphabet))]
```

```
print(random_word)
```

주목할 것! len( ) 함수가 randrange( ) 메서드에서 어떤 방식으로 중첩되어 있는지에 주목하자. 내부(중첩) 함수의 결과는 외부 메서드의 인자로 사용된다. 많은 코드를 줄일 수 있기 때문에 대다수 프로그래머는 이런 방식의 작성 스타일을 선호한다. 물론, 너무 많은 함수(혹은 메서드)를 중첩하면 코드를 이해하기가 어려워진다. 4단계까지의 중첩은 어느 정도 괜찮다.

예제 14.4-4 **숫자를 역순으로 바꾸기**

사용자로부터 하나의 정수를 입력받아 그 정수를 역순으로 변환하는 파이썬 프로그램을 작성하여라. 예를 들어, 사용자가 375를 입력하면 573을 출력한다.

풀이

문자열을 다루는 방법에 관해 배우는 14장에서 이 예제를 왜 살펴보는지 궁금할 것이다. 또한, 13장에서 정수 몫 연산자(//)와 정수 나머지 연산자(%)를 활용하여 이미 배웠기 때문에 정수를 역순으로 바꾸는 방법은 이미 알고 있다. 왜 여기서 동일한 프로그래밍 예제를 다시 살펴보는 것일까?

그 이유는 완전히 다른 방식으로 이 예제를 해결하기 위해 파이썬의 또 다른 장점을 활용할 수 있기 때문이다. 주요 아이디어는 주어진 정수를 문자열 형태로 변경하고, 그 문자열을 역순으로 바꾼다. 그런 다음, 다시 정수로 바꾸는 것이다. 다음은 이런 방식의 파이썬 프로그램을 보여 준다.

file_14_4_a

```
number = int(input("정수를 입력하여라: "))

# 숫자를 문자열로 바꾼다.
number_string = str(number)

# 문자열을 역순으로 바꾼다.
reversed_string = number_string[::-1]

# 역순으로 바꿔진 문자열을 정수로 바꾼다.
reversed_number = int(reversed_string)

print(reversed_number)
```

또한, 다음과 같이 좀 더 짧은 코드로 파이썬 프로그램을 작성할 수도 있다.

```
number = int(input("정수를 입력하여라: "))

reversed_number = int(str(number)[::-1])

print(reversed_number)
```

주목할 것! 13장에서 배운 방법(정수 몫과 정수 나눗셈을 이용)과 달리, 이번 방법의 장점은 정숫값이 작건 크건 간에 상관없이 사용자로부터 정숫값을 입력받을 수 있다는 점이다. 그래서 자릿수의 총 개수를 파악할 필요가 없다.

14.5 복습문제: 참/거짓

다음 문제를 읽고 **참** 또는 **거짓**으로 답하여라.

1. 키보드를 이용하여 타이핑하는 것들은 모두 문자열이다.

2. 문자열은 괄호 안에 감싸져 있어야 한다.

3. 'Hi there!' 구문은 여덟 개의 문자를 포함하고 있다.

4. 'Hi there!' 구문에서 문자 't'는 위치 3에 있다.

5. 명령문 y = a[1]은 문자열의 두 번째 문자를 변수 y에 할당한다.

6. 다음 코드는 명확성을 만족한다.

```
a = "Hello"
y = a[50]
```

7. 다듬기(trimming)는 문자열의 시작과 끝에서 공백 문자를 제거하는 과정이다.

8. 명령문 y = "Hello   Aphrodite".strip( )는 "HelloAphrodite" 값을 변수 y에 할당한다.

9. 명령문 print("Hi there!".replace("Hi", "Hello"))는 'Hello there!' 메시지를 출력한다.

10. 다음 코드는 4를 변수 index에 할당한다.

```
a = "Hi there"
index = a.find("the")
```

11. 명령문 print("hello there!".upper( ))는 'Hello There' 메시지를 출력한다.

12. 다음 코드는 'Hello there!' 메시지를 출력한다.

```
a = "Hello there!"
print(a[:])
```

13. 명령문 print(a[:len(a)])는 변수 a의 일부 문자를 출력한다.

14. 명령문 print(a)는 명령문 print(a[:len(a):])와 동일하다.

15. 다음 코드는 단어 'HELLO'를 출력한다.

```
y = "hello there!"
print(y[:5].upper())
```

16. IS_NUMERIC이 "^[-+]?\\d+(\\.\\d+)?$"에 대한 상수라면, re.match(IS_NUMERIC, "twenty")는 True로 간주될 수 있는 값을 반환한다.

17. 명령문 print(a[len(a) - 1])는 명령문 print(a[-1])와 동일하다.

14.6 복습문제: 객관식

다음 문제에서 옳은 것을 모두 골라라.

1. 다음 중 문자열이 **아닌** 것은?

   a. "Hello there!"

   b. "13"

   c. "13.5"

   d. 위 모두 문자열이다.

2. 문자열 "Hello Zeus!"에서 스페이스 문자의 위치는?

   a. 6

   b. 5

   c. 스페이스는 문자가 아니다.

   d. 위 모두 옳지 않다.

3. 명령문 print(a[len(a) - 1])의 출력은?

   a. 변수 a의 마지막 문자

   b. 변수 a의 마지막 두 번째 문자

   c. 명령문이 합당하지 않다.

4. 다음 명령문과 동일한 명령문은?

```
a.strip( ).replace("a", "b").replace("w", "y")
```

   a. a.replace("a", "b").replace("w", "y").strip( )

   b. a.replace("a", "b").strip( ).replace("w", "y")

   c. a.strip( ).replace("w", "y").replace("a", "b")

   d. 위 모두 옳다.

5. 명령문 a.replace(" ", "")의 설명으로 옳은 것은?

   a. 변수 a의 각 문자 사이에 스페이스를 추가한다.

   b. 변수 a에서 모든 스페이스 문자를 제거한다.

   c. 변수 a를 빈 상태로 만든다.

6. 명령문 " Hello ".replace(" ", "")과 동일한 명령문은?

   a. " Hello ".replace("", " ")

   b. " Hello ".strip( )

   c. a, b 모두 옳다.

   d. a, b 모두 옳지 않다.

7. 다음 코드의 출력은?

```
a = ""
print(len(a))
```

   a. 아무것도 출력되지 않는다.

   b. 1

   c. 0

   d. 명령문이 합당하지 않다.

   e. 위 모두 옳지 않다.

8. 다음 코드에서 변수 Shakespere에 할당되는 값은?

```
to_be_or_not_to_be = "2b Or Not 2b"
Shakespeare = to_be_or_not_to_be.find("b")
```

   a. 1

   b. 2

   c. 6

   d. 위 모두 옳지 않다.

9. 다음 코드의 의미에 해당하는 것은?

```
a = "Hi there"
b = a[a.find(" ") + 1:]
```

a. 단어 'Hi'를 변수 b에 할당한다.

b. 스페이스 문자를 변수 b에 할당한다.

c. 단어 'there'를 변수 b에 할당한다.

d. 위 모두 옳지 않다.

10. IS_NUMERIC이 "^[−+]?\\d+(\\.\\d+)?$"의 상수라면, 다음 중 어떤 명령문이 True로 간주되는 값을 반환하는가?

a. re.matches(IS_NUMERIC, "21")

b. re.matches(IS_NUMERIC, "−21")

c. re.matches(IS_NUMERIC, "−21.0")

d. 위 모두 옳지 않다.

14.7 프로그래밍 연습문제

다음 프로그래밍 연습문제를 완성하여라.

1. 사용자로부터 이름, 중간이름, 성, 직함(Mr., Mrs., Ms., Dr. 등)을 입력받고, 다음과 같은 형식으로 출력하는 파이썬 프로그램을 작성하여라.

　　　　직함 성 중간이름 이름

　　　　이름 중간이름 성

　　　　성, 이름

　　　　성, 이름 중간이름

　　　　성, 이름 중간이름, 직함

　　　　이름 성

예를 들어, 사용자가 다음과 같이 입력했다고 가정해 보자.

　　　　이름: Aphrodite

　　　　중간이름: Maria

　　　　성: Boura

　　　　직함: Ms.

그러면 출력 결과는 다음과 같다.

Ms. Aphrodite Maria Boura

Aphrodite Maria Boura

Boura, Aphrodite

Boura, Aphrodite Maria

Boura, Aphrodite Maria, Ms.

Aphrodite Boura

2. 다섯 개의 문자로 구성된 단어를 랜덤하게 생성하고 출력하는 파이썬 프로그램을 작성하여라. 단, 첫 번째 문자는 대문자이어야 한다.

3. 사용자로부터 이름을 입력받고 이름에서 랜덤하게 뽑은 문자 세 개(소문자로 변경)와 랜덤하게 생성된 네 자리 숫자로 구성된 비밀번호를 생성하는 파이썬 프로그램을 작성하여라. 예를 들어, 사용자가 'Vassilis Bouras'를 입력하면, 'sar1359', 'vbs7281', 'bor1459' 등과 같은 비밀번호를 생성할 수 있다.

1. 순차 제어 구조는 무엇인가?

2. 순차 제어 구조를 수행하기 위한 연산은 무엇인가?

3. 정수 나눗셈 몫과 정수 나눗셈 나머지를 적용할 수 있는 예를 나열하여라.

4. 함수 혹은 메서드는 무엇인가?

5. '메서드가 연결되어 있다'라는 의미는 무엇인가?

6. '메서드가 중첩되어 있다'의 의미는 무엇인가?

7. 파이썬에서 '슬라이싱(slicing)'은 무엇인가?

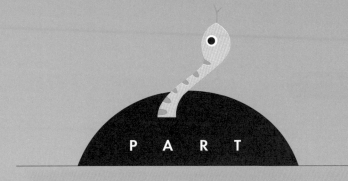

PART

IV

결정 제어 구조

PART IV 결정 제어 구조

결정 제어 구조 소개

15.1 결정 제어 구조란?

지금까지는 명령문이 프로그램에 나오는 순서대로 수행되는 순차 제어 구조를 배웠다. 대규모 파이썬 프로그래밍에서는 명령문이 항상 순차적으로 수행되는 구조만을 가지고 있지 않다. 어떤 조건에는 특정 명령문 블록이 수행되기를 원하고, 다른 조건에서는 실행될 명령문 블록이 완전히 달라지기를 원하는 경우가 있다. 이런 경우에 결정 제어 구조(decision control structure)를 사용한다.

결정 제어 구조는 하나 또는 여러 개의 불리언 식을 평가하고, 그 결과에 따라 어떤 명령문 블록이 수행될지가 결정된다.

15.2 불리언 식이란?

불리언 식이란, 불리언 값인 True나 False 중에 하나의 값을 결과로 산출하는 표현식이다.

15.3 불리언 식을 작성하는 방법

불리언 식은 다음과 같이 표현된다.

피연산자 1	비교 연산자	*피연산자 2*

위 식에서 피연산자 1과 피연산자 2는 변수 또는 수식이 될 수 있다. 표 15-1은 비교 연산자를 나열한 것이다.

표 15-1 **파이썬에서 사용되는 비교 연산자**

비교 연산자	설명
==	같다(할당 연산자가 아님).
!=	같지 않다.
>	크다.
<	작다.
>=	크거나 같다.
<=	작거나 같다.

주목할 것! 파이썬 프로그램을 작성할 때 초보 프로그래머가 흔히 하는 실수 중 하나는 할당 연산자와 동등 연산자를 혼동하여 사용하는 것이다. x == 5를 나타내고 싶을 때 할당 연산자를 이용한 x = 5로 표현하지 않도록 주의해야 한다.

불리언 식의 예는 다음과 같다.

- x == 5 → x가 5와 같은지 검사한다.
- x > y → x가 y보다 큰지 검사한다.
- x <= y → x가 y보다 작거나 같은지 검사한다.
- x != 3 * y + 4 → x와 3 * y + 4의 결과가 같지 않은지 검사한다.
- s == "Hello" → s가 문자열 "Hello"와 같은지, s가 문자열 "Hello"를 가지고 있는지를 검사한다.

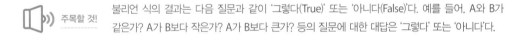

주목할 것! 불리언 식의 결과는 다음 질문과 같이 '그렇다(True)' 또는 '아니다(False)'다. 예를 들어, A와 B가 같은가? A가 B보다 작은가? A가 B보다 큰가? 등의 질문에 대한 대답은 '그렇다' 또는 '아니다'다.

불리언 식이 주어졌을 때 이에 대한 반환값(True 또는 False)을 다음과 같이 변수에 직접 할당할 수도 있다.

    a = x > y

예를 들어, 위 식은 변수 a에 True 또는 False를 할당한다. 변수 x의 값이 변수 y의 값보다 크면 변수 a에 True 값을 할당하며, 변수 x의 값이 변수 y의 값보다 크지 않다면(작거나 같다면) False 값을 할당한다.

```
x = 8
y = 5
a = x > y
print(a)
```

위 예제는 True 값을 출력한다.

예제 15.3-1 표 채우기

변수 a, b, c 값에 따라 다음 표의 빈칸에 들어갈 내용을 True 또는 False로 채워라.

a	b	c	a == 10	b <= a	c > 3 * a - b
3	-5	7			
10	10	21			
-4	-2	-9			

풀이

- 불리언 식 a == 10은 변수 a가 10 값을 가지고 있다면 True를 반환한다.
- 불리언 식 b <= a는 변수 b의 값이 변수 a의 값보다 작거나 같으면 True를 반환한다.
- 불리언 식 c > 3 * a - b는 변수 c의 값이 3 * a - b의 결과보다 크면 True를 반환한다. 변수 b가 음수일 경우에 주의하기 바란다. 예를 들어, a가 3이고 b가 -5인 경우, 3 * a - b의 결과는 3 * 3 - (-5) = 3 * 3 + 5 = 14다. 따라서 결과는 다음과 같다.

a	b	c	a == 10	b <= a	c > 3 * a - b
3	-5	7	False	True	False
10	10	21	True	True	True
-4	-2	-9	False	False	True

15.4 논리 연산자와 복합 불리언 식

복합 불리언 식은 다음과 같은 형태로 쓸 수 있다.

불리언 식 1   논리 연산자   불리언 식 2

위 식에서 불리언 식 1과 불리언 식 2는 불리언 식을 나타내며, 논리 연산자는 표 15-2의 논리 연산자 중 하나가 될 수 있다.

표 15-2 **파이썬에서 사용되는 논리 연산자**

논리 연산자	설명
and	논리 곱(conjunction)
or	논리 합(disjunction)
not	논리 부정(complement)

논리 연산자에 대한 진리표는 다음과 같다.

불리언 식 1(BE1)	불리언 식 2(BE2)	BE1 and BE2	BE1 or BE2	not BE1
False	False	False	False	True
False	True	False	True	True
True	False	False	True	False
True	True	True	True	False

아직도 헷갈리는가? 실제로는 매우 간단하다.

- 논리 연산자 and는 두 불리언 식이 모두 참인 경우에만 True다.
- 논리 연산자 or는 불리언 식 1과 불리언 식 2 중 하나 이상이 True이면 True다.
- 논리 연산자 not은 원래 값과 반대값을 산출한다. 예를 들어, 불리언 식의 결과가 True이면 not의 결과는 False가 된다.

다음은 복합 불리언 식의 예다. 다음 복합 불리언 식에서 괄호를 사용하지 않아도 상관없지만, 가독성을 위해 사용하였다.

- (x == 5) and (x > y) ➡ x가 5와 같고 y보다 큰지 검사한다.
- (x > y) or (x == 3) ➡ x가 y보다 크거나 3과 같은지 검사한다.
- not (x < y) ➡ x가 y보다 작지 않은지 검사한다.

15.5 파이썬의 멤버십 연산자

파이썬의 멤버십 연산자는 어떤 변수가 시퀀스(sequence)에 존재하는지의 여부를 판단한다. 파이썬에는 표 15-3과 같이 두 개의 멤버십 연산자가 있다.

표 15-3 **파이썬의 멤버십 연산자**

멤버십 연산자	설명
in	찾고자 하는 값이 시퀀스에 있다면 True, 그렇지 않다면 False를 반환
not in	찾고자 하는 값이 시퀀스에 없다면 True, 그렇지 않다면 False를 반환

다음은 멤버십 연산자를 사용하는 불리언 식의 예다.

- x in [3, 5, 9]: x가 3과 같거나, 5와 같거나, 9와 같은지 검사한다. 이 식은 다음 식과 동일하다.

   x == 3 or x == 5 or x == 9

- s in "ace" : 변수 s의 값이 "ace"에 있는지 검사한다. 다시 말해, 변수 s의 값이 "a"와 같거나, "c"와 같거나, "e"와 같거나, "ac"와 같거나, "ce"와 같거나, "ace"와 같은지 검사한다. 이 식은 다음 식과 동일하다.

   s == "a" or s == "c" or s == "e" or s == "ac" or s == "ce" or s == "ace"

주목할 것! 불리언 식 s in "ace"는 s가 "ae"와 같은지 검사하지 않는다. "ae"는 "ace"의 부분 문자열(substring)이 아니기 때문이다. 다시 말해, "ae"는 "ace"에서 연속으로 나타나지 않기 때문에 부분 문자열이 아니다.

- s not in ["a", "b"]: 변수 s의 값이 "a"가 아니거나 "b"가 아닌지 검사한다. 이 식은 다음 식과 동일하다.

   not (s == "a" or s == "b")

   또는

   s != "a" and s != "b"

15.6 논리 연산자의 우선순위

다음과 같이 좀 더 복잡한 불리언 식을 살펴보자.

   x > y or x == 5 and x <= z or not (z == 1)

위 식에서 고려해야 할 사항은 어떤 논리 연산자가 먼저 수행되는지다. 논리 연산자의 수행 순서에 따라 결과가 달라지기 때문이다.

파이썬에서 논리 연산자의 우선순위는 다른 프로그래밍 언어에서 사용하는 우선순위와 동일하다. 논리 부정(not) 연산이 가장 먼저 수행되고, 그 다음으로 논리 곱(and) 연산, 마지막으로 논리 합(or) 연산이 수행된다.

높은 우선순위 ↑ 낮은 우선순위	논리 연산자
	not
	and
	or

 주목할 것! 기본적인 우선순위를 변경하려면 괄호를 사용하면 된다. 괄호를 사용하면 괄호 안의 연산이 먼저 수행된다..

15.7 산술 연산자, 비교 연산자, 논리 연산자의 우선순위

프로그래밍할 때는 다음과 같이 명령문 하나에 여러 종류의 연산자를 사용해야 하는 경우가 많다.

```
a * b + 2 > 21 or not (c == b / 2) and c > 13
```

이런 경우에는 다음 표와 같이 산술 연산자가 제일 먼저 수행되고, 그 다음으로 비교 연산자, 마지막으로 논리 연산자가 수행된다.

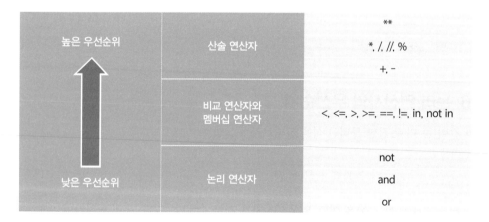

높은 우선순위 ↑ 낮은 우선순위		
	산술 연산자	**
		*, /, //, %
		+, -
	비교 연산자와 멤버십 연산자	<, <=, >, >=, ==, !=, in, not in
	논리 연산자	not
		and
		or

예제 15.7-1 **진리표 채우기**

변수 a, b, c 값에 따라 다음 진리표에 'True' 또는 'False'를 채워라.

a	b	c	a > 2 or c > b and c > 2	not (a > 2 or c > b and c > 2)
1	-5	7		
10	10	3		
-4	-2	-9		

풀이

복잡한 불리언 식을 계산할 때에는 다음과 같이 그림으로 표현하면 쉽게 이해할 수 있다.

a = 1, b = -5, c = 7에 대한 결과는 True다.

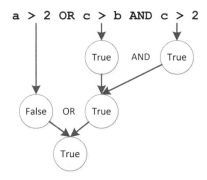

🔊 **주목할 것!**   and 연산자는 or 연산자보다 우선순위가 높기 때문에 and 연산자가 or 연산자보다 먼저 수행된다.

a = 10, b = 10, c = 3에 대한 결과는 True다.

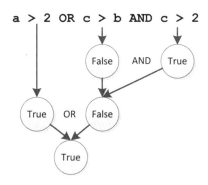

a = -4, b = -2, c = -9에 대한 결과는 False다.

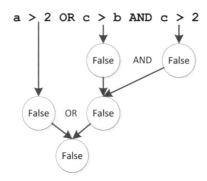

진리표의 마지막 열은 생각보다 쉽게 계산할 수 있다. 마지막 열의 불리언 식은 바로 옆 왼쪽의 불리언 식과 거의 비슷하기 때문이다. 차이점이 있다면 맨 앞에 not 연산자가 있다는 것뿐이다. 따라서 마지막 열의 불리언 식의 값은 네 번째 열의 결과를 반대로 써 주면 된다. 최종 결과는 다음과 같다.

a	b	c	a > 2 or c > b and c > 2	not (a > 2 or c > b and c > 2)
1	-5	7	True	False
10	10	3	True	False
-4	-2	-9	False	True

예제 15.7-2 복합 불리언 식 계산

a, b, c, d 값이 각각 5, 2, 7, -3일 때, 다음 복합 불리언 식을 계산하여라.

i. `(3 * a + b / 47 - c * b / a > 23) and (b != 2)`
ii. `(a * b - c / 2 + 21 * c / 3) or (a >= 5)`

풀이

계산 결과는 생각보다 쉽게 얻을 수 있다. and 연산자와 or 연산자에 어떤 값이 사용될지를 염두에 두면 된다.

i. and 연산자의 결과는 두 불리언 식이 모두 참인 경우에 True다. and 연산자의 오른쪽 불리언 식 (b != 2)의 결과는 False다. 따라서 and 연산자의 왼쪽에 있는 복잡한 불리언 식의

계산에 많은 시간을 낭비할 필요가 없다. 최종 결과는 왼쪽 불리언 식의 결과에 상관없이 False다.

ii. or 연산자의 결과는 두 불리언 식 중 최소한 하나의 불리언 식만 참이면 결과는 True다. or 연산자의 오른쪽 불리언 식(a >= 5)의 결과는 True다. 따라서 or 연산자의 왼쪽에 있는 불리언 식을 계산할 필요가 없다. 최종 결과는 왼쪽 불리언 식의 결과에 상관없이 True다.

예제 15.7-3 **영어 문장을 불리언 식으로 바꾸기**

선생님이 학생들에게 나이에 따라 해당하는 경우에 손을 들도록 지시하였다. 다음에 해당하는 학생들을 알고 싶어서다.

i. 9세 이상, 12세 이하
ii. 8세 미만, 11세 초과
iii. 8세, 10세, 12세인 경우
iv. 6세 이상 8세 이하, 10세 이상 12세 이하
v. 10세 또는 12세가 아닌 경우

풀이

불리언 식으로 표현하기 위해 age라는 변수를 사용한다.

i. 첫 번째 문장은 다음과 같이 그림으로 표현할 수 있다.

수식으로 9 ≤ age ≤ 12로 표현할 수 있지만, 파이썬을 제외한 대부분의 컴퓨터 프로그래밍 언어에서는 이와 같은 형태의 수식을 사용할 수 없다는 것에 주의하라. 이 수식을 다음과 같이 두 부분으로 나누어야 한다.

```
age >= 9 and age <= 12
```

위 식을 검증하기 위해 여러 가지 수를 대입하면서 불리언 식의 결과를 확인할 수 있다. 예를 들어, 나이가 7, 8, 13, 17세인 경우 결괏값은 False다. 반면, 나이가 9, 10, 11, 12세인 경

우는 결괏값이 True다. 파이썬에서는 위 식을 다음과 같이 표현하여 사용할 수도 있다.

```
9 <= age <= 12
```

ii. 두 번째 문장은 다음과 같이 그림으로 표현할 수 있다.

 주목할 것! 8과 11 자리에 원 기호가 없다는 점에 주목하자. 따라서 8과 11은 두 영역에 포함되지 않는다.

'8세 미만, 11세 초과' 문장을 불리언 식으로 표현할 때 함정에 빠질 수 있다는 것에 유의하자. 이 문장을 다음과 같이 표현하지 않도록 해야 한다.

```
age < 8 and age > 11
```

지구상에 8세 미만이고, 11세 초과인 사람은 존재하지 않는다. 이 문장의 함정은 and에 있다. 이 문장을 다음과 같이 바꾸어야 한다. '여러분 중에 나이가 8세 미만이거나 11세 초과인 사람은 손을 드세요!' 이제 불리언 식을 다음과 같이 정확하게 표현할 수 있다.

```
age < 8 or age > 11
```

위 식을 검증하기 위해 여러 가지 수를 대입하면서 불리언 식의 결과를 확인할 수 있다. 예를 들어, 나이가 8, 9, 10, 11세인 경우에 결괏값은 False다. 반면, 나이가 6, 7, 12, 15세인 경우는 결괏값이 True다. 위 식을 다음과 같이 표현하지 않도록 주의해야 한다.

```
8 > age > 11
```

위 식을 두 부분으로 나누면 다음과 같이 올바르지 않은 식이 되기 때문이다.

```
age < 8 and age > 11
```

iii. and로 인해 또 다른 함정이 있는 문장이다. 따라서 다음과 같이 불리언 식을 작성하지 않도록 주의해야 한다.

```
age == 8 and age == 10 and age == 12
```

지구상에 나이가 동시에 8세이고, 10세이고, 12세인 사람은 존재하지 않는다. 따라서 이 문장에 대한 올바른 불리언 식은 다음과 같다.

```
age == 8 or age == 10 or age == 12
```

위 식을 검증하기 위해 여러 가지 수를 대입하면서 불리언 식의 결과를 확인할 수 있다. 예를 들어, 나이가 7, 9, 11, 13세인 경우에 결괏값은 False다. 반면, 나이가 8, 10, 12세인 경우는 결괏값이 True다. 파이썬에서는 위 불리언 식을 다음과 같이 표현할 수도 있다.

```
age in [8, 10, 12]
```

iv. 이 문장은 다음과 같이 그림으로 표현할 수 있다.

이 문장을 불리언 식으로 표현하면 다음과 같다.

```
age >= 6 and age <= 8 or age >= 10 and age <= 12
```

위 식을 검증하기 위해 여러 가지 수를 대입하면서 불리언 식의 결과를 확인할 수 있다. 예를 들어, 나이가 5, 9, 13, 16세인 경우에 결괏값은 False다. 반면, 나이가 6, 7, 8, 10, 11, 12세인 경우는 결괏값이 True다. 파이썬에서는 위 불리언 식을 다음과 같이 표현할 수도 있다.

```
6 <= age <= 8 or 10 <= age <= 12
```

v. 마지막 문장에 대한 불리언 식은 다음과 같이 표현할 수 있다.

```
age != 10 and age != 12
```

파이썬에서는 다음과 같이 불리언 식을 표현할 수도 있다.

```
age not in [10, 12]
```

기억할 것! 영역을 표시할 때 화살표가 서로를 향해 있다면 논리 연산자 and가 사용되어야 하며, 그 반대인 경우에는 논리 연산자 or가 사용되어야 한다.

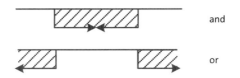

15.8 불리언 식 부정하기

부정(negation)은 불리언 식의 의미를 뒤집는 과정이며, 불리언 식을 부정하기 위해 두 가지 방법을 사용한다.

첫 번째 방법

첫 번째 방법은 간단하며 원래 불리언 식 앞에 not 논리 연산자를 사용하는 것이다. 예를 들어, x > 5 and y == 3의 불리언 식을 부정하려면 not (x > 5 and y == 3)과 같이 표현하면 된다.

 부정하고자 하는 불리언 식 전체를 괄호로 묶어 주어야 한다. 만약 not x > 5 and y == 3과 같이 전체 불리언 식을 괄호로 묶어 주지 않으면 x > 5에 대해서만 부정하는 식이 된다.

두 번째 방법

두 번째 방법은 조금 복잡하지만, 배우기에 그다지 어렵지 않다. 이 방법은 다음 표를 이용하여 모든 연산자를 반대 논리(즉, 부정 연산자)로 바꾸는 것이다.

연산자	부정 연산자
==	!=
!=	==
>	<=
<	>=
<=	>
>=	<
in	not in
not in	in
and	or
or	and
not	not

 **주목할 것!** not 연산자는 바꾸지 않는다.

예를 들어, 원래의 불리언 식이 x > 5 and y == 3이면, 이 불리언 식의 부정은 x <= 5 or y != 3
이 된다.

예제 15.8-1 **불리언 식 부정하기**

앞서 살펴본 두 가지 방법을 사용하여 다음 불리언 식의 부정을 계산하여라.

i.   b != 4

ii.   a * 3 + 2 > 0

iii.   not (a == 5 and b >= 7)

iv.   a == True

v.   b > 7 and not (x > 4)

vi.   a == 4 or b != 2

풀이

첫 번째 방법

i.   not (b != 4)

ii.   not (a * 3 + 2 > 0)

iii.   not (not (a == 5 and b >= 7)) 또는 a == 5 and b >= 7

 **주목할 것!** 부정에 대한 부정은 긍정이다. 두 개의 not 연산자는 not이 없는 것과 같다.

iv.   not (a == True)

v.   not (b > 7 and not (x > 4))

vi.   not (a == 4 or b != 2)

두 번째 방법

i.   b == 4

ii.   a * 3 + 2 <= 0

주목할 것! 산술 연산자에는 부정을 하지 않는다. 덧셈 연산자(+)를 뺄셈 연산자(-)로 바꾸는 일이 없도록 유
의하라.

iii.   not (a != 5 or b < 7)

iv.   a != True

v.   b <= 7 or not (x <= 4)

vi.   a != 4 and b == 2

15.9 복습문제: 참/거짓

다음 문제를 읽고 **참** 또는 **거짓**으로 답하여라.

1.   불리언 식은 항상 두 값(True와 False) 중 하나의 값을 산출하는 표현식이다.

2.   불리언 식은 최소한 하나의 논리 연산자를 가진다.

3.   파이썬에서 x = 5는 변수 x가 5인지 검사하는 식이다.

4.   a = b == c 식은 파이썬에서 올바르지 않은 식이다.

5.   불리언 식 b < 5는 변수 b가 5이거나 5보다 작은지 검사하는 식이다.

6.   and 연산자는 논리 합(disjunction) 연산자다.

7.   or 연산자는 논리 부정(complement) 연산자다.

8.   두 불리언 식의 결과가 True인 경우, 두 불리언 식의 논리 곱(conjunction)의 결과는 두 불리언 식의 논리 합의 결과와 같다.

9.   두 불리언 식의 결과가 서로 다른 값을 가지는 경우, 두 불리언 식의 논리 합(disjunction)의 결과는 True다.

10.   c == 3 and d > 7은 복합 불리언 식이다.

11.   or 연산자의 피연산자인 두 불리언 식이 True인 경우, 결과는 True다.

12.   불리언 식 not (x == 5)는 변수 x가 5 이외의 값을 가지고 있다면 True다.

13.   not 연산자는 논리 연산자 중 가장 높은 우선순위를 가진다.

14.   or 연산자는 논리 연산자 중 가장 낮은 우선순위를 가진다.

15.   불리언 식 x > y or x == 5 and x <= z에서 and 연산자는 or 연산자보다 먼저 수행된다.

16.   불리언 식 a * b + c > 21 or c == b / 2에서 c가 21보다 큰지를 가장 먼저 계산한다.

17.   선생님이 8세 미만, 11세 초과인 학생들을 알고 싶을 때, 이를 불리언 식으로 표현하면 8 > a > 11이다.

18.   불리언 식 x < 0 and x > 100에서 모든 x에 대하여 결괏값은 항상 False다.

19. 불리언 식 x > 0 or x < 100에서 모든 x에 대하여 결괏값은 항상 True다.

20. 불리언 식 x > 5는 not (x < 5)와 동일하다.

21. 불리언 식 not (x > 5 and y == 5)는 not (x > 5) and y == 5와 동일하지 않다.

22. 윌리엄 셱스피어의 햄릿(3막 1장)의 대사 "To be, or not to be: that is the question."에서 "to_be or not to_be"를 불리언 식으로 표현했을 때 다음 코드는 항상 True다. (that_is_the_question은 숫자값이다.)

```
be = that_is_the_question % 2 / 2
to_be = 2 * be == 1
result = to_be or not to_be
```

23. 불리언 식 not (not (x > 5))는 x > 5와 동일하다.

15.10 복습문제: 객관식

다음 문제에서 옳은 것을 모두 골라라.

1. 다음 중 비교 연산자가 **아닌** 것은?

   a. >=

   b. =

   c. <

   d. a, b, c 모두 비교 연산자다.

2. 다음 중 파이썬 논리 연산자가 **아닌** 것은?

   a. nor

   b. not

   c. a, b 모두 논리 연산자다.

   d. a, b, 모두 논리 연산자가 아니다.

3. 변수 x가 5 값을 가지고 있을 때 y = x % 2 == 1 식에서 y에 할당되는 값은?

   a. True

   b. False

   c. 위 모두 옳지 않다.

4. 변수 x가 5 값을 가지고 있을 때 y = x % 2 == 0 or int (x / 2) == 2 식에서 y에 할당되는 값은?

    a. True

    b. False

    c. 위 모두 옳지 않다.

5. 연구실 온도는 20도 이상 30도 이하이어야 한다. 이 조건에 맞는 불리언 식은 무엇인가?

    a. t >= 20 or t <= 30

    b. 20 < t < 30

    c. t >= 20 and t <= 30

    d. t > 20 or t < 30

6. 불리언 식 t == 3 or t > 30과 동일한 식은?

    a. t == 3 and not (t <= 30)

    b. t == 3 and not (t < 30)

    c. not (t != 3) or not (t < 30)

    d. not (t != 3 and t <= 30)

15.11 프로그래밍 연습문제

다음 프로그래밍 연습문제를 완성하여라.

1. 다음 연산자에 해당하는 기호를 연결하여라.

연산자	기호
i. 논리 연산자	a. %
ii. 산술 연산자	b. +=
iii. 비교 연산자	c. and
iv. 할당 연산자	d. ==
	e. or
	f. >=
	g. not
	h. =
	i. *=
	j. /

2. 다음 진리표의 빈칸을 True 또는 False로 채워 진리표를 완성하여라.

a	b	c	a != 1	b > a	c / 2 > 2 * a
3	-5	8			
1	10	20			
-4	-2	-9			

3. 다음 진리표의 빈칸을 True 또는 False로 채워 진리표를 완성하여라.

불리언 식(BE1)	불리언 식(BE2)	BE1 or BE2	BE1 and BE2	not (BE2)
False	False			
False	True			
True	False			
True	True			

4. 다음 진리표의 빈칸을 True 또는 False로 채워 진리표를 완성하여라.

a	b	c	a > 3 or c > b and c > 1	a > 3 and c > b or c > 1
4	-6	2		
-3	2	-4		
2	5	5		

5. x = 4, y = -2, flag = True일 때, 다음 표의 빈칸을 채워라.

표현식	값
(x + y) ** 3	
(x + y) / (x ** 2 - 14)	
(x - 1) == y + 5	
x > 2 and y == 1	
x == 1 or y == -2 and not (flag == False)	
not (x >= 3) and (x % 2 > 1)	

6. a, b, c, d 값이 각각 6, -3, 4, 7일 때 다음 복합 불리언 식의 결과를 계산하여라.

   i. (3 * a + b / 5 - c * b / a > 4) and (b != -3)

   ii. (a * b - c / 2 + 21 * c / 3 != 8) or (a >= 5)

7. 선생님이 학생들의 나이에 따라 해당하는 경우에 손을 들도록 지시하였다. 다음에 해당하는 학생들을 찾고 싶어서다.

　ⅰ. 8세를 제외한 12세 미만인 학생

　ⅱ. 6세 이상 9세 이하, 11세인 학생

　ⅲ. 7세 초과지만 10세, 12세가 아닌 학생

　ⅳ. 6, 9, 11세인 학생

　ⅴ. 6세 이상 12세 이하지만 8세가 아닌 학생

　ⅵ. 7세나 10세가 아닌 학생

　변수 age를 사용하여 위 문장을 불리언 식으로 표현하여라.

8. not 연산자를 사용하지 않고 다음 불리언 식을 부정하는 불리언 식을 작성하여라.

ⅰ. `x == 4 and y != 3`	ⅱ. `x + 4 <= 0`
ⅲ. `not (x > 5) or y == 4`	ⅳ. `x != False`
ⅴ. `not (x >= 4 or z > 4)`	ⅵ. `x != 2 and x >= -5`

9. 부정에 대한 부정은 긍정이다. 다음 불리언 식을 두 번 부정하여 원래 식과 동일한 불리언 식을 작성하여라(단, 불리언 식을 부정하는 두 가지 방법 모두 적용한다).

ⅰ. `x >= 4 and y != 10`	ⅱ. `x - 2 >= 9`
ⅲ. `not (x >= 2) or y != 4`	ⅳ. `x != False or y == 3`
ⅴ. `not (x >= 2 and y >= 2)`	ⅵ. `x != -2 and x <= 2`

16

단일−택일 결정 구조

16.1 단일-택일 결정 구조

단일 - 택일 결정(single-alternative decision structure) 구조는 가장 단순한 결정 제어 구조다. 다음 그림과 같이 True인 경우에 대해서만 명령문 블록이 실행된다.

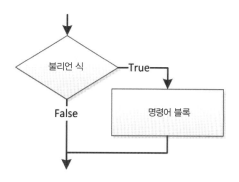

불리언 식의 결과가 True로 판단되면 명령문 블록이 수행되고, 그렇지 않은 경우에는 명령문 블록이 수행되지 않는다. 파이썬에서의 일반적인 단일 - 택일 결정 구조는 다음과 같이 표현한다.

```
if 불리언 식:
    명령문 블록
```

주목할 것!

들여쓰기(indentation)를 사용하는 대표적 언어인 파이썬에서는 하나 또는 여러 명령문을 들여쓰기를 통해 하나의 그룹으로 표현할 수 있다. 이런 그룹을 '명령문 블록(block of statements)' 또는 '코드 블록(code block)'이라고 한다. 다른 프로그래밍 언어에서는 들여쓰기의 사용이 권고사항이지만, 파이썬에서는 명령문 블록의 구분을 위해 반드시 사용해야 하는 의무사항이다. 명령문 블록에 포함되어 있는 명령문들은 반드시 들여쓰기를 해야 한다. 예를 들어, if 구문 내부의 모든 명령문들은 동일한 공백 수로 들여쓰기를 해야 한다. 그렇지 않은 명령문은 if 구문의 명령문 블록으로 간주되지 않으며, 오류 메시지가 발생한다. 명령문 블록은 다음 두 가지 규칙을 따라야 한다.

- 명령문 블록이 시작되는 첫 번째 명령문의 끝은 항상 콜론(:)으로 끝나야 한다.
- 명령문 블록의 나머지 명령문들은 반드시 들여쓰기를 해야 한다.

파이썬의 공식 웹사이트(https://www.python.org/dev/peps/pep-0008)에서는 네 개의 빈칸을 들여쓰기로 사용할 것을 권고하고 있다.

주목할 것!

파이썬 이외의 C, C++, C#, Java, Visual Basic 등의 컴퓨터 프로그래밍 언어에서는 들여쓰기가 필수사항이 아니다. 그러나 들여쓰기를 함으로써 프로그래밍 코드의 가독성을 높일 수 있으며, 다른 프로그래머가 작성한 코드를 이해하거나 분석하는 데 도움이 된다.

만약 if 구문에 하나의 명령문만 사용한다면 if 구문의 블록을 다음과 같이 한 줄로 작성할 수 있다.

```
if 불리언 식: 하나의 명령문
```

예제 16.1-1 추적표와 단일-택일 결정 구조

다음 파이썬 프로그램의 입력값으로 (i) 10과 (ii) 51이 입력되었을 때의 순서도를 각각 작성하고 각 단계별 변숫값을 나타내는 추적표를 작성하여라.

file_16_1_1
```
a = int(input())

y = 5
if a * 2 > 100:
    a = a * 3
    y = a * 4

print(a, y)
```

풀이

순서도는 다음과 같다.

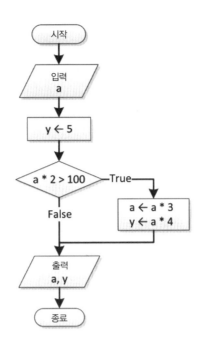

각 입력값에 대한 추적표는 다음과 같다.

i. 입력값이 10인 경우

단계	명령문	설명	a	y
1	a = int(input())	값 10을 입력한다.	**10**	–
2	y = 5	변수 y에 값 5를 할당한다.	10	**5**
3	if a * 2 > 100:	if 구문의 결과는 False다.		
4	print(a, y)	값 10과 5를 출력한다.		

ii. 입력값이 51인 경우

단계	명령문	설명	a	y
1	a = int(input())	값 51을 입력한다.	**51**	–
2	y = 5	변수 y에 값 5를 할당한다.	51	**5**
3	if a * 2 > 100:	if 구문의 결과는 True다.	–	–
4	a = a * 3	변수 a에 3을 곱한 값을 다시 a에 할당	**153**	5
5	y = a * 4	변수 a에 4를 곱한 값을 변수 y에 할당	153	**612**
6	print(a, y)	값 153과 612를 출력한다.		

예제 16.1-2 숫자의 절댓값 구하기

사용자로부터 숫자값을 입력받은 후 그 숫자의 절댓값을 출력하는 순서도와 파이썬 프로그램을 작성하여라.

풀이

이 문제는 두 가지 방법으로 해결할 수 있다. 하나는 단일-택일 결정 구조를 이용하는 것과 다른 하나는 abs( ) 함수를 이용하는 것이다.

첫 번째 방법 – 단일-택일 결정 구조 이용

이 방법은 단순하다. 예를 들어, 사용자가 -5라는 음수를 입력했다면, -5 값을 5로 바꾸고 출력하면 된다. 만약 사용자가 입력한 값이 0이거나 양수이면, 값을 바꿀 필요가 없다. 이에 대한 순서도는 다음과 같다.

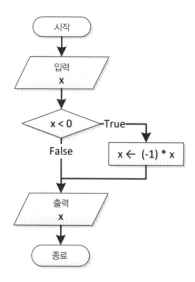

위 순서도에 해당하는 파이썬 프로그램은 다음과 같다.

file_16_1_2a

```
x = float(input())

if x < 0:
    x = (-1) * x
```

```
print(x)
```

두 번째 방법 – abs( ) 함수 이용하기

abs( ) 함수를 사용하여 다음과 같이 두 줄 코드만으로 절댓값을 출력할 수 있다.

file_16_1_2b

```
x = float(input())
print(abs(x))
```

16.2 복습문제: 참/거짓

다음 문제를 읽고 **참** 또는 **거짓**으로 답하여라.

1. 단일 – 택일 결정 구조는 명령문이 반드시 순차적으로 수행되어야 할 때 사용한다.

2. 프로그램 코드를 쉽게 이해하기 위해 단일 – 택일 결정 구조를 이용하여 프로그램을 작성한다.

3. 단일 – 택일 제어 구조로 작성된 명령문 블록은 수행되지 않을 수도 있다.

4. 순서도에서 결정 기호는 알고리즘의 시작과 종료를 나타낸다.

5. 다음 코드는 문법적으로 정확하다.

    ```
    if = 5
    x = if + 5
    print(x)
    ```

6. 단일 – 택일 제어 구조에서 else라는 예약어를 사용한다.

7. 다음 코드는 명확성의 속성을 만족한다.

    ```
    if b != 3:
        x = a / (b - 3)
    ```

8. 다음 코드는 명확성의 속성을 만족한다.

    ```
    a = float(input())
    b = float(input())

    if b != 3:
        x = a / (b - 3)

    print(x)
    ```

16.3 복습문제: 객관식

다음 문제에서 옳은 것을 모두 골라라.

1. 단일 - 택일 결정 구조에 대한 설명 중 옳은 것은?

   a. 명령문이 하나하나씩 수행되어야 할 때 사용한다.

   b. 일부 명령문이 수행되기 이전에 결정이 반드시 이루어져야 한다.

   c. a, b 모두 옳지 않다.

   d. a, b 모두 옳다.

2. 단일 - 택일 결정 구조는 명령문 블록이

   a. 거짓(False)인 경로에 추가된다.

   b. 참(True)인 경로에 추가된다.

   c. 참, 거짓 두 경로 모두에 추가된다.

3. 다음 코드에서 y += 1이 수행되는 경우는 언제인가?

   ```
   if x == 3:
       x = 5
   y += 1
   ```

   a. 변수 x가 3이라는 값을 가지고 있을 때

   b. 변수 x가 5라는 값을 가지고 있을 때

   c. 변수 x가 3 이외에 다른 값을 가지고 있을 때

   d. 모든 경우에 수행

4. 다음 코드에서 y += 1이 수행되는 경우는 언제인가?

   ```
   if x % 2 == 0: y += 1
   ```

   a. 변수 x의 값이 2로 나누어떨어질 때

   b. 변수 x가 짝수일 때

   c. 변수 x가 홀수를 가지고 있지 않을 때

   d. a, b, c 모두 옳다.

   e. a, b, c 모두 옳지 않다.

5. 다음 코드에서 y += 1이 수행되는 경우는 언제인가?

```
x = 3 * y
if x > y: y += 1
```

a. 항상 수행된다.

b. 수행되지 않는다.

c. if 구문의 결괏값에 따라 수행되거나 수행되지 않는다.

d. 변수 y가 양수의 값을 가질 때 수행된다.

e. a, b, c, d 모두 옳지 않다.

16.4 프로그래밍 연습문제

다음 프로그래밍 연습문제를 완성하여라.

1. 다음 코드에서 구문 오류를 찾아라.

```
x = float(input())

y ← - 5
if x * y / 2 > 20
    y =- 1
    x += 4 * x²

print(x  y)
```

2. 입력값이 10인 경우와 –10인 경우에 다음 파이썬 프로그램의 순서도를 작성하고, 각 단계별 변숫값을 나타내는 추적표를 작성하여라.

```
x = float(input())

y = - 5
if x * y / 2 > 20:
    y -= 1
    x -= 4

if x > 0:
    y += 30
    x = x ** 2

print(x, ",", y)
```

3. 입력값이 −11인 경우와 11인 경우에 다음 파이썬 프로그램의 순서도를 작성하고, 각 단계별 변숫값을 나타내는 추적표를 작성하여라.

```
x = int(input())

y = 8
if abs(x) > 10:
    y += x
    x -= 1

if abs(x) > 10:
    y *= 3

print(x, ",", y)
```

4. 입력값이 (i) 1, 2, 3인 경우와 (ii) 4, 2, 1인 경우에 다음 파이썬 프로그램에 대한 순서도를 각각 작성하고, 각 단계별 변숫값을 나타내는 추적표를 작성하여라.

```
x = int(input())
y = int(input())
z = int(input())

if x + y > z: x = y + z
if x > y + z: y = x + z
if x > y - z: z = x - z % 2

print(x, ",", y, ",", z)
```

5. 사용자로부터 하나의 숫자를 입력받고, 그 값이 양수인 경우 "양수"를 출력하는 파이썬 프로그램을 작성하여라.

6. 사용자로부터 두 개 값을 입력받고, 두 입력값이 모두 양수일 경우 "양수"를 출력하는 파이썬 프로그램을 작성하여라.

7. 사용자로부터 한 개의 값을 입력받고, 그 값이 숫자인 경우 "숫자"를 출력하는 파이썬 프로그램을 작성하여라(힌트: match( ) 함수를 사용하여라).

8. 사용자로부터 문자열을 입력받고, 입력받은 문자열이 모두 대문자인 경우 "대문자"를 출력하는 파이썬 프로그램을 작성하여라(힌트: upper( ) 함수를 사용하여라).

9. 사용자로부터 문자열을 입력받고, 입력받은 문자열의 길이가 20자 이상인 경우 "장문"을 출력하는 파이썬 프로그램을 작성하여라(힌트: len( ) 함수를 사용하여라).

10. 사용자로부터 네 개의 숫자값을 입력받고, 입력값 중 하나라도 음수가 있는 경우 "음수"를 출력하는 파이썬 프로그램을 작성하여라.

11. 사용자로부터 두 개의 숫자값을 입력받고, 첫 번째 숫자가 두 번째 숫자보다 크면 두 변수의 값을 맞바꾸어 입력받은 두 수를 항상 오름차순으로 출력하는 파이썬 프로그램을 작성하여라.

12. 사용자로부터 세 지역(예를 들어, 서울, 대전, 대구)의 온도값을 입력받고, 세 지역의 평균 온도가 35도 이상인 경우 "폭염경보"를 출력하는 파이썬 프로그램을 작성하여라.

이중-택일 결정 구조

17.1 이중-택일 결정 구조

이중-택일 결정 구조(dual-alternative decision structure)는 명령문 블록이 양쪽 경로(True/False) 모두에 포함되는 형태를 가진다.

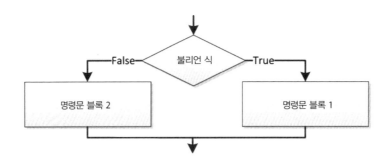

위 그림에서 불리언 식의 결과가 True이면 명령문 블록 1이 수행되고, 그렇지 않은 경우(불리언 식의 결과가 False인 경우)에는 명령문 블록 2가 수행된다.

파이썬에서 일반 형태의 이중-택일 결정 구조는 다음과 같다.

```
if 불리언 식:
    명령문 블록 1
else:
    명령문 블록 2
```

출력 메시지 구하기

다음 순서도에서 입력값이 (i) 3, (ii) -3, (iii) 0인 경우에 각각 출력값이 무엇인지 적어라.

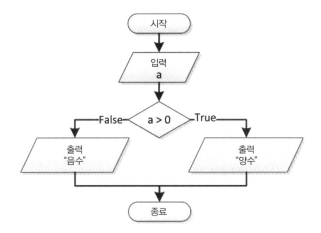

풀이

i. 사용자가 3이라는 값을 입력했다면, 불리언 식의 결과는 True다. 순서도의 수행 흐름이 오른쪽 명령문 블록을 따라가므로 "양수" 값이 출력된다.

ii. 사용자가 -3이라는 값을 입력했다면, 불리언 식의 결과는 False다. 순서도의 수행 흐름이 왼쪽 명령문 블록을 따라가므로 "음수" 값이 출력된다.

iii. 사용자가 0이라는 값을 입력했다면, 불리언 식의 결과는 False다. 순서도의 수행 흐름이 왼쪽 명령문 블록을 따라가므로 "음수" 값이 출력된다.

주목할 것! 분명히 이 순서도는 모든 면에서 완벽하지 않다. 아시다시피 0은 음수도 아니고, 양수도 아니다. 차후에 다루게 될 중첩 결정 제어 구조를 배우면, "입력한 값은 0입니다"라는 세 번째 메시지의 출력 방법을 알게 될 것이다.

기억할 것! 결정 기호는 한 개의 입구와 두 개의 출구를 가진다. 두 개의 출구만을 가지므로 세 가지 경우의 수에 대한 메시지는 출력할 수 없다.

예제 17.1-2 추적표와 이중-택일 결정 구조

다음 파이썬 프로그램에 대하여 입력값이 (i) 5, (ii) 10일 때, 각 단계별 변숫값을 나타내는 추적표를 완성하여라.

```
a = float(input())

z = a * 10
w = (z - 4) * (a - 3) / 7 + 36

if a < z >= w:
    y = 2 * a
else:
    y = 4 * a

print(y)
```

풀이

i. 입력값 5에 대한 추적표는 다음과 같다.

단계	명령문	설명	a	z	w	y
1	a = float(intput())	사용자가 5 값을 입력	**5**	–	–	–
2	z = a * 10		5	**50**	–	–
3	w = (z - 4) * (a - 3) / 7 + 36		5	50	**49.142**	–
4	if a < z >= w:	True로 평가됨				
5	y = 2 * a		5	50	49.142	**10**
6	print(y)	10 값이 출력됨				

ii. 입력값 10에 대한 추적표는 다음과 같다.

단계	명령문	설명	a	z	w	y
1	a = float(intput())	사용자가 10 값을 입력	**10**	–	–	–
2	z = a * 10		10	**100**	–	–
3	w = (z - 4) * (a - 3) / 7 + 36		10	100	**132**	–
4	if a < z >= w:	False로 평가됨				

| 5 | y = 4 * a | | 10 | 100 | 132 | **40** |
| 6 | print(y) | 40 값이 출력됨 | | | | |

예제 17.1-3 누가 가장 큰가?

사용자로부터 두 수를 입력받아 변수 a와 b에 저장하고, 둘 중에 큰 값을 출력하는 순서도를 설계하고, 이에 대한 파이썬 프로그램을 작성하여라.

풀이

이 예제는 세 가지 방법으로 해결할 수 있으며, 첫 번째와 두 번째 방법은 각각 이중-택일 결정 구조와 단일-택일 결정 구조를 이용하는 것이다. 세 번째 방법은 파이썬스러운 방식으로 문제를 해결한다.

첫 번째 방법 — 이중-택일 결정 구조 이용하기

이 방법은 b가 a보다 큰지를 검사한다. 그 결과가 True이면 b가 큰 값이고, 그렇지 않으면(결과가 False인 경우) a가 큰 값이다.

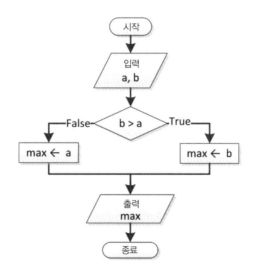

file_17_1_3a

```
a = float(input())
b = float(input())
```

```
if b > a:
    maximum = b
else:
    maximum = a

print("큰 값:", maximum)
```

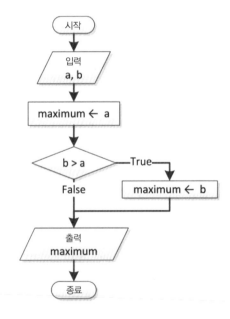

주목할 것! 이 예제는 두 수 중에서 누가 더 큰지를 결정하는 것이지 큰 값을 변수 a나 b에 다시 할당하지는
않는다.

두 번째 방법 — 단일-택일 결정 구조 이용하기

이 방법은 초기에 a가 큰 수라고 가정한다. 따라서 변수 a의 값을 maximum 변수에 할당한다.
하지만 변수 a와 b의 값을 비교한 후 b가 더 큰 값으로 판명될 경우, maximum 변수의 값을
변경한다. 즉, 변수 b의 값으로 maximum 변수의 값을 변경한다. 어떠한 상황이 벌어지든 결
국 maximum 변수에는 항상 큰 값이 할당된다.

```
시작

입력
a, b

maximum ← a

b > a ──True──→ maximum ← b
False

출력
maximum

종료
```

file_17_1_3b

```
a = float(input())
b = float(input())
```

```
maximum = a
if b > a:
    maximum = b

print("큰 값:", maximum)
```

세 번째 방법 — 파이썬스러운 방식

이 방법은 결정 구조를 사용하지 않고, 가장 단순한 방식으로 파이썬 함수 중 max( ) 함수를 사용하는 것이다.

file_17_1_3c

```
a = float(input())
b = float(input())

maximum = max(a, b)
print("큰 값:", maximum)
```

예제 17.1-4 홀수와 짝수 찾기

사용자로부터 정숫값을 입력받은 후, 입력값이 홀수 또는 짝수인지를 출력하는 순서도를 설계하고, 이에 대한 파이썬 프로그램을 작성하여라.

풀이

이 예제를 해결하기 위해서는 먼저 입력된 숫자가 홀수인지 짝수인지를 판단해야 한다. 우선 홀수나 짝수의 일반적 속성을 이해해야 한다. 짝수는 2로 나누어떨어진다. 따라서, 정수 x에 대하여 x % 2 연산을 수행하였을 때의 결과가 0이면, x는 짝수다. 그렇지 않을 경우에는 x는 홀수다.

이제 사용자가 입력한 숫자에 대하여 그 숫자가 홀수인지 짝수인지를 판별할 수 있다. 이런 속성을 이용하여 홀수와 짝수를 판별하였을 때의 결과는 다음과 같다.

- 홀수: 1, 3, 5, 7, 9, 11, …
- 짝수: 0, 2, 4, 6, 8, 10, 12, …

 **주목할 것!** 0은 짝수에 포함된다.

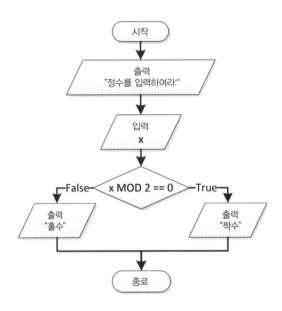

file_17_1_4

```
x = int(input("정수를 입력하여라:"))

if x % 2 == 0:
    print("짝수")
else:
    print("홀수")
```

예제 17.1-5 주급 계산하기

일주일의 총 급여(주급)는 시간당 급여와 일주일 동안의 근로 시간에 의해 계산될 수 있다. 그러나 일주일에 40시간 이상을 근로하였다면 40시간 이상의 초과 시간에 대해서는 시간당 급여의 1.5배를 받는다. 사용자로부터 시간당 급여와 일주일 동안의 근로 시간을 입력받고, 일주일의 총 급여를 출력하는 순서도를 설계하고 이에 대한 파이썬 프로그램을 작성하여라.

풀이

이 예제는 이중-택일 결정 구조를 이용하여 해결할 수 있다. 만약, 일주일에 40시간 이상 근로하였다면 일주일의 총 급여는 다음과 같이 구할 수 있다.

$$gross\_pay = pay\_rate * 40 + 1.5 * pay\_rate * all\_hours\_worked\_over\_40$$

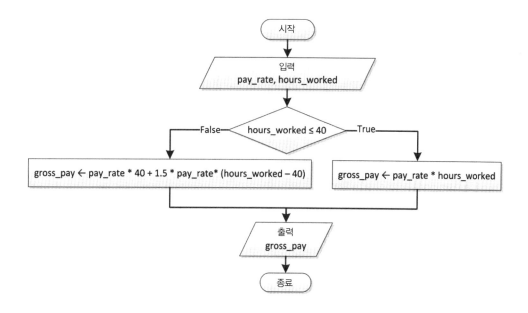

```python
pay_rate = float(input())
hours_worked = int(input())

if hours_worked <= 40:
    gross_pay = pay_rate * hours_worked
else:
    gross_pay = pay_rate * 40 + 1.5 * pay_rate * (hours_worked - 40)

print("급여:", gross_pay)
```

17.2 복습문제: 참/거짓

다음 문제를 읽고 **참** 또는 **거짓**으로 답하여라.

1. 이중 - 택일 결정 구조의 내부 명령문은 한 번도 수행되지 않을 수도 있다.
2. 이중 - 택일 결정 구조는 최소 두 개의 명령문을 포함하여야 한다.
3. 이중 - 택일 결정 구조는 else라는 예약어를 사용한다.

4. 다음 명령문에는 구문 오류가 없다.

```
else = 5
```

5. 이중-택일 결정 구조에서 불리언 식은 두 개 이상의 값을 반환할 수 있다.

6. 다음 코드는 효과성의 속성을 만족한다.

```
x = int(input())
y = int(input())

z = int(input())

if x > y and x > z:
    print(x, "가 큰 수입니다.")
else:
    print(y, "가 큰 수입니다.")
```

17.3 복습문제: 객관식

다음 문제에서 옳은 것을 골라라.

1. 이중-택일 결정 구조는 어떤 경로에 명령문 블록을 포함하는가?

   a. False 경로

   b. True와 False 경로

   c. False 경로

2. 다음 코드에서 y += 1 명령문은 어떤 경우에 수행되는가?

```
if x % 2 == 0:
    x = 0
else:
    y += 1
```

   a. 변수 x가 2로 나누어떨어질 때

   b. 변수 x가 짝수값을 가지고 있을 때

   c. 변수 x가 홀수값을 가지고 있을 때

   d. a, b, c 모두 옳지 않다.

3. 다음 코드에서 y += 1 명령문은 어떤 경우에 수행되는가?

```
if x == 3:
    x = 5
else:
    x = 7
 y += 1
```

a. 변수 x의 값이 3일 때

b. 변수 x의 값이 3이 아닐 때

c. a, b 모두 옳다.

17.4 프로그래밍 연습문제

다음 프로그래밍 연습문제를 완성하여라.

1. 다음 파이썬 프로그램과 일치하는 순서도를 작성하고, 입력값이 (i) 3, (ii) 0.5일 때, 각
    단계별 변숫값을 나타내는 추적표를 완성하여라.

    ```
    a = float(input())
    z = a * 3 - 2
    if z >= 1:
        y = 6 * a
    else:
        z += 1
        y = 6 * a + z

    print(z, ",", y)
    ```

2. 다음 파이썬 프로그램과 일치하는 순서도를 작성하고, 각 단계별 변숫값을 나타내는 추
    적표를 완성하여라.

    ```
    import math

    x = 3
    y = x ** 3 + 9
    z = 2 * x + y - 4
    if x > y:
        y = z % x
        z = math.sqrt(x)
    else:
        x = z % y
        z = math.sqrt(y)

    print(x, ",", y, ",", z)
    ```

3. 다음 순서도에 대한 파이썬 프로그램을 작성하고, 입력값이 (i) 10, (ii) 2일 때, 각 단계별 변숫값을 나타내는 추적표를 완성하여라.

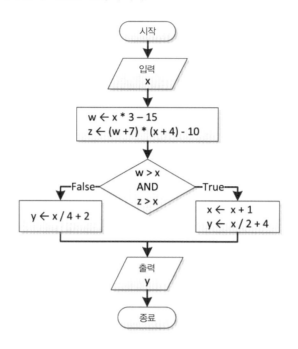

4. 사용자로부터 정숫값을 입력받고, 입력값이 6의 배수인지 여부를 출력하는 파이썬 프로그램을 작성하여라.

5. 사용자로부터 정숫값을 입력받고, 입력값이 6 또는 7의 배수인 경우와 그렇지 않을 경우(6 또는 7의 배수가 아닌 경우)에 서로 다른 메시지를 출력하는 파이썬 프로그램을 작성하여라.

6. 사용자로부터 정숫값을 입력받고, 입력값이 4의 배수인지 여부를 출력하는 파이썬 프로그램을 작성하여라. 단, 입력값을 4로 나누었을 때 몫과 나머지를 출력해야 한다. 예를 들어, 사용자가 14 값을 입력하였다면 "14 = 4 * 3 + 2"라는 메시지가 출력되어야 한다.

7. 사용자로부터 정숫값을 입력받고, 입력값이 네 자리 정수인지 여부를 출력하는 파이썬 프로그램을 작성하여라.

   힌트: 네 자리 정수는 1000부터 9999까지의 정수다.

8. 사용자로부터 두 개의 정숫값을 입력받고, 입력값 중 작은 값을 출력하는 파이썬 프로그램과 순서도를 작성하여라(단, 서로 다른 정숫값을 사용자가 입력한다고 가정).

9. 사용자로부터 세 개의 정숫값을 입력받고, 이들 입력값을 길이로 하여 삼각형을 만들 수 있는지의 여부를 출력하는 파이썬 프로그램을 작성하여라.

   힌트: 삼각형 한 변의 길이는 다른 두 변의 길이 합보다 작다.

10. 사용자로부터 세 개의 정숫값을 입력받고, 이들 입력값을 길이로 하여 직각 삼각형을 만들 수 있는지의 여부를 출력하는 파이썬 프로그램을 작성하여라. 입력값을 3, 4, 5로 하여 작성한 프로그램을 검사해 보라.

    힌트: 피타고라스의 정리를 사용한다.

11. 멀리뛰기 시합에 참가하기 위해서는 세 번의 점프를 시도하여 평균 거리가 8미터 이상이어야 한다. 사용자로부터 세 개의 거리 값을 입력받고, 세 값의 평균 거리가 8미터 이상이면 "통과"를 출력하고, 8미터 미만이면 "실패"를 출력하는 파이썬 프로그램을 작성하여라.

12. 일주일의 총 급여는 시간당 급여와 일주일 동안의 근로 시간에 의해 계산될 수 있다. 그러나 일주일에 40시간 이상을 근로하였다면 40시간 이상의 초과 시간에 대해서는 시간당 급여의 2배를 받는다. 사용자로부터 시간당 급여와 일주일 동안의 근로 시간을 입력받고, 일주일의 총 급여 실 수령액을 출력하는 파이썬 프로그램과 순서도를 작성하여라. 실 수령액은 총 급여에서 공제(세금, 건강보험, 퇴직금 등)를 제외한 금액을 말한다. 단, 공제율은 30%라고 가정한다.

13. 자동차의 정기 점검을 통해 사고를 예방하고 자동차를 안정적으로 운행할 수 있다. 예를 들어, 다음과 같이 두 가지 형태의 서비스가 있다고 가정해 보자.

    a. 단기 정기 점검 서비스

    b. 장기 정기 점검 서비스

    단, 단기 정기 점검 서비스는 6,000마일마다 받아야 하며, 장기 정기 점검 서비스는 12,000마일마다 받아야 한다.

    사용자로부터 운행한 마일 수를 입력받고, 다음 정기 점검 서비스를 받을 때까지 남은 운행 마일 수와 서비스 종류를 출력하는 파이썬 프로그램을 작성하여라.

14. 두 개의 자동차(자동차 A와 B)가 정지 상태에서 각기 서로 다른 가속도로 일정 시간 동안 직선 도로를 운행하고 있다고 하자. 사용자로부터 두 자동차의 운행 시간(두 자동차의 운행 시간은 동일)과 각 자동차의 가속도값을 입력받고, 두 자동차 간의 거리 차이와 두 자동차 중에 어떤 자동차가 앞서가는지를 출력하는 파이썬 프로그램을 작성하여라.

    힌트: $S = u_o + \frac{1}{2}at^2$

다중-택일 결정 구조

18.1 다중-택일 결정 구조

다중-택일 결정 구조(multi-alterative decision structure)는 다음 순서도와 같이 여러 개의 선택 경로 중에 하나를 선택하는 데 유용하다.

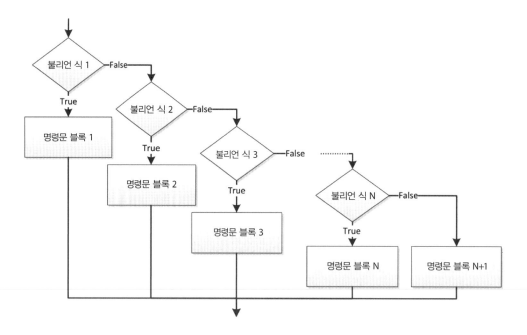

위 그림과 같은 다중-택일 결정 구조가 수행되면 가장 먼저 불리언 식 1이 검사된다. 불리언 식 1의 결과가 True이면 명령문 블록 1이 수행되고, 나머지 다중-택일 결정 구조의 명령문 블

록은 수행되지 않는다. 이 경우, 명령문 블록 1이 수행된 후에는 다중-택일 결정 구조 다음에 나오는 명령문이 수행된다. 만약 불리언 식 1의 결과가 False이면 불리언 식 2가 평가된다. 불리언 식 2의 결과가 True이면 명령문 블록 2를 수행하고, 나머지 다중-택일 결정 구조의 명령문 블록은 건너뛴다. 이런 과정은 불리언 식의 결과가 True이거나 하위에 더 이상의 불리언 식이 존재하지 않을 때까지 반복된다.

마지막 명령문 블록 N+1은 이전의 모든 불리언 식의 결과가 False일 경우에만 수행된다. 명령문 블록 N+1은 선택사항으로 생략 가능하며, 해결하고자 하는 알고리즘에 따라 있을 수도 있고 없을 수도 있다.

파이썬에서 일반 형태의 다중-택일 결정 구조는 다음과 같다.

```
if 불리언 식 1:
    명령문 블록 1
elif 불리언 식 2:
    명령문 블록 2
elif 불리언 식 3:
    명령문 블록 3
    .
    .
    .
elif 불리언 식 N:
    명령문 블록 N
else:
    명령문 블록 N+1
```

 주목할 것!   elif 키워드는 "else if"의 약자다.

다음은 다중-택일 결정 구조의 예를 나타낸다.

file_18_1

```
name = input("이름이 무엇인가요?")

if name == "홍길동":
    print("나의 삼촌이군요!")
elif name == "김영희":
    print("나의 누나군요!")
elif name == "김영숙":
    print("나의 엄마군요!")
else:
    print("죄송하지만 나는 당신을 모릅니다.")
```

예제 18.1-1 추적표와 다중-택일 결정 구조

다음 파이썬 프로그램의 입력값이 (i) 5, 8, (ii) -13, 0, (iii) 1, -1일 때, 각 단계별 변숫값을 나타내는 추적표를 완성하여라.

file_18_1_1

```python
a = int(input())
b = int(input())

if a > 3:
    print("변수 a는 3보다 큽니다.")
elif a > 4 and b <= 10:
    print("변수 a는 4보다 크고 ")
    print("변수 b는 10보다 작거나 같습니다.")
elif a * 2 == -26:
    print("변수 a 곱하기 2는 -26과 같습니다.")
    b += 1
elif b == 1:
    print("변수 b는 1과 같습니다.")
else:
    print("위의 모든 불리언 식이 False일 경우 ")
    print("이 메시지가 표시됩니다.")

print("종료!")
```

풀이

i. 입력값이 5, 8일 경우의 추적표는 다음과 같다.

단계	명령문	설명	a	b
1	a = int(input())	사용자가 5 값을 입력함	**5**	–
2	b = int(input())	사용자가 8 값을 입력함	5	**8**
3	if a > 3:	True로 평가됨		
4	print("변수 a는 3보다 큽니다.")	"변수 a는 3보다 큽니다." 메시지를 출력함		
5	print("종료!")	"종료!" 메시지를 출력함		

 주목할 것! 이 경우, 두 번째 불리언 식인 (a > 4 and b <= 10)은 True로 평가될 수 있지만, 이 불리언 식은 검사되지 않았다.

ii. 입력값이 –13, 0일 경우의 추적표는 다음과 같다.

단계	명령문	설명	a	b
1	a = int(input())	사용자가 –13 값을 입력함	**–13**	–
2	b = int(input())	사용자가 0 값을 입력함	–13	**0**
3	if a > 3:	False로 평가됨		
4	elif a > 4 and b <= 10:	False로 평가됨		
5	elif a * 2 == -26:	True로 평가됨		
6	print("변수 a 곱하기 2는 –26과 같습니다.")	"변수 a 곱하기 2는 –26과 같습니다." 메시지를 출력함		
7	b += 1		–13	**1**
8	print("종료!")	"종료!" 메시지를 출력함		

📢 **주목할 것!** 단계 7 이후에 네 번째 불리언 식인 (b == 1)을 수행한다면 True로 평가되지만, 이 불리언 식은 검사되지 않았다.

iii. 입력값이 1, –1일 경우의 추적표는 다음과 같다.

단계	명령문	설명	a	b
1	a = int(input())	사용자가 1 값을 입력함	**1**	–
2	b = int(input())	사용자가 –1 값을 입력함	1	**–1**
3	if a > 3:	False로 평가됨		
4	elif a > 4 and b <= 10:	False로 평가됨		
5	elif a * 2 == -26:	False로 평가됨		
6	elif b == 1:	False로 평가됨		
7	print("위의 모든 ...	"위의 모든 불리언 식이 False일 경우 이 메시지가 표시됩니다." 라는 메시지를 출력함		
8	print("종료!")	"종료!" 메시지를 출력함		

예제 18.1-2 숫자 자릿수 세기

사용자로부터 0과 999 사이의 숫자 하나를 입력받고, 입력값의 자릿수를 출력하는 파이썬 프로그램을 작성하여라.

풀이

```
x = int(input("정수를 입력하여라(0 - 999): "))

if x <= 9:
    count = 1
elif x <= 99:
    count = 2
else:
    count = 3

print("자릿수:", count)
```

예제 18.1-3 **요일 출력하기**

사용자로부터 1부터 7까지의 숫자를 입력받고, 숫자에 해당하는 요일(1은 일요일, 2는 월요일, 3은 화요일, 4는 수요일, 5는 목요일, 6은 금요일, 7은 토요일)을 출력하는 파이썬 프로그램과 순서도를 작성하여라. 입력값이 1부터 7까지의 숫자가 아니면 오류 메시지를 출력한다.

풀이

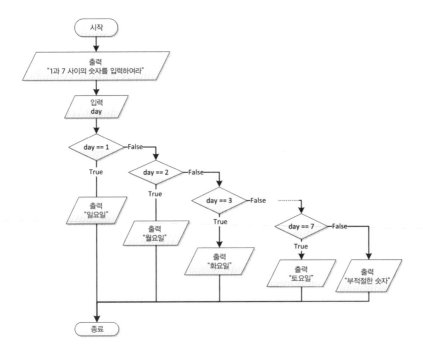

```
day = int(input("1과 7 사이의 숫자를 입력하여라: "))

if day == 1:
    print("일요일")
elif day == 2:
    print("월요일")
elif day == 3:
    print("화요일")
elif day == 4:
    print("수요일")
elif day == 5:
    print("목요일")
elif day == 6:
    print("금요일")
elif day == 7:
    print("토요일")
else:
    print("부적절한 숫자")
```

18.2 복습문제: 참/거짓

다음 문제를 읽고 **참** 또는 **거짓**으로 답하여라.

1. 다중-택일 결정 구조는 많은 결정 중에 하나를 선택하는 데 유용하다.

2. 다중-택일 결정 구조는 최대 세 개의 결정 경로를 가질 수 있다.

3. 다중-택일 결정 구조에서 불리언 식의 결과가 True이면 다음 불리언 식이 평가된다.

4. 다중-택일 결정 구조에서 (else 키워드 다음에 나오는) 마지막 명령문(혹은 명령문 블록 N+1)은 항상 수행된다.

5. 다중-택일 결정 구조에서 (else 키워드 다음에 나오는) 마지막 명령문(혹은 명령문 블록 N+1)은 이전 불리언 식의 결과가 최소 한 번은 True일 때 수행된다.

6. 다중-택일 결정 구조에서 (else 키워드 다음에 나오는) 마지막 명령문(혹은 명령문 블록 N+1)은 생략될 수 있다.

7. 다음 파이썬 코드에서 y += 1 명령문은 변수 a가 1, 2, 또는 3이 아닌 값을 가지는 경우에 수행된다.

```python
if a == 1:
    x = x + 5
elif a == 2:
    x = x - 2
elif a == 3:
    x = x - 9
else:
    x = x + 3
y += 1
```

18.3 프로그래밍 연습문제

다음 프로그래밍 연습문제를 완성하여라.

1. 다음 파이썬 프로그램에 대하여 입력값이 (i) 5, (ii) 150, (iii) 250, (iv) –1일 때, 각 단계별 변숫값을 나타내는 추적표를 완성하여라.

```python
q = int(input())
if 0 < q <= 50:
    b = 1
elif 50 < q <= 100:
    b = 2
elif 100 < q <= 200:
    b = 3
else:
    b = 4
print(b)
```

2. 다음 파이썬 프로그램에 대하여 입력값이 (i) 5, (ii) 150, (iii) –1일 때, 각 단계별 변숫값을 나타내는 추적표를 완성하여라.

```python
amount = float(input())
discount = 0
if amount < 20:
    discount = 0
elif 20 <= amount < 60:
    discount = 5
elif 60 <= amount < 100:
    discount = 10
elif amount >= 100:
    discount = 15
payment = amount - amount * discount / 100
print(discount, ",", payment)
```

3. 다음 파이썬 프로그램에 대하여 순서도를 작성하고, 입력값이 (i) 1, (ii) 3, (iii) 250일 때, 각 단계별 변숫값을 나타내는 추적표를 완성하여라.

```python
a = int(input())
x = 0
y = 0
if a == 1:
    x = x + 5
    y = y + 5
elif a == 2:
    x = x - 2
    y -= 1
elif a == 3:
    x = x - 9
    y = y + 3
else:
    x = x + 3
    y += 1
print(x, ",", y)
```

4. 다음 파이썬 프로그램에 대하여 순서도를 작성하고, 입력값이 (i) 10, 2, 5, (ii) 5, 2, 3, (iii) 4, 6, 2일 때 각 단계별 변숫값을 나타내는 추적표를 완성하여라.

```python
a = int(input())
x = int(input())
y = float(input())
if a == 10:
    x = x % 2
    y = y ** 2
elif a == 3:
    x = x * 2
    y -= 1
elif a == 5:
    x = x + 4
    y += 7
else:
    x -= 3
    y += 1
print(x, ",", y)
```

5. 사용자로부터 -9999와 9999 사이의 정숫값을 입력받고, 입력값에 대한 자릿수 개수를 출력하는 파이썬 프로그램과 순서도를 작성하여라. 예를 들어, 입력값이 -984이면, "3-자릿수 숫자입니다."라는 메시지가 출력되도록 한다.

6. 다음 메뉴를 출력하고, 사용자로부터 메뉴 선택값과 달러 값을 입력받은 후 달러를 사용자가 선택한 화폐로 변환한 금액으로 출력해 주는 파이썬 프로그램을 작성하여라(단, \$1 = 0.72 EUR, 1\$ = 0.60 GBP, 1\$ = 102.15 JPY, 1\$ = 1.10 CAD의 환율을 가진다고 가정한다).

    1. USD를 유로(EUR)로 변환

    2. USD를 영국 파운드(GBP)로 변환

    3. USD를 엔(JPY)으로 변환

    4. USD를 캐나다 달러(CAD)로 변환

7. 사용자로부터 월값을 숫자로 입력받고, 입력한 숫자값에 해당하는 계절을 출력하는 파이썬 프로그램을 작성하여라.

    • 봄은 3, 4, 5월

    • 여름은 6, 7, 8월

    • 가을은 9, 10, 11월

    • 겨울은 12, 1, 2월

8. 사용자로부터 1.0부터 4.9 사이의 숫자를 입력받고, 입력값을 영어로 출력하는 파이썬 프로그램을 작성하여라. 예를 들어, 사용자가 2.3을 입력하였다면 "Two point three"라는 메시지가 출력되도록 한다.

9. 사용자로부터 A부터 F까지의 값을 입력받고, 입력받은 학점에 대한 점수대를 출력하는 순서도와 파이썬 프로그램을 작성하여라. 단, 성적에 대한 절대평가 기준은 다음 표와 같다.

성적	점수
A	90~100
B	80~89
C	70~79
D	60~69
F	0~59

10. 사용자로부터 월 이름(January, February, ⋯)을 입력받고, 입력받은 월에 해당하는 숫자 (January는 1, February는 2, ⋯)를 출력하는 파이썬 프로그램을 작성하여라. 단, 올바르지 않은 값을 입력하였을 때에는 오류 메시지가 출력되도록 한다.

11. 다음 메뉴를 출력하고, 사용자로부터 메뉴의 선택값과 마일 수를 입력받은 후 사용자가 선택한 단위로 변환한 값을 출력하는 순서도와 파이썬 프로그램을 작성하여라(단, 1마일 (mile) = 1760야드(yard) = 5280피트(feet) = 63360인치(inch)이다).

    1. 마일을 야드로 변환

    2. 마일을 피트로 변환

    3. 마일을 인치로 변환

12. 사용자로부터 I부터 X까지의 로마 숫자를 입력받고, 이에 해당하는 숫자를 출력하는 파이썬 프로그램을 작성하여라. 사용자가 올바르지 않은 값을 입력하였을 때는 오류 메시지가 출력되도록 한다.

숫자	로마숫자
1	I
2	II
3	III
4	IV
5	V
6	VI
7	VII
8	VIII
9	IX
10	X

13. 온라인 음반 쇼핑몰에서 사용자가 매달 구매한 CD 개수에 따라 포인트를 적립해 주고 있다. 적립 기준이 다음과 같을 때 사용자로부터 이번 달에 구매한 CD 개수를 입력받고, 이에 대한 적립 포인트를 출력하는 파이썬 프로그램을 작성하여라. 단, 사용자는 0보다 큰 값을 입력한다고 가정한다.

    • 한 개 구매 시 3포인트 지급

    • 두 개 구매 시 10포인트 지급

    • 새 개 구매 시 20포인트 지급

    • 네 개 이상 구매 시 45포인트 지급

14. 사용자로부터 이름을 입력받고, "안녕!!! 이름"을 출력하는 파이썬 프로그램을 작성하여라.

15. 사용자로부터 "zero", "one", 또는 "two"와 같은 값을 입력받아 이에 해당하는 숫자(0, 1, 또는 2)를 출력하는 파이썬 프로그램을 작성하여라. 사용자는 0부터 9까지의 숫자에 해당하는 값을 입력할 수 있고, 그 외의 다른 값을 입력한 경우에는 "모르는 숫자입니다."라는 메시지가 출력되도록 한다.

16. 보퍼트[1] 등급(Beaufort scale)은 해상이나 지면의 풍속을 측정하는 등급이다. 사용자로부터 보퍼트 등급을 입력받고, 다음 표를 참고하여 입력값에 해당하는 명칭을 출력하는 파이썬 프로그램을 작성하여라. 사용자가 올바르지 않은 값을 입력한 경우에는 오류 메시지가 출력되도록 한다.

보퍼트 등급	명칭
0	고요
1	실바람
2	남실바람
3	산들바람
4	건들바람
5	흔들바람
6	된바람
7	센바람
8	큰바람
9	큰센바람
10	노대바람
11	왕바람
12	싹쓸바람

---

1 프랜시스 보퍼트(Francis Beaufort, 1744~1857)는 아일랜드의 수로학자이자 영국 왕실 해군의 장교였다. 그는 보퍼트 등급의 발명자다.

중첩 결정 제어 구조

19.1 중첩 결정 제어 구조란?

중첩 결정 제어 구조(nested decision control structure)는 하나의 결정 경로에 또 다른 결정 제어 구조가 '중첩'되어 있는 구조를 말한다. 예를 들어, 하나의 if 구문 안에 다른 if 구문이 있고, 이 if 구문 안에 또 다른 if 구문이 있는 구조도 중첩 결정 제어 구조라고 할 수 있다. 이런 중첩 결정 제어 구조의 중첩 횟수에는 제한이 없다. 문법적으로 오류를 범하지 않았다면 원하는 횟수만큼의 중첩 제어 구조를 가질 수 있다. 하지만 현실적으로 중첩 정도가 세 번 또는 네 번 이상이 되면 전체 제어 구조가 매우 복잡해지고 이해하기 어려워진다. 따라서 중첩 결정 제어 구조를 사용할 때는 하나의 큰 중첩 결정 제어 구조를 여러 개로 나누거나 다른 결정 제어 구조를 이용함으로써 가급적 단순한 형태로 만드는 것이 좋다.

중첩 결정 제어 구조의 예는 다음과 같다.

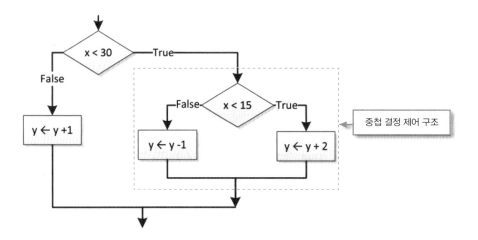

위 구조를 다음과 같이 재구성할 수 있다.

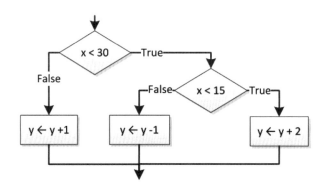

위 순서도에 대한 파이썬 코드는 다음과 같다.

```
if x < 30:
    if x < 15:
        y = y + 2
    else:
        y -= 1
else:
    y += 1
```

또한, 다음과 같이 다중-택일 결정 구조가 이중-택일 결정 구조 안에 들어갈 수도 있다.

```
x = int(input("숫자를 입력하여라: "))
if x < 1 or x > 3:
    print("올바르지 않은 값입니다.")
else:

    if x == 1:
        print("1을 입력하였습니다.")
    elif x == 2:
        print("2를 입력하였습니다.")
    elif x == 3:
        print("3을 입력하였습니다.")
```

중첩된 다중-택일 결정 구조

주목할 것! 위 예제의 다중-택일 결정 구조에서 else 키워드의 명령문은 생략되었다.

일반적으로 코드가 구문적으로 올바르고 논리적으로 문제가 없다면 하나의 결정 구조 안에 같은 종류의 결정 구조뿐만 아니라 다른 종류의 결정 구조도 포함될 수 있다. 하지만 이런 방식으로 중첩 제어 구조를 사용할 때에는 코드를 가능한 한 간단하게 만드는 것이 필요하다. 복잡한 코드는 이해하기 힘들고, 경우에 따라 예상하지 못한 논리 오류가 발생할 수 있기 때문이다.

예제 19.1-1 **추적표와 중첩 결정 제어 구조**

다음 파이썬 프로그램에 대하여 입력값이 (i) 13, (ii) 18, (iii) 30일 때 각 단계별 변숫값을 나타내는 추적표를 완성하여라.

file_19_1_1
```
x = int(input())
y = 10

if x < 30:
    if x < 15:
        y = y + 2
    else:
        y -= 1
else:
    y += 1

print(y)
```

풀이

i. 입력값이 13인 경우의 추적표는 다음과 같다.

단계	명령문	설명	x	y
1	x = int(input())	사용자가 13 값을 입력함	**13**	–
2	y = 10		13	**10**
3	if x < 30:	True로 평가됨		
4	if x < 15:	True로 평가됨		
5	y = y + 2		13	**12**
6	print(y)	12 값이 출력됨		

ii. 입력값이 18인 경우의 추적표는 다음과 같다.

단계	명령문	설명	x	y
1	x = int(input())	사용자가 18 값을 입력함	**18**	–
2	y = 10		18	**10**
3	if x < 30:	True로 평가됨		
4	if x < 15:	False로 평가됨		
5	y -= 1		18	**9**
6	print(y)	9 값이 출력됨		

iii. 입력값이 30인 경우의 추적표는 다음과 같다.

단계	명령문	설명	x	y
1	x = int(input())	사용자가 30 값을 입력함	**30**	–
2	y = 10		30	**10**
3	if x < 30:	False로 평가됨		
4	y += 1		30	**11**
5	print(y)	11 값이 출력됨		

예제 19.1-2 양수, 음수, 0 판단하기

사용자로부터 숫자값을 입력받고, 입력값이 양수인지 음수인지 아니면 0인지를 출력하는 순서도와 파이썬 프로그램을 작성하여라.

풀이

이 예제에 대한 순서도는 다음과 같다.

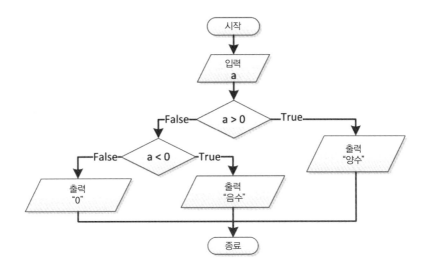

위 순서도와 대응하는 파이썬 프로그램에서는 중첩 제어 구조를 사용하거나 다중 – 택일 결정 구조를 사용할 수 있다. 두 가지 방법 모두를 살펴보자.

첫 번째 방법 – 중첩 제어 구조를 사용하는 경우

file_19_1_2a

```
a = float(input())

if a > 0:
    print("양수")
else:
    if a < 0:
        print("음수")
    else:
        print("0")
```

두 번째 방법 – 다중-택일 결정 구조를 사용하는 경우

file_19_1_2b

```
a = float(input())

if a > 0:
```

```
    print("양수")
elif a < 0:
    print("음수")
else:
    print("0")
```

19.2 중첩 결정 제어 구조를 사용할 때 흔한 실수

중첩 결정 제어 구조를 이용하는 순서도를 작성할 때 초보 프로그래머가 범할 수 있는 흔한 실수 중 하나는 다음 순서도와 같이 특정 결정 경로를 연결하지 않은 채 놔 두는 것이다.

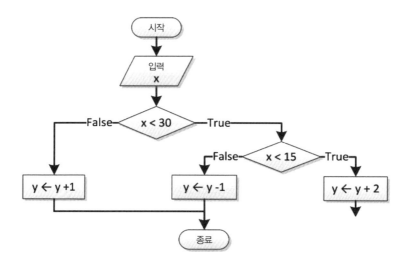

모든 경로는 알고리즘의 끝인 '종료'에 이르러야 한다는 점을 명심하기 바란다. 따라서 특정 경로를 연결하지 않은 채 놔 두면 안 된다.

또한, 다음 순서도와 같이 필요 이상 많은 종료 기호를 사용하지 않기를 권고한다. 이런 경우, 알고리즘을 이해하거나 해석하기 어려워진다.

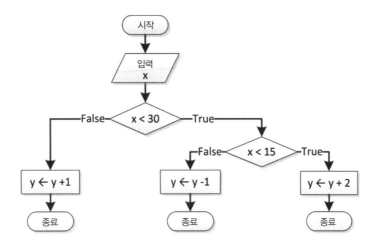

순서도를 설계하는 중이고, 결정 제어 구조의 모든 경로를 닫는 과정에 있다고 가정해 보자.

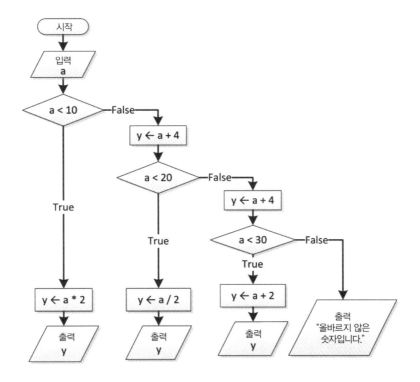

여기서 기억해 두어야 할 점은 가장 마지막에 있는 결정 제어 구조가 가장 먼저 닫혀야 한다는 점이다. 위 순서도에서 마지막 결정 제어 구조는 a < 30이 있는 부분이다. 따라서, 다음 순서도

와 같이 이에 대한 경로가 가장 먼저 닫혀야 한다.

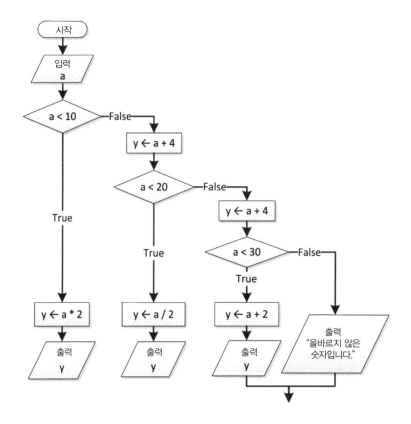

다음으로 마지막에서 두 번째 결정 제어 구조에 대한 경로를 닫아 주어야 한다.

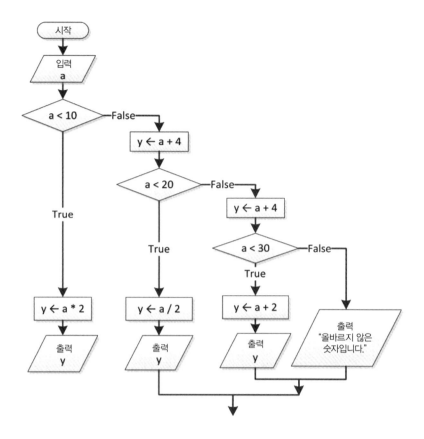

끝으로, 마지막에서 세 번째인 결정 제어 구조에 대한 경로를 닫는다.

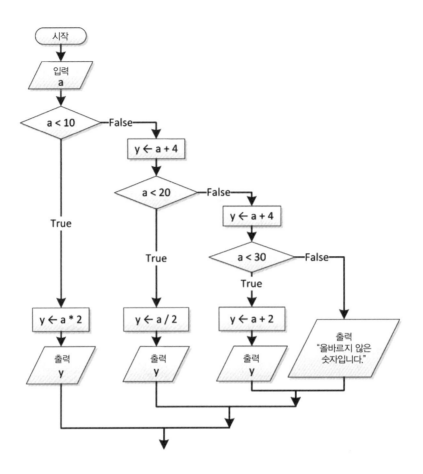

위 순서도를 다음과 같이 표현할 수도 있다.

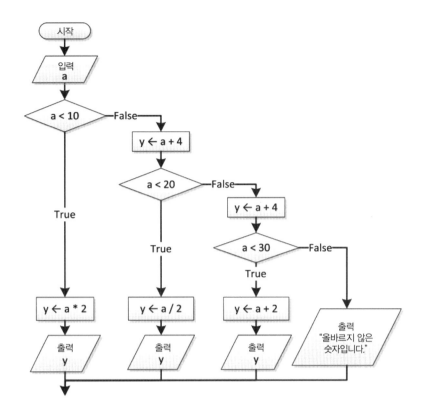

19.3 복습문제: 참/거짓

다음 문제를 읽고 **참** 또는 **거짓**으로 답하여라.

1. 중첩 결정 구조는 하나 또는 그 이상의 결정 경로에 또 다른 결정 구조가 포함되는 것을 의미한다.

2. 중첩 결정 구조에서 중첩되는 결정 구조의 개수는 프로그래머가 원하는 만큼 작성할 수 있다.

3. 하나의 문제에 대하여 다중-택일 결정 구조 또는 중첩 결정 구조를 이용하여 해결할 수 있다고 할 때 중첩 결정 구조를 이용하는 것이 가독성 측면에서 더 좋다.

4. 단일-택일 결정 구조 안에 다중-택일 결정 구조를 포함하는 것은 가능하지만 그 반대는 불가능하다.

5. 중첩 결정 구조에 대한 순서도를 작성할 때 가장 마지막에 열린 결정 구조에 대한 경로가 가장 먼저 닫혀야 한다.

19.4 프로그래밍 연습문제

다음 프로그래밍 연습문제를 완성하여라.

1. 다음 파이썬 프로그램에 대하여 입력값이 (i) 20, 1, (ii) 20, 3, (iii) 12, 8, (iv) 50, 0일 때
   각 단계별 변숫값을 나타내는 추적표를 완성하여라.

```python
x = int(input())
y = int(input())

if x < 30:
    if y == 1:
        x = x % 3
        y = 5
    elif y == 2:
        x = x * 2
        y = 2
    elif y == 3:
        x = x + 5
        y += 3
    else:
        x -= 2
        y += 1
else:
    y += 1

print(x, ",", y)
```

2. 다음 파이썬 프로그램에 대하여 입력값이 (i) 60, 25, (ii) 50, 8, (iii) 20, 15, (iv) 10, 30일
   때 각 단계별 변숫값을 나타내는 추적표를 완성하여라.

```python
x = int(input())
y = int(input())

if (x + y) / 2 <= 20:
    if y < 10:
        x = x % 3
        y += 2
    elif y < 20:
        x = x * 5
        y += 2
    else:
        x = x - 2
        y += 3
else:
    if y < 15:
        x = x % 4
```

```
        y = 2
    elif y < 23:
        x = x % 2
        y -= 2
    else:
        x = 2 * x + 5
        y += 1

print(x, ",", y)
```

3. 사용자로부터 삼각형의 세 변의 길이를 입력받고, 이들 입력값으로 삼각형을 만들 수 있는지의 여부를 출력하는 파이썬 프로그램을 작성하여라. 삼각형을 만들 수 없다면 이에 대한 메시지를 출력하고, 삼각형을 만들 수 있다면 다음 삼각형이 가능한지 판단하여라.

   a. 정삼각형(힌트: 모든 변의 길이가 같음)

   b. 직각삼각형(힌트: 피타고라스의 정리를 사용하여라)

   c. a, b 이외의 삼각형

   힌트: 삼각형에서 어느 한 변의 길이는 다른 두 변의 길이의 합보다 짧다.

4. 현금 자동 입출금기(ATM: automated teller machine)가 5만 원권, 1만 원권, 5천 원권, 1천 원권을 제공한다고 해 보자. 다음을 만족하는 현금 자동 입출금 프로그램을 파이썬으로 작성하여라. 초기에 사용자로부터 네 자리 비밀번호를 입력받는다(비밀번호는 "1234"라고 가정). 비밀번호가 올바르면 사용자로부터 출금액을 입력받는다. 출금액을 입력받은 후 해당 금액을 가장 적은 수의 지폐로 출금해야 하며, 각 지폐권의 개수를 출력한다. 예를 들어, 사용자가 166,000원을 입력하였다면, "5만 원권 3장, 1만 원권 1장, 5천 원권 1장, 1천 원권 1장"이 출력되어야 한다. 잘못된 비밀번호 입력에 대한 허용 횟수는 2회로 하며, 비밀번호 입력이 3회 연속 잘못되었다면 "계정 잠금"이라는 메시지 출력 후 프로그램을 종료한다.

5. 사용자로부터 온도와 풍속에 대한 값을 입력받고, 온도값이 30도 이상이면 "뜨겁고"를 출력하고, 30도 미만이면 "차갑고"를 출력하며, 풍속이 8m/s 이상이면 "바람이 강하다"를 출력하고 8m/s 미만이면 "바람이 약하다"를 출력하는 파이썬 프로그램을 작성하여라. 출력 메시지는 한 문장이어야 한다. 예를 들어, 사용자가 25, 6이라는 값을 입력했다면 "오늘은 차갑고 바람이 약하다"라는 메시지가 출력되도록 한다.

20

결정 제어 구조에 대한 유용한 정보

20.1 들어가기

20장에서는 더 좋은 프로그래밍 코드를 작성하는 데 유용한 팁과 요령에 대해서 살펴본다. 알고리즘을 설계하거나 파이썬 프로그램을 작성하고자 할 때는 20장의 내용을 항상 염두에 두기 바란다.

20장에서 설명하는 팁과 요령은 코드의 가독성을 향상시키고 코드를 간결하게 만들어 주며, 프로그램의 실행 속도를 향상시킬 수 있다. 물론, 프로그래밍 코드를 작성하는 데 있어서 완벽한 방법은 없다. 경우에 따라 20장의 팁과 요령이 도움이 되겠지만, 전혀 도움이 되지 않을 수도 있다. 대부분의 경우, 코드 최적화는 프로그래밍의 경험 수준에 따라 좌우된다.

기억할 것! 주어진 문제에 대해 짧은 알고리즘이 항상 가장 좋은 해결책은 아니다. 특정 문제에 대해 매우 짧은 알고리즘을 작성했다고 하더라도 CPU 시간을 많이 소비할 수도 있다. 이와 반대로, 같은 문제에 대해 다른 알고리즘은 코드 길이가 더 길지만, 실제로 더 빠르게 동작할 수도 있다.

20.2 어떤 결정 제어 구조를 사용할까?

다음 그림은 변수 개수에 따라 주어진 문제에 대해 적절한 결정 제어 구조를 선택하는 데 도움을 준다.

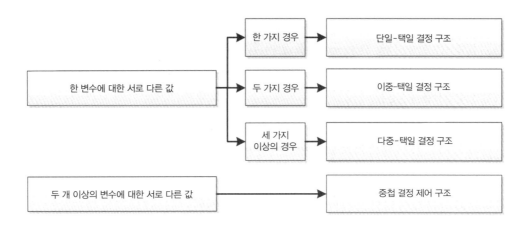

20.3 결정 제어 구조 간소화하기

다음 순서도를 주의 깊게 살펴보자.

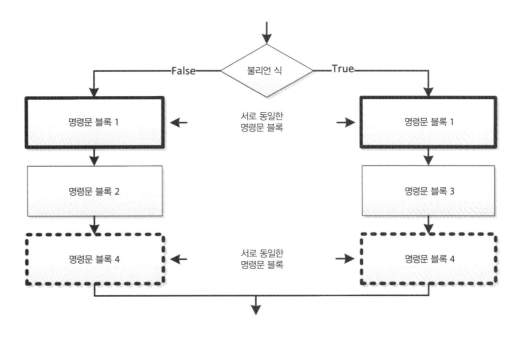

위 그림과 같이 동일한 명령문 블록이 이중-택일 결정 구조의 경로 양쪽에 중복되어 있다(명령문 블록 1, 명령문 블록 4). 이렇게 동일한 명령문 블록이 중복되어 있다는 의미는 불리언 식의

결과와 상관없이 중복된 명령문 블록을 수행한다는 것을 말한다. 이런 경우, 다음과 같이 명령문 블록 1은 이중-택일 결정 구조 바로 앞에 위치시키고, 명령문 블록 4는 이중-택일 결정 구조 바로 다음에 배치시킬 수 있다. 이런 방식으로 명령문 블록의 배치를 달리하면 코드의 가독성을 향상시킬 수 있다.

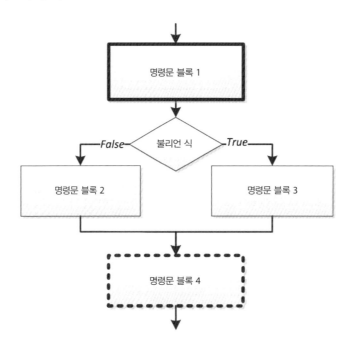

결정 구조의 모든 경로에 동일한 명령문 블록이 있는 경우, 이중-택일 결정 구조뿐만 아니라 다른 결정 제어 구조에도 같은 방식이 적용될 수 있다.

이해를 돕기 위해 다음 예제를 좀 더 살펴보자.

예제 20.3-1 알고리즘 줄이기

다음 순서도를 더 적은 명령문을 사용하여 재설계하여라.

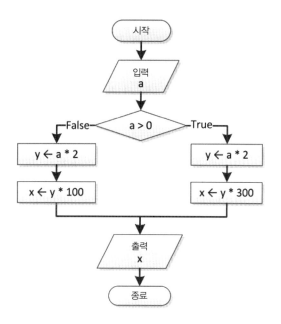

풀이

위 순서도에서 y ← a * 2 명령문이 이중-택일 결정 구조의 경로 양쪽에 중복되어 있다. 따라서 이중-택일 결정 구조의 불리언 식의 결과와 상관없이 이 명령문은 항상 수행된다. 중복된 명령문을 없애기 위해서는 다음 순서도와 같이 y ← a * 2 명령문을 이중-택일 결정 구조 바로 앞으로 이동시키면 된다.

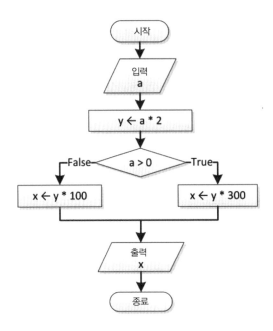

예제 20.3-2 파이썬 프로그램 줄이기

다음 파이썬 프로그램을 더 적은 수의 명령문을 사용하여 재작성하여라.

```python
a = int(input())

if a > 0:
    y = a * 4
    print(y)
else:
    y = a * 3
    print(y)
```

풀이

위 파이썬 프로그램에서 print(y) 명령문이 이중 – 택일 결정 구조의 양쪽 경로에 모두 존재한다. 따라서 print(y) 명령문은 불리언 식의 결과와 상관없이 항상 수행되므로 중복된 명령문이다. 중복된 명령문을 없애기 위해서는 다음과 같이 print(y) 명령문을 이중 – 택일 결정 구조의 바로 다음으로 이동시키면 된다.

```
a = int(input())
if a > 0:
    y = a * 4
else:
    y = a * 3
print(y)
```

예제 20.3-3 **알고리즘 줄이기**

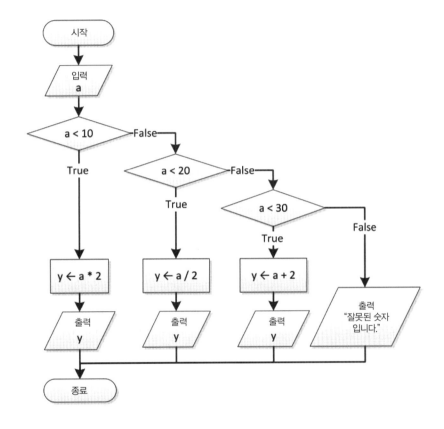

풀이

이 경우에 특별히 해야 할 것은 없다. 그 이유는 다음 순서도와 같이 단순히 출력 y 명령문을 다중-택일 결정 구조 밖으로 이동시키더라도 문제에서 제시한 순서도와 동등한 순서도를 생성하지 못하기 때문이다.

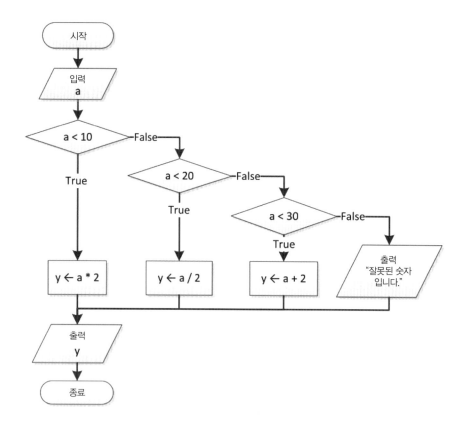

위 순서도가 문제에서 제시한 원래 순서도와 동일하지 않은 이유는 문제에서 제시한 순서도의 가장 마지막 경로에 출력 y라는 명령문이 없었기 때문이다.

두 순서도가 동일한 결과를 도출하는지 검사해 보자. 사용자가 잘못된 숫자값을 입력했다고 가정하면, 수행 흐름은 출력 "잘못된 숫자입니다."라는 명령문을 수행한다. 그리고 이 명령문을 수행한 후에 원래 순서도는 수행해야 할 다른 명령문 없이 종료되는 반면, 위 순서도에서는 출력 y 명령문이 추가로 수행된다.

 기억할 것! 모든 경로에 동일한 명령문 블록이 존재하지 않는다면, 해당 명령문 블록을 결정 제어 구조 밖으로 이동시킬 수 없다.

여기서 '출력 y 명령문을 다중-택일 결정 구조 밖으로 이동시킬 수 있는 방법이 있을까?' 하는 의문이 생길 수 있다. 이에 대한 대답은 '가능하다'이다. 하지만 이를 위해서는 순서도를 재배치해야 한다. 또한, 다중-택일 결정 구조 마지막 경로에 있는 명령문 블록을 제거하고 사용자의 입력값이 올바른지의 여부를 다중-택일 결정 구조의 시작 부분에서 검사해야 한다. 이런 방식으로 다중-택일 결정 구조를 재배치했을 경우의 모습은 다음과 같다.

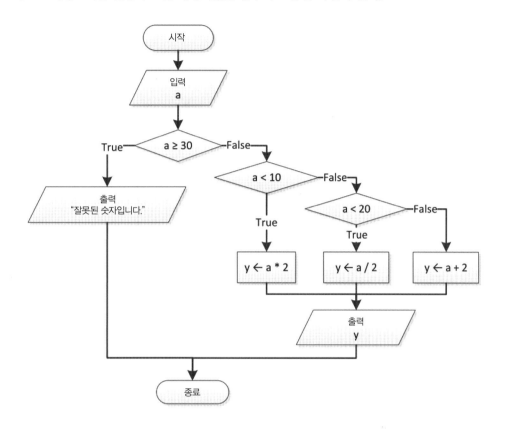

위 순서도에 대한 파이썬 프로그램은 다음과 같다.

```
a = float(input())

if a >= 30:
    print("잘못된 숫자입니다.")
else:
    if a < 10:
        y = a * 2
    elif a < 20:
        y = a / 2
    else:
        y = a + 2

    print(y)
```

20.4 논리 연산자 – 사용할 것인가, 안 할 것인가 그것이 문제로다!

중첩 결정 제어 구조를 대신하여 논리 연산자를 사용하여 알고리즘의 가독성을 향상시킬 수 있다. 다음 순서도를 살펴보자.

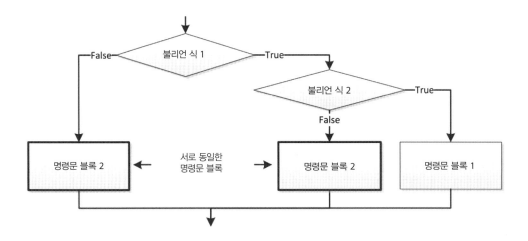

위 순서도에서 명령문 블록 1은 두 개의 불리언 식의 결과가 모두 True일 때만 수행된다. 명령문 블록 2는 이와 다른 모든 경우에 수행된다. 따라서 다음과 같이 불리언 식에 AND 논리 연산자를 사용하여 알고리즘을 재설계할 수 있다.

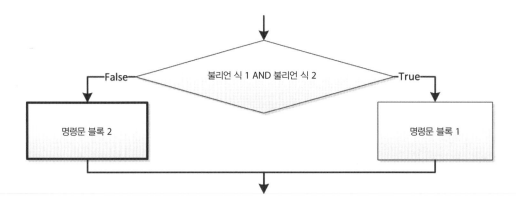

다른 순서도의 예를 살펴보자.

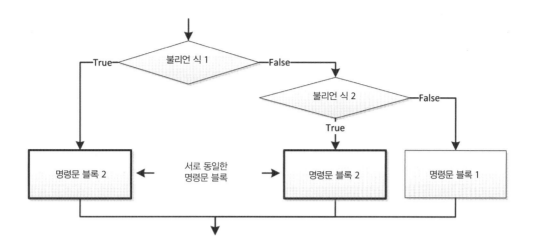

위 순서도에서 명령문 블록 2는 불리언 식 1의 결과가 True이거나 불리언 식 2의 결과가 True 인 경우에 수행된다. 따라서 다음과 같이 OR 논리 연산자를 사용하여 알고리즘을 재설계할 수 있다.

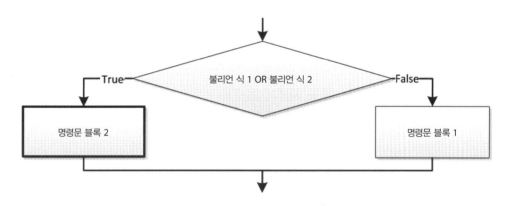

🔊 **주목할 것!** 이런 방법은 중첩 결정 제어 구조인 경우에도 적용될 수 있다.

예제 20.4-1 **프로그래밍 코드 재작성하기**

다음 파이썬 프로그램을 논리 연산자를 사용하여 재작성하여라.

```
today = input()
name = input()
```

```
if today == "9월 25일":
    if name == "홍길동":
        print("생일 축하합니다.")
    else:
        print("일치하는 정보가 없습니다.")
else:
    print("일치하는 정보가 없습니다.")
```

풀이

위 파이썬 프로그램에서 print("생일 축하합니다.") 명령문은 두 불리언 식의 결과가 모두 True일 경우에 수행된다. print("일치하는 정보가 없습니다.") 명령문은 두 불리언 식의 결과 중 하나라도 False인 경우에 수행된다. 따라서 다음과 같이 and 논리 연산자를 사용하여 프로그램을 재작성할 수 있다.

```
today = input()
name = input()

if today == "9월 25일" and name == "홍길동":
    print("생일 축하합니다.")
else:
    print("일치하는 정보가 없습니다.")
```

예제 20.4-2 프로그래밍 코드 재작성하기

다음 파이썬 프로그램을 논리 연산자를 사용하여 재작성하여라.

```
a = int(input())
b = int(input())

y = 0
if a > 10:
    y += 1
elif b > 20:
    y += 1
else:
    y -= 1

print(y)
```

풀이

이 예제의 파이썬 프로그램에서 y += 1 명령문은 변수 a가 10보다 크거나 변수 b가 20보다 큰 경우에 수행된다. 따라서 다음과 같이 or 논리 연산자를 사용하여 프로그램을 재작성할 수 있다.

```python
a = int(input())
b = int(input())

y = 0
if a > 10 or b > 20:
    y += 1
else:
    y -= 1

print(y)
```

20.5 두 개 이상의 단일-택일 결정 구조 합치기

알고리즘을 작성할 때 많은 경우에 다음과 같이 동일한 불리언 식을 가지는 단일-택일 결정 구조가 두 번 이상 연달아 나오는 경우가 있다.

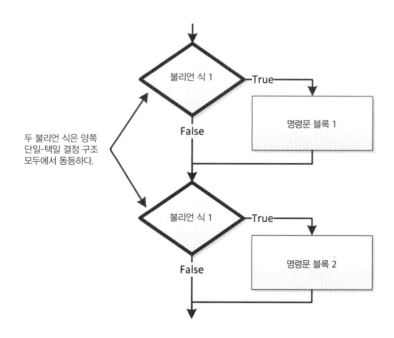

이와 같은 상황이 발생한 경우에는 모든 단일-택일 결정 구조를 다음과 같이 하나로 합칠 수 있다.

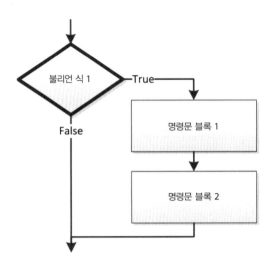

주목할 것! 단일-택일 결정 구조들이 서로 인접한 경우에는 합칠 수 있다. 그러나 합치고자 하는 단일-택일 결정 구조들 사이에 어떤 명령문이 존재하면, 이들 단일-택일 결정 구조를 합칠 수 없다. 이 경우엔 단일-택일 결정 구조들 사이에 있는 명령문을 다른 곳으로 옮겨야 한다.

예제 20.5-1 **결정 제어 구조 합치기**

다음 파이썬 프로그램에서 단일-택일 결정 구조들을 합쳐라.

```python
a = int(input())

if a > 0:
    print("안녕하세요!")
if a > 0:
    print("반갑습니다.")
```

풀이

첫 번째와 두 번째 단일-택일 제어 구조는 정확하게 동일한 불리언 식을 평가한다. 따라서, 다음과 같이 두 개의 단일-택일 결정 구조를 하나로 합칠 수 있다.

```
a = int(input())

if a > 0:
    print("안녕하세요!")
    print("반갑습니다.")
```

예제 20.5-2 결정 제어 구조 합치기

다음 파이썬 프로그램에서 가능한 많이 단일-택일 결정 구조들을 합쳐라.

```
a = int(input())

y = 0

if a > 0:
    y += 1

b = int(input())              # 이 명령문은 이전 결정 제어 구조에 영향을 받지 않으며,
                              # 다음에 나올 명령문에도 영향을 주지 않는다.
if not(a <= 0):
    print("안녕 철수!")

a += 1                        # 이 명령문은 이전의 결정 제어 구조의 영향을 받으며,
                              # 다음에 나오는 결정 제어 구조에 영향을 준다.
if a > 0:
    print("안녕 영희!")

print(b)
```

풀이

위 파이썬 프로그램을 자세히 살펴보면, 첫 번째 결정 제어 구조와 두 번째 결정 제어 구조가 실제로 동일한 불리언 식을 평가한다. a > 0의 부정은 a <= 0이고, a <= 0의 부정은 not (a <= 0)이다. 따라서 불리언 식 a > 0은 not (a <= 0)과 동등하다.

 기억할 것! 부정에 대한 부정은 긍정이다.

하지만 첫 번째 결정 제어 구조와 두 번째 결정 제어 구조 사이에는 다른 명령문이 존재한다. 다행히도 b = int(input( )) 명령문은 알고리즘 흐름에 영향을 주지 않으므로 a = int(input( )) 명령문 다음 줄로 이동시킬 수 있다.

마찬가지로 두 번째 결정 제어 구조와 세 번째 결정 제어 구조 사이에 a += 1 명령문이 존재한다. 그러나 이 명령문을 다른 곳으로 옮길 경우, 알고리즘 흐름에 영향을 준다. 다시 말해, 이 명령문은 세 번째 결정 제어 구조에 있는 불리언 식의 결과를 바꿀 수 있다. 따라서 세 번째 결정 제어 구조는 앞의 첫 번째 결정 제어 구조와 두 번째 결정 제어 구조와 합칠 수 없다. 이러한 점을 고려하여 결정 제어 구조를 합친 최종 파이썬 프로그램은 다음과 같다.

```python
a = int(input())
b = int(input())

y = 0

if a > 0:
    y += 1
    print("안녕 철수!")

a += 1

if a > 0:
    print("안녕 영희!")

print(b)
```

20.6 두 개의 단일-택일 결정 구조를 하나의 다중-택일 결정 구조로 바꾸기

다음 코드를 살펴보자.

```python
if a > 40:
    # 명령문 블록

if a <= 40:
    # 명령문 블록
```

첫 번째 결정 제어 구조는 변수 a의 값이 40보다 큰지를 검사하고, 바로 다음의 두 번째 결정 제어 구조는 같은 변수에 대하여 40보다 작거나 같은지 검사한다.

위 코드는 초보 프로그래머가 범할 수 있는 실수 중 하나다. 하나의 다중-택일 결정 구조로 표현할 수 있는 것을 두 개의 단일-택일 결정 구조로 사용하고 있는 것이다. 위 코드를 하나의 다중-택일 결정 구조를 사용하여 재작성하면 다음과 같다.

```
if a > 40:
    # True인 경우 명령문 블록
else:
    # False인 경우 명령문 블록
```

위의 두 코드를 비교하면 두 코드 모두 구문적으로 올바르고 결괏값이 정확하지만 두 번째가 훨씬 더 좋은 코드다. 첫 번째 코드의 경우, CPU가 두 개의 불리언 식을 검사하지만 두 번째 코드는 불리언 식을 단 한 번만 검사하므로 두 번째 코드의 수행이 좀 더 빠르다.

주목할 것! 두 개의 단일-택일 결정 구조가 서로 인접한 경우에 합칠 수 있다. 그러나 합치고자 하는 단일-택일 결정 구조들 사이에 어떤 명령문이 존재하면, 하나의 다중-택일 결정 구조로 합칠 수 없다. 이 경우엔 단일-택일 결정 구조들 사이에 있는 명령문을 다른 곳으로 옮겨야 한다.

예제 20.6-1 **결정 제어 구조 합치기**

다음 파이썬 프로그램에서 가능한 많이 단일-택일 결정 구조들을 합쳐라.

```
a = int(input())

y = 0

if a > 0:
    y += 1

b = int(input())        # 이 명령문은 이전 결정 제어 구조의 영향을 받지 않으며,
                        # 다음에 나올 명령문에도 영향을 주지 않는다.
                        # 따라서 이 명령문은 프로그램의 앞부분으로 옮겨도 무방하다.
if not(a > 0):
    print("안녕 철수!")

if y > 0:               # 이 결정 제어 구조는 다음에 나오는 y += 1 명령문 때문에
    print(y + 5)        # 다음에 나오는 결정 제어 구조와 합칠 수 없다.

y += 1

if y <= 0:
    print(y + 12)
```

풀이

위 코드에서 첫 번째 결정 제어 구조는 변수 a의 값이 0보다 큰지를 검사하고, 두 번째 결정 제

어 구조는 변수 a의 값이 0보다 크지 않은지를 검사한다. 이들 두 결정 제어 구조 사이에 b = int(input( )) 명령문이 있지만, 이 명령문은 알고리즘 흐름에 영향을 주지 않으므로 다른 곳으로 옮겨도 괜찮다.

반면, 세 번째 결정 제어 구조와 네 번째 결정 제어 구조 사이에는 이들 두 결정 제어 구조를 합치는 데 방해가 되는 y += 1 명령문이 있다. 이 명령문은 알고리즘 흐름에 영향을 주기 때문에 다른 곳으로 옮길 수 없다. 따라서 세 번째 결정 제어 구조와 네 번째 결정 제어 구조는 합칠 수 없다. 이러한 점을 고려하여 결정 제어 구조를 합친 최종 파이썬 프로그램은 다음과 같다.

```python
a = int(input())
b = int(input())

y = 0

if a > 0:
    y += 1
else:
    print("안녕 철수!")

if y > 0:
    print(y + 5)

y += 1

if y <= 0:
    print(y + 12)
```

20.7 True 결과를 낼 것 같은 불리언 식을 먼저 위치시키기

다중-택일 제어 구조를 사용하면 어떤 명령문 블록을 수행할지 결정하기 이전에 여러 개의 불리언 식을 먼저 검사해야 한다.

```python
if 불리언 식 1:
    명령문 블록 1
elif 불리언 식 2:
    명령문 블록 2
```

위 코드에서 불리언 식 1이 True인지 먼저 검사하고, 그렇지 않은 경우 불리언 식 2가 True인지 검사한다. 하지만 불리언 식 1의 결과가 대부분 False이고, 불리언 식 2의 결과가 대부분 True인 경우라면 어떠한 일이 발생할까? 이 경우, 불리언 식 2가 True인지 검사하기 전에 불리언 식 1이 True인지 검사하는 데 더 많은 시간을 소모하게 된다.

프로그램을 좀 더 효율적으로 만들기 위해서는 다음과 같이 불리언 식의 결과로 True가 많이 나올 것 같은 불리언 식이 가장 먼저 나오도록 한다. 마찬가지로 불리언 식의 결과가 False가 많이 나올 것 같은 불리언 식을 가장 나중에 나오도록 한다.

```
if 불리언 식 2:
    명령문 블록 2
elif 불리언 식 1:
    명령문 블록 1
```

기억할 것! 이런 방법이 중요하지 않게 보일 수 있지만, 코딩 작성 중에 이러한 점을 고려한다면, 프로그램을 좀 더 빠르고 효율적으로 동작하게 만들 수 있다.

예제 20.7-1 불리언 식 재배치하기

초특급 비밀 문서(?)에 따르면 우리나라 사람들이 가장 좋아하는 애완동물의 순서는 강아지, 고양이, 새, 병아리다. 이런 점을 고려하여 다음 파이썬 프로그램을 좀 더 효율적이고 빠르게 동작하도록 불리언 식을 재배치하여라.

```
kind = input("당신이 좋아하는 애완동물은 무엇인가요?")

if kind == "병아리":
    print("삐약삐약")
elif kind == "새":
    print("꾸이꾸이")
elif kind == "강아지":
    print("멍멍")
elif kind == "고양이":
    print("야옹")
```

풀이

다음과 같이 불리언 식의 결과가 True가 나올 확률이 높은 불리언 식을 먼저 나오게 배치한다.

```
kind = input("당신이 좋아하는 애완동물은 무엇인가요?")

if kind == "강아지":
    print("멍멍")
elif kind == "고양이":
```

```
    print("야옹")
elif kind == "새":
    print("꾸이꾸이")
elif kind == "병아리":
    print("삐약삐약")
```

20.8 다중-택일 결정 구조를 중첩 결정 구조로, 중첩 결정 구조를 다중-택일 결정 구조로 바꾸기

다음 그림은 일반 형태의 다중-택일 결정 구조와 중첩 결정 구조를 서로 바꾸어 주는 예다.

다중-택일 결정 구조	중첩 결정 제어 구조
| ```
if 불리언 식 1:
    명령문 블록 1
elif 불리언 식 2:
    명령문 블록 2
elif 불리언 식 3:
    명령문 블록 3
       .
       .
       .
elif 불리언 식 N:
    명령문 블록 N
else:
    명령문 블록 N+1
``` | ```
if 불리언 식 1:
    명령문 블록 1
else:
    if 불리언 식 2:
        명령문 블록 2
    else:
        if 불리언 식 3:
            명령문 블록 3
               .
               .
               .
            else:
                if 불리언 식 N:
                    명령문 블록 N
                else:
                    명령문 블록 N+1
``` |

 주목할 것! 중첩 결정 제어 구조를 다중-택일 제어 구조로 변경 가능한 경우는 중첩 결정 제어 구조의 else 구문과 그 다음 if 구문이 (중간에 다른 명령문 없이) 나란히 있을 때다.

예제 20.8-1 파이썬 프로그램 구조 바꾸기

다음 파이썬 프로그램을 중첩 결정 제어 구조를 사용하여 재작성하여라.

```
x = float(input("첫 번째 숫자를 입력하여라: "))
y = float(input("두 번째 숫자를 입력하여라: "))

result = x * y
```

```
    if x < 0 and y < 0:
        print("두 음수의 곱은 양수입니다.")
        print(x, " * (", y, ")의 값: +", result, sep = "")
    elif x < 0:
        print("음수와 양수의 곱은 음수입니다.")
        print(x, " * ", y, "의 값: ", result, sep = "")
    elif y < 0:
        print("양수와 음수의 곱은 음수입니다.")
        print(x, " * (", y, ")의 값: ", result, sep = "")
    else:
        print("두 양수의 곱은 양수입니다.")
        print(x, " * ", y, "의 값: +", result, sep = "")
```

풀이

이제까지 배운 내용을 바탕으로 하여 중첩 결정 제어 구조를 사용한 파이썬 프로그램을 다음
과 같이 작성할 수 있다.

```
    x = float(input("첫 번째 숫자를 입력하여라: "))
    y = float(input("두 번째 숫자를 입력하여라: "))

    result = x * y

    if x < 0 and y < 0:
        print("두 음수의 곱은 양수입니다.")
        print(x, " * (", y, ")의 값: +", result, sep = "")
    else:
        if x < 0:
            print("음수와 양수의 곱은 음수입니다.")
            print(x, " * ", y, "의 값: ", result, sep = "")
        else:
            if y < 0:
                print("양수와 음수의 곱은 음수입니다.")
                print(x, " * (", y, ")의 값: ", result, sep = "")
            else:
                print("두 양수의 곱은 양수입니다.")
                print(x, " * ", y, "의 값: +", result, sep = "")
```

예제 20.8-2 파이썬 프로그램 구조 바꾸기

다음 파이썬 프로그램을 다중-택일 결정 구조를 사용하여 재작성하여라.

```
    x = float(input("첫 번째 숫자를 입력하여라: "))
    y = float(input("두 번째 숫자를 입력하여라: "))
```

```
if x > 5:
    print("변수 x는 5보다 큽니다.")
else:
    x = x + y
    print("안녕 철수!")
    if x == 3:
        print("변수 x의 값은 3입니다.")
    else:
        x = x - y
        print("안녕 영희!")
        if x + y == 24:
            print("x와 y의 합은 24입니다.")
        else:
            print("위의 경우가 모두 아닙니다.")
```

풀이

위 파이썬 프로그램은 다중 – 택일 결정 구조를 사용하는 구조로 바꿀 수 없다. 그 이유는 else 구문과 if 구문 사이에 명령문이 존재하기 때문이다.

20.9 결정 제어 구조에서 '내부에서 외부로' 방식 사용하기

'내부에서 외부로(from inner to outer)' 방식은 '알고리즘적 사고'를 위해 이 책에서 제안하는 방식으로, 내부(중첩) 제어 구조를 먼저 다루고 설계하는 것을 말한다. 그런 다음, 알고리즘이 개발됨에 따라 점점 더 많은 제어 구조가 이전 제어 구조를 중첩시키면서 추가된다. 다음 예를 살펴보자.

> 사용자로부터 하나의 정숫값을 입력받고, 정수의 마지막 자릿수값이 5와 같다면 "마지막 자릿수값은 5입니다."라는 메시지를 출력하고, 그렇지 않은 경우 "특별한 것이 없네요."라는 메시지를 출력하는 순서도를 작성하여라. 단, 사용자가 숫자가 아닌 값을 입력하였을 경우 오류 메시지를 출력해야 한다.

먼저, 다음과 같이 "마지막 자릿수값은 5입니다."와 "특별한 것이 없네요."를 출력하는 내부(inner)의 결정 구조를 먼저 설계한다.

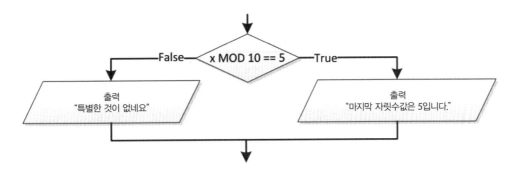

 기억할 것! 10으로 나눈 나머지 연산의 결과를 이용하여 마지막 자릿수값이 5인지의 여부를 판단할 수 있다.

다음으로, 사용자의 입력값을 검증하는 문제를 다루어 보자. 이를 위해 사용자가 올바른 값을 입력했는지의 여부를 검사해야 한다. 입력값이 숫자가 아니면 오류 메시지를 출력해야 하고, 그렇지 않은 경우에는 마지막 자릿수값을 검사하는 명령문 블록으로 이동하면 된다. 외부 (outer) 결정 구조에 대한 순서도는 다음과 같다.

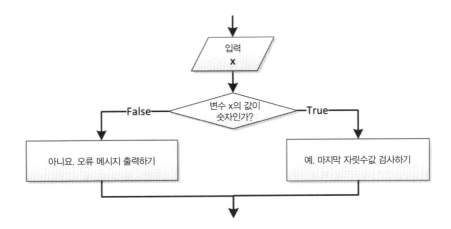

이제, 위의 두 순서도를 합치면 된다. 내부 구조를 외부 구조에 중첩시켰을 때의 순서도는 다음과 같다.

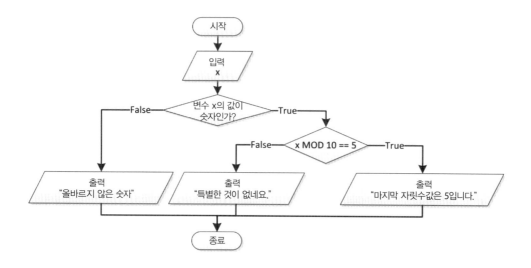

주어진 문제에 대하여 한꺼번에 설계하지 않고 왜 이렇게 나누어서 설계하는지 의문을 가질 수 있다. 이 문제 자체는 너무 쉽고 '내부에서 외부로' 방식을 사용하지 않고도 문제를 해결할 수 있다. 하지만 이렇게 단순한 문제가 아닌 매우 복잡하고 큰 제어 구조를 사용한다고 가정하면, '내부에서 외부로' 방식은 오류 발생을 줄여 주어 파이썬 프로그램 작성 시 많은 노력과 시간을 줄여 줄 수 있다. 이 책은 '내부에서 외부로' 방식이 필요할 때마다 사용할 것이다.

20.10 복습문제: 참/거짓

다음 문제를 읽고 **참** 또는 **거짓**으로 답하여라.

1. 주어진 문제에 대해 간단한 알고리즘이 항상 최선의 해결책이다.
2. 단일-택일 결정 구조에서 양쪽 경로의 첫 명령문은 단일-택일 결정 구조의 외부나 단일-택일 결정 구조의 바로 앞으로 옮길 수 있다.
3. 코드의 가독성 향상을 위해 중첩 결정 제어 구조 대신 항상 논리 연산자를 사용할 수 있다.
4. 두 개의 단일-택일 결정 구조의 불리언 식이 동일하고 연달아 있을 때 두 개의 단일-택일 결정 구조를 하나로 합칠 수 있다.
5. 단일-택일 결정 구조를 두 개의 단일-택일 결정 구조로 바꾸는 것은 항상 가능하다.
6. 두 개의 단일-택일 결정 구조가 연달아 있고 동일한 불리언 식을 사용할 때, 두 개의 단일-택일 결정 구조를 하나의 단일-택일 결정 구조로 합칠 수 있다.

7. 다중-택일 결정 구조를 중첩 결정 구조로 바꾸는 것은 항상 가능하다.

8. 중첩 결정 구조를 다중-택일 결정 구조로 바꾸는 것은 항상 가능하다.

9. 결정 제어 구조를 가지지만 들여쓰기를 하지 않은 파이썬 프로그램은 컴퓨터가 수행할 수 없다.

20.11 복습문제: 객관식

다음 문제에서 옳은 것을 모두 골라라.

1. 다음 두 파이썬 프로그램에 대해 옳은 것은?

```
a = int(input())
if a > 40:
    a += 1
    print(a * 2)
else:
    a += 1
    print(a * 3)
```

```
a = int(input())
a += 1
if a > 40:
    print(a * 2)
else:
    print(a * 3)
```

a. 동일한 결과를 출력한다.

b. 동일한 결과를 출력하지만 오른쪽 프로그램이 더 빠르다.

c. 동일한 결과를 출력하지 않는다.

d. a, b, c 모두 옳지 않음.

2. 다음 두 파이썬 프로그램에 대해 옳은 것은?

```
a = int(input())
if a > 40:
    print(a * 2)
if a > 40:
    print(a * 3)
```

```
a = int(input())
if a > 40:
    print(a * 2)
    print(a * 3)
```

a. 동일한 결과를 출력하지만 왼쪽 프로그램이 더 빠르다.

b. 동일한 결과를 출력하지만 오른쪽 프로그램이 더 빠르다.

c. 동일한 결과를 출력하지 않는다.

d. a, b, c 모두 옳지 않음.

3. 다음 두 파이썬 프로그램에 대해 옳은 것은?

```
a = int(input())
b = int(input())

y = 5

if a > 15 or b < 25:
    y -= 1
else:
    y += 1

print(y)
```

```
a = int(input())
b = int(input())

y = 5
if a > 15:
    y -= 1
elif b < 25:
    y -= 1
else:
    y += 1

print(y)
```

a. 동일한 결과를 출력한다.

b. 동일한 결과를 출력하지 않는다.

c. a, b 모두 옳지 않음.

4. 다음 두 파이썬 프로그램에 대해 옳은 것은?

```
a = int(input())

if a > 40:
    print(a * 2)
else:
    print(a * 3)
```

```
a = int(input())

if a > 40:
    print(a * 2)
if a <= 40:
    print(a * 3)
```

a. 동일한 결과를 출력하지만 왼쪽 프로그램이 더 빠르다.

b. 동일한 결과를 출력하지만 오른쪽 프로그램이 더 빠르다.

c. 동일한 결과를 출력하지 않는다.

d. a, b, c 모두 옳지 않음.

5. 다음 파이썬 코드에 대해 옳은 것은?

```
if a == 5:
    print("안녕 철수!")
elif b == 6:
    print("안녕 영희!")
elif c == 7:
    print("나는 뭐가 뭔지 하나도 모르겠다.")
```

a. else 구문을 포함하지 않으므로 중첩 결정 구조로 변환할 수 없다.

b. 모든 결정 경로에서 동일한 변수를 평가하지 않으므로 중첩 결정 제어 구조로 변환할 수 없다.

c. a, b 모두 옳지 않음.

6. 다음 파이썬 코드에 대해 옳은 것은?

```
if a == 1:
    print("안녕 철수!")
else:
    a = a * x
    if a == 5:
        print("안녕 영희!")
    else:
        print("나는 뭐가 뭔지 하나도 모르겠다.")
```

a. 모든 결정 경로에서 동일한 변수를 평가하지 않으므로 다중-택일 결정 구조로 변환할 수 없다.

b. 다중-택일 결정 구조로 변환할 수 있다.

c. a = a * x 명령문 때문에 다중-택일 결정 구조로 변환할 수 없다.

d. a, b, c 모두 옳지 않음.

7. 다음 파이썬 코드에 대해 옳은 것은?

```
if a == 1:
    print("안녕 철수!")
    print("안녕 영희!")
else:
    print("안녕 철수!")
    if x == 5:
        print("안녕 호순!")
    else:
        print("나는 뭐가 뭔지 하나도 모르겠다.")
```

a. 다중-택일 결정 구조로 변환할 수 없다.

b. print("안녕 철수!") 명령문을 단일-택일 결정 구조 뒤로 옮길 수 있으므로 다중-택일 결정 구조로 변환할 수 있다.

c. print("안녕 철수!") 명령문을 단일-택일 결정 구조 앞으로 옮길 수 있으므로 다중-택일 결정 구조로 변환할 수 있다.

8. 다음 파이썬 프로그램은 수행되지 않는다. 그 이유는 무엇인가?

```
x = int(input())
if x < 0:
x = (-1) * x
print(x)
```

a. 들여쓰기가 되어 있지 않아 수행될 수 없다.

b. 논리 오류가 있어 수행될 수 없다.

c. a, b 모두 옳지 않음.

20.12 프로그래밍 연습문제

다음 프로그래밍 연습문제를 완성하여라.

1. 다음 파이썬 프로그램을 더 적은 수의 명령문을 사용하여 재작성하여라.

```
y = int(input())

if y > 0:
    x = int(input())
    a = x * 4 * y
    print(y)
    a += 1
else:
    x = int(input())
    a = x * 2 * y + 7
    print(y)
    a -= 1
print(a)
```

2. 다음 순서도를 더 적은 수의 명령문을 사용하여 재설계하여라.

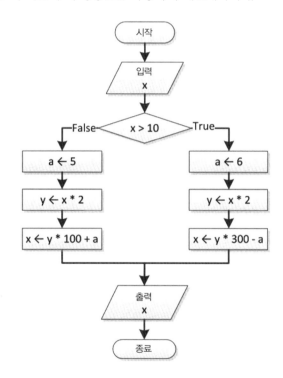

3. 다음 파이썬 프로그램을 더 적은 수의 명령문을 사용하여 재작성하여라.

```python
a = float(input())

if a < 1:
    y = 5 + a
    print(y)
elif a < 5:
    y = 23 / a
    print(y)
elif a < 10:
    y = 5 * a
    print(y)
else:
    print("오류!")
```

4. 다음 파이썬 프로그램을 논리 연산자를 사용하여 재작성하여라.

```python
day = int(input())
month = int(input())
name = input()

if day == 25:
    if month == 9:
        if name == "홍길동":
            print("생일 축하합니다.")
        else:
            print("일치하는 정보가 없습니다.")
    else:
        print("일치하는 정보가 없습니다.")
else:
    print("일치하는 정보가 없습니다.")
```

5. 다음 파이썬 프로그램을 살펴보자.

```python
a = float(input())
b = float(input())
c = float(input())

if a > 10 and c < 2000:
    d = (a + b + c) / 12
    print("결과: ", d)
else:
    print("오류!")
```

위 파이썬 프로그램을 아래와 같이 재작성하였다.

```python
a = float(input())
b = float(input())
c = float(input())

if a > 10:
    if c < 2000:
        d = (a + b + c) / 12
        print("결과: ", d)
    else:
        print("오류!")
```

사용자 입력값에 대해 첫 번째 프로그램과 두 번째 프로그램이 동일한 결과를 출력하는지를 판단하여라. 만약 두 프로그램이 서로 다른 결과를 출력한다면 동일한 결과가 출력되도록 두 번째 프로그램을 수정하여라.

6. 다음 파이썬 프로그램을 단일-택일 결정 구조만을 사용하여 재작성하여라.

```python
a = float(input())
b = float(input())
c = float(input())

if a > 10:
    if b < 2000:
        if c != 10:
            d = (a + b + c) / 12
            print("결과: ", d)
else:
    print("오류!")
```

7. 다음 파이썬 프로그램에서 단일-택일 결정 구조들을 합쳐라.

```python
a = int(input())

y = 3
if a > 0:
    y = y * a
b = int(input())
if not(a <= 0):
    print("안녕 철수!")

print(y, b)
```

8. 다음 파이썬 프로그램에서 단일-택일 결정 구조들을 합쳐라.

```
a = float(input())

y = 0
if a > 0:
    y = y + 7
b = float(input())
if not(a > 0):
    print("안녕 철수!")
if a <= 0:
    print(abs(a))
print(y)
```

9. 최근 조사에 따르면, 현재 가장 많이 사용되는 태블릿용 운영체제는 안드로이드, iOS, 윈도우 순이다. 다음 프로그램의 불리언 식을 재배치하여 프로그램이 효율적으로 동작하도록 만들어라.

```
os = input("태블릿용 운영체제는 무엇인가요?")

if os == "윈도우":
    print("마이크로소프트")
elif os == "iOS":
    print("애플")
elif os == "안드로이드:
    print("구글")
```

10. 다음 파이썬 프로그램을 다중-택일 결정 구조를 사용하여 재작성하여라.

```
a = int(input())
x = float(input())
y = float(input())

if a in [3, 15, 25]:
    x = x / 4
    y = y ** 5
else:
    if 7 <= a <= 12:
        x = x * 3
        y += 1
    else:
        if a > 52:
            x = x % 4
            y += 9
        else:
            x -= 9
            y += 1

print(x, y)
```

11. 다음 파이썬 프로그램을 중첩 제어 구조를 사용하여 재작성하여라.

```python
print("1. 빨간색")
print("2. 녹색")
print("3. 파란색")
print("4. 흰색")
print("5. 검정색")
print("6. 회색")
color = int(input("색을 선택하여라: "))

print("선택한 색에 대한 RGB 코드: ")

if color == 1:
    print("FF0000")
elif color == 2:
    print("00FF00")
elif color == 3:
    print("0000FF")
elif color == 4:
    print("FFFFFF")
elif color == 5:
    print("000000")
elif color == 6:
    print("7F7F7F")
else:
    print("모르는 색입니다.")
```

12. 다음 파이썬 프로그램을 정확한 들여쓰기를 사용하여 작성하여라. 그런 다음, 다중-택일 결정 구조를 사용하여 프로그램을 재작성하여라.

```python
a = int(input())
if a > 1000:
print("큰 양수")
else:
if a > 0:
print("양수")
else:
if a < -1000:
print("큰 음수")
else:
if a < 0:
print("음수")
else:
print("영")
```

13. 다음 파이썬 프로그램을 정확한 들여쓰기를 사용하여 작성하여라. 그런 다음, 중첩 결정 제어 구조를 사용하여 프로그램을 재작성하여라.

```python
a = float(input())
if a < 1:
y = 5 + a
print(y)
elif a < 5:
y = 23 / a
print(y)
elif a < 10:
y = 5 * a
print(y)
else:
print("오류!")
```

결정 제어 구조의 순서도

21.1 들어가기

이전 장들을 공부하면서 어느 정도 결정 제어 구조에 대해서 익숙해졌을 것이다. 순서도는 '알고리즘적 사고'를 배우는 데 좋은 도구이고, 특정 제어 구조를 이해하는 데도 도움이 되기 때문에 21장에서는 파이썬 프로그램을 순서도로 어떻게 변환하는지, 이와 반대로 순서도를 파이썬 프로그램으로 어떻게 변환하는지에 대해서 살펴본다.

21.2 파이썬 프로그램을 순서도로 변환하기

파이썬 프로그램을 순서도로 변환하기 위해서는 모든 결정 제어 구조와 이와 대응되는 순서도를 기억해야 한다. 다음은 결정 제어 구조에 대한 순서도를 나열한 것이다.

단일-택일 결정 구조

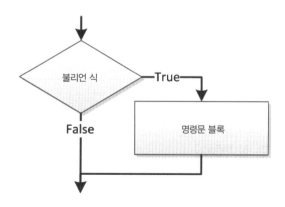

이중-택일 결정 구조

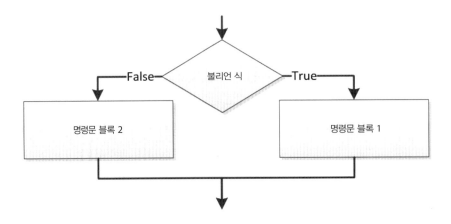

다중-택일 결정 구조

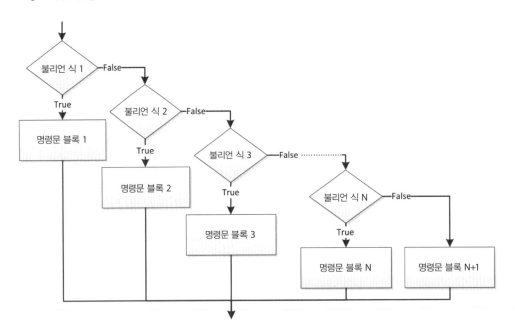

예제 21.2-1 **순서도 설계하기**

다음 파이썬 프로그램을 순서도로 변환하여라.

```
a = int(input())
if a % 10 == 0:
    a += 1
    print(a)
```

풀이

이 문제는 매우 쉽다. 단일 – 택일 제어 구조를 사용하면 되며, 이와 대응되는 순서도는 다음과 같다.

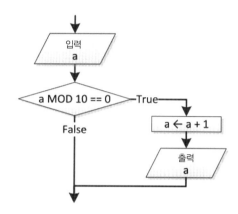

예제 21.2-2 순서도 설계하기

다음 파이썬 프로그램을 순서도로 변환하여라.

```
x = float(input())

z = x ** 3
w = (z - 4) * (x - 3) / 7 + 36

if z >= w and x < z:
    y = 2 * x
else:
    y = 4 * x
    a += 1

print(y)
```

풀이

이 파이썬 프로그램은 이중-택일 결정 구조를 사용하고 있다. 이와 대응되는 순서도는 다음과 같다.

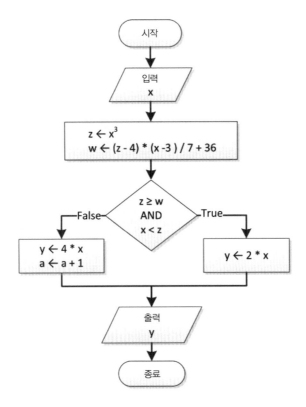

 순서도는 알고리즘을 표현하기에 매우 정교한 도구는 아니다. 따라서 세제곱을 표현할 때 x^3으로 작성할 수 있고, 심지어 파이썬 연산자(**)를 사용해도 된다. 순서도에 익숙한 사람이 명확히 이해할 수 있을 정도

기억할 것! 라면 어떤 표현을 사용해도 무방하다.

예제 21.2-3 순서도 설계하기

일반 형태로 주어진 다음 코드를 순서도로 변환하여라.

```
if 불리언 식 A:
    명령문 블록 A1

    if 불리언 식 B:
        명령문 블록 B1
    명령문 블록 A2
else:
    명령문 블록 A3
    if 불리언 식 C:
        명령문 블록 C1
    else:
        명령문 블록 C2
```

풀이

위 문제의 코드를 좀 더 잘 식별하기 위해 중첩 결정 제어 구조를 다음과 같이 사각형으로 표현하였다.

```
if 불리언 식 A:
    명령문 블록 A1

    if 불리언 식 B:          ◀── 중첩 결정 제어 구조
        명령문 블록 B1
    명령문 블록 A2
else:
    명령문 블록 A3

    if 불리언 식 C:          ◀── 중첩 결정 제어 구조
        명령문 블록 C1
    else:
        명령문 블록 C2
```

위 코드와 일치하는 순서도는 다음과 같다.

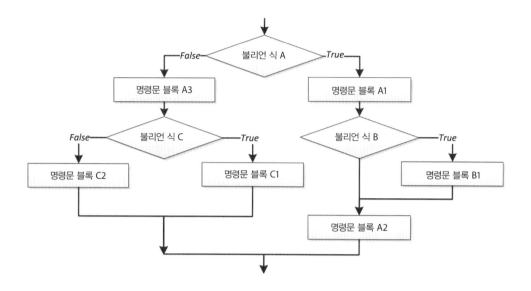

예제 21.2-4 순서도 설계하기

다음 파이썬 프로그램을 순서도로 변환하여라.

```python
a = float(input())

if a < 0:
    y = a * 2
elif a < 10:
    y = a / 2
elif a < 100:
    y = a + 2
else:
    b = float(input())
    y = a * b
    if y > 0:
        y -= 1
    else:
        y += 1

print(y)
```

풀이

위 파이썬 프로그램에서는 이중-택일 결정 구조(if y > 0:) 부분이 다중-택일 결정 구조 안에 중첩되어 있다. 이와 대응되는 순서도는 다음과 같다.

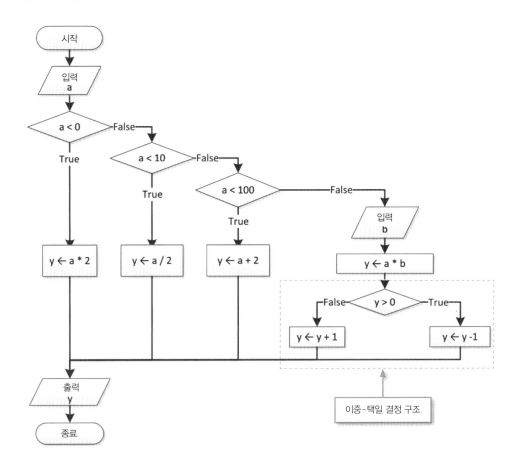

21.3 순서도를 파이썬 프로그램으로 변환하기

순서도를 파이썬 프로그램으로 변환하는 것이 항상 쉬운 것은 아니다. 순서도를 설계한 사람이 어떠한 규칙도 따르지 않았을 수도 있기 때문에 순서도를 파이썬 프로그램으로 변경하기 전에 순서도 자체를 먼저 변경해야 하는 경우도 있다. 이런 경우를 다음 순서도를 통해 알아보자.

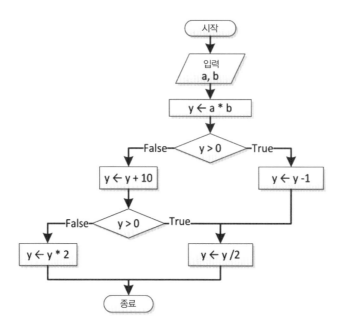

위 순서도에 포함되어 있는 결정 제어 구조는 우리가 배운 결정 제어 구조(단일-택일, 이중-택일, 다중-택일)와는 다른 형태를 가지고 있다. 따라서 순서도에 명령문이나 제어 구조를 추가하거나 제거하여 우리가 원하는 형태의 제어 구조를 가지게 할 수 있다. 다음 예제를 통해 이런 방법들을 학습해 보자.

예제 21.3-1 **파이썬 프로그램 작성하기**

다음 순서도에 대한 파이썬 프로그램을 작성하여라.

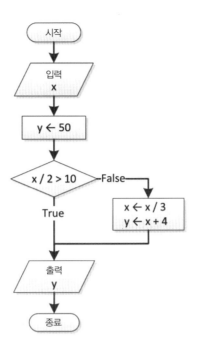

풀이

이 문제는 매우 쉽다. 한 가지 짚고 넘어가야 할 점은 순서도 오른쪽에 있는 True와 False에 대한 경로가 완전하지 않다는 것이다. 다시 말해, 불리언 식의 결과에 따라 수행해야 할 명령문 블록이 False 경로에 있다. 따라서, 다음과 같이 True와 False의 경로를 바꾸기 위해 불리언 식을 부정하고 True와 False를 바꿔 주어야 한다. 다음 두 순서도는 서로 동일하다.

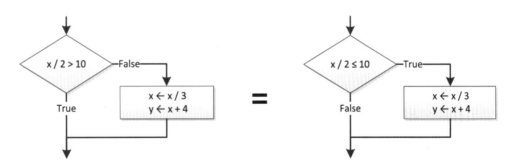

이와 같이 수정한 후의 순서도는 다음과 같다.

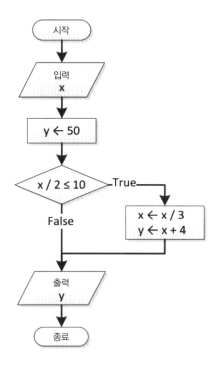

위 순서도에 대한 파이썬 프로그램은 다음과 같다.

```
x = float(input())


y = 50
if x / 2 <= 10:
    x = x / 3
    y = x + 4

print(y)
```

예제 21.3-2 파이썬 프로그램 작성하기

다음 순서도에 대한 파이썬 프로그램을 작성하여라.

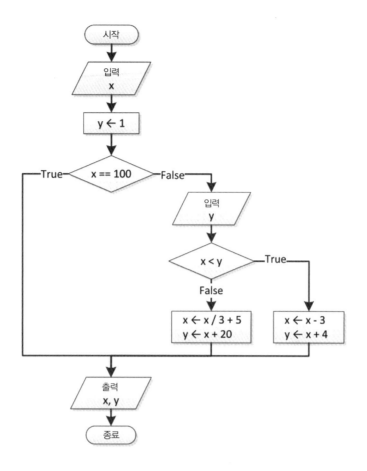

풀이

이전 예제와 마찬가지로 불리언 식 x == 100을 부정하고 True와 False의 경로를 바꿔 주어야 한다. 파이썬 프로그램은 다음과 같다.

```
x = float(input())

y = 1

if x != 100:
    y = float(input())
    if x < y:
        x = x − 3
        y = x + 4
    else:
```

```
        x = x / 3 + 5
        y = x + 20

    print(x, y)
```

예제 21.3-3 파이썬 프로그램 작성하기

다음 순서도에 대한 파이썬 프로그램을 작성하여라.

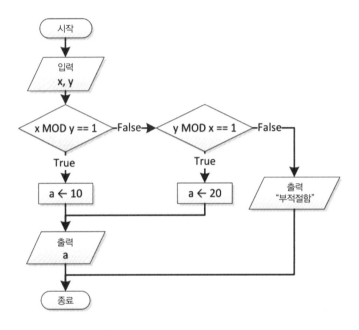

풀이

위 문제의 순서도는 우리가 이미 다루었던 결정 제어 구조(단일-택일, 이중-택일, 다중-택일)의 어떠한 형태도 가지고 있지 않다. 따라서 위 순서도에 명령문이나 제어 구조를 추가하거나 제거함으로써 파이썬 프로그램으로 변환하기에 적합하도록 수정해야 한다.

위 순서도에서 y MOD x == 1이라는 불리언 식을 자세히 살펴보면, True의 경로에 a ← 20 명령문을 수행하고 이전 불리언 식 (x MOD y == 1)의 True 경로에 있는 출력 a 명령문을 수행한다. 따라서 다음과 같이 출력 a 명령문을 y MOD x == 1 불리언 식의 True 경로에 추가한다. 다음 순서도는 이전과 같은 결과를 출력한다.

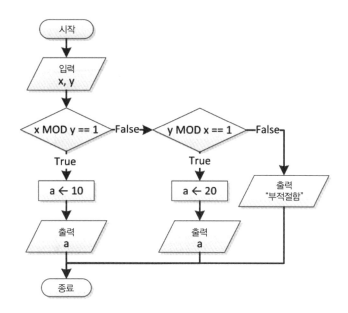

파이썬 프로그램은 다음과 같다.

```python
x = int(input())
y = int(input())

if x % y == 1:
    a = 10
    print(a)
elif y % x == 1:
    a = 20
    print(a)
else:
    print("부적절함")
```

예제 21.3-4 파이썬 프로그램 작성하기

다음 순서도에 대한 파이썬 프로그램을 작성하여라.

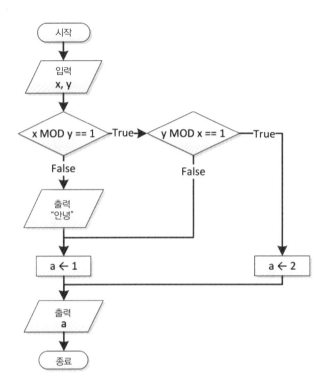

풀이

위 문제의 순서도도 이전 예제의 순서도와 마찬가지로 우리가 이미 다루었던 결정 제어 구조의 형태를 따르고 있지 않다. 불리언 식 y MOD x == 1의 False 경로를 따라가면, 이전 불리언 식 x MOD y == 1의 결과가 False일 때 수행되는 명령문 블록 중 a ← 1 명령문을 수행하게 되므로 수행 흐름이 논리적이지 않다. 따라서 다음과 같이 a ← 1 명령문을 y MOD x == 1의 False 경로에 추가함으로써 알고리즘의 흐름을 논리적으로 바꿔 주어야 한다.

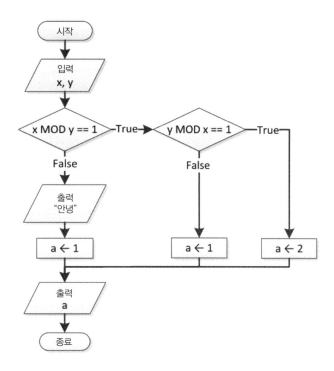

이렇게 순서도를 바꾸면 파이썬 프로그램으로 변환하기가 쉬워진다. 하지만 너무 서둘지 마라. 중첩 if 명령문을 사용하면 위 순서도를 파이썬 프로그램으로 작성할 수 있지만, 한 가지 더 수정해야 할 사항이 있다. 불리언 식의 True와 False 경로를 맞바꿔 주면 중첩 결정 구조를 다중-택일 결정 구조로 만들 수 있다. 불리언 식 x MOD y == 1을 부정하여 True와 False 경로를 바꿨을 때의 순서도는 다음과 같다.

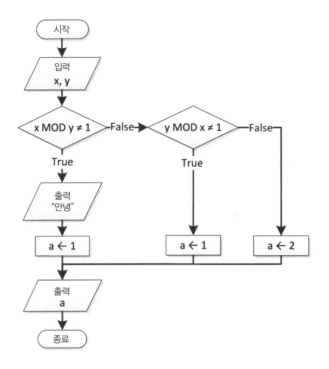

파이썬 프로그램은 다음과 같다.

```python
x = int(input())
y = int(input())

if x % y != 1:
    print("안녕")
    a = 1
elif y % x != 1:
    a = 1
else:
    a = 2

print(a)
```

예제 21.3-5 **파이썬 프로그램 작성하기**

다음 순서도에 대한 파이썬 프로그램을 작성하여라.

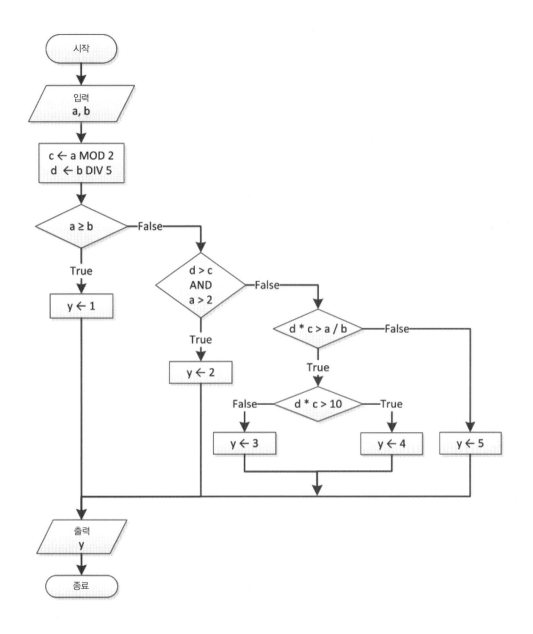

풀이

명령문 c ← a MOD 2와 d ← b DIV 5를 면밀히 살펴보자. DIV와 MOD 연산자는 정수 나머지 연산의 몫과 나머지를 구하기 위해 순서도에서 널리 사용된다. 파이썬에서는 이와 대응되는 % 연산자와 // 연산자를 사용할 수 있다.

이 예제는 다중-택일 결정 구조와 이 구조 내부에 중첩된 이중-택일 결정 구조를 사용한다.
파이썬 프로그램은 다음과 같다.

```python
a = int(input())
b = int(input())

c = a % 2
d = b // 5

if a >= b:
    y = 1
elif d > c and a > 2:
    y = 2
elif d * c > a / b:

    if d * c > 10:        ← 이중-택일 결정 구조
        y = 4
    else:
        y = 3

else:
    y = 5

print(y)
```

21.4 프로그래밍 연습문제

다음 프로그래밍 연습문제를 완성하여라.

1. 다음 파이썬 프로그램을 순서도로 변환하여라.

```python
a = int(input())

if a % 10 == 0:
    a += 1
    print("메시지 #1")
if a % 3 == 1:
    a += 5
    print("메시지 #2")
if a % 3 == 2:
    a += 10
    print("메시지 #3")

print(a)
```

2. 다음 파이썬 프로그램을 순서도로 변환하여라.

```python
a = int(input())

if a % 10 == 0:
    a += 1
    print("메시지 #1")

if a % 3 == 1:
    a += 5
    print("메시지 #2")
else:
    a += 7

print(a)
```

3. 다음 파이썬 프로그램을 순서도로 변환하여라.

```python
a = float(input())

if a < 0:
    y = a * 2
    if y > 0:
        y +=2
    elif y == 0:
        y *= 6
    else:
        y /= 7
elif a < 22:
    y = a / 3
elif a < 32:
    y = a - 7
else:
    b = float(input())
    y = a - b
print(y)
```

4. 일반 형태로 주어진 다음 코드를 순서도로 변환하여라.

```
if 불리언 식 A:
    if 불리언 식 B:
        명령문 블록 B1
    else:
        명령문 블록 B2
    명령문 블록 A1
else:
    명령문 블록 A2
    if 불리언 식 C:
        명령문 블록 C1
    elif 불리언 식 D:
        명령문 블록 D1
    else:
        명령문 블록 E1
    명령문 블록 A3
```

5. 다음 파이썬 프로그램을 순서도로 변환하여라.

```
a = int(input())
y = 0

if a == 1:
    y = a * 2
elif a == 2:
    y = a - 3
elif a == 3:
    y = a + 3
    if y % 2 == 1:
        y += 2
    elif y == 0:
        y *= 6
    else:
        y /= 7
elif a == 4:
    b = float(input())
    y = a + b + 2
print(y)
```

6. 다음 순서도에 대한 파이썬 프로그램을 작성하여라.

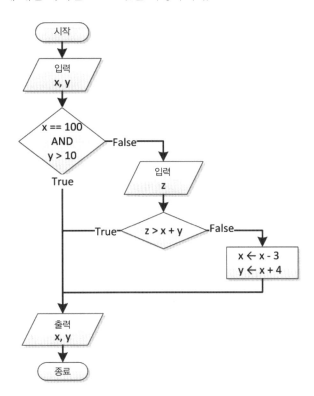

7. 다음 순서도에 대한 파이썬 프로그램을 작성하여라.

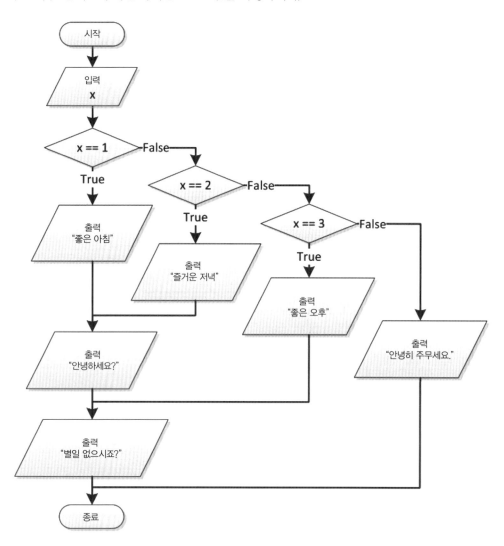

8. 다음 순서도에 대한 파이썬 프로그램을 작성하여라.

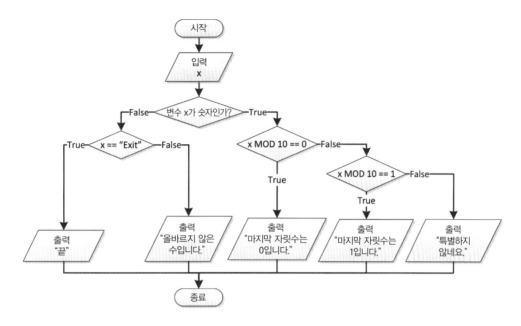

9. 다음 순서도에 대한 파이썬 프로그램을 작성하여라.

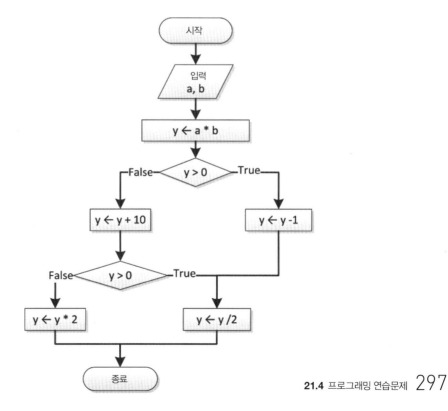

10. 다음 순서도에 대한 파이썬 프로그램을 작성하여라.

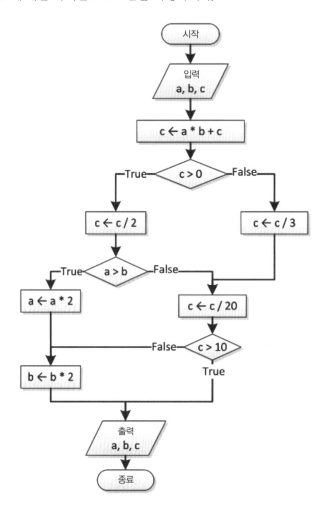

심화 예제: 결정 제어 구조

22.1 결정 제어 구조에 관한 이해하기 쉬운 예제

예제 22.1-1 **둘 다 홀수 인가? 아니면 둘 다 짝수 인가?**

사용자로부터 두 정수를 입력받고, 두 수 모두 홀수거나 짝수인지를 출력하는 파이썬 프로그램을 작성하여라. 두 수 모두 홀수도, 짝수도 아닌 경우, "특별하지 않네요!"를 출력하여야 한다.

풀이

file_22_1_1

```
n1 = int(input("첫 번째 정수를 입력하여라: "))
n2 = int(input("두 번째 정수를 입력하여라: "))

if n1 % 2 == 0 and n2 % 2 == 0:
    print("두 수 모두 짝수입니다.")
elif n1 % 2 != 0 and n2 % 2 != 0:
    print("두 수 모두 홀수입니다.")
else:
    print("특별하지 않네요!")
```

예제 22.1-2 **숫자가 동시에 5와 8로 나누어떨어지는지 검사하기**

사용자로부터 정숫값을 입력받고, 입력받은 정숫값이 동시에 5와 8로 나누어떨어지는지를 검사하는 순서도와 파이썬 프로그램을 작성하여라(예: 40은 5와 8로 동시에 나누어떨어진다). 단, 사용자가 정수가 아닌 값을 입력한 경우에는 오류 메시지가 출력되도록 한다.

풀이

'내부에서 외부로' 방식을 사용하여 순서도를 작성하여 보자. 데이터 입력값에 대한 검증 없이, 사용자가 올바른 데이터를 입력하였다고 가정하고 내부(중첩) 결정 제어 구조를 먼저 설계해 보자. 내부 결정 제어 구조에 대한 설계도는 다음과 같다.

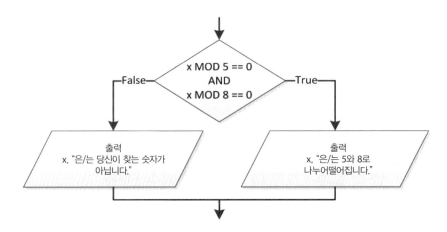

이제 데이터 검증을 해야 할 차례다. 사용자가 숫자값을 입력하였는지의 여부를 검사해야 한다. 이에 대한 순서도는 다음과 같다.

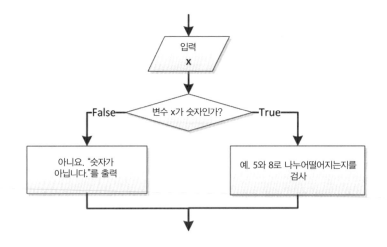

두 순서도를 합치면 다음 순서도와 같다.

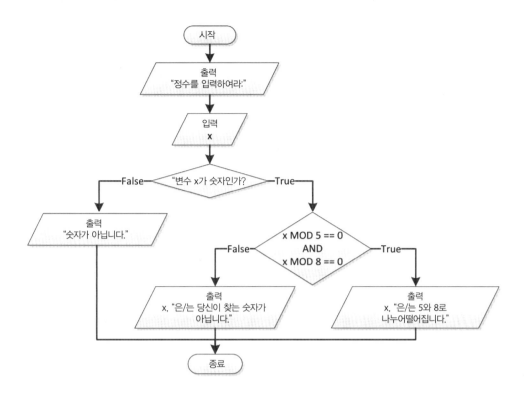

위 순서도와 대응하는 파이썬 프로그램은 다음과 같다.

```
import re
IS_NUMERIC = "^[-+]?\\d+(\\.\\d+)?$"

inp = input("정수를 입력하여라: ")

if re.match(IS_NUMERIC, inp):
    x = int(inp)
    if x % 5 == 0 and x % 8 == 0:
        print(x, "은/는 5와 8로 나누어떨어집니다.")
    else:
        print(x, "은/는 당신이 찾는 숫자가 아닙니다.")
else:
    print("숫자가 아닙니다.")
```

주목할 것! 사용자가 숫자가 아닌 다른 값을 입력한 경우에 오류 메시지를 출력하려면 두 개의 변수가 필요하다. 하나는 inp 변수로 사용자의 입력값을 저장하는 변수이며, 다른 하나는 x 변수로 inp 변수의 숫자 표현 (representation)을 할당받는 변수다.

예제 22.1-3 정수인지 판단하기

사용자로부터 숫자값을 입력받고, 입력받은 숫자값이 정수인지 혹은 실수인지를 판단하는 파이썬 프로그램을 작성하여라. 단, 사용자가 숫자가 아닌 값을 입력한 경우에는 오류 메시지를 출력하도록 한다.

풀이

어떤 숫자가 소수점 이하 자리를 가지고 있지 않으면 정수로 간주된다. 파이썬에서는 int( ) 함수를 사용하여 실수를 정수로 변환할 수 있다. 이때 실수의 소수점 이하 자리는 무시된다. 사용자 입력값과 사용자 입력값에 대한 int( ) 함수의 결과가 같다면 이 숫자는 정수로 판단할 수 있다.

예를 들어, 사용자가 7이라는 값을 입력했다면 int(7)의 값과 일치하기 때문에 사용자가 정숫값을 입력했다고 판단할 수 있다. 반면, 사용자가 7.3이라는 값을 입력하였다면 7.3과 int(7.3)의 값은 서로 일치하지 않는다. 이 경우에는 사용자가 정숫값을 입력하지 않았다고 판단할 수 있다. 왜냐하면, int(7.3)의 반환값은 7이기 때문이다.

다음 코드에서 사용자의 입력값이 x에 저장되어 있다고 가정하자(다음 코드는 데이터 입력값에 대한 검사는 포함하고 있지 않다).

```python
if x == int(x):
    print(x, "은/는 정수입니다.")
else:
    print(x, "은/는 실수입니다.")
```

이제 다음 파이썬 코드처럼 데이터 입력을 검증할 차례다.

```python
import re
IS_NUMERIC = "^[-+]?\\d+(\\.\\d+)?$"

inp = input("숫자를 입력하여라: ")

if re.match(IS_NUMERIC, inp):
```

```
    x = float(inp)
    # 이전 코드가 들어갈 위치
else:
    print("숫자가 아닙니다.")
```

위의 두 코드를 합친 최종 파이썬 프로그램은 다음과 같다.

file_22_1_3

```
import re
IS_NUMERIC = "^[-+]?\\d+(\\.\\d+)?$"

inp = input("숫자를 입력하여라: ")

if re.match(IS_NUMERIC, inp):
    x = float(inp)
    if x == int(x):
        print(x, "은/는 정수입니다.")
    else:
        print(x, "은/는 실수입니다.")
else:
    print("숫자가 아닙니다.")
```

예제 22.1-4 갤런을 리터로, 리터를 갤런으로 변환하기

다음 메뉴를 출력하는 파이썬 프로그램을 작성하여라.

1. 갤런(gallon)을 리터(liter)로 변환하기

2. 리터를 갤런으로 변환하기

그리고 사용자가 선택한 메뉴에 대하여 갤런(1번 메뉴를 선택한 경우) 또는 리터(2번 메뉴를 선택한 경우)의 양을 입력받은 후, 리터나 갤런으로 변환한 결과를 출력하여라(1갤런은 3.785리터다).

풀이

파이썬 프로그램은 다음과 같다.

file_22_1_4

```
COEFFICIENT = 3.785

print("1: 갤런을 리터로 변환하기")
print("2: 리터를 갤런으로 변환하기")
choice = int(input("메뉴를 선택하여라: "))
quantity = float(input("양을 입력하여라: "))
```

```
if choice == 1:
    result = quantity * COEFFICIENT
    print(quantity, "갤런 =", result, "리터")
else:
    result = quantity / COEFFICIENT
    print(quantity, "리터 =", result, "갤런")
```

예제 22.1-5 데이터 검증과 함께 갤런과 리터 상호 변환하기

이전 예제에 데이터 검증 부분을 추가하여 재작성하여라. 사용자의 메뉴 입력값이 1이나 2가 아닌 경우와 숫자가 아닌 연료의 양을 입력한 경우에 대해 오류 메시지가 출력되도록 한다.

풀이

'내부에서 외부로' 방식을 사용하자. 내부 코드는 이전 예제에서 살펴보았다. 데이터 검증에 대한 외부 코드를 작성하면 다음과 같다.

```
import re
IS_NUMERIC = "^[-+]?\\d+(\\.\\d+)?$"
COEFFICIENT = 3.785

print("1: 갤런을 리터로 변환하기")
print("2: 리터를 갤런으로 변환하기")
choice = int(input("메뉴를 선택하여라: "))

if choice < 1 or choice > 2:
    print("잘못된 선택입니다.")
else:
    inp = input("연료량을 입력하여라: ")
    if re.match(IS_NUMERIC, inp):
        quantity = float(inp)
        # 갤런을 리더로, 리터를 갤런으로
        # 변환하는 코드가 들어갈 위치
    else:
        print("숫자가 아닙니다.")
```

위 코드를 이전 예제에서 작성한 코드와 합치면 다음과 같다.

file_22_1_5

```
import re
IS_NUMERIC = "^[-+]?\\d+(\\.\\d+)?$"
COEFFICIENT = 3.785
```

```
print("1: 갤런을 리터로 변환하기")
print("2: 리터를 갤런으로 변환하기")
choice = int(input("메뉴를 선택하여라: "))

if choice < 1 or choice > 2:
    print("잘못된 선택입니다.")
else:
    inp = input("연료량을 입력하여라: ")
    if re.match(IS_NUMERIC, inp):
        quantity = float(inp)
        if choice == 1:
            result = quantity * COEFFICIENT
            print(quantity, "갤런 =", result, "리터")
        else:
            result = quantity / COEFFICIENT
            print(quantity, "리터 =", result, "갤런")
    else:
        print("숫자가 아닙니다.")
```

예제 22.1-4 부분

예제 22.1-6 **차량 통행료 받기**

톨게이트를 지나가는 차량의 종류를 인식하여 통행료를 부과하는 자동 시스템이 있다고 가정해 보자. 사용자로부터 차량 종류에 대한 값(오토바이는 M, 승용차는 C, 트럭은 T)을 입력받아 운전자가 지불할 금액을 출력하는 파이썬 프로그램을 작성하여라.

차량 종류	통행료
오토바이(M)	1000원
승용차(C)	2000원
트럭(T)	4000원

사용자 입력값이 M, C, 또는 T가 아닐 경우에는 오류 메시지가 출력되도록 한다.

풀이

이 문제의 해결 방법은 매우 간단하다. 사용자 입력값이 대문자 M, C, T 또는 소문자 m, c, t 인지를 검사한다. 대문자와 소문자를 입력값으로 모두 허용하기 위해 사용자 입력값에 대해 upper( ) 함수를 적용하여 모두를 대문자로 변환한다. 그런 다음, 입력값이 M, C, T인지만을 검사한다. 파이썬 프로그램은 다음과 같다.

```
v = input().upper()

if v == "M":                        # 대문자 M으로만 검사
    print("1000원을 지불해야 합니다.")
elif v == "C":                      # 대문자 C로만 검사
    print("2000원을 지불해야 합니다.")
elif v == "T":                      # 대문자 T로만 검사
    print("4000원을 지불해야 합니다.")
else:
    print("차량 정보가 올바르지 않습니다.")
```

 주목할 것!　위 코드를 통해 사용자 입력값을 어떻게 대문자로 바꿀 수 있는지 알 수 있다.

예제 22.1-7 간단한 계산기 만들기

사용자로부터 첫 번째 피연산자와 연산자 유형(+, -, *, /) 그리고 두 번째 피연산자를 입력받아
계산 결과를 출력하는 파이썬 프로그램을 작성하여라.

풀이

사칙 연산에서 주의해야 할 점은 나누기 연산인 경우, 두 번째 피연산자의 값이 0인지를 검사
해야 한다는 것이다. 어떤 수를 0으로 나누는 경우를 수학에서 정의하고 있지 않기 때문이다.

다음은 연산자 유형을 검사하기 위해 다중-택일 결정 구조를 사용한 파이썬 프로그램이다.

```
a = float(input("첫 번째 피연산자 값을 입력하여라: "))
op = input("연산자 유형을 입력하여라: ")
b = float(input("두 번째 피연산자 값을 입력하여라: "))

if op == "+":
    print(a + b)
elif op == "-":
    print(a - b)
elif op == "*":
    print(a * b)
elif op == "/":
    if b == 0:
        print("오류: 0-나눗셈")
    else:
        print(a / b)
```

22.2 수학 문제를 풀기 위한 결정 제어 구조

예제 22.2-1 **y 값 찾기**

사용자가 입력한 x 값에 대해 다음 수식의 y 값을 계산하고 출력해 주는 순서도와 파이썬 프로그램을 작성하여라.

$$Y = \frac{5+x}{x} + \frac{x+9}{x-4}$$

풀이

사용자가 x 값으로 0이나 4를 입력하면, 수식을 계산할 수 없다. 왜냐하면, 분모가 0이 되기 때문이다. 따라서 다음 순서도와 같이 x 값이 0 또는 4인지를 판단해 0 또는 4가 아닌 경우에만 수식을 계산해야 한다.

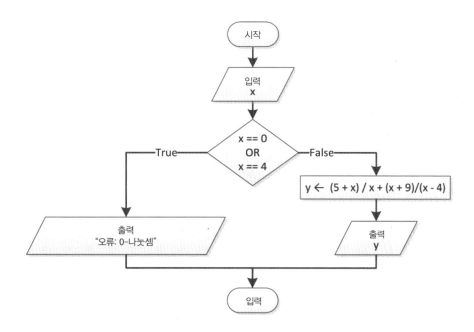

파이썬 프로그램은 다음과 같다.

```
x = float(input())

if x == 0 or x == 4:
    print("오류: 0-나눗셈")
else:
    y = (5 + x) / x + (x + 9) / (x - 4)
    print(y)
```

예제 22.2-2 **y 값 찾기**

사용자가 입력한 x 값에 대해서 다음 수식의 y 값을 계산하고 출력해 주는 순서도와 파이썬
프로그램을 작성하여라.

$$y = \begin{cases} \dfrac{7 + x}{x - 3} + \dfrac{3 - x}{x}, & x \geq 0 \\[3mm] \dfrac{40x}{x - 5} + 3, & x < 0 \end{cases}$$

풀이

위 수식은 x 값의 범위에 따라 서로 다른 값을 가진다.

1. x 값이 0 이상인 경우, 이전 예제에서 살펴본 바와 같이 분모가 0이 되는지 검사한 후에
    y 값을 계산할 수 있다.

2. x 값이 0 미만인 경우, 분모가 0이 되는 경우는 x 값이 5일 때이지만, x 값이 0 미만인 경
    우만 해당하므로 분모가 0이 되는 경우가 발생하지 않는다.

순서도는 다음과 같다.

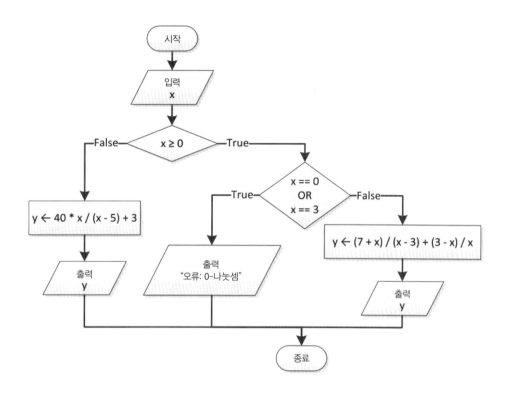

파이썬 프로그램은 다음과 같다.

file_22_2_2

```python
x = float(input())

if x >= 0:
    if x == 0 or x == 3:
        print("오류: 0-나눗셈")
    else:
        y = (7 + x) / (x - 3) + (3 - x) / x
        print(y)
else:
    y = 40 * x / (x - 5) + 3
    print(y)
```

예제 22.2-3 입력 데이터 검증과 y 값 찾기

이전 예제에 데이터 검증 부분을 추가하여 재작성하여라. 사용자가 숫자가 아닌 값을 입력하였을 때 오류 메시지가 출력되도록 한다.

풀이

이전 예제의 코드를 다음 파이썬 프로그램에 추가한다.

```python
import re

IS_NUMERIC = "^[-+]?\\d+(\\.\\d+)?$"

inp = input()
if re.match(IS_NUMERIC, inp):
    x = float(inp)
    # 이전 예제의 명령문이 들어갈 위치
else:
    print("숫자가 아닙니다.")
```

최종 파이썬 프로그램은 다음과 같다.

file_22_2_3

```python
import re
IS_NUMERIC = "^[-+]?\\d+(\\.\\d+)?$"

inp = input()

if re.match(IS_NUMERIC, inp):
    x = float(inp)
    if x >= 0 :
        if x == 0 or x == 3:
            print("오류: 0-나눗셈")
        else:
            y = (7 + x) / (x - 3) + (3 - x) / x        ← 예제 22.2-2 부분
            print(y)
    else:
        y = 40 * x / (x - 5) + 3
        print(y)
else:
    print("숫자가 아닙니다.")
```

예제 22.2-4 일차 방정식 ax + b = 0 풀기

다음 일차 방정식의 근을 구하는 순서도와 파이썬 프로그램을 작성하여라.

$$ax + b = 0$$

풀이

문제의 일차 방정식을 x에 대해 풀면 x = –b / a이다. 따라서 사용자로부터 계수 a와 b를 입력받아 x를 계산한다. 사용자가 입력한 값에 따라 다음과 같이 세 가지 경우가 발생한다.

i. 사용자가 a 값으로 0, b 값으로 0이 아닌 값을 입력한다면, 0-나눗셈이 되어 불능이 된다.

ii. 사용자가 a와 b 값으로 모두 0을 입력한다면 부정이 되어 값을 얻을 수 없다.

iii. 위 두 가지 형태 이외의 값을 입력한 경우, –b / a를 계산할 수 있다.

세 가지 경우를 그림으로 표현하면 다음과 같다.

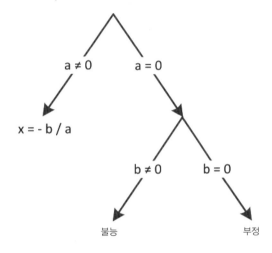

다음은 다중-택일 결정 구조를 사용한 순서도를 나타낸다.

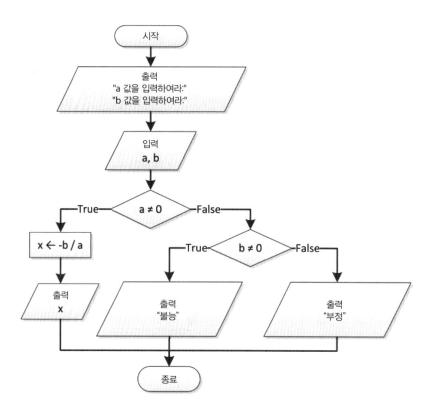

파이썬 프로그램은 다음과 같다.

file_22_2_4

```python
a = float(input("a 값을 입력하여라:"))
b = float(input("b 값을 입력하여라:"))

if a != 0:
    x = -b / a
    print(x)
elif b != 0:
    print("불능")
else:
    print("부정")
```

예제 22.2-5 **이차 방정식 ax² + bx + c = 0 풀기**

다음 이차 방정식의 근을 구하는 순서도와 파이썬 프로그램을 작성하여라.

$$ax^2 + bx + c = 0$$

풀이

위의 이차 방정식 문제는 계수 a의 값에 따라 세부 문제(subproblem)로 나눌 수 있다. 계수 a가 0이면 일차 방정식(bx + c = 0)이 되므로 이전 예제와 동일한 방식으로 풀면 된다. a가 0이 아니면, 위 수식의 근은 판별식 D(b^2 - 4 * a * c)를 사용하여 구할 수 있다. 이 예제에서는 복소수의 근을 다루는 D < 0인 경우에 대해서는 다루지 않는다. 다음 그림은 계수값에 따른 경우의 수를 보여 준다.

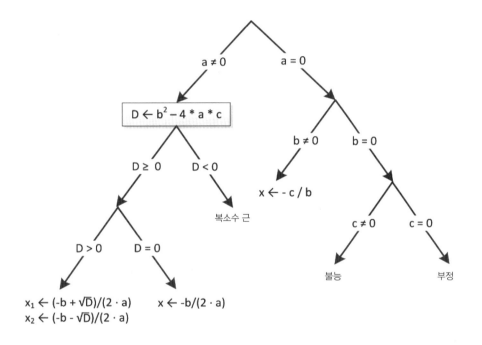

))) **주목할 것!** 위 그림은 a = 0인 경로에서 일차 방정식 bx + c = 0에 대해서는 이전 예제에서 이미 다루었으므로 나타내지 않았다.

위 그림을 바탕으로 순서도를 다음과 같이 설계할 수 있다.

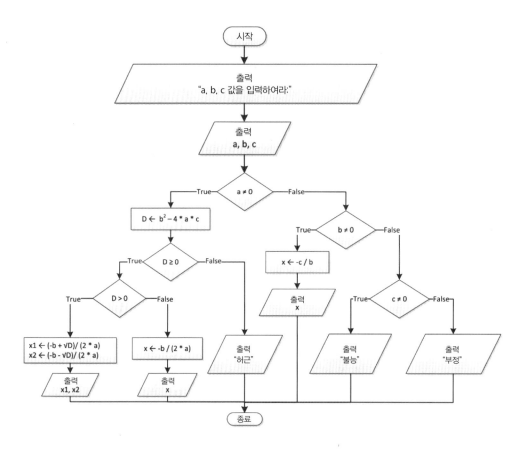

파이썬 프로그램은 다음과 같다.

```python
import math

print("a, b, c 값을 입력하여라:")
a = float(input())
b = float(input())
c = float(input())

if a != 0:
    D = b ** 2 - 4 * a * c
    if D >= 0:
        if D > 0:
            x1 = (-b + math.sqrt(D)) / (2 * a)
            x2 = (-b - math.sqrt(D)) / (2 * a)
            print("근:", x1, ",", x2)
        else:
```

```
            x = -b / (2 * a)
            print("하나의 중근:", x)
        else:
            print("허근")
else:
    if b != 0:
        x = -c / b
        print("근:", x)
    elif c != 0:
        print("불능")
    else:
        print("부정")
```

22.3 결정 제어 구조를 이용하여 최솟값과 최댓값 구하기

네 사람 중 몸무게가 가장 적게 나가는 사람이 누군지 알아보고자 한다. 네 사람이 차례대로 돌아가면서 자신의 몸무게를 말하기로 한다. 여기서 여러분이 해야 할 일은 첫 번째 사람이 말하는 몸무게를 기억하고 있다가 두 번째 사람이 몸무게를 말하면 첫 번째 사람의 몸무게와 두 번째 사람의 몸무게를 비교하여 더 적은 몸무게를 기억해야 한다. 세 번째 사람과 네 번째 사람이 몸무게를 말할 때에도 같은 방식으로 더 적은 몸무게를 기억해야 한다. 만약, 나중에 말하는 사람의 몸무게가 여러분이 기억하고 있는 몸무게보다 많으면 더 많이 나가는 몸무게는 무시한다. 반대로 나중에 말하는 사람의 몸무게가 여러분이 기억하고 있는 몸무게보다 적다면 이전에 기억하고 있던 몸무게는 무시하고 나중에 말하는 사람의 몸무게를 기억해야 한다.

네 사람이 차례대로 자신의 몸무게를 얘기하였을 때 그 순서가 75, 77, 72, 82킬로그램(kg)이라고 가정해 보자.

절차	minimum 변수의 값
첫 번째 사람이 자신의 몸무게가 75킬로그램이라고 말한다(minimum 변수에 몸무게값을 저장한다고 가정하자).	minimum = 75
두 번째 사람이 자신의 몸무게가 77킬로그램이라고 말한다. minimum 변수의 값은 바뀌지 않는다. minimum 변수에 저장되어 있는 몸무게값이 두 번째 사람의 몸무게값보다 더 적기 때문이다.	minimum = 75
세 번째 사람이 자신의 몸무게가 72킬로그램이라고 말한다. 세 번째 사람의 몸무게값이 minimum 변수에 저장되어 있는 몸무게값보다 더 적다. 따라서 72 값을 minimum 변수에 저장한다.	minimum = 72
네 번째 사람이 자신의 몸무게가 82킬로그램이라고 말한다. minimum 변수의 값은 바뀌지 않는다. minimum 변수에 저장되어 있는 몸무게값이 네 번째 사람의 몸무게값보다 더 적기 때문이다.	minimum = 72

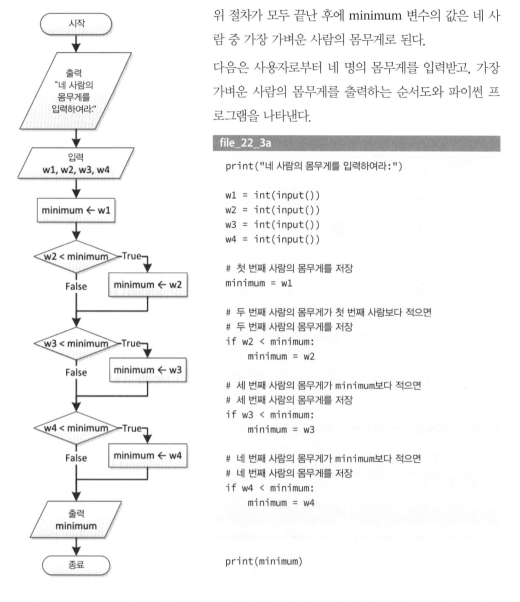

위 절차가 모두 끝난 후에 minimum 변수의 값은 네 사람 중 가장 가벼운 사람의 몸무게로 된다.

다음은 사용자로부터 네 명의 몸무게를 입력받고, 가장 가벼운 사람의 몸무게를 출력하는 순서도와 파이썬 프로그램을 나타낸다.

file_22_3a

```python
print("네 사람의 몸무게를 입력하여라:")

w1 = int(input())
w2 = int(input())
w3 = int(input())
w4 = int(input())

# 첫 번째 사람의 몸무게를 저장
minimum = w1

# 두 번째 사람의 몸무게가 첫 번째 사람보다 적으면
# 두 번째 사람의 몸무게를 저장
if w2 < minimum:
    minimum = w2

# 세 번째 사람의 몸무게가 minimum보다 적으면
# 세 번째 사람의 몸무게를 저장
if w3 < minimum:
    minimum = w3

# 네 번째 사람의 몸무게가 minimum보다 적으면
# 네 번째 사람의 몸무게를 저장
if w4 < minimum:
    minimum = w4


print(minimum)
```

주목할 것! 몸무게의 최솟값 대신 최댓값을 구하고 싶을 땐 모든 불리언 식에서 '<' 대신 '>' 기호를 사용하면 된다.

파이썬다운 방법은 다음과 같이 min( ) 함수를 사용하는 것이다.

```
print("네 사람의 몸무게를 입력하여라:")

w1 = int(input())
w2 = int(input())
w3 = int(input())
w4 = int(input())

print(min(w1, w2, w3, w4))
```

예제 22.3-1 몸무게가 가장 많이 나가는 사람의 이름 찾기

사용자로부터 세 명의 이름과 몸무게를 입력받고, 세 사람 중 몸무게가 가장 많이 나가는 사람의 이름과 몸무게를 출력하는 파이썬 프로그램을 작성하여라.

풀이

이 예제에서는 몸무게에 대한 변수뿐만 아니라 이름을 저장할 수 있는 변수가 필요하다. 파이썬 프로그램은 다음과 같다.

```
w1 = int(input("첫 번째 사람의 몸무게를 입력하여라: "))
n1 = input("첫 번째 사람의 이름을 입력하여라: ")

w2 = int(input("두 번째 사람의 몸무게를 입력하여라: "))
n2 = input("두 번째 사람의 이름을 입력하여라: ")

w3 = int(input("세 번째 사람의 몸무게를 입력하여라: "))
n3 = input("세 번째 사람의 이름을 입력하여라: ")

maximum = w1
m_name = n1            # 몸무게가 가장 많이 나가는 사람의 이름을 저장할 변수

if w2 > maximum:
    maximum = w2
    m_name = n2       # maximum보다 w2가 크므로 n2 값을 m_name에 저장

if w3 > maximum:
    maximum = w3
    m_name = n3       # maximum보다 w3이 크므로 n3 값을 m_name에 저장

print("몸무게가 가장 많이 나가는 사람:", m_name)
print("몸무게:", maximum)
```

주목할 것! 동일한 몸무게를 가지고 있는 두 사람이 있고, 이 두 사람의 몸무게가 가장 많이 나가면 위 프로그램은 두 사람 중 첫 번째 사람의 이름을 출력한다.

22.4 연속값 범위에 대한 예제

많은 문제에서 변숫값 또는 식의 결과에 따라 어떤 명령문 블록이 수행될지 정해진다. 이번 절의 예제에서는 값이나 식의 결과가 특정 범위 안에 있는지의 여부를 알아내는 방법에 대해서 살펴볼 것이다.

어떤 여성이 온도에 따라 자신이 입어야 할 옷과 액세서리 종류를 출력하고 싶어 한다고 가정해 보자.

온도(단위: 섭씨)	옷과 액세서리 종류
온도 < 7℃	스웨터, 코트, 청바지, 셔츠, 부츠
7℃ ≤ 온도 < 17℃	스웨터, 청바지, 재킷, 부츠
17℃ ≤ 온도 < 23℃	카프리 바지, 셔츠, 티셔츠, 민소매 옷, 샌들, 운동화
23℃ ≤ 온도	반바지, 티셔츠, 민소매 옷, 치마, 샌들

이런 경우, 단일–택일 결정 구조를 사용하고 싶을 수 있다. 단일–택일 결정 구조를 사용하는 것이 잘못된 것은 아니다. 하지만 위 표를 자세히 보면 각각의 조건은 상호 의존적이다. 다시 말해, 하나의 조건에 대한 값이 True이면 나머지 조건에 대해서는 평가하지 않아도 된다. 여러 가지 경우의 수 또는 조건 중 하나만 만족하면 된다.

이런 목적을 위해 사용할 수 있는 결정 제어 구조로는 두 가지가 있다. 하나는 다중–택일 결정 구조고, 다른 하나는 중첩 결정 제어 구조다. 이 중에서 다중–택일 결정 구조가 최선의 선택이다. 다중–택일 결정 구조가 사용하기 편하고 가독성 측면에서 좋기 때문이다.

예제 22.4-1 **할인액 계산하기**

쇼핑몰 구매자의 주문액에 따라 할인액을 계산해 주는 파이썬 프로그램을 작성하여라. 총 주문액이 30,000원 미만이면 할인율은 적용되지 않으며, 총 금액이 30,000원 이상 70,000원 미만이면 5%, 70,000원 이상 150,000원 미만이면 10%, 150,000원 이상이면 20%의 할인율이 적용된다.

풀이

할인율을 정리하면 다음과 같다.

범위	할인율(%)
주문액 < 30,000원	0
30,000원 ≤ 주문액 < 70,000원	5
70,000원 ≤ 주문액 < 150,000원	10
150,000원 ≤ 주문액	20

파이썬 프로그램은 다음과 같다.

file_22_4_1a

```
amount = float(input("주문액을 입력하여라: "))

if amount < 30000:
    discount = 0
elif amount >= 30000 and amount < 70000:
    discount = 5
elif amount >= 70000 and amount < 150000:
    discount = 10
elif amount >= 150000:
    discount = 20

payment = amount - amount * discount / 100

print("할인율: ", discount, "%", sep = "")
print("지불액: ", payment, "원", sep = "")
```

위 프로그램을 자세히 살펴보면, 굵은 글씨로 표시된 부분은 사실 필요가 없다. 다시 말해, 첫 번째 불리언 식의 결과가 False이면 두 번째 불리언 식을 평가하게 되는데, 이때 amount는 당연히 30,000보다 크거나 같다. 따라서 두 번째 불리언 식에서 "amount >= 30000"은 당연히 True가 되기 때문에 생략해도 무방하다. 같은 논리가 다음에 나오는 불리언 식에도 똑같이 적용된다. 다음은 불필요한 불리언 식을 제외한 파이썬 프로그램이다.

file_22_4_1b

```
amount = float(input("주문액을 입력하여라: "))

if amount < 30000:
    discount = 0
elif amount < 70000:
```

```
        discount = 5
    elif amount < 150000:
        discount = 10
    else:
        discount = 20

    payment = amount - amount * discount / 100
    print("할인율: ", discount, "%", sep = "")
    print("지불액: ", payment, "원", sep = "")
```

예제 22.4-2 데이터 입력 검증과 할인액 계산하기

데이터 입력 검증을 추가하여 이전 예제를 재작성하여라. 숫자가 아닌 값이나 음수를 입력한 경우에 적절한 오류 메시지가 출력되도록 한다.

풀이

'내부에서 외부로' 방식을 다시 한 번 사용해 보자. 내부 코드는 이전 예제에서 이미 다루었다. 데이터 입력 검증을 위한 외부 코드는 다음과 같다.

```
import re
IS_NUMERIC = "^[-+]?\\d+(\\.\\d+)?$"

inp = input("주문액을 입력하여라: ")

if not re.match(IS_NUMERIC, inp):
    print("입력한 값은 숫자가 아닙니다.")
else:
    amount = float(inp)
    if amount < 0:
        print("입력한 값은 음수입니다.")
    else:
        # 이곳에 지불해야 할 금액을 계산하여 출력하는 명령문이 위치함
```

이전 예제 코드와 위의 입력 데이터 검증 부분을 합치면 다음과 같다.

file_22_4_2
```
import re
IS_NUMERIC = "^[-+]?\\d+(\\.\\d+)?$"

inp = input("주문액을 입력하여라: ")

if not re.match(IS_NUMERIC, inp):
```

```
        print("입력한 값은 숫자가 아닙니다.")
else:
    amount = float(inp)
    if amount < 0:
        print("입력한 값이 음수입니다.")
    else:
        if amount < 30000:
            discount = 0
        elif amount < 70000:
            discount = 5
        elif amount < 150000:
            discount = 10
        else:
            discount = 20
        payment = amount - amount * discount / 100

        print("할인액: ", discount, "%", sep = "")
        print("지불액: ", payment, "원", sep = "")
```

예제 22.4-1 부분

예제 22.4-3 **소포 보내기**

우체국에서 소포를 보낼 때의 배송 비용은 다음 표와 같이 소포 무게와 목적지(국내/국외)에 따라 결정된다.

소포 무게(kg)	국내 우편(kg당 요금)	국제 우편(kg당 요금)
무게 < 1	1,000원	10,000원
1 ≤ 무게 < 2	1,300원	20,000원
2 ≤ 무게 < 4	1,500원	50,000원
4 ≤ 무게	2,000원	60,000원

사용자로부터 소포 무게와 목적지(국내는 "I", 국제는 "O")를 입력받아 배송 비용을 계산해 주는 순서도와 파이썬 프로그램을 작성하여라.

풀이

이 문제에 대한 순서도는 다음과 같다.

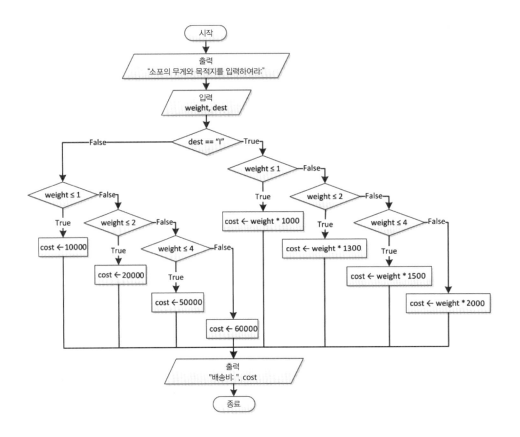

파이썬 프로그램은 다음과 같다.

```python
print("소포의 무게와 목적지를 입력하여라:")
weight = float(input())
dest = input()
if dest.upper() == "I":
    if weight <= 1:
        cost = weight * 1000
    elif weight <= 2:
        cost = weight * 1300
    elif weight <= 4:
        cost = weight * 1500
    else:
        cost = weight * 2000
else:
    if weight <= 1:
        cost = 10000
    elif weight <= 2:
```

```
        cost = 20000
    elif weight <= 4:
        cost = 50000
    else:
        cost = 60000

print("배송비:", cost)
```

🔊 주목할 것! 사용자는 목적지의 값을 대문자로 입력할 수도 있고, 소문자로도 입력할 수도 있다. upper( ) 함수를 사용하면 대소문자에 상관없이 입력받을 수 있다.

예제 22.4-4 y 값 구하기

사용자가 입력한 x 값에 대하여 다음 수식의 y 값을 구하는 순서도와 파이썬 프로그램을 작성하여라.

$$
y = \begin{cases}
\dfrac{x}{x-3} + \dfrac{8+x}{x+1}, & -5 < x \leq 0 \\
\dfrac{40x}{x-8}, & 0 < x \leq 6 \\
\dfrac{3x}{x-9}, & 6 < x \leq 20 \\
|x|, & \text{나머지 경우}
\end{cases}
$$

풀이

위 수식에는 다음과 같은 제약사항이 있다.

1. $\frac{8+x}{x+1}$ 에서 x는 -1이 되어서는 안 된다.

2. $\frac{3x}{x-9}$ 에서 x는 9가 되어서는 안 된다.

나머지 부분에 대해서는 x 값의 범위가 한정되어 있기 때문에 분모가 0이 되는 것이 불가능하다. 파이썬 프로그램은 다음과 같다.

file_22_4_4a

```
x = float(input("x 값을 입력하여라: "))

if -5 < x <= 0:
```

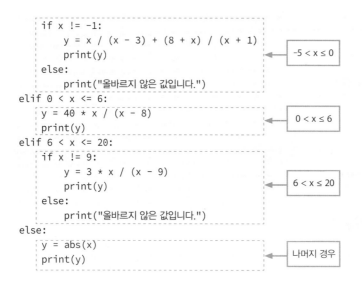

```
    if x != -1:
        y = x / (x - 3) + (8 + x) / (x + 1)
        print(y)                                 ◄─── -5 < x ≤ 0
    else:
        print("올바르지 않은 값입니다.")
elif 0 < x <= 6:
    y = 40 * x / (x - 8)                         ◄─── 0 < x ≤ 6
    print(y)
elif 6 < x <= 20:
    if x != 9:
        y = 3 * x / (x - 9)
        print(y)                                 ◄─── 6 < x ≤ 20
    else:
        print("올바르지 않은 값입니다.")
else:
    y = abs(x)                                   ◄─── 나머지 경우
    print(y)
```

위 프로그램에서 중복되어 있는 print(y) 명령문을 제거하고, 이 명령문을 프로그램 마지막에 한 번만 사용하는 방법은 없을지 궁금할 것이다. 이 물음에 대한 대답은 '아니요'다. 그 이유는 모든 결정 경로가 print(y) 명령문을 포함하고 있지 않기 때문이다.

그러나 컴퓨터 프로그래밍을 통해 배워야 할 중요한 사항 중 하나는 절대로 포기하면 안 된다는 것이다. 올바르지 않은 값에 대한 검사를 처음에 수행하도록 위 코드를 조금만 변경하면, print(y) 명령문을 마지막에 한 번만 사용하도록 만들 수 있다. 수정된 파이썬 프로그램은 다음과 같다.

file_22_4_4b

```
x = float(input("x 값을 입력하여라: "))

if x == -1 or x == 9:
    print("올바르지 않은 값입니다.")
else:
    if -5 < x <= 0:
        y = x / (x - 3) + (8 + x) / (x + 1)
    elif 0 < x <= 6:
        y = 40 * x / (x - 8)
    elif 6 < x <= 20:
        y = 3 * x / (x - 9)
    else:
        y = abs(x)
    print(y)
```

위 코드의 불리언 식에서 굵게 표시한 부분을 생략해도 될 것 같다고 생각한다면, 대답은 '아니요'다. 굵게 표시한 부분을 제거하고 사용자가 x 값으로 −20을 입력했다고 가정해 보자. 프로그램의 수행 흐름이 불리언 식 x <= 0에 도달하면, 불리언 식의 결과는 True가 된다. 따라서 x의 절댓값을 계산하는 것이 아니라 $\frac{x}{x-3} + \frac{8+x}{x+1}$를 계산하게 된다.

그래도 아직 희망이 있다. 위 코드에서 불필요한 불리언 식을 제거할 수 있다. 절댓값 x를 먼저 계산하도록 불리언 식의 위치를 바꾸는 것이다.

file_22_4_4c

```python
x = float(input("x 값을 입력하여라: "))

if x == -1 or x == 9:
    print("올바르지 않은 값입니다.")
else:
    if x <= -5 or x > 20:
        y = abs(x)
    elif x <= 0:
        y = x / (x - 3) + (8 + x) / (x + 1)
    elif x <= 6:
        y = 40 * x / (x - 8)
    else:
        y = 3 * x / (x - 9)
    print(y)
```

 주목할 것! 하나의 문제에 대해 여러 해결 방안이 존재한다. 여러 해결 방안 중 어느 것을 선택할지는 여러분에게 달렸다.

예제 22.4-5 **전력 소비량과 누진세**

전력 회사는 전력 소비량에 따라 전기요금을 부과한다.

시간당 킬로와트(kWh)	kWh당 요금
kWh ≤ 500	100원
501 ≤ kWh ≤ 2000	250원
2001 ≤ kWh ≤ 4000	400원
4001 < kWh	600원

사용자로부터 전력 소비량(kWh)을 입력받아 전력 사용에 대한 지불액을 출력하는 파이썬 프로그램을 작성하여라. 단, 위 표를 기준으로 누진세를 적용한다.

풀이

누진세의 의미를 예를 들어 설명하면 다음과 같다. 사용자가 2,200kWh 만큼의 전기를 사용했다면 모든 전력 소비량에 대해 400원의 누진세를 적용하여 부과하는 것이 아니다. 처음 500kWh에 대해서는 100원을 적용하고, 그 다음 1,500kWh에 대해서는 250원을 적용하고, 마지막 200kWh 대해서만 400원을 적용하는 것이다. 따라서 2,200kWh에 대해 지불해야 할 총 금액은 다음과 같다.

$$500 \times 100원 + 1500 \times 250원 + 200 \times 400원 = 505,000원$$

다른 전력 소비량에 대해서도 동일한 방식을 적용한다. 예를 들어, 4,300kWh에 대해 처음 500kWh에 대해서는 100원을 적용하고, 그 다음 1,500kWh에 대해서는 250원을 적용하고, 다음 2,000kWh에 대해서는 400원을 적용하고, 마지막 300kWh에 대해서만 600원을 적용한다. 따라서 4,300kWh에 대하여 지불해야 할 총 금액은 다음과 같다.

$$500 \times 100원 + 1500 \times 250원 + 2000 \times 400원 + 300 \times 600원 = 1,405,000원$$

파이썬 프로그램은 다음과 같다.

```
file_22_4_5
kWh = int(input("전력 소비량을 입력하여라(kWh): "))

if kWh <= 500:
    t = kWh * 100
elif kWh <= 2000:
    t = 500 * 100 + (kWh - 500) * 250
elif kWh <= 4000:
    t = 500 * 100 + 1500 * 250 + (kWh - 2000) * 400
else:
    t = 500 * 100 + 1500 * 250 + 2000 * 400 + (kWh - 4000) * 600

print("지불 총금액:", t)
```

예제 22.4-6 전력 소비량과 누진세, 그리고 데이터 검증, 코드 최적화

이전 예제에 데이터 입력에 대한 검증 부분을 추가하여 파이썬 프로그램을 재작성하여라. 사용자가 숫자가 아닌 값을 입력하거나 음수를 입력한 경우, 이에 대한 오류 메시지가 출력되도록 한다. 게다가 결과를 좀 더 빠르게 계산하기 위해 코드를 최적화해야 한다. 지방세로 10%를 추가로 부과한다.

풀이

코드 최적화를 위해서는 이전 프로그램에서 사용했던 곱셈, 덧셈, 뺄셈의 수를 줄여야 한다. 예를 들어, 다음 코드를 살펴보자.

```
t = 500 * 100 + (kWh - 500) * 250
```

위 코드를 다음과 같이 최적화할 수 있다.

```
t = 50000 + (kWh - 500) * 250
```

좀 더 최적화하면, 다음과 같이 재작성할 수 있다.

```
t = 250 * kWh - 75000
```

유사한 방식으로 다음 코드를 살펴보자.

```
t = 500 * 100 + 1500 * 250 + (kWh - 2000) * 400
```

위 코드를 다음과 같이 최적화할 수 있다.

```
t = 50000 + 375000 + (kWh - 2000) * 400
```

좀 더 최적화하면 다음과 같이 재작성할 수 있다.

```
t = 425000 + (kWh - 2000) * 400
```

최종적으로 다음과 같이 최적화할 수 있다.

```
t = 400 * kWh - 375000
```

데이터 검증에 대해서는 '내부에서 외부로' 방식을 사용하여 해결할 수 있으며, 데이터 검증을 위한 외부 코드는 다음과 같다.

```
import re
IS_NUMERIC = "^[-+]?\\d+(\\.\\d+)?$"

inp = input("전력 소비량을 입력하여라(kWh): ")
```

```
    if not re.match(IS_NUMERIC, inp):
        print("입력한 값은 숫자가 아닙니다.")
    else:
        kWh = int(inp)
        if kWh < 0:
            print("입력한 값은 음수입니다.")
        else:
            # 이곳에 지불해야 할 금액을 계산하여 출력하는 명령문이 위치함
```

위 프로그램과 이전 예제의 마지막 프로그램을 합치고, 코드 최적화를 적용한 최종 파이썬 프로그램은 다음과 같다.

file_22_4_6

```
import re
IS_NUMERIC = "^[-+]?\\d+(\\.\\d+)?$"
inp = input("전력 소비량을 입력하여라(kWh): ")

if not re.match(IS_NUMERIC, inp):
    print("입력한 값은 숫자가 아닙니다.")
else:
    kWh = int(inp)
    if kWh < 0:
        print("입력한 값은 음수입니다.")
    else:
        if kWh <= 500:
            t = kWh * 100
        elif kWh <= 2000:
            t = 250 * kWh - 75000
        elif kWh <= 4000:
            t = 400 * kWh - 375000
        else:
            t = 600 * kWh - 1175000

        t = 1.10 * t        # 이 명령문은 t = t + (t * 10 / 100)과 동일함
        print("세금을 포함한 총 지불액:", t)
```

예제 22.4-5에 코드 최적화 적용

주목할 것! 이전 예제의 코드와 비교하여 코드 최적화를 수행한 결과가 좀 더 효율적으로 동작하지만 코드를 읽고 이해하기에는 더 어렵다. "t = 600 * kWh - 117,5000" 명령문이 실제로 "t = 500 * 100 + 1500 * 250 + 2000 * 400 + (kWh - 4000) * 600"이었다는 사실을 아는 사람은 없을 것이다. 때때로 코드 효율성이 중요한 상황에서는 코드 가독성의 희생을 감수해야 한다. 위 프로그램은 코드가 어떤 식으로 최적화될 수 있는지를 보여 주는 예로, 이런 방식의 코드 최적화를 반드시 따라야 한다는 것은 아니다. 오늘날의 컴퓨터 성능은 날로 발전해 가고 있어 효율성에 대해 많은 고민을 하지 않아도 된다. 미래의 마크 저커버그(페이스북 설립자)나 빌 게이츠(마이크로소프트 설립자)가 되기 전까지는 읽기 쉬운 프로그램 코드를 작성하는 것이 좋다. 이 책에서도 마찬가지로 코드의 효율성보다 가독성을 더 중요시한다.

예제 22.4-7 누진율과 문자 메시지 서비스

통신 회사는 문자 메시지 서비스에 대해 한 달에 8,000원의 기본 요금을 부과한다. 기본 요금에 추가 요금이 다음 표와 같이 사용자가 송신한 문자 메시지의 수에 따라 부과된다.

송신 메시지의 수	누진율(문자 메시지당 요금)
50개 까지	기본 요금에 포함
51~150개	60
151개 이상	90

사용자로부터 송신 문자 메시지의 수를 입력받고, 사용자가 지불할 총 금액을 계산하고 출력하는 파이썬 프로그램을 작성하여라. 지방세는 10%가 추가로 부과되며, 위 표를 기준으로 누진율이 적용된다.

풀이

파이썬 프로그램은 다음과 같다.

file_22_4_7
```
count = int(input("송신 메시지의 수를 입력하여라: "))

if count <= 50:
    extra = 0
elif count <= 150:
    extra = (count - 50) * 60
else:
    extra = 100 * 60 + (count - 150) * 90

total_without_tax = 8000 + extra
tax = total_without_tax * 10 / 100
total = total_without_tax + tax
print("지불해야 할 총 금액:", total)
```

22.5 결정 제어 구조를 가진 일반 형태의 프로그래밍 예제

예제 22.5-1 윤년 계산하기

사용자로부터 연도를 입력받고, 해당 연도가 윤년인지 아닌지의 여부를 출력하는 파이썬 프로그램을 작성하여라. 입력값이 숫자가 아닌 경우, 오류 메시지가 출력되도록 한다.

풀이

윤년을 판단하는 기준은 다음과 같으며, 두 조건 중 최소한 하나만 만족해도 윤년이다.

조건 1: 연도가 4로 정확히 나누어지지만, 100으로는 나누어지지 않을 때

조건 2: 연도가 400으로 정확히 나누어질 때

다음 표는 윤년을 만족하거나 만족하지 않는 연도의 예를 보여 준다.

연도	조건	결과	설명	윤년
1600	조건 1	False	4로도 나누어지고 100으로도 또한 나누어짐	예
	조건 2	**True**	400으로 나누어짐	
1900	조건 1	False	4로도 나누어지고 100으로도 또한 나누어짐	아니요
	조건 2	False	400으로 나누어지지 않음	
1918	조건 1	False	4로 나누어지지 않음	아니요
	조건 2	False	400으로 나누어지지 않음	
2000	조건 1	False	4로도 나누어지고 100으로도 또한 나누어짐	예
	조건 2	**True**	400으로 나누어짐	
2002	조건 1	False	4로 나누어지지 않음	아니요
	조건 2	False	400으로 나누어지지 않음	
2004	조건 1	**True**	4로 나누어지지만, 100으로는 나누어지지 않음	예
	조건 2	False	400으로 나누어지지 않음	
2016	조건 1	**True**	4로 나누어지지만, 100으로는 나누어지지 않음	예
	조건 2	False	400으로 나누어지지 않음	

파이썬 프로그램은 다음과 같다.

file_22_5_1

```python
import re
IS_NUMERIC = "^[-+]?\\d+(\\.\\d+)?$"

inp = input("연도를 입력하여라: ")

if not re.match(IS_NUMERIC, inp):
    print("입력한 값은 숫자가 아닙니다.")
else:
    y = int(inp)
    if y % 4 == 0 and y % 100 != 0 or y % 400 == 0:
        print("윤년입니다.")
```

```
    else:
        print("윤년이 아닙니다.")
```

 기억할 것!   and 연산자는 or 연산자보다 우선순위가 높다.

예제 22.5-2 월의 날짜 수 출력하기

사용자로부터 월과 연도를 입력받고, 사용자가 입력한 월의 날짜 수를 출력하는 파이썬 프로그램을 작성하여라. 윤년을 고려해야 하며, 윤년인 경우에 2월은 29일이고, 윤년이 아닌 경우에 2월은 28일이다.

풀이

파이썬 프로그램은 다음과 같다.

file_22_5_2

```
m = int(input("월을 입력하여라(1 - 12): "))
y = int(input("연도를 입력하여라: "))

if m == 2:
    if y % 4 == 0 and y % 100 != 0 or y % 400 == 0:
        print("입력한 월은 29일까지 있습니다.")
    else:
        print("입력한 월은 28일까지 있습니다.")
elif m == 4 or m == 6 or m == 9 or m == 11:
    print("입력한 월은 30일까지 있습니다.")
else:
    print("입력한 월은 31일까지 있습니다.")
```

예제 22.5-3 숫자가 회문인가?

회문(palindrome)은 앞으로 읽으나 뒤로 읽으나 서로 동일한 문자나 숫자를 의미한다. 예를 들어, 숫자 '13631'은 회문이다. 사용자로부터 다섯 자리 숫자를 입력받아 입력값이 회문인지를 판단하여 출력하는 파이썬 프로그램을 작성하여라. 사용자가 숫자가 아닌 값을 입력하거나 다섯 자리 숫자가 아닐 경우 오류 메시지가 출력되도록 한다.

풀이

이 문제를 해결하는 데는 두 가지 방법이 있다. 첫 번째 방법은 다섯 자리 숫자를 각 자릿수 단위로 쪼개어 다섯 개의 변수에 저장하는 방식이고, 두 번째 방법은 숫자를 문자열처럼 취급하여 처리하는 방식이다. 두 가지 방법을 자세히 분석해 보자.

첫 번째 방법

사용자로부터 입력받은 숫자가 회문인지 여부를 판단하기 위해 13장에서 배운 방법대로 다섯 자리 숫자를 각 자릿수 단위로 쪼개어 다섯 개의 변수에 저장한다. 그런 다음, 첫 번째 자릿수와 다섯 번째 자릿수가 동일한지 비교하고, 두 번째 자릿수와 네 번째 자릿수가 동일한지 비교한다. 이런 비교 모두 True로 평가되면 해당 숫자는 회문이다.

데이터 입력을 검증하기 위해 사용자가 입력한 숫자가 다섯 자릿수를 가지고 있는지를 검사해야 한다. 다섯 자릿수 숫자는 10,000부터 99,999까지다. 따라서 해당 숫자가 이 범위 안에 있는지를 검사하면 된다.

서로 다른 종류의 오류 메시지를 출력하기 위해 다중-택일 결정 구조를 사용하는 것이 가장 좋다. 다음 순서도와 같이 오류가 발생할 수 있는 모든 경우를 먼저 검증한 후에 문제를 해결하도록 한다.

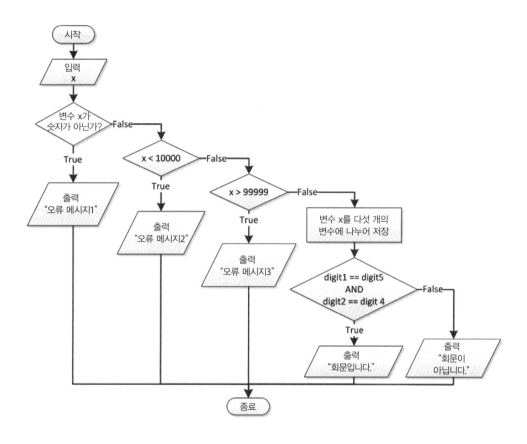

최종 파이썬 프로그램은 다음과 같다.

```python
import re
IS_NUMERIC = "^[-+]?\\d+(\\.\\d+)?$"

inp = input()

if not re.match(IS_NUMERIC, inp):
    print("숫자가 아닙니다.")
else:
    x = int(inp)
    if x < 10000:
        print("5자릿수보다 작은 수입니다.")
    elif x > 99999:
        print("5자릿수보다 큰 수입니다.")
    else:
        digit1, r = divmod(x, 10000)
        digit2, r = divmod(r, 1000)
```

```
        digit3, r = divmod(r, 100)
        digit4, digit5 = divmod(r, 10)

        if digit1 == digit5 and digit2 == digit4:
            print("회문입니다.")
        else:
            print("회문이 아닙니다.")
```

두 번째 방법

이 방법은 숫자를 문자열처럼 다룬다. 사용자로부터 입력받은 숫자를 문자열로 변환하고, 이를 역순으로 변환한 문자열과 서로 비교한다. 비교 결과가 동일하면 회문으로 판단할 수 있다. 파이썬 프로그램은 다음과 같다.

```
import re
IS_NUMERIC = "^[-+]?\\d+(\\.\\d+)?$"


inp = input()


if not re.match(IS_NUMERIC, inp):
    print("숫자가 아닙니다.")
else:
    x = int(inp)
    if x < 10000:
        print("5자릿수보다 작은 수입니다.")
    elif x > 99999:
        print("5자릿수보다 큰 수입니다.")
    else:
        inp_reversed = inp[::-1]
        if inp == inp_reversed:
            print("회문입니다.")
        else:
            print("회문이 아닙니다.")
```

예제 22.5-4 문장의 첫 대문자와 구두점 검사하기

사용자로부터 영어 문장을 입력받고, 영어 문장의 대문자와 구두점이 올바른지 검사하는 파이썬 프로그램을 작성하여라. 영어 문장의 첫 문자는 대문자이어야 하며, 마지막 문자는 마침표, 물음표, 또는 느낌표이어야 한다.

풀이

이 예제에서는 문자열의 첫 문자와 마지막 문자를 구분해야 한다. 이미 배워 알고 있듯이, 문자열의 각 문자는 인덱스 표기법을 통하여 접근할 수 있다. 인덱스 0은 첫 번째 문자, 인덱스 1은 두 번째 문자 등으로 접근할 수 있다. 또한, 파이썬에서는 인덱스 –1을 마지막 문자, 인덱스 –2를 끝에서 두 번째 문자 등으로 접근할 수 있다. 동일한 방식을 사용하여 다른 위치에 있는 문자에 접근할 수 있다. 이런 방법을 사용하여 문자열의 첫 번째 문자를 가져오는 파이썬 명령문은 다음과 같다.

```python
first_char = sentence[0]
```

또한, 문자열의 마지막 문자를 가져오는 파이썬 명령문은 다음과 같다.

```python
last_char = sentence[-1]
```

파이썬 프로그램은 다음과 같다.

file_22_5_4a

```python
sentence = input("영어 문장을 입력하여라: ")

# 첫 번째 문자를 가져온다.
first_char = sentence[0]

# 마지막 문자를 가져온다.
last_char = sentence[-1]

sentence_is_okay = True

if first_char != first_char.upper():
    sentence_is_okay = False
elif last_char != "." and last_char != "?" and last_char != "!":
    sentence_is_okay = False

if sentence_is_okay == True:
    print("이상 없음!")
```

사용자로부터 입력받은 영어 문장은 초기에 올바르다고 가정(sentence_is_okay = True)하고, 첫 번째 문자의 대소문자 여부와 마지막 문자의 구두점을 검사한다. 이들 조건 중에 하나라도 만족하지 못하면 sentence_is_okay 변수에 False를 할당한다.

위 프로그램을 파이썬다운 방식으로 다시 작성하면 다음과 같다.

```
sentence = input("영어 문장을 입력하여라: ")

if sentence[0] == sentence[0].upper() and sentence[-1] in ".?!":
    print("이상 없음!")
```

22.6 프로그래밍 연습문제

다음 프로그래밍 연습문제를 완성하여라.

1. 사용자로부터 두 개의 정수를 입력받아 이들 정수 중 최소한 하나라도 홀수가 있는지의 여부를 출력하는 순서도와 파이썬 프로그램을 작성하여라. 두 개 정수 중 하나라도 홀수가 아닌 경우에는 "특별하지 않네요!"라는 메시지를 출력해야 하며, 사용자의 입력값이 숫자가 아닌 경우에는 오류 메시지가 출력되도록 한다.

2. 사용자로부터 두 개의 정수를 입력받아 이들 정수 모두 3과 4로 나누어지는지의 여부를 출력하는 순서도와 파이썬 프로그램을 작성하여라. 예를 들어, 12는 3과 4로 나누어진다. 사용자의 입력값이 숫자가 아니거나 실수인 경우, 오류 메시지가 출력되도록 한다.

3. 다음 메뉴를 출력하는 파이썬 프로그램을 작성하여라.

    1. 켈빈 온도를 화씨 온도로 변환

    2. 화씨 온도를 켈빈 온도로 변환

    3. 화씨 온도를 섭씨 온도로 변환

    4. 섭씨 온도를 화씨 온도로 변환

    사용자로부터 메뉴 선택(1부터 4까지) 값과 온도값을 입력받아 사용자가 선택한 단위로 변환한 온도값을 결과로 출력한다. 게다가, 메뉴 선택 과정에서 1부터 4까지의 숫자가 아닌 다른 숫자를 사용자가 입력하거나 온도값 입력 과정에서 숫자가 아닌 다른 값을 사용자가 입력한 경우에는 오류 메시지가 출력되도록 한다.

    온도 변환 수식은 다음과 같다.

    $$1.8 \times \text{켈빈 온도} = \text{화씨 온도} + 459.67$$

    $$\frac{\text{섭씨 온도}}{5} = \frac{(\text{화씨 온도} - 32)}{9}$$

4. 사용자로부터 첫 번째 정수, 연산자 종류(+, -, *, /, DIV, MOD, POWER), 그리고 두 번째 정수를 입력받은 후, 연산 결과를 출력하는 파이썬 프로그램을 작성하여라.

5. 사용자로부터 입력받은 x에 대해 다음 수식의 y를 구하는 순서도와 파이썬 프로그램을 작성하여라.

$$y = \frac{5x+3}{x-5} + \frac{3x^2+2x+2}{x+1}$$

6. 사용자로부터 입력받은 x에 대해 다음 수식의 y를 구하는 순서도와 파이썬 프로그램을 작성하여라. 사용자가 숫자가 아닌 값을 입력한 경우에는 오류 메시지가 출력되도록 한다.

$$y = \begin{cases} \dfrac{x^2}{x+1} + \dfrac{3-\sqrt{x}}{x+2}, & x \geq 10 \\[3mm] \dfrac{40x}{x-9} + 3x, & x < 10 \end{cases}$$

7. 사용자로부터 입력받은 x에 대해 다음 수식의 y를 구하는 순서도와 파이썬 프로그램을 작성하여라.

$$y = \begin{cases} \dfrac{x}{\sqrt{x+30}} + \dfrac{(8+x)^2}{x+1}, & -15 < x \leq -10 \\[3mm] \dfrac{|40x|}{x-8}, & -10 < x \leq 0 \\[3mm] \dfrac{3x}{\sqrt{x-9}}, & 0 < x \leq 25 \\[2mm] x-1, & \text{나머지 경우} \end{cases}$$

8. 세 사람의 나이를 입력받아 세 사람 중에 나이가 중간인(두 번째로 많은) 사람의 나이를 출력하는 파이썬 프로그램을 작성하여라. 세 사람의 나이는 모두 다르다고 가정한다.

9. 세 사람의 나이와 이름을 입력받아 나이가 중간인 사람과 나이 차이가 가장 적게 나는 사람의 이름을 출력하는 파이썬 프로그램을 작성하여라. 즉, 나이가 가장 많은 사람 또는 가장 어린 사람 중에 나이가 중간인 사람과 나이 차이가 적은 사람의 이름을 출력해야 한다. 세 사람의 나이는 모두 다르다고 가정한다.

10. 암스트롱(Armstrong) 숫자는 세 자릿수 정수로서 각 자릿수 세제곱의 합이 자기 자신의 숫자와 같은 숫자를 의미한다. 예를 들어, 371은 암스트롱 숫자다. $3^3 + 7^3 + 1^3 = 371$이기 때문이다. 사용자로부터 세 자릿수 정수를 입력받고, 그 정수가 암스트롱 숫자인지를 판단하는 파이썬 프로그램을 작성하여라. 입력값이 숫자가 아니거나 세 자릿수 정수가 아닌 경우 오류 메시지가 출력되도록 한다.

11. 사용자로부터 미래의 월(1부터 12)과 연도값을 입력받아 현재부터 해당 연도의 월이 끝날 때까지 며칠이 남았는지를 출력하는 파이썬 프로그램을 작성하여라. 단, 윤년을 고려해야 한다. 윤년의 2월은 28일이 아니라 29일까지 존재한다.

12. 사용자로부터 여섯 개의 알파벳 문자를 입력받고, 두 개 문자마다 대문자로 되어 있는지의 여부를 나타내는 파이썬 프로그램을 작성하여라. 예를 들어, AtHeNa 또는 aThEnA는 두 개 문자마다 대문자로 되어 있는 예다.

13. 전자북 온라인 서점에서 한 권의 도서를 10,000원에 팔고 있다. 사용자로부터 구매 도서의 수를 입력받고, 다음 표의 할인율에 근거하여 할인율을 적용하였을 때 지불해야 할 총 금액을 출력하는 파이썬 프로그램을 작성하여라.

주문량(권)	할인율(%)
3 ~ 5	10
6 ~ 9	15
10 ~ 13	20
14 ~ 19	27
20 이상	30

14. 슈퍼마켓에서 다음 표에 근거하여 구매 수량에 따라 할인을 제공하고 있다.

구매 수량의 범위	할인율(%)
구매 수량 < 50	0
50 ≤ 구매 수량 < 100	1
100 ≤ 구매 수량 < 200	2
200 ≤ 구매 수량	3

사용자로부터 구매 수량을 입력받아 구매 수량에 따라 구매자가 얼마만큼의 할인을 받을 수 있는지를 출력하는 파이썬 프로그램을 작성하여라. 아울러, 부가가치세로 19%가 부가되며, 입력값이 숫자가 아니거나 음수인 경우 오류 메시지가 출력되도록 한다.

15. 체질량지수(BMI, body mass index)는 다음 수식에 근거하여 성인의 키와 몸무게에 따라 과체중인지 저체중인지를 판단하는 데 사용된다.

$$BMI = \frac{몸무게}{키^2}$$

사용자로부터 나이, 몸무게(킬로그램 단위), 키(미터 단위)를 입력받아 다음 표에 근거하여 과체중 정도를 출력하는 파이썬 프로그램을 작성하여라. 나이가 18세 미만인 경우, "해당하지 않은 나이입니다."라는 메시지가 출력되도록 한다.

BMI	설명
BMI < 15	매우 마름
15 ≤ BMI < 16	마름
16 ≤ BMI < 18.5	저체중
18.5 ≤ BMI < 25	보통
25 ≤ BMI < 30	과체중
30 ≤ BMI < 35	경도 비만
35 ≤ BMI	고도 비만

16. 수자원 회사는 다음 표에 근거하여 물 사용량에 따라 수도세를 부과하고 있다.

물 사용량(입방미터)	입방미터당 요금
사용량 ≤ 10	3,000원
11 ≤ 사용량 ≤ 20	5,000원
21 ≤ 사용량 ≤ 35	7,000원
36 ≤ 사용량	9,000원

사용자로부터 총 물 사용량(입방미터)을 입력받아 물 사용량에 따른 수도세를 계산하여 출력하는 파이썬 프로그램을 작성하여라. 위 표에 따라 누진율이 적용되며, 지방세가 10% 추가 부과된다. 사용자가 숫자가 아닌 값을 입력하거나 음수를 입력한 경우, 오류 메시지를 출력하도록 한다.

17. 사용자로부터 수입과 자녀 수를 입력받아 다음 표에 따라 지불해야 할 총 세금을 계산하여 출력하는 파이썬 프로그램을 작성하여라. 자녀 수가 최소 1명인 경우, 총 세금이 2% 감면되며, 다음 표의 기준에 따라 누진율이 적용된다.

수입(만 원)	세금률(%)
수입 ≤ 800	10
800 < 수입 ≤ 3,000	15
3,000 < 수입 ≤ 7,000	25
7,000 < 수입	30

18. 보퍼트 풍력지수(Beaufort wind force scale)는 해상의 풍량을 측정하는 지수다. 사용자로부터 풍속을 입력받아 다음 표에 근거해 입력값에 해당하는 보퍼트 풍력지수와 설명을 출력하는 파이썬 프로그램을 작성하여라. 입력값이 숫자가 아니거나 음수일 경우, 오류 메시지가 출력되도록 한다. 또한, 보퍼트 풍력지수가 3 이하인 경우에는 "산책하기 좋아요!"라는 메시지를 추가로 출력해야 한다.

풍량(시간당 마일)	보퍼트 풍력지수	설명
풍량 < 1	0	고요
1 ≤ 풍량 < 4	1	실바람
4 ≤ 풍량 < 8	2	남실바람
8 ≤ 풍량 < 13	3	산들바람
13 ≤ 풍량 < 18	4	건들바람
18 ≤ 풍량 < 25	5	흔들바람
25 ≤ 풍량 < 31	6	된바람
31 ≤ 풍량 < 39	7	센바람
39 ≤ 풍량 < 47	8	큰바람
47 ≤ 풍량 < 55	9	큰셈바람
55 ≤ 풍량 < 64	10	노대바람
64 ≤ 풍량 < 74	11	왕바람
74 ≤ 풍량	12	싹쓸바람

다음 문제에 답하여라.

1. 불리언 식이란 무엇인가?

2. 파이썬에서 지원하는 비교 연산자에는 어떠한 것들이 있는가?

3. 어떤 논리 연산자를 사용하여 논리곱을 수행할 수 있는가?

4. 어떤 논리 연산자를 사용하여 논리합을 수행할 수 있는가?

5. 논리 연산자 and는 어떤 경우에 True 결과를 반환하는가?

6. 논리 연산자 or는 어떤 경우에 True 결과를 반환하는가?

7. 논리 연산자의 우선순위를 나열하여라.

8. 산술, 비교, 멤버십, 논리 연산자의 우선순위를 나열하여라.

9. 프로그래밍에서 코드 들여쓰기(code indentation)란 무엇인가?

10. 일반 형태의 단일-택일 결정 구조를 사용하는 순서도와 파이썬 프로그램을 작성하여라. 그리고 이 구조가 어떻게 동작하는지 설명하여라.

11. 일반 형태의 단일-택일 결정 구조를 사용하는 순서도와 파이썬 프로그램을 작성하여라. 그리고 이 구조가 어떻게 동작하는지 설명하여라.

12. 일반 형태의 다중-택일 결정 구조를 사용하는 순서도와 파이썬 프로그램을 작성하여라. 그리고 이 구조가 어떻게 동작하는지 설명하여라.

13. '중첩 결정 구조'의 의미를 설명하여라.

14. 중첩 결정 구조에서 중첩되는 결정 구조의 수는 얼마나 되어야 하는가? 제한이 있는가?

15. 어떤 경우에 다중-택일 결정 구조를 중첩 결정 구조로 변환할 수 있는가?

16. 어떤 경우에 중첩 결정 구조를 다중-택일 결정 구조로 변환할 수 있는가?

17. 일차 방정식을 해결하기 위한 모든 경우의 수를 보여 주는 다이어그램을 만들어라.

18. 이차 방정식을 해결하기 위한 모든 경우의 수를 보여 주는 다이어그램을 만들어라.

19. 어떤 경우에 윤년으로 간주되는가?

20. 회문 숫자란 무엇인가?

V

루프 제어 구조

PART V 루프 제어 구조

루프 제어 구조 소개

23.1 루프 제어 구조란?

루프 제어 구조(loop control structure)는 특정 조건을 만날 때까지 명령문 블록을 여러 번 수행하는 제어 구조다. 다음과 같이 두 가지 유형의 루프 제어 구조가 있다.

- **무한 루프 구조(indefinite loop structure)**: 이 구조는 반복 시작 전에 반복 횟수가 미리 정해져 있지 않고, 특정 조건에 따라 반복 횟수가 달라진다. 예를 들어, 사용자가 종료 시점을 결정하지 않는 한, 루프는 무한히 반복될 수 있다.
- **유한 루프 구조(definite loop structure)**: 이 구조는 반복 시작 전에 반복 횟수가 미리 정해져 있다. 예를 들어, '반복은 매우 훌륭한 구조다.'라는 메시지를 100회 반복하여 출력하고자 할 때 100회의 반복 횟수를 미리 정하고 반복을 수행하는 것이다.

23.2 순차 제어 구조부터 루프 제어 구조까지

다음 예제는 사용자로부터 네 개의 숫자를 입력받고, 이들 숫자의 총합을 계산하고 출력한다. 이 예제는 여러분에게 아직 생소한 루프 제어 구조 대신, 어느 정도 익숙한 순차 제어 구조를 사용하고 있다.

```
a = float(input())
b = float(input())
c = float(input())
d = float(input())

total = a + b + c + d
```

```
print(total)
```

위 프로그램은 꽤 짧아 보이고, 실제로도 매우 짧다. 그러나 네 개의 숫자 대신, 1000개의 숫자를 입력해야 한다면 다시 생각해 봐야 할 것이다. float(input( )) 명령문을 1000번 작성한다고 상상해 보라! 얼마나 끔찍한 일인가! 그러면 float(input( )) 명령문을 한 번만 작성하고 그 명령문을 1000회 수행하도록 컴퓨터에게 지시하는 것이 더 낫지 않을까? 사실, 이런 방식의 수행을 위해 루프 제어 구조가 필요한 것이다.

순차 제어 구조 대신 루프 제어 구조를 사용한다면 위 프로그램을 약간 수정해야 한다. 이제부터 수수께끼를 풀어 보자. 두 개의 변수 a와 total 만을 사용하도록 위 프로그램을 수정해 보자. 위 프로그램은 네 개의 숫자를 입력받아 이들 숫자들의 총합을 계산하고 출력하는 프로그램이다. 그러나 단지 두 개의 변수만을 사용하여 총합을 계산해야 한다. 어떤 방식으로 이런 수수께끼를 해결할 수 있을까? 다음과 같은 방식으로 해결할 수 있을 것이다. '두 개의 변수로 할 수 있는 유일한 방법은 a 변수로 값을 읽고, 그런 다음 읽은 값을 total에 할당하는 것이다.' 이런 방식이 꽤 타당해 보이며, 다음과 같은 코드로 나타낼 수 있다.

```
a = float(input())
total = a
```

위 코드와 동일한 코드를 다음과 같이 작성할 수 있다.

```
total = 0

a = float(input())
total = total + a
```

이제 다음 단계로 넘어가 보자. 여러분이 실제로 해야 할 것을 생각하고, 생각하고, 또 생각해 보자.

첫 번째 숫자가 total 변수에 할당되어 있기 때문에 a 변수는 현재 사용할 수 있는 상태에 있다. 그래서 두 번째 값을 읽기 위해 a 변수를 재사용할 수 있다. 그러면 다음과 같이 total 변수에 두 번째 값을 누적시킬 수 있다.

```
total = 0

a = float(input())
total = total + a
```

```
a = float(input())
total = total + a
```

total = total + a 명령문은 a 변수의 값을 total 변수에 누적한다. 예를 들어, total 변수가 5 값을 가지고 있고, a 변수가 3 값을 가지고 있다면, total = total + a 명령문은 8 값을 total 변수에 할당한다.

두 번째 숫자가 total 변수에 누적되었기 때문에 변수 a는 재사용 가능하다. 물론, 이런 과정을 네 개의 숫자 모두를 읽고 total 변수에 누적할 때까지 계속 반복한다. 이런 원리를 이용한 전체 파이썬 프로그램은 다음과 같다. 이 프로그램에서도 아직까지 루프 제어 구조를 사용하고 있지 않음에 주목하자.

```
total = 0

a = float(input())
total = total + a

a = float(input())
total = total + a

a = float(input())
total = total + a

a = float(input())
total = total + a

print(total)
```

사용자는 네 개의 숫자를 입력해야 하기 때문에, 이 명령문 쌍은 네 번 작성되어야 한다.

위 프로그램과 초기 프로그램과의 가장 큰 차이는 동일한 명령문 쌍이 4번 사용되었다는 점이다.

물론, 이 예제를 숫자 네 개보다 더 많은 숫자를 읽어 그것들의 총합을 계산하도록 확장할 수 있다. 이제 좀 더 명확히 이해했을 것이다. 같은 명령문 쌍을 반복해 작성한다는 것이 얼마나 고통스러운 일인지 인식했을 것이기 때문에 네 개 숫자 이상의 숫자를 읽고 그것들의 총합을 계산할 수 있더라도 같은 명령문 쌍을 반복해 작성하고 싶지는 않을 것이다.

그래서 중요한 점은 반복된 명령문들 중 하나의 명령문 쌍만 주목하면 된다. 그리고 그 명령문 쌍이 네 번 수행될 수 있도록 루프 제어 구조를 사용하는 것이다(원하면 1,000회 수행도 가능하다). 다음 코드를 살펴보자.

```
total = 0

execute_these_statements_4_times:
    a = float(input())
    total = total + a

print(total)
```

execute_these_statements_4_times라는 명령문이 실제로 파이썬에 존재하지는 않는다. 이 명령문은 예제 목적으로 사용된 것이다. 24장에서 파이썬이 지원하는 루프 제어 구조에 관해서 자세히 살펴보자.

23.3 복습문제: 참/거짓

다음 문제를 읽고 **참** 또는 **거짓**으로 답하여라.

1. 루프 제어 구조는 특정 조건을 만날 때까지 하나의 명령문이나 명령문 블록을 여러 번 수행하도록 해 주는 제어 구조다.

2. 순차 제어 구조를 사용하여 사용자로부터 1000개의 숫자를 읽어서 그것들의 총합을 계산하는 것이 가능하다.

3. 다음 코드는 total 변수에 10 값을 누적한다.

   ```
   total = 10
   a = 0
   total = total + a
   ```

4. 다음 파이썬 프로그램은 명확성을 만족한다.

   ```
   a = 10
   total = total + a
   print(total)
   ```

5. 다음 두 코드는 서로 동등하다고 볼 수 있다.

   ```
   a = 5              total = 0
   total = a          a = 5
                      total = total + a
   ```

24

while–루프

24.1 사전-검사 루프 구조

다음 순서도는 사전-검사 루프 구조(pre-test loop structure)를 나타낸다.

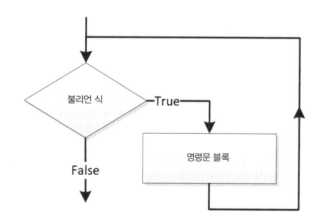

주목할 것! 결정 기호(다이아몬드 혹은 마름모 모양)는 결정 제어 구조와 루프 제어 구조 모두에서 사용된다. 그러나 루프 제어 구조에서 다이아몬드의 출구 중 하나는 항상 위쪽 방향이어야 한다.

수행 흐름이 사전-검사 루프 구조에 이르렀을 때 어떤 일이 발생하는지 살펴보자. 불리언 식의 결과가 True이면 명령문 블록이 수행되며, 수행 흐름은 위쪽 결정 기호 방향으로 다시 되돌아 간다. 불리언 식의 결과가 다시 True이면 이런 과정이 반복된다. 불리언 식의 결과가 False이면 루프를 벗어난다.

주목할 것! '사전-검사 루프 구조"는 불리언 식을 먼저 평가하고, 명령문 블록을 그 다음으로 수행하기 때문에 이러한 이름이 붙여졌다.

 주목할 것! 루프에 진입하기 전에 불리언 식이 먼저 평가되기 때문에 사전-검사 루프 구조는 반복을 아예 수행하지 않을 수도 있다.

 주목할 것! 명령문 블록이 수행될 때를 컴퓨터 과학에서는 '루프가 반복되고 있다' 혹은 '루프가 반복을 수행하고 있다'라고 표현한다.

이런 구조를 나타내는 일반 형태의 파이썬 명령문은 다음과 같다.

```
while 불리언 식:
    명령문 블록
```

다음 예제는 숫자 1부터 10까지를 화면에 출력한다.

file_24_1

```
i = 1
while i <= 10:
    print(i)
    i += 1
```

 주목할 것! 결정 제어 구조에서와 마찬가지로 사전-검사 루프 구조 내부에 있는 명령문들은 들여쓰기되어야 한다.

while-루프도 또한 다음과 같이 else 키워드와 조합될 수 있다.

```
while 불리언 식:
    명령문 블록 1
else:
    명령문 블록 2
```

그러나 위와 같은 형태는 실제로 거의 사용하지 않는다. 그래서 이 책에서는 이 형태를 더 이상 언급하지 않겠다.

예제 24.1-1 순서도를 설계하고 반복 횟수 세기

다음 파이썬 프로그램을 순서도로 변환하여라. 그리고 반복 횟수를 적어라.

```
i = 4
while i > 0:
    i -= 1

print("끝")
```

풀이

위 프로그램에 대한 순서도는 다음과 같다.

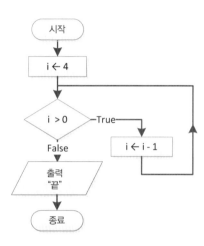

다음 추적표는 수행 흐름을 관찰하는 데 유용하다.

단계	명령문	설명	i
1	i = 4		4
2	while i > 0:	True로 평가된다.	
3	i = i - 1		3
4	while i > 0:	True로 평가된다.	
5	i = i - 1		2
6	while i > 0:	True로 평가된다.	
7	i = i - 1		1
8	while i > 0:	True로 평가된다.	
9	i = i - 1		0
10	while i > 0:	False로 평가된다.	
11	print("끝")	"끝" 메시지를 출력한다.	

첫 번째 반복 (단계 2~3)
두 번째 반복 (단계 4~5)
세 번째 반복 (단계 6~7)
네 번째 반복 (단계 8~9)

앞의 추적표를 통해 알 수 있듯이 반복 횟수는 총 4번이다. 이제, 다음과 같은 결론을 유도할 수 있다.

- 총 반복 횟수를 찾고자 한다면, 불리언 식의 수행 횟수가 아닌 명령문 블록이 수행되는 횟수를 알아내면 된다.
- 사전-검사 루프 구조에서 명령문 블록이 N번 수행되면, 불리언 식은 N+1번 평가된다.

예제 24.1-2 총 반복 횟수 세기

다음 파이썬 프로그램에서 수행되는 총 반복 횟수를 적어라.

```
i = 4
while i >= 0:
    i -= 1

print("끝")
```

풀이

위 예제는 이전 예제와 거의 동일하다. i=0일 때도 불리언 식의 결과가 True라는 점만 다르다. 그러므로 총 다섯 번의 반복을 수행한다.

예제 24.1-3 순서도를 설계하고 반복 횟수 세기

다음 파이썬 프로그램을 순서도로 변환하여라. 그리고 이 파이썬 프로그램이 수행하는 총 반복 횟수를 적어라.

```
i = 1
while i != 6:
    i += 2

print("끝")
```

풀이

위 프로그램에 대한 순서도는 다음과 같다.

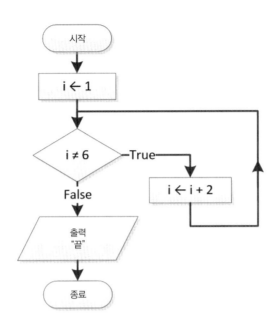

다음 추적표는 수행 흐름을 관찰하는 데 유용하다.

단계	명령문	설명	i	
1	i = 1		**1**	
2	while i != 6:	True로 평가된다.		첫 번째 반복
3	i += 2		**3**	
4	while i != 6:	True로 평가된다.		두 번째 반복
5	i += 2		**5**	
6	while i != 6:	True로 평가된다.		세 번째 반복
7	i += 2		**7**	
8	while i != 6:	True로 평가된다.		
9	...	...		
10	...	...		

위 추적표를 통해 알 수 있듯이, 변수 i에 6이 절대로 할당되지 않기 때문에 이 프로그램은 무한히 반복된다. 따라서 이 프로그램은 유한성을 만족하지 못한다.

예제 24.1-4 **반복 횟수 세기**

다음 파이썬 프로그램의 반복 횟수를 적어라.

```python
i = -10
while i > 0:
    i -= 1

print("끝")
```

풀이

초기에 −10 값이 변수 i에 할당된다. 그 다음 줄에 있는 불리언 식이 False로 평가되기 때문에 i −= 1 명령문의 수행 없이 곧바로 print("끝") 명령문으로 간다. 그래서 이 프로그램은 총 0회의 반복을 수행한다.

예제 24.1-5 **네 개 숫자의 총합 구하기**

사용자로부터 네 개의 숫자를 입력받고, 이들 숫자의 총합을 출력하는 파이썬 프로그램을 작성하여라.

풀이

네 개 숫자의 총합을 계산하는 예제(23장)를 다시 살펴보자. 이 예제를 조금 변형하여 다음과 같은 형태의 파이썬 프로그램을 작성할 수 있다.

```python
total = 0

execute_these_statements_4_times:
    a = float(input())
    total = total + a

print(total)
```

위의 execute_these_statements_4_times 명령문을 실제 파이썬 명령문으로 변환해 보자. while 명령문이 execute_these_statements_4_times의 역할을 수행할 수 있으며, 반복 횟수를 나타내기 위해 한 개의 변수를 추가해야 한다. 그런 다음, 원하는 횟수만큼 반복을 수행한 후에 루프를 벗어나게 만든다.

다음은 반복 횟수를 total_number_of_iterations로 명시한 파이썬 코드다.

```
i = 1
while i <= total_number_of_iterations:
    명령문 블록
    i += 1
```

위 프로그램에서 total_number_of_iterations으로 상숫값이 오거나 변수 혹은 표현식이 올 수 있다.

📢 주목할 것! 변수 이름으로 i를 반드시 사용할 필요는 없다. counter, count, k 등과 같이 프로그래머가 적절한 의미를 부여한 이름을 가지는 변수를 사용해도 무방하다.

최종 프로그램은 위 프로그램과 이전 프로그램을 조합하여 다음과 같이 작성할 수 있다.

file_24_1_5

```
total = 0

i = 1
while i <= 4:
    a = float(input())
    total = total + a

    i += 1

print(total)
```

> 이 명령문의 쌍은 총 4번 수행되기 때문에 사용자는 4번 반복하여 숫자를 입력한다.

예제 24.1-6 숫자 20개의 곱 구하기

사용자로부터 20개의 숫자를 입력받고, 이들 숫자의 곱을 계산하고 출력하는 파이썬 프로그램을 작성하여라.

풀이

순차 제어 구조를 이용하여 작성하면 다음 코드와 같다.

```
p = 1

a = float(input())
p = p * a

a = float(input())
```

> 이 명령문 쌍은 20번 작성되어야 한다.

```
p = p * a
...
...
a = float(input())
p = p * a
```

🔊 **주목할 것!** 변수 p가 0 대신 1로 초기화된다. 이런 초기화는 명령문 p = p * a를 수행하기 위해 필요하다. 즉, p가 0으로 초기화되면 최종 결과는 0이 되기 때문이다.

이전 예제를 통해 배운 지식을 활용하여 작성한 최종 프로그램은 다음과 같다.

1file_24_1_6

```
p = 1

i = 1
while i <= 20:
    a = float(input())
    p = p * a

    i += 1

print(p)
```

예제 24.1-7 숫자 N개의 곱 구하기

사용자로부터 N개의 숫자를 입력받고, 이들 숫자의 곱을 계산하고 출력하는 파이썬 프로그램을 작성하여라. 프로그램의 시작 부분에서 N 값을 사용자로부터 입력받는다.

풀이

이 예제에서 총 반복 횟수는 사용자의 입력값에 따라 달라진다. n회의 반복을 수행하는 파이썬 코드는 다음과 같다.

```
n = int(input())

i = 1
while i <= n:
    명령문 블록
    i += 1
```

이제까지 배운 내용을 바탕으로 파이썬 프로그램을 작성하면 다음과 같다.

```
n = int(input())

p = 1

i = 1
while i <= n:
    a = float(input())
    p = p * a
    i += 1

print(p)
```

예제 24.1-8 홀수의 합 구하기

사용자로부터 20개 정수를 입력받고, 이들 정수 중 홀수의 합을 계산하고 출력하는 순서도를 설계하고 파이썬 프로그램을 작성하여라.

풀이

이 예제는 아주 쉽다. 루프 내부에서 숫자가 홀수인지를 판별한 후에 숫자가 홀수이면 total 변수에 그 숫자를 더하고, 짝수이면 더하지 않는다. 이에 대한 순서도는 다음과 같다.

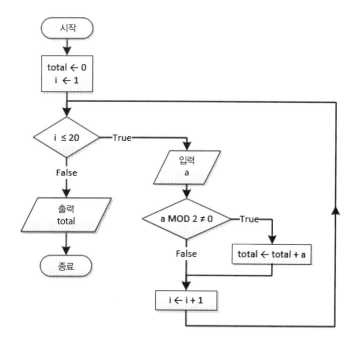

앞의 순서도와 일치하는 파이썬 프로그램은 다음과 같다.

```
total = 0

i = 1
while i <= 20:
    a = int(input())
    if a % 2 != 0:
        total= total + a
    i += 1

print(total)
```

예제 24.1-9 정해져 있지 않은 개수의 숫자 합 계산하기

사용자가 –1 값을 입력할 때까지 반복해 숫자값을 읽어 들이는 파이썬 프로그램을 작성하여라. 입력이 완료되면 입력 숫자의 총합을 화면에 출력한다(-1 값은 총합에 포함하지 않는다). 다음으로, 작성한 프로그램이 10, 20, 5, –1의 입력값에 대해 정확히 동작하는지 추적표를 만들어 검사하여라.

풀이

이 예제에서 총 반복 횟수가 정해져 있지 않다. 결정 제어 구조를 사용할 경우, 다음과 같은 형태로 프로그램을 작성할 수 있다.

```
total = 0

a = float(input())
if a != -1:
    total = total + a          ← 이 부분이 실제로
    a = float(input())            반복되는 부분이다.
    if a != -1:
        total = total + a
        a = float(input())
        if a != -1:
            total = total + a
            a = float(input())
            ...
            ...

print(total)
```

결정 제어 구조 대신, 루프 제어 구조를 이용하여 프로그램을 다시 작성해 보자. 최종 프로그램은 다음과 같으며, 수행 흐름을 따라가 보면 앞의 프로그램은 이전 프로그램과 동일하게 동작함을 알 수 있다.

file_24_1_9

```
total = 0

a = float(input())
while a != -1:
    total= total + a
    a = float(input)

print(total)
```

이제 10, 20, 5, -1의 입력값에 대해 위 프로그램이 정확히 동작하는지를 나타내는 추적표를 작성해 보자.

단계	명령문	설명	a	total
1	total = 0		–	0
2	a = float(input())		10	0
3	while a != -1:	True로 평가된다.		
4	total = total + a		10	10
5	a = float(input())		20	10
6	while a != -1:	True로 평가된다.		
7	total = total + a		20	30
8	a = float(input())		5	30
9	while a != -1:	True로 평가된다.		
10	total = total + a		5	35
11	a = float(input())		-1	35
12	while a != -1:	False로 평가된다.		
13	print(total)	35 값이 출력된다.		

위 추적표에서 볼 수 있듯이, total 변수의 마지막 값은 10 + 20 + 5의 계산 결과인 35이다. 최종 입력값인 -1은 총합에 더해지지 않았다.

24.2 사후-검사 루프 구조

사후-검사 루프 구조(post-test loop structure)에 대한 순서도는 다음과 같다.

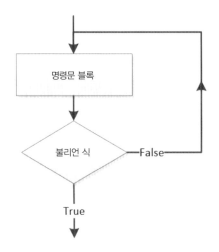

 기억할 것! 루프 제어 구조에서 다이아몬드의 출구 중 하나는 항상 위쪽 방향이어야 한다.

수행 흐름이 사후-검사 루프 구조에 이르렀을 때 어떤 일이 발생하는지 살펴보자. 명령문 블록이 먼저 수행되고, 그런 다음 불리언 식의 결과가 False이면 명령문 블록 바로 위 지점으로 되돌아간다. 이때 명령문 블록이 한 번 더 수행되며, 불리언 식의 결과가 다시 False이면 이런 과정이 반복된다. 불리언 식의 결과가 True이면 루프를 벗어난다.

 주목할 것! 사후-검사 루프 구조는 명령문 블록을 먼저 수행하고, 그런 다음 불리언 식을 검사한다는 점에서 사전-검사 루프 구조와 다르다.

 주목할 것! 명령문 블록이 수행될 때를 컴퓨터 과학에서는 '루프가 반복되고 있다' 혹은 '루프가 반복을 수행하고 있다'라고 표현한다.

C, C++, C#, 자바, PHP, 비주얼 베이직 등의 대다수 컴퓨터 언어가 사후-검사 루프 구조를 지원하고 있음에도 파이썬은 이런 구조에 대한 명령문을 지원하고 있지 않아 사후-검사 루프 구조 자체를 직접 사용할 수는 없다. 그러면 '파이썬 프로그램에서 사후-검사 루프 구조를 사용하고 싶다면 어떻게 해야 할까?'

결론부터 말하면, 파이썬 프로그램에서 사후-검사 루프 구조를 당연히 사용할 수 있다. 물론, 간접 방식으로 if와 break 명령문과 함께 while 명령문을 이용한다. 해결 방법은 무한 루프를 우선 만들고 명령문 블록 다음에 불리언 식을 두는 것이며, 이 불리언 식이 True로 평가되면 루프를 벗어나게 하는 것이다. 이런 방식을 일반 형태의 코드로 나타내면 다음과 같다.

```
while True:
    명령문 블록
    if 불리언 식: break
```

 주목할 것! break 명령문을 사용하여 반복이 완전히 완료되기 전에 루프를 벗어나게 할 수 있다.

다음 예제는 1부터 10까지의 숫자를 화면에 출력한다.

file_24_2

```
i = 1
while True:
    print(i)
    i += 1
    if i > 10: break
```

예제 24.2-1 총 반복 횟수를 세는 순서도 설계하기

다음 파이썬 프로그램을 순서도로 변환하여라. 그리고 이 파이썬 프로그램의 총 반복 횟수를 적어라.

```
i = 3
while True:
    i = i - 1
    if i <= 0: break

print("끝")
```

풀이

위 프로그램에 대한 순서도는 다음과 같다.

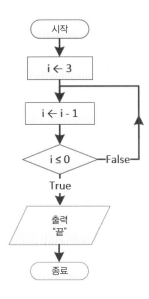

이제 수행 흐름을 관찰하기 위한 추적표를 만들어 보자.

단계	명령문	설명	i
1	i = 3		3
2	i = i - 1		2
3	if i <= 0: break	False로 평가된다.	
4	i = i - 1		1
5	if i <=0: break	False로 평가된다.	
6	i = i - 1		0
7	if i <=0: break	True로 평가된다.	
8	print("끝")	"끝" 메시지를 출력한다.	

첫 번째 반복

두 번째 반복

세 번째 반복

위 추적표를 통해 알 수 있듯이, 반복 횟수는 총 세 번이다. 이제 다음과 같은 결론을 유도해 낼 수 있다.

- 총 반복 횟수를 얻으려면 불리언 식의 수행 횟수를 세거나 명령문 블록이 수행되는 횟수를 알아내면 된다.
- 사후-검사 루프 구조에서 명령문 블록이 N번 수행되면 불리언 식 또한 N번 평가된다.

예제 24.2-2 총 반복 횟수 세기

다음 파이썬 프로그램에서 수행되는 총 반복 횟수를 적어라.

```python
i = 3
while True:
    i -= 1
    if i < 0: break

print("끝")
```

풀이

이 예제는 이전 예제와 거의 동일하다. i=0일 때도 불리언 식 i < 0의 결과가 여전히 False라는 점만 다르다. 그러므로 총 네 번의 반복을 수행한다.

예제 24.2-3 순서도를 설계하고 총 반복 횟수 세기

다음 파이썬 프로그램을 순서도로 변환하여라. 그리고 이 파이썬 프로그램의 총 반복 횟수를 적어라. 사후-검사 루프 구조를 사전-검사 루프 구조로 바꾸면 어떤 일이 발생할까?

```python
i = -1
while True:
    i -= 1
    print("안녕하세요!")
    if i <= 0: break

print("끝")
```

풀이

위 프로그램에 대한 순서도는 다음과 같다.

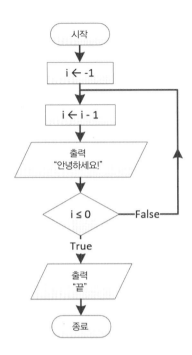

초기에 –1 값이 변수 i에 할당된다. 최초로 루프 내부로 진입하면 변수 i의 값은 1 감소되어 –2 가 되고 "안녕하세요!" 메시지를 출력한다. 그런 다음, 불리언 식이 True로 평가되기 때문에 print("끝") 명령문으로 바로 간다. 그래서 이 프로그램은 총 1회의 반복만을 수행한다.

다음과 같이 사후-검사 루프 구조 대신, 사전-검사 루프 구조를 사용하면 어떻게 될지 살펴 보자.

```
i = -1
while i > 0:
    i -= 1
    print("안녕하세요!")
print("끝")
```

초기에 –1 값이 변수 i에 할당된다. 불리언 식이 False로 평가되기 때문에 루프 내부를 수행하 지 않고 print("끝") 명령문으로 바로 간다. 그래서 총 0회의 반복을 수행한다(즉, 반복을 수행하지 않는다).

 기억할 것! 최소한 한 번의 반복을 수행하는 사후-검사 루프 구조와 달리, 사전-검사 루프 구조는 한 번의 반복도 수행하지 않을 수도 있다.

예제 24.2-4 총 반복 횟수 세기

다음 파이썬 프로그램의 총 반복 횟수를 적어라.

```python
i = 1
while True:
    i = i + 2
    if i == 4: break

print("끝")
```

풀이

수행 흐름을 관찰하기 위한 추적표를 만들어 보자.

단계	명령문	설명	i	
1	i = 1		1	
2	i = i + 2		3	첫 번째 반복
3	if i == 4: break	False로 평가된다.		
4	i = i + 2		5	두 번째 반복
5	if i == 4: break	False로 평가된다.		
6	i = i + 2		7	세 번째 반복
7	if i == 4: break	False로 평가된다.		
8	…	…		
9	…	…		

위 추적표에서 볼 수 있듯이, 변수 i에 4 값이 절대로 할당되지 않기 때문에 위 프로그램은 무한히 반복된다. 그래서 이 프로그램은 유한성을 만족하지 못한다.

예제 24.2-5 숫자 N개의 곱 계산하기

사용자로부터 N개의 숫자를 입력받고, 이들 숫자의 곱을 계산하고 출력하는 파이썬 프로그램을 작성하여라. 프로그램의 시작 부분에서 사용자로부터 N 값을 입력받는다. 사후-검사 루프 구조를 사전-검사 루프 구조로 바꾸면 어떤 일이 발생할까?

풀이

사전-검사 루프 구조를 이용하여 N개 숫자의 곱을 계산하고 출력하는 파이썬 프로그램은 앞서 이미 분석해 보았다. 그래서 자세한 설명은 생략한다. 그러나 이해를 돕기 위해 다음과 같이 사전-검사 루프 구조와 사후-검사 루프 구조를 다시 한 번 살펴보자.

<table>
<tr><td>

file_24_2_5a

```
n = int(input())

p = 1

i = 1

while i <= n:
    a = float(input())
    p = p * a

    i += 1


print(p)
```

</td><td>

file_24_2_5b

```
n = int(input())

p = 1

i = 1

while True:
    a = float(input())
    p = p * a

    i += 1
    if i > n: break


print(p)
```

</td></tr>
</table>

사용자가 0보다 큰 값을 입력하면, 위의 두 프로그램은 정확히 같은 방식으로 동작한다. 그러나 사용자가 양수가 아닌 값[1]을 입력하면 두 프로그램은 서로 다르게 동작한다. 예를 들어, 0 값을 사용자가 입력하였을 때 왼쪽 프로그램은 반복을 수행하지 않지만, 오른쪽 프로그램은 한 번은 수행한다.

 기억할 것! 최소한 한 번의 반복을 수행하는 사후-검사 루프 구조와 달리, 사전-검사 루프 구조는 한 번의 반복도 수행하지 않을 수도 있다.

위의 두 프로그램이 서로 동일하게 동작하게 하려면, 변수 n이 i보다 크거나 같은 값을 가지고 있는지를 검사하는 if 명령문을 오른쪽 프로그램에 추가해야 한다. 이를 반영한 프로그램은 다음과 같다.

---

1 0이나 음숫값을 의미한다.

file_24_2_5c

```
n = int(input())

p = 1

i = 1
if i <= n:
    while True:
        a = float(input())
        p = p * a

        i += 1
        if i > n: break

print(p)
```

예제 24.2-6 정해져 있지 않은 개수의 숫자 곱 계산하기

사용자가 –1 값을 입력할 때까지 반복하여 숫자값을 읽는 파이썬 프로그램을 작성하여라. 입력이 완료되면, 입력 숫자의 곱을 화면에 출력한다(–1 값은 최종 곱 결과에 포함하지 않는다). 다음으로, 2, 4, 5, –1의 입력값에 대해 작성한 프로그램이 정확히 동작하는지 추적표를 만들어 검사하여라.

풀이

파이썬 프로그램은 다음과 같다.

file_24_2_6

```
p = 1

a = float(input())
while True:
    p = p * a
    a = float(input())
    if a == -1: break

print(p)
```

수행 흐름을 관찰하기 위한 추적표를 만들어 보자.

단계	명령문	설명	a	p
1	p = 1		–	**1**
2	a = float(input())		**2**	1
3	p = p * a		2	**2**
4	a = float(input())		**4**	2
5	if a == -1: break	False로 평가된다.		
6	p = p * a		4	**8**
7	a = float(input())		**5**	8
8	if a == -1: break	False로 평가된다.		
9	p = p * a		5	**40**
10	a = float(input())		**–1**	40
11	if a == -1: break	True로 평가된다.		
12	print(p)	40이 출력된다.		

위 추적표를 통해 알 수 있듯이, p 변수의 마지막 값은 2 × 4 × 5의 계산 결과인 40이다. 마지막 입력값인 –1은 최종 결과에 곱해지지 않았다.

24.3 중간-검사 루프 구조

중간-검사 루프 구조(mid-test loop structure)에 대한 순서도는 다음과 같다.

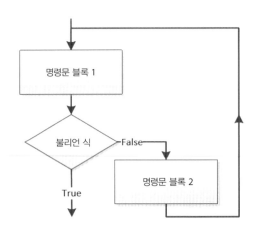

수행 흐름이 중간-검사 루프 구조에 이르렀을 때 어떤 일이 발생하는지 살펴보자. 명령문 블록

1이 수행된 직후 다음에 있는 불리언 식이 False이면 명령문 블록 2가 수행된다. 그리고 명령문 블록 1의 바로 위 지점으로 되돌아간다. 따라서 명령문 블록 1은 한 번 이상 수행되며, 불리언 식이 다시 False이면 이 과정은 반복된다. 불리언 식이 True일 때 루프를 벗어난다.

Ada와 같은 일부 컴퓨터 언어에서 중간-검사 루프 제어 구조를 지원하고는 있지만, 불행히도 파이썬은 중간-검사 루프 제어 구조를 지원하고 있지 않다. 그러나 if와 break 명령문과 함께 while 명령문을 이용하여 중간-검사 루프 구조를 작성할 수는 있다. 우선, 루프를 만들고 두 명령문 블록 사이에 불리언 식을 넣고 그 불리언 식이 True일 때 루프를 벗어나게 만드는 것이다. 일반 형태의 코드는 다음과 같다.

```
while True:
    명령문 블록 1
    if 불리언 식: break
    명령문 블록 2
```

 기억할 것!　break 명령문을 이용하면 반복이 완전히 완료되기 전에 루프를 벗어나게 할 수 있다.

다음 예제는 1부터 10까지의 숫자를 화면에 출력한다.

file_24_3

```
i = 1
while True:
    print(i)
    if i >= 10: break
    i += 1
```

예제 24.3-1 순서도 설계와 반복 횟수 세기

다음 파이썬 프로그램과 일치하는 순서도를 설계하고 각 단계마다 변수 i의 값을 나타내는 추적표를 생성하여라.

```
i = 10
while True:
    print(i)
    i += 5
    if i > 45: break
    print(i ** 2)
    i += 10

print("끝")
```

풀이

위 파이썬 프로그램과 일치하는 순서도는 다음과 같다.

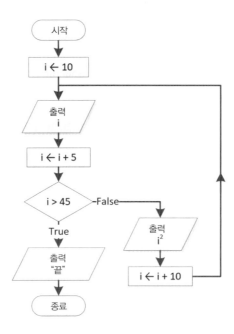

수행 흐름을 관찰하기 위한 추적표를 만들어 보자.

단계	명령문	설명	i
1	i = 10		10
2	print(i)	10이 출력된다.	
3	i += 5		15
4	if i > 45: break	False로 평가된다.	
5	print(i ** 2)	225가 출력된다.	
6	i += 10		25
7	print(i)	25가 출력된다.	
8	i += 5		30
9	if i > 45: break	False로 평가된다.	
10	print(i ** 2)	900이 출력된다.	
11	i += 10		40

12	print(i)	40이 출력된다.	
13	i += 5		**45**
14	if i > 45: break	False로 평가된다.	
15	print(i ** 2)	2025가 출력된다.	
16	i += 10		**55**
17	print(i)	55가 출력된다.	
18	i += 5		**60**
19	if i > 45: break	True로 평가된다.	
20	print("끝")	"끝" 메시지가 출력된다.	

24.4 복습문제: 참/거짓

다음 문제를 읽고 **참** 또는 **거짓**으로 답하여라.

1. 사전-검사 루프 구조는 한 번의 반복도 수행하지 않을 수 있다.

2. 사전-검사 루프 구조의 순서도에서 다이아몬드 기호의 양쪽 출구는 모두 위쪽 방향이다.

3. 사전-검사 루프 구조의 명령문 블록은 최소한 한 번 이상 수행된다.

4. 사전-검사 루프 구조는 불리언 식이 True로 평가될 때 반복을 멈춘다.

5. 사전-검사 루프 구조에서 명령문 블록이 N번 수행되면 불리언 식은 N-1번 평가된다.

6. 사후-검사 루프 구조는 한 번의 반복도 수행하지 않을 수 있다.

7. 사후-검사 루프 구조는 불리언 식이 True로 평가될 때 반복을 멈춘다.

8. 사후-검사 루프 구조에서 명령문 블록이 N번 수행되면 불리언 식도 N번 평가된다.

9. 사후-검사 루프 구조의 내부에 결정 제어 구조를 넣을 수 없다.

10. 사전-검사 루프 구조 내부에 중간-검사 루프 구조를 넣는 것이 가능하다.

11. 중간-검사 루프 구조에서 명령문 블록 1은 명령문 블록 2와 동일한 횟수로 수행된다.

12. 다음 코드는 "안녕"이라는 단어를 10회 출력한다.

```
i = 1
while i <= 10:
    print("안녕")
i += 1
```

13. 다음 파이썬 프로그램은 유한성을 만족하지 못한다.

```
i = 1
while i != 10:
    print("안녕")
    i += 2
```

14. 다음 코드는 "안녕"을 무한히 출력한다.

```
i = 1
while True:
    print("안녕")
    if i < 10: break
```

15. 다음 파이썬 프로그램은 명확성을 만족한다.

```
while True:
    print("안녕")
    i += 1
    if i > 10: break
```

16. 다음 파이썬 프로그램은 명확성을 만족하지 못한다.

```
b = int(input())
while True:
    a = 1 / (b - 1)
    b += 1
    if b > 10: break
```

17. 다음 코드는 "철수"를 10회 출력한다.

```
i = 1
while True:
    print("철수")
    if i > 10: break
    i += 1
```

18. 다음 파이썬 프로그램은 최소 한 개의 중간-검사 루프 구조를 가지고 있다.

```
s = 0
while not False:
    while not False:
        a = int(input())
        if a >= -1: break
    if a == -1: break
    s += a
print(s)
```

24.5 복습문제: 객관식

다음 문제에서 옳은 것을 모두 골라라.

1. 순서도에서 다이아몬드 기호는 어떤 곳에서 사용되는가?

    a. 결정 제어 구조

    b. 루프 제어 구조

    c. 위 모두 옳다.

2. 사후-검사 루프 구조에 대한 설명으로 옳은 것은?

    a. 사전-검사 루프 구조보다 한 번의 반복을 더 수행한다.

    b. 사전-검사 루프 구조와 동일한 수만큼의 반복을 항상 수행한다.

    c. 위 모두 옳지 않다.

3. 사후-검사 루프 구조의 명령문 블록에 대한 설명으로 옳은 것은?

    a. 불리언 식이 평가되기 이전에 수행된다.

    b. 불리언 식이 평가된 후에 수행된다.

    c. 위 모두 옳지 않다.

4. 다음 코드는 "안녕! 영희" 메시지를 몇 회 출력하는가?

```
i = 1
while i < 10:
    print("안녕! 영희")
    i += 1
```

    a. 10회

    b. 9회

    c. 1회

    d. 0회

    e. 위 모두 옳지 않다.

5. 다음 코드는 "안녕! 호동" 메시지를 몇 회 출력하는가?

```
i = 1
while i < 10:
    print("안녕!")
print("안녕! 호동")
i += 1
```

a. 10회

b. 1회

c. 0회

d. 위 모두 옳지 않다.

6. 다음 코드는 "안녕! 호순" 메시지를 몇 회 출력하는가?

```
i = 1
while i < 10:
    i += 1
print("안녕!")
print("안녕! 호순")
```

a. 10회

b. 1회

c. 0회

d. 위 모두 옳지 않다.

7. 다음 코드는 "안녕! 길동" 메시지를 몇 회 출력하는가?

```
i = 1
while i >= 10:
    print("안녕!")
    print("안녕! 길동")
    i += 1
```

a. 10회

b. 1회

c. 0회

d. 위 모두 옳지 않다.

8. 다음 파이썬 프로그램에 대한 설명으로 옳은 것은?

```
n = int(input())
s = 0
i = 1
while i < n:
    a = float(input())
    s = s + a
    i += 1
print(s)
```

a. n 값만큼 반복하여 입력 숫자의 합을 계산하고 화면에 출력한다.

b. n – 1의 값만큼 반복하여 입력 숫자의 합을 계산하고 화면에 출력한다.

c. i 값만큼 반복하여 입력 숫자의 합을 계산하고 화면에 출력한다.

d. 위 모두 옳지 않다.

9. 다음 코드는 "안녕! 민준" 메시지를 몇 회 출력하는가?

```
i = 1
while True:
    print("안녕! 민준")
    i += 1
    if i <= 5: break
```

a. 5회

b. 1회

c. 0회

d. 위 모두 옳지 않다.

10. 다음 코드는 "안녕! 서연" 메시지를 몇 회 출력하는가?

```
i = 1
while True:
    print("안녕! 서연")
    i += 5
    if i == 50: break
```

a. 최소한 1회

b. 최소한 10회

c. 무한 번

d. 위 모두 옳지 않다.

11. 다음 코드는 "안녕! 지훈" 메시지를 몇 회 출력하는가?

```
i = 0
while True:
    print("안녕! 지훈")
    if i <= 10: break
```

a. 최소한 1회

b. 무한 번

c. 위 모두 옳지 않다.

12. 다음 코드는 "안녕! 지민" 메시지를 몇 회 출력하는가?

```
i = 10
while True:
    i -= 1
    if i > 0: break
    print("안녕! 지민")
```

a. 최소한 1회

b. 무한 번

c. 10회

d. 위 모두 옳지 않다.

24.6 프로그래밍 연습문제

다음 프로그래밍 연습문제를 완성하여라.

1. 다음 파이썬 프로그램에서 구문 오류를 찾아라.

```
i = 3
while True
    i =- 1
    if i > 0 break
print(끝)
```

2. 다음 파이썬 프로그램의 각 단계마다 변숫값을 나타내는 추적표를 만들어라. 몇 회의 반복이 프로그램에서 수행되는가?

```
i = 3
x = 0
while i >= 0:
    i -= 1
    x += i
print(x)
```

3. 다음 파이썬 프로그램과 일치하는 순서도를 설계하고, 각 단계마다 변숫값을 나타내는 추적표를 만들어라. 몇 회의 반복이 프로그램에서 수행되는가?

```python
i = -5
while i < 10:
    i -= 1
print(i)
```

4. 다음 파이썬 프로그램의 각 단계마다 변숫값을 나타내는 추적표를 만들어라. 몇 회의 반복이 프로그램에서 수행되는가?

```python
a = 2
while a <= 10:
    b = a + 1
    c = b * 2
    d = c - b + 1
    if d == 4:
        print(b, ",", c)
    elif d == 5:
        print(c)
    elif d == 8:
        print(a, ",", b)
    else:
        print(a, ",", b, ",", d)
    a += 4
```

5. 다음 파이썬 프로그램의 각 단계마다 변숫값을 나타내는 추적표를 만들어라. 몇 회의 반복이 프로그램에서 수행되는가?

```python
a = 1
b = 1
c = 0
d = 0
while b < 2:
    x = a + b
    if x % 2 != 0:
        c = c + 1
    else:
        d = d + 1
    a = b
    b = c
    c = d
```

6. 다음 각 루프가 정확히 4번의 반복만을 수행할 수 있도록 빈칸을 채워라.

i.
```
a = 3
while a > ___:
    a -= 1
```

ii.
```
a = 5
while a < ___:
    a += 1
```

iii.
```
a = 9
while a != 10:
    a = a + ___
```

iv.
```
a = 1
while a != ___:
    a -= 2
```

v.
```
a = 2
while a < ___:
    a = 2 * a
```

vi.
```
a = 1
while a < ___:
    a = a + 0.1
```

7. 다음 파이썬 프로그램의 각 단계마다 변숫값을 나타내는 추적표를 만들어라. 몇 회의 반복이 프로그램에서 수행되는가?

```
y = 5
x = 38
while True:
    y *= 2
    x += 1
    print(y)
    if y >= x: break
```

8. 다음 파이썬 프로그램의 각 단계마다 변숫값을 나타내는 추적표를 만들어라. 몇 회의 반복이 프로그램에서 수행되는가?

```
x = 1
while True:
    if x % 2 == 0:
        x += 1
    else:
        x += 3
    print(x)
    if x >= 12: break
```

9. 다음 파이썬 프로그램의 각 단계마다 변숫값을 나타내는 추적표를 만들어라. 몇 회의 반복이 프로그램에서 수행되는가?

```
y = 2
x = 0
while True:
    y = y ** 2
    if x < 256:
        x = x + y
    print(x, ",", y)
    if y >= 65535: break
```

10. 다음 파이썬 프로그램의 각 단계마다 변숫값을 나타내는 추적표를 만들어라. 몇 회의 반복이 프로그램에서 수행되는가?

```
a = 2
b = 4
c = 0
d = 0
while True:
    x = a + b
    if x % 2 != 0:
        c = c + 5
    elif d % 2 == 0:
        d = d + 5
    else:
        c = c + 3
    a = b
    b = d
    if c >= 11: break
```

11. 다음 각 루프가 정확히 6회 반복만을 수행할 수 있도록 빈칸을 채워라.

i.
```
a = 5
while True:
    a -= 1
    if a <= ___: break
```

ii.
```
a = 12
while True:
    a += 1
    if a >= ___: break
```

iii.
```
a = 20
while True:
    a = a + ___
    if a == 23: break
```

iv.
```
a = 100
while True:
    a -= 20
    if a == ___: break
```

v.
```
a = 2
while True:
    a = 2 * a
    if a == ___: break
```

vi.
```
a = 10
while True:
    a = a + 0.25
    if a > ___: break
```

12. 다음 코드 각각에 대해 최종 출력값이 10이 되도록 빈칸을 채워라.

i.
```
x = 0
y = 0
while True:
    x += 1
    y += 2
    if x > ___: break
print(y)
```

ii.
```
x = 1
y = 20
while True:
    x -= 1
    y -= 2.5
    if x < ___: break
print(y)
```

iii.
```
x = 3
y = 2.5
while True:
    x -= 1
    y *= 2
    if x < ___: break
print(y)
```

iv.
```
x = 30
y = 101532
while True:
    x -= ___
    y = y // 10
    if x < 0: break
print(y)
```

13. 사용자로부터 N개의 숫자를 입력받고 이들 숫자의 총합과 평균을 계산하고 출력하는 파이썬 프로그램을 작성하여라. N 값은 프로그램의 시작 부분에서 사용자가 입력해 주어야 한다.

14. 사용자로부터 N개 정수를 입력받고 짝수 정수의 곱을 계산하고 출력하는 파이썬 프로그램을 작성하여라.

15. 사용자로부터 100개의 정수를 입력받고 마지막 자릿수값이 0인 정수의 총합을 계산하고 출력하는 파이썬 프로그램을 작성하여라. 예를 들어, 10, 2130, 500 등은 마지막 자릿수값이 0인 정수다.

    힌트: 모듈러 10 연산(modulus 10 operation)을 사용하여 마지막 자릿수값을 분리할 수 있다.

16. 사용자로부터 20개의 정수를 입력받고, 이들 정수 중에 세 자리 정수의 총합을 계산하고 출력하는 파이썬 프로그램을 작성하여라.

    힌트: 세 자리 정수는 100과 999 사이의 값을 가진다.

17. 사용자로부터 0 값을 입력할 때까지 반복적으로 숫자값을 입력받고 입력 숫자의 곱을 계산하고 출력하는 파이썬 프로그램을 작성하여라(마지막으로 입력된 0 값은 최종 곱 계산에 포함되지 않는다). 그리고 3, 2, 9, 0이 입력값으로 사용되었을 때 프로그램이 정상적으로 동작하는지 검사하는 추적표를 만들어라.

18. 도시의 인구가 현재 30,000명이고 매년 3% 비율로 늘어나고 있다. 100,000명의 인구가 될 때까지 얼마나 많은 해가 소요되는지를 계산하는 파이썬 프로그램을 작성하여라.

19. 사용자로부터 10개의 정수를 입력받고 이들 정수 중 홀수의 총합과 짝수의 총합을 각각 계산하고 출력하는 순서도를 설계하고 파이썬 프로그램을 작성하여라.

20. 사용자로부터 N개의 정수를 입력받고 이들 정수 중 음수의 곱을 계산하고 출력하는 파이썬 프로그램을 작성하여라. N 값은 프로그램의 시작 부분에 사용자로부터 입력받아야 하며, 0보다 큰 정숫값이어야 한다.

21. 사용자로부터 5개의 정수를 입력받고 첫째 자릿수값이 5인 세 자리 정수의 곱을 계산하고 출력하는 파이썬 프로그램을 작성하여라. 예를 들어, 512, 555, 593 등은 첫째 자릿수값이 5인 세 자리 정수다.

    힌트: 첫째 자릿수값이 5인 세 자리 정수는 500과 599 사이의 값을 가진다.

22. 벌통에 벌의 수가 현재 50,000마리이지만, 환경적 이유로 매년 10%의 비율로 감소하고 있다. 벌의 수가 20,000마리 이하가 될 때까지 얼마나 많은 해가 소요되는지를 계산하는 파이썬 프로그램을 작성하여라.

25

for-루프

25.1 for-루프

24장에서 사전-검사, 중간-검사, 사후-검사 루프를 이용하여 무한 반복 구조와 유한 반복 구조를 만드는 방법에 대해서 배웠다. 이들 구조는 정해진 횟수만큼 반복을 수행하는 데 유용할 뿐만 아니라 횟수가 정해져 있지 않은 반복을 수행하는 데도 유용하다. 그러나 유한 반복 구조가 컴퓨터 프로그래밍에서 훨씬 더 많이 사용되기 때문에 파이썬을 포함한 거의 대부분의 컴퓨터 프로그래밍 언어에는 while 명령문보다 좀 더 이해하기 쉽고 편리하게 사용할 수 있는 특별한 명령문을 가지고 있다. 그것은 바로 for 명령문이다. for 명령문의 일반 형태는 다음과 같다.

```
for var in sequence:
    명령문 블록
```

여기서 var는 sequence 내부의 값을 연속해서 할당받는 변수이며, 명령문 블록은 var 변수 각각의 값마다 한 번씩 수행된다. 파이썬 for 명령문의 순서도는 다음과 같다.

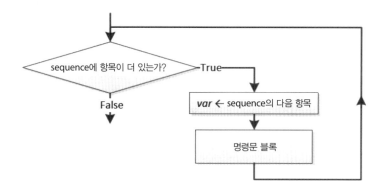

그러나 위 순서도보다 좀 더 단순한 형태를 가지는 다음 순서도를 앞으로 사용할 것이다.

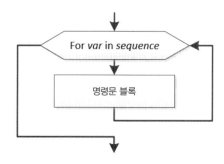

다음 예제를 살펴보자.

file_25_1a

```
for i in [1, 2, 3, 4, 5]:
    print(i)
```

위 예제는 1, 2, 3, 4, 5를 차례대로 화면에 출력한다. 순서도는 다음과 같다.

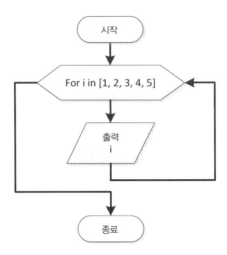

다음 예제를 살펴보자.

```
for letter in "Hello":
    print(letter)
```

위 예제는 "H", "e", "l", "l", "o" 문자를 차례대로 화면에 출력한다. 순서도는 다음과 같다.

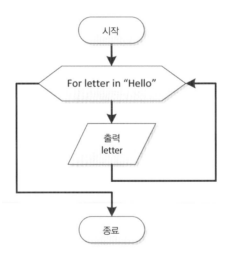

파이썬의 range() 함수는 연속적인 정수를 생성하는 데 사용된다. 이 함수를 for 명령문과 함께 사용하면 다음과 같이 확장할 수 있다.

```
for var in range([initial_value,] final_value [, step ]):
    명령문 블록
```

여기서

- initial_value는 연속적인 정수의 시작값을 나타낸다. 이 인자는 옵션이다. 생략하면 기본값은 0이다.
- final_value는 연속적인 정수의 마지막을 나타낸다. 그러나 final_value는 포함되지 않는다.
- step은 연속한 두 정수 사이의 차이를 나타낸다. 이 인자는 옵션이다. 생략하면 기본값은 1이다.

 **주목할 것!** initial_value, final_value, step 값은 반드시 정수이어야 한다.

다음 예제는 0부터 10까지의 숫자를 차례대로 출력한다.

file_25_1c

```
for i in range(0, 11, 1):
    print(i)
```

물론, step이 1이기 때문에 세 번째 인자는 생략할 수 있다. 그래서 위 예제를 다음과 같이 재작성할 수 있다.

file_25_1d

```
for i in range(0, 11):
    print(i)
```

게다가, 초깃값이 0이기 때문에 첫 번째 인자 또한 생략할 수 있다. 그래서 위 예제를 다음과 같이 재작성할 수 있다.

file_25_1e

```
for i in range(11):
    print(i)
```

마지막으로, sequence의 값을 역순으로 출력하고자 한다면 step 값을 음수로 사용해야 한다. 다음 예제는 10부터 2까지의 짝수를 차례대로 화면에 출력한다.

```
a = 10
b = 0
for i in range(a, b, -2):
    print(i)
```

 주목할 것!   var 값을 루프 내부에서 변경하지 않아야 한다. 마찬가지로 initial_value, final_value, step 값 또한 변경하지 않아야 한다. 만일 변경하고자 한다면 for-루프 대신 while-루프를 사용해라.

while-루프의 경우와 마찬가지로, for-루프도 else 키워드와 조합하여 사용할 수 있다.

```
for var in sequence:
    명령문 블록 1
else:
    명령문 블록 2
```

그러나 이런 방식은 실제로 거의 사용하지 않는다. 그래서 더 이상 이 책에서 언급하지 않겠다.

예제 25.1-1 추적표 생성하기

입력값이 1일 때 다음 파이썬 프로그램의 각 단계별 변숫값을 나타내는 추적표를 생성하여라.

```
a = int(input())

for i in range(-3, 5, 2):
    a = a * 3
print(i, ",", a)
```

풀이

추적표는 다음과 같다.

단계	명령문	설명	a	i	
1	a = int(input())		**1**	-	
2	i = -3		1	**-3**	첫 번째 반복
3	a = a * 3		**3**	-3	
4	i = -1		3	**-1**	두 번째 반복
5	a = a * 3		**9**	-1	

6	i = 1		9	**1**	세 번째 반복
7	a = a * 3		**27**	1	
8	i = 3		27	**3**	네 번째 반복
9	a = a * 3		**81**	3	
10	print(i, ",", a)	3, 81이 출력된다.			

예제 25.1-2 추적표 생성하기

입력값이 4일 때 다음 파이썬 프로그램의 각 단계별 변숫값을 나타내는 추적표를 생성하여라.

```python
a = int(input())

for i in range(6, a - 1, -1):
    print(i)
```

풀이

다음은 각 단계별 변숫값을 나타내는 추적표를 보여 준다.

단계	명령문	설명	a	i
1	a = int(input())		**4**	**?**
2	i = 6		4	**6**
3	print(i)	6이 출력된다.		
4	i = 5		4	**5**
5	print(i)	5가 출력된다.		
6	i = 4		4	**4**
7	print(i)	4가 출력된다.		

예제 25.1-3 총 반복 횟수 세기

서로 다른 두 개 입력값에 대해 다음 코드를 각각 실행했을 때 각 실행마다 총 반복 횟수를 적어라. 각 실행마다 입력값은 다음과 같다. (i) 6, (ii) 5

```python
n = int(input())
for i in range(5, n + 1):
    print(i)
```

풀이

입력값이 6인 경우 range( ) 함수는 5와 6으로 이루어진 sequence를 생성한다. 그래서 for-루프는 총 2회의 반복을 수행한다. 한편, 입력값이 5인 경우에는 for-루프가 한 번의 반복만을 수행한다.

예제 25.1-4 **10개 숫자의 총합 계산하기**

사용자로부터 10개의 숫자를 입력받은 후, 이들의 총합을 계산하고 출력하는 파이썬 프로그램을 작성하여라.

풀이

24장에서 배운 while 명령문을 이용한 코드는 다음과 같다.

```
total = 0

i = 1
while i <= 10:
    a = float(input("숫자를 입력하여라: "))
    total = total + a

    i += 1

print(total)
```

다음은 for 명령문을 사용하여 위 코드를 재작성한 코드다.

file_25_1_4

```
total = 0

for i in range(10):
    a = float(input("숫자를 입력하여라: "))
    total = total + a

print(total)
```

예제 25.1-5 **0부터 N까지 제곱근 계산하기**

사용자로부터 정수 N 값을 입력받은 후 0부터 N까지의 제곱근을 각각 계산하고 출력하는 파이썬 프로그램을 작성하여라.

풀이

파이썬 프로그램은 다음과 같다.

```
file_25_1_5
```

```python
import math

n = int(input("정수를 입력하여라: "))
for i in range(n + 1):
    print(math.sqrt(i))
```

25.2 for-루프의 적용 규칙

for-루프를 이용하여 프로그램을 작성할 때 다음 규칙을 항상 따라야 한다.

- **규칙 1**: for-루프 내부의 명령문에서 var 변수를 사용할 수는 있지만, var 변수의 값을 변경해서는 안 된다. 마찬가지로 initial_value, final_value, step의 경우도 동일하게 적용된다.

- **규칙 2**: step 변수는 0 값을 가지지 않아야 한다. 0으로 설정되면 파이썬은 오류를 출력한다.

- **규칙 3**: initial_value가 final_value보다 작고 step이 음수이면, 루프는 0회의 반복을 수행한다. 다음 예제는 화면에 아무것도 출력하지 않는다.

```python
for i in range(5, 9, -1):
    print(i)
```

- **규칙 4**: initial_value가 final_value보다 크고 step이 양수이면, 루프는 0회의 반복을 수행한다. 다음 예제는 화면에 아무것도 출력하지 않는다.

```python
for i in range(10, 6):
    print(i)
```

예제 25.2-1 **N개 숫자의 평균 계산하기**

사용자로부터 N개 정수를 입력받은 후, 이들 정수의 평균을 계산하고 출력하는 파이썬 프로그램을 작성하여라. N 값은 프로그램의 시작 부분에서 사용자로부터 입력받아야 한다. 작성된 프로그램이 명확성을 만족하는지 검사하여라.

풀이

파이썬 프로그램은 다음과 같다.

```python
n = int(input("입력할 정수의 개수를 입력하여라: "))

total = 0
for i in range(n):
    a = float(input(str(i + 1) + "번째 정수를 입력하여라: "))
    total = total + a

if n > 0:
    average = total / n
    print("평균:", average)
else:
    print("입력된 정수가 없습니다.")
```

주목할 것! 사용자가 변수 N 값으로 양수가 아닌 값을 입력하면 for 명령문은 0회의 반복을 수행한다.

주목할 것! 사용자가 변수 N 값으로 0을 입력하면 0-나눗셈(division-by-zero) 오류가 발생한다. 이 오류를 방지하기 위해 if n > 0 명령문이 필요하다. 이 명령문에 의해 명확성이 만족된다.

25.3 복습문제: 참/거짓

다음 문제를 읽고 **참** 또는 **거짓**으로 답하여라.

1. for 명령문에서 변수 var는 sequence로부터 값을 연속해서 자동으로 할당받는다.

2. 유한 반복 구조는 반복 횟수가 정해져 있는 경우에 사용한다.

3. 유한 반복 구조에서 루프 내부의 명령문 블록은 최소한 한 번 수행된다.

4. range( ) 함수에서 initial_value는 final_value보다 클 수 없다.

5. for-루프를 벗어날 때 var 값은 final_value와 동일하다.

6. range( ) 함수에서 initial_value, final_value, step의 값은 실수가 아니다.

7. step을 0으로 설정하면 루프는 무한 반복을 수행한다.

8. for 명령문에서 변수 var는 루프 내부의 명령문에서 사용될 수 있으나, 그 값은 절대로 변경되지 않아야 한다.

9. for 명령문에서 step은 특정 상황에서 0이 될 수 있다.

10. 다음 코드는 "안녕"이라는 단어를 10회 출력한다.

```
for i in range(1, 10):
    print("안녕")
```

11. 다음 코드는 "안녕"이라는 단어를 항상 출력한다.

```
b = int(input())
for i in range(0, 9, b):
    print("안녕")
```

12. 다음 코드는 명확성을 만족한다.

```
import math

b = int(input())
for i in range(10):
    a = math.sqrt(b) + i
    b *= 2
```

25.4 복습문제: 객관식

다음 문제에서 옳은 것을 모두 골라라.

1. for 명령문을 사용하는 유한 반복 구조에 대한 설명으로 옳은 것은?

   a. (while 명령문을 사용하는) 사후-검사 루프 구조보다 1회의 반복을 더 수행한다.

   b. (while 명령문을 사용하는) 사후-검사 루프 구조보다 1회의 반복을 덜 수행한다.

   c. 위 모두 옳지 않다.

2. for-루프에 관한 설명으로 옳은 것은?

   a. 사용자가 -1 값을 입력할 때까지 반복하여 숫자를 입력하는 문제에 사용된다.

   b. 사용자의 입력값이 final_value보다 클 때까지 반복하여 숫자를 입력하는 문제에 사용된다.

   c. a, b 모두 옳다.

   d. a, b 모두 옳지 않다.

3. for-루프에서 initial_value, final_value, step은 어떤 값이어야 하는가?

   a. 상숫값

   b. 변수

   c. 표현식

   d. 위 모두 옳다.

4. for-루프에서 initial_value, final_value, step가 변수일 때의 설명으로 옳은 것은?

    a. 루프 내부에서 변경될 수 없다.

    b. 루프 내부에서 변경되지 않아야 한다.

    c. 위 모두 옳지 않다.

5. for-루프에서 var 값이 증가될 때 step은 어떤 값을 가져야 하는가?

    a. 0보다 큰 값이어야 한다.

    b. 0과 같은 값이어야 한다.

    c. 0보다 작은 값이어야 한다.

    d. 위 모두 옳지 않다.

6. for-루프에서 var의 초깃값으로 어떤 값을 가져야 하는가?

    a. 반드시 0 값을 가져야 한다.

    b. 0 값을 가질 수 있다.

    c. 음숫값을 가지지 않아야 한다.

    d. 위 모두 옳지 않다.

7. for-루프에서 변수 var는 sequence의 연속값 각각을 언제부터 자동으로 할당하는가?

    a. 각 반복의 시작부터

    b. 각 반복의 끝부터

    c. 자동으로 할당하지 않는다.

    d. 위 모두 옳지 않다.

8. 다음 코드는 "안녕 철수" 메시지를 몇 회 출력하는가?

```
i = 1
for i in range(5, 6):
    print("안녕 철수")
```

    a. 5회

    b. 1회

    c. 0회

    d. 위 모두 옳지 않다.

9. 다음 코드는 "안녕 영희" 메시지를 몇 회 출력하는가?

```
for i in range(5, 5):
    i = 1
    print("안녕 영희")
```

a. 1회

b. 무한 번

c. 0회

d. 위 모두 옳지 않다.

10. 다음 코드는 "안녕 호동" 메시지를 몇 회 출력하는가?

```
for i in range(5, 6):
    i = 1
    print("안녕 호동")
```

a. 무한 번

b. 1회

c. 0회

d. 위 모두 옳지 않다.

11. 다음 코드는 "안녕 호순" 메시지를 몇 회 출력하는가?

```
for i in range(2, 9):
    if i % 2 == 0:
        print("안녕 호순")
```

a. 8회

b. 7회

c. 5회

d. 위 모두 옳지 않다.

12. 다음 코드는 "안녕 길동" 메시지를 몇 회 출력하는가?

```
for i in range(40, 51):
    print("안녕 길동")
```

a. 1회

b. 2회

c. 10회

d. 11회

13. 다음 코드의 출력값은 무엇인가?

```
k = 0
for i in range(1, 7, 2):
    k = k + i
print(i)
```

a. 3

b. 6

c. 9

d. 위 모두 옳지 않다.

14. 다음 코드의 출력값은 무엇인가?

```
k = 0
for i in range(100, -105, -5):
    k = k + i
print(i)
```

a. -95

b. -105

c. -100

d. 위 모두 옳지 않다.

25.5 프로그래밍 연습문제

다음 프로그래밍 연습문제를 완성하여라.

1. 다음 파이썬 프로그램의 각 단계별 변숫값을 나타내는 추적표를 만들어라. 이 파이썬 프로그램은 얼마나 많은 반복을 수행하는가?

```
a = 0
b = 0
for j in range(0, 10, 2):
    if j < 5:
        b += 1
    else:
        a += j - 1
print(a, ",", b)
```

2. 다음 파이썬 프로그램이 서로 다르게 실행되었을 때 각 실행마다 단계별 변숫값을 나타내는 추적표를 만들어라. 각각의 실행마다 입력값은 다음과 같다. (i) 10, (ii) 21

```python
a = int(input())
b = a
for j in range(a - 5, a + 1, 2):
    if j % 2 != 0:
        b = a + j + 5
    else:
        b = a - j
print(b)
```

3. 입력값 12에 대해서 다음 파이썬 프로그램의 각 단계별 변숫값을 나타내는 추적표를 만들어라.

```python
a = int(input())
for j in range(2, a, 3):
    x = j * 3 + 3
    y = j * 2 + 10
    if y - x > 0 or x > 30:
        y *= 2
    x += 4
    print(x, ",", y)
```

4. 모든 루프가 정확히 5회 반복을 수행하도록 다음 코드의 빈칸을 채워라.

i.
```python
for a in range(5, _____ + 1):
    b += 1
```

ii.
```python
for a in range(0, _____, 4):
    b += 1
```

iii.
```python
for a in range(_____, -17, -2):
    b += 1
```

iv.
```python
for a in range(-17, -16, _____):
    b += 1
```

5. 사용자로부터 20개의 숫자를 입력받은 후, 이들 숫자의 곱과 평균값을 계산하고 출력하는 순서도와 파이썬 프로그램을 작성하여라.

6. 사용자로부터 각도 개수를 입력받은 후, 0.5도씩 증가시키면서 0도부터 주어진 각도 개수만큼 사인 값을 계산하고 출력하는 파이썬 프로그램을 작성하여라. 2π는 360°다.

7. 네 자릿수를 가진 정수 30개를 입력받은 후, 첫 번째 자릿수값이 5이고 마지막 자릿수값이 3인 정수들의 총합을 계산하고 출력하는 순서도와 파이썬 프로그램을 작성하여라.

8. 사용자로부터 N개 정수를 입력받은 후, 짝수 정수의 총 개수를 출력하는 순서도와 파이썬 프로그램을 작성하여라. N 값은 프로그램의 시작 부분에서 사용자로부터 입력받는다. 모든 정수가 홀수라면, "짝수 정수를 입력하지 않았습니다."라는 메시지가 출력되도록 한다.

9. 사용자로부터 50개 정수를 입력받은 후, 홀수 정수의 평균값과 짝수 정수의 평균값을 계산하고 출력하는 순서도와 파이썬 프로그램을 작성하여라.

10. 사용자로부터 start와 finish라는 두 개의 정수를 입력받은 후, start와 finish 사이의 모든 정수를 출력하는 순서도와 파이썬 프로그램을 작성하여라. 먼저, 프로그램의 시작 부분에서 start 변숫값이 finish 변숫값보다 큰지를 검사해야 한다. 이런 경우가 발생하면 두 값을 서로 맞바꾼다.

11. 사용자로부터 start와 finish라는 두 개 정수를 입력받은 후, start와 finish 사이에 5의 배수인 모든 정수를 출력하는 순서도와 파이썬 프로그램을 작성하여라. 먼저, 프로그램의 시작 부분에서 start 변숫값이 finish 변숫값보다 큰지를 검사해야 한다. 이런 경우가 발생하면 두 값을 서로 맞바꾼다.

12. 사용자로부터 실수와 정수를 입력받은 후, 누승 연산자(**)를 사용하지 않고 첫 번째 숫자가 두 번째 숫자의 승수로 거듭제곱된 결과를 출력하는 파이썬 프로그램을 작성하여라.

13. 사용자로부터 문자열 메시지를 입력받은 후, 이 메시지에 포함된 단어 수를 출력하는 파이썬 프로그램을 작성하여라. 예를 들어, 입력된 문자열 메시지가 "My name is Bill Bouras"이면, "입력된 메시지는 다섯 개의 단어를 포함하고 있습니다."가 출력된다. 한 개의 빈칸 문자마다 단어가 분리된다고 가정한다.
   힌트: 메시지의 총 문자 개수를 반환해 주는 len( ) 함수를 사용하여라.

14. 사용자로부터 임의의 문자열을 입력받은 후, 단어별 평균 문자 개수를 출력하는 파이썬 프로그램을 작성하여라. 예를 들어, 입력된 문자열이 "My name is Aphrodite Boura"이면, "단어별 평균 문자 개수는 4.4입니다."가 출력된다. 빈칸 문자는 세지 않는다.

26

중첩 루프 제어 구조

26.1 중첩 루프란?

중첩 루프(nested loop)는 루프 내부에 또 다른 루프가 있다는 것을 의미한다. 즉, 외부 루프(outer loop) 안쪽에 내부 루프(inner loop)를 가진 형태를 말한다.

외부 루프는 내부 루프의 반복 횟수를 제어하며, 외부 루프의 첫 번째 반복이 수행되자마자 내부 루프가 시작된다. 외부 루프의 두 번째 반복이 시작되면 내부 루프가 다시 시작된다. 외부 루프의 세 번째 반복도 마찬가지이며, 네 번째 반복도 마찬가지로 수행된다. 이러한 과정은 외부 루프의 반복이 모두 완료될 때까지 반복된다. 예를 들어, 다음 파이썬 프로그램을 살펴보자.

file_26_1

```
for i in range(1, 3):
    for j in range(1, 4):        ◄──  중첩 루프
        print(i, j)
```

외부 루프는 내부 루프가 수행할 반복 횟수를 제어한다. 즉, 변수 i가 1일 때, 내부 루프는 세 번의 반복을 수행한다(j = 1, j = 2, j = 3). 이때 내부 루프는 완료되었지만, 외부 루프는 여전히 반복을 수행하며(i = 2), 그래서 내부 루프가 다시 시작되고 세 번의 새로운 반복을 수행한다(j = 1, j = 2, j = 3). 위 예제는 사실 다음 코드로 풀어서 나타낼 수 있다.

```
i = 1                            # 외부 루프로서 변수 i에 1을 할당
for j in range(1, 4):            # 내부 루프로서 세 번의 반복을 수행
    print(i, j)
```

```
    i = 2                            # 외부 루프로서 변수 i에 2를 할당
    for j in range(1, 4):            # 내부 루프가 다시 시작하며, 세 번의 반복을 수행
        print(i, j)
```

출력 결과는 다음과 같다.

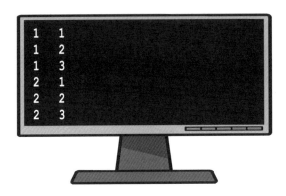

 문법 규칙에 위배되지 않는 한 원하는 만큼 루프 제어 구조를 중첩시킬 수 있다. 그러나 네 개 내지 다섯
개의 중첩만 되더라도 전체 루프 구조가 매우 복잡해지고 이해하기 힘들어진다. 따라서 대다수 프로그래
기억할 것! 머는 세 개나 네 개 정도의 중첩만을 사용한다.

 내부 루프와 외부 루프가 서로 동일한 유형일 필요는 없다. 예를 들어, for 명령문이 while 명령
주목할 것! 문을 중첩할 수 있으며, 그 반대도 가능하다.

예제 26.1-1 "안녕! 철수" 메시지의 총 반복 횟수 세기

"안녕! 철수" 메시지가 화면에 몇 회 출력되는지 세어 보아라.

file_26_1_1

```
for i in range(4):
    for j in range(3):
        print("안녕! 철수")
```

풀이

변수 i와 j의 값은 다음과 같다.

- i = 0일 때, 내부 루프는 3회의 반복을 수행한다(j = 0, j = 1, j = 2). 그래서 "안녕! 철수" 메시

지가 3회 출력된다.

- i = 1일 때, 내부 루프는 3회의 반복을 수행한다(j = 0, j = 1, j = 2). 그래서 "안녕! 철수" 메시지가 3회 출력된다.

- i = 2일 때, 내부 루프는 3회의 반복을 수행한다(j = 0, j = 1, j = 2). 그래서 "안녕! 철수" 메시지가 3회 출력된다.

- i = 3일 때, 내부 루프는 3회의 반복을 수행한다(j = 0, j = 1, j = 2). 그래서 "안녕! 철수" 메시지가 3회 출력된다.

따라서 총 4 × 3 = 12회의 "안녕! 철수" 메시지가 출력된다.

 기억할 것!　　외부 루프는 내부 루프의 반복 횟수를 제어한다.

예제 26.1-2 **추적표 만들기**

다음 코드의 출력(즉, 변수 a의 최종값)은 무엇인가?

```
a = 1
i = 5
while i < 7:
    for j in range(1, 5, 2):
        a = a * j + i
    i += 1
print(a)
```

풀이

추적표는 다음과 같다.

단계	명령문	설명	a	i	j
1	a = 1		**1**	–	–
2	i = 5		1	**5**	–
3	while i < 7:	True로 평가된다.			
4	j = 1		1	5	**1**
5	a = a * j + i		**6**	5	1
6	j = 3		6	5	**3**

단계	명령문	설명	a	i	j
7	a = a * j + i		**23**	5	3
8	i += 1		23	**6**	3
9	while i < 7:	True로 평가된다.			
10	j = 1		23	6	**1**
11	a = a * j + i		**29**	6	1
12	j = 3		29	6	**3**
13	a = a * j + i		**93**	6	3
14	i += 1		93	**7**	3
15	while i < 7:	False로 평가된다.			
16	print(a)	93이 출력된다.			

프로그램의 마지막에 변수 a는 93이라는 값을 가진다.

26.2 중첩 루프의 적용 규칙

for-루프의 네 가지 규칙과 함께 중첩 루프를 가진 프로그램을 작성할 때도 항상 따라야 하는 두 가지 특별한 규칙이 더 있다.

- **규칙 1**: 내부 루프는 외부 루프에 완전히 포함되어야 한다. 다시 말해, 두 루프가 부분적으로 중첩되지 않아야 한다.
- **규칙 2**: 동일한 var 변수를 외부 루프와 내부(중첩) 루프에서 사용하지 않아야 한다.

예제 26.2-1 첫 번째 규칙 위반하기

중첩 루프의 첫 번째 규칙인 '내부 루프는 외부 루프에 완전히 포함되어야 한다'를 위배한 순서도를 설계하여라.

풀이

다음 순서도는 중첩 루프의 첫 번째 규칙을 위배하였다.

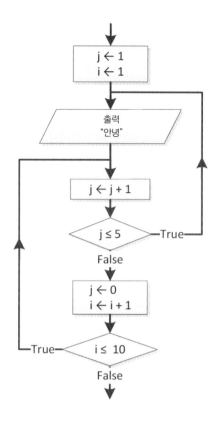

수행 흐름을 따라가 보면 5 × 50 = 50회의 반복이 어떻게 수행되는지 쉽게 이해할 수 있다. 어느 누구도 이 순서도가 잘못되었다고 말하지 않는다. 반대로, 완벽히 옳다고도 말할 수 없다. 그러나 위 순서도는 이해 불가능하다는 문제점이 있다. 언뜻 보기에도 위 순서도가 실제로 무엇을 하는지 명확하게 이해되지 않는다. 게다가, 이런 구조는 이제까지 배운 어떠한 루프 제어 구조와도 일치하지 않는다. 그래서 루프 제어 구조를 가진 파이썬 프로그램으로 작성할 수 없다. 이와 같은 중첩 루프는 피해야 한다.

예제 26.2-2 총 반복 횟수 알아내기

"안녕" 메시지가 몇 회 출력되는지 알아내어라.

```python
for i in range(1, 4):
    for i in range(5, 0, -1):
        print("안녕")
```

이 프로그램은 중첩 루프의 두 번째 규칙인 '동일한 var 변수를 외부 루프와 내부(중첩) 루프에서 사용하지 않아야 한다'를 위배하고 있다.

두 개 루프 모두에서 변수 i를 사용하고 있지만, 파이썬은 이를 정상적으로 수행해 "안녕" 메시지를 총 15회 출력한다. 중첩 루프에서 동일한 변수를 사용한 프로그램을 파이썬 이외에 C#, C++, 자바, 비주얼 베이직 등의 다른 프로그래밍 언어로 작성한다면 "안녕" 메시지가 무한 번 출력될 수도 있다. 그래서 파이썬이 두 번째 규칙의 위배를 허용한다 하더라도 다른 프로그래밍 언어와 비교해 본다면 다소 혼란스러울 것이다. 결론적으로 이런 프로그래밍 스타일은 반드시 피해야 하며, 각 중첩 for-루프마다 반드시 서로 다른 var 변수를 사용해야 한다.

26.3 복습문제: 참/거짓

다음 문제를 읽고 **참** 또는 **거짓**으로 답하여라.

1. 중첩 루프는 외부 루프(outer loop) 안쪽에 내부 루프(inner loop)를 가진 형태를 말한다.

2. 루프 제어 구조에서 중첩의 최대 개수는 네 개다.

3. 두 개의 루프 제어 구조가 중첩될 때 마지막에 시작하는 루프는 첫 번째 루프가 끝나야 한다.

4. 두 개의 루프 제어 구조가 중첩될 때 이들 루프 제어 구조에서 동일한 var 변수를 사용하지 않아야 한다.

5. 다음 코드는 "안녕" 메시지를 6회 출력한다.

```
for i in range(1, 4):
    for j in range(1, 4):
        print("안녕")
```

6. 다음 코드는 "안녕" 메시지를 12회 출력한다.

```
for i in range(2):
    for j in range(1, 4):
        for k in range(1, 5, 2):
            print("안녕")
```

7. 다음 코드는 "안녕" 메시지를 무한 번 출력한다.

```
i = 1
while i <= 4:
    for i in range(3, 0, -1):
        print("안녕")
    i += 1
```

8. 다음 코드는 "안녕" 메시지를 9회 출력한다.

```
for i in range(3):
    j = 1
    while True:
        print("안녕")
        j += 1
        if j >= 4: break
```

26.4 복습문제: 객관식

다음 문제에서 옳은 것을 모두 골라라.

1. 다음 코드에서 "안녕" 메시지가 출력될 때 변수 i와 j의 값을 순서대로 나타낸 것은?

```
for i in range(1, 3):
    for j in range(1, 3):
        print("안녕")
```

a. j = 1, i = 1, j = 1, i = 2, j = 2, i = 1, j = 2, i = 2

b. i = 1, j = 1, i = 1, j = 2, i = 2, j = 1, i = 2, j = 2

c. i = 1, j = 1, i = 2, j = 2

d. j = 1, i = 1, j = 2, i = 2

2. 다음 코드는 "안녕 영희" 메시지를 몇 회 출력하는가?

```
x = 2
while x > -2:
    while True:
        x -= 1
        print("안녕 영희")
        if x >= -2: break
```

a. 4회

b. 무한 번

c. 0회

d. 위 모두 옳지 않다.

3. 다음 코드는 "안녕 호동" 메시지를 몇 회 출력하는가?

```
x = 1
while x != 500:
    for i in range(x, 4):
        print("안녕 호동")
    x += 1
```

a. 무한 번

b. 1500회

c. 6회

d. 위 모두 옳지 않다.

4. 다음 코드의 출력은 무엇인가?

```
for i in range(1, 4):
    for j in range(1, i + 1):
        print(i * j, ", ", sep = "", end = "")
print("종료!")
```

a. 1, 2, 4, 3, 6, 9, 종료!

b. 1, 2, 3, 4, 6, 9, 종료!

c. 1, 2, 종료!, 4, 3, 종료!, 6, 9, 종료!

d. 위 모두 옳지 않다.

5. 다음 코드가 만족하지 못하는 특성은 무엇인가?

```
i = 1
while i <= 10:
    for i in range(10, 0, -1):
        print("안녕 호순")
    i += 1
```

a. 명확성

b. 유한성

c. 효과성

d. 위 모두 옳지 않다.

26.5 프로그래밍 연습문제

다음 프로그래밍 연습문제를 완성하여라.

1. "안녕! 길동" 메시지가 정확히 100회 출력되도록 다음 코드의 빈칸을 채워라.

   i.
   ```python
   for a in range(6, _____):
       for b in range(25):
           print("안녕 길동")
   ```

   ii.
   ```python
   for a in range(0, _____, 5):
       for b in range(10, 20):
           print("안녕 길동")
   ```

   iii.
   ```python
   for a in range(_____, -17, -2):
       for b in range(150, 50, -5):
           print("안녕 길동")
   ```

   iv.
   ```python
   for a in range(-11, -16, -1):
       for b in range(100, _____ + 2, 2):
           print("안녕 길동")
   ```

2. 다음 코드와 일치하는 순서도를 설계하고 각 단계별 변숫값을 나타내는 추적표를 만들어라.

   ```python
   a = 1
   j = 1
   while j <= 2:
       i = 10
       while i < 30:
           a = a + j + i
           i += 10
       j += 0.5
   print(a)
   ```

3. 다음 코드에서 각 단계별 변숫값을 나타내는 추적표를 만들어라. 명령문 s = s + i * j가 몇 회 수행되는가?

   ```python
   s = 0
   for i in range(1, 5):
       for j in range(3, i - 1, -1):
           s = s + i * j
   print(s)
   ```

4. 다음 파이썬 프로그램이 서로 다르게 실행되었을 때 각 실행마다 단계별 변숫값을 나타내는 추적표를 만들어라. 각 프로그램 실행마다 얼마나 많은 반복을 수행하는가?
   각각의 실행마다 입력값은 다음과 같다. (i) 예, (ii) 예, 아니요, (iii) 예, 예, 아니요

```python
s = 1
y = 25
while True:
    for i in range(1, 4):
        s = s + y
        y -= 5
    ans = input()
    if ans != "예": break
print(s)
```

5. 다음과 같은 형태로 시간과 분을 출력하는 파이썬 프로그램을 작성하여라.

0	0
0	1
0	2
0	3
...	
0	59
1	0
1	1
1	2
1	3
...	
23	59

탭 문자를 이용하여 정렬한다.

6. 다음과 같은 결과를 출력하는 파이썬 프로그램을 작성하여라. 단, 중첩 루프 제어 구조를 사용한다.

5 5 5 5 5

4 4 4 4

3 3 3

2 2

1

7. 다음과 같은 결과를 출력하는 파이썬 프로그램을 작성하여라. 단, 중첩 루프 제어 구조를 사용한다.

   0

   0 1

   0 1 2

   0 1 2 3

   0 1 2 3 4

   0 1 2 3 4 5

8. 다음과 같은 결과를 출력하는 파이썬 프로그램을 작성하여라. 단, 중첩 루프 제어 구조를 사용한다.

   *   *   *   *   *   *   *   *   *

   *   *   *   *   *   *   *   *   *

   *   *   *   *   *   *   *   *   *

   *   *   *   *   *   *   *   *   *

9. 사용자로부터 3과 20 사이의 정수 N을 입력받고, 각 변의 길이가 N인 정사각형 모양을 출력하는 파이썬 프로그램을 작성하여라. 예를 들어, 사용자가 N 값으로 4를 입력하면 출력 형태는 다음과 같다.

   *   *   *   *

   *   *   *   *

   *   *   *   *

   *   *   *   *

10. 사용자로부터 3과 20 사이의 정수 N을 입력받고 각 변의 길이가 N이고 중앙이 비어 있는 정사각형 모양을 출력하는 파이썬 프로그램을 작성하여라. 예를 들어, 사용자가 N 값으로 4를 입력하면 출력 형태는 다음과 같다.

    *   *   *   *

    *   *

    *   *

    *   *   *   *

11. 다음과 같은 삼각형 모양을 출력하는 파이썬 프로그램을 작성하여라. 단, 중첩 루프 제어 구조를 사용한다.

```
*
*   *
*   *   *
*   *   *   *
*   *   *   *   *
*   *   *   *
*   *   *
*   *
*
```

루프 제어 구조의 유용한 정보

27.1 들어가기

27장에서는 좀 더 좋은 코드를 작성하는 데 필요한 유용한 정보에 관해서 학습한다. 알고리즘을 설계하거나 파이썬 프로그램을 작성할 때 이런 유용한 정보를 항상 염두에 두는 것이 좋다.

27장에서 배울 유용한 정보들은 코드의 가독성을 향상시켜 주고, 어떤 루프 제어 구조가 주어진 문제에 적합한지 선택하는 데 도움을 주며, 코드를 좀 더 간결하게, 심지어 좀 더 빠르게 실행되도록 해 준다. 물론, 이런 유용한 정보를 활용하는 것이 어떤 경우에는 확실히 도움이 될 수는 있지만, 다른 경우에는 반대 결과나 역효과를 낼 수도 있기 때문에 완벽한 방법은 없다. 그래서 최적 코드를 만들기 위해서는 프로그래밍 경험이 많을수록 유리하다.

기억할 것! 알고리즘이 작다고 해서 주어진 문제에 대해 항상 최선의 해결이 되는 것은 아니다. 특정 문제를 해결하기 위해 많은 CPU 시간을 소비하는 매우 작은 알고리즘을 작성할 수도 있다. 반면, 다소 길어 보이지만 훨씬 빠르게 결과를 산출하는 알고리즘을 이용하여 문제를 해결할 수도 있다.

27.2 루프 제어 구조 선택하기

다음 다이어그램은 주어진 문제에 대해 어떤 루프 제어 구조가 적합한지를 반복 횟수에 따라 선택하는 과정을 보여 준다.

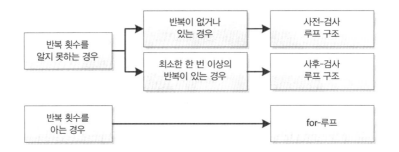

위 다이어그램은 여러 상황에 따라 반복 구조를 선택하는 데 도움을 준다. 반복 횟수를 알고 있을 때 사전-검사나 사후-검사 루프 제어 구조를 사용하는 것이 잘못된 것은 아니지만, for-루프가 좀 더 편리하기 때문에 사용하기에 훨씬 낫다.

주목할 것!

27.3 '만능' 규칙

사전-검사나 사후-검사 루프 구조를 사용할 때 프로그래머를 종종 괴롭히는 질문 중의 하나는 어떤 명령문을 루프 제어 구조의 내부에 작성하고, 어떤 명령문을 루프 제어 구조의 외부에 작성하며, 어떤 순서로 명령문을 작성하는가이다.

단순하면서 강력한 규칙으로 '만능' 규칙이 있다. 이 규칙을 따르면 논리 오류가 거의 발생하지 않도록 할 수 있다. '만능' 규칙은 다음과 같다.

- 루프의 불리언 식에 사용된 변수는 루프에 들어가기 전에 초기화되어야 한다.
- 루프의 불리언 식에 사용된 변수는 루프 내부에서 갱신(변경)되어야 하며, 루프의 불리언 식이 평가되기 바로 직전에 이루어져야 한다.

예를 들어, 변수 x가 루프의 불리언 식에 사용되는 변수이면 사전-검사 루프 구조는 항상 다음과 같은 형태이어야 한다.

```
initialize x
while Boolean_Expression (x):
    명령문 블록
    Update/alter x
```

사후-검사 루프 구조는 항상 다음과 같은 형태이어야 한다.

```
initialize x
while True:
    명령문 블록
```

```
    Update/alter x
    if Boolean_Expression (x): break
```

여기서

- initialize x는 변수 x에 초깃값을 할당하는 명령문을 나타낸다. 이 명령문으로 input("숫자를 입력하여라: ")와 같은 입력문(input statement)을 사용하거나 할당 연산자(=)를 사용한 할당문 (assignment statement)을 사용할 수 있다. 사후-검사 루프 구조에서 이런 명령문은 때때로 불 필요할 수도 있으며, 루프 내부에서 x를 직접 초기화할 수 있으므로 생략할 수도 있다.
- Boolean_Expression (x)는 변수 x를 가진 불리언 식이다.
- Update/alter x는 입력문, 할당 연산자(=)를 이용한 할당문 혹은 복합 할당 연산자를 사용 하여 x 값을 바꾸는 명령문을 나타낸다. 이 명령문은 루프의 불리언 식이 평가되기 바로 직전에 있어야 한다.

이제, '만능' 규칙을 사용한 예제들을 살펴보자.

예제 1

```
a = int(input())                        # a의 초기화
while a > 0:
    print(a)
    a = a - 1                           # a의 갱신/변경
```

예제 2

```
s = 0                                   # s의 초기화
while True:
    y = int(input())
    s = s + y                           # s의 갱신/변경
    if s >= 1000: break
```

예제 3

```
a = int(input())                        # a의 초기화
while a > 0:
    print(a)
    a = a - 1                           # a의 갱신/변경
```

예제 4

```
y = 0                                   # y의 초기화
while True:
```

```
    y = int(input())                          # y의 갱신/변경
    if y >= 0: break
```

이 예제에서 루프 외부에 있는 변수 y의 초기화는 불필요하며, 루프 내부에서 다음과 같이 수행될 수 있기 때문에 생략할 수 있다.

```
while True:
    y = int(input())                          # y의 초기화 및 갱신/변경
    if y >= 0: break
```

예제 5

```
odd = 0                                       # odd의 초기화
even = 0                                       # even의 초기화
while odd + even < 5:
    x = int(input())
    if x % 2 == 0:
        even += 1                             # even의 갱신/변경
    else:
        odd += 1                              # odd의 갱신/변경

print("홀수:", odd, "짝수:", even)
```

이제 '만능' 규칙을 왜 준수해야 하는지 인지했을 것이다. 예제 5를 좀 더 자세히 설명하면 다음과 같다.

> '사용자로부터 다섯 개의 숫자를 입력받고, 그 숫자들 중 짝수의 총 개수와 홀수의 총 개수를 출력하는 파이썬 프로그램을 작성하여라.'

위 문제를 학생들에게 과제로 내 주면 다음과 같은 파이썬 프로그램을 제출할 것이다.

```
odd = 0                                       # odd의 초기화
even = 0                                       # even의 초기화
x = int(input())
while odd + even < 5:
    if x % 2 == 0:
        even += 1                             # even의 갱신/변경
    else:
        odd += 1                              # odd의 갱신/변경
    x = int(input())
print("홀수:", odd, "짝수:", even)
```

언뜻 보기에 위 프로그램은 정확하게 동작하는 것처럼 보인다. 그러나 논리 오류(logic error)가 발생한다. 수행 흐름을 따라가 보면 다섯 개의 값 모두를 입력했을 때 문제가 발생한다. 다음

추적표는 어디서 문제가 발생하는지를 알아내는 데 도움이 된다. 사용자가 5, 10, 2, 4, 20 값을 차례대로 입력한다고 가정해 보자.

단계	명령문	설명	even	odd	x
1	even = 0		**0**	–	–
2	odd = 0		0	**0**	–
3	x = int(input())	사용자가 5를 입력한다.	0	0	**5**
4	while even + odd < 5:	True로 평가된다.			
5	if x % 2 == 0:	False로 평가된다.			
6	odd += 1		0	1	5
7	x = int(input())	사용자가 10을 입력한다.	0	1	**10**
8	while even + odd < 5:	True로 평가된다.			
9	if x % 2 == 0:	True로 평가된다.			
10	even += 1		1	1	10
11	x = int(input())	사용자가 2를 입력한다.	1	1	**2**
12	while even + odd < 5:	True로 평가된다.			
13	if x % 2 == 0:	True로 평가된다.			
14	even += 1		2	1	2
15	x = int(input())	사용자가 4를 입력한다.	2	1	**4**
16	while even + odd < 5:	True로 평가된다.			
17	if x % 2 == 0:	True로 평가된다.			
18	even += 1		3	1	4
19	x = int(input())	사용자가 20을 입력한다.	3	1	**20**
20	while even + odd < 5:	True로 평가된다.			
21	if x % 2 == 0:	True로 평가된다.			
22	even += 1		4	1	20
23	x = int(input())	사용자가 ????를 입력한다.	4	1	–

단계 23에서 논리 오류가 발생한다. 즉, 여섯 번째 숫자의 입력을 사용자에게 요청한다.

 기억할 것! 사용자로부터 숫자 여섯 개가 아닌 다섯 개의 숫자를 입력받는 파이썬 프로그램이 필요하다.

어떤 사람은 "좋아, 루프의 불리언 식을 even + odd < 5에서 even + odd < 4로 바꾸면 되지 않아!"라고 제안할 수 있다. 이렇게 해도 문제될 것은 없다. 그러나 불행하게도 이런 식으로 변경하면 코드 이해가 어려워진다. 왜냐하면, 마지막 입력값인 20이 짝수로 반영되기 전에 루프를 탈출하기 때문이다.

예제 5를 이클립스에서 작성해 보고, 숫자 여섯 개가 아닌 다섯 개의 숫자를 입력했을 때 프로그램이 어떻게 동작하는지 살펴보아라.

27.4 루프 벗어나기

루프는 많은 CPU 시간을 소비한다. 그래서 루프를 사용할 때에는 다소 신중을 기해야 한다. 이제 루프를 언제 벗어나게 할지에 대해 살펴볼 때다. 모든 반복이 종료될 때 혹은 특정 조건을 만족할 때 언제든지 루프를 벗어나게 할 수 있다.

문자열 안에서 특정 문자를 검색하는 for-루프를 가진 다음 파이썬 프로그램을 살펴보자.

```
s = "I have a dream"

letter = input("검색할 영문자를 입력하여라: ")

found = False
for a in s:
    if a == letter:
        found = True

if found == True:
    print("문자", letter, "를 찾았습니다.")
```

사용자가 문자 "h"를 입력했다고 가정하자. 이미 알고 있듯이, for-루프는 지정된 횟수만큼 반복을 수행하며, 문자를 실제로 찾았는지의 여부는 상관하지 않는다. 문자 "h"가 s 변수의 세 번째 위치에 존재함에도 불구하고, 문자열 끝까지 루프가 반복된다. 그러므로 CPU 시간을 낭비하게 된다.

'변수 s에는 단지 14개의 문자만이 있잖아! 이것이 CPU 시간을 많이 낭비한다고?'라고 반문할 수도 있다. 그러나 대량의 데이터 처리의 경우에 이런 루프 구조를 사용한다면 매우 주의를 기울여야 한다. 많은 반복이 있는 경우엔 더욱 그러하다.

두 가지 방법을 통해 이전 예제의 프로그램을 좀 더 빠르게 실행할 수 있다. 핵심 아이디어는 특정 조건을 만족할 때(즉, 주어진 문자를 찾은 경우에) 루프를 벗어나게 만드는 것이다.

첫 번째 방법 – break 명령문 사용하기

break 명령문을 사용해 루프의 반복이 완료되기 이전에 루프를 벗어나도록 만든다.

다음 파이썬 프로그램을 살펴보자. 특정 문자가 변수 s에서 발견되자마자 for-루프를 벗어나게 한다.

file_27_4a

```
s = "I have a dream"

letter = input("검색할 영문자를 입력하여라: ")

found = False
for a in s:
    if a == letter:
        found = True
        break

if found == True:
    print("문자 ", letter, "를 찾았습니다.")
```

두 번째 방법 – 플래그(flag) 사용하기

이 책에서는 가능하면 break 명령문을 사용하지 않으며, 특정 조건에서만 코드를 효율적으로 만들기 위해 break 명령문을 사용한다. 이렇게 하는 이유는 실제로 모든 컴퓨터 언어에서 break 명령문이 존재하는 것은 아니기 때문이며, 이 책의 의도가 '알고리즘적 사고'(파이썬에서만 지원되는 특별한 명령문을 사용하는 것이 아님)이기 때문이다. 두 번째 접근 방법을 살펴보자.

다음 파이썬 프로그램에서는 found 변수를 새롭게 도입하였으며, 이 변수는 특정 문자가 변수 s에서 발견했을 때 즉시 강제로 루프를 벗어나게 해 주는 역할을 한다.

file_27_4b

```
s = "I have a dream"

letter = input("검색할 영문자를 입력하여라: ")

found = False
i = 0
while i <= len(s) - 1 and found == False:
    if s[i] == letter:
        found = True
    i += 1

if found == True:
    print("문자", letter, "를 찾았습니다.")
```

주목할 것!
변수 found가 깃발(플래그)이라고 상상해 보자. 초기에 깃발은 올라가 있지 않다(found = False). 수행 흐름이 루프로 들어가고 깃발이 내려져 있는 동안 루프 반복을 계속한다(while ... found == False). 조건을 만족하여 깃발이 올라가 있을 때(변수 found에 True를 할당) 루프를 벗어난다.

세 번째 방법 – 루프 사용하지 않기

파이썬이 얼마나 강력한지를 보여 주는 마지막 접근 방법을 살펴보자. 이 방법에서는 루프를 벗어날 필요가 없다(루프 자체가 없기 때문이다).

file_27_4c

```python
s = "I have a dream"

letter = input("검색할 영문자를 입력하여라: ")

if letter in s:
    print("문자", letter, "를 찾았습니다.")
```

27.5 루프 정리하기

앞서 언급하였듯이, 루프는 많은 CPU 시간을 소비할 수 있다. 그래서 매우 신중을 기하여 루프를 사용해야 한다. 많은 반복을 피할 수 없더라도 루프가 효율적으로 수행되도록 해 주어야 한다.

1, 2, 3, 4, 5, ..., 10000 값들의 평균값을 계산하는 다음 코드를 살펴보자.

```python
s = 0
i = 1

while True:
    total = 10000
    s = s + i
    i += 1
    if i > total: break

average = s / total
print(average)
```

루프를 사용할 때 특히 많은 반복을 수행할 때 항상 마음속에 염두에 두어야 할 것은 루프 내부에 아무런 목적 없이 쓰인 명령문이 있으면 안 된다는 것이다. 위 예제에서 total = 10000이 이런 명령문에 해당한다. 불행하게도 루프 내부에 이 명령문이 존재하는 한, 컴퓨터는 아무런 이유 없이 이 명령문을 10,000회 수행한다. 물론, 이렇게 됨으로써 컴퓨터 성능에 악영향을 끼친다.

이러한 문제를 해결하기 위해 다음과 같이 total = 10000 명령문을 루프 외부로 이동시켜야 한다.

```
s = 0
i = 1
total = 10000

while True:
    s = s + i
    i += 1
    if i > total: break

average = s / total
print(average)
```

예제 27.5-1 루프 정리하기 (1)

다음은 1, 2, 3, 4, ... 10000 값들의 평균값을 계산하는 코드다. 코드를 좀 더 효율적으로 만들기 위해 루프 외부로 이동해야 하는 명령문을 찾아라.

```
s = 0

for i in range(1, 10001):
    s = s + i
    average = s / 10000

print(average)
```

풀이

초보 프로그래머가 하는 가장 흔한 실수 중 하나는 평균값을 계산하는 명령문을 루프 내부에 넣어 놓는 것이다. 예를 들어, 여러분의 학점을 계산한다고 해 보자. 우선, 여러분이 취득한 교과목 학점의 총합을 계산한다. 그런 다음, 학점의 총합을 취득한 교과목 수로 나눈다.

🔊 **주목할 것!** 계산은 2단계 과정을 거친다.

그러므로 루프 내부에서 평균값을 계산하는 것은 무의미하다. 평균값을 계산하는 명령문을 루프 외부로 이동시켜야 하며, 정확히는 루프가 끝나는 바로 다음 지점으로 이동시켜야 한다.
따라서 이전 코드를 다음과 같이 수정한다.

```
s = 0

for i in range(1, 10001):
    s = s + i

average = s / 10000

print(average)
```

예제 27.5-2 루프 정리하기(2)

다음 방정식은 파이썬 프로그램을 사용하여 답을 구할 수 있다. N 값은 사용자로부터 입력받는다.

$$S = \frac{1}{1^1 + 2^2 + 3^3 + \cdots + N^N} + \frac{2}{1^1 + 2^2 + 3^3 + \cdots + N^N} + \cdots + \frac{N}{1^1 + 2^2 + 3^3 + \cdots + N^N}$$

```
n = int(input("N 값을 입력하여라: "))
s = 0
for i in range(1, n + 1):
    denom = 0
    for j in range(1, n + 1):
        denom += j ** j
    s += i / denom

print(s)
```

위 프로그램을 좀 더 효율적으로 만들기 위해 루프 외부로 이동해야 하는 명령문을 찾아라.

풀이

위 방정식으로부터 알 수 있듯이, 분모는 모든 항에 공통으로 있다. 그러므로 모든 항을 여러
번 다시 계산하는 것보다는 분모를 한 번만 계산하고 그 결과를 여러 번 활용하는 것이 좋다.

```
n = int(input("N 값을 입력하여라: "))

denom = 0
for j in range(1, n + 1):      ◀────  분모를 계산하는 코드 부분
    denom += j ** j
```

```
s = 0
for i in range(1, n + 1):
    s += i / denom

print(s)
```

27.6 무한 루프를 회피하는 방법

모든 루프 제어 구조는 무한 루프(endless loop 혹은 infinite loop)를 방지하는 방법을 가지고 있다. 이는 루프를 벗어나도록 해 주는 무언가가 루프 내부에 있어야 함을 의미한다.

다음 예제는 무한 루프를 포함하고 있다. 불행하게도, 프로그래머는 루프 내부에 있는 변수 i 값을 증가시키는 것을 잊어버렸다. 그래서 변수 i는 10 값에 절대 도달할 수 없다.

```
i = 0
while i != 10:
    print("안녕하십니까?")
```

 기억할 것! 루프가 반복을 멈추지 않으면 이를 무한 루프라 한다.

무한 루프는 영원히 반복하는 것을 의미하며, 무한 루프를 멈추기 위해서는 마법의 힘을 빌려야 한다. 예를 들어, 윈도우 운영체제의 애플리케이션이 멈춰 있다면, 사용자는 애플리케이션의 강제 종료를 위해 [Alt] + [Ctrl] + [Del] 조합키를 사용한다. 반면, 무한루프가 실수로 작성되어 수행되면, 'Terminate' 툴바 아이콘(■)을 클릭하여 파이썬 컴파일러에게 즉각적으로 그 수행을 멈추게 할 수 한다.

그래서 수행 흐름이 루프를 벗어나도록 해 주는 명령문을 사용해야 한다. 하지만 여전히 이것만으로는 충분하지 않다. 다음 코드를 살펴보자.

```
i = 1
while i != 10:
    print("안녕하십니까?")
    i += 2
```

위 코드는 루프를 벗어나도록 해 주는 명령문(i += 2)을 가지고 있으나, 1, 3, ..., 9, 11, 13 등이 되어 변수 i에 10이 할당되지 않으므로 루프를 벗어날 수 없다.

이런 실수를 회피하기 위해서는 비교 연산자인 ==과 !=을 사용하여 카운터 변수(위의 코드에서 변수 i)를 검사하지 않아야 한다. 특히, 카운터 변수의 값이 1씩 증가 혹은 감소가 있는 경우에는 더욱 그러하다. 대신 다른 비교 연산자인 <, <=, >, >=을 사용하도록 한다. 이들 연산자는 카운터 변수가 종료 값을 초과할 때 루프를 벗어나게 하는 것을 보장한다. 위 코드에서 !=를 < 이나 <= 비교 연산자로 바꾸어 줌으로써 문제 해결이 가능하다.

```
i = 1
while i < 10:
    print("안녕하십니까?")
    i += 2
```

27.7 for-루프를 while-루프로 변환하기

for-루프를 while-루프로 매우 쉽게 변환할 수 있다. 다음과 같은 변환 규칙을 사용한다.

for-루프

```
for var in sequence:
    명령문 블록
```

while-루프

```
seq = sequence
index = 0
while index < len(seq):
    var = seq[index]
    명령문 블록
    index += 1
```

아울러 range( ) 함수를 연속 정수를 생성하는 데 사용할 때 다음과 같은 변환 규칙을 사용할 수 있다.

range( ) 함수를 사용한 for-루프

```
for counter in range( initial_value, final_value, step ):
    명령문 블록
```

while-루프

```
counter = initial_value
```

```
while counter OP final_value :
    명령문 블록
    counter += step
[counter -= step]
```

여기서

- counter는 항상 변수이어야 한다.

- initial_value, final_value, step은 상수이거나 변수 혹은 표현식이 될 수 있다.

- OP는 비교 연산자이며, step이 양수이면 '작다(<)'로 해야 하며, step이 음수이면 '크다(>)'로 해야 한다.

 주목할 것! while-루프 외부에 놓인 마지막 명령문 counter -= step은 옵션임에 주목하자. counter 값을 반복의 마지막 값과 같게 만들고 싶을 때 이 명령문을 사용할 수 있다.

 기억할 것! while-루프의 끝 부분에 counter 변수의 값을 증가시키거나 감소시키는 명령문을 잊지 말고 포함시켜야 한다.

예제 27.7-1 파이썬 프로그램 변환하기 (1)

while-루프를 사용하여 다음 파이썬 프로그램을 재작성하여라.

```
s = "안녕하세요!"
for letter in s:
    print(letter)
```

풀이

다음 프로그램은 설명을 위해 위 프로그램과 동일하게 다시 작성한 코드다.

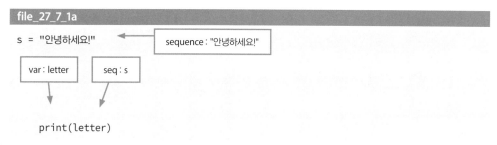

while-루프를 사용하여 재작성하면 다음 프로그램과 같다.

```
s = "안녕하세요!"
```

index : i

```
while i < len(s) :
    letter = s[i]
    print(letter)
    i += 1
```

이클립스로 위의 두 프로그램을 실행해 보면 동일한 결과가 출력되는 것을 확인할 수 있다.

예제 27.7-2 파이썬 프로그램 변환하기(2)

while 루프를 사용하여 다음 파이썬 프로그램을 재작성하여라.

```
x = 2

for i in range(-2, 3):
    x = x ** 2

print(x)
```

풀이

다음 프로그램은 설명을 위해 위 프로그램과 동일하게 다시 작성한 코드다.

```
x = 2
```

counter : i   final_value : 3

```
for i in range(-2, 3):
```

initial_value : -2

```
    x = x ** 2

print(x)
```

다음은 while-루프를 사용하여 재작성한 프로그램을 보여 준다.

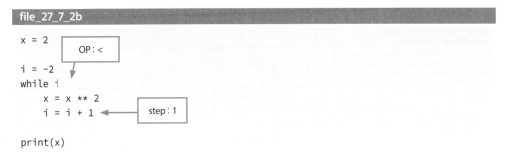

file_27_7_2b

```
x = 2
            ┌──────┐
            │ OP : <│
            └──────┘
i = -2
while i
    x = x ** 2
    i = i + 1  ←──  ┌────────┐
                    │ step : 1│
                    └────────┘

print(x)
```

이클립스로 위의 두 프로그램을 실행해 보면 동일한 결과가 출력되는 것을 확인할 수 있다.

예제 27.7-3 파이썬 프로그램 변환하기(3)

다음 파이썬 프로그램을 사전-검사 루프 구조를 사용하여 재작성하여라.

```
f = int(input())
x = 3

for j in range(20, f, -5):
    x = x / 2

print(x, j)
```

풀이

다음 프로그램은 설명을 위해 위 프로그램과 동일하게 다시 작성한 코드다.

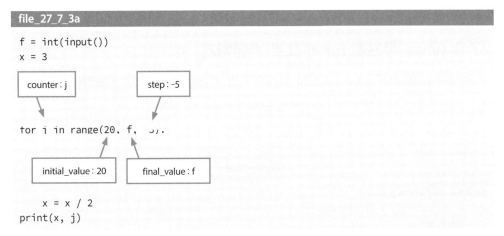

file_27_7_3a

```
f = int(input())
x = 3

    ┌──────────┐        ┌─────────┐
    │ counter : j│        │ step : -5│
    └──────────┘        └─────────┘

for j in range(20, f, -5):
          ┌──────────────┐   ┌────────────┐
          │ initial_value : 20│   │ final_value : f│
          └──────────────┘   └────────────┘

    x = x / 2
print(x, j)
```

다음은 사전-검사 루프 구조를 사용하여 재작성한 프로그램을 보여 준다.

file_27_7_3b

```
f = int(input())
x = 3
           ┌─────────┐
           │  OP:>   │
           └────┬────┘
j = 20          │
while j  ↓ ...
    x = x / 2
    j += -5

j -= -5
print(x, j)
```

약간의 개선 작업을 수행한 후, 최종 프로그램은 다음과 같다.

file_27_7_3c

```
f = int(input())
x = 3

j = 20
while j > f:
    x = x / 2
    j -= 5

j += 5
print(x, j)
```

 주목할 것! 이 예제에서 print( ) 명령문이 초기 프로그램과 동일한 결과가 출력되도록 하기 위해서는 명령문 j += 5가 추가로 필요하다.

27.8 while-루프를 for-루프로 변환하기

파이썬에서 while-루프를 for-루프로의 변환은 특정 조건이 만족할 때만 가능하다. 27장의 나머지 부분을 통해 이런 변환이 수행되지 않는 상황을 살펴볼 것이다.

다음은 while-루프의 일반 형태이며, 다음과 같이 for-루프로 변환이 가능하다.

while-루프

```
counter = initial_value
while counter OP final_value1:
    명령문 블록 1
```

```
    count += step
    명령문 블록 2
```

for-루프

```
for counter in range( initial_value, final_value2, step ):
    명령문 블록 1
    명령문 블록 2
```

여기서

- counter는 항상 변수이어야 한다.
- initial_value, final_value1, final_value2, step은 정수이어야 하며, 상수이거나 변수 혹은 표현식이 될 수 있다. 그러나 변수나 표현식인 경우는 루프 내부에서 변경되지 말아야 한다.
- OP는 비교 연산자(<, >, <=, >=, ==, <>) 중 하나가 될 수 있다.
- 명령문 블록 2 내부에 기존에 존재했던 counter 변수는 counter + step으로 대체되어야 한다.

예제 27.8-1 **파이썬 프로그램 변환하기(1)**

다음 파이썬 프로그램을 for-루프를 사용하여 재작성하여라.

```
s = 0
i = 1
while i <= 9:
    s = s + i ** 2
    i += 2

print(s)
```

풀이

다음 프로그램은 설명을 위해 위 프로그램과 동일하게 다시 작성한 코드다.

file_27_8_1a

```
s = 0
i = 1          ◀── initial_value : 1

    counter : i

while i <= 9:   ◀── final_value1 : 9
```

```
s = s + i ** 2
i += 2
print(s)
```

명령문 블록 1

step : +2

특별히 주목해야 할 사항은 다음과 같다.

- 어떤 변수가 사전-검사 루프 구조의 counter 변수인지를 구별해야 한다. counter 변수는 사전-검사 루프 구조를 매 반복마다 검사한다.
- step이 +2이고 루프의 불리언 식이 i <= 9이기 때문에 while-루프가 반복을 수행하는 동안 i의 마지막 값은 9이다. 그래서 final_value2는 11이 된다.
- 명령문 블록 1의 내부에 변수 i는 이전과 그대로이어야 한다.

다음은 for-루프를 사용하여 재작성한 프로그램을 보여 준다.

file_27_8_1b

```
s = 0
for i in range(1, 11, 2):
    s = s + i ** 2

print(s)
```

주어진 예제의 프로그램과 위 프로그램을 이클립스로 실행해 보면, 두 프로그램 모두에서 165가 출력된다는 것을 확인할 수 있다.

예제 27.8-2 파이썬 프로그램 변환하기(2)

다음 파이썬 프로그램을 for-루프를 사용하여 재작성하여라.

```
s = 0
y = 5
while y != -3:
    s = s + 2 * y
    y = y - 2

print(s)
```

풀이

다음 프로그램은 설명을 위해 위 프로그램과 동일하게 다시 작성한 코드다.

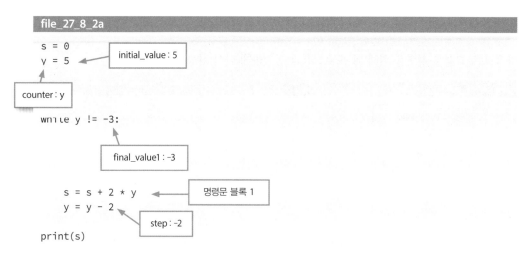

```
file_27_8_2a
s = 0
y = 5        initial_value : 5
                              counter : y

while y != -3:
                    final_value1 : -3

    s = s + 2 * y        명령문 블록 1
    y = y - 2
                    step : -2
print(s)
```

특별히 주목해야 할 사항은 다음과 같다.

- step이 –2이고 루프의 불리언 식이 y != –3이기 때문에 사전-검사 루프 구조가 반복을 수행하는 동안 y의 마지막 값은 –1이다. 그래서 final_value2는 –3이 된다.
- 명령문 블록 1의 내부에 변수 y는 이전과 그대로이어야 한다.

다음은 for-루프를 사용하여 재작성한 프로그램을 보여 준다.

```
file_27_8_2b
s = 0
for y in range(5, -3, -2):
    s = s + 2 * y

print(s)
```

예제 27.8-3 파이썬 프로그램 변환하기(3)

다음 파이썬 프로그램을 for-루프를 사용하여 재작성하여라.

```
s = 0
i = 1
while i < 6:
    i += 1
    s = s + i ** 2

print(s)
```

풀이

다음 프로그램은 설명을 위해 위 프로그램과 동일하게 다시 작성한 코드다.

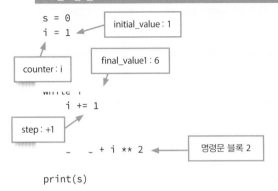

file_27_8_3a

```
s = 0
i = 1          initial_value : 1

counter : i    final_value1 : 6

while i
    i += 1
step : +1
    s = s + i ** 2          명령문 블록 2

print(s)
```

특별히 주목해야 할 사항은 다음과 같다.

- counter 변수는 i다.
- step이 +1이고 루프의 불리언 식이 i < 6이므로 while-루프 구조가 반복을 수행하는 동안 i 의 마지막 값은 5다. 그래서 final_value2는 6이 된다.
- 명령문 블록 2의 내부에 변수 i는 i + step으로 대체되어야 한다. 그래서 명령문 s = s + i ** 2는 s = s + (i + 1) ** 2가 되어야 한다.

다음은 for-루프를 사용하여 재작성한 프로그램을 보여 준다.

file_27_8_3b

```
s = 0
for i in range(1, 6):
    s = s + (i + 1) ** 2

print(s)
```

주어진 예제의 프로그램과 위 프로그램을 이클립스로 실행해 보면 두 프로그램 모두에서 90 이 출력된다는 확인할 수 있다.

예제 27.8-4 **파이썬 프로그램 변환하기(4)**

다음 파이썬 프로그램을 for-루프를 사용하여 재작성하여라.

```
y = 5
x = 0
while y < 1000:
    x = x + 2
    y = y + x

print(y)
```

풀이

우선, 두 개의 변수 중에 어떤 변수가 counter 변수인지를 찾아야 한다. 위 코드의 루프 제어 구조에서 counter 변수는 의심할 여지없이 y다. 사전-검사 루프 구조의 매 반복마다 검사(y < 1000)하는 변수가 y이기 때문에 counter 변수를 쉽게 찾을 수 있다.

루프 내부에서 어떤 일이 발생하는지 살펴보자. counter 변수인 y는 상숫값이 아닌 변숫값(변수 x의 값)으로 매 반복마다 증가된다. 그러나 이미 배웠듯이 for-루프는 정해진 단계를 요구하지 가변적인 단계를 요구하지 않는다. 그러므로 이런 파이썬 프로그램은 for-루프로의 변환에 적합하지 않다.

> 📢 **주목할 것!** while-루프를 for-루프로 변환하는 것이 파이썬에서는 불가능할지라도 C#에서는 실제로 가능하며, 다음과 같다(물론, C, C++, 자바도 가능함).

```
static void Main() {
    int x, y;

    x = 0;
    for (y = 5; y < 1000; y += x){
        x = x + 2
    }

    Console.Write(y);

    Console.ReadKey();
}
```

따라서 위와 같은 변환이 실제로 모든 컴퓨터 언어에서 수행되는 것은 아니며, 파이썬이 그중 하나다. 이러한 변환을 허용하지 않는 또다른 컴퓨터 언어로 비주얼 베이직, 파스칼 등이 있다.

예제 27.8-5 파이썬 프로그램 변환하기(5)

다음 파이썬 프로그램을 for-루프를 사용하여 재작성하여라.

```
s = 0

y = 5
while y > -9:
    s = s - 2 + y
    y = y - 3
    s = s - 4 * y

print(s)
```

풀이

다음 프로그램은 설명을 위해 위 프로그램과 동일하게 다시 작성한 코드다.

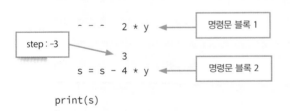

file_27_8_5a

```
s = 0
v = 5
```
initial_value : 5

counter : y

final_value1 : -9

```
whﬁe y ｨ ﹍.
```

```
- - -   2 * y
```
명령문 블록 1

step : -3

```
          3
s = s - 4 * y
```
명령문 블록 2

```
print(s)
```

특별히 주목해야 할 사항은 다음과 같다.

- step이 -3이고 루프의 불리언 식이 y > -9이므로 사전-검사 루프 구조가 반복을 수행하는 동안 y의 마지막 값은 -7이다. 그래서 final_value2는 -10이 된다.
- 명령문 블록 1의 내부에 변수 y는 이전과 그대로이어야 한다.
- 명령문 블록 2의 내부에 변수 counter는 counter + step으로 대체되어야 한다. 그래서 명령문 s = s - 4 * y는 s = s - 4 * (y - 3)이 되어야 한다.

다음은 for-루프를 사용하여 재작성한 프로그램을 보여 준다.

file_27_8_5b

```
s = 0

for y in range(5, -10, -3):
    s = s - 2 * y
    s = s - 4 * (y - 3)

print(s)
```

주어진 예제의 프로그램과 위 두 프로그램을 이클립스로 실행해 보면 두 프로그램 모두에서 90이 출력된다는 것을 확인할 수 있다.

27.9 루프 제어 구조에서 '내부에서 외부로' 방법 사용하기

'내부에서 외부로(from inner to outer)' 방식에 대해서 20장에서 이미 배웠다. 다음 예제를 살펴 보자.

다음과 같은 구구단 표를 출력하는 파이썬 프로그램을 작성하여라.

1x1=1	1x2=2	1x3=3	1x4=4	1x5=5	1x6=6	1x7=7	1x8=8	1x9=9
2x1=2	2x2=4	2x3=6	2x4=8	2x5=10	2x6=12	2x7=14	2x8=16	2x9=18
3x1=3	3x2=6	3x3=9	3x4=12	3x5=15	3x6=18	3x7=21	3x8=24	3x9=27
4x1=4	4x2=8	4x3=12	4x4=16	4x5=20	4x6=24	4x7=28	4x8=32	4x9=36
5x1=5	5x2=10	5x3=15	5x4=20	5x5=25	5x6=30	5x7=35	5x8=40	5x9=45
6x1=6	6x2=12	6x3=18	6x4=24	6x5=30	6x6=36	6x7=42	6x8=48	6x9=54
7x1=7	7x2=14	7x3=21	7x4=28	7x5=35	7x6=42	7x7=49	7x8=56	7x9=63
8x1=8	8x2=16	8x3=24	8x4=32	8x5=40	8x6=48	8x7=56	8x8=64	8x9=72
9x1=9	9x2=18	9x3=27	9x4=36	9x5=45	9x6=54	9x7=63	9x8=72	9x9=81

'내부에서 외부로' 방법에 따르면, 먼저 내부 제어 구조를 작성하고 그런 다음 모든 것이 검사되고 잘 동작되었을 때 외부 제어 구조를 추가한다.

그래서 위 구구단 표의 첫 번째 줄만 우선 출력해 보자. 이 줄을 검사해 보면 각 곱셈에서 피승수는 항상 1이다. 구구단의 첫 번째 줄만 출력하는 루프 제어 구조는 다음과 같다. 변수 i는 1 값을 가지고 있다고 가정한다.

```
for j in range(1, 10):
    print(i, "x", j, "=", i * j, end = "\t")
```

위 코드를 실행하면 다음과 같은 결과가 출력된다.

1x1=1   1x2=2   1x3=3   1x4=4   1x5=5   1x6=6   1x7=7   1x8=8   1x9=9

 기억할 것! 문자 \t를 사용하여 매 반복마다 탭 문자가 '출력된다.' 이렇게 함으로써 적절한 배치가 가능해진다.

이제, 내부(중첩) 루프 구조가 완성되었다. 이제부터 필요한 것은 이런 제어 구조를 9회 실행하는 것이며, 매 실행마다 i는 1부터 9까지 서로 다른 값을 가져야 한다. 이를 위한 코드는 다음과 같다.

```python
for i in range(1, 10):
    # 구구단 표에서 한 줄을 출력하는 코드가 들어감.
    print()
```

 주목할 것! print( ) 명령문은 줄 바꿈(혹은 행 바꿈)을 위해 사용된다.

첫 번째 내부 코드를 두 번째 외부 코드에 중첩시켜 두 코드를 조합하면 다음과 같은 최종 프로그램이 완성된다.

file_27_9

```python
for i in range(1, 10):
    for j in range(1, 10):
        print(i, "x", j, "=", i * j, end = "\t")
    print()
```

27.10 복습문제: 참/거짓

다음 문제를 읽고 **참** 또는 **거짓**으로 답하여라.

1. 반복 횟수가 정해져 있지 않은 경우, 유한 루프 구조를 사용한다.
2. 반복 횟수가 정해져 있는 경우, 사후-검사 루프 구조를 사용할 수 없다.
3. '만능' 규칙에 따르면, 사전-검사 루프 구조에서 루프의 불리언 식에 사용된 변수의 초기화는 루프 내부에서 수행되어야 한다.
4. '만능' 규칙에 따르면, 사전-검사 루프 구조에서 루프의 불리언 식에 사용된 변수의 갱신/변경은 루프의 마지막 명령문이 되어야 한다.
5. '만능' 규칙에 따르면, 사후-검사 루프 구조에서 루프의 불리언 식에 사용된 변수의 초기화는 루프 내부에서 때때로 수행되어야 한다.

6. '만능' 규칙에 따르면, 사후-검사 루프 구조에서 루프의 불리언 식에 사용된 변수의 갱신/변경은 루프의 첫 번째 명령문이 되어야 한다.

7. 파이썬에서 반복이 완료되기 이전에 루프를 벗어나도록 하기 위해서는 break_loop 명령문을 사용한다.

8. 상숫값을 변수로 할당하는 명령문은 루프 제어 구조 내부에 놓는 것이 좋다.

9. 다음 코드에서 for-루프 외부로 이동할 수 있는 명령문이 최소한 한 개가 있다.

```
for i in range(30):
    a = "안녕"
    print(a)
```

10. 다음 코드에서 for-루프 외부로 이동할 수 있는 명령문이 최소한 한 개가 있다.

```
s = 0
count = 1
while count < 100:
    a = int(input())
    s += a
    average = s / count
    count += 1
print(average)
```

11. 다음 코드에서 for-루프 외부로 이동할 수 있는 명령문이 최소한 한 개가 있다.

```
s = 0
y = int(input())
while y != -99:
    s = s + y
    y = int(input())
```

12. 다음 코드는 유한성을 만족한다.

```
i = 1
while i != 100:
    print("안녕하십니까?")
    i += 5
```

13. '같지 않다(!=)' 비교 연산자가 사전-검사 루프 구조의 불리언 식에서 사용될 때 루프는 항상 무한 반복한다.

14. 다음 코드는 유한성을 만족한다.

```
i = 1
while True:
    print("안녕하십니까?")
    i += 5
    if i >= 100: break
```

15. 다음 코드는 while-루프로 변환될 수 없다.

```
import math
for i in range(0, 12, 2):
    x = math.sqrt(i, 2)
    print(x)
```

16. 다음 코드는 모든 컴퓨터 언어의 for-루프로 변환될 수 있다.

```
y = 0
x = 0
while y < 1000:
    y = y + x
    x += 1
```

27.11 복습문제: 객관식

다음 문제에서 옳은 것을 모두 골라라.

1. 반복 횟수가 정해져 있지 않은 경우에 사용할 수 있는 것은?

    a. 사전-검사 루프 구조

    b. 사후-검사 루프 구조

    c. 위 모두 옳다.

2. 반복 횟수가 정해져 있는 경우에 사용할 수 있는 것은?

    a. 사전-검사 루프 구조

    b. 사후-검사 루프 구조

    c. for-루프

    d. 위 모두 옳다.

3. '만능' 규칙에 따르면, 사전-검사 루프 구조에서 불리언 식에 사용된 변수의 초기화는 어떤 곳에서 수행되어야 하는가?

    a. 루프 내부

    b. 루프 외부

    c. 위 모두 옳다.

4. '만능' 규칙에 따르면, 사전-검사 루프 구조에서 불리언 식에 사용된 변수의 갱신/변경은 어떤 곳에서 수행되어야 하는가?

    a. 루프 내부

    b. 루프 외부

    c. 위 모두 옳다.

5. '만능' 규칙에 따르면, 사후-검사 루프 구조에서 불리언 식에 사용된 변수의 갱신/변경은 어떤 곳에서 수행되어야 하는가?

    a. 루프 내부

    b. 루프 외부

    c. 위 모두 옳다.

6. 다음 코드에서 for-루프의 외부로 이동해야 하는 명령문은 몇 개인가?

```
s = 0
for i in range(100):
    s = s + i
    x = 100
    average = s / 100
```

    a. 0

    b. 1

    c. 2

    d. 3

7. 다음 중 어떤 비교 연산자를 사후-검사 루프 구조의 불리언 식에서 사용했을 때 루프가 무한히 반복되는가?

    a. ==

    b. <=

    c. >=

    d. 상황에 따라 다르다.

8. for-루프에서 while-루프로 변환에 대한 설명으로 옳은 것은?

    a. 변환이 항상 수행되지 않는다.

    b. 변환이 항상 수행된다.

    c. 변환이 수행되지만, while-루프가 반복을 덜 수행한다.

    d. 위 모두 옳지 않다.

9. 파이썬에서 while-루프에서 for-루프로 변환에 대한 설명으로 옳은 것은?

   a. 변환이 항상 수행되지 않는다.

   b. 변환이 항상 수행된다.

   c. 변환이 수행되지만, for-루프가 반복을 덜 수행한다.

   d. 위 모두 옳지 않다.

27.12 프로그래밍 연습문제

다음 프로그래밍 연습문제를 완성하여라.

1. 다음 코드는 사용자가 입력한 100개의 숫자들에 대한 평균값을 계산한다. 가능한 많은 명령문을 루프 외부로 이동하여 코드를 효율적으로 만들어라.

```
s = 0
for i in range(100):
    number = float(input())
    s = s + number
    average = s / 100
print(average)
```

2. 다음 방정식의 해를 구하는 파이썬 프로그램이 있다. 가능한 많은 명령문을 루프 외부로 이동하여 프로그램을 효율적으로 만들어라.

$$S = \frac{1}{1 \cdot 2 \cdot 3 \cdot \ldots \cdot 100} + \frac{2}{1 \cdot 2 \cdot 3 \cdot \ldots \cdot 100} + \cdots + \frac{100}{1 \cdot 2 \cdot 3 \cdot \ldots \cdot 100}$$

```
s = 0
for i in range(1, 101):
    denom = 1
    for j in range(1, 101):
        denom *= j
    s += i / denom
print(s)
```

3. 다음 코드를 while-루프를 사용하여 재작성하여라.

```
import math
s = 10
for i in range(1, 11):
    s += math.sqrt(i)
print(s)
```

4. 다음 코드를 while-루프를 사용하여 재작성하여라.

```python
start = int(input())
finish = int(input())
for i in range(start, finish + 1):
    print(i)
```

5. 다음 코드를 while-루프를 사용하여 재작성하여라.

```python
start = int(input())
x = 1
for i in range(start, start * 2 + 1):
    x = x ** 1.1 + i
print(i)
```

6. 다음 코드를 while-루프를 사용하여 재작성하여라.

```python
import math
x = 42
for i in range(100):
    x = math.sqrt(x) + i
    print(x)
```

7. 다음 코드를 for-루프를 사용하여 재작성하여라.

```python
import math
i = 100
s = 0
while i > 0:
    s = s + math.sqrt(i)
    i -= 5
print(s)
```

8. 다음 코드를 for-루프를 사용하여 재작성하여라.

```python
import math
s = 0
i = 1
y = 0
while i <= 20:
    i += 3
    s = s + math.sqrt(y + i)
    y = y + i * 2
print(s)
```

9. 다음 코드를 for-루프를 사용하여 재작성하여라.

```
y = 0
i = 1
while i < 10:
    a = float(input())
    a += i
    i += 2
    y = y + (a + i) ** 3
print(y)
```

10. 다음 코드를 for-루프를 사용하여 재작성하여라.

```
y = 1
x = 0
while y < 1000:
    x = y ** 2
    y = y + x
print(y)
```

11. 다음 코드를 for-루프를 사용하여 재작성하여라.

```
a = int(input())
b = int(input())
while b <= 1000:
    a += 2
    b = b * a
    print(b)
```

12. 다음 코드를 for-루프를 사용하여 재작성하여라.

```
x = 0
y = -10
while y < 10:
    x = x + 2 ** y
    y = y + 1
print(x)
```

13. 다음 코드를 for-루프를 사용하여 재작성하여라.

```
s = 0
a = int(input())
while a != -99:
    s = s + a ** 2
    a = int(input())
print(s)
```

14. 1과 4 사이의 정수 쌍에 대해서 두 정수의 조합과 곱을 출력하는 파이썬 프로그램을 작성하여라. 출력 결과는 다음과 같다.

```
1 x 1 = 1
1 x 2 = 2
1 x 3 = 3
1 x 4 = 4
2 x 1 = 2
2 x 2 = 4
2 x 3 = 6
2 x 4 = 8
...
...
4 x 1 = 4
4 x 2 = 8
4 x 3 = 12
4 x 4 = 16
```

15. 1과 12 사이의 정수 쌍에 대해서 다음과 같은 곱셈 표를 출력하는 파이썬 프로그램을 작성하여라. 탭 문자를 사용하여 출력 결과가 적절히 배치되어야 한다.

```
    |  1  2  3  4  5  6  7  8  9  10  11  12
---------------------------------------------------
1   |  1  2  3  4  5  6  7  8  9  10  11  12
2   |  2  4  6  8  10 12 14 16 18  20  22  24
3   |  3  6  9  12 15 18 21 24 27  30  33  36
... |  ... ... ... ... ... ... ... ... ...
11  |  11 22 33 44 55 66 77 88 99  110 121 132
12  |  12 24 36 48 60 72 84 96 108 120 132 144
```

루프 제어 구조의 순서도

28.1 들어가기

이전 장까지 배운 내용을 통해 여러분은 이제 루프 제어 구조에 대해 어느 정도 익숙해졌을 것이다. 또한, '만능' 규칙, 루프의 탈출 방법, 루프 제어 구조를 다른 루프 제어 구조로 변환하는 방법 등을 학습하였다. 순서도는 '알고리즘적 사고'의 학습과 제어 구조의 이해를 위한 좋은 방법이기 때문에 28장에서는 파이썬 프로그램을 순서도로, 순서도를 파이썬 프로그램으로 변환하는 방법을 살펴본다.

28.2 파이썬 프로그램을 순서도로 변환하기

파이썬 프로그램을 순서도로 변환하기 위해 먼저 루프 제어 구조를 다시 한 번 살펴보자. 각 루프 제어 구조와 순서도는 다음과 같이 요약·정리된다.

사전-검사 루프 구조

```
while 불리언 식:
    명령문 블록
```

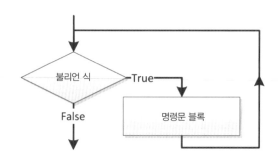

사후-검사 루프 구조

```
while True:
    명령문 블록
    if 불리언 식: break
```

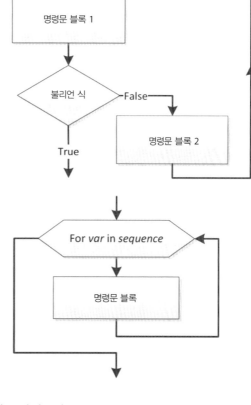

중간-검사 루프 구조

```
while True:
    명령문 블록 1
    if 불리언 식: break
    명령문 블록 2
```

for-루프

```
for var in sequence:
    명령문 블록
```

명확한 이해를 위해 다양한 프로그래밍 예제를 살펴보자.

예제 28.2-1 순서도 설계하기

다음 파이썬 프로그램을 순서도로 변환하여라.

```
i = 0
while i <= 100:
    print(i)
    i += 5
```

풀이

위 파이썬 프로그램은 사전-검사 루프 구조를 가지고 있다. 이 프로그램에 대한 순서도는 다음과 같다.

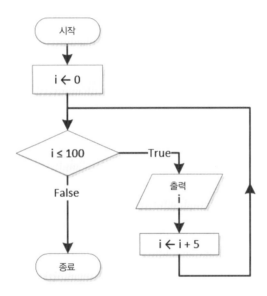

예제 28.2-2 순서도 설계하기

다음 파이썬 프로그램을 순서도로 변환하여라.

```
i = 50
while i > 10:
    if x % 2 == 1:
        print(i)
    i -= 5
```

풀이

주어진 파이썬 프로그램은 단일 – 택일 결정 구조(single-alternative decision structure)를 포함하고 있는 사전-검사 루프 구조를 가지고 있다. 이 프로그램에 대한 순서도는 다음과 같다.

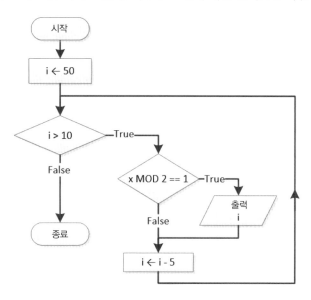

예제 28.2-3 순서도 설계하기

다음 파이썬 프로그램을 순서도로 변환하여라.

```python
i = 30
while True:
    if i % 8 == 0:
        print(i, ": 8의 배수")
    if i % 4 == 0:
        print(i, ": 4의 배수")
    if i % 2 == 0:
        print(i, ": 2의 배수")
    i -= 2
    if i <= 0: break
```

풀이

위 파이썬 프로그램은 세 개의 단일 – 택일 결정 구조를 포함하고 있는 사후-검사 루프 구조를 가지고 있다. 이 프로그램에 대한 순서도는 다음과 같다.

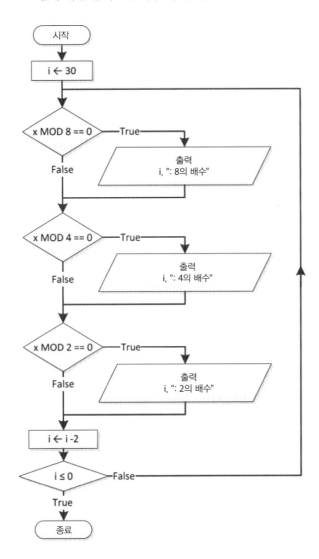

예제 28.2-4 **순서도 설계하기**

다음 파이썬 프로그램을 순서도로 변환하여라.

```
for hour in range(1, 25):
    print("현재 시간은", hour, "시입니다.")
    if hour >= 4 and hour < 12:
```

```
        print("좋은 아침입니다.")
    elif hour >= 12 and hour < 20:
        print("좋은 오후입니다.")
    elif hour >= 20 and hour < 24:
        print("좋은 저녁입니다.")
    elif hour <= 24:
        print("편히 주무세요!")
```

풀이

위 파이썬 프로그램은 다중 – 택일(multi-alternative) 결정 구조를 포함하고 있는 for-루프를 가지고 있다. 이 프로그램에 대한 순서도는 다음과 같다.

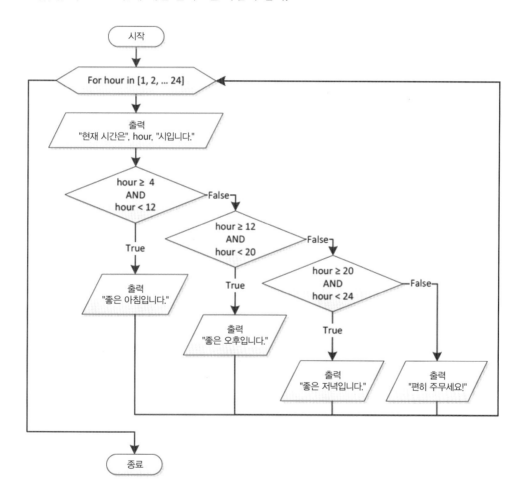

예제 28.2-5 **순서도 설계하기**

다음 파이썬 프로그램을 순서도로 변환하여라.

```python
a = int(input())
if a == 1:
    for i in range(1, 11, 2):
        print(i)
elif a == 2:
    for i in range(9, -1, -2):
        print(i)
else:
    print("해당 사항 없음!")

print("끝!")
```

풀이

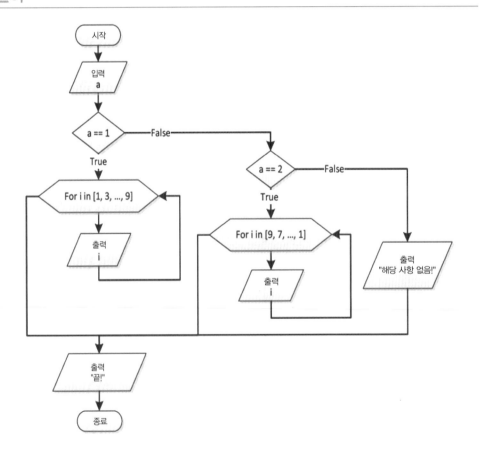

주어진 파이썬 프로그램은 두 개의 for-루프를 포함하고 있는 다중-택일(multi-alternative) 결정 구조를 가지고 있다. 이 프로그램에 대한 순서도는 다음과 같다.

예제 28.2-6 **순서도 설계하기**

다음 파이썬 프로그램을 순서도로 변환하여라.

```python
n = int(input())
m = int(input())

total = 0
for i in range(n):
    for j in range(m):
        total += i * j + j
print(total)
```

풀이

위 파이썬 프로그램은 for-루프 내부에 또 다른 for-루프가 포함된 중첩 루프 구조를 가지고 있다. 이 프로그램에 대한 순서도는 다음과 같다.

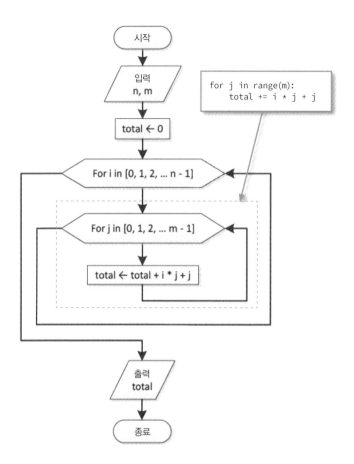

```
for j in range(m):
    total += i * j + j
```

예제 28.2-7 순서도 설계하기

다음 파이썬 프로그램을 순서도로 변환하여라.

```python
s = 0
for i in range(100):
    n = float(input())
    while n < 0:
        print("오류!")
        n = float(input())
    s += math.sqrt(n)
print(s)
```

주어진 파이썬 프로그램은 for-루프 내부에 사전-검사 루프 구조가 포함된 중첩 루프 구조를 가지고 있다. 이 프로그램에 대한 순서도는 다음과 같다.

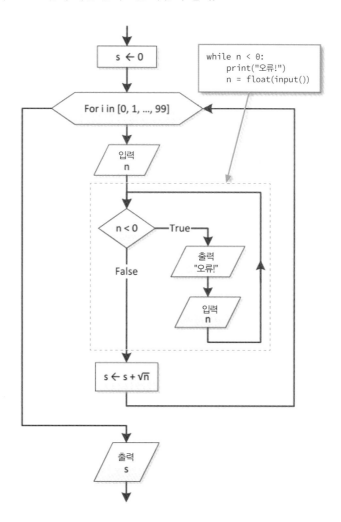

28.3 순서도를 파이썬 프로그램으로 변환하기

순서도를 파이썬 프로그램으로 변환하는 것은 쉬운 작업이 아니다. 순서도 설계자가 지켜야 할 특별한 규칙은 없으나, 파이썬 프로그램으로 변환하기 전에 원래 순서도를 수정할 수도 있다. 다음은 이런 경우의 예를 보여 준다.

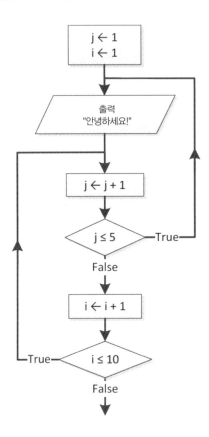

위 순서도에 포함된 루프 제어 구조는 이제까지 배운 사전-검사, 사후-검사, 중간-검사 제어 구조 중 어떤 구조와도 일치하지 않는다. 심지어는 for-루프와도 일치하지 않는다. 그래서 루프 제어 구조로 보일 때까지 위 순서도에 특별한 명령문을 추가하거나 아니면 기존 명령문을 삭제하여 순서도를 수정해야 한다. 다음으로, 원래 순서도에 수정이 필요한 다양한 예제를 살펴본다.

예제 28.3-1 **파이썬 프로그램 작성하기**

다음 순서도에 대한 파이썬 프로그램을 작성하여라.

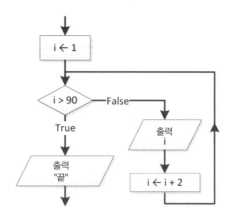

풀이

이 예제는 쉬운 편이나, 조금 헷갈리는 것은 참과 거짓 경로가 올바른 방향이 아니라는 점이다. 그래서 참은 그대로 두나, 거짓에 대한 부정이 실제로 반복되어야 한다. 두 경로를 서로 바꾸는 것도 가능하지만 불리언 식을 부정으로 표현하는 편이 좀 더 효율적이다. 그래서 위 순서도에 대한 파이썬 프로그램을 다음과 같이 작성할 수 있다.

```python
i = 1
while i <= 90:
    print(i)
    i = i + 2

print("끝")
```

예제 28.3-2 파이썬 프로그램 작성하기

다음 순서도에 대한 파이썬 프로그램을 작성하여라.

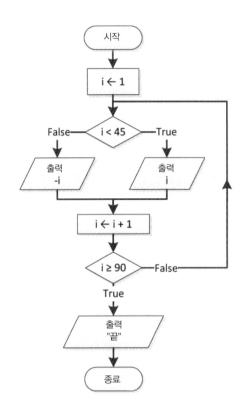

풀이

이 순서도는 이중-택일 결정 구조가 중첩된 사후-검사 루프 구조를 가지고 있다. 파이썬 프로그램은 다음과 같다.

```python
i = 1
while True:
    if i < 45:
        print(i)
    else:
        print(-i)
    i += 1
    if i >= 90: break

print("끝")
```

이중-택일 결정 구조

다음 순서도에 대한 파이썬 프로그램을 작성하여라.

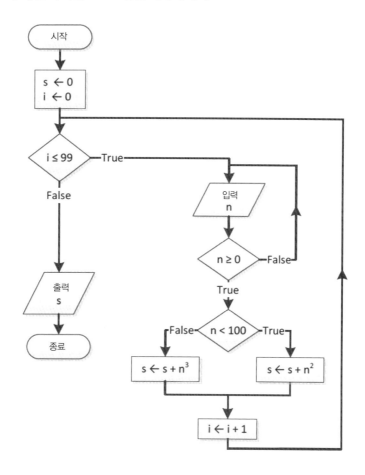

풀이

이 순서도에는 너무나 많은 다이아몬드가 있다. 그러나 이런 다이아몬드 중 실제로 단 하나가 결정 제어 구조이기 때문에 주의를 기울여 살펴보아야 한다. 즉, 이 순서도에는 단 하나의 결정 제어 구조만이 존재한다. 어느 것인지 찾을 수 있겠는가?

이제까지 루프 제어 구조를 많이 다루어 보았기 때문에 어느 정도 익숙해져 있다. 아시다시피, 루프 제어 구조에서 다이아몬드의 출구 중 하나는 항상 위쪽 방향을 가진다. 그래서 위 순서도에서 추출한 다음 순서도 일부는 분명히 우리가 찾고자 하는 결정 제어 구조다.

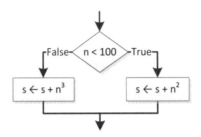

물론, 위 순서도는 이중-택일 결정 구조다. 이제 나머지 구조들에 대해서 살펴보자. 위의 이중-택일 결정 구조 바로 이전에 사후-검사 루프 구조가 있다. 이에 대한 순서도 일부는 다음과 같다.

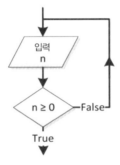

마지막으로, 바로 앞에서 언급한 이중-택일 결정 구조와 사후-검사 루프 구조는 다음 순서도 일부에 중첩되어 있다.

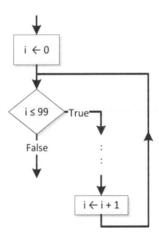

이 순서도 일부는 사전-검사 루프 구조다. 전체 순서도에 대한 파이썬 프로그램은 다음과 같다.

```
s = 0
i = 0
while i <= 99:
    while True:
        n = float(input())        ←  사후-검사 루프 구조
        if n >= 0: break

    if n < 100:
        s = s + n ** 2            ←  이중-택일 결정 구조
    else:
        s = s + n ** 3

    i += 1
print(s)
```

예제 28.3-4 파이썬 프로그램 작성하기

다음 순서도에 대한 파이썬 프로그램을 작성하여라.

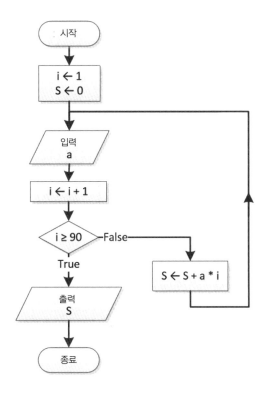

풀이

이 순서도는 중간-검사 루프 구조를 가지고 있다. 중간-검사 루프 구조를 직접 표현하는 파이썬 명령문이 존재하지 않기 때문에 다음 두 가지 방법(break 명령문을 사용하는 방법과 원래 순서도를 다른 형태로 바꾸는 방법) 중 하나를 사용해야 한다.

첫 번째 방법 – break 명령문 사용하기

이 접근 방법은 우선 while True 코드를 통해 무한 루프를 만들고, 두 명령문 사이에 혹은 명령문 블록 사이에 존재하는 불리언 식이 True로 평가될 때 무한 루프를 벗어나도록 하는 것이다.

이런 방식으로 만들어진 순서도는 다음과 같은 파이썬 코드로 작성될 수 있다.

```
i = 1
S = 0
while True:
    a = int(input())     ← 명령문 블록 1
    i += 1

    if i >= 90: break

    S = S + a * i     ← 명령문 블록 2
print(S)
```

break 명령문을 사용하는 것이 때때로 유용하지만 이해하기 어려운 코드를 만들 수도 있다. 그래서 조심스럽고 주의 깊게 break 명령문을 사용해야 한다.

두 번째 방법 – 순서도 바꾸기

다음 그림에서 왼쪽 순서도로 표현된 중간-검사 루프 구조와 일치하는 사전-검사 루프 구조는 오른쪽 순서도와 같다.

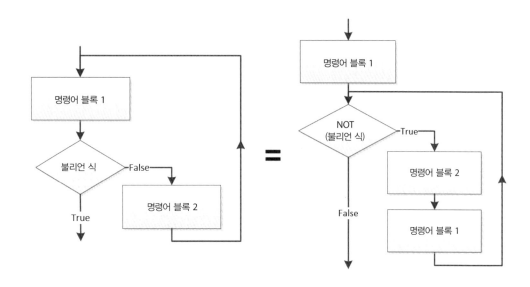

따라서, 이 예제의 최초 순서도를 다음과 같은 순서도로 다시 작성할 수 있다.

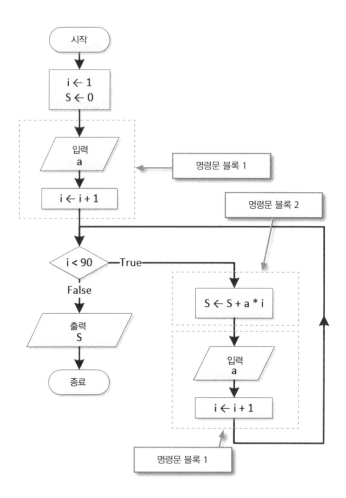

위 순서도에 대한 파이썬 프로그램은 다음과 같다.

```
i = 1
S = 0

a = int(input())        ←── 명령문 블록 1
i += 1

while i < 90:
    S = S + a * i       ←── 명령문 블록 2

    a = int(input())    ←── 명령문 블록 1
    i += 1
print(S)
```

28.4 프로그래밍 연습문제

다음 프로그래밍 연습문제를 완성하여라.

1. 다음 파이썬 프로그램을 순서도로 변환하여라.

```
i = -100
while i <= 100:
    print(i)
    i += 1
```

2. 다음 파이썬 프로그램을 순서도로 변환하여라.

```
i = int(input())
while True:
    print(i)
    i += 1
    if i > 100: break
```

3. 다음 파이썬 프로그램을 순서도로 변환하여라.

```
a = int(input())
b = int(input())
for i in range(a, b + 1):
    print(i)
```

4. 다음 파이썬 프로그램을 순서도로 변환하여라.

```
i = 35
while i > -35:
    if i % 2 == 0:
        print(2 * i)
    else:
        print(3 * i)
    i -= 1
```

5. 다음 파이썬 프로그램을 순서도로 변환하여라.

```
i = -20
while True:
    x = int(input())
    if x == 0:
        print("Zero")
    elif x % 2 == 0:
        print(2 * i)
    else:
        print(3 * i)
    i += 1
    if i > 20: break
```

6. 다음 파이썬 프로그램을 순서도로 변환하여라.

```python
a = int(input())
if a > 0:
    i = 0
    while i <= a:
        print(i)
        i += 5
else:
    print("양수가 아닌 정수가 입력됨!")
```

7. 다음 파이썬 프로그램을 순서도로 변환하여라.

```python
a = int(input())
if a > 0:
    i = 0
    while i <= a:
        print(3 * i + i / 2)
        i += 1
else:
    i = 10
    while True:
        print(2 * i - i / 3)
        i -= 3
        if i < a: break
```

8. 다음 파이썬 프로그램을 순서도로 변환하여라.

```python
a = int(input())
if a > 0:
    for i in range(a + 1):
        print(3 * i + i / 2)
elif a == 0:
    b = int(input())
    while b > 0:
        b = int(input())
    print(2 * a + b)
else:
    b = int(input())
    while b < 0:
        b = int(input())
    for i in range(a, b + 1):
        print(i)
```

9. 다음 파이썬 프로그램을 순서도로 변환하여라.

```python
a = int(input())
b = int(input())
c = int(input())
d = int(input())

total = 0
for i in range(a, b):
    for j in range(c, d + 1, 2):
        total += i + j
print(total)
```

10. 다음 파이썬 프로그램을 순서도로 변환하여라.

```python
import math

s = 0
for i in range(1, 51):
    while True:
        n = int(input())
        if n >= 0: break
    s += math.sqrt(n)
print(s)
```

11. 다음 파이썬 프로그램을 순서도로 변환하여라.

```python
while True:
    while True:
        a = int(input())
        if a >= 0: break
    while True:
        b = int(input())
        if b >= 0: break
    print(abs(a - b))
    if abs(a - b) <= 100: break
```

12. 다음 파이썬 프로그램을 순서도로 변환하여라.

```python
while True:
    while True:
        a = int(input())
        b = int(input())
        if a >= 0 and b >= 0: break

    if a > b:
        print(a - b)
    else:
        print(a * b)
    if abs(a - b) <= 100: break
```

13. 다음 순서도에 대한 파이썬 프로그램을 작성하여라.

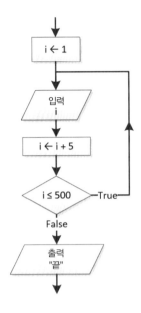

14. 다음 순서도에 대한 파이썬 프로그램을 작성하여라.

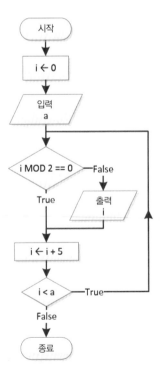

15. 다음 순서도에 대한 파이썬 프로그램을 작성하여라.

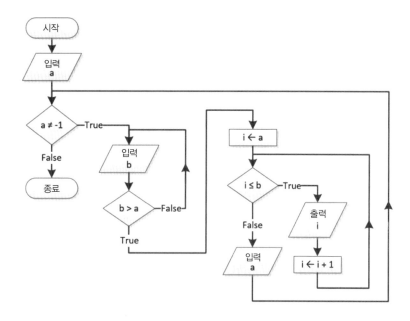

16. 다음 순서도에 대한 파이썬 프로그램을 작성하여라.

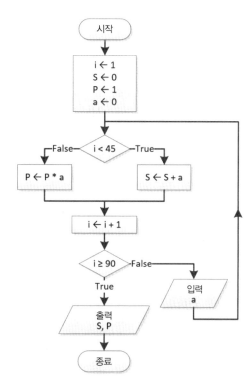

심화 예제: 루프 제어 구조

29.1 루프 제어 구조에 관한 이해하기 쉬운 예제

예제 29.1-1 1 + 2 + 3 + ... + 100 계산하기

다음 수식을 계산하고 전체 합을 출력하는 파이썬 프로그램을 작성하여라.

$$S = 1 + 2 + 3 + ... + 100$$

풀이

다음과 같이 순차 제어 구조를 사용하여 해결해 보자.

```
s = 0
i = 1

s = s + i
i = i + 1

s = s + i
i = i + 1
...
...
s = s + i
i = i + 1
```

1 + 2 + 3 + ⋯ + 100의 합을
계산해야 하므로 이 부분의 명령문이
100번 작성되어야 한다.

위 코드를 명확히 이해하기 위해 추적표를 만들어 보자.

단계	명령문	설명	i	s
1	s = 0	0	–	**0**
2	i = 1		**1**	0
3	s = s + i	0 + 1 = **1**	1	**1**
4	i = i + 1		**2**	1
5	s = s + i	0 + 1 + 2 = **3**	2	**3**
6	i = i + 1		**3**	3
7	s = s + i	0 + 1 + 2 + 3 = **6**	3	**6**
8	i = i + 1		**4**	6
…	…		…	…
…	…		…	…
마지막 직전 반복	s = s + i		99	**4950**
	i = i + 1		**100**	4950
마지막 반복	s = s + i	0 + 1 + 2 + 3 + … + 99 + 100 = **5050**	100	**5050**
	i = i + 1		**101**	5050

순차 제어 구조 대신, 변수 i를 1부터 100까지 증가시키는 while 루프를 사용해 보자. 각 반복마다 변수 i의 값을 변수 s에 누적시킨다.

file_29_1_1a

```
s = 0

i = 1
while i <= 100:
    s = s + i
    i = i + 1

print(s)
```

또는, 다음과 같이 for-루프를 사용할 수도 있다.

file_29_1_1b

```
s = 0
for i in range(1, 101):
    s = s + i
print(s)
```

예제 29.1-2 2 × 4 × 6 × 8 × 10 계산하기

다음 수식을 계산하고 전체 곱을 출력하는 파이썬 프로그램을 작성하여라.

$$P = 2 \times 4 \times 6 \times 8 \times 10$$

풀이

다음과 같이 순차 제어 구조를 사용하여 해결해 보자.

```
p = 1
i = 2
```

```
p = p * i
i = i + 2
```
2 x 4 x 6 x 8 x 10의 곱을 계산해야 하므로 이 부분의 명령문이 5번 작성되어야 한다.

```
p = p * i
i = i + 2
```

```
p = p * i
i = i + 2
```

```
p = p * i
i = i + 2
```

```
p = p * i
i = i + 2
```

위 코드를 명확히 이해하기 위해 추적표를 만들어 보자.

단계	명령문	설명	i	s
1	p = 1	1	–	**1**
2	i = 2		**2**	1
3	p = p + i	1 × 2 = **2**	2	**2**
4	i = i + 2		**4**	2
5	p = p + i	2 × 4 = **8**	3	**8**
6	i = i + 2		**6**	8
7	p = p + i	2 × 4 × 6 = **48**	6	**48**
8	i = i + 2		**8**	48

9	p = p + i	$2 \times 4 \times 6 \times 8 = 384$	8	**384**
10	i = i + 2		**10**	384
마지막 반복	p = p + i	$2 \times 4 \times 6 \times 8 \times 10 = 3840$	8	**3840**
	i = i + 2		**12**	3840

순차 제어 구조 대신, 변수 i를 2부터 10까지 2씩 증가시키는 while 루프를 사용해 보자.

file_29_1_2a

```
p = 1

i = 2
while i <= 10:
    p = p * i
    i += 2

print(p)
```

또는, 다음과 같이 for-루프를 사용할 수도 있다.

file_29_1_2b

```
p = 1
for i in range(2, 12, 2):
    p = p * i
print(p)
```

예제 29.1-3 $2^2 + 4^2 + 6^2 + ... + (2N)^2$ 계산하기

사용자로부터 정수 N 값을 입력받은 후, 다음 수식을 계산하고 그 결과를 출력하는 파이썬 프로그램을 작성하여라.

$$S = 2^2 + 4^2 + 6^2 + ... + (2N)^2$$

풀이

이 예제에서 변수 i의 값은 2씩 증가되어야 한다. 그러나 변수 i 값에 대한 2 제곱승을 구한 후에 그 값을 변수 s에 누적해야 한다. 다음은 while-루프를 사용하여 완성한 파이썬 프로그램이다.

```
N = int(input())
s = 0
i = 2
while i <= 2 * N:
    s = s + i ** 2
    i += 2

print(s)
```

또한, 다음과 같이 for-루프를 사용하여 해결할 수도 있다.

```
N = int(input())
s = 0
for i in range(2, 2 * N + 2, 2):
    s = s + i ** 2

print(s)
```

예제 29.1-4 $3^3 + 6^6 + 9^9 + ... + (3N)^{3N}$ 계산하기

사용자로부터 정수 N 값을 입력받은 후, 다음 수식을 계산하고 그 결과를 출력하는 파이썬 프로그램을 작성하여라.

$$S = 3^3 + 6^6 + 9^9 + ... + (3N)^{3N}$$

풀이

이번 예제는 이전 예제와 거의 동일하다. 유일한 차이는 변수 i 값에 대한 i 제곱승을 구한 후에 그 값을 변수 s에 누적해야 한다. for-루프를 사용하여 완성한 파이썬 프로그램은 다음과 같다.

```
N = int(input())
s = 0
for i in range(3, 3 * N + 3, 3):
    s = s + i ** i

print(s)
```

예제 29.1-5 양수의 평균값 계산하기

사용자로부터 숫자 100개를 입력받고 이들 숫자 중 양수들의 평균값을 출력하는 파이썬 프로그램을 작성하여라. 아울러, 작성한 프로그램이 명확성을 만족하는지 검사하여라.

풀이

총 반복 횟수를 알 수 있기 때문에 for-루프를 사용할 수 있다. 그러나 루프 내부에 결정 제어 구조가 있어야 하며, 숫자가 양수인지 검사해야 한다. 만일 숫자가 양수이면 변수 s에 누적시킨다. 루프를 벗어나자마자 바로 평균값을 계산한다. 파이썬 프로그램은 다음과 같다.

file_29_1_5

```python
s = 0
count = 0
for i in range(100):
    x = float(input())
    if x > 0:
        s = s + x
        count += 1

if count != 0:
    print(s / count)
else:
    print("숫자가 입력되지 않았습니다!")
```

 주목할 것! if count != 0 명령문이 반드시 필요하다. 그 이유는 사용자가 음숫값만을 입력할 수도 있기 때문이다. 이런 검사를 포함시킴으로써 0-나눗셈 오류를 방지할 수 있다. 따라서, 명확성의 특성을 만족한다.

예제 29.1-6 두 숫자의 대소 비교에 의한 개수 세기

사용자로부터 두 개의 숫자를 10회 입력받은 후, 두 개의 숫자 중 첫 번째 숫자가 두 번째 숫자보다 몇 회 큰지를 세고 그 값을 출력하는 파이썬 프로그램을 작성하여라.

풀이

총 반복 횟수를 알 수 있기 때문에 for-루프를 사용할 수 있다. 파이썬 프로그램은 다음과 같다.

```
count_a = 0
count_b = 0

for i in range(10):
    a = int(input("첫 번째 숫자를 입력하여라: "))
    b = int(input("두 번째 숫자를 입력하여라: "))

    if a > b:
        count_a += 1
    elif b > a:
        count_b += 1

print(count_a, count_b)
```

위 프로그램에서 '다중-결정 제어 구조를 왜 사용했을까? 다중-결정 제어 구조 대신, 이중-택일 결정 구조를 왜 사용하지 않았을까?'라는 질문을 할 수 있다. 다음과 같은 이중-택일 결정 구조를 사용한다고 가정해 보자.

```
if a > b:
    count_a += 1
else:
    count_b += 1
```

위 결정 제어 구조는 변수 b의 값이 변수 a의 값보다 클 때(이 조건이 원하는 조건임)뿐만 아니라 변수 b의 값이 변수 a의 값과 같을 때(이 조건은 원하는 조건이 아님) count_b 변숫값을 증가시킨다. 그래서 다중-결정 제어 구조를 사용하면, 변수 b의 값이 변수 a의 값보다 클 경우에만(같은 경우는 제외됨) count_b의 값을 증가시킬 수 있음을 보장한다.

예제 29.1-7 **자릿수의 개수 세기**

사용자로부터 정수 20개를 입력받고 한 자릿수를 가진 정수의 총 개수, 두 자릿수를 가진 정수의 총 개수, 세 자릿수를 가진 정수의 총 개수를 세고 이를 출력하는 파이썬 프로그램을 작성하여라. 사용자는 1에서 999 사이의 값만을 입력한다고 가정한다.

풀이

특별히 새로운 것은 없다. 파이썬 프로그램은 다음과 같다.

```
count1 = 0
count2 = 0
count3 = 0

for i in range(20):
    a = int(input("숫자를 입력하여라: "))

    if a <= 9:
        count1 += 1
    elif a <= 99:
        count2 += 1
    else:
        count3 += 1

print(count1, count2, count3)
```

예제 29.1-8 **숫자의 총합 구하기**

사용자로부터 입력받은 숫자값의 총합이 1000을 초과할 때까지 숫자를 입력받고 숫자값의 총합을 출력하는 파이썬 프로그램을 작성하여라.

풀이

이 경우 정확한 반복 횟수를 알지 못한다. 그래서 for-루프를 사용할 수가 없다. 대신 while-루프를 사용해야 한다. 그러나 논리 오류 없는 프로그램을 만들기 위해 27장에서 배운 '만능' 규칙을 적용하면 사전-검사 루프 구조를 일반 형태로 다음과 같이 작성할 수 있다.

```
total 변수를 초기화한다.
while 불리언 식(total):
    명령문 블록
    total 변수를 갱신/변경한다.
```

위와 같은 규칙에 따라 작성한 파이썬 프로그램은 다음과 같다.

```
count = 0

total = 0                # total 변수의 초기화
while total <= 1000:
    x = float(input())
    count += 1
```

```
        total += x            # total 변수의 갱신/변경

    print(total)
```

예제 29.1-9 양수의 총 개수 구하기

사용자로부터 실수가 입력될 때까지 정수를 입력받고 입력된 양수의 총 개수를 출력하는 파이썬 프로그램을 작성하여라.

풀이

이 예제 또한 반복 횟수를 정확히 알 수 없다. 그래서 for-루프를 사용할 수가 없다. '만능' 규칙을 따르면, 사전-검사 루프 구조를 일반 형태로 다음과 같이 작성할 수 있다.

```
x = float(input("숫자를 입력하여라: "))         # x 변수의 초기화
while int(x) == x:
    명령문 블록
    x = float(input("숫자를 입력하여라: "))      # x 변수의 갱신/변경
```

파이썬 프로그램은 다음과 같다.

file_29_1_9

```
count = 0

x = float(input("숫자를 입력하여라: "))
while int(x) == x:
    if x > 0:
        count += 1
    x = float(input("숫자를 입력하여라: "))

print(count)
```

 주목할 것! 첫 번째 숫자를 실수로 입력하더라도 프로그램은 적절히 동작한다. 이런 경우, 사전-검사 루프 구조에 의해 루프 내부로 절대 진입하지 못하도록 보장한다.

예제 29.1-10 사용자가 원하는 횟수만큼 반복하기

사용자로부터 숫자 두 개를 입력받은 후, 첫 번째 숫자를 두 번째 숫자로 거듭제곱한 값을 계산하고 그 결과를 출력하는 파이썬 프로그램을 작성하여라. 이 프로그램은 사용자가 원하는

횟수만큼 반복해야 한다. 아울러, 각 반복의 끝 부분에서 반복을 계속할지를 사용자에게 물어본다. answer 변수의 값이 "yes"이면 반복을 계속한다. "yes", "YES" 혹은 "Yes"와 같은 모든 가능한 형태의 "yes"에 대해서도 반복을 계속하도록 프로그램을 작성하여라.

풀이

'만능' 규칙에 따르면, 사후-검사 루프 구조를 일반 형태로 다음과 같이 작성할 수 있다.

```
answer = "yes"       # answer 변수의 중복적 초기화

while True:
    # 여기에 사용자로부터 숫자 두 개를 입력받고
    # 첫 번째 숫자를 두 번째 숫자로 거듭제곱한 값을
    # 계산하고 그 결과를 출력해 주는 코드가 나온다.

    answer = input("반복하시겠습니까? ")       # answer 변수의 갱신/변경
    if answer.upper() != "YES": break
```

upper() 메서드는 answer 변수의 값이 "yes", "YES", "Yes", 심지어는 "YeS"나 "yEs"이더라도 적절히 동작하도록 보장한다. 이에 대한 파이썬 프로그램은 다음과 같다.

file_29_1_10

```
while True:
    print("두 개의 숫자를 입력하여라: ")
    a = int(input())
    b = int(input())

    result = a ** b
    print("결과: ", result)

    answer = input("반복하시겠습니까? ")
    if answer.upper() != "YES": break
```

예제 29.1-11 자릿수의 총합 계산하기

사용자로부터 정수를 입력받은 후, 입력받은 정수의 자릿수 총합을 계산하는 파이썬 프로그램을 작성하여라. 입력값이 4753일 때 각 단계별 변숫값을 나타내는 추적표를 만들어라.

풀이

13장에서 정수 자릿수의 총 개수를 알고 있을 때 그 정수를 자릿수별로 분할하는 방법을 배웠다. 그러나 이번 예제는 정수를 사용자로부터 입력받기 때문에 자릿수의 총 개수를 미리 알 수 없다.

이 예제를 해결하기 위해 루프 제어 구조를 사용할 수 있으며, 각 반복마다 한 자릿수씩 분리해 내는 것이 핵심 아이디어다. 그래서 입력 정수마다 서로 다른 반복 횟수를 찾아내야 한다.

주어진 정숫값은 궁극적으로 0이 될 때까지 루프의 매 반복마다 그 값을 점점 줄인다. 여기서 0 값은 루프 제어 구조의 반복을 멈추기 위한 조건 값으로 사용된다. 예를 들어, 입력 정수가 4753인 경우 첫 번째 반복 후에 475가 되며, 두 번째 반복 후에 47, 세 번째 반복 후에 4, 최종은 0이 된다. 0이 될 때 반복을 멈춘다.

다음 순서도를 사용하여 이와 같은 풀이 방법을 이해해 보자. 일부 명령문은 일반 형태로 작성되어 있다.

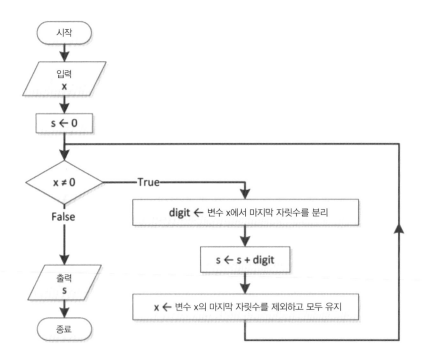

다음 명령문을 살펴보자.

위 명령문은 MOD 10 연산을 사용하여 다음과 같이 작성할 수 있다.

```
digit ← x MOD 10
```

물론, 다음 반복의 수행을 위해 x 값은 다음 명령문에 의해 갱신된다.

위 명령문은 궁극적으로 변수 x의 값을 0 값으로 만들고 루프를 벗어나게 해 주는 명령문이다. 위 명령문의 작성을 위해 다음과 같이 DIV 10 연산을 사용할 수 있다.

```
x ← x DIV 10
```

그래서 최종 파이썬 프로그램은 다음과 같다.

file_29_1_11

```
x = int(input())
s = 0

while x != 0:
    digit = x % 10                          # x MOD 10 연산
    s = s + digit
    x = x // 10                             # x DIV 10 연산

print(s)
```

입력값 4753에 대한 추적표를 만들어 보자.

단계	명령문	설명	x	digit	s
1	x = int(input())	사용자가 4753을 입력한다.	**4753**	–	–
2	s = 0		4753	–	**0**
3	while x != 0:	True로 평가된다.			
4	digit = x % 10		4753	**3**	0
5	s = s + digit		4753	3	**3**
6	x = x // 10		**475**	3	3
7	while x != 0:	True로 평가된다.			
8	digit = x % 10		475	**5**	3

9	s = s + digit		475	5	**8**
10	x = x // 10		**47**	5	8
11	while x != 0:	True로 평가된다.			
12	digit = x % 10		47	**7**	8
13	s = s + digit		47	7	**15**
14	x = x // 10		**4**	7	15
15	while x != 0:	True로 평가된다.			
16	digit = x % 10		4	**4**	15
17	s = s + digit		4	4	**19**
18	x = x // 10		**0**	4	19
19	while x != 0	False로 평가된다.			
20	print(s)	19 값이 출력된다.			

예제 29.1-12 **자릿수 세기**

사용자로부터 정수를 입력받고 자릿수의 개수를 출력하는 파이썬 프로그램을 작성하여라.

풀이

이전 예제에서 사용했던 방법을 사용하여 작성한 파이썬 프로그램은 다음과 같다.

file_29_1_12
```
x = int(input("숫자를 입력하여라: "))
count = 0

while x != 0:
    count += 1
    x = x // 10

print(count)
```

29.2 중첩 루프 제어 구조에 관한 예제

예제 29.2-1 **세 자릿수 정수 출력하기**

사용자로부터 한 자릿수 정수(0~9)를 입력받고 그 정수가 최소 한 번 이상 포함된 세 자릿수 정수를 출력하는 파이썬 프로그램을 작성하여라. 예를 들어, 정수 7에 대해서 357, 771, 700 등의 정수가 이에 해당한다.

풀이

실제로 다음 세 가지 방법으로 이 문제를 해결할 수 있다. 첫 번째 방법은 for-루프 하나만 사용하는 것이며, 두 번째 방법은 중첩 루프를 가진 세 개의 for-루프를 사용하는 것이다. 세 번째 방법은 파이썬의 마법의 힘을 이용한 것이다. 이런 세 가지 방법 모두를 분석해 보자.

첫 번째 방법 – for-루프와 결정 제어 구조 사용하기

이 방법의 핵심 아이디어는 counter 변숫값을 100부터 999까지 반복하는 for-루프를 이용하는 것이다. for-루프 내부에서 count 변수는 개별 자릿수를 분리해 내고, 이러한 자릿수 중에 최소한 한 개 이상이 주어진 숫자(x)와 일치하는지를 검사하기 위해 결정 제어 구조를 사용한다. 첫 번째 방법에 대한 파이썬 프로그램은 다음과 같다.

file_29_2_1a

```
x = int(input("한 자릿수 정수(0 - 9)를 입력하여라: "))

for i in range(100, 1000):
    digit3 = i // 100
    r = i % 100
    digit2 = r // 10
    digit1 = r % 10

    if digit3 == x or digit2 == x or digit1 == x:
        print(i)
```

물론, 좀 더 세련된 프로그램은 다음과 같다.

file_29_2_1b

```
x = int(input("한 자릿수 정수(0 - 9)를 입력하여라: "))

for i in range(100, 1000):
    digit3, r = divmod(i, 100)
    digit2, digit1 = divmod(r, 10)

    if x in [digit1, digit2, digit3]:
        print(i)
```

두 번째 방법 – 중첩 루프 구조와 결정 제어 구조 사용하기

이 방법의 핵심 아이디어는 중첩을 가진 세 개의 for-루프를 사용하는 것이다. 이 경우 세 개의 counter 변수가 존재하며, 각각은 세 자릿수 중에 한 자릿수와 대응한다. 파이썬 프로그램은 다음과 같다.

file_29_2_1c

```
x = int(input("한 자릿수 정수(0 - 9)를 입력하여라: "))

for digit3 in range(1, 10):
    for digit2 in range(10):
        for digit1 in range(10):
            if x in [digit1, digit2, digit3]:
                print(digit3 * 100 + digit2 * 10 + digit1)
```

수행 흐름을 따라가 보면, 100 값(digit3 = 1, digit2 = 0, digit1 = 0)이 첫 번째로 계산되고 출력된다. 그러면 가장 안쪽의 루프 제어 구조에 있는 digit1 값이 하나 증가되고 101이 출력된다. 이 과정은 digit1이 9가 될 때까지 반복된다. 이때 109가 출력된다. 그런 다음, 수행 흐름은 가장 안쪽의 루프 제어 구조를 벗어나고, digit2 값이 하나 증가되고 가장 안쪽의 루프 제어 구조를 다시 시작한다. 그러면 출력값은 110, 111, 112, ..., 119가 된다. 이 과정은 999가 될 때까지 반복된다.

> **주목할 것!** 위 예제에서 digit3 값은 1부터 시작하는 반면, digit2와 digit1은 모두 0부터 시작한다. 세 자릿수 숫자의 범위가 000부터가 아닌 100부터 시작하기 때문이다.

> **주목할 것!** 위 예제에서 print 명령문은 세 자릿수 정수의 구성 방법을 나타낸다.

세 번째 방법 – 파이썬다운 방법

이 방법에서 for-루프의 counter 변수가 문자열로 변환되고 세 개의 개별 변수로 분리되어 추출된다.

file_29_2_1d

```
x = input("한 자릿수 정수(0 - 9)를 입력하여라: ")

for i in range(100, 1000):
    digit3, digit2, digit1 = str(i)
    if x in [digit3, digit2, digit1]:
        print(i)
```

주목할 것! digit1, digit2, digit3 변수뿐만 아니라 x 변수도 문자열 유형이다.

예제 29.2-2 특정 조건에 따라 출력하기

첫 번째 자릿수값이 두 번째 자릿수값보다 작고, 두 번째 자릿수값이 세 번째 자릿수보다 작은 조건을 가진 세 자릿수 정수를 출력하는 파이썬 프로그램을 작성하여라. 예를 들어, 357, 456, 159 등의 정수가 이에 해당한다.

풀이

실제로 세 가지 방법 중 한 가지 방법을 사용하여 이 문제를 해결할 수 있다. 이런 세 가지 방법 모두를 분석해 보자.

첫 번째 방법 – for-루프와 결정 제어 구조 사용하기

파이썬 프로그램은 다음과 같다.

file_29_2_2a

```python
for i in range(100, 1000):
    digit3, r = divmod(i, 100)
    digit2, digit1 = divmod(r, 10)
    if digit3 < digit2 and digit2 < digit1:
        print(i)
```

두 번째 방법 – 중첩 루프 구조와 결정 제어 구조 사용하기

파이썬 프로그램은 다음과 같다.

file_29_2_2b

```python
for digit3 in range(1, 10):
    for digit2 in range(10):
        for digit1 in range(10):
            if digit3 < digit2 and digit2 < digit1:
                print(digit3 * 100 + digit2 * 10 + digit1)
```

세 번째 방법 – 중첩 루프 구조만 사용하기

이 방법은 이전 방법에 기반하고 있다. 이전 방법과 큰 차이는 digit1 변수의 값이 항상 digit2 변수보다 큰 값으로 시작하고, digit2 변수의 값은 digit3 변수보다 큰 값으로 시작한다는 점이다. 이런 방식으로 첫 번째로 출력되는 정수는 123이다.

주목할 것! 불리언 식 digit3 < digit2 and digit2 < digit1이 True로 평가된다면, 123보다 작고 789보다 큰 값을 가진 정수는 출력되지 않는다.

파이썬 프로그램은 다음과 같다.

file_29_2_2c

```
for digit3 in range(1, 8):
    for digit2 in range(digit3 + 1, 9):
        for digit1 in range(digit2 + 1, 10):
            print(digit3 * 100 + digit2 * 10 + digit1)
```

 주목할 것! 세 번째 방법은 결정 제어 구조를 사용하지 않기 때문에 세 가지 방법 중 가장 효율적이며, 더욱이 반복 횟수를 최소로 유지한다.

 기억할 것! 앞서 살펴보았듯이 문제마다 다양한 해결 방안이 있을 수 있다. 가장 적합한 해결 방안을 찾아내는 것은 여러분들의 몫이다.

29.3 루프 제어 구조의 데이터 유효성

데이터 유효성(data validation)은 사용자에게 유효한 값만을 입력하도록 함으로써 데이터 입력을 제한하는 과정이다. 앞에서 결정 제어 구조를 사용한 방식으로 데이터 입력의 유효성 검사에 관해 이미 살펴보았다. 이전 예제를 다시 살펴보자.

```
import re
IS_NUMERIC = "^[-+]?\\d+(\\.\\d+)?$"

inp = input("숫자를 입력하여라: ")

if re.match(IS_NUMERIC, inp):
    print(inp, "은/는 숫자입니다.")
else:
    print("숫자를 입력하지 않았습니다.")
```

그러나 위 방법만이 최선의 방법은 아니다. 그 이유는 유효하지 않은 숫자를 사용자가 입력하면 위 프로그램은 오류 메시지를 출력하고 어쩔 수 없이 수행을 종료하기 때문이다. 그러면 사용자는 유효한 값으로 재입력하기 위해 프로그램을 다시 수행해야 한다.

이제, 루프 제어 구조를 사용하는 방식으로 데이터 입력의 유효성을 검사하는 세 가지 방법을 살펴보자. 사용자가 유효하지 않은 값을 계속 입력하면 유효한 값을 입력할 때까지 반복하여 입력하게 하는 것이 핵심 아이디어다. 물론, 시작과 동시에 유효한 값을 입력하면 프로그램의 다른 부분으로 바로 넘어가기 때문에 수행 흐름이 의외로 간단해진다.

오류 메시지의 출력 여부와 각 오류마다 개별 오류 메시지를 출력할지 혹은 오류 유형별로 오류 메시지를 출력할지에 관한 결정은 어떤 방법을 사용하느냐에 달려 있다.

첫 번째 방법 – 오류 메시지의 출력 없이 데이터 입력의 유효성 검사하기

다음 코드는 오류 메시지의 출력 없이 데이터 입력의 유효성을 검사하는 일반 형태의 코드다.

```
while True:
    input_data = input("메시지를 입력하여라:")
    if input_data test 1 성공 and      \
       input_data test 2 성공 and      \
       ...
       input_data test N 성공: break
```

두 번째 방법 – 하나의 오류 메시지를 이용한 데이터 입력의 유효성 검사하기

다음 코드는 데이터 입력의 유효성을 검사하고, 오류 메시지(즉, 입력 오류의 유형에 상관없이 동일한 오류 메시지)를 출력하는 일반 형태의 코드다.

```
input_data = input("메시지를 입력하여라:")
while input_data test 1 실패 or      \
      input_data test 2 실패 or      \
      ...
      input_data test N fails:
    print("오류 메시지")
    input_data = input("메시지를 입력하여라:")
```

세 번째 방법 – 개별 오류 메시지를 이용한 데이터 입력의 유효성 검사하기

다음 코드는 데이터 입력의 유효성을 검사하고 오류 메시지(즉, 입력 오류의 유형별로 각기 다른 오류 메시지)를 출력하는 일반 형태의 코드다.

```
while True:
    input_data = input("메시지를 입력하여라:")
    failure = False
    if input_data test 1 실패:
        print("오류 메시지 1")
        failure = True
    elif input_data test 2 실패:
        print("오류 메시지 2")
        failure = True
```

```
    elif ...
        ...
    elif input_data test N 실패:
        print("오류 메시지 N")
        failure = True

    if failure == False: break
```

예제 29.3-1 제곱근 계산하기 – 오류 메시지 출력이 없는 유효성 검사

사용자로부터 숫자값을 입력받고 그 숫자값의 제곱근을 계산하는 파이썬 프로그램을 작성하
여라. 아울러, 음수가 아닌[1] 숫자값만을 입력받도록 데이터 입력의 유효성을 검사해야 한다. 오
류 메시지는 출력하지 않는다.

풀이

우선, 데이터 입력의 유효성 검사를 고려하지 않은 프로그램을 작성해 보자.

```
import math

x = float(input("숫자를 입력하여라: "))          ◄──  유효성 검사가 없는
                                                      데이터 입력

y = math.sqrt(x)
print(y)
```

오류 메시지의 출력 없이 데이터 입력의 유효성을 검사하는 방법을 살펴보자. 위 코드에서 점
선 사각형으로 표시된 명령문을 다음 코드로 바꾸어 주면 된다.

```
import re
IS_NUMERIC = "^[-+]?\\d+(\\.\\d+)?$"

while True:
    inp = input("음수가 아닌 숫자를 입력하여라: ")
    if re.match(IS_NUMERIC, inp) and float(inp) >= 0: break

x = float(inp)
```

---

1 영 또는 양수값을 의미함.

최종 프로그램은 다음과 같다.

```
import math
import re
IS_NUMERIC = "^[-+]?\\d+(\\.\\d+)?$"

while True:
    inp = input("음수가 아닌 숫자를 입력하여라: ")
    if re.match(IS_NUMERIC, inp) and float(inp) >= 0: break

x = float(inp)

y = math.sqrt(x)
print(y)
```

오류 메시지 없는
데이터 입력
유효성 검사

예제 29.3-2 제곱근 계산하기 – 하나의 오류 메시지를 이용한 유효성 검사

사용자로부터 숫자값을 입력받고 그 숫자값의 제곱근을 계산하는 파이썬 프로그램을 작성하여라. 아울러 음수가 아닌 숫자값만을 입력받도록 데이터 입력의 유효성을 검사해야 하며, 음수가 아닌 숫자값을 입력했을 때 하나의 오류 메시지가 출력되도록 한다.

풀이

이전 예제에서는 점선 사각형으로 표시된 명령문을 오류 메시지의 출력 없이 데이터 입력의 유효성을 검사하는 코드로 대치하였다. 여기서 제시한 방법은 앞서 제시한 방법과 동일하지만 박스로 표시된 일부 코드만 다르다. 다음 파이썬 프로그램을 살펴보자.

```
import math
import re
IS_NUMERIC = "^[-+]?\\d+(\\.\\d+)?$"

inp = input("음수가 아닌 숫자를 입력하여라:: ")
while not re.match(IS_NUMERIC, inp) or float(inp) < 0:
    print("오류: 올바르지 않은 입력값입니다!")
    inp = input("음수가 아닌 숫자를 입력하여라: ")

x = float(inp)

y = math.sqrt(x)
print(y)
```

하나의 오류 메시지를 가진
데이터 입력 유효성 검사

예제 29.3-3 **제곱근 계산하기 – 개별 오류 메시지를 이용한 유효성 검사**

사용자로부터 숫자값을 입력받고 그 숫자값의 제곱근을 계산하는 파이썬 프로그램을 작성하여라. 아울러 데이터 입력의 유효성 검사를 위해 양수가 아닌 숫자값을 입력했을 때는 개별 오류 메시지를 출력해야 한다.

풀이

이 방법은 데이터 입력의 유효성 검사를 위해 각 오류마다 서로 다른 오류 메시지를 출력하는 방법이다. 다음 파이썬 프로그램을 살펴보자.

file_29_3_3

```python
import math
import re
IS_NUMERIC = "^[-+]?\\d+(\\.\\d+)?$"

while True:
    inp = input("음수가 아닌 숫자를 입력하여라: ")

    failure = False
    if not re.match(IS_NUMERIC, inp):
        print("숫자를 입력하시오!")
        failure = True
    elif float(inp) < 0:
        print("음수가 아닌 숫자를 입력하시오!")
        failure = True

    if failure == False: break

x = float(inp)

y = math.sqrt(x)
print(y)
```

각 오류마다 서로 다른 오류 메시지를 가진 데이터 입력 유효성 검사

예제 29.3-4 **10개 숫자의 합 계산하기**

사용자로부터 10개의 숫자를 입력받고 이들 숫자의 합을 계산하고 출력하는 파이썬 프로그램을 작성하여라. 아울러 데이터 입력의 유효성을 검사해야 하며, 숫자가 아니거나 음숫값을 입력했을 때에는 오류 메시지를 출력해야 한다.

풀이

이 예제는 이미 25장에서 다루었다. 데이터 입력의 유효성을 검사한다는 점과 사용자가 유효하지 않은 숫자를 입력했을 때 오류 메시지를 출력한다는 점만 다르다. 편의를 위해 25장에서 살펴본 풀이 과정을 다시 사용한다.

```
total = 0
for i in range(10):
    a = float(input("숫자를 입력하여라: "))

    total = total + a

print(total)
```

유효성 검사가 없는
데이터 입력

이제 점선 사각형으로 표시된 명령문을 다음 코드로 바꾼다.

```
inp = input("숫자를 입력하여라: ")
while not re.match(IS_NUMERIC, inp):
    print("숫자를 입력하시오!")
    inp = input("숫자를 입력하여라: ")

a = float(inp)
```

최종 파이썬 프로그램은 다음과 같다.

file_29_3_4

```
import re
IS_NUMERIC = "^[-+]?\\d+(\\.\\d+)?$"

total = 0
for i in range(10):
    inp = input("숫자를 입력하여라: ")
    while not re.match(IS_NUMERIC, inp):
        print("숫자를 입력하시오!")
        inp = input("숫자를 입력하여라: ")

    a = float(inp)

    total = total + a

print(total)
```

하나의 오류 메시지를
가진 데이터 입력
유효성 검사

 주목할 것! 이 예제의 기본 목적은 데이터 입력의 유효성을 검사해 주는 루프 제어 구조를 다른 루프 제어 구조에 중첩시키는 방법을 보여 주는 것에 있다.

29.4 수학 문제를 풀기 위해 루프 제어 구조를 사용해 보자

예제 29.4-1 원하는 횟수만큼 삼각형 면적 계산하기

사용자로부터 삼각형의 세 변 A, B, C의 길이를 입력받아 삼각형의 면적(Area)을 계산하고 출력하는 파이썬 프로그램을 작성하여라. 삼각형의 면적 계산을 위해 다음과 같은 헤론의 공식을 사용한다.

$$\text{Area} = \sqrt{S(S\text{-}A)(S\text{-}B)(S\text{-}C)}$$

여기서, S는 반둘레(semi-perimeter)를 나타내며, 다음과 같이 계산된다.

$$S = \frac{A+B+C}{2}$$

이 프로그램은 원하는 횟수만큼 삼각형의 면적 계산을 반복하도록 한다. 면적 계산이 한 번 끝나면 다른 삼각형의 면적 계산을 원하는지를 사용자에게 물어본다. "yes"이면, 반복을 계속하고, 그렇지 않으면 프로그램을 종료한다. "yes", "YES", "Yes", "YeS" 등 모든 가능한 형태의 "yes" 형태를 입력받도록 한다. 게다가, 양수가 아닌 값을 사용자가 입력했을 때는 오류 메시지를 출력한다.

풀이

'만능' 규칙에 따라 일반 형태로 작성한 while-루프는 다음과 같다.

```python
answer = "yes"     # answer 변수의 중복적 초기화
while True:
    # 여기에서 삼각형의 세변의 길이 A, B, C를 입력받도록 한다.
    # 그런 다음, 삼각형의 면적을 계산하고 출력한다.

    answer = input("반복하겠습니까? ")     # answer의 갱신/변경
    if answer.upper() != "YES": break
```

기억할 것! upper() 메서드는 "Yes", "yes", "YES", "yEs" 등과 같은 단어에 대해서 프로그램이 적절하게 동작하는 것을 보장한다.

이 예제에 대한 파이썬 프로그램은 다음과 같다.

```
import math

while True:
    a = float(input("변 A를 입력하여라: "))
    while a <= 0:
        a = float(input("올바르지 않은 값입니다. 변 A를 입력하여라: "))

    b = float(input("변 B를 입력하여라: "))
    while b <= 0:
        b = float(input("올바르지 않은 값입니다. 변 B를 입력하여라: "))

    c = float(input("변 C를 입력하여라: "))
    while c <= 0:
        c = float(input("올바르지 않은 값입니다. 변 C를 입력하여라: "))

    s = (a + b + c) / 2
    area = math.sqrt(s * (s - a) * (s - b) * (s - c))
    print("면적:", area)

    answer = input("반복하겠습니까? ")
    if answer.upper() != "YES": break
```

예제 29.4-2 x와 y 값 찾기

−20에서 +20까지의 범위 안에서 다음 방정식을 만족하는 x와 y의 정숫값을 출력하는 파이썬 프로그램을 작성하여라.

$$3x^2 - 6y^2 = 6$$

풀이

단순히 x와 y의 모든 조합을 출력한다면 여러분은 다음과 같은 파이썬 프로그램을 작성할 것이다.

```
for x in range(-20, 21):
    for y in range(-20, 21):
        print(x, y)
```

그러나 $3x^2 - 6y^2 = 6$을 만족하는 x와 y의 조합을 찾는 것이 이번 예제의 목적이다. 최종 프로그램은 다음과 같다.

```
for x in range(-20, 21):
    for y in range(-20, 21):
        if 3 * x ** 2 - 6 * y ** 2 == 6:
            print(x, y)
```

예제 29.4-3 러시안 곱셈 알고리즘

다음 순서도로 표현되는 '러시안 곱셈 알고리즘(Russian multiplication algorithm)'을 사용하여 두 양수의 곱을 계산할 수 있다.

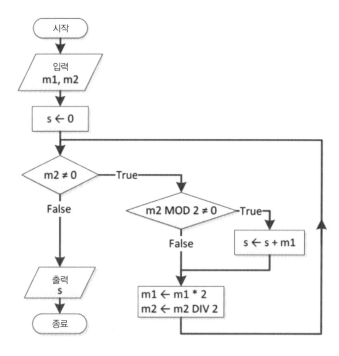

위 순서도와 일치하는 파이썬 프로그램을 작성하고 입력값 5와 13에 대해 각 단계별 변숫값을 나타내는 추적표를 만들어라.

풀이

위 순서도에서 단일-택일 결정 구조가 사전-검사 루프 구조 안에 중첩되어 있다. 파이썬 프로그램은 다음과 같다.

```
m1 = int(input())
m2 = int(input())
s = 0
while m2 != 0:
    if m2 % 2 != 0:
        s += m1

    m1 *= 2
    m2 //= 2

print(s)
```

입력값 5와 13에 대한 추적표는 다음과 같다.

단계	명령문	설명	m1	m2	s
1	m1 = int(input())	사용자가 5를 입력한다.	**5**	–	–
2	m2 = int(input())	사용자가 13을 입력한다.	5	**13**	–
3	s = 0		5	13	**0**
4	while m2 != 0:	True로 평가된다.			
5	if m2 % 2 != 0:	True로 평가된다.			
6	s += m1		5	13	**5**
7	m1 *= 2		**10**	13	5
8	m2 //= 2		10	**6**	5
9	while m2 != 0:	True로 평가된다.			
10	if m2 % 2 != 0:	False로 평가된다.			
11	m1 *= 2		**20**	6	5
12	m2 //= 2		20	**3**	5
13	while m2 != 0:	True로 평가된다.			
14	if m2 % 2 != 0:	True로 평가된다.			
15	s += m1		20	3	**25**
16	m1 *= 2		**40**	3	25
17	m2 //= 2		40	**1**	25
18	while m2 != 0:	True로 평가된다.			
19	if m2 % 2 != 0:	True로 평가된다.			
20	s += m1		40	1	**65**

21	m1 *= 2		**80**	1	65
22	m2 //= 2		80	**0**	65
23	while m2 != 0:	False로 평가된다.			
24	print(s)	65 값이 출력된다. 물론, 5 × 13의 결과다.			

CPU 내부적으로 실제로 수행하는 산술 연산은 덧셈이다. 따라서, 우리가 알고 있는 곱셈 연산을 CPU에서 직접 수행할 수 없으며, 러시안 곱셈 알고리즘을 이용하여 곱셈 연산을 수행한다. 작성한 프로그램에 나타난 다음 두 명령문을 살펴보자.

```
m1 *= 2
m2 //= 2
```

CPU는 위 연산과 같은 곱셈이나 나눗셈을 직접 수행할 수 없다. 그러면 이들 연산을 실제로 어떻게 수행할까? 이들 두 연산에서 직접 값을 곱하거나 나누는 연산을 수행할 수 없지만, 이진수를 왼쪽이나 오른쪽으로 시프트(shift)함으로써 곱하거나 나누는 연산을 수행할 수 있다.

기억할 것! 모든 숫자는 주기억 장치에 저장되며, 이진 형태, 즉, 0과 1의 형태로 표현되어 중앙처리장치 (CPU)에 의해 처리된다. 예를 들어, 숫자 39는 주기억 장치에 00100111로 저장된다.

예를 들어, 숫자 43은 이진 형태로 00101011로 표현된다.

- 이 숫자를 왼쪽으로 시프트하면 01010110이 된다. 이 값을 10진수로 변환하면 86(43 × 2 = 86)이다.
- 이 숫자를 오른쪽으로 시프트하면 00010101이 된다. 이 값을 10진수로 변환하면 21(43 DIV 2 = 21)이다.

기억할 것! 이진수를 왼쪽으로 시프트하는 것은 숫자를 2와 곱하는 것과 동일한 효과가 있으며, 오른쪽으로 시프트하는 것은 숫자를 2로 나누는 것(정수 나눗셈)과 동일한 효과가 있다.

주목할 것! 이진수를 오른쪽으로 시프트하면 가장 오른쪽 자릿수의 숫자는 버려진다.

이제까지 언급하지 않았던 두 개의 특별한 연산자를 살펴보자. 실제로 고급 프로그래머들만이 이들 연산자를 사용한다. 그러나 시간이 지날수록 여러분은 점차 능숙한 프로그래머가 될 것이기 때문에 이제 상세히 살펴볼 때가 되었다. 이 연산자를 시프트 연산자(shift operator)라 하며, 정수를 왼쪽이나 오른쪽으로 한 비트씩 옮기는 것이다. 러시안 곱셈 알고리즘은 나눗셈이나 곱셈 연산을 수행하지 않고 단순히 숫자를 왼쪽으로 시프트하거나 오른쪽으로 시프트한다.

file_29_4_3b

```
m1 = int(input())
m2 = int(input())

s = 0
while m2 != 0:
    if m2 % 2 != 0:
        s += m1

    m1 = m1 << 1        # m1 *= 2와 동일
                        # m1의 비트들을 왼쪽으로 한 번의 시프트
    m2 = m2 >> 1        # m2 //= 2와 동일
                        # m2의 비트들을 오른쪽으로 한 번의 시프트
print(s)
```

예제 29.4-4 제수 찾기

사용자로부터 정수를 입력받고 제수(divisor)의 총 개수를 출력하는 파이썬 프로그램을 작성하여라.

풀이

다음 예제를 살펴보자.

- 12의 제수는 1, 2, 3, 4, 6, 12이다.
- 15의 제수는 1, 3, 5, 15이다.
- 20의 제수는 1, 2, 4, 5, 10, 20이다.
- 50의 제수는 1, 2, 5, 10, 25, 50이다.

x의 모든 제수는 1부터 x 사이에 존재한다. 그러므로 각 반복마다 counter 변수가 1부터 x까지의 값을 가지는 for-루프를 사용하고 counter 값이 x의 제수인지를 검사하는 단일-택일 결정 구조를 사용할 수 있다. 파이썬 프로그램은 다음과 같다.

file_29_4_4a

```
x = int(input())

number_of_divisors = 0
```

```
    for i in range(1, x + 1):
        if x % i == 0:
            number_of_divisors += 1

print(number_of_divisors)
```

입력값이 20인 경우, 이 프로그램은 20회의 반복을 수행한다. 그러나 절반의 반복만을 수행하고도 동일한 결과를 산출하는 방법이 있으면 좋지 않은가? 물론, 그렇게 할 수 있다. 그 방법을 살펴보자.

변수 x에 대해서

- 1은 항상 제수다.
- x도 항상 제수다.
- x를 제외하고 x의 중간값 이후부터는 제수가 존재하지 않는다.

따라서 두 개의 제수는 반드시 존재하는데, 그 제수는 바로 1과 x다. 그러므로 2부터 시작하여 x의 절반까지만 제수인지를 검사하면 된다. 최종 파이썬 프로그램은 다음과 같다.

file_29_4_4b

```
x = int(input())

number_of_divisors = 2
for i in range(2, x // 2 + 1):
    if x % i == 0:
        number_of_divisors += 1

print(number_of_divisors)
```

위 파이썬 프로그램은 이전 프로그램에 비해 반복 횟수가 절반 이하로 줄었다. 예를 들어, 입력값이 20인 경우는 (20 – 2) DIV 2 = 9회의 반복을 수행한다.

예제 29.4-5 **숫자가 소수인가?**

1보다 큰 정수를 입력받고 소수 여부를 나타내는 메시지를 출력해 주는 파이썬 프로그램을 작성하여라. 소수는 1과 자신 숫자 이외에는 어떠한 제수도 가지지 않는 1보다 큰 정수다. 예를 들어, 숫자 7, 11, 13은 모두 소수다.

풀이

이번 예제는 이전 예제에 기반하고 있다. 주어진 정수가 두 개의 제수만을 가지면 그 숫자가 바로 소수다. 파이썬 프로그램은 다음과 같다.

```python
x = int(input("1보다 큰 정수를 입력하여라: "))

number_of_divisors = 2
for i in range(2, x // 2 + 1):
    if x % i == 0:
        number_of_divisors += 1

if number_of_divisors == 2:
    print("숫자", x, "은/는 소수입니다.")
```

좀 더 효율적인 프로그램을 만들어 보자. 세 번째 제수가 발견될 때 루프를 빠져나가게 만든다. 이 경우 주어진 정수는 더 이상 소수가 아니라는 것을 의미한다. 다음과 같이 두 가지 방법이 있다.

첫 번째 방법 – break 명령문의 사용

첫 번째 방법은 다음 파이썬 프로그램에서 볼 수 있듯이 break 명령문을 사용하는 것이다.

```python
x = int(input("1보다 큰 정수를 입력하여라: "))

number_of_divisors = 2
for i in range(2, x // 2 + 1):
    if x % i == 0:
        number_of_divisors += 1
        break

if number_of_divisors == 2:
    print("숫자", x, "은/는 소수입니다.")
```

두 번째 방법 – 사전-검사 루프 구조의 사용

다음 사전-검사 루프 구조에서는 i와 number_of_divisors 변숫값을 평가하며, number_of_divisors 변숫값이 2이면 루프를 계속 반복한다.

```
x = int(input("1보다 큰 정수를 입력하여라: "))

number_of_divisors = 2
i = 2
while i <= x // 2 and number_of_divisors == 2:
    if x % i == 0:
        number_of_divisors += 1
    i += 1

if number_of_divisors == 2:
    print("숫자", x, "은/는 소수입니다.")
```

예제 29.4-6 1부터 N까지 모든 소수 찾기

정수를 입력받고 2부터 주어진 정수까지의 모든 소수를 출력하는 파이썬 프로그램을 작성하여라. 아울러, 데이터 입력이 올바른 정수인지를 검사해야 하고 2보다 작은 숫자가 입력되었을 때에는 오류 메시지를 출력해야 한다.

풀이

이번 예제는 '내부에서 외부로' 방식을 사용하여 해결할 수 있다. 변수 x가 소수인지를 검사하는 내부 코드는 이전 예제에서 이미 살펴보았다. 그래서 내부 코드를 그대로 활용할 수 있다. 반면, 외부 파이썬 프로그램은 일반 형태로 다음과 같다.

```
N = input("1보다 큰 정수를 입력하여라: ")
while N < 2:
    N = input("잘못된 숫자입니다. 1보다 큰 정수를 입력하여라: ")

for x in range(1, N + 1):
    # 이 부분에 변수 x가 소수인지를 검사하는 코드가 필요
```

따라서 두 프로그램을 조합한 최종 프로그램은 다음과 같다.

```
N = int(input("1보다 큰 정수를 입력하여라: "))
while N < 2:
    N = int(input("잘못된 숫자입니다. 1보다 큰 정수를 입력하여라: "))

for x in range(1, N + 1):
```

```
number_of_divisors = 2
for i in range(2, x // 2 + 1):
    if x % i == 0:
        number_of_divisors += 1
        break

if number_of_divisors == 2:
    print("숫자", x, "은/는 소수입니다.")
```

예제 29.4-5 부분

예제 29.4-7 헤론의 제곱근

사용자로부터 음수가 아닌 값을 입력받고 다음과 같이 정의되는 헤론의 방정식을 사용하여 제곱근을 계산하는 파이썬 프로그램을 작성하여라.

$$x_{n+1} = \frac{\left(x_n + \dfrac{y}{x_n}\right)}{2}$$

여기서

- y는 찾고자 하는 제곱근이다.
- x_n은 y 제곱근에 대한 n번째 반복값이다.

게다가, 이 프로그램은 데이터 입력이 올바른지 검사해야 하고 숫자가 아니거나 음숫값을 입력했을 때에는 오류 메시지를 출력해야 한다.

풀이

다음 순서도를 통해 헤론의 방정식을 이해해 보자.

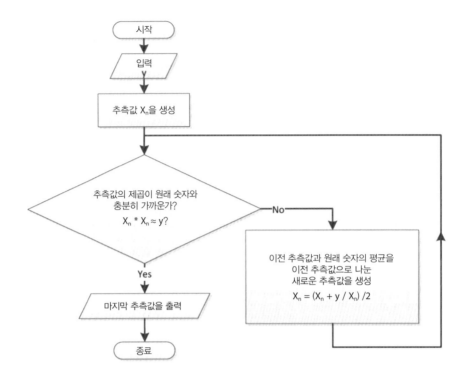

여전히 혼돈스럽다면 25의 제곱근을 계산하는 다음 예제를 살펴보자.

- 첫 번째 추측값을 8이라고 가정하자.
- 8×8의 곱은 64다.
- 64는 25와 충분히 가깝지 않기 때문에 다음 수식을 계산하여 새로운 추측값을 생성한다.

$$\frac{\left(\text{추측값}\ +\ \dfrac{\text{숫자}}{\text{추측값}}\right)}{2} = \frac{\left(8 + \dfrac{25}{8}\right)}{2} \approx 5.56$$

- 5.56×5.56의 곱은 30.91이다.
- 30.91이 25와 충분히 가깝지 않기 때문에 다음 수식을 계산하여 새로운 추측값을 다시 생성한다.

$$\frac{\left(\text{추측값}\ +\ \dfrac{\text{숫자}}{\text{추측값}}\right)}{2} = \frac{\left(5.56 + \dfrac{25}{5.56}\right)}{2} \approx 5.02$$

- 5.02×5.02의 곱은 25.2다.
- 25.2는 실제로 25와 충분히 가깝다고 할 수 있다. 그러므로 전체 과정을 멈출 수 있으며,

25의 근사 제곱근이 5.02라는 결과를 낼 수 있다.

파이썬 프로그램은 다음과 같다.

```
file_29_4_7
```

```python
import re
import random
IS_NUMERIC = "^[-+]?\\d+(\\.\\d+)?$"
ACCURACY = 0.0000000000001

inp = input("음수가 아닌 숫자를 입력하여라: ")
while not re.match(IS_NUMERIC, inp) or float(inp) < 0:
    inp = input("올바르지 않은 값입니다. 음수가 아닌 숫자를 입력하여라: ")

y = float(inp)

guess = random.randrange(1, y + 1)        # 첫 번째 추측값을 1과 입력값
                                          # 사이에서 무작위로 생성

while abs(guess * guess - y) > ACCURACY:  # 충분히 가까운가?
    guess = (guess + y / guess) / 2       # 그렇지 않으면 새로운 추측값을 생성!

print(guess)
```

주목할 것! '충분히 가깝다'라는 것의 검사 방법에 주목해 보자. 루프를 벗어날 때 | 추측값^2 − 주어진값 |의 값은 0.0000000000001보다 작다.

예제 29.4-8 π 계산하기

0.00001의 정확도를 가진 마다바–라이프니치 수열(Madhava–Leibniz series)[2, 3]을 사용하여 π를 계산하는 파이썬 프로그램을 작성하여라.

$$\frac{\pi}{4} = 1 - \frac{1}{3} + \frac{1}{5} - \frac{1}{7} + \cdots$$

---

2 산가마그라마의 마드하바(Madgava of Sangmagrama, 1340~1425)는 인도 산가마그라마 도시 출신의 인도의 수학자이자 천문학자이다. 그는 켈랄라 천문수학 학파를 만들었으며 다양한 삼각 함수에 대해서 무한급수 근사법을 최초로 사용하였다. 그는 종종 "수리해석학(mathematical analysis)의 아버지"로 언급된다.

3 고트프리트 라이프니츠(Gottfried Wilhelm von Leibniz, 1646~1716)는 독일의 수학자이자 철학자이다. 그는 수학, 물리학, 역사학뿐만 아니라 형이상학, 논리학, 철학 분야에 중요한 기여를 하였다. 그의 업적 중에 하나인 On the Art of Combination(Dissertatio de Arte Combinatoria)에서 현대 컴퓨터의 이론적 배경이 되는 모델을 제시하였다.

마다바-라이프니치 수열은 다음과 같이 π를 계산한다.

$$\pi = \frac{4}{1} - \frac{4}{3} + \frac{4}{5} - \frac{4}{7} + \cdots$$

분수가 많으면 많을수록 정확도는 점점 좋아진다. 그래서 가능한 한 많은 분수가 사용되도록 반복을 많이 수행해야 한다. 물론, 무한히 반복할 수는 없다. 실제로 π의 현재 값과 이전 반복에서 계산된 값이 충분히 가까울 때 반복을 멈추어야 한다. 이것은 두 값 차이의 절댓값이 매우 작아졌다는 것을 의미한다. 상수 ACCURACY는 이런 차이가 얼마나 작은지를 정의한다. 파이썬 프로그램은 다음과 같다.

file_29_4_8

```python
ACCURACY = 0.00001

pi = 0

sign = 1          # 첫 번째 분수의 부호
denom = 1         # 첫 번째 분수의 분모
while True:
    pi_previous = pi
    pi += sign * 4 / denom
    sign = -sign
    denom += 2
    if abs(pi - pi_previous) <= ACCURACY: break # 충분히 가까운가?

print("Pi ~=", pi)
```

주목할 것! sign 변수는 각 반복마다 –1과 +1로 번갈아가며 바뀐다.

ACCURACY 상수의 값을 더 작게 한다면 π 값을 좀 더 정확하게 계산할 수 있다. 컴퓨터 속도에 따라 매우 빠르게 다섯 자릿수의 값을 계산할 수 있다. 그러나 각 자릿수값을 계산하기 위해 소요되는 시간은 지수적으로 증가한다. 40 자릿수의 값을 계산하기 위해 최신 컴퓨터를 사용하더라도 매우 긴 시간이 소요될 수도 있다.

예제 29.4-9 분수를 가진 실수 근사하기

사용자로부터 1과 100 사이의 실수를 입력받아 그 숫자에 근사할 수 있는 분수 $\frac{N}{M}$을 찾아 주는 파이썬 프로그램을 작성하여라. 여기서, N은 0과 100 사이의 정수이며, M은 1과 100 사이의 정수다. 게다가, 이 프로그램은 사용자가 0에서 100 사이의 숫자 값만을 입력할 수 있게끔 해주어야 하며, 데이터 입력이 올바른지 검사해야 한다. 오류 메시지를 출력할 필요는 없다.

풀이

간단히 해결할 수 있다. 변수 n과 m의 모든 가능한 조합을 반복하면서 주어진 실수에 근사하는지를 검사하는 것이다.

변수 n과 m의 모든 가능한 조합을 반복하기 위해 중첩 루프 제어 구조를 사용한다. 즉, 두 개의 for-루프를 사용하는데, 다음과 같이 하나 for-루프에 다른 하나의 for-루프를 중첩한다.

```
for n in range(101):
    for m in range(1, 101):
        ...
```

 주목할 것! 총 반복 횟수는 101×100=10100이다. 다소 커 보이는 숫자이지만, 최신 컴퓨터에서는 땅콩처럼 그다지 큰 숫자는 아니다.

다음 기준을 사용하여 얼마나 잘 근사하는지를 평가한다.

$$\left(\left| \frac{N}{M} - \text{주어진 실수} \right| \right) \text{의 최솟값}$$

N과 M의 모든 조합을 반복하면서 0.333 값과 분수가 얼마나 근사하는지를 살펴보자.

- N=1, M=1에 대해 $\left| \frac{1}{1} - 0.333 \right|$=0.6670과 같다.
- N=1, M=2에 대해 $\left| \frac{1}{2} - 0.333 \right|$=0.1670과 같다.
- N=1, M=3에 대해 $\left| \frac{1}{3} - 0.333 \right|$=0.0003과 같다.
- N=1, M=4에 대해 $\left| \frac{1}{4} - 0.333 \right|$=0.0830과 같다.
- ...
- N=100, M=99에 대해 $\left| \frac{100}{99} - 0.333 \right|$=0.6771과 같다.
- N=100, M=100에 대해 $\left| \frac{100}{100} - 0.333 \right|$=0.6770과 같다.

앞서 볼 수 있듯이, 모든 가능한 조합 중에 0.0003이 가장 작은 값이다. 그래서 N=1, M=3의 조합이 0.333(분수 1/3에 해당)에 대해 가장 좋은 근사값이다. 파이썬 프로그램은 다음과 같다.

file_29_4_9

```python
import re
IS_NUMERIC = "^[-+]?\\d+(\\.\\d+)?$"

while True:
    inp = input("0과 100 사이의 실수값을 입력하여라: ")
    if re.match(IS_NUMERIC, inp) and 0 <= float(inp) <= 100: break

x = float(inp)

best_n = 1
best_m = 1
for n in range(101):
    for m in range(1, 101):
        if abs(n / m - x) < abs(best_n / best_m - x):
            best_n = n
            best_m = m

print("분수:", best_n, "/", best_m)
```

29.5 루프 제어 구조를 이용하여 최솟값과 최댓값 찾기

22장에서 단일-택일 결정 구조를 사용하여 네 개의 값 중에서 최솟값과 최댓값을 찾는 방법에 관해서 배웠다. 다음 코드는 앞서 배웠던 코드와 거의 비슷하지만, 사용자의 입력값 모두를 유지하고 있는 변수 w만을 사용한다는 점이 다르다.

```python
w = int(input())        # 첫 번째 값을 입력
maximum = w

w = int(input())        # 두 번째 값을 입력
if w > maximum:
    maximum = w

w = int(input())        # 세 번째 값을 입력
if w > maximum:
    maximum = w

w = int(input())        # 네 번째 값을 입력
if w > maximum:
    maximum = w
```

명령문의 첫 번째 부분을 제외하고 모든 블록이 동일하다. 그러므로 이들 블록 중 하나를 루프 제어 구조에 넣고 다음과 같이 세 번을 반복하여 수행하면 된다.

```python
w = int(input())           # 첫 번째 값을 입력
maximum = w

for i in range(3):
    w = int(input())       # 두 번째, 세 번째, 네 번째 값을 입력
    if w > maximum:
        maximum = w
```

물론, 여러 개의 값을 입력하고자 한다면 for-루프의 final_value를 단순히 증가시키면 된다.

10명의 사람 중에서 몸무게가 가장 많이 나가는 사람을 찾고 그 결과를 출력하는 프로그램을 작성하고 싶다면 다음과 같이 프로그램을 작성하면 된다.

file_29_5a

```python
x = int(input("몸무게값을 입력하여라: "))
maximum = w

for i in range(9):
    w = int(input("몸무게값을 입력하여라: "))
    if w > maximum:
        maximum = w

print(maximum)
```

주목할 것! for-루프는 주어진 총 숫자보다 한 번 덜 반복한다는 점에 주목해라.

위 파이썬 프로그램이 완벽히 동작하지만 좀 더 다르게 동작하도록 수정해 보자. 루프 전에 사용자로부터 하나의 값을 입력받고 루프 내부에서 아홉 개의 값을 입력받는 것 대신, 루프 내부에서 모든 값을 입력받도록 수정해 보자.

이렇게 수정할 때 발생되는 문제는 루프가 반복을 시작하기 전에 maximum 변수에 초깃값이 할당되어 있어야 한다. 실제로 '임의적으로' 초깃값을 maximum 변수에 할당하지만 이 값은 신중히 선택되어야 한다. 잘못 할당된 초깃값은 부정확한 결과를 초래할 수 있기 때문이다.

이 예제에서 모든 입력값은 사람 몸무게와 연관되어 있다. 음숫값을 가진 몸무게는 (적어도 지구상에서는) 없기 때문에 maximum 변수에 임시 초깃값으로 –1을 할당시켜 놓는다. 파이썬 프로그램은 다음과 같다.

```
maximum = -1

for i in range(10):
    w = int(input("몸무게값을 입력하여라: "))
    if w > maximum:
        maximum = w

print(maximum)
```

수행 흐름이 루프로 진입하자마자 사용자는 첫 번째 값을 입력하고 결정 제어 구조는 조건을 True로 평가한다. maximum 변숫값(-1 값을 가지고 있음)이 첫 번째 입력값으로 대체되고 이후 정상적으로 수행 흐름이 진행된다.

주목할 것! 이런 방법이 모든 경우에 사용되는 것은 아니라는 점에 유의하자. 사용자로부터 임의의 숫자를 입력받는 다면 이 방법은 적용될 수 없다. 왜냐하면, 사용자가 음숫값도 입력할 수 있기 때문이다. 이런 경우에 초깃 값 -1은 다른 값으로 절대로 대체될 수 없다. 주어진 값의 하한값을 알고 있을 때 최댓값을 찾기 위해 이 방법을 사용할 수 있다. 반대로 주어진 값의 상한값을 알고 있을 때 최솟값을 찾기 위해 이 방법을 사용할 수 있다. 예를 들어, 몸무게가 가장 적게 나가는 사람을 찾고자 한다면 변수 minimum에 초깃값으로 +680을 할당할 수 있다. 지구상에 어떤 사람도 이런 몸무게를 가지고 있지 않기 때문이다. 기록에 따르면, 미국인 Jon Brower Minnoch가 전 세계에서 몸무게가 가장 많이 나가는 사람으로 635킬로그램이라는 기록을 가지고 있다.

예제 29.5-1 최솟값과 최댓값 검증하고 찾기

사용자로부터 10명의 몸무게를 입력받고 몸무게가 가장 많이 나가는 사람을 찾아 주는 파이 썬 프로그램을 작성하여라. 또한, 사용자가 숫자가 아닌 값, 음숫값, 0 값, 또는 680 이상의 값 을 입력했을 때 오류 메시지가 출력되도록 한다.

풀이

이전 예제를 이해했다면 눈 감고도 이 예제를 해결할 수 있다. 우선, 이전 예제에서 사용했던 다음 코드를 살펴보자.

```
w = int(input("몸무게값을 입력하여라: "))
```

입력값 검증을 위해 위 코드를 다음 코드로 대체한다.

```
inp = input("몸무게값을 입력하여라: ")
while not re.match(IS_NUMERIC, inp) or float(inp) < 0 or float(inp) > 680:
    inp = input("부적절한 값! 1과 680 사이의 몸무게값을 입력하여라: ")

w = int(inp)
```

최종 파이썬 프로그램은 다음과 같다.

file_29_5_1

```
import re
IS_NUMERIC = "^[-+]?\\d+(\\.\\d+)?$"

maximum = -1

for i in range(10):
    inp = input("몸무게값을 입력하여라: ")
    while not re.match(IS_NUMERIC, inp) or float(inp) < 0 or float(inp) > 680:
        inp = input("부적절한 값! 1과 680 사이의 몸무게값을 입력하여라: ")

    w = int(inp)

    if w > maximum:
        maximum = w

print(maximum)
```

예제 29.5-2 최대 온도를 검증하고 찾기

사용자가 "STOP" 단어를 입력할 때까지 행성 이름과 행성의 평균 온도를 연속해서 입력받는 파이썬 프로그램을 작성하여라. 궁극적으로, 이 프로그램은 가장 높은 온도를 가진 행성의 이름을 출력한다. 아울러 –273.15도(섭씨)가 가장 낮은 온도(이 값을 절대 영도라 함)이므로 데이터 입력의 유효성을 검사하고 숫자가 아닌 값이나 절대 영도보다 낮은 값을 입력하였을 때에는 오류 메시지를 출력해야 한다.

풀이

우선, 데이터 입력의 유효성 검사 과정이 없는 파이썬 프로그램을 작성해 보자. '만능' 규칙에 따르면, 사전-검사 루프 구조는 일반 형태로 다음과 같이 작성할 수 있다.

```
name = input("행성 이름을 입력하여라: ")        # 이름 초기화
while name.upper() != "STOP":
```

명령문 블록

```
        name = input("행성 이름을 입력하여라: ")    # 이름 갱신/변경
```

여전히 데이터 입력의 유효성 검사 과정이 없지만, 나머지 부분을 더 채워보자. -273.15도가 하한값이므로 이 값보다 더 낮은 값을 maximum 변수의 초깃값으로 사용하면 된다.

```
maximum = -274
m_name = ""

name = input("행성 이름을 입력하여라: ")
while name.upper() != "STOP":
    t = float(input("행성의 평균 온도를 입력하여라: "))

    if t > maximum:
        maximum = t
        m_name = name

    name = input("행성 이름을 입력하여라: ")

if maximum != -274:
    print("가장 뜨거운 행성:", m_name)
else:
    print("아무런 값도 입력하지 않았음!")
```

기억할 것!
사용자가 처음부터 "STOP" 단어를 입력할 가능성도 있기 때문에 명령문 if maximum != -274 가 필요하다.

데이터 입력을 검증할 수 있도록 다음 코드를 그 다음 코드로 변경해야 한다.

```
t = float(input("행성의 평균 온도를 입력하여라: "))


inp = input("행성의 평균 온도를 입력하여라: ")
while not re.match(IS_NUMERIC, inp) or float(inp) < -273.15:
    print("부적절한 값!")
    inp = input("-273.15도보다 큰 값을 입력하여라: ")

t = float(inp)
```

최종 프로그램은 다음과 같다.

```
import re
IS_NUMERIC = "^[-+]?\\d+(\\.\\d+)?$"

maximum = -274
m_name = ""

name = input("행성 이름을 입력하여라: ")
while name.upper() != "STOP":
    inp = input("행성의 평균 온도를 입력하여라: ")
    while not re.match(IS_NUMERIC, inp) or float(inp) < -273.15:
        print("부적절한 값!")
        inp = input("-273.15도보다 큰 값을 입력하여라: ")

    t = float(inp)

    if t > maximum:
        maximum = t
        m_name = name

    name = input("행성 이름을 입력하여라: ")

if maximum != -274:
    print("가장 뜨거운 행성:", m_name)
else:
    print("아무런 값도 입력하지 않았음!")
```

예제 29.5-3 학점 매기기

20명의 학생이 있다고 해 보자. 수학 시험을 치른 학생들을 대상으로 점수(0 - 100)를 입력하고 가장 높은 점수의 학생과 A 학점(90점에서 100점)을 받은 학생 수를 출력하는 파이썬 프로그램을 작성하여라. 이 프로그램은 데이터 입력의 유효성을 검사해야 하며, 0부터 100 사이의 값만을 입력받도록 한다.

풀이

우선, 데이터 입력의 유효성 검사 과정이 없는 파이썬 프로그램을 작성해 보자. 학생 수를 알고 있기 때문에 for-루프를 사용할 수 있다. 0보다 작은 점수는 없기 때문에 maximum 변수의 초깃값으로 -1을 사용할 수 있다.

```
maximum = -1
count = 0

for i in range(20):
    grade = int(input("학생 번호 " + str(i + 1) + "의 점수를 입력하여라"))

    if grade > maximum:
        maximum = grade

    if grade >= 90:
        count += 1

print(maximum, count)
```

이제, 데이터 입력의 유효성 검사를 살펴보자. 이 프로그램 예제에서는 오류 메시지를 출력할 필요가 없다. 그래서 데이터 입력의 유효성 검사를 위해 다음 코드만을 그 다음 코드로 대체하면 된다.

```
grade = int(input(" 학생 번호 " + str(i + 1) + "의 점수를 입력하여라: "))
```

```
while True:
    grade = int(input("학생 번호 " + str(i + 1) + "의 점수를 입력하여라: "))
    if 0 <= grade <= 100: break
```

최종 프로그램은 다음과 같다.

file_29_5_3

```
maximum = -1
count = 0

for i in range(20):
    while True:
        grade = int(input("학생 번호 " + str(i + 1) + "의 점수를 입력하여라: "))
        if 0 <= grade <= 100: break

    if grade > maximum:
        maximum = grade

    if grade >= 90:
        count += 1

print(maximum, count)
```

29.6 루프 제어 구조를 가진 일반 형태의 프로그래밍 예제

예제 29.6-1 **0에서 100도의 화씨 온도를 켈빈 온도로 변환하기**

0부터 100도까지의 화씨 온도와 이에 대응하는 켈빈 온도를 출력하는 파이썬 프로그램을 작성하여라. 0.5도씩 화씨 온도를 증가시키며, 변환 수식은 다음과 같다.

$$1.8 \cdot 켈빈\ 온도 = 화씨\ 온도 + 459.67$$

풀이

위 수식을 켈빈 온도로 정리하면 다음과 같다.

$$켈빈\ 온도 = \frac{화씨\ 온도 + 459.67}{1.8}$$

화씨 온도를 나타내는 변수 fahrenheit를 while-루프를 위해 사용하며, 0부터 100까지 0.5씩 증가시킨다. 최종 프로그램은 다음과 같다.

file_29_6_1a

```
fahrenheit = 0
while fahrenheit <= 100:
    kelvin = (fahrenheit + 459.67) / 1.8
    print("화씨 온도:", fahrenheit, "켈빈 온도:", kelvin)
    fahrenheit += 0.5
```

while-루프 대신 for-루프를 사용할 수 있는지 궁금할 것이다. range() 함수에서 step은 정숫값이어야 하므로 for-루프를 사용하는 것이 불가능할 수도 있다. 그러나 for-루프를 사용할 수 있도록 약간의 편법을 사용하여 다음과 같이 해결할 수 있다.

file_29_6_1b

```
for f in range(0, 1001, 5):
    fahrenheit = f / 10
    kelvin = (fahrenheit + 459.67) / 1.8
    print("화씨 온도:", fahrenheit, "켈빈 온도:", kelvin)
```

예제 29.6-2 **체스판 위의 밀알**

체스판 위에 밀알 하나를 첫 번째 사각형에, 두 번째 사각형에는 밀알 두 개, 세 번째 사각형에는 밀알 네 개를 배치하도록 사각형마다 밀알을 놓아야 한다고 해 보자(이전 사각형의 밀알 수의 두 배를 현재 사각형에 배치함). 체스판에 얼마나 많은 밀알이 놓아져야 하는가?

풀이

$2 \times 2 = 4$개의 사각형을 가지고 있는 체스판이 있고 초깃값으로 1이 할당된 grains 변수가 있다고 가정해 보자. 다음 코드에서 볼 수 있듯이, 세 번의 반복을 수행하는 for-루프가 각 반복마다 grains 변수의 값을 두 배로 만든다.

```
grains = 1
for i in range(3):
    grains = 2 * grains
```

각 반복마다 grains 변수의 값은 다음 표와 같다.

반복	grains 변수의 값
첫 번째	$2 \times 1 = 2$
두 번째	$2 \times 2 = 4$
세 번째	$2 \times 4 = 8$

세 번째 반복 후에 grains 변수의 값은 8이 된다. 그러나 이 값이 체스판 위에 놓인 전체 밀알 수가 아니라 네 번째 사각형의 밀알 수다. 체스판 위에 있는 전체 밀알 수를 알고 싶으면 모든 사각형에 있는 밀알 수를 모두 더해야 한다. 즉, 1 + 2 + 4 + 8 = 15다.

실제 체스판은 $8 \times 8 = 64$개의 사각형을 가지고 있으므로 총 63회의 반복이 필요하다. 최종 파이썬 프로그램은 다음과 같다.

file_29_6_2

```
grains = 1
total = 1
for i in range(63):
    grains = 2 * grains
    total = total + grains

print(total)
```

결과를 살펴보면, 숫자가 너무 크다는 점에 놀랄 것이다. 체스판 위에 놓인 전체 밀알 수는 18,446,744,073,709,551,615개다.

예제 29.6-3 투표

여론조사 회사가 1,000명의 국민을 대상으로 아침식사 여부를 조사한다고 해 보자. 1,000명의 국민에게 자신의 성별(남성은 M, 여성은 F)과 아침식사 여부를 입력받고(예는 Y, 아니요는 N, 가끔은 S), 예라고 답한 국민의 수와 아니요라고 답한 국민 중 여성 비율을 출력하는 파이썬 프로그램을 작성하여라. 이 프로그램은 데이터 입력을 검증해야 하며, 성별에 관해서 M이나 F만을 받아들이고 아침식사 여부에 관해서는 Y, N, 혹은 S만을 받아들여야 한다.

풀이

파이썬 프로그램은 다음과 같다.

file_29_6_3a

```python
CITIZENS = 1000

total_yes = 0
female_no = 0
for i in range(CITIZENS):
    while True:
        sex = input("성별을 입력하여라: ").lower()
        if sex == "m" or sex == "f": break

    while True:
        answer = input("아침식사를 하십니까? ").lower()
        if answer == "y" or answer == "n" or answer == "s": break

    if answer == "y":
        total_yes += 1

    if sex == "f" and answer == "n":
        female_no += 1

print(total_yes, female_no * 100 / CITIZENS)
```

 주목할 것! 파이썬이 사용자 입력값을 소문자로 어떻게 변경하는지에 주목하자.

물론, 효율성을 가지도록 약간 변형하면 다음과 같은 프로그램이 된다.

file_29_6_3b

```python
CITIZENS = 1000
```

```
total_yes = 0
female_no = 0
for i in range(CITIZENS):
    while True:
        sex = input("성별을 입력하여라: ").lower()
        if sex in ["m", "f"]: break

    while True:
        answer = input("아침식사를 하십니까? ").lower()
        if answer in ["y", "n", "s"]: break

    if answer == "y":
        total_yes += 1
    elif sex == "f":
        female_no += 1

print(total_yes, female_no * 100 / CITIZENS)
```

예제 29.6-4 메시지가 회문인가?

회문(palindrome)은 앞으로 읽어도 뒤로 읽어도 서로 동일한 단어나 문장이다(22장에서 어떤 숫자가 회문인지를 살펴보았다). 사용자로부터 단어나 문장을 입력받은 후, 그 단어나 문장이 회문인지 아닌지의 여부를 검사하는 파이썬 프로그램을 작성하여라. 다음은 회문 메시지의 예다.

- Anna
- A nut for a jar of tuna.
- Dennis and Edna sinned.
- Murder for a jar of red rum.
- Borrow or rob?
- Are we not drawn onward, we few, drawn onward to new era?

풀이

문자들을 하나씩 비교하는 것을 염두에 두어야 한다. 첫 번째 문자가 마지막 문자와 같은지, 두 번째 문자가 마지막에서 두 번째 문자와 같은지 등을 검사하기 이전에 우선 다음과 같은 고려사항을 살펴봐야 한다.

- 문장이나 단어에 몇몇 단어는 대문자나 소문자로 표기된 경우가 있다. 예를 들어, 'A nut for a jar of tuna' 문장에서 첫 번째와 마지막 문자는 동일하지만 불행히도 이 둘은 동일하

다고 간주되지 않는다. 그래서 모든 문자를 소문자로 우선 변경한 후에 이들 문자의 비교를 시작할 수 있다.

- 다른 문자와 비교 대상이 아닌 공백, 구두점, 물음표, 쉼표 등의 문자가 메시지에 존재할 수 있다. 예를 들어, 'Borrow or rob?' 문장에 대해서 파이썬 프로그램은 이 문장이 회문이 아니라고 잘못 판단하는데, 그 이유는 첫 번째 문자인 'B'가 마지막 문자인 물음표 '?'와 비교하기 때문이다.

- 모든 문자를 소문자로 변경하고 불필요한 공백과 물음표를 모두 제거하면, 원래 'Borrow or rob?' 문장은 'borroworrob'가 된다. 이 문장을 문자열 형태로 위치까지 표현하면 다음과 같다.

0	1	2	3	4	5	6	7	8	9	10
b	o	r	r	o	w	o	r	r	o	b

기억해야 할 점은 전체 문자의 절반만을 for-루프가 반복해야 한다는 점이다. 왜 그런지 이해가 되는가?

이 프로그램이 반복을 시작할 때 먼저 위치 0의 문자와 위치 10의 문자를 비교한다. 그런 다음, 위치 1의 문자와 위치 9의 문자를 비교한다. 이런 방식으로 반복하면 마지막 반복에서 위치 4와 위치 6의 문자를 비교한다. 이후에는 이미 모든 문자들이 비교되었기 때문에 검사를 계속 이어가는 것은 무의미하다.

이 문제의 해결을 위한 수많은 해결 방법이 존재한다. 그중 몇 가지 해결 방법을 다음에서 설명하고자 한다. 프로그램 내부의 주석은 이 프로그램이 어떻게 동작하는지를 이해하는 데 도움을 준다. 그러나 여전히 프로그램이 어떻게 동작하는지 궁금하다면 단계별 실행을 위해 이클립스를 활용하여 각 단계마다 변숫값을 확인하자.

첫 번째 방법 – 간단한 방법

해결 방법은 다음과 같다.

file_29_6_4a

```
message = input("메시지를 입력하여라: ").lower()

# 공백, 쉼표, 구두점, 물음표를 제외한 모든 문자를 포함한 문자열을 생성
message_clean = ""
for letter in message:
    if letter != " " and letter != "," and letter != "." and letter != "?":
```

```
        message_clean += letter

# message_clean의 중간 위치
middle_pos = (len(message_clean) - 1) // 2

# message_clean의 마지막 위치
j = len(message_clean) - 1

# 우선, 문장이 회문이라고 가정
palindrome = True

# for-루프가 문자 하나씩 비교
for i in range(middle_pos + 1):
    left_letter = message_clean[i]
    right_letter = message_clean[j]
    # 적어도 문자 쌍 중에 어느 하나라도 검증에 실패한다면,
    # palindrome 변수를 False로 설정
    if left_letter != right_letter:
        palindrome = False
    j -= 1

# 변수 palindrome이 여전히 True이면
if palindrome == True:
    print("이 메시지는 회문입니다.")
```

두 번째 방법 – break 명령문의 사용

이번 방법은 꽤 잘 동작한다. 그러나 사용자가 회문이 아닌 매우 긴 문장을 입력한다고 가정해 보자. 예를 들어, 두 번째 문자가 마지막에서 두 번째 문자와 동일하지 않다고 해 보자. 불행히도, 이전 방법에서는 palindrome 변수가 False로 설정되었음에도 문장의 중간까지 for-루프의 반복을 계속한다. 그래서 이 프로그램을 좀 더 효율적으로 만들어 보자.

두 번째 방법의 핵심은 회문이 아니라고 판단되는 즉시 루프를 빠져나가게 만드는 것이다. 이미 배웠듯이, break 명령문을 사용하여 모든 반복이 완료되기 전에 루프를 벗어나게 할 수 있다. 게다가, 이전 방법을 두 가지 관점에서 향상시킬 수 있다.

- not in 멤버십 연산자를 사용하여 변수 message에서 공백, 쉼표, 구두점, 물음표를 제거할 수 있다.
- 변수 message_clean의 문자에 접근하기 위해 변수 j를 사용하는 것 대신, 음수 인덱스를 사용할 수 있다.

파이썬 프로그램은 다음과 같다.

```
message = input("메시지를 입력하여라: ").lower()

# "not in" 멤버십 연산자를 사용하여 공백, 쉼표, 구두점, 물음표를 제거
message_clean = ""
for letter in message:
    if letter not in " ,.?":
        message_clean += letter

middle_pos = (len(message_clean) - 1) // 2

palindrome = True

for i in range(middle_pos + 1):
    left_letter = message_clean[i]
    # 음수 인덱스를 사용하여 문자를 오른쪽에서부터 접근
    right_letter = message_clean[-i - 1]
    if left_letter != right_letter:
        palindrome = False
        break

if palindrome == True:
    print("이 메시지는 회문입니다.")
```

세 번째 방법 – 플래그 사용

이번 방법은 break 명령문 대신, 플래그를 사용한다는 점만을 제외하고 이전 방법과 거의 동일하다. 플래그(palindrome 변수)가 True 값을 가지는 동안에만 루프가 반복된다.

```
message = input("메시지를 입력하여라: ").lower()

message_clean = ""
for letter in message:
    if letter not in " ,.?":
        message_clean += letter

middle_pos = (len(message_clean) - 1) // 2

palindrome = True
i = 0

while i <= middle_pos and palindrome == True:
    if message_clean[i] != message_clean[-i - 1]:
        palindrome = False
    i += 1
```

```
if palindrome == True:
    print("이 메시지는 회문입니다.")
```

 기억할 것! 변수 palindrome을 플래그(깃발)로 상상해 보자. 초기에 깃발은 올라가 있다(palindrome = True). 수행 흐름이 루프에 진입한 상태에서 깃발이 올라가 있는 한 루프는 반복을 계속한다(while ... palindrome == True). 깃발이 내려갔을 때(False 값이 변수 palindrome에 할당될 때) 루프를 벗어난다.

네 번째 방법 – 파이썬다운 방식

좀 더 파이썬답고 좀 더 세련된 방식은 replace() 메서드를 사용하여 공백, 쉼표, 구두점, 물음표를 제거하고 message_clean과 이들 값의 역순과 비교하는 것이다. 파이썬 프로그램은 다음과 같다.

file_29_6_4d

```
message = input("메시지를 입력하여라: ").lower()

# 공백, 쉼표, 구두점, 물음표를 제외한 모든 문자를 포함하고 있는
# 새로운 문자열을 생성
message_clean = message
for c in " ,.?":
    message_clean = message_clean.replace(c, "")

if message_clean == message_clean[::-1]:
    print("이 메시지는 회문입니다.")
```

 주목할 것! 하나의 문제에 대해 여러 해결 방법이 존재한다. 최선의 해결 방법을 찾아내는 것은 여러분의 몫이다.

29.7 복습문제: 참/거짓

다음 문제를 읽고 **참** 또는 **거짓**으로 답하여라.

1. 데이터 입력의 유효성 검사는 사용자로부터 유효한 값만을 입력받도록 함으로써 데이터 입력을 제한하는 과정이다.

2. 데이터 입력의 유효성 검사를 위해 for-루프를 사용한다.

3. 데이터 입력의 유효성 검사를 위해 어떠한 루프 제어 구조도 사용 가능하다.

4. 다음 코드를 사용하면 오류 메시지의 출력 없이 양수만을 사용자가 입력할 수 있다.

```
while True:
    inp = input("양수를 입력하여라: ")
    if re.match(IS_NUMERIC, inp) and float(inp) > 0: break
x = float(inp)
```

5. 다음 코드를 사용하면 사용자는 1에서 10 사이의 값만을 입력할 수 있다.

```
inp = input("1과 10 사이의 숫자를 입력하여라: ")
while not re.match(IS_NUMERIC, inp) or float(inp) >= 1 or float(inp) <=10:

    print("잘못된 숫자입니다")
    inp = input("1과 10 사이의 숫자를 입력하여라: ")
x = float(inp)
```

6. 10개 값 중에 최댓값을 찾는 파이썬 프로그램이 있다고 할 때 이 프로그램에서 사용한 루프 제어 구조는 항상 9회의 반복을 수행해야 한다.

7. 다음 코드를 사용하여 10개의 숫자 중 가장 작은 숫자를 찾을 수 있다.

```
minimum = 0
for i in range(10):
    w = float(input())
    if w < minimum: minimum = w
```

8. 다음 코드를 사용하여 10개의 양수 중 가장 큰 양수를 찾을 수 있다.

```
maximum = 0
for i in range(10):
    w = float(input())
    if w > maximum: maximum = w
```

29.8 프로그래밍 연습문제

다음 프로그래밍 연습문제를 완성하여라.

1. 다음 수식을 계산하고 그 결과를 출력하는 파이썬 프로그램을 작성하여라.

$$S = 1 + 3 + 5 + \cdots + 99$$

2. 정수 N을 사용자로부터 입력받은 후 다음 수식을 계산하고, 그 결과를 출력하는 파이썬 프로그램을 작성하여라.

$$P = 2^1 \times 4^3 \times 6^5 \times \cdots \times 2N^{(N-1)}$$

3. 다음 수식을 계산하고 그 결과를 출력하는 파이썬 프로그램을 작성하여라.

$$S = 1 + 2 + 4 + 7 + 11 + 16 + 22 + 29 + 37 + \cdots + 191$$

4. 학생 수와 개별 학생의 학점을 입력한 후, A 학점(90점에서 100점)을 획득한 학생들의 평균 점수를 계산하고 출력하는 순서도를 설계하고 파이썬 프로그램을 작성하여라. 작성한 프로그램이 명확성의 성질을 만족하는지를 검사해야 한다.

5. 사용자가 입력한 값들의 평균이 3,000을 초과할 때까지 음수가 아닌 정수를 반복적으로 사용자가 입력하는 순서도를 설계하고 파이썬 프로그램을 작성하여라. 작성한 프로그램이 명확성의 성질을 만족하는지를 검사해야 한다.

6. 사용자로부터 1부터 20 사이의 정숫값을 입력받고, 네 자리 정수의 각 자릿수의 합이 입력 정숫값보다 작은 모든 네 자리 정수를 출력하는 파이썬 프로그램을 작성하여라. 예를 들어, 사용자의 입력이 15라면 9301이 이에 해당하는 숫자 중 하나다.

$$9 + 3 + 0 + 1 < 15$$

7. 다음 조건을 만족하는 네 자리 정수 모두를 출력하는 파이썬 프로그램을 작성하여라.

- 첫 번째 자릿수값은 두 번째 자릿수값보다 크다.
- 두 번째 자릿수값은 세 번째 자릿수값과 같다.
- 세 번째 자릿수값은 네 번째 자릿수값보다 작다.

예를 들어, 7559, 3112, 9889가 위 조건을 만족하는 정수다.

8. 0과 1 값만을 입력받도록 데이터 입력의 유효성을 검사하는 코드를 다음과 같이 작성하였다. 이 코드에서 오류를 찾아라.

```python
while re.match(IS_NUMERIC, inp) and int(inp) != 1 and int(inp) != 0:
    print("오류")
    inp = input()
x = int(inp)
```

9. 성별(남성은 M, 여성은 F) 입력에 대해 데이터 입력의 유효성을 검사하는 코드를 작성하여라. 아울러, 대소문자 구별 없이 정확히 검사해야 한다.

10. 음수가 아닌 정수를 사용자로부터 입력받고 이 정수의 제곱근을 계산하는 파이썬 프로그램을 작성하여라. 아울러 숫자가 아닌 값이나 음숫값을 입력했을 때에는 오류를 출력해야 한다. 게다가, 최대 2회 시도까지만 허용하도록 한다. 만일 숫자가 아닌 값이나 음숫값을 3회 이상 입력하면 "이런!! 당신은 멍청이입니다."를 출력하고 프로그램 실행을 종료한다.

11. 원의 면적(Area)은 다음 수식을 이용하여 계산할 수 있다.

$$Area = \pi \cdot Radius^2$$

사용자로부터 원의 반지름(Radius)을 입력받고 원의 면적을 계산하고 출력하는 파이썬 프로그램을 작성하여라. 원하는 횟수만큼 원 면적의 계산을 반복하도록 한다. 그래서 원 면적 계산의 마지막 부분에 다른 원의 면적을 계산할지의 여부를 물어봐야 한다. "yes"이면 프로그램을 반복하고, 그렇지 않으면 프로그램을 종료한다. "YES", "Yes", "YeS" 등 모든 가능한 "yes" 형태에 대해서 동작할 수 있도록 프로그램을 만들어라.

아울러, 데이터 입력의 유효성을 검사해야 하며, 사용자가 숫자가 아닌 값이나 양수가 아닌 값을 반지름값으로 입력했을 때에는 오류 메시지를 출력해야 한다.

힌트: π 값으로 math.pi 상수를 사용하여라.

12. 다음 수식을 만족하는 –100에서 +100 사이의 모든 가능한 x와 y 정숫값을 출력하는 파이썬 프로그램을 작성하여라.

$$5x + 3y^2 = 0$$

13. 다음 수식을 만족하는 –10에서 +10 사이의 모든 가능한 x, y, z 정숫값을 출력하는 파이썬 프로그램을 작성하여라.

$$\frac{x+y}{2} + \frac{3z^2}{x+3y+45} = \frac{x}{3}$$

14. 사용자로부터 양수 세 개를 입력받고 러시안 곱셈 알고리즘을 사용하여 이들 양수의 곱을 계산하는 파이썬 프로그램을 작성하여라.

15. 사용자로부터 양수 두 개를 입력받고 이들 양수 사이의 모든 소수를 출력하는 파이썬 프로그램을 작성하여라. 아울러, 데이터 입력의 유효성을 검사해야 하며 사용자가 +2보다 작은 값을 입력했을 때에는 오류 메시지를 출력해야 한다.

힌트: 파이썬 프로그램이 정확히 동작하도록 만들기 위해서는 어떤 정수가 작은 값인지에 상관없이 필요하다면 두 정숫값을 맞바꾸어 적당한 순서가 되도록 만들어 주어야 한다.

16. 네 개의 자릿수를 가진 정수 두 개를 입력받고 이들 사이에 있는 모든 회문 정수를 출력하는 파이썬 프로그램을 작성하여라. 아울러, 데이터 입력의 유효성을 검사해야 하며 사용자가 숫자가 아닌 문자나 네 개의 자릿수보다 큰 정수를 입력했을 때에는 오류 메시지를 출력해야 한다.

17. 1바이트와 1기가바이트 사이의 모든 가능한 주기억 장치의 크기를 출력하는 파이썬 프로그램을 작성하여라. 예를 들어, 1, 2, 4, 8, 16, 32, 64, 128 등이 이에 해당한다.

    힌트: 1기가바이트는 2^{30}바이트이며, 풀어 쓰면 1,073,741,824바이트다.

18. 다음과 같은 연속 숫자를 출력하는 파이썬 프로그램을 작성하여라.

    $$1, \ 11, \ 23, \ 37, \ 53, \ 71, \ 113, \ 137, \ ..., \ 401$$

19. 다음과 같은 연속 숫자를 출력하는 파이썬 프로그램을 작성하여라.

    $$-1, \ 1, \ -2, \ 2, \ -3, \ 3, \ -4, \ 4, \ ..., \ -100, \ 100$$

20. 다음과 같은 연속 숫자를 출력하는 파이썬 프로그램을 작성하여라.

    $$1, \ 11, \ 111, \ 1111, \ 11111, \ ..., \ 11111111$$

21. 피보나치[4] 수열(Fibonacci sequence)은 다음과 같은 연속 숫자로 구성되어 있다.

    $$1, \ 1, \ 2, \ 3, \ 5, \ 8, \ 13, \ 21, \ 34, \ 55, \ ...$$

    정의에 의해 앞의 두 개의 숫자는 모두 1이며, 다음 숫자는 이전 두 개 숫자의 합이다. 사용자로부터 양수를 입력받고, 입력된 양수만큼 피보나치 수열을 출력하는 파이썬 프로그램을 작성하여라.

22. 사용자로부터 양수를 입력받고 이 양수보다 작은 모든 피보나치 값을 출력하는 파이썬 프로그램을 작성하여라.

23. 사용자로부터 정수 N을 입력받고 다음 수식의 y 값을 출력하는 파이썬 프로그램을 작성하여라.

    $$y = \frac{2 + 4 + 6 + \ ... \ + 2N}{1 \cdot 2 \cdot 3 \cdot 4 \cdot ... \cdot N}$$

    아울러 데이터 입력의 유효성을 검사해야 하며, 사용자가 숫자가 아닌 값이나 1보다 작은 값을 입력했을 때는 오류 메시지를 출력해야 한다.

---

4 피보나치로 알려진 레오나르도 피사노 비골로(Leonardo Pisano Bigollo, 1170~1250)는 이탈리아의 수학자이다. 그의 저서인 Liber Abaci(1202년에 출판됨)에서 피보나치는 토끼 개체수의 증가를 결정하기 위해 특별한 수열을 사용하였다. 오늘날 이 수열은 피보나치 수열로 알려졌다. 또한, 그는 오늘날 여러분이 사용하고 있는 아라비아 숫자 시스템을 유럽에 최초로 도입했다. 그 전에는 숫자 계산이 어려운 로마 숫자 시스템이 사용되었다.

24. 사용자로부터 정수 N을 입력받고 다음 수식의 y 값을 출력하는 파이썬 프로그램을 작성하여라.

$$y = \frac{1 - 3 + 5 - 7 + \ldots + (2N + 1)}{N}$$

아울러, 데이터 입력의 유효성을 검사해야 하며, 사용자가 숫자가 아닌 값이나 1보다 작은 값을 입력했을 때는 오류 메시지를 출력해야 한다.

25. 사용자로부터 정수 N을 입력받고 다음 수식의 y 값을 출력하는 파이썬 프로그램을 작성하여라.

$$y = 1 - \frac{1}{2} + \frac{1}{3} - \frac{1}{5} + \ldots + \frac{1}{N}$$

아울러, 데이터 입력의 유효성을 검사해야 하며, 사용자가 숫자가 아닌 값이나 1보다 작은 값을 입력했을 때는 오류 메시지를 출력해야 한다.

26. 사용자로부터 정수 N을 입력받고 다음 수식의 y 값을 출력하는 파이썬 프로그램을 작성하여라.

$$y = \frac{1}{1^N} + \frac{1}{2^{N-1}} + \frac{1}{3^{N-2}} + \ldots + \frac{1}{N^1}$$

아울러, 데이터 입력의 유효성을 검사해야 하며, 사용자가 숫자가 아닌 값이나 1보다 작은 값을 입력했을 때는 오류 메시지를 출력해야 한다.

27. 수학에서 음수가 아닌 정수 N의 팩토리얼(factorial)은 N 이하 모든 정수들의 곱이며 N!로 표시한다. 0 팩토리얼은 1로 정의된다. 수학적으로 N!은 다음과 같이 정의된다.

$$N! = \begin{cases} 1 \cdot 2 \cdot 3 \cdot \ldots N, & for\ N > 0 \\ 1, & for\ N = 0 \end{cases}$$

예를 들어, 5 팩토리얼은 5!=1×2×3×4×5=120이다. 사용자로부터 음수가 아닌 정수 N을 입력받고 N 팩토리얼을 계산하는 파이썬 프로그램을 작성하여라.

28. 사용자로부터 x 값을 입력받고, 0.00001의 오차 범위를 가지는 테일러[5] 급수(Taylor series)를 사용하여 지수 함수 e^x를 계산하고 출력하는 파이썬 프로그램을 작성하여라. 지수 함수 e^x에 대한 테일러 급수는 다음 수식과 같다.

$$e^x = 1 + \frac{x^1}{1!} + \frac{x^2}{2!} + \frac{x^3}{3!} + \cdots$$

힌트: $\frac{x^0}{0!}$ 임을 명심하자.

29. 사용자로부터 x 값을 입력받고, 0.00001의 오차 범위를 가지는 테일러 급수를 사용하여 x의 사인(sine) 값을 계산하고 출력하는 파이썬 프로그램을 작성하여라. x의 사인 값 계산을 위한 테일러 급수는 다음 수식과 같다.

$$sinx = x - \frac{x^3}{3!} + \frac{x^5}{5!} - \frac{x^7}{7!} + \cdots$$

힌트: x는 라디언이며, $\frac{x^1}{1!} = x$ 임을 명심하자.

30. 사용자로부터 x 값을 입력받고, 0.00001의 오차 범위를 가지는 테일러 급수를 사용하여 x의 코사인(cosine) 값을 계산하고 출력하는 파이썬 프로그램을 작성하여라. x의 코사인 값을 계산하기 위한 테일러 급수는 다음 수식과 같다.

$$cosx = 1 - \frac{x^2}{2!} + \frac{x^4}{4!} - \frac{x^6}{6!} + \cdots$$

힌트: x는 라디언이며, $\frac{x^0}{0!}$ 임을 명심하자.

31. 사용자로부터 8월의 날짜별 온도를 입력받고 가장 높은 온도와 평균 온도를 계산하고 출력하는 파이썬 프로그램을 작성하여라. 아울러, 섭씨 온도로 −273.15°가 가장 낮은 온도(이 온도를 절대 영도(absolute zero)라고 함)이기 때문에 이를 기반으로 데이터 입력의 유효성을 검사하도록 한다. 사용자가 숫자가 아닌 값이나 절대 영도보다 작은 값을 입력했을 때는 오류 메시지를 출력해야 한다.

32. 특정 시간(HH:MM)마다 해수면을 기록하는 소프트웨어 애플리케이션을 개발한다고 해보자. 해수면값으로 9999를 입력할 때까지 반복적으로 해수면값과 시분값을 각각 입력받고 시분별 해수면값과 가장 낮은 해수면의 시분값을 출력하는 파이썬 프로그램을 작성하여라.

---

5 브룩 테일러(Brook Taylor, 1685~1731)는 테일러 급수로 가장 널리 알려졌고 유한 차분 이론에 기여한 영국의 수학자이다.

33. 문자 A는 숫자 1, 문자 B는 숫자 2 등으로 대응한다고 가정해 보자. 사용자로부터 정수 두 개를 입력받고 이들 정수와 대응하는 두 개 문자 사이의 모든 알파벳 문자를 출력하는 파이썬 프로그램을 작성하여라. 예를 들어, 사용자가 3과 6을 입력했다면 C, D, E, F를 출력해야 한다. 데이터 입력의 유효성을 검사해야 하며, 사용자가 숫자가 아닌 값, 음숫값 혹은 26보다 작은 값을 입력했을 때는 오류 메시지를 출력해야 한다.

    파이썬 프로그램이 정확하게 동작하도록 만들기 위해서는 어떤 정수가 작은 값인지에 상관없이 필요하다면 두 정숫값을 맞바꾸어 적당한 순서가 되도록 만들어야 한다.

34. 1과 100 사이의 무작위 값을 비밀 정숫값으로 변수에 할당하고 그 값을 추측하는 파이썬 프로그램을 작성하여라. 사용자가 입력한 추측값이 비밀 정숫값보다 작으면 "당신의 추측값은 비밀값보다 작습니다. 다시 시도하여라."라는 메시지를 출력한다. 추측값이 비밀 정숫값보다 크다면 "당신의 추측값은 비밀값보다 큽니다. 다시 시도하여라."라는 메시지를 출력한다. 사용자가 비밀 정숫값을 맞출 때까지 이 과정을 반복한다. 비밀 정숫값을 맞추게 되면 시도 횟수와 "비밀값을 맞추었습니다."라는 메시지를 출력한다.

35. 이전 프로그래밍 연습문제를 2명의 플레이어가 게임하는 것으로 확장하여라. 적은 시도로 무작위 비밀값을 맞춘 플레이어가 승리하는 것으로 한다.

36. TV 스크린 크기는 항상 대각으로 측정한다. 예를 들어, 40인치 TV 스크린은 왼쪽 상단 가장자리에서 오른쪽 하단 가장자리까지 대각으로 40인치의 크기를 가진다. 예전 TV 스크린은 종횡비가 4:3이었으며, 이것은 TV 스크린이 3인치 높이마다 4인치 폭을 가지는 것을 의미한다. 최근의 대다수 TV 스크린은 16:9의 종횡비를 가진다. 이는 9인치 높이마다 폭은 16인치라는 의미다. 이와 같은 종횡비와 대각선 이론을 사용하여 다음과 같이 나타낼 수 있다.

   • **4:3 TV에 대해,**

     폭 = 대각선 길이 × 0.8

     높이 = 대각선 길이 × 0.6

   • **16:9 TV에 대해,**

     폭 = 대각선 길이 × 0.87

     높이 = 대각선 길이 × 0.49

다음과 같은 메뉴를 출력하고 사용자로부터 대각선 길이(인치 단위)와 메뉴 선택값을 입력받는 파이썬 프로그램을 작성하여라.

1. 4/3 TV 스크린
2. 16/9 TV 스크린
3. 종료

이 프로그램은 TV 스크린의 폭과 높이를 출력해야 한다. 이런 과정은 메뉴 선택값으로 사용자가 3(종료)을 입력할 때까지 반복한다.

37. 학생 수와 각 학생의 성별(남성은 M, 여성은 F)을 입력받아 다음 항목을 계산하고 그 결과를 출력하는 파이썬 프로그램을 작성하여라.

a. A 학점(90~100)을 받은 학생의 평균 점수
b. B 학점(80~89)을 받은 학생의 평균 점수
c. A 학점(90~100)을 받은 남학생의 평균 점수
d. B 학점 이하를 받은 여학생의 총수
e. 가장 높은 점수와 가장 낮은 점수
f. 전체 학생의 평균 점수

명확성 특성을 만족하는지를 검사하는 코드를 추가하여라. 아울러, 데이터 입력의 유효성을 검사해야 하며, 다음 항목 중 하나라도 해당되면 오류 메시지를 출력해야 한다.

- 학생 수에 대해서 숫자가 아닌 값이나 양수가 아닌 값
- 성별에 대해서 M이나 F 이외의 값
- 학생 점수에 대해 숫자가 아닌 값, 음숫값 혹은 100보다 큰 값

38. 다음 표에 근거하여 사용자의 상품 주문액에 대한 할인율을 계산하고 그 결과를 출력하는 파이썬 프로그램을 작성하여라.

주문액	할인율(%)
0원 < 금액 < 20000원	0
20000원 ≤ 금액 < 50000원	3
50000원 ≤ 금액 < 100000원	5
100000원 ≤ 금액	10

할인율 계산의 마지막 부분에 다른 상품의 주문액에 대한 할인율 계산을 계속할지를 물어봐야 한다. "yes"이면 프로그램을 반복하고, 그렇지 않으면 프로그램을 종료한다. "YES", "Yes", "YeS" 등의 모든 가능한 "yes" 형태에 대해서도 동작할 수 있도록 프로그램을 만들어라. 아울러, 데이터 입력의 유효성을 검사해야 하며, 사용자 주문액에 대한 값이 숫자가 아닌 값이나 양수가 아닌 값으로 입력했을 때에는 오류 메시지를 출력해야 한다.

39. 전기회사는 가입자들에게 다음 표에 근거하여 전기요금을 부과하고 있다.

시간당 킬로와트(kWh)	kWh당 가격(원)
$0 < kWh \leq 400$	110
$401 \leq kWh \leq 1500$	220
$1501 \leq kWh \leq 3500$	250
$3501 \leq kWh$	500

사용자로부터 총 kWh를 입력받고 해당 입력값에 대한 전기요금을 계산하고 그 결과를 출력하는 파이썬 프로그램을 작성하여라. 입력값으로 −1이 입력될 때까지 이 과정을 반복한다. 아울러, 데이터 입력의 유효성을 검사해야 하며, kWh 값에 대해서 사용자가 숫자가 아닌 값이나 음숫값을 입력했을 때에는 오류 메시지를 출력해야 한다. −1 값에 대해서는 예외로 한다. 세금 부과를 위해 계산된 전기요금에 25%의 비용을 추가하라.

다음 문제에 답하여라.

1. 루프 제어 구조에 대해서 설명하여라.

2. 순서도에서 결정 제어 구조와 루프 제어 구조를 어떻게 구별하는지 설명하여라.

3. 사전-검사 루프 구조에 대한 순서도를 설계하고 일반 형태로 파이썬 명령문을 작성하여라. 사전 루프 제어 구조의 동작 과정을 설명하여라.

4. 사전-검사 루프 구조에서 수행되는 최소 반복 횟수는?

5. 사전-검사 루프 구조의 명령문 블록이 N회 수행된다면 불리언 식은 몇 회 수행되는가?

6. 사후-검사 루프 구조에 대한 순서도를 설계하고 일반 형태로 파이썬 명령문을 작성하여라. 사후-검사 루프 제어 구조의 동작 과정을 설명하여라.

7. 사후-검사 루프 구조에서 수행되는 최소 반복 횟수는?

8. 사후-검사 루프 구조의 명령문 블록이 N회 수행된다면 불리언 식은 몇 회 수행되는가?

9. 중간-검사 루프 구조에 대한 순서도를 설계하고 일반 형태로 파이썬 명령문을 작성하여라. 중간-검사 루프 제어 구조의 동작 과정을 설명하여라.

10. for-루프에 대한 순서도를 설계하고 일반 형태로 파이썬 명령문을 작성하여라. 루프 제어 구조의 동작 과정을 설명하여라.

11. for-루프에 적용되는 규칙을 기술하여라.

12. 중첩 루프에 대해서 설명하여라.

13. 중첩 루프 제어 구조를 가진 프로그램 예제를 작성하고 중첩 루프 제어 구조의 동작 과정을 설명하여라.

14. 중첩 루프에 적용되는 규칙을 기술하여라.

15. 최선의 루프 제어 구조를 선택할 수 있도록 도와주는 다이어그램을 설계하여라.

16. '만능' 규칙에 대해서 설명하고 사전-검사와 사후-검사 루프 제어 구조를 사용한 예를 들어라.

17. 전자 사전에서 특정 단어를 찾기 위한 파이썬 프로그램이 루프 제어 구조를 사용한다고 해 보자. 특정 단어를 찾았을 때 루프를 벗어나게 하는 것이 왜 중요한지 설명하여라.

18. 루프를 최소로 유지하는 것이 왜 중요한지 설명하여라.

19. 무한 루프에 대해서 설명하여라.

20. 일반 형태의 파이썬 명령문을 사용하여 for-루프를 while-루프로 변환하는 방법에 대해서 설명하여라.

21. 일반 형태의 파이썬 명령문을 사용하여 while-루프를 for-루프로 변환하는 방법에 대해서 설명하여라.

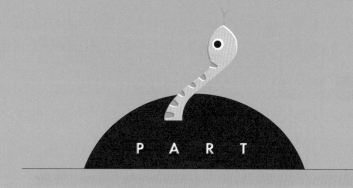

P A R T

VI

리스트

PART VI 리스트

리스트 소개

30.1 들어가기

변수는 메모리에 값을 저장하기에 좋은 방법이다. 그러나 하나의 변수에는 하나의 값만 저장할 수 있다는 단점이 있다. 이런 단점으로 긴 목록의 데이터를 처리해야 할 때 문제가 발생한다. 이에 대한 사례를 다음 예제를 통해 살펴보자.

20명의 학생 성적(0~100점)을 입력하고, 다음 요구사항을 결과로 출력하는 파이썬 프로그램을 작성하여라.

i.   가장 높은 점수
ii. 가장 높은 점수를 받은 총 학생 수

가장 높은 점수를 찾는 방법은 이전에 이미 배웠으니 잊어버렸다면 29장을 참고하기 바란다. 이 예제에 대한 파이썬 프로그램은 다음과 같다.

```
max_grade = -1

for i in range(20):
    grade = int(input())
    if grade > max_grade:
        max_grade = grade

print(max_grade)
```

그러나 위 프로그램으로는 몇 명의 학생이 가장 높은 점수를 받았는지 알 수 없다. 그 이유는 다음과 같다.

- 반복문이 수행되는 동안에 가장 높은 점수를 확인할 수 없다.
- 반복문이 수행되고 나면 grade 변수에는 가장 최근 값만이 저장된다. 즉, 마지막 학생을 제외한 19명의 점수는 알 수 없다.

이처럼 위와 같은 방식의 프로그램에서는 변수 max_grade와 20명의 점수를 비교할 수 없고, 가장 높은 점수를 받은 학생이 몇 명인지도 알 수 없다. 가장 높은 점수를 받은 학생이 몇 명인지 파악하기 위해서는 사용자가 입력한 학생들의 각 점수를 주기억 장치에 저장해야만 추후에 프로그램에서 각 학생의 점수를 활용할 수 있다. 다음 파이썬 프로그램은 20개의 서로 다른 변수를 사용하여 학생들의 점수를 주기억 장치에 저장하여 문제를 해결한다.

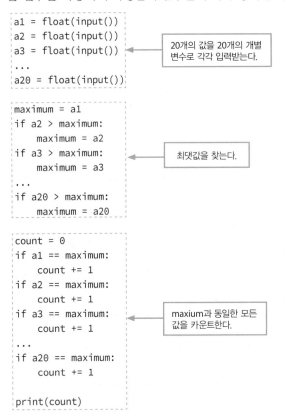

```
a1 = float(input())
a2 = float(input())
a3 = float(input())
...
a20 = float(input())
```
20개의 값을 20개의 개별 변수로 각각 입력받는다.

```
maximum = a1
if a2 > maximum:
    maximum = a2
if a3 > maximum:
    maximum = a3
...
if a20 > maximum:
    maximum = a20
```
최댓값을 찾는다.

```
count = 0
if a1 == maximum:
    count += 1
if a2 == maximum:
    count += 1
if a3 == maximum:
    count += 1
...
if a20 == maximum:
    count += 1

print(count)
```
maxium과 동일한 모든 값을 카운트한다.

위 프로그램은 아무런 문제가 없어 보인다. 그러나 학생 수가 20명이 아니라 2,000명이라면 학생의 성적을 저장하기 위해 2,000개의 변수를 만들어야 할까? 당연히 아니다. 이런 문제를 해결하려면 리스트(list)를 사용해야 한다.

30.2 리스트란 무엇인가?

리스트는 하나의 변수에 여러 개의 값을 저장할 수 있는 특별한 유형의 변수다. 리스트는 행, 열 혹은 행렬에 포함된 값을 가리키는 위치들의 집합으로 볼 수 있다. 리스트에 관한 다음 예제를 살펴보자.

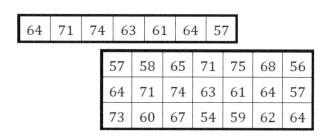

리스트 안에 있는 각각의 항목을 '요소(element)'라고 부른다. 리스트의 각 요소는 인덱스(index)라 불리는 고유 숫자를 할당받는다.

🔊 주목할 것! 컴퓨터 과학 분야에서 사용하는 리스트는 수학에서 사용하는 행렬과 유사하다. 수학에서의 행렬은 행과 열에 따라 정렬되어 있는 숫자나 수학 객체들의 집합이다.

🔊 주목할 것! Java, C++, C#과 같은 컴퓨터 프로그래밍 언어에서는 리스트를 기본 자료형으로 제공하지 않는다. 대신, 이들 언어는 '배열(array)'이라는 자료 구조를 지원한다. 리스트는 배열보다 더 효율적이고 효과적이다.

리스트는 다시 1차원 리스트(one-dimensional list)와 다차원 리스트(multidimensional list)로 나누어진다. 다차원 리스트는 2차원 혹은 3차원 이상의 리스트이다.

1차원 리스트

학생 6명의 성적을 가지고 있는 다음 1차원 리스트를 살펴보자. 리스트 이름은 Grades다. 편의상 인덱스를 요소 위에 기재하였다. 기본적으로 파이썬에서 첫 번째 요소의 인덱스는 0이며, 순차적으로 증가한다.

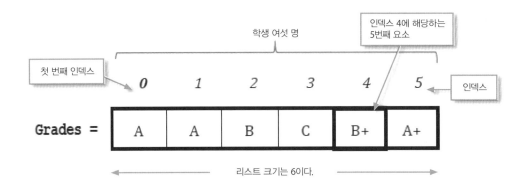

학생 여섯 명

인덱스 4에 해당하는 5번째 요소

첫 번째 인덱스

| 0 | 1 | 2 | 3 | 4 | 5 |

인덱스

Grades = | A | A | B | C | B+ | A+ |

리스트 크기는 6이다.

기억할 것! 리스트의 인덱스는 0부터 시작하기 때문에 마지막 요소의 인덱스는 리스트에 포함된 모든 요소 개수보다 1만큼 작다.

이 예제에서 리스트는 여섯 명의 학생 성적에 대해 여섯 개의 변수 Grades0, Grades1, Grades2, Grades3, Grades4, Grades5를 사용한 것과 같다. 리스트의 이점은 위와 같이 여러 개의 변수를 사용할 필요 없이 하나의 공통된 이름을 통해 여러 개의 값을 저장할 수 있다는 점이다.

주목할 것! 파이썬은 튜플(tuple), 집합(set), 딕셔너리(dictionary)를 지원하지만 이 책에서는 이를 다루지 않는다. 해당 자료 구조가 궁금하다면 다음 웹사이트에서 필요한 정보를 찾을 수 있다.
https://docs.python.org/3.6/tutorial/datastructures.html

2차원 리스트

일반적으로 다차원 리스트는 다수의 데이터 집합을 작업해야 할 때 유용하다. 예를 들어, 4월 한 달간 대구광역시의 최고 온도를 기록하는 상황을 생각해 보자. 첫 번째 기록 방법은 다음 그림과 같이 1차원 리스트 네 개를 사용해 하나의 리스트마다 한 주 동안의 최고 온도를 저장하는 것이다. 각각의 리스트를 일곱 개의 요소로 구성하여 각 요소에 하루 중 최고 온도를 저장한다.

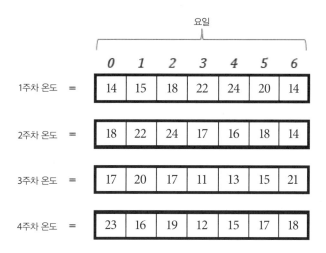

그러나 이 방법은 각각의 리스트를 개별적으로 처리해야 하는 단점이 있다. 더 나은 방법으로 다음 그림과 같이 네 개 행으로 4주를 나타내고, 일곱 개 열로 7일의 요일을 나타내도록 구성한 2차원 리스트를 사용하는 것이다.

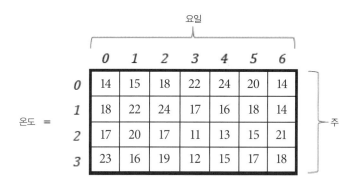

3차원 리스트

다음 그림은 3차원 리스트를 이용하여 대구광역시의 2013년부터 2015년까지 4월 한 달 동안에 수집된 최고 온도(섭씨)를 저장한 예를 보여 준다.

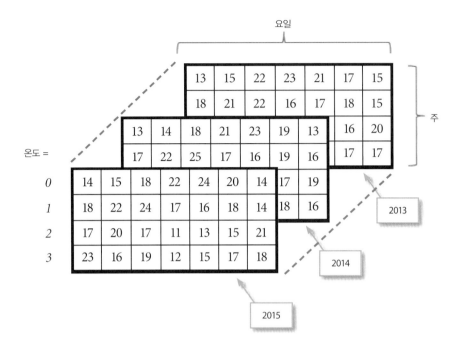

예제 30.2-1 **리스트 설계하기**

14명의 나이를 저장할 수 있는 리스트를 설계하고 이 리스트의 모든 요소에 값을 할당하여라.

풀이

이 예제를 해결하려면 0부터 13까지의 인덱스를 가진 14개 요소의 리스트를 설계해야 하므로 다음 그림과 같이 한 개의 행 또는 한 개의 열로 구성된 리스트를 만들면 된다.

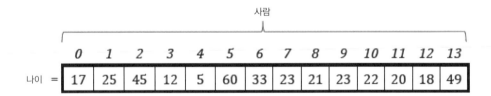

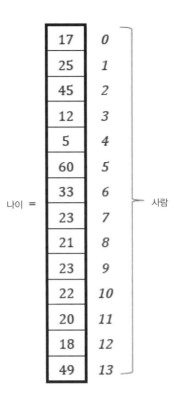

파이썬에서는 열과 행으로 구성된 리스트가 존재하지 않는다는 점을 명심하자. 즉, 수학 행렬에는 이런 개념이 존재하지만 파이썬에는 존재하지 않는다. 파이썬에서의 리스트는 1차원이다.

예제 30.2-2 리스트 설계하기

일곱 명의 이름과 나이를 저장할 수 있는 리스트를 설계하고, 이 리스트의 모든 요소에 값을 할당하여라.

풀이

이 문제는 두 개의 리스트를 사용해 해결할 수 있다. 다음 그림과 같이 한 개 열로 구성된 두 개의 리스트를 만들면 된다.

예제 30.2-3 리스트 설계하기

열 명의 이름을 저장한 후 이름마다 1월부터 3월까지의 몸무게(킬로그램 단위)를 저장할 수 있는 리스트를 설계하고, 이 리스트의 모든 요소에 값을 할당하여라.

풀이

이 문제는 다음 그림과 같이 이름을 저장하는 데 사용하는 1차원 리스트 한 개와 몸무게를 저장하는 데 사용하는 2차원 리스트 한 개씩을 각각 구성하여 해결할 수 있다.

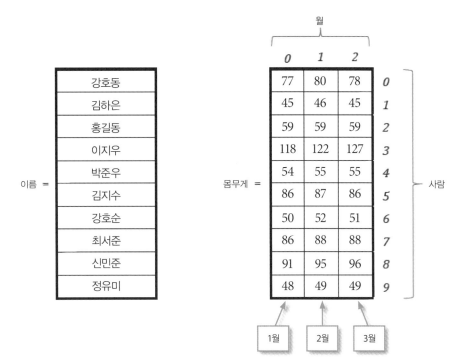

30.3 복습문제: 참/거짓

다음 문제를 읽고 **참** 또는 **거짓**으로 답하여라.

1.   리스트들은 여러 개의 변수를 동시에 저장할 수 있는 특별한 유형의 변수다.
2.   리스트 요소들은 주기억 장치에 저장되어 있다.
3.   리스트는 1차원 리스트와 2차원 리스트만 존재한다.
4.   4차원 리스트는 존재하지 않는다.
5.   리스트는 다른 유형의 값들을 저장할 수 있기 때문에 '다차원'이라고 불린다.
6.   리스트의 각 요소는 고유한 인덱스를 가진다.
7.   인덱스 번호는 기본적으로 0부터 시작한다.
8.   리스트의 마지막 요소의 인덱스는 리스트의 모든 요소의 개수와 같다.
9.   200차원 리스트는 존재한다.

30.4 프로그래밍 연습문제

다음 프로그래밍 연습문제를 완성하여라.

1. 다섯 명의 몸무게를 저장할 수 있는 리스트를 설계하고, 이 리스트의 모든 요소에 값을 할당하여라.

2. 일곱 명의 이름과 몸무게를 저장할 수 있는 리스트를 설계하고, 이 리스트의 모든 요소에 값을 할당하여라.

3. 다섯 개의 호수 이름과 6~8월 동안의 월별 평균 넓이를 저장할 수 있는 리스트를 설계하고, 이 리스트의 모든 요소에 값을 할당하여라.

4. 열 개 상자의 폭, 높이, 길이를 저장할 수 있는 3차원 리스트를 설계하고, 이 리스트의 모든 요소에 값을 할당하여라.

5. 여덟 개의 호수 이름과 각 호수의 평균 넓이와 최대 깊이를 저장할 수 있는 리스트를 설계하고, 이 리스트의 모든 요소에 값을 할당하여라.

6. 네 개의 호수 이름과 6월 첫째 주, 7월 첫째 주, 8월 첫째 주의 평균 넓이를 각각 저장할 수 있는 리스트를 설계하고, 이 리스트의 모든 요소에 값을 할당하여라.

1차원 리스트

31.1 1차원 리스트 만들기

파이썬에서 새로운 값(요소)을 만들고, 이 값을 리스트에 추가하는 데에는 크게 세 가지 방법이 있다. 사용자 기호에 맞게 혹은 주어진 상황에 맞게 세 가지 방법 중 하나를 사용하면 된다. 세 가지 방법을 설명하기 위해 다음 그림과 같은 grades 리스트를 만들고, 이 리스트에 각 방법을 적용할 것이다.

첫 번째 방법

size 개수만큼의 요소를 가지는 리스트를 생성하는 명령문은 다음과 같다.

```
list_name = [None] * size
```

여기서, size는 자연수의 값을 가진다. 리스트 요소에 값을 저장하는 명령문은 다음과 같다.

```
list_name[index] = value
```

여기서, index는 리스트의 요소가 몇 번째 위치에 있는지를 나타낸다. 다음 코드는 grades 리스트를 생성한 후 이 리스트에 몇 개의 값(요소)을 저장한다.

```
grades = [None] * 4
```

```
grades[0] = "B+"
grades[1] = "A+"
grades[2] = "A"
grades[3] = "C-"
```

주목할 것! 위 코드에서 리스트 크기는 4이다.

주목할 것! 5장에서 파이썬 변수의 이름을 지을 때 반드시 지켜야 하는 규칙을 배웠다. 리스트 이름을 지을 때에도 이와 같은 규칙이 적용된다.

상숫값을 가지는 인덱스 대신, 다음과 같이 변수나 표현식을 사용할 수도 있다.

```
grades = [None] * 4

k = 0

grades[k] = "B+"
grades[k + 1] = "A+"
grades[k + 2] = "A"
grades[k + 3] = "C-"
```

두 번째 방법

리스트를 생성하고 생성된 리스트에 값을 저장하는 두 번째 방법은 다음과 같은 형식의 명령문을 사용하는 것이다.

```
list_name = [value0, value1, value2, ..., valueM]
```

이 방법으로 grades 리스트를 만들 경우, 다음과 같은 명령문을 사용하면 된다.

```
grades = ["B+", "A+", "A", "C-"]
```

주목할 것! 두 번째 방법으로 리스트를 생성할 때 리스트 인덱스는 0부터 시작한다.

세 번째 방법

다음 구문과 같이 빈 리스트를 생성하고, append( ) 메서드를 사용해 리스트에 값을 저장할 수도 있다.

```
list_name = []
```

```
list_name.append(value0)
list_name.append(value1)
list_name.append(value2)
...
list_name.append(valueM)
```

이 방법으로 grades 리스트를 만들 경우, 다음과 같은 명령문을 사용한다.

```
grades = []
grades.append("B+")
grades.append("A+")
grades.append("A")
grades.append("C-")
```

📢 **주목할 것!** 세 번째 방법에서도 두 번째 방법과 마찬가지로 리스트를 생성할 때 리스트 인덱스는 0부터 시작한다.

31.2 1차원 리스트에서 값을 불러오는 방법

리스트에서 값을 불러오려면 리스트의 특정 위치를 지정해야 한다. 1차원 리스트의 각 요소들은 인덱스에 의해 고유하게 식별된다. 다음 코드는 화면에 A+를 출력한다.

```
grades = ["B+", "A+", "A", "C-"]
print(grades[1])
```

인덱스를 상숫값으로 사용하는 것 대신, 변수나 표현식으로 사용할 수도 있다. 다음 예제는 화면에 C-와 A를 출력한다.

```
grades = ["B+", "A+", "A", "C-"]
k = 3
print(grades[k], "and", grades[k - 1])
```

0보다 작은 인덱스는 리스트의 마지막 요소부터 세기 시작한다. grades 리스트에서 음수 인덱스를 사용할 경우, 각 요소들의 위치는 다음과 같이 표현된다.

	-4	-3	-2	-1
grades =	B+	A+	A	C-

다음 예제는 화면에 C-와 A+를 출력한다.

```
grades = ["B+", "A+", "A", "C-"]
print(grades[-1], "and", grades[-3])
```

다음 예제는 리스트의 모든 요소를 화면에 출력한다.

```
grades = ["B+", "A+", "A", "C-"]

print(grades)                         # ['B+', 'A+', 'A', 'C-']를 화면에 출력
```

다음 예제와 같이 두 개의 인덱스를 지정하면 문자열과 마찬가지로 리스트의 부분 집합(slice)을 출력할 수도 있다.

```
grades = ["B+", "A+", "A", "C-"]

print(grades[1:3])                    # ['A+', 'A']를 화면에 출력
```

📢 주목할 것! 파이썬에서 '슬라이싱(slicing)'은 리스트 혹은 일련의 순서로부터 일정 범위의 요소들을 선택하는 방법이다.

슬라이싱은 세 번째 매개변수로 'step'을 사용할 수도 있다. 다음 예제를 살펴보자.

```
grades = ["B+", "A+", "A", "C-"]
print(grades[0:4:2])                  # ['B+', 'A']를 화면에 출력
```

음숫값의 step을 사용하면 리스트를 역순으로 출력할 수 있다.

```
grades = ["B+", "A+", "A", "C-"]
print(grades[::-1])                   # ['C-', 'A', 'A+', 'B+']를 화면에 출력
```

예제 31.2-1 추적표 만들기

다음 코드에 대한 추적표를 만들어라.

```
a = [None] * 4

a[3] = 9
x = 0
a[x] = a[3] + 4
a[x + 1] = a[x] * 3
x += 1
```

```
a[x + 2] = a[x - 1]
a[2] = a[1] + 5
a[3] = a[3] + 1
```

풀이

리스트의 각 요소는 하나의 변수처럼 취급할 수 있다는 점에 주목하자. 그래서 리스트를 사용하는 파이썬 프로그램에 대한 추적표를 만들 때는 다음과 같이 리스트의 각 요소마다 하나의 열을 가지도록 한다.

단계	명령어	설명	x	a[0]	a[1]	a[2]	a[3]
1	a = [None] * 4	아무런 값도 없는 list a 생성	-	-	-	-	-
2	a[3] = 9		-	-	-	-	9
3	x = 0		0	-	-	-	9
4	a[x] = a[3] + 4		0	13	-	-	9
5	a[x + 1] = a[x] * 3		0	13	39	-	9
6	x += 1		1	13	39	-	9
7	a[x + 2] = a[x - 1]		1	13	39	-	13
8	a[2] = a[1] + 5		1	13	39	44	13
9	a[3] = a[3] + 1		1	13	39	44	14

예제 31.2-2 존재하지 않는 인덱스 사용하기

다음 파이썬 프로그램에서 어떤 부분이 잘못되었는가?

```
grades = ["B+", "A+", "A", "C-"]
print(grades[100])
```

풀이

위 프로그램은 두 가지 부분이 잘못되었다. 첫 번째는 grades[100]에 해당하는 입력 데이터가 없다는 점이다. 두 번째는 명확성의 속성을 만족시키지 못한다는 점이다. 이 예제에서 요소 자체가 존재하지 않는 인덱스 100을 참조한 것처럼 리스트를 사용할 때는 존재하지 않는 요소를 참조해서는 안 된다.

31.3 1차원 리스트에 사용자로부터 입력받은 값 추가하기

키보드로부터 값을 입력받은 후 그 값을 변수에 할당하지 않고 리스트의 특정 위치에 할당할 수 있다. 다음 코드는 test 리스트의 0~2번 위치에 세 개의 값을 사용자가 직접 입력한다.

```
test = [None] * 3
test[0] = int(input())
test[1] = int(input())
test[2] = int(input())
```

다음 예제는 append() 메서드를 통해 사용자부터 네 명의 이름을 입력받아 빈 리스트에 저장한다.

```
test = []
test.append(input("첫 번째 사람의 이름을 입력하여라: "))
test.append(input("두 번째 사람의 이름을 입력하여라: "))
test.append(input("세 번째 사람의 이름을 입력하여라: "))
test.append(input("네 번째 사람의 이름을 입력하여라: "))
```

31.4 1차원 리스트에 반복문 적용하기

파이썬 프로그램은 루프 제어 구조(일반적으로 for-루프)를 사용하여 리스트 요소를 대상으로 반복 처리를 수행할 수 있다. 1차원 리스트에 반복 처리를 적용하는 데에는 크게 두 가지 방법이 있다.

첫 번째 방법

이 방법은 인덱스를 사용하여 리스트의 각 요소를 참조하는 방식이며, 이에 대한 일반 형태는 다음과 같다.

```
for index in range(size):
    process list_name[index]
```

여기서 process는 매 반복마다 리스트의 요소 하나를 처리하는 명령문 블록을 나타낸다. 이를 통해 list_name[index]의 값을 수정할 수도 있다. 다음 파이썬 프로그램은 리스트 grades의 모든 요소를 출력한다.

```
grades = ["B+", "A+", "A", "C-"]
```

```
for i in range(4):
    print(grades[i])
```

i라는 이름의 변수 대신, index, ind, j 등 원하는 이름의 변수를 사용할 수 있다.

grades 리스트는 네 개의 요소를 가지고 있기 때문에 네 번의 반복이 필요하다. 이때 반복에 사용되는 리스트 인덱스는 1에서 4까지가 아니라 0에서 3까지라는 것에 주목하자.

다음 예제는 사용자로부터 리스트 a에 100개의 값을 입력받는다.

```
a = [None] * 100

for i in range(100):
    a[i] = float(input())
```

다음 예제는 리스트 a의 모든 요소 각각에 2를 곱한다.

```
a = [80, 65, 60, 72, 30, 40]
for i in range(6):
    a[i] = a[i] * 2
```

두 번째 방법

두 번째 방법은 첫 번째 방법에 비해 간단하지만, 유연하게 적용하기는 힘들다. 다음에서 볼 수 있듯이 사용하면 안 되는 사례들이 있기 때문이다. 일반 형태로 표현하면 다음과 같다.

```
for var in list_name:
    process var
```

여기서, process는 매 반복마다 리스트의 요소 하나를 처리하는 명령문 블록을 나타난다. 다음 파이썬 프로그램은 매 반복마다 하나의 요소를 출력함으로써 결국 리스트 grades의 모든 요소를 출력한다.

```
grades = ["B+", "A+", "A", "C-"]

for element in grades:
    print(element, "\t")
```

불행하게도 두 번째 방법은 리스트 요소의 값을 수정하는 데 사용할 수는 없다. 예를 들어, numbers 리스트의 모든 요소에 2를 곱해야 할 경우, 다음과 같은 두 번째 방법으로는 해결하기가 힘들다.

```
numbers = [5, 10, 3, 2]

for number in numbers:
    number *= 2
```

예제 31.4-1 역순으로 단어 출력하기

사용자로부터 10개 단어를 입력받고, 이들을 역순으로 출력하는 파이썬 프로그램을 작성하여라.

풀이

리스트를 사용하지 않고 해결하고 싶으면 다음과 같이 변수 열 개를 사용해야 한다.

```
# 입력
word1 = input()
word2 = input()
word3 = input()
...
word10 = input()

# 출력
print(word10)
print(word9)
print(word8)
...
print(word1)
```

이런 유형의 프로그래밍 방식에 만족한다면 위 코드만으로도 충분하지만, 단어 열 개 대신, 1,000개의 단어를 입력받는다면 어떨까? 이와 같이 입력 요소가 많을 때 리스트를 사용하면 보다 쉽고 편리하게 프로그래밍할 수 있다. 다음은 리스트를 사용한 파이썬 프로그램이다.

file_31_4_1a

```
words = [None] * 10
for i in range(10):
    words[i] = input()

for i in range(9, -1, -1):
    print(words[i])
```

기억할 것!   리스트 요소의 인덱스는 0부터 시작하기 때문에 마지막 요소의 인덱스는 리스트에 포함된 모든 요소의 개수보다 1만큼 작다.

주목할 것! 예제에서 특별히 리스트를 사용하라는 지시가 없는 경우에도 리스트가 필요하다고 생각될 경우, 자유롭게 사용하면 된다.

파이썬에서는 다음과 같이 슬라이싱(slicing) 기법을 사용하여 step 값을 1씩 감소시킴으로써 리스트 요소들을 역순으로 반복 처리할 수 있다.

file_31_4_1b

```
words = [None] * 10
for i in range(10):
    words[i] = input()

for word in words[::-1]:
    print(word)
```

예제 31.4-2 **역순으로 양수 출력하기**

사용자로부터 10개의 숫자를 입력받고, 이들 숫자 중에 양수만을 역순으로 출력하는 파이썬 프로그램을 작성하여라.

풀이

사용자로부터 입력받은 모든 값을 리스트에 저장해야 한다. 그리고 리스트 요소를 출력하는 for-루프 내부에 중첩 제어 구조가 있어야 하며, 중첩 제어 구조는 각 요소가 양수인지를 검사하고 양수인 경우, 이를 출력한다. 파이썬 프로그램은 다음과 같다.

file_31_4_2

```
ELEMENTS = 10

values = [None] * ELEMENTS

for i in range(ELEMENTS):
    values[i] = float(input())
for value in values[::-1]:
    if value > 0:
        print(value)
```

기억할 것! 리스트 크기를 상수에 할당하여 사용하는 것이 좋다.

주목할 것! 리스트 요소의 인덱스는 0부터 시작하기 때문에 마지막 요소의 인덱스는 해당 리스트의 모든 요소의 개수보다 1만큼 작다.

예제 31.4-3 인덱스가 홀수인 위치에 있는 요소들 중 짝수만 출력하기

사용자로부터 100개의 정수를 입력받고, 홀수 인덱스를 가지는 요소들 중 짝수만을 출력하는 파이썬 프로그램을 작성하여라.

풀이

다음 프로그램은 여러 해결 방안 중 하나다.

file_31_4_3a
```
ELEMENTS = 100
values = [None] * ELEMENTS

for i in range(ELEMENTS):
    values[i] = int(input())

for i in range(ELEMENTS):
    if i % 2 != 0 and values[i] % 2 == 0:
        print(values[i])
```

위 프로그램을 개선해 보자. 우선, 홀수 인덱스를 가지는 요소들을 검사해야 한다. 그러므로 0부터 step 값으로 1씩 더해 가는 것 대신, 1부터 step 값으로 2씩 더해 가는 방식으로 for-루프를 활용하여 리스트의 요소들을 출력해야 한다. 이 경우, 반복 횟수가 절반으로 줄어든다. 수정된 파이썬 프로그램은 다음과 같다.

file_31_4_3b
```
ELEMENTS = 100

values = [None] * ELEMENTS

for i in range(ELEMENTS):
    values[i] = int(input())

for i in range(1, ELEMENTS, 2):
    if values[i] % 2 == 0:
        print(values[i])
```

좀 더 파이썬다운 방식으로 슬라이싱 기법을 사용한 파이썬 프로그램은 다음과 같다.

file_31_4_3c
```
ELEMENTS = 100
```

```
values = [None] * ELEMENTS

for i in range(ELEMENTS):
    values[i] = int(input())

for value in values[1::2]:
    if value % 2 == 0:
        print(value)
```

예제 31.4-4 **합 구하기**

사용자로부터 리스트에 50개의 숫자를 입력받고, 이들 숫자의 합을 출력하는 파이썬 프로그램을 작성하여라.

풀이

파이썬 프로그램은 다음과 같다.

file_31_4_4a

```
ELEMENTS = 50

values = [None] * ELEMENTS
for i in range(ELEMENTS):
    values[i] = float(input())

total = 0
for i in range(ELEMENTS):
    total = total + values[i]

print(total)
```

for-루프 하나만으로 문제를 해결하고 싶다면, 파이썬 프로그램을 다음과 같이 작성할 수 있다.

file_31_4_4b

```
ELEMENTS = 50

values = [None] * ELEMENTS

total = 0
for i in range(ELEMENTS):
    values[i] = float(input())
    total = total + values[i]

print(total)
```

명확하게 정리해 보자. 하나의 반복 구조 내부에 많은 프로세스가 수행되도록 할 수 있지만, 각 프로세스를 개별적인 반복 구조로 처리하는 것이 훨씬 간편하다. 이런 방법이 효율적이지 않을 수는 있지만, 초보 프로그래머는 이 방법을 사용하는 편이 낫다. 앞으로 여러분이 파이썬 프로그래밍의 경험을 충분히 쌓는다면 여러 프로세스를 하나의 반복 구조로 처리하는 방식을 더 선호할 것이다. 이제 fsum() 메서드를 사용한 파이썬다운 방식을 살펴보자.

file_31_4_4c

```python
import math
ELEMENTS = 50

values = [None] * ELEMENTS
for i in range(ELEMENTS):
    values[i] = float(input())

total = math.fsum(values)

print(total)
```

31.5 복습문제: 참/거짓

다음 문제를 읽고 **참** 또는 **거짓**으로 답하여라.

1. 다음 명령문은 문법적인 문제를 가지고 있다.

    ```python
    student names = [None] * 10
    ```

2. 파이썬 프로그램에서 두 개의 리스트는 같은 이름을 가질 수 없다.

3. 파이썬 프로그램에서 두 개의 리스트는 같은 개수의 요소를 가질 수 없다.

4. 리스트 인덱스로 변수를 사용할 수 없다.

5. 리스트 인덱스로 수학 표현식을 사용할 수 있다.

6. 리스트 인덱스로 변수를 사용하면, 변수는 정숫값을 가져야만 한다.

7. 20개 숫자의 합을 계산하기 위해서는 반드시 리스트를 사용해야 한다.

8. a[k] = input() 명령문을 통해 리스트 a에 값을 입력할 수 있다.

9. 다음 명령문은 두 개의 요소를 가지는 1차원 리스트를 생성한다.

    ```python
    names = [None] * 3
    ```

10. 다음 코드는 리스트의 일곱 번째 인덱스에 위치한 값에 10을 더한다.

```
values[5] = 7
values[values[5]] = 10
```

11. 다음 코드는 리스트의 세 번째 인덱스에 "호동"이라는 이름을 추가한다.

```
names = [None] * 3
names[2] = "철수"
names[1] = "영희"
names[0] = "호동"
```

12. 다음 명령문은 리스트의 두 번째 인덱스에 "호동"이라는 이름을 추가한다.

```
names = ["철수", "영희", "호동"]
```

13. 다음 코드는 화면에 "호동"을 출력한다.

```
names = [None] * 3
k = 0
names[k] = "철수"
k += 1
names[k] = "영희"
k += 1
names[k] = "호동"
k -= 1
print(names[k])
```

14. 다음 코드는 문법적으로 옳다.

```
names = [None] * 3
names[0] = "철수"
names[1] = "영희"
names[2] = "호동"
print(names[])
```

15. 다음 코드는 화면에 "호순"을 출력한다.

```
names = ["철수", "영희", "호동", "호순"]
print(names[int(math.pi)])
```

16. 다음 코드는 명확성을 만족한다.

```
grades = ["B+", "A+", "A"]
print(grades[3])
```

17. 다음 코드는 명확성을 만족한다.

```
values = [1, 3, 2, 9]
print(values[values[values[0]]])
```

18. 다음 코드는 화면에 1을 출력한다.

```
values = [1, 3, 2, 0]
print(values[values[values[values[0]]]])
```

19. 다음 코드는 리스트의 모든 요소를 출력한다.

```
names = ["철수", "영희", "호동", "호순"]
for i in range(1, 5):
    print(names[i])
```

20. 다음 코드는 명확성을 만족한다.

```
names = ["철수", "영희", "호동", "호순"]
for i in range(2, 5):
    print(names[i])
```

21. 다음 코드는 사용자로부터 리스트 a에 값 100개를 입력받는다.

```
for i in range(100):
    a[i] = input()
```

22. 30개의 요소를 가지고 있는 리스트 a가 있다고 하자. 다음 코드는 리스트의 모든 요소의 값을 두 배로 만든다.

```
for i in range(29, -1, -1):
    a[i] = a[i] * 2
```

23. 30개의 요소를 가지고 있는 리스트 a가 있다고 하자. 다음 코드는 리스트의 모든 요소를 출력한다.

```
for element in a[0:29]:
    print(element)
```

31.6 복습문제: 객관식

다음 문제에서 옳은 것을 모두 골라라.

1. 다음 명령문에 대한 설명으로 옳은 것은?

```
last names = [None] * 5
```

a. 논리적 오류가 있다.

b. 문법적 오류가 있다.

c. 두 개의 문법 오류를 가지고 있다.

d. 세 개의 문법 오류를 가지고 있다.

2. 다음 코드에 대한 설명으로 옳은 것은?

```
x = 5
names[x / 2] = 10
```

a. 명확성을 만족하지 않는다.

b. 유한성을 만족하지 않는다.

c. 효과성을 만족하지 않는다.

d. 위 모두 옳지 않다.

3. 변수 x가 4 값을 가지고 있다. 다음 명령문에 대한 설명으로 옳은 것은?

```
names[x + 1] = 5
```

a. 인덱스 위치 4에 5를 할당한다.

b. 인덱스 위치 5에 4를 할당한다.

c. 인덱스 위치 5에 5를 할당한다.

d. 위 모두 옳지 않다.

4. 다음 명령문에 대한 설명으로 옳은 것은?

```
names = [5, 6, 9, 1, 1, 1]
```

a. 인덱스 위치 1에 5를 할당한다.

b. 인덱스 위치 0에 5를 할당한다.

c. 명확성을 만족하지 않는다.

d. 위 모두 옳지 않다.

5. 다음 코드에 대한 설명으로 옳은 것은?

```
values[0] = 1
values[values[0]] = 2
values[values[1]] = 3
values[values[2]] = 4
```

a. 인덱스 위치 3에 4를 할당한다.

b. 인덱스 위치 2에 3을 할당한다.

c. 인덱스 위치 1에 2를 할당한다.

d. a, b, c 모두 옳다.

e. a, b, c 모두 옳지 않다.

6. 리스트 values는 숫자들을 포함하고 있다. 다음 명령문에 대한 설명으로 옳은 것은?

```
print(values[values[1] - values[1 % 2]] - values[int(1/2)])
```

   a. 명확성을 만족하지 않는다.

   b. 항상 0을 출력한다.

   c. 항상 1을 출력한다.

   d. 위 모두 옳지 않다.

7. for-루프를 통해 1차원 배열로 반복 처리할 경우, 다음 설명 중 옳은 것은?

   a. 카운터로 변수 i를 사용한다.

   b. 카운터로 변수 j를 사용한다.

   c. 카운터로 변수 k를 사용한다.

   d. 어떤 변수도 카운터가 될 수 있다.

8. 다음 코드에 대한 설명으로 옳은 것은?

```
names = ["영희", "철수", "호동", "호순"]
for i in range(3, 0, -1):
    print(names[i])
```

   a. 모든 이름이 오름차순으로 출력된다.

   b. 몇 개의 이름이 오름차순으로 출력된다.

   c. 모든 이름이 내림차순으로 출력된다.

   d. 몇 개의 이름이 내림차순으로 출력된다.

   e. 위 모두 옳지 않다.

9. 30개의 요소를 가지고 있는 리스트 a가 있다고 하자. 다음 코드에 대한 설명으로 옳은 것은?

```
for i in range(29, 0, -1):
    a[i] = a[i] * 2
```

   a. a의 요소들 중 일부를 두 배로 만든다.

   b. a의 요소들 전부를 두 배로 만든다.

   c. 위 모두 옳지 않다.

31.7 프로그래밍 연습문제

다음 프로그래밍 연습문제를 완성하여라.

1. 다음 코드에 대한 추적표를 만들어라.

```
a = [None] * 3
a[2] = 1
x = 0
a[x + a[2]] = 4
a[x] = a[x + 1] * 4
```

2. 다음 코드에 대한 추적표를 만들어라.

```
a = [None] * 5
a[1] = 5
x = 0
a[x] = 4
a[a[0]] = a[x + 1] % 3
a[a[0] / 2] = 10
x += 2
a[x + 1] = a[x] + 9
```

3. 서로 다른 세 개의 입력값에 대해 다음 코드를 실행했을 때의 추적표를 각각 만들어라.
   각 실행 시 입력값은 다음과 같다. (i) 3, (ii) 4, (iii) 1

```
a = [None] * 4
a[1] = int(input())

x = 0
a[x] = 3
a[a[0]] = a[x + 1] % 2
a[a[0] % 2] = 10
x += 1
a[x + 1] = a[x] + 9
```

4. 서로 다른 세 개의 입력값에 대해 다음 코드를 실행했을 때의 추적표를 각각 만들어라. 각 실행 시 입력값은 다음과 같다. (i) 100, (ii) 108, (iii) 1

```
a = [None] * 4
a[1] = int(input())
x = 0
a[x] = 3
a[a[0]] = a[x + 1] % 10
if a[3] > 5:
    a[a[0] % 2] = 9
    x += 1
    a[x + 1] = a[x] + 9
else:
    a[2] = 3
```

5. 다음 추적표의 빈칸을 채워라. 6단계와 7단계의 빈칸에는 변수 이름을 채우고, 다른 빈칸에는 상숫값, 산술 연산자, 비교 연산자를 채워라.

단계	명령문	x	y	a[0]	a[1]	a[2]
1	a = [None] * 3	–	–	–	–	–
2	x = ...	4	–	–	–	–
3	y = x -	4	3	–	–	–

4, 5	if x ...... y :
	    a[0] = ...
	else
	    a[0] = y
		4	3	1	–	–

6	a[1] = ... + 3	4	3	1	7	–
7	y = ... - 1	4	2	1	7	–
8	a[y] = (x + 5) 2	4	2	1	7	1

6. 다음 코드에 대한 추적표를 만들어라.

```
a = [17, 12, 45, 12, 12, 49]

for i in range(6):
    if a[i] == 12:
        a[i] -= 1
    else:
        a[i] += 1
```

7. 다음 코드에 대한 추적표를 만들어라.

```
a = [10, 15, 12, 23, 22, 19]

for i in range(1, 5):
    a[i] = a[i + 1] + a[i - 1]
```

8. 사용자로부터 100개의 숫자를 리스트에 입력받고, 각 숫자를 세제곱하여 출력하는 파이썬 프로그램을 작성하여라.

9. 사용자로부터 80개의 숫자를 리스트에 입력받고, 각 숫자를 제곱하여 역순으로 출력하는 파이썬 프로그램을 작성하여라.

10. 사용자로부터 90개의 정수를 리스트에 입력받고, 5로 정확히 나눠지는 정수만을 역순으로 출력하는 파이썬 프로그램을 작성하여라.

11. 사용자로부터 50개의 정수를 리스트에 입력받고, 짝수나 10보다 큰 수들을 출력하는 파이썬 프로그램을 작성하여라.

12. 사용자로부터 30개의 숫자를 리스트에 입력받아 양수들의 합을 계산하고 출력하는 파이썬 프로그램을 작성하여라.

13. 사용자로부터 50개의 정수를 리스트에 입력받아 두 자릿수 정수들의 합을 계산하고 출력하는 파이썬 프로그램을 작성하여라.

힌트: 두 자릿수 정수는 10에서 99 사이의 모든 정수다.

14. 사용자로부터 40개의 숫자를 리스트에 입력받아 양수의 합과 음수의 합을 각각 계산하여 출력하는 파이썬 프로그램을 작성하여라.

15. 사용자로부터 20개의 숫자를 리스트에 입력받아 이들 숫자의 평균을 계산하고 출력하는 파이썬 프로그램을 작성하여라.

16. 사용자로부터 50개의 단어를 입력받고, 10개 이상의 문자를 가지는 단어를 출력해 주는 파이썬 프로그램을 작성하여라.

힌트: len( ) 함수를 사용하여라.

17. 사용자로부터 40개의 단어를 입력받고, 이들 단어 중에 'w'가 최소 두 번 이상 나오는 단어를 출력해 주는 파이썬 프로그램을 작성하여라.

2차원 리스트

32.1 2차원 리스트 만들기

세 명의 학생마다 네 개의 교과목에 대한 성적을 나타내는 리스트는 다음과 같다.

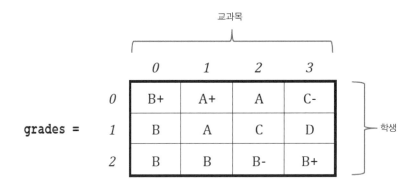

> (●))) **주목할 것!**   2차원 리스트는 행과 열을 가진다. 위 예제에서 리스트 grades는 3행, 4열을 가지고 있다.

실제로 파이썬은 1차원 리스트만 지원하지만 리스트의 리스트를 만드는 방법을 통해 다차원 리스트를 만들 수 있다. 다음 그림처럼 리스트 grades는 하나의 행으로 구성된 리스트가 위치별로 세 개 존재하고, 각 리스트는 다시 네 개의 요소로 구성된 것으로 생각할 수 있다.

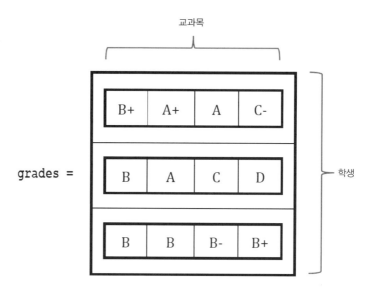

 주목할 것! 파이썬에서 2차원 리스트는 '리스트의 리스트', 3차원 리스트는 '리스트의 리스트의 리스트'라고 볼 수 있다.

 기억할 것! 파이썬 변수에 이름을 할당할 때 지켜야 할 규칙을 5부에서 배웠다. 파이썬 리스트에 이름을 할 당할 때에도 동일한 규칙이 적용된다.

2차원 리스트에 요소를 생성하거나 값을 할당하는 데에는 총 네 가지 방법이 있다. 리스트 grades에 각각의 방법을 적용해 보자.

첫 번째 방법

다음 명령문을 사용하여 2차원 리스트를 만들 수 있다.

```
list_name = [None] * number_of_rows
```

number_of_rows에는 어떠한 자연수도 들어갈 수 있고, 다음과 같은 일반 형태의 명령문을 사용하여 특정 위치마다 새로운 리스트를 추가할 수도 있다.

```
list_name[index] = [value0, value1, value2, ..., valueM]
```

여기서 index는 리스트의 인덱스 위치를 의미한다. 다음 코드는 리스트 grades를 만들고, 해당 리스트에 값을 추가한다.

```
grades = [None] * 3
grades[0] = ["B+", "A+", "A", "C-"]
grades[1] = ["B", "A", "C", "D"]
grades[2] = ["B", "B", "B-", "B+"]
```

두 번째 방법

다음과 같은 일반 형태의 코드를 사용하여 빈 리스트를 만들거나 인덱스를 사용하지 않고 리스트의 위치마다 새로운 리스트를 추가할 수 있다.

```
list_name = []
list_name.append([value0-0, value0-1, value0-2, ..., value0-M])
list_name.append([value1-0, value1-1, value1-2, ..., value1-M])
list_name.append([value2-0, value2-1, value2-2, ..., value2-M])
...
list_name.append([valueN-0, valueN-1, valueN-2, ..., valueN-M])
```

다음 코드는 리스트 grades를 만들고, 해당 리스트에 값을 추가한다.

```
grades = []
grades.append(["B+", "A+", "A", "C-"])
grades.append(["B", "A", "C", "D"])
grades.append(["B", "B", "B-", "B+"])
```

◁))) 주목할 것!   두 번째 방법에서 리스트 인덱스는 기본적으로 0부터 시작한다.

세 번째 방법

리스트를 생성하고, 그 리스트에 값을 직접 추가하는 또 다른 방법은 다음과 같은 일반 형태의 명령문을 통해 수행된다.

```
list_name = [ [value0-0, value0-1, value0-2, ..., value0-M],   \
              [value1-0, value1-1, value1-2, ..., value1-M],   \
              [value2-0, value2-1, value2-2, ..., value2-M],   \
              ...                                              \
              [valueN-0, valueN-1, valueN-2, ..., valueN-M]    \
            ]
```

그러므로 다음 명령문을 통해 리스트 grades를 만들 수 있다.

```
grades = [ ["B+", "A+", "A", "C-"], \
           ["B", "A", "C", "D"],    \
           ["B", "B", "B-", "B+"]   \
         ]
```

파이썬에서는 긴 문장을 여러 줄로 나눌 때 백슬래시(\)를 사용한다는 점을 상기하자. 그래서 이전 예제를 다음과 같이 작성할 수도 있다.

```
grades = [["B+", "A+", "A", "C-"],["B", "A", "C", "D"],["B", "B", "B-", "B+"]]
```

네 번째 방법

마지막 방법도 앞서 언급했던 방법들과 마찬가지로 중요하다. 이 방법은 다음과 같은 일반 형태의 명령문을 통해 2차원 리스트를 생성한다.

```
list_name = [ [None] * number_of_columns for i in range(number_of_rows) ]
```

number_of_rows와 number_of_columns에는 어떠한 자연수도 올 수 있다. 이후에 다음과 같은 일반 형태의 명령문을 사용하여 리스트에 값을 추가할 수 있다.

```
list_name[row_index][column_index] = value
```

row_index와 column_index는 리스트 요소의 행 인덱스와 열 인덱스를 각각 의미한다. 다음 코드는 리스트 grades를 생성하고, 값을 리스트에 추가한다.

```
grades = [ [None] * 4 for i in range(3) ]

grades[0][0] = "B+"
grades[0][1] = "A+"
grades[0][2] = "A"
grades[0][3] = "C-"
grades[1][0] = "B"
grades[1][1] = "A"
grades[1][2] = "C"
grades[1][3] = "D"
grades[2][0] = "B"
grades[2][1] = "B"
grades[2][2] = "B-"
grades[2][3] = "B+"
```

32.2 2차원 리스트로부터 값 가져오기

2차원 리스트는 행과 열로 구성되어 있다. 다음 예제는 3행, 4열로 구성된 2차원 리스트를 보여 준다.

2차원 리스트에서 각 요소는 다음과 같이 행 인덱스와 열 인덱스의 순서쌍을 사용하여 고유하게 식별된다.

```
list_name[row_index][column_index]
```

다음 파이썬 프로그램은 3행, 4열을 가지는 리스트 grades를 만들고, 그 리스트의 일부 요소를 출력한다.

```
grades = [ ["B+", "A+", "A", "C-"], \
           ["B", "A", "C", "D"],    \
           ["B", "B", "B-", "B+"]   \
         ]

print(grades[1][2])                 # C를 출력함
print(grades[2][2])                 # B-를 출력함
print(grades[0][0])                 # B+를 출력함
```

예제 32.2-1 추적표 만들기

다음 코드에 대한 추적표를 만들어라.

```
a = [ [0, 0], \
      [0, 0], \
      [0, 0]  \
    ]

a[1][0] = 9
a[0][1] = 1
a[0][0] = a[0][1] + 6
x = 2
a[x][1] = a[0][0] + 4
a[x - 1][1] = a[0][1] * 3
a[x][0] = a[x - 1][1] - 3
```

풀이

이 코드는 3 × 2 형태(3행, 2열)를 가지는 리스트를 사용하며, 추적표는 다음과 같다.

단계	명령문	설명	x	a	

1	a = [[0, 0], \
	       [0, 0], \
	       [0, 0] \
	     ]
		0 값을 가진 리스트 a를 생성	–	0 0
				 0 0
				 0 0	

2	a[1][0] = 9		–	0 0 9 0 0 0	
3	a[0][1] = 1		–	0 1 9 0 0 0	
4	a[0][0] = a[0][1] + 6		–	7 1 9 0 0 0	
5	x = 2		2	7 1 9 0 0 0	
6	a[x][1] = a[0][0] + 4		2	7 1 9 0 0 11	
7	a[x - 1][1] = a[0][1] * 3		2	7 1 9 3 0 11	
8	a[x][0] = a[x - 1][1] - 3		2	7 1 9 3 0 11	

32.3 2차원 리스트에 사용자 입력값 추가하기

1차원 리스트와 마찬가지로 키보드로부터 입력받은 값을 읽어 변수에 할당하는 대신, 리스트의 특정 위치에 직접 값을 할당할 수도 있다. 다음 코드는 2차원 리스트 test를 생성하고 사용자로부터 네 개의 값을 입력받아 리스트에 저장한다.

```
test = [ [None] * 2 for i in range(2) ]

test[0][0] = int(input())
test[0][1] = int(input())
test[1][0] = int(input())
test[1][1] = int(input())
```

32.4 2차원 리스트에 반복 처리 사용하기

2차원 리스트는 행과 열로 구성되어 있기 때문에 프로그램 입장에서 행 혹은 열을 사용해 반복 처리를 수행할 수 있다.

행에 따라 반복하기

행에 따라 반복 처리를 한다는 뜻은 인덱스 위치가 0인 행부터 처리를 시작해 그 다음엔 인덱스 위치가 1인 행을 처리하는 방식으로 순차적으로 처리한다는 것을 의미한다. 다음 그림은 3 × 4 크기의 리스트를 보여 준다. 이 그림은 리스트가 행에 따라 반복 처리할 경우에 리스트 요소들이 처리되는 순서를 화살표로 도식화하여 보여 준다.

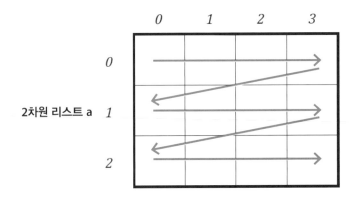

 기억할 것! 3 × 4 크기의 2차원 리스트는 3행, 4열을 가진다. Y × X에서 Y는 리스트에서 전체 행의 개수, X는 전체 열의 개수를 의미한다.

행에 따라 반복할 때 리스트의 요소들은 다음과 같이 처리된다.

- 0번째 행에 위치한 요소들의 처리 순서

  a[0][0] → a[0][1] → a[0][2] → a[0][3]

- 1번째 행에 위치한 요소들의 처리 순서

  a[1][0] → a[1][1] → a[1][2] → a[1][3]

- 2번째 행에 위치한 요소들의 처리 순서

  a[2][0] → a[2][1] → a[2][2] → a[2][3]

파이썬 명령문을 사용하여 3 × 4 크기 리스트의 모든 요소에 대해 행에 따라 반복 처리를 수행해 보자.

```
i = 0                          # 변수 i는 0행을 참조함
for j in range(4):             # 이 루프 제어 구조는 0행의 모든 요소를
    process a[i][j]            # 처리함

i = 1                          # 변수 i는 1행을 참조함
for j in range(4):             # 이 루프 제어 구조는 1행의 모든 요소를
    process a[i][j]            # 처리함

i = 2                          # 변수 i는 2행을 참조함
for j in range(4):             # 이 루프 제어 구조는 2행의 모든 요소를
    process a[i][j]            # 처리함
```

물론, 다음과 같은 중첩 루프 제어 구조를 사용해도 동일한 결과를 얻을 수 있다.

```
for i in range(3):
    for j in range(4):
        process a[i][j]
```

몇 개의 예제를 살펴보자. 다음 코드는 사용자로부터 리스트 a에 10 × 10 = 100개의 값을 입력받는 예제다.

```
for i in range(10):
    for j in range(10):
        a[i][j] = input()
```

다음 코드는 리스트 a의 모든 값들을 1만큼 감소시킨다.

```
for i in range(10):
    for j in range(10):
        a[i][j] -= 1
```

다음 코드는 리스트 a의 모든 요소를 출력한다.

```
for i in range(10):
    for j in range(10):
        print(a[i][j], end = "\t")
    print()
```

 주목할 것! 위 코드에서 print( ) 명령문은 행을 바꿔 출력하기 위해 사용하였다.

간단하지만 이전 방법에 비해, 다소 유연성이 떨어지는 다른 방법도 있다. 이 방법은 다음과 같은 일반 형태의 코드를 가지며, 사용할 수 없는 경우도 있다.

```
for row in list_name:
    for var in row:
        process var
```

여기서 process는 하나의 반복마다 리스트 요소들을 처리할 수 있는 파이썬 명령문을 의미한다. 다음 파이썬 프로그램은 하나의 반복마다 한 개의 요소를 출력하는 방식으로, 리스트 a의 모든 요소를 출력한다.

```
for row in a:
    for element in row:
        print(element, end = "\t")
    print()
```

그러나 위와 같은 방법으로는 리스트 요소들의 값들을 수정할 수 없다. 예를 들어, 다음과 같은 방식으로는 리스트 numbers의 모든 요소에 두 배만큼 곱할 수 없다.

```
numbers = [ [5, 10, 3, 2], [2, 4, 1, 6] ]

for row in numbers:
    for element in row:
        element *= 2
```

열에 따라 반복하기

열에 따라 반복 처리를 한다는 뜻은 인덱스 위치가 0인 열부터 처리를 시작해서 그 다음엔 인덱스 위치가 1인 열을 처리하는 방식으로 순차적으로 처리함을 의미한다. 다음 그림은 3 × 4 크기의 리스트를 보여 준다. 이 그림은 리스트가 열에 따라 반복 처리할 경우에 리스트 요소들이 처리되는 순서를 화살표로 도식화하여 보여 준다.

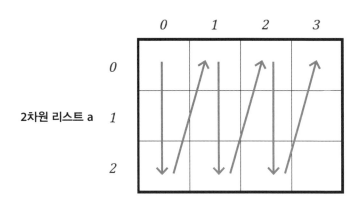

열에 따라 반복할 때 리스트의 요소들은 다음과 같이 처리된다.

- 0번째 열에 위치한 요소들의 처리 순서

$$a[0][0] \rightarrow a[1][0] \rightarrow a[2][0]$$

- 1번째 열에 위치한 요소들의 처리 순서

$$a[0][1] \rightarrow a[1][1] \rightarrow a[2][1]$$

- 2번째 열에 위치한 요소들의 처리 순서

$$a[0][2] \rightarrow a[1][2] \rightarrow a[2][2]$$

- 3번째 열에 위치한 요소들의 처리 순서

$$a[0][3] \rightarrow a[1][3] \rightarrow a[2][3]$$

파이썬 명령문을 사용하여 3 × 4 크기 리스트의 모든 요소에 대해 열에 따라 반복 처리를 수행해 보자.

```
j = 0                        # 변수 j는 0열을 참조함
for i in range(3):           # 이 루프 제어 구조는 0열의 모든 요소를
    process a[i][j]          # 처리함

j = 1                        # 변수 j는 1 열을 참조함
for i in range(3):           # 이 루프 제어 구조는 1행의 모든 요소를
    process a[i][j]          # 처리함

j = 2                        # 변수 j는 2열을 참조함
for i in range(3):           # 이 루프 제어 구조는 2열의 모든 요소를
    process a[i][j]          # 처리함

j = 3                        # 변수 j는 3열을 참조함
for i in range(3):           # 이 루프 제어 구조는 3열의 모든 요소를
    process a[i][j]          # 처리함
```

물론, 다음과 같은 중첩 루프 제어 구조를 사용해도 같은 결과를 얻을 수 있다.

```
for j in range(4):
    for i in range(3):
        process a[i][j]
```

위 코드에서 볼 수 있듯이, 행에 따라 반복 처리하는 방법과 달리 위 코드는 반복문의 순서가 바뀌었다. 즉, 두 개의 for-루프가 서로 순서를 맞바꾸었다. 한편, process a[i][j] 명령문에서 인덱스 변수인 i와 j의 순서를 바꾸지 않도록 조심하자. 다음 코드를 수행하면 3 × 4 크기의 리스트(3행 × 4열)에 대해 열에 따라 반복 처리를 수행하지만, 명확성을 만족시키지 못한다. 왜 그런지 분석해 보자.

```
for j in range(4):
    for i in range(3):
        process a[j][i]
```

변수 j가 3이 될 때 문제가 발생한다. process a[j][i] 명령문은 인덱스가 3인 행(즉, 4번째 행)의 요소들을 처리하려고 시도하지만, 인덱스가 3인 행이 존재하지 않기 때문에 처리할 수가 없다. 절대로 헷갈리지 말자. 3 × 4 리스트에서 행 인덱스의 숫자는 0부터 시작하여 실제로는 인덱스가 0, 1, 2인 행만 존재한다.

예제 32.4-1 실제 존재하는 숫자들만 출력하기

사용자로부터 5 × 7 크기의 리스트에 숫자값들을 입력받은 후, 실숫값을 가지고 있는 위치의 인덱스들만 출력하는 파이썬 프로그램을 작성하여라.

풀이

2차원 리스트를 반복 처리하는 가장 보편적인 방법은 행에 따라 반복 처리하는 것이다. 파이썬 프로그램은 다음과 같다.

```
file_32_4_1
```
```
ROWS = 5
COLUMNS = 7

a = [ [None] * COLUMNS for i in range(ROWS) ]

for i in range(ROWS):
    for j in range(COLUMNS):
```

```
        print(i, ",", j, "의 요솟값을 입력하여라: ")
        a[i][j] = float(input())

for i in range(ROWS):
    for j in range(COLUMNS):
        if a[i][j] != int(a[i][j]):
            print(i, ",", j, "위치에서 실수가 발견되었습니다.")
```

예제 32.4-2 인덱스가 홀수인 열들만 출력하기

사용자로부터 5 × 7 크기의 리스트에 숫자값들을 입력받은 후, 인덱스가 홀수인 인덱스 열(즉,
1, 3, 5의 열)의 요소들을 출력하는 파이썬 프로그램을 작성하여라.

풀이

파이썬 프로그램은 다음과 같다.

file_32_4_2
```
ROWS = 5
COLUMNS = 7

a = [ [None] * COLUMNS for i in range(ROWS) ]

for i in range(ROWS):
    for j in range(COLUMNS):
        print(i, ",", j, "요솟값을 입력하여라: ")
        a[i][j] = float(input())

# 열을 따라 반복 처리
for j in range(1, COLUMNS, 2):                    # 1부터 시작하여 2만큼씩 증가
    for i in range(ROWS):
        print(a[i][j])
```

주목할 것!

이 책에서는 변수 i를 행 인덱스로, j를 열 인덱스로 사용한다. 물론, 행 인덱스로 row, r 등을 사용하거나
열 인덱스로 column, c 등을 사용할 수도 있다. 그러나 i와 j는 대다수의 프로그래머가 널리 사용하고 있
는 인덱스 이름이다. i와 j를 각각 행과 열의 인덱스로 계속 사용하는 것에 익숙해지면 2차원 리스트의 인
덱스에 해당 변수들을 사용하는 모든 알고리즘이나 프로그램을 보다 쉽게 이해할 수 있을 것이다.

32.5 변수 i와 j의 이야기

대다수의 프로그래머는 변수 i는 'index'를 의미하고 변수 j는 특별한 의미없이 단순히 i 다음에 위치한 알파벳이기 때문에 사용된다고 생각하고 있다. 일부 프로그래머들은 i는 'integer'를 의미한다고 생각한다. 아마도 변수 i는 둘의 중간 정도 의미를 가질 것이다.

수학자들은 i, j, k를 컴퓨터가 활용되기 훨씬 이전부터 정수로 지정하기 위해 사용했다. 이후 고급 컴퓨터 프로그래밍 언어 중 하나인 포트란(fortran)에서 기본으로 변수 i, j, k, l, m, n을 정수로 지정하기 위해 사용했다. 그래서 초창기 프로그래머들은 변수 i와 j를 사용하는 습관을 가지게 되었고, 현재 대부분의 컴퓨터 언어에도 통용되는 전통이 되었다.

32.6 정방 행렬

수학에서 정방 행렬(square matrix)은 행과 열의 개수가 같은 행렬을 의미한다. 정방 행렬에 관한 예제는 다음과 같다.

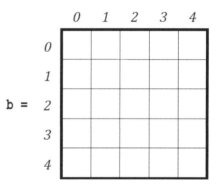

예제 32.6-1 대각선 요소들의 합 구하기

사용자로부터 10 × 10 크기의 리스트에 숫자값들을 입력받아 대각선 요소들의 합을 계산하는 파이썬 프로그램을 작성하여라.

풀이

수학에서 정방 행렬의 대각선은 왼쪽 맨 위의 요소부터 오른쪽 맨 아래로 이어지는 대각선에 해당하는 요소들의 집합을 의미한다. 다음 그림은 대각선을 검은색 배경으로 나타내어 강조한 정방 행렬을 보여 준다.

🔊 **주목할 것!**　정방 행렬의 대각선에 위치한 요소들은 행 인덱스와 열 인덱스가 동일하다는 점에 주목하자.

대각선의 요소들의 합은 두 가지 방법으로 계산할 수 있다.

첫 번째 방법 – 모든 요소에 대해 반복 처리하기

첫 번째 방법은 리스트의 모든 행이나 열에 따라 반복 처리를 하는 것이다. 그리고 반복 처리 도중 행과 열이 같은지를 검사하여 대각선 요소를 찾고, 그 값을 total에 누적시킨다. N × N 크기의 정방 행렬에서 행과 열의 개수는 같다. 그러므로 상수 N을 정의하고, 다음과 같이 문제를 해결할 수 있다.

file_32_6_1a

```
N = 10
a = [ [None] * N for i in range(N) ]

for i in range(N):
    for j in range(N):
        a[i][j] = float(input())

# total 계산
total = 0
for i in range(N):
    for j in range(N):
        if i == j:
            total = total + a[i][j]

print("총합:", total)
```

주목할 것! 위 프로그램은 리스트의 모든 행에 대해 반복하면서 각 요소의 행 인덱스와 열 인덱스가 동일한 지를 검사한다. 이와 반대로, 모든 열에 대해 반복하면서도 동일한 결과를 얻을 수 있다.

 주목할 것! 첫 번째 방법에서 대각선 요소들의 합을 계산하는 중첩 루프 제어 구조는 10 × 10 = 100회만 큼의 반복을 수행한다.

두 번째 방법 – 대각선에 대해 직접 반복 처리하기

두 번째 방법은 다음 예제와 같이 하나의 루프 제어 구조를 사용하여 대각선 요소들을 직접 반복 처리한다.

file_32_6_1b

```
N = 10
a = [ [None] * N for i in range(N) ]

for i in range(N):
    for j in range(N):
        a[i][j] = float(input())

# total 계산
total = 0
for k in range(N):
    total = total + a[k][k]

print("총합:", total)
```

 주목할 것! 이 방법은 대각선의 합을 계산하는 데 필요한 반복 횟수가 for-루프로 수행하는 경우, 단지 10회 밖에 되지 않기 때문에 첫 번째 방법에 비해 훨씬 효율적이다.

예제 32.6-2 역대각선 요소들의 합 구하기

사용자로부터 5 × 5 크기의 리스트에 숫자값을 입력받아 역대각선 요소들의 합을 계산하는 파이썬 프로그램을 작성하여라.

풀이

수학에서 정방 행렬의 역대각선은 오른쪽 맨 위부터 왼쪽 맨 아래로 이어지는 대각선에 해당하는 요소들의 집합을 의미한다. 다음 그림은 역대각선을 검은색 배경으로 나타내어 강조한 정방 행렬을 보여 준다.

N × N 크기의 리스트에서 역대각선에 해당하는 요소들은 항상 다음 방정식을 만족한다.

$$i + j = N - 1$$

여기서, 변수 i, j는 역대각선 요소의 행 인덱스와 열 인덱스를 의미한다. 위 방정식을 j에 대해 정리하면 다음과 같다.

$$j = N - i - 1$$

이 방정식을 사용하여 변수 i에 대해 대응하는 j 값을 계산할 수 있다. 예를 들어, 앞의 5 × 5 리스트에서 i가 0일 때, j의 값은 다음과 같이 계산할 수 있다.

$$j = N - i - 1 \Leftrightarrow j = 5 - 0 - 1 \Leftrightarrow j = 4$$

다음 표와 같이 변수 i에 대해 이에 해당하는 j 값을 계산할 수 있다.

변수 i의 값	변수 j의 계산값
0	4
1	3
2	2
3	1
4	0

지금까지 배웠던 내용을 종합하여 파이썬 프로그램을 작성해 보자.

file_32_6_2

```
N = 5
a = [ [None] * N for i in range(N) ]
```

```
for i in range(N):
    for j in range(N):
        a[i][j] = float(input())

# total 계산
total = 0
for i in range(N):
    j = N - i - 1
    total = total + a[i][j]

print("총합:", total)
```

🔊 주목할 것! 역대각선 요소들의 합을 구하는 for-루프는 역대각선에 대해 직접 반복 처리를 한다는 점에 주목하자.

예제 32.6-3 **리스트 채우기**

다음과 같은 리스트를 만들고 출력하는 파이썬 프로그램을 작성하여라.

		0	1	2	3	4
	0	-1	20	20	20	20
	1	10	-1	20	20	20
a =	2	10	10	-1	20	20
	3	10	10	10	-1	20
	4	10	10	10	10	-1

풀이

위 리스트의 대각선에 해당하는 모든 요소의 값이 –1인 것을 볼 수 있다. 또한, 이전 예제에서 정방 행렬의 대각선에 해당하는 요소들은 행과 열의 인덱스가 동일하다는 사실을 배웠다. 이 번 예제를 해결하려면 리스트에서 10 값을 가지는 요소들의 공통점과 20 값을 가지는 요소들의 공통점을 찾아내야 한다.

좀 더 면밀히 살펴보면, 10 값을 가지는 요소들은 행 인덱스가 열 인덱스보다 크고, 20 값을 가지는 요소들은 행 인덱스가 열 인덱스보다 작다는 것을 알 수 있다. 이러한 특징을 활용하여 다음과 같이 파이썬 프로그램을 작성할 수 있다.

file_32_6_3

```
N = 5
a = [ [None] * N for i in range(N) ]

for i in range(N):
    for j in range(N):
        if i == j:
            a[i][j] = -1
        elif i > j:
            a[i][j] = 10
        else:
            a[i][j] = 20

for i in range(N):
    for j in range(N):
        print(a[i][j], end = "\t")
    print()
```

32.7 복습문제: 참/거짓

다음 문제를 읽고 **참** 또는 **거짓**으로 답하여라.

1. 2차원 리스트의 모든 요소들은 서로 다른 값을 가져야 한다.

2. 2차원 리스트에서 특정 요소를 참조하려면 두 개의 인덱스가 필요하다.

3. 2차원 리스트에서 두 개의 인덱스는 모두 변수이거나 모두 상수이어야 한다.

4. 5 × 6 크기를 가지는 2차원 리스트는 5열, 6행을 가진다.

5. 리스트 a의 두 번째 행과 세 번째 열에 해당하는 요솟값을 참조하기 위해서는 a[2][3]을 사용해야 한다.

6. 행에 따라 반복 처리하는 것은 2차원 리스트의 첫 번째 행부터 처리하기 시작하여 다음 행들을 순차적으로 처리하는 것을 의미한다.

7. 2차원 리스트에서 반복 처리를 수행할 때 변수 i와 j를 제외한 다른 변수들은 사용할 수 없다.

8. 2차원 리스트를 만드는 파이썬 명령문은 다음과 같다.

```
names = [ [None] * 2 for i in range(6) ]
```

9. 다음 코드는 네 개 요소를 가지는 2차원 리스트를 생성한다.

```
names = [ [None] * 2 for i in range(2) ]
names[0][0] = "영희"
names[0][1] = "철수"
names[1][0] = "호동"
names[1][1] = "호순"
```

10. 다음 코드는 인덱스가 0인 행에 10 값을 추가한다.

```
values[0][0] = 7
values[0][values[0][0]] = 10
```

11. 다음 명령문은 인덱스가 1인 행에 "호동"이라는 이름을 추가한다.

```
names = [ ["철수", "영희"], ["호동", "호순"] ]
```

12. 다음 코드는 "호동"이라는 이름을 출력한다.

```
names = [ [None] * 2 for i in range(2) ]
k = 0
names[0][k] = "철수"
k += 1
names[0][k] = "영희"
names[1][k] = "호동"
k -= 1
names[1][k] = "호순"
print(names[1][1])
```

13. 다음 코드는 명확성을 만족한다.

```
grades = [ ["B+", "A+"], ["A", "C-"] ]
print(grades[2][2])
```

14. 다음 코드는 명확성을 만족한다.

```
values = [ [1, 0], [2, 0] ]
print(values[values[0][0]][values[0][1]])
```

15. 다음 코드는 화면에 숫자 2를 출력한다.

```
values = [ [0, 1], [2, 0] ]
print(values[values[0][1]][values[0][0]])
```

16. 다음 코드는 3 × 4 리스트의 모든 요소를 출력한다.

```
for k in range(12):
    i, j = divmod(k, 4)
    print(names[i][j])
```

17. 다음 코드는 사용자로부터 리스트 a에 값 100개를 입력받는다.

```
for i in range(10):
    for j in range(10):
        a[i][j] = input()
```

18. 다음 코드는 10 × 20 리스트 a의 모든 요소의 값을 두 배만큼 증가시킨다.

```
for i in range(9, -1, -1):
    for j in range(19, -1, -1):
        a[i][j] *= 2
```

19. 다음 코드는 10 × 20 리스트 a의 일부 요소들을 출력한다.

```
for i in range(0, 10, 2):
    for j in range(20):
        print(a[i][j])

for i in range(1, 10, 2):
    for j in range(20):
        print(a[i][j])
```

20. 다음 코드는 짝수 인덱스를 가지는 열들만 출력한다.

```
for j in range(0, 12, 2):
    for i in range(10):
        print(a[i][j])
```

21. 5 × 5 리스트는 정사각형 리스트다.

22. N × N 리스트에서 대각선의 모든 요소들은 행과 열의 인덱스가 서로 동일하다.

23. 수학에서 정방 행렬의 역대각선은 오른쪽 맨 위부터 왼쪽 맨 아래로 이어지는 대각선에 해당하는 요소들의 집합을 의미한다.

24. N × N 리스트에서 역대각선의 요소들은 방정식 $i + j = N - 1$을 만족한다. 이때 i와 j는 각 요소의 행과 열의 인덱스를 의미한다.

25. 다음 코드는 N × N 리스트에서 대각선에 해당하는 모든 요소의 합을 계산한다.

```
total = 0
for k in range(N):
    total += a[k][k]
```

26. 다음 코드는 N × N 리스트에서 역대각선에 해당하는 모든 요소를 출력한다.

```
for i in range(N - 1, -1, -1):
    print(a[i][N - i - 1])
```

27. N × N 리스트에서 대각선 아래에 있는 모든 요소의 열 인덱스는 항상 행 인덱스보다 크다.

32.8 복습문제: 객관식

다음 문제에서 옳은 것을 모두 골라라.

1. 다음 명령문에 대한 설명으로 옳은 것은?

```
last_names = [None] * 5 for i in range(4)
```

   a. 논리적인 오류를 가지고 있다.

   b. 문법적인 오류를 가지고 있다.

   c. 위 모두 옳지 않다.

2. 다음 코드에 대한 설명으로 옳은 것은?

```
values = [ [1, 0] [2, 0] ]
print(values[values[0][0], values[0][1]])
```

   a. 논리적인 오류를 가지고 있다.

   b. 문법적인 오류를 가지고 있다.

   c. 두 개의 문법적인 오류를 가지고 있다.

   d. 위 모두 옳지 않다.

3. 다음 코드에 대한 설명으로 옳은 것은?

```
x = input()
y = input()
names[x][y] = 10
```

   a. 유한성을 만족하지 않는다.

   b. 효과성을 만족하지 않는다.

   c. 명확성을 만족하지 않는다.

   d. 위 모두 옳지 않다.

4. 변수 x가 4일 때 다음 명령문에 대한 설명으로 옳은 것은?

```
names[x + 1][x] = 5
```

a. 5행 4열의 위치에 값 5가 할당된다.

b. 4행 5열의 위치에 값 5가 할당된다.

c. 5행 5열의 위치에 값 5가 할당된다.

d. 위 모두 옳지 않다.

5. 다음 명령문에 대한 설명으로 옳은 것은?

```
names = [ [3, 5, 2] ]
```

a. 0행 1열의 위치에 값 5가 할당된다.

b. 0행 0열의 위치에 값 3이 할당된다.

c. 0행 2열의 위치에 값 2가 할당된다.

d. a, b, c 모두 옳다.

e. a, b, c 모두 옳지 않다.

6. 다음 명령문에 대한 설명으로 옳은 것은?

```
values = [ [None] * 2 ]
```

a. 1 × 2 크기의 리스트를 만든다.

b. 2 × 1 크기의 리스트를 만든다.

c. 1차원 리스트를 만든다.

d. 위 모두 옳지 않다.

7. 2차원 리스트를 중첩 루프 제어 구조로 반복 처리를 할 때 다음 중 옳은 것은?

a. 변수 i, j를 카운터로 사용한다.

b. 변수 k, l을 카운터로 사용한다.

c. 변수 m, n을 카운터로 사용한다.

d. 카운터로 어떤 변수든지 사용할 수 있다.

8. 다음 코드에 대한 설명으로 옳은 것은?

```
names = [ ["철수", "영희"],              \
          ["호동", "호순"]              \
        ]
for j in range(2):
    for i in range(1, -1, -1):
        print(names[i][j])
```

a. 모든 이름을 내림차순으로 출력한다.

b. 몇 개의 이름을 내림차순으로 출력한다.

c. 모든 이름을 오름차순으로 출력한다.

d. 몇 개의 이름을 오름차순으로 출력한다.

e. 위 모두 옳지 않다.

9. 리스트 a가 30 × 40개의 요소들을 가질 때, 다음 코드에 대한 설명으로 옳은 것은?

```
for i in range(30, 0, -1):
    for j in range(40, 0, -1):
        a[i][j] *= 3
```

a. 몇 개의 요소를 3배만큼 곱한다.

b. 모든 요소를 3배만큼 곱한다.

c. 위 모두 옳지 않다.

10. 리스트 a가 30 × 40개의 요소들을 가질 때, 다음 코드에 대한 설명으로 옳은 것은?

```
total = 0
for i in range(29, -1, -1):
    for j in range(39, -1, -1):
        total += a[i][j]

average = total / 120
```

a. 모든 요소의 합을 계산한다.

b. 모든 요소의 평균을 계산한다.

c. 위 모두 옳지 않다.

11. 다음 두 코드는 N × N 리스트에서 대각선에 해당하는 요소들의 합을 각각 계산한다. 두 코드에 대한 설명으로 옳은 것은?

```
total = 0
for i in range(N):
    for j in range(N):
        if i == j:
            total += a[i][j]
```

```
total = 0
for k in range(N):
    total += a[k][k]
```

a. 첫 번째 코드가 더 효율적이다.

b. 두 번째 코드가 더 효율적이다.

c. 두 코드 모두 동등한 성능을 가진다.

32.9 프로그래밍 연습문제

다음 프로그래밍 연습문제를 완성하여라.

1. 다음 코드에 대한 추적표를 작성하여라.

```
a = [ [None] * 3 for i in range(2) ]
a[0][2] = 1
x = 0
a[0][x] = 9
a[0][x + a[0][2]] = 4
a[a[0][2]][2] = 19
a[a[0][2]][x + 1] = 13
a[a[0][2]][x] = 15
```

2. 다음 코드에 대한 추적표를 작성하여라.

```
a = [ [None] * 3 for i in range(2) ]
for i in range(2):
    for j in range(3):
        a[i][j] = (i + 1) * 5 + j
```

3. 다음 코드에 대한 추적표를 작성하여라.

```
a = [ [None] * 3 for i in range(3) ]
for j in range(3):
    for i in range(3):
        a[i][j] = (i + 1) * 2 + j * 4
```

4. 서로 다른 세 개의 입력값에 대해 다음 코드를 실행했을 때 리스트의 최종값을 추적표를 사용하지 않고 작성하여라. 각 실행마다 입력값은 다음과 같다. (i) 5, (ii) 9, (iii) 3

```
a = [ [None] * 3 for i in range(2) ]
x = input()
for i in range(2):
    for j in range(3):
        a[i][j] = (x + i) * j
```

5. 서로 다른 세 개의 입력값에 대해 다음 코드를 실행했을 때 리스트의 최종값을 추적표를 사용하지 않고 작성하여라. 각 실행마다 입력값은 다음과 같다. (i) 13, (ii) 10, (iii) 8

```
a = [ [None] * 3 for i in range(2) ]
x = input()
for i in range(2):
    for j in range(3):
        if j < x % 4:
            a[i][j] = (x + i) * j
        else:
            a[i][j] = (x + j) * i + 3
```

6. 다음 코드를 실행할 때 리스트의 최종 값을 추적표를 사용하지 않고 작성하여라.

```
a = [ [18, 10, 35],                    \
      [32, 12, 19]                     \
    ]

for j in range(3):
    for i in range(2):
        if a[i][j] < 13:
            a[i][j] /= 2
        elif a[i][j] < 20:
            a[i][j] += 1
        else:
            a[i][j] -= 4
```

7. 다음 코드를 실행할 때 리스트의 최종값을 추적표를 사용하지 않고 작성하여라.

```
a = [ [11, 10],                    \
      [15, 19],                    \
      [22, 15]                     \
    ]

for j in range(2):
    for i in range(3):
        if i == 2:
            a[i][j] += a[i - 1][j]
        else:
            a[i][j] += a[i + 1][j]
```

8. 리스트 a가 다음과 같을 때, 다음 코드 각각의 실행 결과를 작성하여라.

	0	1	2	3
0	-1	15	22	3
1	25	12	16	14
2	7	9	1	45
3	40	17	11	13

a =

i)
```python
for i in range(3):
    for j in range(3):
        print(a[i][j], end = " ")
```

ii)
```python
for i in range(2, -1, -1):
    for j in range(3):
        print(a[i][j], end = " ")
```

iii)
```python
for i in range(3):
    for j in range(2, -1, -1):
        print(a[i][j], end = " ")
```

iv)
```python
for i in range(2, -1, -1):
    for j in range(2, -1, -1):
        print(a[i][j], end = " ")
```

v)
```python
for j in range(3):
    for i in range(3):
        print(a[i][j], end = " ")
```

vi)
```python
for j in range(3):
    for i in range(2, -1, -1):
        print(a[i][j], end = " ")
```

vii)
```python
for j in range(2, -1, -1):
    for i in range(3):
        print(a[i][j], end = " ")
```

viii)
```python
for j in range(2, -1, -1):
    for i in range(2, -1, -1):
        print(a[i][j], end = " ")
```

9. 사용자로부터 10 × 15 리스트에 정숫값을 입력받은 후, 홀수의 값을 가지고 있는 요소의 인덱스를 출력하는 파이썬 프로그램을 작성하여라.

10. 사용자로부터 10 × 6 리스트에 숫자값을 입력받은 후, 인덱스가 짝수인 인덱스 열의 요소들을 출력하는 파이썬 프로그램을 작성하여라.

11. 사용자로부터 12 × 8 리스트에 숫자값을 입력받은 후, 짝수 열 인덱스와 홀수 행 인덱스를 가진 요소들의 합을 계산하고 출력하는 파이썬 프로그램을 작성하여라.

12. 사용자로부터 8 × 8 정사각형 리스트에 숫자값을 입력받은 후, 대각선에 있는 요소들의 평균값과 역대각선에 있는 요소들의 평균값을 각각 계산하는 파이썬 프로그램을 작성하여라. 동일한 루프 제어 구조를 사용하여 두 개의 평균값을 계산하여라.

13. 다음 리스트를 생성하고 출력하는 파이썬 프로그램을 작성하여라.

	0	1	2	3	4
0	11	11	11	11	5
1	11	11	11	5	88
a = 2	11	11	5	88	88
3	11	5	88	88	88
4	5	88	88	88	88

14. 다음 리스트를 생성하고 출력하는 파이썬 프로그램을 작성하여라.

	0	1	2	3	4
0	0	11	11	11	5
1	11	0	11	5	88
a = 2	11	11	0	88	88
3	11	5	88	0	88
4	5	88	88	88	0

15. 사용자로부터 5 × 4 리스트에 숫자값을 입력받은 후, 정수인 요소의 행 인덱스와 열 인덱스를 출력하는 파이썬 프로그램을 작성하여라.

16. 사용자로부터 10 × 4 리스트에 숫자값을 입력받은 후, 음수인 요소들의 총 개수를 출력하는 파이썬 프로그램을 작성하여라.

17. 사용자로부터 3 × 4 리스트에 단어를 입력받은 후, 단어 사이에 공백을 넣어 모든 단어를 출력하는 파이썬 프로그램을 작성하여라.

18. 사용자로부터 20 × 14 리스트에 단어를 입력받은 후, 다섯 개 이하의 문자로 구성된 단어만을 출력하는 파이썬 프로그램을 작성하여라.

힌트: len( ) 함수를 사용하여라.

19. 사용자로부터 20 × 14 리스트에 단어를 입력받고 다섯 개 이하의 문자로 구성된 단어들, 열 개 이하의 문자로 구성된 단어들, 20개 이하의 문자로 구성된 단어들을 각각 출력하는 파이썬 프로그램을 작성하여라. 단, 사용자는 20개 이하의 문자로 구성된 단어만을 입력한다고 가정한다.

힌트: 하나의 for-루프 내부에 세 개의 for-루프가 중첩된 구조를 사용하여 단어들을 출력하여라.

리스트에 대한 유용한 정보

33.1 들어가기

32장에서 순차, 결정, 루프 제어 구조를 이용하여 리스트를 다룰 수 있다는 점을 배웠다. 33장에서는 2차원 리스트에서 행이나 열에 따라 리스트를 처리하는 방법, 1차원 리스트를 활용하여 2차원 리스트를 만드는 방법, 이와 반대로 2차원 리스트를 활용하여 1차원 리스트를 만드는 방법, 그리고 파이썬만의 강력한 기능에 대해 학습한다.

33.2 행 단위로 처리하기

행 단위로 처리한다는 것은 각 행을 별도로 처리해서 추후에 행 단위로 처리된 결과(합계, 평균 등)를 별도로 활용한다는 것을 의미한다. 다음 4 × 5 크기의 리스트를 고려해 보자.

	0	1	2	3	4
0	2	3	5	2	9
1	9	8	3	14	12
2	5	2	15	20	9
3	7	8	3	5	6

각 행의 합을 계산해 보자. 각 행의 합을 구하는 데에는 크게 네 가지 방법이 있다.

첫 번째 방법 – 보조 리스트 만들기

첫 번째 방법은 행 단위로 합을 계산하고, 그 계산 결과를 행과 대응하는 보조 리스트의 해당 위치에 저장하는 것이다. 이 방법은 추후에 사용할 수 있는 새로운 리스트를 만들기 때문에 적응성이 높다. 다음 그림에서 오른쪽 리스트가 보조 리스트를 나타낸다.

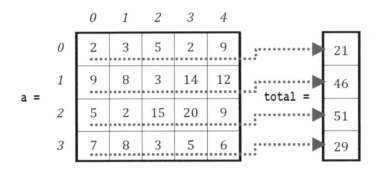

보조 리스트를 만들기 위한 코드를 작성해 보자. 처리 과정을 쉽게 이해하도록 '내부에서 외부로(from inner to outer)' 방식을 사용한다. 다음 코드는 첫 번째 행(행 인덱스가 0)의 합을 계산하고, 그 결괏값을 보조 리스트의 0번 위치에 저장한다. 이때 i는 0 값을 가진다고 가정한다.

```
s = 0
for j in range(COLUMNS):
    s += a[i][j]
total[i] = s
```

위 코드는 다음 코드와 동일하다.

```
total[i] = 0
for j in range(COLUMNS):
    total[i] += a[i][j]
```

이제 모든 행에 대해 반복 처리할 수 있도록 행 단위로 반복하는 for-루프 내부에 열 단위로 반복하는 for-루프를 중첩시킨다.

```
total = [None] * ROWS
for i in range(ROWS):
    total[i] = 0
    for j in range(COLUMNS):
        total[i] += a[i][j]
```

두 번째 방법 – 파이썬만의 강력한 기능을 이용하여 보조 리스트 만들기

두 번째 방법은 다음 코드와 같이 파이썬만의 강력한 기능을 이용하여 보조 리스트를 생성하는 것이다.

```python
total = []
for row in a:
    total.append(math.fsum(row))
```

세 번째 방법 – 해당 요소 찾아서 처리하기

세 번째 방법은 보조 리스트를 사용하지 않고 다음 코드와 같이 행 단위로 합을 계산하고 바로 처리하는 것이다.

```python
for i in range(ROWS):
    total = 0
    for j in range(COLUMNS):
        total += a[i][j]
    process total
```

위 코드의 process total은 무엇을 의미하는 것일까? 주어진 문제에 따라 다르겠지만, 아마도 합을 출력하거나, 행 단위로 평균을 계산하고 출력하거나, 복잡한 수식 계산 등이 올 수 있다. 다음 예제는 리스트 a에 대해 행 단위로 평균을 계산하고 출력한다.

```python
for i in range(ROWS):
    total = 0
    for j in range(COLUMNS):
        total += a[i][j]
    average = total / COLUMNS
    print(average)
```

네 번째 방법 – 파이썬만의 강력한 기능을 이용하여 요소 찾아 처리하기

네 번째 방법은 다음 코드와 같이 파이썬만의 강력한 기능을 활용하는 것이다.

```python
for row in a:
    total = math.fsum(row)
    process total
```

다음 예제에서는 리스트 a에 대해 행 단위로 평균을 계산하고 출력한다.

```python
for row in a:
    total = math.fsum(row)
    print(total / COLUMNS)
```

예제 33.2-1 **평균값 찾기**

열 개의 과목에 대해 성적을 받은 20명의 학생이 있다고 가정해 보자. 이때 모든 과목의 학생 성적을 입력받아 학생별 평균을 계산하고 89점보다 높은 점수를 출력하는 파이썬 프로그램을 작성하여라.

풀이

앞서 배운 네 가지 방법 모두를 활용해 보자.

첫 번째 방법 – 보조 리스트 만들기

첫 번째 방법은 행 단위로 평균을 계산하고, 그 결괏값을 보조 리스트에 저장한다. 프로그램 작성에 필요한 두 개의 리스트는 다음 그림과 같다.

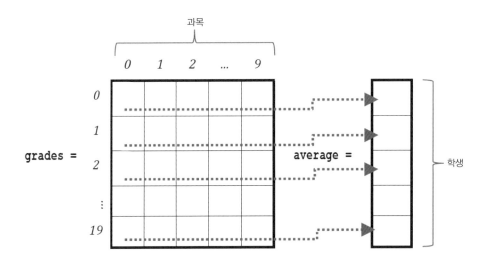

이 프로그램은 리스트 average를 만든 후, 평균이 89점보다 높은 점수를 찾아 출력한다. 파이썬 프로그램은 다음과 같다.

```
file_33_2_1a

STUDENTS = 20
LESSONS = 10

grades = [ [None] * LESSONS for i in range(STUDENTS) ]
```

```python
for i in range(STUDENTS):
    print("학생 번호:", (i + 1))
    for j in range(LESSONS):
        grades[i][j] = int(input(str(j + 1) + "번째 교과목의 점수를 입력하여라: "))

# average 리스트 생성
average = [None] * STUDENTS
for i in range(STUDENTS):
    average[i] = 0
    for j in range(LESSONS):
        average[i] += grades[i][j]
    average[i] /= LESSONS

# 89점보다 높은 점수 출력
for i in range(STUDENTS):
    if average[i] > 89:
        print(average[i])
```

두 번째 방법 – 파이썬만의 강력한 기능을 이용하여 보조 리스트 만들기

두 번째 방법은 다음과 같이 파이썬만의 강력한 기능을 이용하여 보조 리스트 average를 생성하는 것이다.

file_33_2_1b

```python
import math

STUDENTS = 20
LESSONS = 10

grades = [ [None] * LESSONS for i in range(STUDENTS) ]

for i in range(STUDENTS):
    print("학생 번호:", (i + 1))
    for j in range(LESSONS):
        grades[i][j] = int(input(str(j + 1) + "번째 교과목의 점수를 입력하여라: "))

# average 리스트 생성
average = []
for row in grades:
    average.append(math.fsum(row) / LESSONS)

# 89점보다 높은 점수 출력
for i in range(STUDENTS):
    if average[i] > 89:
        print(average[i])
```

세 번째 방법 – 해당 요소 찾아서 처리하기

세 번째 방법은 보조 리스트를 사용하지 않고 평균을 계산하고 89점보다 높은 점수를 바로 출력하는 것이다. 세 번째 방법을 사용한 프로그램은 다음과 같다.

file_33_2_1c

```
STUDENTS = 20
LESSONS = 10

grades = [ [None] * LESSONS for i in range(STUDENTS) ]

for i in range(STUDENTS):
    print("학생 번호:", (i + 1))
    for j in range(LESSONS):
        grades[i][j] = int(input(str(j + 1) + "번째 교과목의 점수를 입력하여라: "))

# 행 단위 평균을 계산한 후, 89점보다 높은 점수 직접 출력
for i in range(STUDENTS):
    average = 0
    for j in range(LESSONS):
        average += grades[i][j]
    average /= LESSONS
    if average > 89:
        print(average)
```

네 번째 방법 – 파이썬만의 강력한 기능을 이용하여 요소 찾아 처리하기

네 번째 방법은 파이썬의 내장함수를 사용하며, 보조 리스트를 사용하지 않는 방법이다.

file_33_2_1d

```
import math

STUDENTS = 20
LESSONS = 10

grades = [ [None] * LESSONS for i in range(STUDENTS) ]

for i in range(STUDENTS):
    print("학생 번호:", (i + 1))
    for j in range(LESSONS):
        grades[i][j] = int(input(str(j + 1) + "번째 교과목의 점수를 입력하여라: "))

# 파이썬만의 강력한 기능을 사용하여 행 단위 평균을 계산
for row in grades:
    average = math.fsum(row) / LESSONS
    if average > 89:
        print(average)
```

33.3 열 단위로 처리하기

열 단위로 처리한다는 것은 각 열을 별도로 처리해 추후에 열 단위로 처리된 결과(합계, 평균 등)를 별도로 활용한다는 것을 의미한다. 다음 4 × 5 크기의 리스트를 고려해 보자.

	0	*1*	*2*	*3*	*4*
0	2	3	5	2	9
1	9	8	3	14	12
2	5	2	15	20	9
3	7	8	3	5	6

열 단위로 합을 계산해 보자. 각 열의 합을 구하는 방법은 크게 두 가지 방법이 있다.

 주목할 것! 파이썬에서 리스트의 모든 열을 가져오는 것은 쉽지 않다. 그렇기 때문에 열 단위로 처리하는 데에는 두 가지 방법만 존재한다.

첫 번째 방법 – 보조 리스트 만들기

첫 번째 방법은 열 단위로 합을 계산하고, 그 계산 결과를 열과 대응하는 보조 리스트의 해당 위치에 저장하는 것이다. 이 방법은 추후에 사용할 수 있는 새로운 리스트를 만들기 때문에 적응성이 높다. 다음 그림의 아래쪽 리스트가 보조 리스트를 나타낸다.

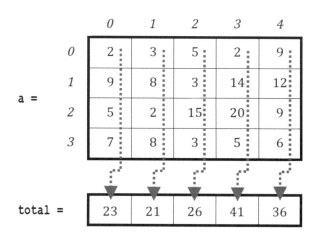

보조 리스트를 만들기 위한 코드를 작성해 보자. 처리 과정을 쉽게 이해하도록 '내부에서 외부로' 방식을 사용한다. 다음 코드는 첫 번째 열(열 인덱스가 0)의 합을 계산하고, 그 결괏값을 보조 리스트의 0번 위치에 저장한다. 이때 j는 0 값을 가진다고 가정한다.

```
s = 0
for i in range(ROWS):
    s += a[i][j]
total[j] = s
```

위 코드는 다음 코드와 동일하다.

```
total[j] = 0
for i in range(ROWS):
    total[j] += a[i][j]
```

이제 모든 열에 대해 반복 처리할 수 있도록 열 단위로 반복하는 for-루프 내부에 행 단위로 반복하는 for-루프를 중첩시킨다.

```
for j in range(COLUMNS):
    total[j] = 0
    for i in range(ROWS):
        total[j] += a[i][j]
```

두 번째 방법 – 해당 요소 찾아서 처리하기

두 번째 방법은 보조 리스트를 사용하지 않고, 다음 코드와 같이 열 단위로 합을 계산하여 바로 처리하는 방법이다.

```
for j in range(COLUMNS):
    total = 0
    for i in range(ROWS):
        total += a[i][j]
    process total
```

다음 코드는 열 단위로 평균을 계산하고 출력한다.

```
for j in range(COLUMNS):
    total = 0
    for i in range(ROWS):
        total += a[i][j]
    print(total / ROWS)
```

예제 33.3-1 **평균값 찾기**

다섯 개 과목에 대해 성적을 받은 10명의 학생이 있다고 가정해 보자. 이때 모든 과목에 대해 학생 성적을 입력받아 과목별 평균 점수를 계산하고 89점보다 높은 점수를 출력하는 파이썬 프로그램을 작성하여라. 앞에서 배운 두 가지 방법을 모두 활용해 보자.

첫 번째 방법 – 보조 리스트 만들기

첫 번째 방법은 열 단위로 평균을 계산하고, 그 결괏값들을 보조 리스트의 해당 위치에 저장한다. 다음 그림은 프로그램 작성에 필요한 두 가지 리스트를 나타낸 것이다.

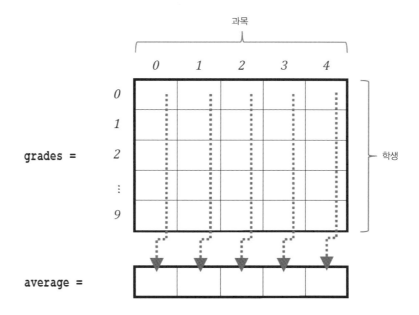

이 프로그램은 보조 리스트 average를 만든 후, 평균 점수가 89점보다 높은 값을 찾아 출력한다. 파이썬 프로그램은 다음과 같다.

file_33_3_1a

```
STUDENTS = 10
LESSONS = 5

grades = [ [None] * LESSONS for i in range(STUDENTS) ]
for i in range(STUDENTS):
    print("학생 번호:", (i + 1))
    for j in range(LESSONS):
```

```
    grades[i][j] = int(input(str(j + 1) + "번째 교과목의 점수를 입력하여라: "))

# average 리스트를 생성한 후, 열 단위로 반복 처리
average = [None] * LESSONS
for j in range(LESSONS):
    average[j] = 0
    for i in range(STUDENTS):
        average[j] += grades[i][j]
    average[j] /= STUDENTS

# 89점보다 높은 평균 점수 모두를 출력
for j in range(LESSONS):
    if average[j] > 89:
        print(average[j])
```

두 번째 방법 – 해당 요소 찾아서 처리하기

두 번째 방법은 보조 리스트를 사용하지 않고 평균을 계산하여 89점보다 높은 평균을 바로 출력하는 것이다. 파이썬 프로그램은 다음과 같다.

file_33_3_1b

```
STUDENTS = 10
LESSONS = 5

grades = [ [None] * LESSONS for i in range(STUDENTS) ]

for i in range(STUDENTS):
    print("학생 번호:", (i + 1))
    for j in range(LESSONS):
        grades[i][j] = int(input(str(j + 1) + "번째 교과목의 점수를 입력하여라: "))

# 열 단위로 평균 점수를 계산한 후, 89점보다 높은 점수를 바로 출력
for j in range(LESSONS):
    average = 0
    for i in range(STUDENTS):
        average += grades[i][j]
    average /= STUDENTS
    if average > 89:
        print(average)
```

33.4 1차원 리스트를 2차원 리스트와 함께 사용하기

이제까지 1차원 리스트만을 사용하거나 2차원 리스트만을 사용하는 예제를 주로 다루었다. 두 가지 리스트 모두를 사용해야 하는 상황이 발생한다면 어떻게 해야 할까? 지금부터는 이런 상황에 대한 문제 해결을 위해 여러 리스트를 함께 사용하는 방법에 대해 학습한다.

예제 33.4-1 평균값 찾기

다섯 개 과목에 대한 성적을 받은 열 명의 학생이 있다고 가정해 보자. 이때 모든 과목에 대해 학생 이름과 성적을 입력받아 학생별 평균 점수를 계산하고, 한 개 이상의 과목 성적이 89점보다 높은 학생의 이름을 출력하는 파이썬 프로그램을 작성하여라.

풀이

프로그램을 작성하기 위해서는 학생 이름을 저장하기 위한 1차원 리스트와 학생별 과목 점수를 저장하기 위한 2차원 리스트가 필요하다. 구체적인 해결 방법은 두 가지가 있으며, 어떤 방법을 사용할지는 사용자에게 달려 있다. 2차원 리스트에서 행이 학생을 참조하고 열이 과목 점수를 참조하고 있다면, 첫 번째 방법을 사용하면 된다. 만약, 행이 과목 점수를 참조하고 열이 학생을 참조하도록 하고 싶다면 두 번째 방법을 사용하면 된다.

첫 번째 방법 – 행으로 학생, 열로 과목을 참조하기

첫 번째 방법에서 2차원 리스트 grades는 10행, 5열을 가진다. 각 행은 학생을 참조하며, 각 열은 과목을 참조한다. 다른 리스트(names와 count)는 다음 그림과 같이 grades 리스트와 관련되어 구성된다.

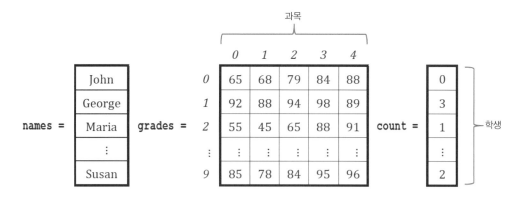

🔊 **주목할 것!** 보조 리스트 count는 학생별로 89점보다 높은 성적을 받은 과목 수를 나타낸다.

이제 리스트 names와 grades에서 값을 읽어오고 저장하는 방법을 살펴보자. 간단한 한 가지 방법은 이름을 읽어오는 데 하나의 루프 제어 구조를 사용하고, 성적을 읽어오는 데 독립적인 다른 하나의 루프 제어 구조를 사용하는 것이다. 그러나 이 방법에서 사용자가 모든 학생의 이름을 먼저 입력한 후 나중에 모든 성적을 입력하는 것은 현실적인 방법으로 보이지 않는다. 좀 더 현실적인 방법은 사용자가 한 학생의 이름을 입력한 후 그 학생의 모든 성적을 입력하고, 다음 학생의 이름을 입력한 후 그 학생의 모든 성적을 입력하는 방법을 반복하여 모든 이름과 성적을 입력하는 것이다. 이 방법을 구현한 파이썬 프로그램은 다음과 같다.

file_33_4_1a

```python
STUDENTS = 10
LESSONS = 5

names = [None] * STUDENTS
grades = [ [None] * LESSONS for i in range(STUDENTS) ]

# 학생의 이름과 성적을 함께 입력받음
for i in range(STUDENTS):
    names[i] = input(str(i + 1) + "번째 학생의 이름을 입력하여라: ")
    for j in range(LESSONS):
        grades[i][j] = int(input(names[i] + " 학생의 " + \
                           str(i + 1) + "번째 과목 점수를 입력하여라: "))

# count 리스트 생성
count = [None] * STUDENTS
for i in range(STUDENTS):
    count[i] = 0
    for j in range(LESSONS):
        if grades[i][j] > 89:
            count[i] += 1

# 점수가 89점 이상인 학생 이름 출력
for i in range(STUDENTS):
    if count[i] > 0:
        print(names[i])
```

두 번째 방법 – 행으로 점수, 열로 학생을 참조하기

두 번째 방법에서 2차원 리스트 grades는 5행, 10열을 가진다. 각 행은 과목 성적을 참조하며, 각 열은 학생을 참조한다. 다른 리스트(names와 count)는 다음 그림과 같이 grades 리스트와 관련되어 구성된다.

학생

names =

John	George	Maria	...	Susan

| 0 | 1 | 2 | ... | 9 |

grades =

	0	1	2	...	9
0	65	92	55	...	85
1	68	88	45	...	78
2	79	94	65	...	84
3	84	98	88	...	95
4	88	89	91	...	96

과목

count =

0	3	1	...	2

주목할 것! 보조 리스트 count는 학생별로 89점보다 높은 성적을 받은 과목 수를 나타낸다.

파이썬 프로그램은 다음과 같다.

file_33_4_1b

```
STUDENTS = 10
LESSONS = 5

# 이름과 점수를 함께 입력받음
names = [None] * STUDENTS
grades = [ [None] * STUDENTS for i in range(LESSONS) ]
for j in range(STUDENTS):
    names[j] = input(str(j + 1) + "번째 학생의 이름을 입력하여라: ")
    for i in range(LESSONS):
        grades[i][j] = int(input(names[i] + " 학생의 " + \
                        str(i + 1) + "번째 과목 점수를 입력하여라: "))

# count 리스트 생성
count = [None] * STUDENTS
for j in range(STUDENTS):
    count[j] = 0
    for i in range(LESSONS):
        if grades[i][j] > 89:
            count[j] += 1
```

```
# 점수가 89점 이상인 학생 이름 출력
for j in range(STUDENTS):
    if count[j] > 0:
        print(names[j])
```

33.5 2차원 리스트로부터 1차원 리스트 만들기

2차원 리스트로부터 1차원 리스트를 만드는 방법을 이해하기 위해 다음 예제를 살펴보자.

3 × 4 크기의 2차원 리스트로부터 12개 요소를 가지는 1차원 리스트를 만드는 프로그램을 작성하여라. 이때 2차원 리스트의 첫 번째 열의 값들은 1차원 리스트의 첫 번째부터 세 번째까지의 위치에 오고, 2차원 리스트의 두 번째 열의 값들은 1차원 리스트의 네 번째부터 여섯 번째까지의 위치에 오는 방식으로 1차원 리스트를 만들어야 한다.

3 × 4 크기의 리스트 예제는 다음과 같다.

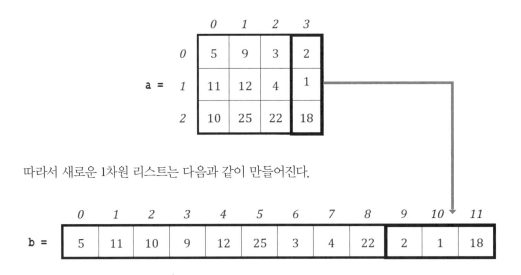

따라서 새로운 1차원 리스트는 다음과 같이 만들어진다.

사용자로부터 데이터를 입력받을 때 행을 따라 반복해 입력받는 것이 일반적이다. 그러나 이 예제에서는 1차원 리스트를 만들기 위해 열을 따라 반복하는 것이 프로그램 작성에 좀 더 편리하다. 이를 위한 파이썬 프로그램은 다음과 같다.

```
ROWS = 3
COLUMNS = 4
```

```
ELEMENTS = ROWS * COLUMNS

a = [ [None] * COLUMNS for i in range(ROWS) ]

for i in range(ROWS):
    for j in range(COLUMNS):
        a[i][j] = int(input(str(i) + ", " + str(j) + " 요소의 값을 입력하여라: "))

b = [None] * ELEMENTS

k = 0 # 새로운 리스트의 인덱스

for j in range(COLUMNS): # 열 단위로 반복
    for i in range(ROWS):
        b[k] = a[i][j]
        k += 1

for k in range(ELEMENTS):
    print(b[k], end = "\t")
```

33.6 1차원 리스트로부터 2차원 리스트 만들기

1차원 리스트로부터 2차원 리스트를 만드는 방법을 이해하기 위해 다음 예제를 살펴보자.

12개 요소를 가지는 1차원 리스트로부터 3 × 4 크기의 2차원 리스트를 만드는 파이썬 프로그램을 작성하여라. 이때 1차원 리스트의 첫 번째부터 세 번째 위치의 값들은 2차원 리스트의 첫 번째 열에 오고, 1차원 리스트의 네 번째부터 여섯 번째 위치의 값들은 2차원 리스트의 두 번째 열에 오는 방식으로 2차원 리스트를 만들어야 한다.

1차원 리스트의 예제는 다음과 같다.

따라서 새로운 2차원 리스트는 다음과 같이 만들어진다.

사용자로부터 데이터를 입력받을 때 행을 따라 반복해 입력받는 것이 일반적이다. 그러나 이 예제에서는 새로운 2차원 리스트를 만들기 위해 열을 따라 반복하는 것이 프로그램을 작성하기가 좀 더 편리하다. 이를 위한 파이썬 프로그램은 다음과 같다.

file_33_6

```
ROWS = 3
COLUMNS = 4
ELEMENTS = ROWS * COLUMNS

a = [None] * ELEMENTS

for k in range(ELEMENTS):
    a[k] = int(input(str(k) + " 요소의 값을 입력하여라: "))

b = [ [None] * COLUMNS for i in range(ROWS) ]

k = 0 # 리스트 a의 인덱스

for j in range(COLUMNS): # 열 단위로 반복
    for i in range(ROWS):
        b[i][j] = a[k]
        k += 1

for i in range(ROWS): # 행 단위로 반복
    for j in range(COLUMNS):
        print(b[i][j], end = "\t")
    print()
```

33.7 리스트의 유용한 함수와 메서드

요소 개수 세기

```
len( list )
```

14장에서 len() 함수는 문자열에 포함된 문자 개수를 반환하는 함수라고 배웠다. 이제 리스트의 요소 개수를 반환하는 함수인 len() 함수를 배워보자.

예제

file_33_7_a

```
a = [3, 6, 10, 12, 4, 2, 1]

print(len(a)) # 출력: 7

length = len(a[2:4])
print(length) # 출력: 2

for i in range(len(a)):
    print (a[i], end = " ") # 출력: 3 6 10 12 4 2 1
```

최댓값 찾기

```
max( list )
```

이 함수는 1차원 리스트의 요소 중 가장 큰 값을 반환한다.

예제

file_33_7_b

```
a = [3, 6, 10, 2, 1, 12, 4]

print(max(a)) # 출력: 12

maximum = max(a[1:4])
print(maximum) # 출력: 10

b = [ [4, 6, 8], \
      [3, 11, 9], \
      [2, 9, 1]
    ]

print(max(b[1])) # 출력: 11
```

```
c = ["Apollo", "Hermes", "Athena", "Aphrodite", "Dionysus"]
print(max(c)) # 출력: Hermes
```

max( ) 함수는 입력받은 숫자들 중에서 가장 큰 수를 출력하고, 입력받은 문자열들 중에서는 오름차순으로 가장 뒤에 배치되는 문자열을 출력한다.

최솟값 찾기

```
min( list )
```

이 함수는 1차원 리스트의 요소 중 가장 작은 값을 반환한다.

예제

file_33_7_c

```
a = [3, 6, 10, 2, 1, 12, 4]

print(min(a)) # 출력: 1

minimum = min(a[1:4])
print(minimum) # 출력: 2

b = [ [4, 6, 8], \
      [3, 11, 9], \
      [2, 9, 1]
    ]

print(min(b[0])) # 출력: 4

c = ["Apollo", "Hermes", "Athena", "Aphrodite", "Dionysus"]
print(min(c)) # 출력: Aphrodite
```

min( ) 함수는 입력받은 숫자들 중에서 가장 작은 수를 출력하고, 입력받은 문자열들 중에서는 오름차순으로 가장 앞에 배치되는 문자열을 출력한다.

리스트 정렬하기

리스트를 정렬한다는 것은 리스트 내의 요소들을 특정 순서로 나열한다는 것을 의미한다. 리스트를 정렬하는 데에는 두 가지 방법이 있다. 첫 번째는 sort( ) 메서드를 사용하여 리스트를 정렬하는 것이고, 두 번째는 sorted( ) 함수를 통해 초기 리스트는 그대로 두고 새롭게 정렬된 리스트를 만드는 방법이다.

sort() 메서드 사용하기

```
list.sort([reverse = True])
```

이 메서드는 리스트를 오름차순 혹은 내림차순으로 정렬한다.

예제

file_33_7_d

```
a = [3, 6, 10, 2, 1, 12, 4]
a.sort()
for element in a:
    print(element, end = " ")          # 출력: 1 2 3 4 6 10 12

print()

# 내림차순 정렬
a.sort(reverse = True)
for element in a:
    print(element, end = " ")          # 출력: 12 10 6 4 3 2 1

print()
b = [ [4, 6, 8], \
      [3, 11, 9], \
      [2, 9, 1]
    ]

# 마지막 행 정렬
b[2].sort()

for row in b:
    for element in row:
        print(element, end = " ")      # 출력:  4 6 8
                                       #        3 11 9
                                       #        1 2 9
print()

c = ["Hermes", "Apollo", "Dionysus"]
c.sort()
for element in c:
    print(element, end = " ") # 출력: Apollo Dionysus Hermes
```

sorted() 함수 사용하기

```
sorted(list [, reverse = True])
```

이 함수는 기존 리스트는 그대로 두고 오름차순 혹은 내림차순으로 정렬된 리스트를 새롭게 만들어 반환한다.

예제

```
a = [3, 6, 10, 2, 1, 12, 4]
b = sorted(a)

for element in a:
    print(element, end = " ") # 출력: 3 6 10 2 1 12 4
print()

for element in b:
    print(element, end = " ") # 출력: 1 2 3 4 6 10 12
print()

c = ["Hermes", "Apollo", "Dionysus"]
for element in sorted(c, reverse = True):
    print(element, end = " ") # 출력: Hermes Dionysus Apollo
```

33.8 복습문제: 참/거짓

다음 문제를 읽고 **참** 또는 **거짓**으로 답하여라.

1. 행 단위로 처리한다는 것은 모든 행이 따로 처리되고 추후에 각 행의 처리 결과를 개별적으로 사용할 수 있다는 것을 의미한다.

2. 다음 코드는 각 행의 요소들의 합이 100보다 작으면 "좋아!"를 출력한다.

```
for i in range(ROWS):
    total = 0
    for j in range(COLUMNS):
        total += a[i][j]
    if total < 100: print("좋아!")
```

3. 열 단위로 처리한다는 것은 모든 열이 따로 처리되고 추후에 각 열의 처리 결과를 개별적으로 사용할 수 있다는 것을 의미한다.

4. 다음 코드는 각 열의 요소들의 합을 출력한다.

```
total = 0
for j in range(COLUMNS):
    for i in range(ROWS):
        total += a[i][j]
    print(total)
```

5. 다섯 개 과목에 대해 성적을 받은 10명의 학생이 있다고 가정해 보자. 이 때 행은 학생을 참조하고 열은 과목을 참조하는 리스트만을 만들 수 있고, 다른 방식으로는 리스트를 만들 수 없다.

6. 1차원 리스트는 2차원 리스트로부터 만들어질 수 있지만, 2차원 리스트는 1차원 리스트로부터 만들어질 수 없다.

7. 3차원 리스트로부터 1차원 리스트를 만들 수 있다.

8. 다음 두 코드는 동일한 값을 출력한다.

```
a = [1, 6, 12, 2, 1]
print(len(a))
```

```
a = "Hello"
print(len(a))
```

9. 다음 코드는 세 개의 값을 출력한다.

```
a = [10, 20, 30, 40, 50]
for i in range(3, len(a)):
    print(a[i])
```

10. 다음 코드는 리스트 a의 모든 요소의 값을 출력한다.

```
a = [10, 20, 30, 40, 50]
for i in range(len(a)):
    print(i)
```

11. 다음 코드는 리스트 a의 모든 요소의 값을 두 배로 만든다.

```
for i in range(len(a)):
    a[i] *= 2
```

12. 다음 코드는 30을 출력한다.

```
a = [20, 50, 10, 30, 15]
print(max(a[2:len(a)]))
```

13. 다음 코드는 50을 출력한다.

```
a = [20, 50, 10, 30, 15]
b = [-1, -3, -2, -4, -1]
print(a[min(b)])
```

14. 다음 코드는 리스트 a의 가장 작은 값을 출력한다.

```
a = [3, 6, 10, 2, 1, 12, 4]
a.sort()
print(a[0])
```

15. 다음 코드는 리스트 a의 가장 작은 값을 출력한다.

```
a = [3, 1, 2, 10, 4, 12, 6]
print(sorted(a, reverse = True)[-1])
```

33.9 복습문제: 객관식

다음 문제를 읽고 옳은 것을 모두 골라라.

1. 다음 코드에 대한 설명으로 옳은 것은?

```
for i in range(ROWS):
    total[i] = 0
    for j in range(COLUMNS):
        total[i] += a[i][j]
    print(total[i])
```

a. 각 행의 요소들의 합을 출력한다.

b. 각 열의 요소들의 합을 출력한다.

c. 리스트의 모든 요소의 합을 출력한다.

d. 위 모두 옳지 않다.

2. 다음 코드에 대한 설명으로 옳은 것은?

```
for j in range(COLUMNS):
    total = 0
    for i in range(ROWS):
        total += a[i][j]
    print(total)
```

a. 각 행의 요소들의 합을 출력한다.

b. 각 열의 요소들의 합을 출력한다.

c. 리스트의 모든 요소의 합을 출력한다.

d. 위 모두 옳지 않다.

3. 다음 코드에 대한 설명으로 옳은 것은?

```
k = 0
for i in range(ROWS, 0):
    for j in range(COLUMNS, 0):
        b[k] = a[i][j]
        k += 1
```

a. 2차원 리스트로부터 1차원 리스트를 만든다.

b. 1차원 리스트로부터 2차원 리스트를 만든다.

c. 위 모두 옳지 않다.

4. 다음 코드에 대한 설명으로 옳은 것은?

```
k = 0
for i in range(ROWS):
    for j in range(COLUMNS - 1, -1, -1):
        b[i][j] = a[k]
        k += 1
```

a. 2차원 리스트로부터 1차원 리스트를 만든다.

b. 1차원 리스트로부터 2차원 리스트를 만든다.

c. 위 모두 옳지 않다.

5. 다음 두 코드에 대한 설명으로 옳은 것은?

```
a = [3, 6, 10, 2, 4, 12, 1]
for i in range(7):
    print(a[i])
```

```
a = [3, 6, 10, 2, 4, 12, 1]
for i in range(len(a)):
    print(a[i])
```

a. 수행 결과는 동일하지만, 왼쪽 프로그램이 더 빠르다.

b. 수행 결과는 동일하지만, 오른쪽 프로그램이 더 빠르다.

c. 수행 결과가 서로 다르다.

d. 위 모두 옳지 않다.

6. 다음 두 코드에 대한 설명으로 옳은 것은?

```
for i in range(len(a)):
    print(a[i])
```

```
for element in a:
    print(element)
```

a. 수행 결과가 동일하다.

b. 수행 결과가 동일하지 않다.

c. 위 모두 옳지 않다.

7. min(a[1:len(a)]) 명령문에 대한 설명으로 옳은 것은?

    a. 리스트 a의 일부 중에 가장 작은 값을 반환한다.

    b. 리스트 a의 가장 작은 값을 반환한다.

    c. 위 모두 옳지 않다.

8. 다음 코드에 대한 설명으로 옳은 것은?

```
a = [3, 6, 10, 1, 4, 12, 2]
print(a[-min(a)])
```

    a. 1을 출력한다.

    b. 6을 출력한다.

    c. 2를 출력한다.

    d. 위 모두 옳지 않다.

9. 다음 두 코드에 대한 설명으로 옳은 것은?

```
for i in range(len(a)):            for element in sorted(a):
    print(sorted(a)[i])                print(element)
```

    a. 수행 결과는 동일하지만, 왼쪽 프로그램이 더 빠르다.

    b. 수행 결과는 동일하지만, 오른쪽 프로그램이 더 빠르다.

    c. 수행 결과가 서로 다르다.

    d. 위 모두 옳지 않다.

10. 다음 세 코드에 대한 설명으로 옳은 것은?

```
a.sort(reverse = True)      print(sorted(a)[-1])        print(max(a))
print(a[0])
```

    a. 리스트 a에서 가장 큰 값을 화면에 출력한다.

    b. 리스트 a에서 가장 작은 값을 화면에 출력한다.

    c. 위 모두 옳지 않다.

33.10 프로그래밍 연습문제

다음 프로그래밍 연습문제를 완성하여라.

1. 다섯 개 과목에 대해 성적을 받은 15명의 학생이 있다고 하자. 이때 과목 성적을 100점 만점 기준으로 입력받아 학생별 평균 성적을 계산한 후, 다음 표를 참고하여 평균 학점을 출력하는 프로그램을 작성하여라.

학점	점수
A	90 ~ 100
B	80 ~ 89
C	70 ~ 79
D	60 ~ 69
F	0 ~ 59

2. 지구에서 낙하하는 물체의 중력 가속도는 9.81이고, g로 나타낸다. 어떤 학생이 질량을 알고 있는 다섯 개의 서로 다른 물체를 특정 높이에서 10회씩 반복해 떨어뜨릴 때, 바닥까지 도착하는 시간을 이용하여 g를 계산하려고 한다. 물체를 낙하시킬 때마다 자신만의 공식을 사용해 g 값을 계산한다. 이때 학생이 가지고 있는 계측기가 정밀하지 않기 때문에 g 값을 계산해 5 × 10 크기의 리스트에 넣는 파이썬 프로그램을 작성하려고 한다. 파이썬 프로그램은 다음을 계산하고 출력해야 한다.

   a. 각 낙하마다 모든 물체에 대한 g의 평균

   b. 각 물체마다 모든 낙하에 대한 g의 평균

   c. g의 전체 평균

3. 15명의 선수로 구성된 농구팀이 12경기를 가진다. 개별 선수가 경기당 획득한 점수를 사용자로부터 입력받는 파이썬 프로그램을 작성하여라. 파이썬 프로그램은 다음을 출력해야 한다.

   a. 선수별 총득점

   b. 경기별 총득점

4. 하루 동안 20개 도시에 대해 매 시간마다 측정한 온도를 사용자로부터 입력받아 모든 도시의 평균 온도가 섭씨 −10도보다 낮을 때의 시간을 출력하는 파이썬 프로그램을 작성하여라.

5. 농구 토너먼트에서 24명의 선수로 구성된 농구팀이 10경기를 가진다. 선수 이름과 매 경기마다 획득한 점수를 사용자로부터 입력받는 파이썬 프로그램을 작성하여라. 파이썬 프로그램은 다음을 출력해야 한다.

a. 개별 선수의 이름과 평균 득점

b. 경기 번호와 총득점

6. 여섯 개 과목에 대해 성적을 받은 12명의 학생이 있다고 하자. 학생 이름과 과목 성적을 사용자로부터 입력받는 파이썬 프로그램을 작성하여라. 파이썬 프로그램은 다음을 출력해야 한다.

a. 각 학생의 이름과 평균 점수

b. 각 과목의 평균 점수

c. 평균이 60점보다 낮은 학생 이름

d. 평균이 89점보다 높은 학생의 이름을 출력하고, 그 옆에 "Bravo" 메시지를 출력

이때 사용자는 0에서 100 사이의 값을 입력한다고 가정한다.

7. 노래 경연대회에 참여한 가수는 자신이 원하는 노래를 부를 수 있다. 다섯 명의 심사위원과 15명의 가수가 있고, 가수는 자신의 공연에 대해 심사를 받는다. 심사위원 및 가수 이름, 가수가 부른 노래 제목, 가수마다 심사위원으로부터 받은 점수를 사용자로부터 입력받는 파이썬 프로그램을 작성하여라. 파이썬 프로그램은 다음을 출력해야 한다.

a. 가수별 이름, 노래 제목, 총 점수

b. 심사위원별 이름과 각 가수에게 준 평균 점수

8. 체질량지수(BMI)는 사람의 키를 척도로 삼아 그 사람이 과체중인지, 저체중인지 판단하는 지수다. 체질량지수의 계산식은 다음과 같다.

$$BMI = \frac{몸무게}{키^2}$$

1년 동안 매달 30명의 몸무게(단위: kg)와 키(단위: m)를 사용자로부터 입력받아 두 개의 리스트에 각각 저장하는 파이썬 프로그램을 작성하여라. 파이썬 프로그램은 다음을 출력해야 한다.

a. 각 사람의 월별 평균 몸무게, 평균 키, 평균 BMI

b. 각 사람의 5월, 8월의 BMI

이때 모든 사람이 성인은 아니며, 일부는 18살 이상 25살 이하이기 때문에 측정 중 성장 가능성을 고려해 평균 키를 월별로 기록해 두는 것이다.

9. 1,000명에 대해 월초와 월말을 기준으로 계량기에 기록된 시간당 전력 소모량(kWh)을 사용자로부터 입력받는 파이썬 프로그램을 작성하여라. 파이썬 프로그램은 다음을 출력해야 한다.

   a. 소비자별 시간당 전력 소모량과 전기요금. 단, 전기요금은 시간당 전력 소모량을 70원으로 하여 계산된 요금에 19%의 별도 부가세를 가산하여 계산된다.

   b. 총 전력 소모량과 총 전기요금

10. 사용자로부터 미국 달러를 입력받은 후 유로, 영국 파운드, 호주 달러, 캐나다 달러로 환전할 때 각 통화별로 환전 결과를 계산하고 출력하는 파이썬 프로그램을 작성하여라. 다음 표는 일주일 동안 각 통화의 환율을 나타낸다. 파이썬 프로그램은 통화별 평균 환율과 평균 환율을 기반으로 환전한 환전 결과를 출력해야 한다.

통화 =			환율 =				
영국 파운드			1.579	1.577	1.572	1.580	1.584
유로			1.269	1.270	1.265	1.240	1.255
캐나다 달러			0.895	0.899	0.884	0.888	0.863
호주 달러			0.811	0.815	0.822	0.829	0.819

11. 총 급여는 한 주 동안 일한 총 시간과 임금률로 계산된다. 그러나 한 주 동안 40시간 이상 일한 초과 시간에 대해서는 1.5배의 임금을 받는다. 임금률, 고용인 10명의 이름, 각 고용인의 일별 근무 시간을 사용자로부터 입력받는 파이썬 프로그램을 작성하여라. 파이썬 프로그램은 다음을 계산하고 출력해야 한다.

   a. 초과 근무한 고용인의 이름

   b. 각 고용인의 이름과 하루 평균 급여

   c. 각 고용인의 이름과 8시간 초과 근무한 요일을 출력한 다음, "초과 근무!" 메시지를 출력

   d. 일별 요일과 당일 지급된 총 급여

12. 다음 2차원 리스트로부터 12개 요소를 가지는 1차원 리스트를 생성하는 파이썬 프로그램을 작성하여라. 2차원 리스트의 첫 행은 1차원 리스트의 처음 네 개 위치에 오고, 두 번째 행은 다음 네 개 위치에 오는 방식으로 1차원 리스트를 생성해야 한다.

$$
a = \begin{array}{|c|c|c|c|}
\hline
9 & 9 & 2 & 6 \\
\hline
4 & 1 & 10 & 11 \\
\hline
12 & 15 & 7 & 3 \\
\hline
\end{array}
$$

13. 다음 1차원 리스트로부터 3 × 3 크기의 2차원 리스트를 생성하는 파이썬 프로그램을 작성하여라. 1차원 리스트의 처음 세 개 요소는 2차원 리스트의 첫 행에 오고, 그 다음 세 개 요소는 2차원 리스트의 두 번째 행에 오는 방식으로 2차원 리스트를 생성해야 한다.

$$
a = \begin{array}{|c|c|c|c|c|c|c|c|c|}
\hline
16 & 12 & 3 & 5 & 6 & 9 & 18 & 19 & 20 \\
\hline
\end{array}
$$

리스트 순서도

34.1 들어가기

34장에서는 순서도에 대해 학습한다. 33장에서 리스트는 여러 개의 값을 동시에 가질 수 있는 특별한 형태의 변수라는 것을 배웠다. 지금까지와 동일한 방법으로 순서도에서도 리스트를 사용할 수 있다.

34.2 파이썬 프로그램을 순서도로 변환하기

특별히 새롭게 추가된 부분은 없다. 예제를 바로 살펴보자.

예제 34.2-1 **순서도 설계하기**

다음 파이썬 프로그램을 순서도로 변환하여라.

```python
ELEMENTS = 100

values = [None] * ELEMENTS
for i in range(ELEMENTS):
    values[i] = int(input())

for i in range(ELEMENTS):
    if values[i] < 0:
        print(values[i])
```

풀이

이 파이썬 프로그램은 두 개의 for-루프를 가지고 있다. 특히, 두 번째 반복문은 하나의 단일-택일 결정 구조를 가지고 있다. 이 프로그램에 대한 순서도는 다음과 같다.

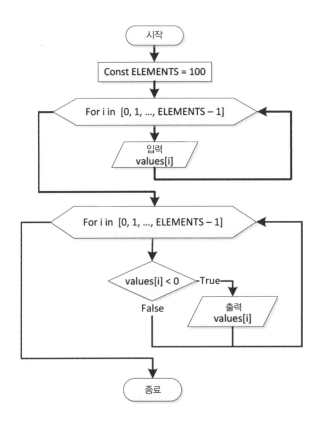

 주목할 것! 순서도는 알고리즘을 정확히 표현하는 데 한계가 있기 때문에 순서도 내부에서 리스트 초기화를 사용할 필요는 없다. 즉, values = [None] * ELEMENTS 명령문을 나타낼 필요는 없다.

예제 34.2-2 순서도 설계하기

다음 파이썬 프로그램을 순서도로 변환하여라.

```
ELEMENTS = 50

evens = [None] * ELEMENTS
```

```
for i in range(ELEMENTS):
    while True:
        evens[i] = int(input())
        if evens[i] % 2 != 0: break

for i in range(ELEMENTS):
    print(evens[i])
```

풀이

이 파이썬 프로그램은 두 개의 for-루프를 가지고 있다. 특히, 첫 번째 반복문은 사후-검사 루프 구조를 중첩하고 있다. 이 프로그램에 대한 순서도는 다음과 같다.

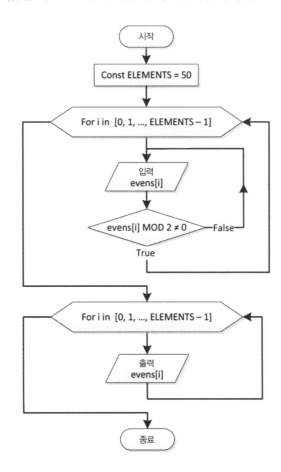

예제 34.2-3 순서도 설계하기

다음 파이썬 프로그램을 순서도로 변환하여라.

```python
ROWS = 20
COLUMNS = 10

a = [ [None] * COLUMNS for i in range(ROWS) ]

for i in range(ROWS):
    for j in range(COLUMNS):
        a[i][j] = int(input())

maximum = a[0][0]
for i in range(ROWS):
    for j in range(COLUMNS):
        if a[i][j] > maximum:
            maximum = a[i][j]

print(maximum)
```

풀이

이 파이썬 프로그램은 두 개의 중첩 루프 구조를 가지고 있다. 특히, 두 번째 중첩 루프 제어 구조는 하나의 단일-택일 결정 구조를 포함하고 있다. 이 프로그램에 대한 순서도는 다음과 같다.

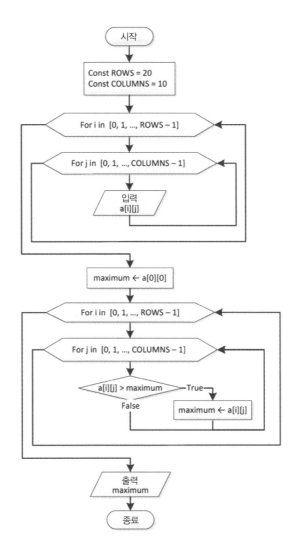

34.3 순서도를 파이썬 프로그램으로 변환하기

33장에서 배웠던 것처럼 순서도를 파이썬 프로그램으로 변환하는 것은 쉬운 작업은 아니다. 특히, 순서도 설계자가 특정 규칙을 따르지 않은 경우도 있기 때문에 순서도를 파이썬 프로그램으로 변환하기 전에 초기 순서도에 대한 수정이 필요할 수도 있다.

예제 34.3-1 파이썬 프로그램 작성하기

다음 순서도에 대한 파이썬 프로그램을 작성하여라.

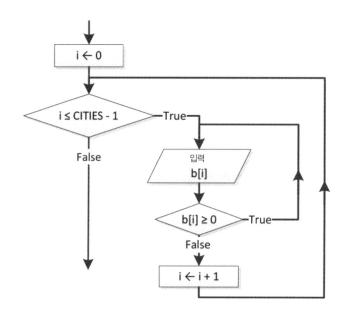

풀이

이 예제는 비교적 단순하다. 즉, 사후-검사 루프 구조가 사전-검사 구조 내부에 중첩되어 있다. 하지만 해결해야 할 유일한 문제는 내부의 사후-검사 루프 구조에서 참과 거짓 경로가 올바르지 않다는 점이다. 참 경로가 아니라 거짓 경로가 위 방향으로 가야 하지만, 그렇지 않기 때문이다. 이전에 배웠던 것처럼 해당 불리언 표현을 부정하는 방식으로 두 경로를 맞바꾸면 문제를 해결할 수 있다. 파이썬 프로그램은 다음과 같다.

```
i = 0
while i <= CITIES - 1:
    while True:
        b[i] = float(input())
        if b[i] < 0: break
    i += 1
```

예제 34.3-2 파이썬 프로그램 작성하기

다음 순서도에 대한 파이썬 프로그램을 작성하여라.

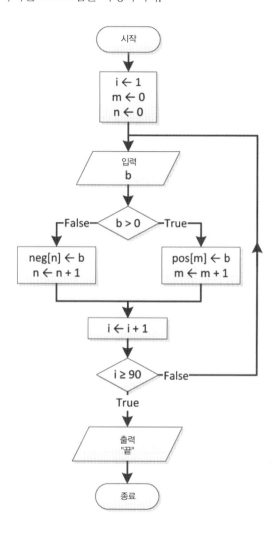

풀이

이 예제에서는 이중 - 택일 결정 구조가 사후-검사 루프 구조 내부에 중첩되어 있다. 최악의 시나리오는 사용자가 오직 양숫값만, 혹은 음숫값만을 입력하는 것이다. 이런 이유 때문에 리스트인 pos와 neg에 대한 크기를 특정 값으로 제한하였다(이 예제에서는 90으로 제한). 파이썬 프로그램은 다음과 같다.

```python
pos = [None] * 90
neg = [None] * 90

i = 1
m = 0
n = 0
while True:
    b = float(input())
    if b > 0:
        pos[m] = b
        m += 1
    else:
        neg[n] = b
        n += 1
    i += 1
    if i >= 90: break
print("끝")
```

예제 34.3-3 **파이썬 프로그램 작성하기**

다음 순서도에 대한 파이썬 프로그램을 작성하여라.

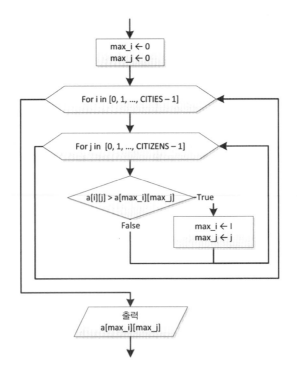

풀이

이 순서도는 for-루프 내부에 단일-택일 결정 구조가 중첩되어 있고, 이 for-루프는 또 다른 for-루프에 중첩되어 있다. 파이썬 프로그램은 다음과 같다.

```
max_i = 0
max_j = 0
for i in range(CITIES):
    for j in range(CITIZENS):
        if a[i][j] > a[max_i][max_j]:
            max_i = i
            max_j = j

print(a[max_i][max_j])
```

34.4 프로그래밍 연습문제

다음 프로그래밍 연습문제를 완성하여라.

1. 다음 파이썬 프로그램을 순서도로 변환하여라.

```
ELEMENTS = 30

values = [None] * ELEMENTS

for i in range(ELEMENTS):
    values[i] = int(input("두 자리 정수를 입력하여라: "))

for i in range(ELEMENTS):
    digit1, digit2 = divmod(values[i], 10)
    if digit1 < digit2:
        print(values[i])
```

2. 다음 파이썬 프로그램을 순서도로 변환하여라.

```
ELEMENTS = 20

values = [None] * ELEMENTS

for i in range(ELEMENTS):
    values[i] = int(input("세 자리 정수를 입력하여라: "))

total = 0
for i in range(ELEMENTS):
    digit3 = values[i] % 10
    r = values[i] // 10
```

```
        digit2 = r % 10
        digit1 = r // 10

        if values[i] == digit3 * 100 + digit2 * 10 + digit1:
            total += values[i]

    print(total)
```

3. 다음 파이썬 프로그램을 순서도로 변환하여라.

```
N = 10

a = [ [None] * N for i in range(N) ]

for i in range(N):
    for j in range(N):
        a[i][j] = int(input())

total = 0
for k in range(N):
    total += a[k][k]

print("총합:", total)
```

4. 다음 파이썬 프로그램을 순서도로 변환하여라.

```
N = 10

a = [ [None] * N for i in range(N) ]

for i in range(N):
    for j in range(N):
        if i == j:
            a[i][j] = "*"
        elif i > j:
            a[i][j] = "-"
        else:
            a[i][j] = "+"

for i in range(N):
    for j in range(N):
        print(a[i][j])
```

5. 다음 파이썬 프로그램을 순서도로 변환하여라.

```
for i in range(ROWS):
    average[i] = 0
    for j in range(COLUMNS):
```

```
            average[i] += values[i][j]
        average[i] /= COLUMNS

    for i in range(ROWS):
        if average[i] > 89:
            print(average[i])
```

6. 다음 순서도에 대한 파이썬 프로그램을 작성하여라.

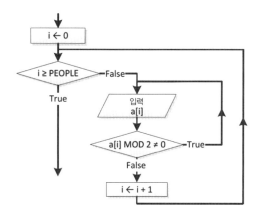

7. 다음 순서도에 대한 파이썬 프로그램을 작성하여라.

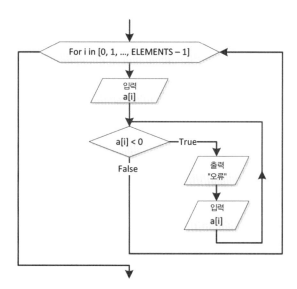

8. 다음 순서도에 대한 파이썬 프로그램을 작성하여라.

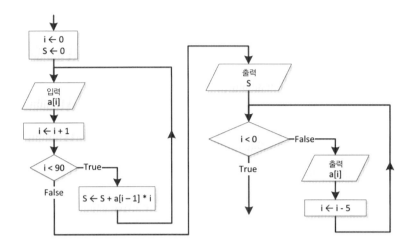

9. 다음 순서도에 대한 파이썬 프로그램을 작성하여라.

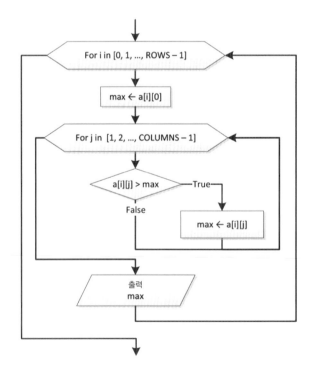

10. 다음 순서도에 대한 파이썬 프로그램을 작성하여라.

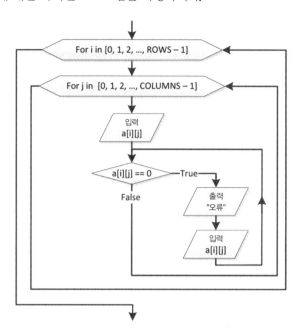

심화 예제: 리스트

35.1 리스트에 관한 이해하기 쉬운 예제

예제 35.1-1 이웃 요소의 평균값을 가지는 리스트 만들기

사용자로부터 100개의 양수를 입력받아 리스트에 저장하는 순서도와 프로그램을 작성하여라.
그리고 98개의 요소를 가지는 새로운 리스트를 생성하고, 이 리스트의 각 위치에 기존 리스트
의 해당 위치부터 연속해 나열된 세 개 요소의 평균값을 저장한다.

풀이

10개 요소의 리스트를 활용한 예제를 먼저 살펴보자.

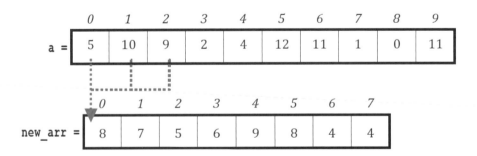

새로운 리스트 new_arr은 평균값을 저장하기 위해 생성한 리스트다. 리스트 new_arr에서 0번
째 위치의 요소는 기존 리스트 a에서 0~2번째 위치에 있는 요소들의 평균값을 저장한다. 그

러므로 리스트 new_arr의 위치 0의 값은 (5 + 10 + 9) / 3 = 8이다. 이와 같은 방식으로 리스트 new_arr의 위치 1의 값은 (10 + 9 + 2) / 3 = 7이다. 순서도는 다음과 같다.

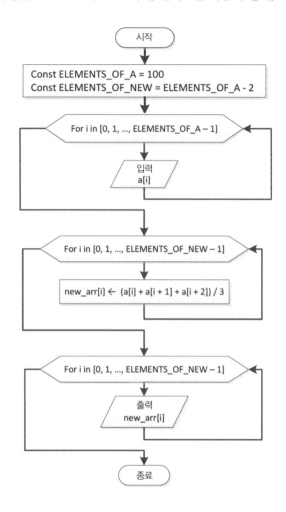

파이썬 프로그램은 다음과 같다.

file_35_1_1a

```
ELEMENTS_OF_A = 100
ELEMENTS_OF_NEW = ELEMENTS_OF_A - 2

a = [None] * ELEMENTS_OF_A
for i in range(ELEMENTS_OF_A):
    a[i] = float(input())
```

```
new_arr = [None] * ELEMENTS_OF_NEW
for i in range(ELEMENTS_OF_NEW):
    new_arr[i] = (a[i] + a[i + 1] + a[i + 2]) / 3

for i in range(ELEMENTS_OF_NEW):
    print(new_arr[i])
```

파이썬다운 해결 방법은 다음과 같다.

file_35_1_1b

```
import math
ELEMENTS_OF_A = 100

a = [None] * ELEMENTS_OF_A
for i in range(ELEMENTS_OF_A):
    a[i] = float(input())

new_arr = []
for i in range(ELEMENTS_OF_A - 2):
    new_arr.append(math.fsum(a[i:i + 3]) / 3)

for element in new_arr:
    print(element)
```

예제 35.1-2 최댓값을 저장하는 리스트 만들기

a와 b 리스트에 각각 20개의 값을 사용자로부터 입력받는 순서도와 파이썬 프로그램을 작성하여라. 또한, 20개 요소를 가지는 리스트 new_arr을 생성해 이 리스트의 각 요소에 a와 b 리스트의 해당 위치에 있는 값 중에 큰 값을 저장하도록 한다.

풀이

기존 해결 방법에서 크게 달라진 점은 없다. 네 개의 for-루프를 사용한다. 두 개는 값을 입력받아 리스트 a와 b로 각각 저장하기 위한 for-루프, 다른 하나는 new_arr을 만들기 위한 for-루프, 그리고 나머지 하나는 new_arr을 화면에 출력하기 위해 사용되는 for-루프이다. 순서도는 다음과 같다.

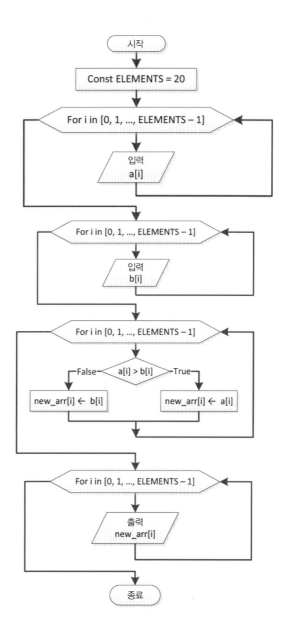

파이썬 프로그램은 다음과 같다.

```
ELEMENTS = 20

# 입력받은 값을 리스트 a와 b에 각각 저장한다.
a = [None] * ELEMENTS
b = [None] * ELEMENTS
for i in range(ELEMENTS):
    a[i] = float(input())
for i in range(ELEMENTS):
    b[i] = float(input())

# 리스트 new_arr를 생성한다.
new_arr = [None] * ELEMENTS

for i in range(ELEMENTS):
    if a[i] > b[i]:
        new_arr[i] = a[i]
    else:
        new_arr[i] = b[i]

# 리스트 new_arr를 출력한다.
for i in range(ELEMENTS):
    print(new_arr[i])
```

예제 35.1-3 1차원 리스트 병합하기

리스트 a와 b 각각에 20개와 30개의 값을 사용자로부터 입력받는 파이썬 프로그램을 작성하여라. 또한, 50개의 요소를 가지는 리스트 new_arr을 만들어 처음부터 20번째 요소까지는 리스트 a의 요소, 21번째 요소부터 마지막 요소까지는 리스트 b의 요소를 저장하도록 한다.

풀이

다른 프로그래밍 언어에 비해 파이썬은 리스트에 대해 강력한 기능을 가지고 있다. 이 예제의 해결 방법으로는 총 세 가지가 있다. 첫 번째 방법은 대부분의 프로그래밍 언어에서 사용하는 방법이고, 두 번째와 세 번째 방법은 파이썬만의 고유한 방법이다.

첫 번째 방법

다음 예제에서 알 수 있듯이, 리스트 a의 요소와 리스트 new_arr의 요소를 일대일로 대응시킨다. 리스트 a의 위치 0의 요소를 리스트 new_arr의 위치 0에 저장하고, 리스트 a의 위치 1의 요소를 리스트 new_arr의 위치 1에 저장하는 방식으로 이를 위치 19까지 반복한다. 그러나 리스트 b의 경우에는 인덱스 위치가 리스트 new_arr의 위치에 일대일로 대응될 수 없다. 리스트 b의 위치 0의 요소를 리스트 new_arr의 위치 20에 저장하고, 리스트 b의 위치 1의 요소는 리스트 new_arr의 위치 21에 저장하는 방식을 반복해야 한다.

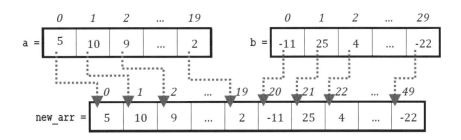

리스트 new_arr에 리스트 a의 값을 할당하기 위해 다음과 같은 코드를 사용할 수 있다.

```
for i in range(ELEMENTS_OF_A):
    new_arr[i] = a[i]
```

그러나 리스트 new_arr에 리스트 b의 값을 할당하려면 코드를 조금 다르게 작성해야 한다.

```
for i in range(ELEMENTS_OF_B):
    new_arr[ELEMENTS_OF_A + i] = b[i]
```

최종 파이썬 프로그램은 다음과 같다.

file_35_1_3a

```
ELEMENTS_OF_A = 20
ELEMENTS_OF_B = 30
ELEMENTS_OF_NEW = ELEMENTS_OF_A + ELEMENTS_OF_B

# 입력받은 값을 리스트 a와 b에 각각 저장한다.
a = [None] * ELEMENTS_OF_A
b = [None] * ELEMENTS_OF_B
for i in range(ELEMENTS_OF_A):
    a[i] = float(input())
for i in range(ELEMENTS_OF_B):
    b[i] = float(input())
```

```
# 리스트 new_arr를 생성한다.
new_arr = [None] * ELEMENTS_OF_NEW
for i in range(ELEMENTS_OF_A):
    new_arr[i] = a[i]
for i in range(ELEMENTS_OF_B):
    new_arr[ELEMENTS_OF_A + i] = b[i]

# 리스트 new_arr를 출력한다.
for i in range(ELEMENTS_OF_NEW):
    print(new_arr[i], end = "\t")
```

두 번째 방법

두 번째 방법은 첫 번째 방법과 유사하지만 파이썬의 append( ) 메서드를 사용한다는 점이 다르다.

file_35_1_3b

```
ELEMENTS_OF_A = 20
ELEMENTS_OF_B = 30

# 입력받은 값을 리스트 a와 b에 각각 저장한다.
a = [None] * ELEMENTS_OF_A
b = [None] * ELEMENTS_OF_B
for i in range(ELEMENTS_OF_A):
    a[i] = float(input())
for i in range(ELEMENTS_OF_B):
    b[i] = float(input())

# 리스트 new_arr를 생성한다.
new_arr = []
for element in a:
    new_arr.append(element)
for element in b:
    new_arr.append(element)

# 리스트 new_arr를 출력한다.
for element in new_arr:
    print(element, end = "\t")
```

세 번째 방법

세 번째 방법은 파이썬만의 강력한 기능을 사용하는 것이다. 파이썬에서는 단순히 (+) 연산자를 사용하여 두 개 리스트를 병합할 수 있다.

```
ELEMENTS_OF_A = 20
ELEMENTS_OF_B = 30

# 입력받은 값을 리스트 a와 b에 각각 저장한다.
a = [None] * ELEMENTS_OF_A
b = [None] * ELEMENTS_OF_B
for i in range(ELEMENTS_OF_A):
    a[i] = float(input())
for i in range(ELEMENTS_OF_B):
    b[i] = float(input())

# 리스트 new_arr을 생성한다.
new_arr = a + b

# 리스트 new_arr을 출력한다.
for element in new_arr:
    print(element, end = "\t")
```

예제 35.1-4 2차원 리스트 병합하기

사용자로부터 입력받은 값을 10 × 20 크기의 리스트 a와 30 × 20 크기의 리스트 b에 저장하는 파이썬 프로그램을 작성하여라. 또한, 40 × 20 크기의 리스트 new_arr를 생성하고, 이 리스트의 처음 10개 행은 리스트 a의 요소를 저장하고, 나머지 30개 행은 리스트 b의 요소를 저장하도록 한다.

풀이

이전 예제에서 배웠던 지식을 활용하면, 다음과 같이 총 세 가지 방법으로 해결할 수 있다.

첫 번째 방법

```
COLUMNS = 20
ROWS_OF_A = 10
ROWS_OF_B = 30
ROWS_OF_NEW = ROWS_OF_A + ROWS_OF_B

# 입력받은 값을 리스트 a에 저장한다.
a = [ [None] * COLUMNS for i in range(ROWS_OF_A) ]
for i in range(ROWS_OF_A):
    for j in range(COLUMNS):
```

```
        a[i][j] = float(input())

# 입력받은 값을 리스트 b에 저장한다.
b = [ [None] * COLUMNS for i in range(ROWS_OF_B) ]
for i in range(ROWS_OF_B):
    for j in range(COLUMNS):
        b[i][j] = float(input())

# 리스트 new_arr를 저장한다.
new_arr = [ [None] * COLUMNS for i in range(ROWS_OF_NEW) ]
for i in range(ROWS_OF_A):
    for j in range(COLUMNS):
        new_arr[i][j] = a[i][j]
for i in range(ROWS_OF_B):
    for j in range(COLUMNS):
        new_arr[ROWS_OF_A + i][j] = b[i][j]

# 리스트 new_arr를 출력한다.
for i in range(ROWS_OF_NEW):
    for j in range(COLUMNS):
        print(new_arr[i][j], end = "\t")
    print()
```

두 번째 방법

file_35_1_4b

```
COLUMNS = 20
ROWS_OF_A = 10
ROWS_OF_B = 30

# 입력받은 값을 리스트 a에 저장한다.
a = [ [None] * COLUMNS for i in range(ROWS_OF_A) ]
for i in range(ROWS_OF_A):
    for j in range(COLUMNS):
        a[i][j] = float(input())

# 입력받은 값을 리스트 b에 저장한다.
b = [ [None] * COLUMNS for i in range(ROWS_OF_B) ]
for i in range(ROWS_OF_B):
    for j in range(COLUMNS):
        b[i][j] = float(input())

# 리스트 new_arr를 생성한다.
new_arr = []
for row in a:
    new_arr.append(row)
for row in b:
```

```
        new_arr.append(row)

# 리스트 new_arr를 출력한다.
for row in new_arr:
    for element in row:
        print(element, end = "\t")
    print()
```

세 번째 방법

```
COLUMNS = 20
ROWS_OF_A = 10
ROWS_OF_B = 30

# 입력받은 값을 리스트 a에 저장한다.
a = [ [None] * COLUMNS for i in range(ROWS_OF_A) ]
for i in range(ROWS_OF_A):
    for j in range(COLUMNS):
        a[i][j] = float(input())

# 입력받은 값을 리스트 b에 저장한다.
b = [ [None] * COLUMNS for i in range(ROWS_OF_B) ]
for i in range(ROWS_OF_B):
    for j in range(COLUMNS):
        b[i][j] = float(input())

# 리스트 new_arr를 생성한다.
new_arr = a + b

# 리스트 new_arr를 출력한다.
for row in new_arr:
    for element in row:
        print(element, end = "\t")
    print()
```

예제 35.1-5 두 개 리스트 만들기 – 양수와 음수 분리하기

사용자로부터 100개의 숫자를 입력받아 리스트에 저장한 후, 이 리스트로부터 pos와 neg 리스트를 각각 생성하는 파이썬 프로그램을 작성하여라. 리스트 pos에는 양수를 저장하고, 리스트 neg에는 음수를 저장한다. 0은 pos와 neg 리스트 어느 쪽에도 저장하지 않도록 한다.

그런 다음, 리스트 pos와 neg를 만드는 부분을 순서도로 설계하여라.

풀이

두 가지 해결 방법이 있다. 첫 번째는 대부분의 컴퓨터 프로그래밍 언어에서 적용하는 방법이고, 두 번째는 파이썬만의 방법이다.

첫 번째 방법

다음 예제를 사용해 첫 번째 방법을 분석해 보자.

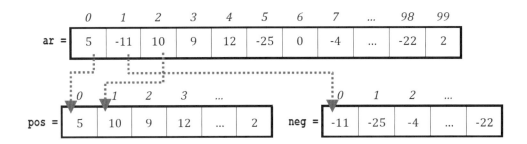

이 예제에서 리스트 ar의 인덱스 위치는 리스트 pos와 neg의 인덱스 위치와 일대일로 대응되지 않는다. 예를 들어, 리스트 ar의 첫 번째 위치의 요소는 리스트 neg의 첫 번째 위치의 요소와 대응되지 않고, 리스트 ar의 두 번째 위치의 요소는 리스트 pos의 두 번째 위치의 요소와 대응되지 않는다. 그러므로 다음과 같이 프로그래밍할 수 없다.

```python
for i in range(ELEMENTS):
    if ar[i] > 0:
        pos[i] = ar[i]
    elif ar[i] < 0:
        neg[i] = ar[i]
```

만일 위와 같이 프로그래밍한다면 다음 그림과 같이 잘못된 두 개의 리스트가 만들어진다.

	0	1	2	3	4	5	6	7	...	98	99
pos =	5		10	9	12				...		2

	0	1	2	3	4	5	6	7	...	98	99
neg =		-11				-25		-4	...	-22	

이런 문제를 해결하기 위해서는 두 개의 독립적인 인덱스 변수가 필요하다. 첫 번째 변수는 리스트 pos를 위한 pos_index, 두 번째는 리스트 neg를 위한 neg_index다. 이들 인덱스 변수는 해당 리스트에 새로운 요소가 추가될 때마다 값을 독립적으로 증가시킨다. 즉, 인덱스 변수 pos_index는 리스트 pos에 요소가 추가되면 증가되고, 인덱스 변수 neg_index는 리스트 neg에 요소가 추가되면 증가되도록 한다.

```python
pos_index = 0
neg_index = 0
for i in range(ELEMENTS):
    if ar[i] > 0:
        pos[pos_index] = ar[i]
        pos_index += 1
    elif ar[i] < 0:
        neg[neg_index] = ar[i]
        neg_index += 1
```

반복문이 완료되면 두 개의 리스트는 다음과 같은 값을 가지게 된다.

	0	1	2	3	...	
pos =	5	10	9	12	...	2

	0	1	2	...	
neg =	-11	-25	-4	...	-22

주목할 것! 변수 pos_index와 neg_index는 두 개의 규칙을 가지고 있다는 점을 기억하자. 반복 처리가 수행될 때 새로운 요소의 추가를 위해 각 변수는 다음 위치를 가리키고 있어야 한다. 반복문이 완료되면 pos_index 와 neg_index 변수는 각 리스트 요소의 총 개수 값을 가지게 된다.

최종 파이썬 프로그램은 다음과 같다.

file_35_1_5a

```python
ELEMENTS = 100

ar = [None] * ELEMENTS
for i in range(ELEMENTS):
    ar[i] = float(input())

# 리스트 pos와 neg를 생성한다.
pos = [None] * ELEMENTS
neg = [None] * ELEMENTS
pos_index = 0
neg_index = 0
for i in range(ELEMENTS):
```

```
    if ar[i] > 0:
        pos[pos_index] = ar[i]
        pos_index += 1
    elif ar[i] < 0:
        neg[neg_index] = ar[i]
        neg_index += 1

for i in range(pos_index):
    print(pos[i], end = "\t")

print()

for i in range(neg_index):
    print(neg[i], end = "\t")
```

주목할 것! 리스트 pos와 neg는 pos_index와 neg_index 값만큼의 요소를 각각 가지게 된다. 마지막 두 개의 루프 제어 구조는 변수 i가 ELEMENTS − 1이 아닌 pos_index − 1과 neg_index − 1이 될 때 반복문이 종료된다. 그래서 pos_index + neg_index는 ELEMENTS와 동일한 값을 가진다.

이제, 프로그램 중 리스트 pos와 neg를 만드는 부분을 순서도로 설계해 보자. 이미 눈치챘겠지만, for-루프 안에 여러 개의 결정 제어 구조가 중첩된다. 순서도는 다음과 같다.

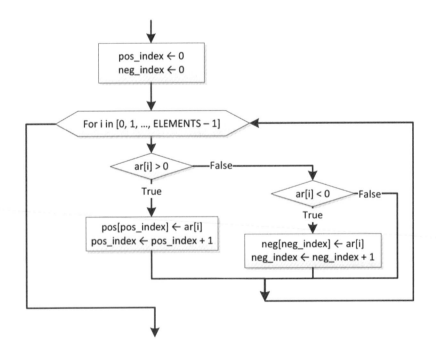

두 번째 방법

사실 첫 번째 방법에는 큰 문제가 있었다. 리스트 ar의 요소가 모두 양수이거나 모두 음수일 경우가 있을 수 있기 때문에 리스트 pos와 neg의 크기를 지정된 크기인 100으로 초기화해야 한다. 다음과 같이 append( ) 메서드를 사용하면 첫 번째 방법에 비해 좀 더 효율적으로 주기억 장치를 사용해 가면서 문제를 해결할 수 있다.

file_35_1_5b

```
ELEMENTS = 100
ar = [None] * ELEMENTS
for i in range(ELEMENTS):
    ar[i] = float(input())

# 리스트 pos와 neg를 생성한다.
pos = []
neg = []
for element in ar:
    if element > 0:
        pos.append(element)
    elif element < 0:
        neg.append(element)

for element in pos:
    print(element, end = "\t")

print()

for element in neg:
    print(element, end = "\t")
```

위 프로그램에 대응하는 순서도는 다음과 같다.

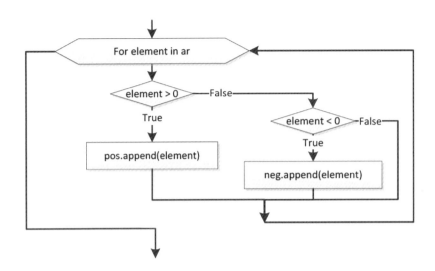

주목할 것! 위 문제를 해결하는 데에는 두 가지 외에 더 많은 해결 방법이 존재한다. 그중 가장 최적의 답을 선택하는 것은 프로그래머의 몫이다.

예제 35.1-6 5 값을 갖고 있는 숫자들의 리스트 만들기

사용자로부터 두 자릿수 정수 100개를 입력받아 리스트에 저장한 후, 이들 정수 중에서 자릿수값으로 5를 갖고 있는 정수들의 리스트를 생성하는 파이썬 프로그램을 작성하여라.

풀이

이 문제를 해결하려면 이전에 배웠던 지식이 필요하다. 13장에서 몫과 나머지를 사용해 정수를 자릿수별로 분리하는 방법에 대해 살펴보았다. 입력받은 정수가 두 자릿수를 가지기 때문에 다음 코드를 사용하여 각 자릿수별로 숫자값을 분리할 수 있다.

```
last_digit = x % 10
first_digit = x // 10
```

또는 파이썬다운 방식으로 다음과 같이 divmod() 함수를 사용할 수도 있다.

```
first_digit, last_digit = divmod(x, 10)
```

위와 같이 두 가지 방법으로 이 문제를 해결할 수 있다. 첫 번째 방법은 대부분의 컴퓨터 프로그래밍 언어에서 사용하는 방법이고, 두 번째 방법은 파이썬만의 방식이다.

첫 번째 방법

최종 파이썬 프로그램은 다음과 같다.

file_35_1_6a

```
ELEMENTS = 100

a = [None] * ELEMENTS
for i in range(ELEMENTS):
    a[i] = int(input())

b = [None] * ELEMENTS
k = 0
for i in range(ELEMENTS):
    last_digit = a[i] % 10
    first_digit = a[i] // 10

    if first_digit == 5 or last_digit == 5:
        b[k] = a[i]
        k += 1

for i in range(k):
    print(b[i], end = "\t")
```

기억할 것!

기존 리스트의 값들을 새로운 리스트로 옮길 때 각 요소가 일대일로 대응되지 않는 상황에서는 새로운 리스트의 인덱스를 나타내기 위해 추가 변수를 사용해야 한다. 이 변수는 새로운 리스트에 요소가 추가될 때만 증가되어야 한다. 그리고 새로운 리스트를 만들기 위한 반복문이 끝나면 이 변수의 값은 새로운 리스트의 총 요소 개수가 된다.

두 번째 방법

첫 번째 방법의 단점은 사용자가 입력한 숫자에 5가 포함되어 있는지의 여부에 상관없이 크기 100인 리스트 b를 초기화해야 한다는 점이다. 그러나 append() 메서드를 사용하면 첫 번째 방법에 비해 좀 더 효율적으로 파이썬스럽게 문제를 해결할 수 있다.

file_35_1_6b

```
ELEMENTS = 100

a = [None] * ELEMENTS
for i in range(ELEMENTS):
    a[i] = int(input())

b = []
```

```
for element in a:
    first_digit, last_digit = divmod(element, 10)
    if 5 in [first_digit, last_digit]:
        b.append(element)

for element in b:
    print(element, end = "\t")
```

35.2 리스트의 데이터 유효성

데이터 유효성(data validation)은 사용자로부터 유효한 값만 입력받기 위해 입력 데이터를 제한하는 과정이다. 데이터 유효성은 29장에서 배웠던 것처럼 오류 메시지를 출력할 것인지의 여부, 각 오류마다 서로 다른 오류 메시지를 출력할 것인지의 여부, 혹은 모든 오류에 대해 하나의 오류 메시지만을 출력할 것인지의 여부에 따라 다음과 같이 세 가지 방법이 있다. 이들 세 가지 방법이 리스트에 어떻게 적용되는지 알아보자.

첫 번째 방법 – 오류 메시지 없이 데이터 입력의 유효성 검사하기

29장에서 오류 메시지의 출력 없이 사용자로부터 입력받은 데이터의 유효성을 검사하는 방법에 대해서 배웠다. 일반 형태의 코드는 다음과 같다.

```
while True:
    input_data = input("안내 메시지")
    if input_data test 1 성공 and \
       input_data test 2 성공 and \
       ...
       input_data test N 성공: break
```

위 코드가 어떻게 동작하는지 살펴보자. 주 아이디어는 사용자가 유효한 값을 입력할 때까지 반복적으로 입력하는 것이다. 즉, 사용자가 유효한 값을 입력하면, 다음 부분으로 넘어간다.

리스트에 데이터를 입력할 때도 동일한 방식을 사용한다. 리스트의 모든 요소를 반복 처리하는 데 for-루프를 사용할 경우의 코드는 다음과 같다.

```
for i in range(ELEMENTS)
    while True:
        input_data = input("안내 메시지")
        if input_data test 1 성공 and \
           input_data test 2 성공 and \
           ...
           input_data test N 성공: break
```

```
        input_list[i] = input_data
```

수행 흐름이 사후-검사 루프 구조를 빠져나오면 input_data 변수는 유효한 값을 가지게 되고, 이 변수의 값이 input_list 리스트의 특정 위치에 저장된다. 그러나 추가 변수인 input_data를 사용하지 않고 다음과 같이 좀 더 단순하게 구현하는 방법도 있다.

```
for i in range(ELEMENTS):
    while True:
        input_list[i] = input("안내 메시지")
        if input_list[i] test 1 성공 and \
           input_list[i] test 2 성공 and \
           ...
           input_list[i] test N 성공: break
```

두 번째 방법 – 하나의 오류 메시지를 이용한 데이터 입력의 유효성 검사하기

이전과 마찬가지로 다음 코드도 29장에서 배웠던 코드를 기반으로 리스트에 적용한 것이다. 이 코드는 데이터 입력의 유효성을 검사하고, 하나의 오류 메시지를 출력한다(즉, 입력 오류의 유형에 상관없이 동일한 오류 메시지를 출력한다).

```
for i in range(ELEMENTS):
    input_list[i] = input("안내 메시지")
    while input_list[i] test 1 실패 or \
          input_list[i] test 2 실패 or \
          ...
          input_list[i] test N 실패:
        print("오류 메시지")
        input_list[i] = input("안내 메시지")
```

세 번째 방법 – 개별 오류 메시지를 이용한 데이터 입력의 유효성 검사하기

다음 코드도 29장에서 배웠던 코드를 기반으로 리스트에 적용한 것으로, 데이터 입력의 유효성을 검사하고, 각 오류마다 서로 다른 오류 메시지를 출력한다.

```
for i in range(ELEMENTS):
    while True:
        input_list[i] = input("안내 메시지")
        failure = False
        if input_list[i] test 1 실패:
            print("오류 메시지 1")
            failure = True
        elif input_list[i] test 2 실패:
```

```
        print("오류 메시지 2")
        failure = True
    elif ...
        ...
    elif input_list[i] test N 실패:
        print("오류 메시지 N")
        failure = True
    if failure == False: break
```

예제 35.2-1 홀수를 역순으로 출력하기 – 오류 메시지 없이 확인하기

사용자로부터 20개의 홀수인 정수를 입력받아 리스트에 저장한 후, 이들 정수를 역순으로 출력하는 파이썬 프로그램을 작성하여라. 이 프로그램은 홀수 정수만을 입력받도록 데이터 입력의 유효성을 검사해야 한다. 이때 오류 메시지를 출력할 필요는 없다.

풀이

문제 그대로 사용자로부터 입력받는 모든 값을 리스트에 저장할 필요는 없다. 파이썬 프로그램은 다음과 같다.

file_35_2_1

```
ELEMENTS = 20

odds = [None] * ELEMENTS
for i in range(ELEMENTS):
    while True:                                          ←  데이터 입력의 유효성 검사
        odds[i] = int(input("홀수인 정수를 입력하여라: "))
        if odds[i] % 2 != 0: break

# 요소를 역순으로 출력                    # 또는 다음과 같이 변형 가능
for i in range(ELEMENTS - 1, -1, -1):    # for element in odds[::-1]:
    print(odds[i], end = "\t")           #     print(element, end = "\t")
```

예제 35.2-2 홀수를 역순으로 출력하기 – 하나의 오류 메시지로 확인하기

사용자로부터 20개의 홀수인 정수를 입력받아 리스트에 저장한 후, 이들 정수를 역순으로 출력하는 파이썬 프로그램을 작성하여라. 이 프로그램은 홀수인 정수만을 입력받도록 데이터 입력의 유효성을 검사해야 하며, 숫자가 아닌 값이나 짝수가 입력된 경우 하나의 오류 메시지를 출력해야 한다.

풀이

다음 프로그램은 데이터 입력의 유효성 검사 부분만을 제외하면 이전 프로그램과 동일하다. 두 번째 방법을 사용하여 사용자가 짝수를 입력한 경우, 오류 메시지를 출력하도록 한다. 파이썬 프로그램은 다음과 같다.

file_35_2_2

```python
import re
IS_NUMERIC = "^[-+]?\\d+(\\.\\d+)?$"


ELEMENTS = 20

odds = [None] * ELEMENTS
for i in range(ELEMENTS):
    inp = input("홀수 정수를 입력하여라: ")
    while not re.match(IS_NUMERIC, inp) or int(inp) % 2 == 0:
        print("부적절한 값!")
        inp = input("홀수 정수를 입력하여라: ")
    odds[i] = int(inp)

# 요소를 역순으로 출력
for element in odds[::-1]:
    print(element, end = "\t")
```

데이터 입력의 유효성 검사

예제 35.2-3 홀수를 역순으로 출력하기 – 개별 오류 메시지로 확인하기

사용자로부터 20개의 홀수인 정수를 입력받아 리스트에 저장한 후, 이들 정수를 역순으로 출력하는 파이썬 프로그램을 작성하여라. 이 프로그램은 홀수인 정수만을 입력받도록 데이터 입력의 유효성을 검사해야 하며, 사용자가 숫자가 아닌 값, 짝수인 정수 혹은 실숫값을 입력했을 경우 각각 개별적인 오류 메시지를 출력해야 한다.

풀이

세 번째 방법을 사용하여 사용자가 숫자가 아닌 값, 짝수인 정수 혹은 실숫값을 입력할 경우, 각각 개별적인 오류 메시지를 출력하도록 한다. 파이썬 프로그램은 다음과 같다.

```
import re

IS_NUMERIC = "^[-+]?\\d+(\\.\\d+)?$"
ELEMENTS = 20
odds = [None] * ELEMENTS
for i in range(ELEMENTS):
    while True:
        inp = input("홀수 정수를 입력하여라: ")
        failure = False
        if not re.match(IS_NUMERIC, inp):
            print("숫자값을 입력하여라!")
            failure = True
        elif float(inp) != int(float(inp)):
            print("정수를 입력하여라!")
            failure = True
        elif int(inp) % 2 == 0:
            print("홀수를 입력하여라!")
            failure = True
        if failure == False: break
    odds[i] = int(inp)

# 요소를 역순으로 출력
for element in odds[::-1]:
    print(element, end = "\t")
```

데이터 입력의 유효성 검사

35.3 리스트에서 최솟값과 최댓값 찾기

이 문제는 교재에서 이미 두 번 다루었고, 이번까지 포함하면 총 세 번을 다룬다. 4장(결정 제어 구조)에서 처음 다루었고, 5장(루프 제어 구조)에서 두 번째로 다루었다. 그래서 리스트에서 최솟값과 최댓값을 찾는다는 점 이외에 다른 내용은 없다.

예제 35.3-1 가장 깊은 호수 찾기

사용자로부터 20개의 호수에 대한 깊이 값을 입력받고, 가장 깊은 호수의 깊이값을 출력하는 순서도와 파이썬 프로그램을 작성하여라.

풀이

사용자로부터 리스트 depths에 20개 호수의 깊이 값을 입력받은 후, maximum 변숫값을 리스트 depths의 첫 번째 요솟값인 depths[0]으로 설정한다. 그리고 maximum 변숫값보다 더 큰 값이 있는지를 검색한다. 해결 방법은 별도의 설명이 필요 없을 정도로 다음 순서도와 같이 매우 간단하다.

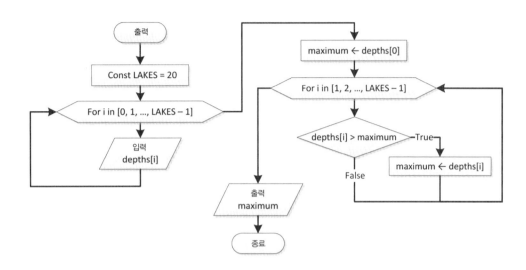

파이썬 프로그램은 다음과 같다.

```
file_35_3_1a

LAKES = 20

depths = [None] * LAKES
for i in range(LAKES):
    depths[i] = float(input())

# 초깃값
maximum = depths[0]
# 위치 1부터 검색한다.
for i in range(1, LAKES):
    if depths[i] > maximum:
        maximum = depths[i]

print(maximum)
```

🔊 주목할 것!   반복문을 처리할 때 인덱스 위치 1 대신 0부터 반복할 경우, 불필요한 반복 처리가 1회 발생한다.

주목할 것! maximum 변수의 초깃값으로 임의의 값을 설정할 수도 있다. 지구상에 음의 깊이를 가지는 호수는 없기 때문에 maximum 변수의 초깃값으로 −1 값을 설정할 수도 있다.

다음과 같이 max( ) 함수를 사용하면 파이썬다운 방식으로 프로그램을 작성할 수 있다.

file_35_3_1b
```
LAKES = 20

depths = [None] * LAKES
for i in range(LAKES):
    depths[i] = float(input())

maximum = max(depths)
print(maximum)
```

 주목할 것! 리스트에서 최솟값을 찾고 싶다면 min( ) 함수를 사용하면 된다.

예제 35.3-2 **가장 깊은 호수 찾기**

사용자로부터 20개 호수의 깊이 값을 입력받고, 가장 깊은 호수의 이름을 출력하는 파이썬 프로그램을 작성하여라.

풀이

이 문제의 해결을 위해서는 두 개의 1차원 리스트가 필요하다. 첫 번째 리스트에는 호수 이름을 저장하고, 두 번째 리스트에는 호수의 깊이 값을 저장한다. 파이썬 프로그램은 다음과 같다.

file_35_3_2
```
LAKES = 20

names = [None] * LAKES
depths = [None] * LAKES

for i in range(LAKES):
    names[i] = input()
    depths[i] = float(input())

maximum = depths[0]
m_name = names[0]
```

```
for i in range(1, LAKES):
    if depths[i] > maximum:
        maximum = depths[i]
        m_name = names[i]

print(m_name)
```

예제 35.3-3 어떤 호수가 가장 깊은가? 그리고 호수의 국가와 평균 넓이는?

사용자로부터 20개 호수의 깊이값, 이름, 국가, 평균 넓이를 입력받고, 가장 깊은 호수에 대한 모든 정보를 출력하는 파이썬 프로그램을 작성하여라.

풀이

이 문제를 해결하기 위해서는 네 개의 1차원 리스트가 필요하다. 첫 번째 리스트에는 호수 이름, 두 번째 리스트에는 깊이값, 세 번째 리스트에는 국가 이름, 네 번째 리스트에는 호수의 평균 넓이를 저장한다. 실제로 두 가지 방법으로 이 문제를 해결할 수 있다. 첫 번째 방법은 이전 예제와 동일하며, 두 번째 방법은 적은 수의 변수를 사용하기 때문에 첫 번째 방법에 비해 좀 더 효율적이다. 두 가지 방법 모두 살펴보자.

첫 번째 방법 – 각 입력마다 하나의 변수 사용하기

첫 번째 방법은 이전 예제에서 사용했던 방법과 유사하다. 파이썬 프로그램은 다음과 같다.

file_35_3_3a
```
LAKES = 20

names = [None] * LAKES
depths = [None] * LAKES
countries = [None] * LAKES
areas = [None] * LAKES

for i in range(LAKES):
    names[i] = input()
    depths[i] = float(input())
    countries[i] = input()
    areas[i] = float(input())

maximum = depths[0]
m_name = names[0]
m_country = countries[0]
m_area = areas[0]
```

```
for i in range(1, LAKES):
    if depths[i] > maximum:
        maximum = depths[i]
        m_name = names[i]
        m_country = countries[i]
        m_area = areas[i]

print(maximum, m_name, m_country, m_area)
```

두 번째 방법 – 모든 입력에 대해 하나의 인덱스 사용하기

두 번째 방법은 m_name, m_country, m_area 변수를 사용하는 것 대신, 최댓값이 있는 곳의
인덱스를 유지하는 단 하나의 변수를 사용하는 것이다.

다음 6개 호수에 대한 예제를 살펴보자. 깊이 값의 단위로 미터를 사용하고, 평균 넓이의 단위
로 제곱킬로미터를 사용한다.

	names		depths		countries		areas
0	Toba		506		Indonesia		1140
1	Issyk Kul		668		Kyrgyzstan		6216
2	Baikal		1640		Russia		31722
3	Crater		594		USA		54
4	Karakul		229		Tajikistan		388
5	Quesnel		610		Canada		267

가장 깊은 호수인 Baikal은 인덱스 위치 2에 있다. 이때 m_name 변수에 호수 이름 'Baikal',
m_country 변수에 국가 이름 'Russia', m_area 변수에 평균 넓이 '31722를 저장하는 것 대신,
이들 값이 있는 위치를 나타내는 인덱스 변수를 사용하여 문제를 해결할 수 있다(이 예제에서
인덱스 변숫값은 2다). 파이썬 프로그램은 다음과 같다.

file_35_3_3b
```
LAKES = 20

names = [None] * LAKES
depths = [None] * LAKES
countries = [None] * LAKES
```

```
areas = [None] * LAKES

for i in range(LAKES):
    names[i] = input()
    depths[i] = float(input())
    countries[i] = input()
    areas[i] = float(input())

maximum = depths[0]
index_of_max = 0
for i in range(1, LAKES):
    if depths[i] > maximum:
        maximum = depths[i]
        index_of_max = i

print(depths[index_of_max], names[index_of_max])
print(countries[index_of_max], areas[index_of_max])
```

 기억할 것! 최댓값이 위치 0에 있을 수도 있기 때문에 index_of_max 변수의 초깃값에 0을 할당해야 한다.

예제 35.3-4 가장 높은 점수를 가진 학생 찾기

사용자로부터 학생 100명의 이름과 점수를 입력받아 가장 높은 점수를 가진 학생의 이름을 출력하는 파이썬 프로그램을 작성하여라. 이 프로그램은 입력 데이터를 확인해 사용자가 숫자가 아닌 값이나 음수를 입력한 경우, 오류 메시지를 출력해야 한다.

풀이

이 예제를 해결하기 위해서는 먼저 루프 제어 구조를 통해 리스트에서 가장 높은 점수값을 찾아야 한다. 그리고 가장 높은 점수를 가진 학생의 이름을 출력하기 위해 또 다른 루프 제어 구조를 통해 가장 높은 점수값과 동일한 값을 가지는 요소를 리스트에서 찾아야 한다. 파이썬 프로그램은 다음과 같다.

file_35_3_4

```
import re

IS_NUMERIC = "^[-+]?\\d+(\\.\\d+)?$"
STUDENTS = 100

names = [None] * STUDENTS
```

```
grades = [None] * STUDENTS
for i in range(STUDENTS):
    names[i] = input(str(i + 1) + "번째 학생 이름을 입력하여라: ")

    inp = input("점수를 입력하여라: ")
    while not re.match(IS_NUMERIC, inp) or int(inp) < 0:
        print("부적절한 값입니다.")
        inp = input("점수를 입력하여라: ")
    grades[i] = int(inp)

maximum = grades[0]                    # 혹은 다음과 같이 해결할 수도 있음
for i in range(1, STUDENTS):           # maximum = max(grades)
    if grades[i] > maximum:
        maximum = grades[i]

print("가장 높은 점수를 가진 학생:")
for i in range(STUDENTS):
    if grades[i] == maximum:
        print(names[i])
```

🔊 **주목할 것!** 이 예제는 리스트를 사용하지 않으면 해결할 수 없다.

🔊 **주목할 것!** 다음 코드는 이 예제에 대한 정확한 해결 방법이지만, 비효율적이다.

```
            print("가장 높은 점수를 가진 학생:")
for i in range(STUDENTS):
    if grades[i] == max(grades):
        print(names[i])
```

매 반복마다 max( ) 함수가 호출되기 때문이며, 총 100회나 호출된다.

예제 35.3-5 2차원 리스트에서 가장 작은 값 찾기

사용자로부터 10개 도시의 1월 한 달간 정오 온도(단위: 섭씨)를 입력받는 파이썬 프로그램을 작성하여라. 그리고 가장 낮은 온도를 출력하여라. 다음으로, 가장 낮은 온도를 찾는 부분에 대한 순서도를 설계하여라.

풀이

이 문제를 해결하려면 다음과 같은 리스트가 필요하다.

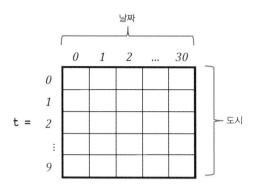

날짜

리스트 t는 1월의 총 일수만큼(0~30)의 열을 가진다.

 주목할 것! 리스트 t는 1월의 총 일수만큼(0~30)의 열을 가진다.

minimum 변수에 초깃값으로 t[0][0] 값을 할당한다. 그런 다음, 행 단위 혹은 열 단위로 최솟
값을 찾기 위해 반복 처리를 수행한다. 파이썬 프로그램은 다음과 같다.

file_35_3_5a

```
CITIES = 10
DAYS = 31

# 입력받은 값을 리스트 t에 저장한다.
t = [ [None] * DAYS for i in range(CITIES) ]
for i in range(CITIES):
    for j in range(DAYS):
        t[i][j] = int(input())

# 최솟값을 찾는다.
minimum = t[0][0]
for i in range(CITIES):
    for j in range(DAYS):
        if t[i][j] < minimum:
            minimum = t[i][j]

print(minimum)
```

다음은 가장 낮은 온도(리스트 t의 최솟값)를 찾는 부분에 대한 순서도를 나타낸다.

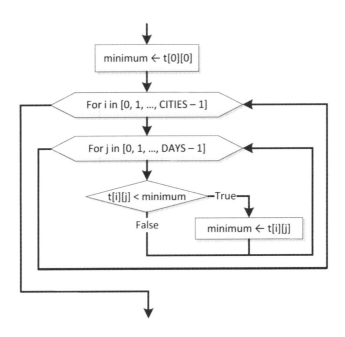

최솟값을 찾기 위해 다음과 같이 리스트 t에 min() 함수를 사용하면 파이썬다운 방식으로 프로그램을 작성할 수 있다.

```
CITIES = 10
DAYS = 31

# 입력받은 값을 리스트 t에 저장한다.
t = [ [None] * DAYS for i in range(CITIES) ]
for i in range(CITIES):
    for j in range(DAYS):
        t[i][j] = int(input())

print(min(t))
```

예제 35.3-6 가장 추웠던 도시 찾기

사용자로부터 10개 도시의 1월 한 달간 정오 온도(단위: 섭씨)를 입력받는 파이썬 프로그램을 작성하여라. 그리고 최저 온도의 도시 이름과 날짜를 출력하라.

풀이

이 문제를 해결하기 위해서는 다음과 같이 두 개의 리스트가 필요하다.

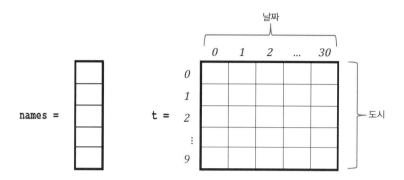

해결 방법은 간단하다. minimum 변수의 값이 바뀔 때마다 m_i와 m_j 변수에 i와 j의 값을 각각 저장한다. 결국, m_i와 m_j는 가장 작은 값을 가지는 행과 열의 인덱스를 가지게 된다. 파이썬 프로그램은 다음과 같다.

file_35_3_6

```
CITIES = 10
DAYS = 31

names = [None] * CITIES
t = [ [None] * DAYS for i in range(CITIES) ]
for i in range(CITIES):
    names[i] = input()
    for j in range(DAYS):
        t[i][j] = int(input())

minimum = t[0][0]
m_i = 0
m_j = 0
for i in range(CITIES):
    for j in range(DAYS):
        if t[i][j] < minimum:
            minimum = t[i][j]
            m_i = i
            m_j = j

print("최저 온도:", minimum)
print("도시:", names[m_i])
print("날짜:", m_j + 1)
```

기억할 것! t[0][0] 값이 가장 작은 값일 가능성도 있기 때문에 m_i와 m_j 변수의 초깃값으로 0 값을 할당한다.

예제 35.3-7 각 행의 최솟값과 최댓값 찾기

사용자로부터 20 × 30 크기의 리스트에 값들을 입력받아 각 행의 최솟값과 최댓값을 찾아 출력해 주는 파이썬 프로그램을 작성하여라.

풀이

해결 방법은 총 세 가지가 있다. 첫 번째는 두 개의 1차원 보조 리스트인 minimum과 maximum을 만들어 출력하는 방법이다. minimum과 maximum 보조 리스트는 각 행의 최솟값과 최댓값을 각각 저장하기 위한 목적으로 사용된다. 두 번째와 세 번째는 각 행의 최솟값과 최댓값을 직접 찾아 출력하는 방법이다. 세 가지 방법 모두 살펴보자.

첫 번째 방법 – 보조 리스트 만들기

첫 번째 방법을 쉽게 이해하기 위해 '내부에서 외부로' 방식을 사용해 보자. 다음 코드가 반복 처리를 마치면, 1차원 보조 리스트 minimum과 maximum의 위치 0에는 리스트 a의 첫 번째 행(행 인덱스가 0)의 최솟값과 최댓값이 각각 저장된다. 변수 i는 0 값을 가진다고 가정한다.

```
minimum[i] = a[i][0]
maximum[i] = a[i][0]
for j in range(1, COLUMNS):
    if a[i][j] < minimum[i]:
        minimum[i] = a[i][j]
    if a[i][j] > maximum[i]:
        maximum[i] = a[i][j]
```

 주목할 것! j의 시작값은 1이라는 사실에 주목하자. j의 시작값으로 1 대신 0을 사용할 경우, 불필요하게 한 번의 반복 처리를 더 하게 된다.

행 단위로 반복을 수행하는 for-루프 내부에 위 코드를 중첩시키면 다음과 같이 리스트 a 전체를 처리할 수 있다.

```
for i in range(ROWS):
    minimum[i] = a[i][0]
    maximum[i] = a[i][0]
```

```
        for j in range(1, COLUMNS):
            if a[i][j] < minimum[i]:
                minimum[i] = a[i][j]
            if a[i][j] > maximum[i]:
                maximum[i] = a[i][j]
```

최종 파이썬 프로그램은 다음과 같다.

file_35_3_7a

```
ROWS = 30
COLUMNS = 20

a = [ [None] * COLUMNS for i in range(ROWS) ]

for i in range(ROWS):
    for j in range(COLUMNS):
        a[i][j] = float(input())

minimum = [None] * ROWS
maximum = [None] * ROWS
for i in range(ROWS):
    minimum[i] = a[i][0]
    maximum[i] = a[i][0]
    for j in range(1, COLUMNS):
        if a[i][j] < minimum[i]:
            minimum[i] = a[i][j]
        if a[i][j] > maximum[i]:
            maximum[i] = a[i][j]

for i in range(ROWS):
    print(minimum[i], maximum[i])
```

두 번째 방법 – 최솟값과 최댓값 찾아 바로 출력하기

두 번째 방법에서도 '내부에서 외부로' 방식을 사용한다. 다음 코드는 리스트 a의 첫 번째 행에서 최솟값과 최댓값을 각각 찾은 후, 바로 출력한다. 변수 i는 0 값을 가진다고 가정한다.

```
minimum = a[i][0]
maximum = a[i][0]
for j in range(1, COLUMNS):
    if a[i][j] < minimum:
        minimum = a[i][j]
    if a[i][j] > maximum:
        maximum = a[i][j]

print(minimum, maximum)
```

행 단위로 반복을 수행하는 for-루프 내부에 이전 코드를 중첩시키면 다음과 같이 리스트 a 전체를 처리할 수 있다.

```
for i in range(ROWS):
    minimum = a[i][0]
    maximum = a[i][0]
    for j in range(1, COLUMNS):
        if a[i][j] < minimum:
            minimum = a[i][j]
        if a[i][j] > maximum:
            maximum = a[i][j]

    print(minimum, maximum)
```

최종 파이썬 프로그램은 다음과 같다.

file_35_3_7b

```
ROWS = 30
COLUMNS = 20

a = [ [None] * COLUMNS for i in range(ROWS) ]

for i in range(ROWS):
    for j in range(COLUMNS):
        a[i][j] = float(input())

for i in range(ROWS):
    minimum = a[i][0]
    maximum = a[i][0]
    for j in range(1, COLUMNS):
        if a[i][j] < minimum:
            minimum = a[i][j]
        if a[i][j] > maximum:
            maximum = a[i][j]

    print(minimum, maximum)
```

세 번째 방법 – 파이썬다운 방식

세 번째 방법은 파이썬의 min()과 max() 함수를 사용하는 것이다. 이 방법은 각 행의 최솟값과 최댓값을 찾아 바로 출력한다.

file_35_3_7c

```
ROWS = 30
COLUMNS = 20
```

```
a = [ [None] * COLUMNS for i in range(ROWS) ]

for i in range(ROWS):
    for j in range(COLUMNS):
        a[i][j] = float(input())

for row in a:
    print(min(row), max(row))
```

예제 35.3-8 각 열의 최솟값과 최댓값 찾기

사용자로부터 20 × 30 크기의 리스트에 값들을 입력받아 각 열의 최솟값과 최댓값을 찾아 출력해 주는 파이썬 프로그램을 작성하여라.

풀이

이전 예제와 달리 두 가지 방법으로 이 문제를 해결할 수 있지만, 두 방법 모두 파이썬으로만 해결할 수 있는 방법은 아니다. 파이썬조차도 이 예제를 쉽게 해결할 수 있는 방법은 없다.

첫 번째 방법 – 보조 리스트 만들기

다음 코드가 반복 처리를 마치면, 1차원 보조 리스트 minimum과 maximum의 위치 0에는 리스트 a의 첫 번째 열(열 인덱스가 0)의 최솟값과 최댓값이 각각 저장된다. 변수 j는 0 값을 가진다고 가정한다.

```
minimum[j] = a[0][j]
maximum[j] = a[0][j]
for i in range(1, ROWS):
    if a[i][j] < minimum[j]:
        minimum[j] = a[i][j]
    if a[i][j] > maximum[j]:
        maximum[j] = a[i][j]
```

> 📢 주목할 것! 변수 i의 시작값이 1이라는 사실에 주목하자. i의 시작값으로 1 대신 0을 사용할 경우, 불필요하게 한 번의 반복 처리를 더 하게 된다.

열 단위로 반복을 수행하는 for-루프 내부에 위 코드를 중첩시키면 다음과 같이 리스트 a 전체를 처리할 수 있다.

```
    for j in range(COLUMNS):
        minimum[j] = a[0][j]
        maximum[j] = a[0][j]
        for i in range(1, ROWS):
            if a[i][j] < minimum[j]:
                minimum[j] = a[i][j]
            if a[i][j] > maximum[j]:
                maximum[j] = a[i][j]
```

주목할 것!

이전 예제를 잘 풀었다면, 각 열의 최솟값과 최댓값을 찾는 것은 각 행의 최솟값과 최댓값을 찾는 것만큼 이나 쉽다는 점을 알 수 있다. 두 개의 for-루프에서 단지 i와 j의 위치만을 서로 맞바꾸면 된다는 점에 주 목하자.

최종 파이썬 프로그램은 다음과 같다.

file_35_3_8a

```
ROWS = 30
COLUMNS = 20

a = [ [None] * COLUMNS for i in range(ROWS) ]

for i in range(ROWS):
    for j in range(COLUMNS):
        a[i][j] = float(input())

minimum = [None] * COLUMNS
maximum = [None] * COLUMNS

for j in range(COLUMNS):
    minimum[j] = a[0][j]
    maximum[j] = a[0][j]
    for i in range(1, ROWS):
        if a[i][j] < minimum[j]:
            minimum[j] = a[i][j]
        if a[i][j] > maximum[j]:
            maximum[j] = a[i][j]

for j in range(COLUMNS):
    print(minimum[j], maximum[j])
```

두 번째 방법 – 최솟값과 최댓값을 찾아 바로 출력하기

이전 예제의 두 번째 해결 방법을 사용하여 문제를 풀어 보자. 파이썬 프로그램은 다음과 같다.

```
ROWS = 30
COLUMNS = 20

a = [ [None] * COLUMNS for i in range(ROWS) ]

for i in range(ROWS):
    for j in range(COLUMNS):
        a[i][j] = float(input())

for j in range(COLUMNS):
    minimum = a[0][j]
    maximum = a[0][j]
    for i in range(1, ROWS):
        if a[i][j] < minimum:
            minimum = a[i][j]
        if a[i][j] > maximum:
            maximum = a[i][j]
    print(minimum, maximum)
```

35.4 리스트 정렬하기

정렬 알고리즘(sorting algorithm)은 컴퓨터 과학에서 중요한 주제로, 리스트의 요소들을 일정한 순서로 배치하는 알고리즘이다. 다양한 정렬 알고리즘이 존재하며, 각 알고리즘마다 장단점이 있다.

대다수의 정렬 알고리즘은 리스트의 요소들을 비교하는 방식으로 동작하며, 정렬 알고리즘의 평가는 효율성과 필요한 메모리의 양에 기반을 두고 있다.

많은 정렬 알고리즘이 존재하며, 다음은 대표적인 정렬 알고리즘을 나열한 것이다.

- 버블 정렬 알고리즘
- 변형된 버블 정렬 알고리즘
- 선택 정렬 알고리즘
- 삽입 정렬 알고리즘
- 힙 정렬 알고리즘
- 병합 정렬 알고리즘
- 퀵 정렬 알고리즘

효율성을 기준으로 했을 때, 버블 정렬 알고리즘은 성능 측면에서 가장 비효율적이다. 이와 반대로, 퀵 정렬 알고리즘은 다른 정렬 알고리즘에 비해 가장 빠른 정렬 알고리즘으로 간주되고 있으며, 특히 대용량 데이터 작업 처리에 유리하다.

정렬 알고리즘은 데이터를 오름차순이나 내림차순으로 단순히 정렬하여 출력하는 것 이상의 일을 한다. 예를 들어, 어떤 리스트에서 가장 큰 숫자 세 개를 출력해야 하는 문제가 있다면, 파이썬 프로그램에서 해당 리스트를 내림차순으로 정렬한 후, 인덱스 위치가 0, 1, 2인 맨 처음 세 개 요소만을 출력하면 된다. 또한, 정렬 알고리즘은 주어진 값 중에서 가장 작은 값과 큰 값을 찾는 데도 유용하다. 어떤 리스트가 오름차순으로 정렬되어 있다면, 최솟값은 첫 번째 인덱스 위치, 최댓값은 마지막 인덱스 위치에 있을 것이다. 물론, 단지 최솟값과 최댓값을 찾기 위해 리스트를 사용하는 것은 매우 비효율적이다. 그러나 예제에서 정렬된 리스트를 요구하고 최솟값과 최댓값을 찾아야 한다면, 여러분은 이제 정렬 알고리즘을 이용하여 최솟값과 최댓값을 쉽게 찾아낼 수 있다.

이미 알고 있듯이, 파이썬은 리스트 정렬을 위해 사용할 수 있는 sort( )와 sorted( ) 메서드를 제공한다. 그러나 다른 리스트와의 관계를 유지하면서 리스트를 정렬해야 할 경우 자신만의 정렬 알고리즘을 만들어야 할 때도 있다.

예제 35.4-1 버블 정렬 알고리즘 – 숫자값을 가지는 1차원 리스트 정렬하기

사용자로부터 20개의 숫자를 입력받아 리스트에 저장한 후, 버블 정렬 알고리즘을 사용하여 리스트를 오름차순으로 정렬해 주는 파이썬 알고리즘을 작성하여라.

풀이

버블 정렬 알고리즘은 정렬 알고리즘 중에서 가장 비효율적이지만, 학습 목적으로 널리 사용되고 있다. 리스트를 오름차순으로 정렬할 때의 기본 원리는 리스트의 가장 작은 요소를 반복적으로 리스트의 낮은 인덱스 위치로 이동시키는 것이다. 구체적인 과정은 다음과 같다. 우선 리스트의 모든 요소에 대해 이웃 요소와의 순서쌍을 비교하며 이를 반복한다. 만일, 순서가 잘못돼 있다면 해당 요소의 순서를 맞바꾼다. 이 작업은 리스트가 모두 정렬될 때까지 반복된다. 예를 들어, 다음 리스트를 오름차순으로 정렬해 보자.

17	*0*
25	*1*
8	*2*
5	*3*
49	*4*
12	*5*

A =

이 리스트에서 가장 작은 값은 5다. 버블 정렬 알고리즘에서는 콜라가 들어 있는 잔에서 기포가 올라오는 것처럼 이 값을 점진적으로 위치 0으로 '거품처럼 상승'시킨다. 5가 인덱스 0의 위치로 이동하면, 그 다음으로 가장 작은 값은 8이다. 이와 동일한 방식으로 인덱스 1의 위치로 8을 '상승'시킨다. 모든 요소들이 적절한 위치로 이동될 때까지 이와 같은 방식을 반복한다.

이러한 '상승(bubbling)'을 알고리즘으로 어떻게 표현할까? 다음에서 자세한 처리 과정을 살펴보자. 앞서 예로 제시한 여섯 개 요소를 가진 리스트 A에 버블 정렬 알고리즘을 적용하려면 다음과 같이 총 다섯 과정을 거쳐야 한다.

첫 번째 과정

첫 번째 비교

초기에 인덱스 위치 4와 5에 있는 요소를 서로 비교한다. 이때 12가 49보다 작기 때문에 두 요소를 서로 맞바꾼다.

두 번째 비교

인덱스 위치 3과 4에 있는 요소를 서로 비교한다. 이때 12는 5보다 작지 않기 때문에 두 요소를 바꾸지 않는다.

세 번째 비교

인덱스 위치 2와 3에 있는 요소를 서로 비교한다. 이때 5가 8보다 작기 때문에 두 요소를 서로 맞바꾼다.

네 번째 비교

인덱스 위치 1과 2에 있는 요소를 서로 비교한다. 이때 5가 25보다 작기 때문에 두 요소를 서로 맞바꾼다.

다섯 번째 비교

인덱스 위치 0과 1에 있는 요소를 서로 비교한다. 이때 5가 17보다 작기 때문에 두 요소를 서로 맞바꾼다.

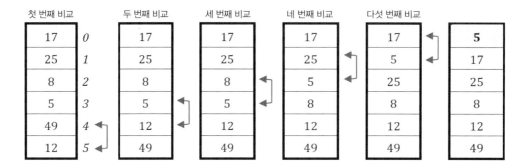

이제 첫 번째 과정이 끝났다. 그러나 아직 정렬 작업이 끝난 것은 아니다. 정확한 위치에 있는 값은 5밖에 없기 때문이다. 이후 과정에서 5 값은 정확한 위치에 있기 때문에 비교 작업에 더 이상 참여하지 않는다. 그래서 다음 과정에서는 첫 번째 과정에 비해 1회만큼 비교 횟수가 줄어들어 총 4회의 비교가 발생한다.

두 번째 과정

첫 번째 비교

인덱스 위치 4와 5에 있는 요소를 서로 비교한다. 이때 49는 12보다 작지 않기 때문에 두 요소를 바꾸지 않는다.

두 번째 비교

인덱스 위치 3과 4에 있는 요소를 서로 비교한다. 이때 12는 8보다 작지 않기 때문에 두 요소를 바꾸지 않는다.

세 번째 비교

인덱스 위치 2와 3에 있는 요소를 서로 비교한다. 이때 8이 25보다 작기 때문에 두 요소를 서로 맞바꾼다.

네 번째 비교

인덱스 위치 1과 2에 있는 요소를 서로 비교한다. 이때 8이 17보다 작기 때문에 두 요소를 서로 맞바꾼다.

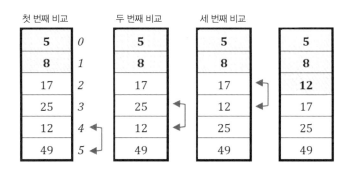

두 번째 과정을 통해 8이 제자리를 찾았다. 다음 과정부터는 5 값뿐만 아니라 8 값도 더 이상 비교 작업에 참여하지 않는다. 그래서 다음 과정에서는 두 번째 과정에 비해 1회만큼 비교가 줄어들어 총 3회의 비교가 발생한다.

세 번째 과정

첫 번째 비교

인덱스 위치 4와 5에 있는 요소를 서로 비교한다. 이때 49가 12보다 작지 않기 때문에 두 요소를 바꾸지 않는다.

두 번째 비교

인덱스 위치 3과 4에 있는 요소를 서로 비교한다. 이때 12가 25보다 작기 때문에 두 요소를 서로 맞바꾼다.

세 번째 비교

인덱스 위치 2와 3에 있는 요소를 서로 비교한다. 이때 12가 17보다 작기 때문에 두 요소를 서로 맞바꾼다.

세 번째 과정을 통해 12가 제자리를 찾았다. 다음 과정부터는 5와 8 값뿐만 아니라 12 값도 더 이상 비교 작업에 참여하지 않는다. 그래서 다음 과정에서는 세 번째 과정에 비해 1회만큼 비교가 줄어들어 총 2회의 비교가 발생한다.

네 번째 과정

첫 번째 비교

인덱스 위치 4와 5에 있는 요소를 서로 비교한다. 이때 49는 25보다 작지 않기 때문에 두 요소를 바꾸지 않는다.

두 번째 비교

인덱스 위치 3과 4에 있는 요소를 서로 비교한다. 이때 25는 17보다 작지 않기 때문에 두 요소를 바꾸지 않는다.

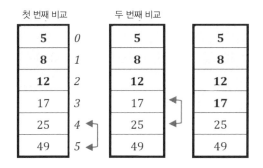

네 번째 과정을 통해 17이 제자리를 찾았다. 다음 과정부터는 5, 8, 12 값뿐만 아니라 17 값도 더 이상 비교 작업에 참여하지 않는다. 그래서 다음 과정에서는 네 번째 과정에 비해 1회만큼 비교가 줄어들어 총 1회의 비교가 발생한다.

다섯 번째 과정

첫 번째 비교

인덱스 위치 4와 5에 있는 요소를 서로 비교한다. 이때 49는 25보다 작지 않기 때문에 두 요소를 바꾸지 않는다.

다섯 번째 과정을 통해 25와 49가 최종적으로 제자리를 찾았다. 이제 버블 정렬 알고리즘이 완료되었고, 리스트는 오름차순으로 정렬되었다.

모든 처리 과정을 파이썬 코드로 작성해 보자. 코드 작성을 위해 '내부에서 외부로' 방식을 사용한다. 첫 번째 과정을 수행하는 코드는 다음과 같다. 이 코드는 내부(중첩) 루프 제어 구조라는 점에 주목하자. 변수 m은 0 값을 가진다고 가정한다.

```
for n in range(ELEMENTS - 1, m, -1):
    if a[n] < a[n - 1]:
        temp = a[n]
        a[n] = a[n - 1]
        a[n - 1] = temp
```

 주목할 것! 첫 번째 과정에서 변수 m은 0 값을 가지고 있어야 한다. 그 이유는 마지막 반복에서 비교되는 요소들의 위치가 1과 0이기 때문이다.

 기억할 것! 두 요소의 값을 맞바꿀 때에는 기존에 배웠던 방법을 사용한다. 이전에 배웠던 오렌지 주스와 레몬 주스가 담긴 두 개의 잔을 상기해 보자. 기억 나지 않으면 8장 예제를 다시 살펴보도록 하자.

다음과 같이 a[n]과 a[n - 1]의 내용을 맞바꾸는 파이썬다운 방식을 기억하자.

```
for n in range(ELEMENTS - 1, m, -1):
    if a[n] < a[n - 1]:
        a[n], a[n - 1] = a[n - 1], a[n]
```

두 번째 과정에서는 이전 코드를 재수행하기만 하면 된다. 그러나 두 번째 과정에서 변수 m은 1 값을 가진다. 그 이유는 더 이상 0과 1 위치의 요소를 비교할 필요가 없기 때문이다. 같은 이유로 세 번째 과정을 위한 코드에서 m은 2 값을 가진다. 그러므로 이전 코드는 총 5회의 비교가 수행되고, 각 수행마다 m 값은 1씩 증가한다. 버블 정렬 알고리즘을 사용하여 리스트 a를 정렬하는 코드는 다음과 같다.

```
for m in range(ELEMENTS - 1):
    for n in range(ELEMENTS - 1, m, -1):
        if a[n] < a[n - 1]:
            a[n], a[n - 1] = a[n - 1], a[n]
```

최종 파이썬 프로그램은 다음과 같다.

file_35_4_1

```
ELEMENTS = 20

a = [None] * ELEMENTS

for i in range(ELEMENTS):
    a[i] = float(input())

for m in range(ELEMENTS - 1):
    for n in range(ELEMENTS - 1, m, -1):
        if a[n] < a[n - 1]:
            a[n], a[n - 1] = a[n - 1], a[n]

for i in range(ELEMENTS):
    print(a[i], end = "\t")
```

📢 **주목할 것!** 버블 정렬 알고리즘은 매우 비효율적이다. 이 알고리즘의 총 비교 횟수는 $\dfrac{N(N-1)}{2}$ 이며, 여기서 N은 리스트의 요소 개수를 의미한다.

📢 **주목할 것!** 총 교환 횟수는 리스트의 요소가 어떤 순서로 주어졌는지에 따라 달라질 수 있다. 리스트를 오름차순으로 정렬할 때 최악의 경우는 해당 리스트가 내림차순으로 되어 있는 경우다.

예제 35.4-2 영숫자값을 가진 1차원 리스트 정렬하기

버블 정렬 알고리즘을 사용하여 영숫자값(alphanumeric value)을 요소로 가진 리스트를 내림차순으로 정렬하는 파이썬 프로그램을 작성하여라.

풀이

이전 예제와 비교하면, 두 가지 점이 다르다. 첫째, 사람 이름이나 도시 이름을 대상으로 정렬하는 것처럼 영숫자값을 정렬하는 버블 정렬 알고리즘이 필요하다는 점이다. 둘째, 이 알고리즘은 요소들을 내림차순으로 정렬해야 한다.

영숫자 데이터를 정렬하기 위해 알고리즘의 수정이 반드시 필요한 것은 아니다. 다시 말해, 파이썬은 숫자를 다루는 방법과 동일한 방법으로 글자를 다룬다. 문자 'A'는 문자 'B'보다 작고 문자 'B'는 문자 'C'보다 작다고 간주하는 방식으로 문자들의 대소 관계를 판단한다. 또한, 두 개의 단어를 비교할 때 첫 번째 문자가 동일하다면 두 번째 문자로 넘어가 이들 문자를 비교한다. 또다시 동일하면 그 다음 문자를 비교하는 방식으로 대소 관계를 판단한다. 예를 들어, 'John'이라는 이름은 'Jonathan'보다 작다고 간주된다. 그 이유는 'John'의 'h'가 'Jonathan'의 'n' 보다 작기 때문에 'Jonathan'보다 작다고 간주한다.

◀))) 주목할 것! 영숫자를 정렬할 때는 사전의 단어가 어떻게 정렬되어 있는지 생각해 보자.

이제 내림차순으로 정렬하려면 버블 정렬 알고리즘에서 무엇이 바뀌어야 하는지 살펴보자. 우선 버블 정렬 알고리즘이 어떻게 동작하는지 기억해 보자. 작은 값을 가진 요소가 콜라가 든 잔에서 기포가 올라오듯이 점진적으로 작은 인덱스 위치로 상승된다. 이 예제에서는 큰 요소들이 작은 인덱스 위치로 상승되어야 한다. 그러므로 결정 제어 구조에서 비교 연산자를 반대로 하기만 하면 된다.

영숫자(물론 숫자값까지 포함)를 내림차순으로 정렬하는 코드는 다음과 같다.

```
for m in range(ELEMENTS - 1)
    for n in range(ELEMENTS - 1, m, -1):
        if a[n] > a[n - 1]:
            a[n], a[n - 1] = a[n - 1], a[n]
```

예제 35.4-3 두 번째 리스트와의 관계를 유지하면서 1차원 리스트 정렬하기

사용자로부터 20개의 호수 이름과 평균 넓이를 입력받는 파이썬 프로그램을 작성하여라. 그리고 버블 정렬 알고리즘을 사용하여 호수의 평균 넓이를 기준으로 오름차순 정렬한다.

풀이

이 문제를 해결하기 위해서는 다음 두 개의 리스트가 필요하다.

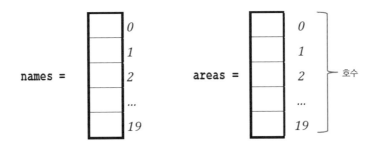

두 리스트 요소 사이의 관계를 유지하면서 리스트 areas를 정렬하려면 리스트 names의 요소도 재배열되어야 한다. 즉, 리스트 areas의 요소 위치가 바뀔 때마다 리스트 names의 해당 요소의 위치도 바뀌어야 한다. 이를 처리하는 파이썬 프로그램은 다음과 같다.

file_35_4_3

```python
LAKES = 20

names = [None] * LAKES
areas = [None] * LAKES

for i in range(LAKES):
    names[i] = input()
    areas[i] = float(input())

for m in range(LAKES - 1):
    for n in range(LAKES - 1, m, -1):
        if areas[n] < areas[n - 1]:
            areas[n], areas[n - 1] = areas[n - 1], areas[n]
            names[n], names[n - 1] = names[n - 1], names[n]

for i in range(LAKES):
    print(names[i], "\t", areas[i])
```

예제 35.4-4 영문 성과 영문 이름으로 정렬하기

사용자로부터 100명의 영문 성(last name)과 영문 이름(first name)을 입력받아 영문 성을 알파벳 순서로 정렬하고 출력하는 파이썬 프로그램을 작성하여라. 영문 성이 동일한 사람이 있는 경우, 해당하는 사람의 영문 이름을 알파벳 순서로 정렬하여 출력해야 한다.

풀이

이 문제를 해결하려면 다음과 같은 두 개의 리스트가 필요하다.

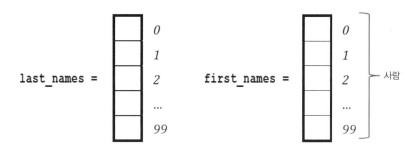

이미 이전에 리스트 last_names를 정렬할 때 리스트 first_names와의 관계를 유지하는 방법을 배웠다. 그러나 영문 성이 동일할 때의 문제 해결 방법에 대해서는 다루지 않았다. 이 경우, 문제에 제시된 대로 영문 이름을 알파벳 순서로 정렬해야 한다.

복습 차원에서 버블 정렬 알고리즘을 한 번 더 살펴보자. 리스트 last_names의 요소와 first_names의 요소와의 관계를 유지해야 한다는 것에 주목하자.

```
for m in range(PEOPLE - 1):
    for n in range(PEOPLE - 1, m, -1):
        if last_names[n] < last_names[n - 1]:
            last_names[n], last_names[n - 1] = \
            last_names[n - 1], last_names[n]

            first_names[n], first_names[n - 1] = \
            first_names[n - 1], first_names[n]
```

이 예제를 해결하기 위해서는 버블 정렬 알고리즘을 문제에 알맞게 적용해야 한다. 기본 정렬 알고리즘에서 n번째 위치의 영문 성의 값이 n − 1번째 위치의 영문 성의 값보다 작을 경우, 해당 값의 위치를 맞바꾼다. 그러나 n번째와 n − 1번째 영문 성이 동일하면 해당 위치의 영문 이름을 살펴보고 제대로 정렬되어 있는지 확인해야 한다. 만약, 정렬이 잘못되어 있다면 위치를 맞바꿔야 한다. 이 예제에 적용된 버블 정렬 알고리즘은 다음과 같다.

```
    for m in range(PEOPLE - 1):
        for n in range(PEOPLE - 1, m, -1):
            if last_names[n] < last_names[n - 1]:
                last_names[n], last_names[n - 1] = \
                last_names[n - 1], last_names[n]

                first_names[n], first_names[n - 1] = \
                first_names[n - 1], first_names[n]

            elif last_names[n] == last_names[n - 1]:
                if first_names[n] < first_names[n - 1]:
                    first_names[n], first_names[n - 1] = \
                    first_names[n - 1], first_names[n]
```

최종 파이썬 프로그램은 다음과 같다.

file_35_4_4

```
PEOPLE = 100
# 두 리스트 first_names와 last_names에 저장할 값을 읽어 들인다.
first_names = [None] * PEOPLE
last_names = [None] * PEOPLE
for i in range(PEOPLE):
    first_names[i] = input(str(i + 1) + "번째 사람의 영문 이름: ")
    last_names[i] = input(str(i + 1) + "번째 사람의 영문 성: ")

# 리스트 last_names와 first_names를 정렬시킨다.
for m in range(PEOPLE - 1):
    for n in range(PEOPLE - 1, m, -1):
        if last_names[n] < last_names[n - 1]:
            last_names[n], last_names[n - 1] = \
            last_names[n - 1], last_names[n]
            first_names[n], first_names[n - 1] = \
            first_names[n - 1], first_names[n]
        elif last_names[n] == last_names[n - 1]:
            if first_names[n] < first_names[n - 1]:
                first_names[n], first_names[n - 1] = \
                first_names[n - 1], first_names[n]

# 리스트 last_names와 first_names를 출력한다.
for i in range(PEOPLE):
    print(last_names[i], "\t", first_names[i])
```

예제 35.4-5 **2차원 리스트 정렬하기**

2차원 리스트의 각 열을 오름차순으로 정렬하는 파이썬 프로그램을 작성하여라. 단, 이 리스트는 숫자값만을 가진다.

풀이

2차원 리스트의 예는 다음과 같다.

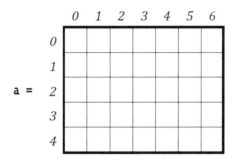

리스트가 일곱 개의 열을 가지고 있으므로 총 7번의 버블 정렬 알고리즘을 수행해야 한다. 결과적으로, 버블 정렬 알고리즘을 for-루프에 중첩시켜 7번 반복 수행해야 한다.

다음은 '내부에서 외부로' 방식을 사용하여 2차원 리스트 a의 첫 번째 열만 정렬하는 코드다. 이때 j는 0 값을 가진다고 가정한다.

```
for m in range(ROWS - 1):
    for n in range(ROWS - 1, m, -1):
        if a[n][j] < a[n - 1][j]:
            a[n][j], a[n - 1][j] = a[n - 1][j], a[n][j]
```

이제, 다음과 같이 모든 열에 대해 반복할 수 있도록 위 코드를 for-루프에 중첩시킨다.

```
for j in range(COLUMNS):
    for m in range(ROWS - 1):
        for n in range(ROWS - 1, m, -1):
            if a[n][j] < a[n - 1][j]:
                a[n][j], a[n - 1][j] = a[n - 1][j], a[n][j]
```

예제 35.4-6 변형된 버블 정렬 알고리즘 – 1차원 리스트 정렬하기

사용자로부터 20명의 몸무게를 입력받아 가장 무거운 3명과 가장 가벼운 3명의 몸무게를 출력하는 파이썬 프로그램을 작성하여라. 단, 변형된 버블 정렬 알고리즘을 사용하여라.

풀이

문제를 해결하려면 먼저 주어진 데이터를 오름차순으로 정렬하고, 27, 28, 29번째 위치 인덱스(가장 무거운 3명의 몸무게)와 0, 1, 2번째 위치 인덱스(가장 가벼운 3명의 몸무게)에 해당하는 값을 출력해야 한다.

우선, 변형된 버블 정렬 알고리즘이 어떻게 동작하는지 살펴보자. 다음과 같이 여섯 명의 사람에 대한 몸무게를 가지고 있는 리스트가 있다고 가정해 보자.

	0	1	2	3	4	5
w =	75	77	82	86	83	91

이 리스트를 살펴보면, 인덱스 위치 3과 4의 요소만 위치가 잘못되어 있다는 것을 발견할 수 있다. 그러므로 리스트 w의 정렬은 이 두 개의 요소만 위치를 맞바꾸면 된다. 그러나 버블 정렬 알고리즘은 이 두 가지 요소의 위치만을 바꾸는 방식으로 동작하지 않는다. 버블 정렬 알고리즘은 총 여섯 개의 요소에 대해 5회의 버블 정렬 과정을 거치므로 N을 리스트의 요소 개수라고 할 때 수식 $\frac{N(N-1)}{2} = 15$에 의해 총 15회의 비교를 수행한다. 버블 정렬 알고리즘은 요소 개수가 증가함에 따라 비교 횟수가 지수적으로 증가한다.

변형된 버블 정렬 알고리즘은 다음 과정을 통해 위 상황을 개선할 수 있다. 우선, 어떤 과정에서 요소의 위치 변경이 발생하지 않으면 정렬이 완료된 것이기 때문에 이후 과정을 생략한다. 해당 과정을 구현하기 위해 파이썬 프로그램은 알고리즘 수행 시 어떤 과정에서 요소 간에 위치 변경이 발생하는지의 여부를 판단할 수 있는 플래그 변수를 사용해야 한다. 과정이 시작되면 플래그 변수의 초깃값으로 False를 할당한다. 이후에 위치 변경이 발생하면 플래그 변수에 True 값을 할당하고, 과정의 마지막까지 플래그가 False면, 위치 변경이 발생하지 않은 것이므로 알고리즘이 종료된다. 변형된 버블 정렬 알고리즘은 다음과 같이 두 가지 방법으로 구현할 수 있다.

첫 번째 방법은 break 명령문과 플래그 변수 swaps를 사용하는 것이다.

```
for m in range(ELEMENTS - 1):
    swaps = False
    for n in range(ELEMENTS - 1, m, -1):
        if w[n] < w[n - 1]:
            w[n], w[n - 1] = w[n - 1], w[n]
            swaps = True

    if swaps == False: break
```

두 번째 방법은 사전-검사 루프 구조와 플래그 변수를 사용하는 것이다.

```
m = 0
swaps = True
while m < ELEMENTS - 1 and swaps == True:
    swaps = False
    for n in range(ELEMENTS - 1, m, -1):
        if w[n] < w[n - 1]:
            w[n], w[n - 1] = w[n - 1], w[n]
            swaps = True
    m += 1
```

이제 이 예제의 문제 해결에 집중해 보자. 최종 파이썬 프로그램은 다음과 같다. 이 프로그램은 break 명령문을 사용하고 있지만(첫 번째 방법), 필요에 따라 두 번째 방법으로 쉽게 변형하여 재작성할 수 있다.

file_35_4_6

```
ELEMENTS = 20

w = [None] * ELEMENTS

for i in range(ELEMENTS):
    w[i] = float(input())

for m in range(ELEMENTS - 1):
    swaps = False
    for n in range(ELEMENTS - 1, m, -1):
        if w[n] < w[n - 1]:
            w[n], w[n - 1] = w[n - 1], w[n]
            swaps = True
    if swaps == False: break

print("가장 무거운 몸무게:")
print(w[ELEMENTS - 3])
```

```
print(w[ELEMENTS - 2])
print(w[ELEMENTS - 1])

print("가장 가벼운 몸무게:")
print(w[0])
print(w[1])
print(w[2])
```

예제 35.4-7 다섯 명의 최고 득점자

사용자로부터 FIFA 월드컵의 32팀 이름, 각 팀별 24명의 선수 이름, 선수별 득점을 입력받는 파이썬 프로그램을 작성하여라. 그리고 이 프로그램은 팀별 최고 득점자 5명씩을 출력해야 한다. 단, 문제 해결을 위해 변형된 버블 정렬 알고리즘을 사용하여라.

풀이

이 예제에서는 다음 세 개 리스트를 사용한다.

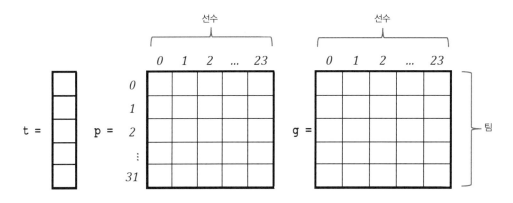

> 📢 **주목할 것!** 지면을 줄이기 위해 리스트 이름을 축약어로 사용하였다. 리스트 t는 32개 팀의 이름을 저장하고, 리스트 p는 각 팀별 24명의 선수 이름을 저장하며, 리스트 g는 선수별 총득점을 저장한다.

팀별로 최고 득점자 5명을 찾아야 하기 때문에 파이썬 프로그램은 리스트 p의 요소와의 관계를 유지하면서 리스트 g의 행을 내림차순으로 정렬해야 한다. 다시 말해, 버블 정렬 알고리즘이 리스트 g의 요소 위치를 변경할 때마다 리스트 p의 해당 요소 위치도 변경되어야 한다. 정렬이 완료되면 상위 다섯 개의 열에 최고 득점자 5명이 있어야 한다.

이 예제의 해결을 위해 '내부에서 외부로' 방식을 사용한다. 다음 코드는 리스트 g의 첫 번째 행을 내림차순으로 정렬하면서 리스트 p의 해당 요소와의 관계를 유지시킨다. 이때 변수 i는 0 값을 가진다고 가정한다.

```
m = 0
swaps = True
while m < PLAYERS - 1 and swaps == True:
    swaps = False
    for n in range(PLAYERS - 1, m, -1):
        if g[i][n] < g[i][n - 1]:
            g[i][n], g[i][n - 1] = g[i][n - 1], g[i][n]
            p[i][n], p[i][n - 1] = p[i][n - 1], p[i][n]
            swaps = True
    m += 1
```

이제 모든 행에 대한 정렬을 수행하기 위해 다음과 같이 모든 행을 반복하는 위 코드를 for-루프에 중첩시켜야 한다.

```
for i in range(TEAMS):
    m = 0
    swaps = True
    while m < PLAYERS - 1 and swaps == True:
        swaps = False
        for n in range(PLAYERS - 1, m, -1):
            if g[i][n] < g[i][n - 1]:
                g[i][n], g[i][n - 1] = g[i][n - 1], g[i][n]
                p[i][n], p[i][n - 1] = p[i][n - 1], p[i][n]
                swaps = True
        m += 1
```

최종 파이썬 프로그램은 다음과 같다.

file_35_4_7

```
TEAMS = 32
PLAYERS = 24

# 팀 이름, 선수 이름, 선수별 득점수를 함께 읽어 들인다.
t = [None] * TEAMS
p = [ [None] * PLAYERS for i in range(TEAMS) ]
g = [ [None] * PLAYERS for i in range(TEAMS) ]
for i in range(TEAMS):
    t[i] = input(str(i + 1) + "번째 팀의 이름을 입력하여라: ")
    for j in range(PLAYERS):
        p[i][j] = input(str(j + 1) + "번째 선수의 이름을 입력하여라: ")
        g[i][j] = int(input(str(j + 1) + "번째 선수의 득점수를 입력하여라: "))
```

```
# 리스트 g를 정렬한다.
for i in range(TEAMS):
    m = 0
    swaps = True
    while m < PLAYERS - 1 and swaps == True:
        swaps = False
        for n in range(PLAYERS - 1, m, -1):
            if g[i][n] > g[i][n - 1]:
                g[i][n], g[i][n - 1] = g[i][n - 1], g[i][n]
                p[i][n], p[i][n - 1] = p[i][n - 1], p[i][n]
                swaps = True
        m += 1

# 각 팀별 최고 득점자 5명을 출력한다.
for i in range(TEAMS):
    print(t[i] + "팀의 최고 득점자")
    print("-------------------------------")
    for j in range(5):
        print(p[i][j], "선수가", g[i][j], "득점을 하였습니다.")
```

예제 35.4-8 **선택 정렬 알고리즘 – 1차원 리스트 정렬하기**

선택 정렬 알고리즘을 사용해 리스트를 오름차순으로 정렬하는 파이썬 프로그램을 작성하여라. 단, 리스트는 숫자값만을 가진다.

풀이

선택 정렬 알고리즘은 버블 정렬 알고리즘보다 좋지만, 버블 정렬 알고리즘과 마찬가지로 대규모 데이터에 대해 성능 면에서 비효율적이다. 선택 정렬 알고리즘은 단순하면서도 제한된 주기억 장치를 가지고 있는 컴퓨터 시스템에서 특별한 문제 없이 잘 동작한다.

선택 정렬 알고리즘은 정렬 방식에 따라 리스트에서 가장 작은(혹은 가장 큰) 요솟값을 찾아 그 값을 위치 0의 요솟값과 맞바꾼다. 그 다음으로 작은 요솟값을 찾아 위치 1의 요솟값과 맞바꾼다. 리스트의 나머지 요소들에 대해서도 같은 방식으로 반복 처리를 수행한다.

리스트를 오름차순으로 정렬하는 다음 예를 살펴보자.

$$
\begin{array}{ccccccc}
 & 0 & 1 & 2 & 3 & 4 & 5 \\
A = & 18 & 19 & 39 & 36 & 4 & 9
\end{array}
$$

위치 4에 가장 작은 값인 4가 있다. 선택 정렬 알고리즘은 이 위치의 요솟값을 위치 0의 요솟값과 맞바꾼다. 값을 맞바꾼 후의 리스트 A는 다음과 같다.

$$
\begin{array}{ccccccc}
 & 0 & 1 & 2 & 3 & 4 & 5 \\
A = & 4 & 19 & 41 & 36 & 18 & 9
\end{array}
$$

위 리스트에서 위치 5에 가장 작은 값인 9가 있다. 선택 정렬 알고리즘은 이 위치의 요솟값을 위치 1의 요솟값과 맞바꾼다. 값을 맞바꾼 후의 리스트 A는 다음과 같다.

$$
\begin{array}{ccccccc}
 & 0 & 1 & 2 & 3 & 4 & 5 \\
A = & 4 & 9 & 41 & 36 & 18 & 19
\end{array}
$$

위 리스트에서 위치 4에 가장 작은 값인 18이 있다. 선택 정렬 알고리즘은 이 위치의 요솟값을 위치 2의 요솟값과 맞바꾼다. 값을 맞바꾼 후의 리스트 A는 다음과 같다.

$$
\begin{array}{ccccccc}
 & 0 & 1 & 2 & 3 & 4 & 5 \\
A = & 4 & 9 & 18 & 36 & 41 & 19
\end{array}
$$

같은 방식으로, 다음으로 가장 작은 값인 19가 위치 5에 있다. 값을 맞바꾼 후의 리스트 A는 다음과 같다.

$$
\begin{array}{ccccccc}
 & 0 & 1 & 2 & 3 & 4 & 5 \\
A = & 4 & 9 & 18 & 19 & 41 & 36
\end{array}
$$

마지막으로, 다음으로 가장 작은 값인 36이 위치 5에 있다. 이제 리스트 A는 오름차순으로 다음과 같이 정렬이 완료된다.

	0	1	2	3	4	5
A =	4	9	18	19	36	41

이제까지 배운 내용을 바탕으로 파이썬 프로그램을 작성해 보자. '내부에서 외부로' 방식을 사용하는 것이 전체 처리 과정을 이해하는 데 도움이 된다. 다음 코드는 가장 작은 요소를 찾아해당 요소의 값을 위치 0에 있는 요솟값과 맞바꾼다. 이 방법에서 중첩 루프 제어 구조가 사용되었다는 점에 주목하자. 이때 변수 m은 0 값을 가진다고 가정한다.

```
minimum = a[m]
index_of_min = m
for n in range(m, ELEMENTS):
    if a[n] < minimum:
        minimum = a[n]
        index_of_min = n

# 두 값을 맞바꾼다.
a[m], a[index_of_min] = a[index_of_min], a[m]
```

이제 리스트의 모든 요소를 처리하기 위해 위 코드를 전체 요소에 대해 반복 처리하는 for-루프에 중첩시킨다.

리스트를 오름차순으로 정렬해 주는 선택 정렬 알고리즘의 최종 파이썬 프로그램은 다음과 같다.

```
for m in range(ELEMENTS):
    minimum = a[m]
    index_of_min = m
    for n in range(m, ELEMENTS):
        if a[n] < minimum:
            minimum = a[n]
            index_of_min = n

    # 두 값을 맞바꾼다.
    a[m], a[index_of_min] = a[index_of_min], a[m]
```

 주목할 것!　리스트를 내림차순으로 정렬할 경우에는 최솟값 대신, 최댓값을 검색하면 된다.

 기억할 것!　버블 정렬 알고리즘으로 영숫자 데이터를 정렬하려면 알고리즘을 그대로 사용하면 된다는 사실을 기억하자.

예제 35.4-9 두 번째 리스트와 관계를 유지하면서 1차원 리스트 정렬하기

사용자로부터 일 년 동안 매월말에 전력 사용량을 입력받아 월별 전력 사용량과 해당 월을 내림차순으로 출력하는 파이썬 프로그램을 작성하여라. 이 예제의 문제 해결을 위해 선택 정렬 알고리즘을 사용하여라.

풀이

문제 해결을 위해 다음과 같이 1차원 리스트 두 개를 사용한다.

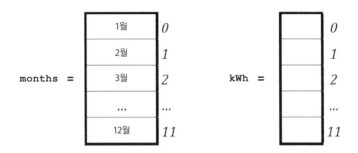

이 방식은 버블 정렬 알고리즘과 동일하다. 선택 정렬 알고리즘이 리스트 kWh의 요소를 정렬하는 동안 리스트 months에 해당하는 요소와의 관계는 유지되어야 한다. 다시 말해, 리스트 kWh의 요소 위치가 바뀔 때마다 리스트 months의 해당 요소의 위치도 바뀌어야 한다. 파이썬 프로그램은 다음과 같다.

file_35_4_9

```python
months = ["1월", "2월", "3월", "4월", "5월", "6월", \
          "7월", "8월", "9월", "10월", "11월", "12월"]

kWh = [None] * len(months)

for i in range(len(months)):
    kWh[i] = float(input(months[i] + "의 kWh를 입력하여라: "))

for m in range(len(months)):
    maximum = kWh[m]
    index_of_max = m
    for n in range(m, len(months)):
        if kWh[n] > maximum:
            maximum = kWh[n]
            index_of_max = n
```

```
    # kWh 내 두 요소 위치의 값을 맞바꾼다.
    kWh[m], kWh[index_of_max] = kWh[index_of_max], kWh[m]
    # months 내 두 요소 위치의 값을 맞바꾼다.
    months[m], months[index_of_max] = months[index_of_max], months[m]

for i in range(len(months)):
    print(months[i], ":", kWh[i])
```

예제 35.4-10 삽입 정렬 알고리즘 – 1차원 리스트 정렬하기

삽입 정렬 알고리즘을 사용하여 리스트를 오름차순으로 정렬하는 파이썬 프로그램을 작성하여라. 단, 리스트는 숫자값만을 가진다.

풀이

삽입 정렬 알고리즘은 선택 정렬 알고리즘과 버블 정렬 알고리즘보다는 좋지만, 여전히 대규모 데이터의 성능 측면에서 비효율적이다. 그러나 삽입 정렬 알고리즘은 적은 수의 리스트를 정렬할 때 빠른 실행 속도를 가지며, 심지어 퀵 정렬 알고리즘보다 더 빠르다.

삽입 정렬 알고리즘은 카드놀이를 할 때의 정렬 방식과 유사하다. 우선 탁자 위에 모든 카드들을 뒤집어 놓는다. 이런 카드들은 정렬되지 않은 '리스트'를 의미한다. 처음 시작할 당시에는 왼손이 비어 있는 상태고, 마지막에는 정렬된 카드를 쥐게 된다고 가정한다. 정렬 과정은 다음과 같다. 첫 번째로 테이블에서 임의로 카드 한 장을 선택해 왼손의 적합한 위치로 삽입한다. 이때 적합한 위치를 찾기 위해 왼손에 이미 들고 있는 카드들을 왼쪽에서 오른쪽으로 새로운 카드와 비교한다. 최종적으로 탁자 위에는 카드가 없고, 왼손에는 정렬된 카드들을 쥐고 있게 된다.

다음 리스트를 오름차순으로 정렬하는 예를 살펴보자. 이해를 돕기 위해 처음 세 개의 요소는 이미 정렬되어 있다고 가정한다.

	0	1	2	3	4	5	6
A =	3	15	24	8	10	18	9

위치 3의 요솟값(8)을 리스트에서 삭제하고, 이 요소의 왼쪽에 있는 모든 요소 중에 8보다 큰 값을 오른쪽으로 한 칸씩 이동시킨다. 이런 값들을 모두 이동시킨 후의 리스트 A는 다음과 같다.

	0	1	2	3	4	5	6
A =	3		15	24	10	18	9

이제, 위치 1이 비워졌기 때문에 8을 그 위치에 삽입시킨다. 삽입 후의 리스트 A는 다음과 같다.

	0	1	2	3	4	5	6
A =	3	8	15	24	10	18	9

다시, 위치 4의 요솟값(10)을 리스트에서 삭제하고, 이 요소의 왼쪽에 있는 모든 요소 중에 10 보다 큰 값을 오른쪽으로 한 칸씩 이동시킨다. 이런 값들을 모두 이동시킨 후의 리스트 A는 다음과 같다.

	0	1	2	3	4	5	6
A =	3	8		15	24	18	9

이제, 위치 2가 비워졌기 때문에 10을 그 위치에 삽입시킨다. 삽입 후의 리스트 A는 다음과 같다.

	0	1	2	3	4	5	6
A =	3	8	10	15	24	18	9

다시, 위치 5의 요솟값을 리스트에서 삭제하고 이 요소의 왼쪽에 있는 모든 요소 중에 18보다 큰 값을 오른쪽으로 한 칸씩 이동시킨다. 이런 값들을 모두 이동시킨 후의 리스트 A는 다음과 같다.

	0	1	2	3	4	5	6
A =	3	8	10	15		24	9

이제, 위치 4가 비워졌기 때문에 18을 그 위치에 삽입한다. 삽입 후의 리스트 A는 다음과 같다.

	0	1	2	3	4	5	6
A =	3	8	10	15	18	24	9

다시, 위치 6의 요솟값을 리스트에서 삭제하고, 이 요소의 왼쪽에 있는 모든 요소 중에 9보다 큰 값을 오른쪽으로 한 칸씩 이동시킨다. 이런 값들을 모두 이동시킨 후의 리스트 A는 다음과 같다.

	0	1	2	3	4	5	6
A =	3	8		10	15	18	24

이제, 위치 2가 비워졌기 때문에 9를 그 위치에 삽입한다. 마지막 단계가 수행되었으므로 리스트 정렬이 종료되고, 최종 리스트는 다음과 같다.

	0	1	2	3	4	5	6
A =	3	8	9	10	15	18	24

기억할 것! 삽입 정렬 알고리즘은 정렬되지 않은 요소를 하나씩 확인하고, 이미 정렬된 부분의 적절한 위치에 삽입하는 것이다.

다음 코드는 삽입 정렬 알고리즘을 사용하여 리스트를 오름차순으로 정렬한다.

```
for m in range(1, ELEMENTS):
    # 리스트의 인덱스 위치 m의 요소를 "삭제"하고, 그 값을 변수에 저장한다.
    element = a[m]

    # 삭제된 요소의 값보다 큰 요소들을 오른쪽으로 한 칸 이동시킨다.
    n = m
    while n > 0 and a[n - 1] > element:
        a[n] = a[n - 1]
        n -= 1

    # 삭제된 요소를 리스트의 인덱스 위치 n에 삽입한다.
    a[n] = element
```

주목할 것! 실제 인덱스 위치 m에 있는 요소는 실제로 리스트에서 삭제되는 것이 아니라 오른쪽으로 요소를 한 칸씩 이동시킬 때 겹쳐 쓰인다. 그러므로 요소를 한 칸씩 이동하기 전에 변수 element에 해당 값을 저장하여야 한다.

주목할 것! 리스트를 내림차순으로 정렬할 경우, while 구문의 불리언 표현식을 n > 0 and a[n – 1] < element로 바꾸면 된다.

 기억할 것! 이전 정렬 알고리즘들과 마찬가지로 영숫자 데이터를 분류할 경우, 알고리즘의 수정 없이 기존 방법과 동일하게 사용하면 된다.

예제 35.4-11 세 개의 가장 오래 걸린 경과 시간

경주로에 10대의 경주용 자동차가 최대한 빠르게 달리고 있다. 각 차는 경주로를 20바퀴 달리고 각 바퀴별 경과 시간을 기록한다. 사용자로부터 경주용 자동차의 운전자 이름과 각 바퀴별 경과 시간을 입력받는 파이썬 프로그램을 작성하여라. 이 프로그램은 각 운전자의 이름과 가장 오래 걸린 경과 시간 세 개를 출력해야 한다. 문제 해결을 위해 삽입 정렬 알고리즘을 사용하여라.

풀이

문제 해결을 위해 다음과 같이 두 개의 리스트를 사용한다.

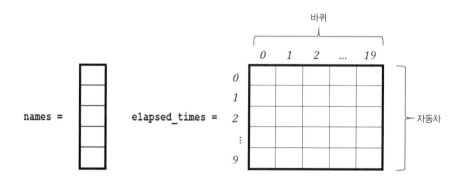

모든 데이터를 입력받은 후 파이썬 프로그램은 리스트의 각 행의 요소들을 내림차순으로 정렬하고 처음 세 개의 열을 출력해야 한다.

다음 코드는 '내부에서 외부로' 방식을 사용해 2차원 리스트 elapsed_times에 삽입 정렬 알고리즘을 적용하여 첫 번째 행(인덱스 번호가 0)을 내림차순으로 정렬한다. 이때 변수 i는 0 값을 가진다고 가정한다.

```
    for m in range(1, LAPS):
        element = elapsed_times[i][m]
        n = m
        while n > 0 and a[n - 1] > element:
            elapsed_times[i][n] = elapsed_times[i][n - 1]
            n -= 1
        elapsed_times[i][n] = element
```

이제 모든 행을 정렬하기 위해 위 코드를 모든 행에 대해 반복 처리하는 for-루프에 중첩시킨다.

```
for i in range(CARS):
    for m in range(1, LAPS):
        element = elapsed_times[i][m]
        n = m
        while n > 0 and a[n - 1] > element:
            elapsed_times[i][n] = elapsed_times[i][n - 1]
            n -= 1
        elapsed_times[i][n] = element
```

최종 파이썬 프로그램은 다음과 같다.

file_35_4_11

```
CARS = 10
LAPS = 20

# 이름과 경과 시간을 함께 입력받는다.
names = [None] * CARS
elapsed_times = [ [None] * LAPS for i in range(CARS) ]
for i in range(CARS):
    names[i] = input(str(i + 1) + "번째 운전자의 이름을 입력하여라: ")
    for j in range(LAPS):
        elapsed_times[i][j] = float(input(str(j + 1) + \
        "번째 바퀴의 경과 시간을 입력하여라: "))

# 리스트 elapsed_times를 정렬한다.
for i in range(CARS):
    for m in range(1, LAPS):
        element = elapsed_times[i][m]
        n = m
        while n > 0 and elapsed_times[i][n - 1] > element:
            elapsed_times[i][n] = elapsed_times[i][n - 1]
            n -= 1
        elapsed_times[i][n] = element

# 가장 오래 걸린 경과 시간 세 개를 출력한다.
```

```
for i in range(CARS):
    print(names[i], "의 가장 오래 걸린 경과 시간")
    print("-----------------------------------")
    for j in range(3):
        print(elapsed_times[i][j])
```

35.5 리스트의 요소 검색하기

컴퓨터 과학에서 검색 알고리즘이라 하면, 데이터 집합에서 특정 속성을 가지는 항목을 찾아내는 알고리즘을 의미한다. 리스트의 경우, 검색 알고리즘은 주어진 값과 동일한 요소나 요소들을 리스트에서 찾기 위해 리스트를 검색한다.

리스트의 요소를 검색하는 것은 두 가지 경우로 나뉜다.

- 리스트에서 주어진 값과 동일한 값(혹은 요소의 인덱스)을 찾는 경우
- 리스트에서 주어진 값과 동일한 값을 가지는 모든 요소들(혹은 요소의 인덱스들)을 찾는 경우

주로 활용되는 검색 알고리즘은 다음과 같다.

- 선형(혹은 순차) 검색 알고리즘
- 이진 검색 알고리즘

위의 두 알고리즘은 각각 장단점을 가지고 있다.

예제 35.5-1 선형 검색 알고리즘 –
동일한 값을 여러 개 가지고 있는 1차원 리스트 검색하기

주어진 값과 동일한 값을 가지는 1차원 리스트를 검색하는 파이썬 프로그램을 작성하여라. 단, 리스트는 숫자값만을 가지고 있으며 동일한 값을 여러 개 가질 수 있다고 가정한다. 문제 해결을 위해 선형 검색 알고리즘을 사용하여라.

풀이

선형(순차) 검색 알고리즘은 리스트의 첫 번째 요소가 주어진 값과 동일한지 확인한 후, 두 번째 요소에 대해 확인하는 방식으로 모든 요소에 대해 같은 작업을 반복한다. 리스트의 모든 요소를 하나씩 확인하는 것은 작업 속도가 매우 느린 방식이다. 따라서 선형 검색 알고리즘은 리스트의 요소 개수가 적은 경우에 적합하다.

다음은 리스트 haystack에서 needle을 검색하는 파이썬 코드다.

```
needle = input("검색 값을 입력하여라: ")

found = False
for i in range(ELEMENTS):
    if haystack[i] == needle:
        print(needle, "의 발견 위치:", i)
        found = True

if found == False:
    print("아무것도 발견하지 못하였습니다.")
```

예제 35.5-2 동일한 영문 이름을 가지는 모든 사람의 영문 성 출력하기

사용자로부터 20명의 영문 성과 영문 이름을 입력받아 영문 이름은 리스트 first_names, 영문 성은 리스트 last_names에 저장하는 파이썬 프로그램을 작성하여라. 이 프로그램은 사용자에게 영문 이름을 물어보고, 해당 이름을 가지는 사람의 영문 성을 출력해야 한다.

풀이

파이썬 프로그램은 다음과 같다.

file_35_5_2

```
PEOPLE = 20

first_names = [None] * PEOPLE
last_names = [None] * PEOPLE

for i in range(PEOPLE):
    first_names[i] = input("영문 이름을 입력하여라: ")
    last_names[i] = input("영문 성을 입력하여라: ")

needle = input("검색하고자 하는 영문 이름을 입력하여라: ")

found = False
for i in range(PEOPLE):
    if first_names[i].upper() == needle.upper():
        print(last_names[i])
        found = True

if found == False:
    print("어떤 사람도 발견하지 못하였습니다.")
```

주목할 것!
문제의 지문에 많은 설명이 없기 때문에 부가 설명을 하면, 리스트 first_names에는 특정 값이 여러 번 나올 수 있다. 예를 들어, 흔한 영문 이름인 'John'이 first_names에 단 한 번만 나오는 경우는 매우 드물 것이다.

주목할 것!
프로그램에서 영숫자 데이터를 처리하려면 upper( ) 메서드를 사용하여 사용자가 어떤 값을 입력하더라도 정상적으로 동작하도록 해야 한다. 예를 들어, 리스트 first names에는 'John'이 입력되어 있지만 사용자가 'JOHN'을 입력하여 탐색하고자 할 경우, upper( ) 메서드는 모든 john의 검색을 가능하게 해 준다.

예제 35.5-3 고유한 값들을 가지는 1차원 리스트 검색하기

주어진 값과 동일한 값을 가지는 1차원 리스트를 검색하는 파이썬 프로그램을 작성하여라. 이 리스트는 숫자값만을 가지며, 고유하다고(즉, 중복되지 않는다고) 가정한다. 문제 해결을 위해 선형 검색 알고리즘을 사용하여라.

풀이

이 예제는 이전 예제와 다르다. 리스트에 있는 각각의 값이 고유하기 때문에 주어진 값과 동일한 값을 찾을 경우, CPU 시간을 낭비해 가면서 리스트의 나머지 부분을 처리할 필요가 없다. 해결 방법은 총 세 가지가 있다. 모든 방법을 분석해 보자.

첫 번째 방법 – break 구문 사용하기

첫 번째 방법은 주어진 값과 동일한 값을 찾으면 break 구문을 사용해 for-루프를 중지시키는 것이다. 이에 대한 파이썬 프로그램은 다음과 같다.

```python
needle = float(input("검색 값을 입력하여라: "))

found = False
for i in range(ELEMENTS):
    if haystack[i] == needle:
        print(needle, "의 위치:", i)
        found = True
        break

if found == False:
    print("아무것도 찾지 못하였습니다.")
```

다음과 같이 동일한 결과를 내는 다른 방식을 사용할 수도 있다.

```
needle = float(input("검색 값을 입력하여라: "))

index_position = -1
for i in range(ELEMENTS):
    if haystack[i] == needle:
        index_position = i
        break

if index_position == -1:
    print("아무것도 찾지 못하였습니다.")
else:
    print(needle, "의 위치:", index_position)
```

두 번째 방법 – 플래그 사용하기

break 명령문은 특정 상황에서만 코드 성능을 향상시켜 주기 때문에 break 명령문의 사용을 최소화하는 것이 좋다. 특히, 모든 컴퓨터 언어가 break 명령문을 가지고 있는 것이 아니기 때문에 break 명령문의 사용을 대체할 수 있는 방식이 필요하다.

다음 코드는 리스트 haystack에서 주어진 값을 찾으면 변수 found를 통해 반복문을 종료시킨다.

```
needle = float(input("검색 값을 입력하여라: "))

found = False
i = 0
while i <= ELEMENTS - 1 and found == False:
    if haystack[i] == needle:
        found = True
        index_position = i
    i += 1

if found == False:
    print("아무것도 찾지 못하였습니다.")
else:
    print(needle, "의 위치:", index_position)
```

세 번째 방법 – 사전-루프 구조 사용하기

세 번째 방법은 세 가지 방법 중에 가장 효율적이며, 작업 방식을 이해하기도 쉽다. 파이썬 프로그램은 다음과 같다.

```
needle = float(input("검색 값을 입력하여라: "))

i = 0
while i < ELEMENTS - 1 and haystack[i] != needle:
```

```
    i += 1

if haystack[i] != needle:
    print("아무것도 찾지 못하였습니다.")
else:
    print(needle, "의 위치:", i)
```

예제 35.5-4 사회보장번호 검색하기

미국에서는 모든 시민에게 아홉 자리 숫자의 사회보장번호를 부여한다. 사용자로부터 100명의 영문 성, 영문 이름, 사회보장번호를 입력받는 파이썬 프로그램을 작성하여라. 이 프로그램은 사용자로부터 사회보장번호를 입력받아 이 번호와 동일한 시민을 찾은 후에 이 시민의 영문 성과 영문 이름을 출력한다.

풀이

지금까지 배웠던 모든 것을 활용하여 작성한 파이썬 프로그램은 다음과 같다.

file_35_5_4

```
PEOPLE = 100

SSNs = [None] * PEOPLE
first_names = [None] * PEOPLE
last_names = [None] * PEOPLE

for i in range(PEOPLE):
    SSNs[i] = input("사회보장번호(SSN)를 입력하여라: ")
    first_names[i] = input("영문 이름을 입력하여라: ")
    last_names[i] = input("영문 성을 입력하여라: ")

needle = input("검색할 사회보장번호(SSN)를 입력하여라: ")

i = 0
while i < PEOPLE - 1 and SSNs[i] != needle:
    i += 1

if SSNs[i] != needle:
    print("아무것도 찾지 못하였습니다.")
else:
    print(first_names[i], last_names[i])
```

 주목할 것! 여러 사람이 동일한 사회보장번호를 가지고 있지는 않다. 문제 지문에서는 언급하지 않았지만, 리스트 SSNs은 고유한 값을 가져야 한다(즉, 중복값이 없어야 한다).

예제 35.5-5 동일한 값을 여러 개 가지는 2차원 리스트 검색하기

12개 팀이 미식축구 토너먼트에 참여해 팀별로 주마다 한 경기씩 총 20회의 경기를 가진다고 가정하자. 사용자로부터 팀 이름과 팀별 경기에 대해 승리한 경우 'W'(win), 패배한 경우 'L'(lose), 비겼을 경우 'T'(tie)를 입력받는 파이썬 프로그램을 작성하여라. 이 프로그램은 사용자로부터 문자(W, L, 또는 T)를 입력받고 입력값에 해당하는 결과의 경기가 몇 주차에 있었는지를 모두 출력해야 한다. 예를 들어, 사용자가 'L'을 입력하면 파이썬 프로그램은 각 팀별로 패배한 경기가 몇 주차에 있었는지를 출력하도록 한다.

풀이

이 예제를 해결하려면 다음과 같이 두 개의 리스트를 사용해야 한다.

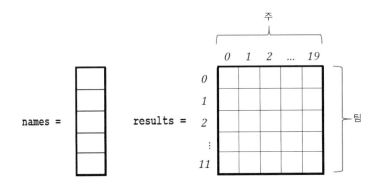

파이썬 프로그램은 다음과 같다.

file_35_5_5

```
TEAMS = 12
WEEKS = 20

names = [None] * TEAMS
results = [ [None] * WEEKS for i in range(TEAMS) ]

for i in range(TEAMS):
    names[i] = input(str(i + 1) + "번째 팀 이름을 입력하여라: ")
    for j in range(WEEKS):
        results[i][j] = input(str(j + 1) + "번째 주 " + names[i] + \
                        "의 결과를 입력하여라: ")
needle = input("검색할 결과를 입력하여라: ")
```

```
for i in range(TEAMS):
    found = False
    print(names[i], "의 결과를 발견하였습니다.")
    for j in range(WEEKS):
        if results[i][j].upper() == needle.upper():
            print((j + 1), "번째 주")
            found = True

    if found == False:
        print("어떤 결과도 발견하지 못했습니다.")
```

예제 35.5-6 고유한 값을 가지는 2차원 리스트 검색하기

어떤 여론조사 회사가 10개의 도시별로 30명의 시민에게 투표 참여 여부를 조사하고 있다. 시민별 전화번호와 설문 결과(참여 시 Y, 불참 시 N, 불확실 S)를 사용자로부터 입력받는 파이썬 프로그램을 작성하여라. 이 프로그램은 사용자로부터 전화번호를 입력받고 해당 번호를 가지는 시민의 설문 결과를 출력한다. 또한, 입력값이 Y, N, 혹은 S인지를 확인한다.

풀이

이 예제를 해결하려면 다음과 같이 두 개의 리스트를 사용해야 한다.

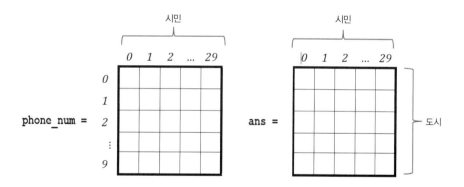

파이썬 프로그램은 다음과 같다.

file_35_5_6

```
CITIES = 10
CITIZENS = 30

phone_num = [ [None] * CITIZENS for i in range(CITIES) ]
```

```python
ans = [ [None] * CITIZENS for i in range(CITIES) ]

for i in range(CITIES):
    print((i + 1), "번째 도시")
    for j in range(CITIZENS):
        phone_num[i][j] = input(str(j + 1) + "번째 시민의 전화번호를 입력하여라: ")
        ans[i][j] = input(str(j + 1) + "번째 시민의 설문 답변을 입력하여라: ").upper()
        while ans[i][j] != "Y" and ans[i][j] != "N" and ans[i][j] != "S":
            ans[i][j] = input("잘못된 답변입니다. 답변을 다시 입력하여라: ").upper()

needle = input("검색할 전화번호를 입력하여라: ")

found = False
position_i = -1
position_j = -1
i = 0
while i <= CITIES - 1 and found == False:
    j = 0
    while j <= CITIZENS - 1 and found == False:
        if phone_num[i][j] == needle:
            found = True
            position_i = i
            position_j = j
        j += 1
    i += 1

if found == False:
    print("전화번호를 찾지 못했습니다.")
else:
    print("전화번호", phone_num[position_i][position_j])
    print("를 찾았습니다. '", end = "")


    if ans[position_i][position_j] == "Y":
        print("예", end = "")
    elif ans[position_i][position_j] == "N":
        print("아니요", end = "")
    else:
        print("불확실", end = "")

    print("' 설문결과입니다.")
```

주목할 것! 파이썬에서 사용자가 입력한 문자를 대문자로 바꾸는 방법에 주목하자.

예제 35.5-7 리스트 열에 있는 값 확인하기

사용자로부터 20 × 30 크기의 리스트에 숫자를 입력받는 파이썬 프로그램을 입력하여라. 모든 숫자가 입력된 후, 이 프로그램은 사용자로부터 하나의 숫자를 입력받아 리스트의 모든 열에 입력받은 숫자와 동일한 값이 최소 한 개 이상 있는 경우, 메시지를 출력한다.

풀이

이 문제를 해결하기 위해 선형 검색 알고리즘과 카운터 변수로 count를 사용한다. 파이썬 프로그램은 첫 번째 열부터 반복 처리를 시작해 각 열에서 찾고자 하는 값이 발견되면 변수 count를 1씩 증가시킨다. 두 번째 열 등 나머지 열에 대해서도 같은 방식으로 처리한다. 모든 처리가 끝나면 count 값을 확인해 count의 값과 열 개수가 같다면 찾고자 하는 값이 각 열에 최소 한 번 이상 있다는 것을 의미한다.

'내부에서 외부로' 방식을 사용하여 문제를 해결해 보자. 다음 코드는 리스트의 첫 번째 열(열 인덱스가 0)을 검색하고, 해당 열에 주어진 값과 동일한 값이 있으면 변수 count를 1씩 증가시킨다. 이때 변수 j는 0 값을 가진다고 가정한다.

```
found = False
for i in range(ROWS):
    if haystack[i][j] == needle:
        found = True
        break

if found == True:
    count += 1
```

이제 모든 열을 처리하는 for-루프에 위 코드를 중첩시켜 프로그램을 완성시키자.

```
for j in range(COLUMNS):
    found = False
    for i in range(ROWS):
        if haystack[i][j] == needle:
            found = True
            break
    if found == True:
        count += 1
```

안쪽의 사전-검사 루프 구조에서 주어진 값을 가지는 열을 찾지 못할 경우, 바깥쪽 루프 제어 구조를 종료시켜야 한다. 주어진 값을 가지지 않는 열이 존재하므로 더 이상의 처리는 무의미

하기 때문이다. 그러므로 좀 더 효율적인 방식은 다음과 같이 바깥쪽 반복문에서 break 명령
문을 사용하는 것이다.

```
for j in range(COLUMNS):
    found = False
    for i in range(ROWS):
        if haystack[i][j] == needle:
            found = True
            break

    if found == True:
        count += 1
    else:
        break
```

위 프로그램에서 주요 아이디어는 하나의 열에서 주어진 값을 찾지 못한 경우, 반복문을 종료
시키는 것이다. 최종 파이썬 프로그램은 다음과 같다.

file_35_5_7

```
ROWS = 20
COLUMNS = 30

haystack = [ [None] * COLUMNS for i in range(ROWS) ]

for i in range(ROWS):
    for j in range(COLUMNS):
        haystack[i][j] = float(input())

needle = float(input("검색 값을 입력하여라: "))

count = 0
for j in range(COLUMNS):
    found = False
    for i in range(ROWS):
        if haystack[i][j] == needle:
            found = True
            break

    if found == True:
        count += 1
    else:
        break

if count == COLUMNS:
    print(needle, "이/가 모든 열에 있습니다.")
```

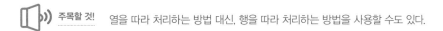

주목할 것! 열을 따라 처리하는 방법 대신, 행을 따라 처리하는 방법을 사용할 수도 있다.

예제 35.5-8 이진 검색 알고리즘 – 정렬된 1차원 리스트 검색하기

정렬된 1차원 리스트에서 주어진 값을 검색하는 파이썬 프로그램을 작성하여라. 문제 해결을 위해 이진 검색 알고리즘을 사용하여라.

풀이

이진 검색 알고리즘은 처리 속도가 빠르고, 대규모 데이터 처리에 적합하다. 단점은 검색할 데이터가 미리 정렬되어 있어야 한다는 것이다.

이진 검색 알고리즘의 주요 아이디어는 중간에 있는 요솟값을 확인하는 것이다. 검색할 값이 중간에 있는 요소보다 작은 값일 경우, 찾고자 하는 값은 리스트의 왼쪽 반절에 위치해 있어야 한다. 검색할 값이 중간에 있는 요소보다 큰 값일 경우, 찾고자 하는 값은 리스트의 오른쪽 반절에 위치해 있어야 한다.

이진 검색 알고리즘은 리스트의 반절 중에 주어진 값이 있다고 추정되는 반절의 중간에 있는 값을 다시 확인한다. 값을 찾지 못했다면 같은 방식을 통해 찾고자 하는 값이 있다고 추정되는 반절의 중간값을 확인한다. 이러한 '분리' 방식은 원하는 값을 찾거나 남아 있는 리스트의 일부에 요소가 하나만 있을 때까지 반복된다. 마지막 남은 요소가 찾고자 하는 값이 아니라면 주어진 값은 리스트에 없는 것이 된다.

예제를 통해 이진 검색 알고리즘을 분석해 보자. 다음 리스트는 오름차순으로 정렬된 숫자들을 가지고 있다. 여기서 찾고자 하는 값을 44라고 가정해 보자.

	0	1	2	3	4	5	6	7	8	9	10	11	12	13
A =	12	15	19	24	28	31	39	41	44	53	57	59	62	64

문제 해결을 위해 세 개의 변수를 사용한다. 첫 번째 변수인 start는 0(리스트의 첫 번째 인덱스) 값을 가지고, 두 번째 변수인 end는 13(리스트의 마지막 인덱스) 값을 가지며, 마지막 변수인 middle은 6(리스트의 중간 인덱스) 값을 가진다.

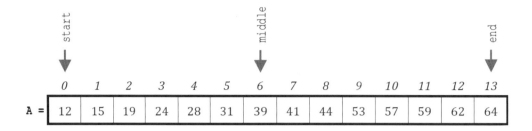

찾고자 하는 값인 44는 리스트 중간에 위치한 값 39보다 크기 때문에 리스트의 반절 중 오른쪽 반절에서 그 값을 찾아야 한다. 그러므로 변수 start는 인덱스 위치 7로 바뀌고, 변수 middle은 바뀐 start와 end의 중간값으로 바뀐다.

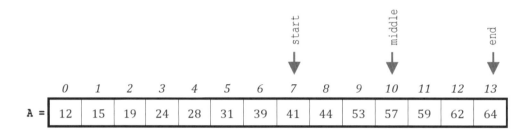

44가 중간 위치의 값인 57보다 작기 때문에 나눠진 리스트의 왼쪽 반절에서 44를 찾아야 한다. 그러므로 변수 end는 인덱스 위치 9로 바뀌고, 변수 middle은 start와 바뀐 end의 중앙값으로 바뀐다.

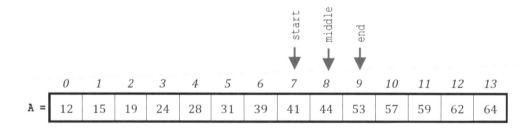

44가 인덱스 8에 있고, 중간 위치값이 그 값을 가리키고 있으므로 검색이 완료되며, 나머지 처리는 중단된다.

매 비교마다 찾고자 하는 값을 못 찾은 경우에도 남아 있는 리스트의 절반만큼의 요소에 대한 처리는 줄어든다.

전체 파이썬 프로그램은 다음과 같다.

```python
left = 0
right = ELEMENTS - 1
found = False
while left <= right and found == False:
    middle = (left + right) // 2 # DIV 2 연산을 나타냄.

    if haystack[middle] > needle:
        right = middle - 1
    elif haystack[middle] < needle:
        left = middle + 1
    else:
        found = True
        index_position = middle

if found == False:
    print("아무것도 찾지 못하였습니다.")
else:
    print(needle, "의 위치:", index_position)
```

 이 예제에서 이진 검색 알고리즘을 사용하면 3회의 반복 처리를 통해 찾고자 하는 값 44를 찾을 수 있다. 선형 알고리즘의 경우, 9회의 반복 처리를 통해 해당 값을 찾는다.

 리스트에 주어진 값이 여러 개 포함되어 있어도 이진 검색 알고리즘은 해당 값 중에 하나만 찾는다.

예제 35.5-9 한 국가의 역사적인 중요 사건 모두 출력하기

사용자로부터 10개 국가의 이름 그리고 국가별로 역사적인 중요 사건 20개와 각 사건에 대한 간략한 개요를 입력받는 파이썬 프로그램을 작성하여라. 이 프로그램은 사용자로부터 검색할 국가를 입력받고, 그 국가의 모든 사건을 출력해야 한다. 문제 해결을 위해 이진 검색 알고리즘을 사용하여라. 단, 사용자로부터 입력받는 국가 이름은 문자로 입력받는다고 가정한다. 이 예제의 문제 해결을 위해 다음과 같이 두 개의 리스트를 사용한다.

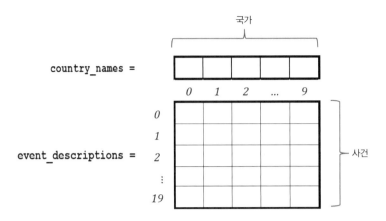

사용자로부터 검색할 국가 이름을 입력받고, 이진 검색 알고리즘에 의해 리스트 country_names의 두 번째 열 인덱스 위치에서 해당 국가를 찾았다고 가정해 보자. 이 프로그램은 두 번째 열 인덱스 위치를 사용해 리스트 'event_descriptions'에서 개요를 출력해야 한다. 파이썬 프로그램은 다음과 같다.

file_35_5_9

```
EVENTS = 20
COUNTRIES = 10

country_names = [None] * COUNTRIES
event_descriptions = [ [None] * COUNTRIES for i in range(EVENTS) ]

for j in range(COUNTRIES):
    country_names[j] = input(str(j + 1) + "번째 국가를 입력하여라: ")
    for i in range(EVENTS):
        event_descriptions[i][j] = input(str(i + 1) + \
            "번째 사건의 설명을 입력하여라: ")

needle = input("검색할 국가를 입력하여라: ").upper()

index_position = -1
left = 0
right = EVENTS - 1
found = False
while left <= right and found == False:
    middle = (left + right) // 2

    if country_names[middle].upper() > needle:
        right = middle - 1
    elif country_names[middle].upper() < needle:
```

```
            left = middle + 1
        else:
            found = True
            index_position = middle

if found == False:
    print("어떤 국가도 찾지 못하였습니다.")
else:
    for i in range(EVENTS):
        print(event_descriptions[i][index_position])
```

예제 35.5-10 2차원 리스트의 각 열 검색하기

사용자로부터 10개 국가의 이름, 20개의 사건별 개요를 포함하는 주요 역사적 사건과 발생연도를 입력받는 파이썬 프로그램을 작성하여라. 이 프로그램은 사용자로부터 원하는 연도를 입력받은 후, 입력 연도에 대해 국가별로 발생한 모든 사건을 출력한다. 문제 해결을 위해 이진 검색 알고리즘을 사용한다. 단, 각각의 국가는 각 연도마다 하나의 사건만을 가지며, 사건 발생 연도는 오름차순으로 정렬되어 있다고 가정한다.

풀이

이 예제의 문제 해결을 위해 다음과 같이 세 개의 리스트를 사용한다.

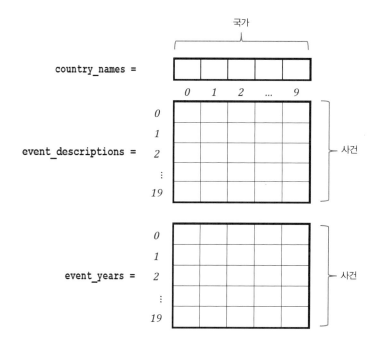

리스트 event_years의 각 열에 대한 검색 코드를 작성하기 위해 '내부에서 외부로' 방식을 사용한다. 다음 이진 검색 알고리즘은 첫 번째 열에서 입력 연도에 발생한 사건을 검색한다. 이때 변수 j는 0 값을 가진다고 가정한다. 검색이 수직적으로 수행되는 상황이므로 프로그램의 가독성을 높이기 위해 변수 left와 right를 변수 top와 bottom으로 각각 교체하였다.

```
top = 0
bottom = EVENTS - 1
found = False
while top <= bottom and found == False:
    middle = (top + bottom) // 2

    if event_years[middle][j] > needle:
        bottom = middle - 1
    elif event_years[middle][j] < needle:
        top = middle + 1
    else:
        found = True
        row_index = middle

if found == False:
    print(country_names[j], "에 대한 사건을 발견하지 못했습니다.")
else:
    print("국가:", country_names[j])
    print("연도:", event_years[row_index][j])
    print("사건:", event_descriptions[row_index][j])
```

이제 모든 열에 대해 반복 처리를 수행하는 for-루프에 위 코드를 다음과 같이 중첩시키자.

```
for j in range(COUNTRIES):
    top = 0
    bottom = EVENTS - 1
    found = False
    while top <= bottom and found == False:
        middle = (top + bottom) // 2

        if event_years[middle][j] > needle:
            bottom = middle - 1
        elif event_years[middle][j] < needle:
            top = middle + 1
        else:
            found = True
            row_index = middle

    if found == False:
        print(country_names[j], "에 대한 사건을 발견하지 못했습니다.")
    else:
```

```
        print("국가:", country_names[j])
        print("연도:", event_years[row_index][j])
        print("사건:", event_descriptions[row_index][j])
```

최종 파이썬 프로그램은 다음과 같다.

file_35_5_10

```
EVENTS = 20
COUNTRIES = 10

country_names = [None] * COUNTRIES
event_descriptions = [ [None] * COUNTRIES for i in range(EVENTS) ]
event_years = [ [None] * COUNTRIES for i in range(EVENTS) ]

for j in range(COUNTRIES):
    country_names[j] = input(str(j + 1) + "번째 국가 이름을 입력하여라: ")
    for i in range(EVENTS):
        event_descriptions[i][j] = input(str(i + 1) + \
        "번째 사건에 대한 설명을 입력하여라: ")
        event_years[i][j] = int(input(str(i + 1) + \
        "번째 사건에 대한 연도를 입력하여라: "))

needle = int(input("검색할 연도를 입력하여라: "))
row_index = -1

for j in range(COUNTRIES):
    top = 0
    bottom = EVENTS - 1
    found = False
    while top <= bottom and found == False:
        middle = (top + bottom) // 2

        if event_years[middle][j] > needle:
            bottom = middle - 1
        elif event_years[middle][j] < needle:
            top = middle + 1
        else:
            found = True
            row_index = middle

    if found == False:
        print(country_names[j], "에 대한 어떤 사건도 발견하지 못했습니다.")
    else:
        print("국가:", country_names[j])
        print("연도:", event_years[row_index][j])
        print("사건:", event_descriptions[row_index][j])
```

35.6 리스트의 일반적 특징에 대한 예제

예제 35.6-1 강설 확률이 있었던 날

사용자로부터 1월 한 달간 매일 정오의 온도(단위: 섭씨)를 입력받는 파이썬 프로그램을 작성하여라. 섭씨 2도보다 낮은 온도이면 강설 가능성이 있다고 가정하고, 강설 가능성이 있었던 날의 날짜를 출력한다.

풀이

이 예제의 문제 해결을 위해 다음과 같은 1차원 리스트를 사용한다.

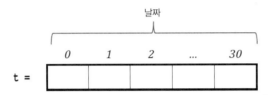

파이썬 프로그램은 다음과 같다.

```
file_35_6_1

DAYS = 31

t = [None] * DAYS

for i in range(DAYS):
    t[i] = int(input())

for i in range(DAYS):
    if t[i] < 2:
        print(i + 1, end = "\t")
```

예제 35.6-2 강설 가능성

사용자로부터 1월 한 달간 매일 정오의 온도(단위: 섭씨)를 입력받는 파이썬 프로그램을 작성하여라. 이 파이썬 프로그램은 섭씨 2도보다 낮은 날이 있는 경우, 강설 가능성이 있다는 메시지를 한 번만 출력한다.

풀이

다음은 **잘못된 코드**다. 이전 예제와 동일한 방법으로 문제를 **해결할 수 없다.**

```
for i in range(DAYS):
    if t[i] < 2:
        print("강설 가능성이 있습니다.")
```

위 코드는 1월 한 달 동안의 온도가 섭씨 2도 이하인 날이 하루 이상인 경우, 여러 번의 메시지가 출력된다. 문제 지문에 따라 온도가 섭씨 2도보다 낮은 날이 얼마나 됐든 메시지는 한 번만 출력되어야 한다. 이에 대한 해결 방법은 두 가지가 있다. 두 가지 방법 모두를 살펴보자.

첫 번째 방법 – 섭씨 2도 이하 온도를 모두 세기

첫 번째 방법은 온도가 섭씨 2도 이하인 모든 날을 세는 변수를 사용하는 것이다. 처리를 모두 마친 후 해당 변수를 확인한다. 변숫값이 0이 아니라면 적어도 강설 가능성이 있는 날이 하루 이상 있었다는 것을 의미한다.

file_35_6_2a

```
DAYS = 31

t = [None] * DAYS

for i in range(DAYS):
    t[i] = int(input())

count = 0
for i in range(DAYS):
    if t[i] < 2:
        count += 1

if count != 0:
    print("강설 가능성이 있습니다.")
```

두 번째 방법 – 플래그 사용하기

두 번째 방법은 온도가 섭씨 2도 이하인 모든 날을 세지 않고 불리언 변수인 플래그를 사용하는 것이다. 파이썬 프로그램은 다음과 같다.

```
DAYS = 31

t = [None] * DAYS

for i in range(DAYS):
    t[i] = int(input())

found = False
for i in range(DAYS):
    if t[i] < 2:
        found = True

if found == True:
    print("강설 가능성이 있습니다.")
```

예제 35.6-3 강설 가능성이 있는 도시 찾기

사용자로부터 10개 도시의 이름과 1월 한 달간 매일 정오에 측정된 온도를 입력받는 파이썬 프로그램을 작성하여라. 이 프로그램은 각 도시에 대해 온도가 섭씨 2도 이하인 날이 있을 경우, 강설 가능성이 있다고 간주하고 해당 도시의 이름을 출력하도록 한다.

풀이

이 예제의 문제 해결을 위해 다음과 같이 두 개의 리스트를 사용한다. 첫 번째 리스트는 도시 이름을 입력받고, 두 번째 리스트는 도시의 온도를 입력받는다. 세 번째 리스트인 count는 각 도시마다 온도가 섭씨 2도 이하인 날이 몇 번 있었는지를 기록한다. 추가 리스트인 count를 왜 사용했는지는 해결 과정을 살펴보면 알 수 있다.

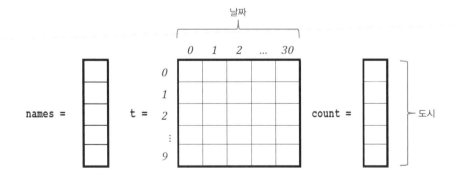

이전 예제와 마찬가지로, 온도가 섭씨 2도 이하인 날이 몇 번 있었든 도시 이름은 한 번만 출력되도록 해야 한다. 두 가지 방법을 통해 이 문제를 해결할 수 있다. 첫 번째 방법은 이전에 언급한 바와 같이 보조 리스트 count를 사용하는 것이고, 두 번째 방법은 추가 불리언 변수인 flag를 사용하는 것이다. 두 번째 방법이 좀 더 효율적이긴 하지만 두 가지 방법 모두를 살펴보자.

첫 번째 방법 – 보조 리스트 사용하기

33장에서 각 행을 개별적으로 처리하는 방법을 배웠다. 보조 리스트 count를 생성시키는 중첩 루프 제어 구조는 다음과 같다.

```
count = [None] * CITIES
for i in range(CITIES):
    count[i] = 0
    for j in range(DAYS):
        if t[i][j] < 2:
            count[i] += 1
```

리스트 count가 만들어진 이후에 이 리스트에 대해 반복 처리를 수행할 수 있다. 이 리스트의 특정 위치에 0 보다 큰 값이 있다면 해당 도시는 적어도 강설 가능성이 있는 날이 하루 이상 있었다는 것을 의미한다. 그런 다음, 도시 이름을 출력한다. 최종 파이썬 프로그램은 다음과 같다.

`file_35_6_3a`

```
CITIES = 10
DAYS = 31

names = [None] * CITIES
t = [ [None] * DAYS for i in range(CITIES) ]

for i in range(CITIES):
    names[i] = input(str(i + 1) + "번째 도시의 이름을 입력하여라: ")
    for j in range(DAYS):
        t[i][j] = int(input(str(j + 1) + "번째 날짜의 온도를 입력하여라: "))

count = [None] * CITIES

for i in range(CITIES):
    count[i] = 0
    for j in range(DAYS):
        if t[i][j] < 2:
            count[i] += 1
```

```
print("1월 중 강설 가능성이 있는 도시:")
for i in range(CITIES):
    if count[i] != 0:
        print(names[i])
```

두 번째 방법 – 플래그 사용하기

두 번째 방법은 보조 리스트를 사용하지 않고, 리스트 t를 처리하여 온도가 섭씨 2도 이하인 날을 가지는 도시 이름을 직접 출력하는 것이다. 추가 불리언 변수인 flag를 사용하여 도시 이름이 두 번 이상 출력되는 것을 방지하도록 한다.

두 번째 방법을 보다 명확하게 이해하기 위해 '내부에서 외부로' 방식을 사용한다. 다음 코드는 리스트 t의 첫 번째 행(행 인덱스 0)에 온도가 2도 이하인 날이 있는지 확인하여 그런 날이 있을 경우 리스트 names의 0번째 위치에 있는 해당 도시 이름을 출력한다. 이때 변수 i는 0 값을 가진다고 가정한다.

```
found = False
for j in range(DAYS):
    if t[i][j] < 2:
        found = True

if found == True:
    print(names[i])
```

이제 모든 도시에 대해 반복 처리를 수행하는 for-루프에 위 코드를 다음과 같이 중첩시키자.

```
for i in range(CITIES):
    found = False
    for j in range(DAYS):
        if t[i][j] < 2:
            found = True

    if found == True:
        print(names[i])
```

최종 파이썬 프로그램은 다음과 같다.

file_35_6_3b

```
CITIES = 10
DAYS = 31

names = [None] * CITIES
t = [ [None] * DAYS for i in range(CITIES) ]
```

```
for i in range(CITIES):
    names[i] = input(str(i + 1) + "번째 도시의 이름을 입력하여라: ")
    for j in range(DAYS):
        t[i][j] = int(input(str(j + 1) + "번째 날짜의 온도를 입력하여라: "))

print("1월 중 강설 가능성이 있는 도시:")
for i in range(CITIES):
    found = False
    for j in range(DAYS):
        if t[i][j] < 2:
            found = True

    if found == True:
        print(names[i])
```

예제 35.6-4 학생 성적을 내림차순, 알파벳 순서로 출력하기

학생 10명에 대해 학생별로 다섯 개 과목의 성적을 가지고 있다. 선생님으로부터 각 학생의 이름과 과목별 성적을 입력받는 파이썬 프로그램을 작성하여라. 이 프로그램은 각 학생의 평균성적을 계산하고, 이를 내림차순으로 정렬하여 학생들의 이름을 출력한다. 2명 이상의 학생이 동일한 성적을 가지면 같은 석차인 학생들의 이름을 알파벳 순서로 출력한다.

풀이

이 예제의 문제 해결을 위해 다음과 같이 세 개의 리스트를 사용한다. 리스트 names와 grades의 값은 사용자로부터 입력받고, 보조 리스트인 average는 파이썬 프로그램이 생성한다.

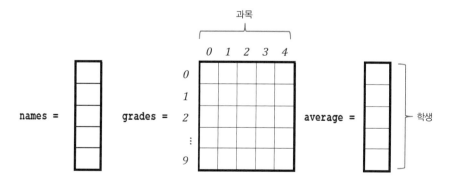

이전 예제에서 이 문제를 해결하는 데 필요한 모든 것을 이미 살펴보았다. 즉, 보조 리스트

average를 생성하는 방법, 리스트 average와 names의 관계를 유지하면서 리스트 average를 정렬하는 방법, 동일한 성적의 학생이 있을 경우 알파벳 순서로 이름을 정렬하는 방법을 배웠다. 최종 파이썬 프로그램은 다음과 같다.

```python
STUDENTS = 10
LESSONS = 5

# 리스트 names와 grades로 값을 입력받는다.
names = [None] * STUDENTS
grades = [ [None] * LESSONS for i in range(STUDENTS) ]

for i in range(STUDENTS):
    names[i] = input(str(i + 1) + "번째 학생의 이름을 입력하여라: ")
    for j in range(LESSONS):
        grades[i][j] = int(input(str(j + 1) + "번째 과목의 성적을 입력하여라: "))

# 리스트 average를 생성한다.
average = [None] * STUDENTS
for i in range(STUDENTS):
    average[i] = 0
    for j in range(LESSONS):
        average[i] += grades[i][j]
    average[i] /= LESSONS

# 리스트 average와 names를 정렬한다.
for m in range(STUDENTS - 1):
    for n in range(STUDENTS - 1, m, -1):
        if average[n] > average[n - 1]:
            average[n], average[n - 1] = average[n - 1], average[n]
            names[n], names[n - 1] = names[n - 1], names[n]
        elif average[n] == average[n - 1]:
            if names[n] < names[n - 1]:
                names[n], names[n - 1] = names[n - 1], names[n]

# 리스트 names와 average를 출력한다.
for i in range(STUDENTS):
    print(names[i], "\t", average[i])
```

예제 35.6-5 하계 올림픽 양궁

하계 올림픽 양궁에서 20명의 궁수가 6발씩의 화살을 쏜다고 하자. 사용자로부터 각 선수의 이름과 매 시도마다 획득한 점수를 입력받는 파이썬 프로그램을 작성하여라. 이때 선수들이 획득한 총 점수가 높은 순서대로 금메달, 은메달, 동메달을 수여한다. 이 프로그램은 메달을 받는 선수의 이름을 출력한다. 단, 총 점수가 동일한 선수는 없다고 가정한다.

풀이

이 예제의 문제 해결을 위해 다음과 같이 세 개의 리스트를 사용한다. 리스트 names와 points는 사용자로부터 값을 입력받고, 보조 리스트인 total은 파이썬 프로그램이 생성한다.

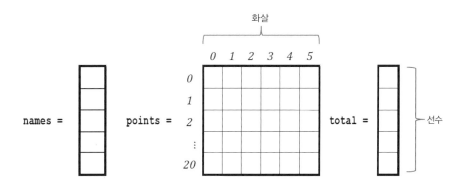

보조 리스트 total이 생성된 후에 리스트 total은 정렬 알고리즘에 의해 리스트 names와의 관계를 유지하면서 내림차순으로 정렬된다. 그런 다음, 파이썬 프로그램은 인덱스 위치 0, 1, 2에 있는 선수 이름을 출력한다. 최종 파이썬 프로그램은 다음과 같다.

file_35_6_5

```
import math

ATHLETES = 20
SHOTS = 6

# 리스트 names와 points에 값을 입력받는다.
names = [None] * ATHLETES
points = [ [None] * SHOTS for i in range(ATHLETES) ]

for i in range(ATHLETES):
    names[i] = input(str(i + 1) + "번째 선수의 이름을 입력하여라: ")
    for j in range(SHOTS):
        points[i][j] = int(input(str(j + 1) + "번째 화살의 득점을 입력하여라: "))

# 리스트 total을 생성한다.
total = []
for row in points:
```

```
        total.append(math.fsum(row))

# 리스트 names와 total을 정렬한다.
for m in range(1, ATHLETES):
    for n in range(ATHLETES - 1, m - 1, -1):
        if total[n] > total[n - 1]:
            total[n], total[n - 1] = total[n - 1], total[n]
            names[n], names[n - 1] = names[n - 1], names[n]

# 금메달, 은메달, 동메달 수여자를 출력한다.
for i in range(3):
    print(names[i], "\t", total[i])
```

35.7 복습문제: 참/거짓

다음 문제를 읽고 **참** 또는 **거짓**으로 답하여라.

1. 리스트를 오름차순으로 정렬할 때 버블 정렬 알고리즘은 리스트에서 가장 작은 요소를 가장 낮은 인덱스 위치로 이동시킨다.

2. 오름차순으로 정렬된 리스트에서는 첫 번째 요소가 가장 크다.

3. 버블 정렬 알고리즘을 사용할 경우, 주어진 리스트에 따라 위치 변경 횟수가 달라진다.

4. 변형된 버블 정렬 알고리즘을 사용할 경우, 가장 위치 변경이 많이 발생하는 경우는 오름차순으로, 정렬된 리스트를 내림차순으로 정렬할 때다.

5. 버블 정렬 알고리즘에서 결정 제어 구조가 불리언 식으로 A[n] > A[n − 1]와 같다면, 리스트 A는 내림차순으로 정렬된다.

6. 정렬 알고리즘은 숫자를 분류하는 것과 동일한 방식으로 문자를 정렬한다.

7. 리스트 A를 리스트 B와의 관계를 유지하면서 정렬할 경우, 리스트 B도 재정렬되어야 한다.

8. 때때로 버블 정렬 알고리즘은 변형된 버블 정렬 알고리즘보다 좋은 성능을 보인다.

9. 버블 정렬 알고리즘에서는 한 번의 과정에 의해 하나의 요소만 제자리를 찾는다.

10. 버블 정렬 알고리즘은 for-루프를 통해서만 구현할 수 있다.

11. 퀵 정렬 알고리즘은 2차원 리스트의 각 열을 정렬할 때는 사용할 수 없다.

12. 삽입 정렬 알고리즘은 오름차순과 내림차순으로 모두 정렬이 가능하다.

13. 정렬 알고리즘 중에 가장 빠른 알고리즘은 버블 정렬 알고리즘이다.

14. N개 요소를 가진 1차원 리스트에 대해 버블 정렬 알고리즘은 $\dfrac{N-1}{N}$ 번의 비교를 수행한다.

15. N개 요소를 가진 1차원 리스트에 대해 버블 정렬 알고리즘은 $\dfrac{N(N-1)}{2}$ 번의 비교를 수행한다.

16. 변형된 버블 정렬 알고리즘을 사용할 때 요소 간의 어떠한 위치 맞바꿈도 수행되지 않는다면, 이 알고리즘은 리스트가 정렬되어 있고, 더 이상의 비교를 수행할 필요가 없다는 사실을 인지한다.

17. 선택 정렬 알고리즘을 사용할 때 오름차순 대신, 내림차순으로 리스트를 정렬하려면 최솟값 대신 최댓값을 검색해야 한다.

18. 선택 정렬 알고리즘은 주기억 장치가 제한된 컴퓨터 시스템에서도 잘 동작한다.

19. 선택 정렬 알고리즘은 대규모 데이터 작업에 적합하다.

20. 선택 정렬 알고리즘은 매우 복잡한 알고리즘이다.

21. 삽입 정렬 알고리즘은 일반적으로 선택 정렬 알고리즘과 버블 정렬 알고리즘보다 성능이 좋다.

22. 삽입 정렬 알고리즘은 때때로 퀵 정렬 알고리즘보다 빠르다.

23. 퀵 정렬 알고리즘은 정렬 알고리즘 중에 가장 빠른 알고리즘으로 간주되고 있다.

24. 정렬된 리스트는 서로 다른 요소만을 가진다.

25. 검색 알고리즘은 데이터 집합에서 지정된 속성을 가진 항목을 찾기 위한 알고리즘이다.

26. 순차 검색 알고리즘은 숫자값만을 가진 리스트에서 사용할 수 있다.

27. 가장 보편적으로 사용되는 검색 알고리즘은 퀵 검색 알고리즘이다.

28. 힙 알고리즘(heap algorithm)이라 불리는 검색 알고리즘이 있다.

29. 선형(혹은 순차) 검색 알고리즘은 다음과 같이 동작한다. 우선 주어진 값이 리스트의 마지막 요소와 같은지 비교하고, 그다음 마지막 요소와 비교하는 방식으로 첫 번째 요소와 비교할 때까지 혹은 주어진 값을 찾을 때까지 반복해 비교한다.

30. 선형 검색 알고리즘은 특정 상황에서 이진 검색 알고리즘보다 좀 더 빨리 요소를 찾을 수 있다.

31. 선형 검색 알고리즘은 대규모 데이터 작업에 사용할 수 있다.

32. 선형 검색 알고리즘은 정렬된 리스트에는 사용할 수 없다.

33. 이진 검색 알고리즘은 대규모 데이터 작업에 사용할 수 있다.

34. 이진 검색 알고리즘은 찾는 값이 중복해 여러 개가 있을 경우, 해당 값 중에 첫 번째로 나오는 값만을 검색한다.

35. 검색 알고리즘을 사용할 때 리스트가 고유값을 가지고 있고, 검색하고자 하는 요소를 찾았다면, 더 이상의 비교 작업을 수행할 필요가 없다.

36. 이진 검색 알고리즘의 주요 단점은 데이터가 정렬되어 있어야 한다는 점이다.

37. 이진 검색 알고리즘은 숫자값을 가진 리스트에 대해서만 사용할 수 있다.

38. 찾고자 하는 요소가 리스트의 마지막 위치에 있을 경우 선형 검색 알고리즘은 리스트의 모든 요소를 비교해야 한다.

39. 선형 검색 알고리즘은 2차원 리스트에 사용할 수 있다.

40. 이진 검색 알고리즘을 사용할 때 최소 세 개의 요소를 가진 리스트에서 찾고자 하는 요소가 첫 번째 위치에 있으면 오직 한 번의 반복만을 수행한다.

35.8 프로그래밍 연습문제

다음 프로그래밍 연습문제를 완성하여라.

1. 사용자로부터 리스트에 양수 50개를 입력받는 순서도와 파이썬 프로그램을 작성하여라. 또한, 이 프로그램은 47개의 요소를 가진 새로운 리스트를 생성해야 한다. 새로운 리스트의 각 위치에는 네 개 요소의 평균값이 저장된다. 이때, 네 개의 요소는 50개의 입력값이 저장되어 있는 리스트에서 현재 위치부터 이후 세 개의 요소까지 총 네 개의 요소를 의미한다.

2. 사용자로부터 15개의 요소를 각각 가진 리스트 a, b, c에 숫자값을 입력받는 파이썬 프로그램을 작성하여라. 또한, 이 프로그램은 15개의 요소를 가진 리스트 new_arr을 생성해야 한다. 새롭게 생성된 리스트의 각 위치에는 리스트 a, b, c의 해당 위치에서 가장 작은 값을 저장하도록 한다.

3. 사용자로부터 10, 5, 15개의 요소를 가진 리스트 a, b, c에 숫자값을 입력받는 파이썬 프로그램을 작성하여라. 또한, 이 프로그램은 30개의 요소를 가진 리스트 new_arr을 생성해야 한다. 새롭게 생성된 리스트의 처음 15개까지의 위치에는 리스트 c의 요소를 저장하고, 그 다음 다섯 개까지의 위치에는 리스트 b의 요소를 저장하며, 마지막 열 개 위치에는 리스트 a의 요소를 저장하도록 한다. 그리고 리스트 new_arr을 생성하는 부분에 대해 순서도를 설계하여라.

4. 사용자로부터 5 × 10, 5 × 15, 5 × 20개의 요소를 가진 리스트 a, b, c에 숫자값을 입력받는 파이썬 프로그램을 작성하여라. 또한, 이 프로그램은 5 × 45개의 요소를 가진 리스트 new_arr을 생성해야 한다. 새롭게 생성된 리스트의 처음 열 개까지의 열에는 리스트 a의 요소를 저장하고, 그 다음 15개까지의 열에는 리스트 b의 요소를 저장하며, 마지막 20개 열에는 리스트 c의 요소를 저장한다.

5. 사용자로부터 50개의 숫자값을 리스트에 입력받는 파이썬 프로그램을 작성하여라. 이 프로그램은 두 개의 새로운 리스트인 reals와 integers를 생성해야 한다. 리스트 reals에는 입력값 중에 실수를 저장하고, 리스트 integers에는 입력값 중에 정수를 저장한다. 0 값은 두 리스트 중 어떤 리스트에도 저장되지 않는다. 그리고 리스트 reals와 integers를 생성하는 부분에 대해 순서도를 설계하여라.

6. 사용자로부터 리스트에 50개의 세 자릿수 숫자를 입력받고, 새로운 리스트를 생성해 이 리스트에는 50개를 저장하고 있는 리스트에서 첫 번째 자릿수값이 두 번째 자릿수값보다 작고, 두 번째 자릿수값이 세 번째 자릿수보다 작은 숫자만 찾아 저장하는 파이썬 프로그램을 작성하여라. 예를 들어, 357, 456, 159가 이에 해당하는 숫자다.

7. 여론조사 기관에서 200명의 시민에게 열 개의 소비자 제품에 대한 설문을 실시하였다. 사용자로부터 각 제품의 이름과 시민으로부터 받은 점수(A, B, C, D 중에 하나)를 입력받는 파이썬 프로그램을 작성하여라. 이 프로그램은 다음 항목을 계산하고 출력한다.

   a. 각 제품별로 제품 이름과 시민으로부터 받은 'A'의 개수

   b. 각 시민별로 'B'를 준 횟수

   c. 어떤 제품이 최고인지

   그리고 이 프로그램은 사용자로부터 설문조사 결과를 입력받을 때 입력값을 확인하고 사용자가 A, B, C, D 이외의 값을 입력할 때마다 오류 메시지를 출력한다.

8. 사용자로부터 미국의 20개 도시와 캐나다의 20개 도시의 이름, 미국의 각 도시로부터 모든 캐나다 도시까지의 거리를 입력받는 파이썬 프로그램을 작성하여라. 최종적으로 이 프로그램은 미국의 각 도시에서 가장 가까운 캐나다 도시를 출력한다.

9. 사용자로부터 30개의 산 이름과 높이, 산이 소재한 국가를 입력받는 파이썬 프로그램과 순서도를 작성하여라. 이 프로그램은 가장 높은 산과 가장 낮은 산에 대한 모든 정보를 출력한다.

10. N × M 크기인 리스트 A에 대해 리스트에 있는 값 중 가장 큰 값과 이 값이 있는 행과 열의 값을 출력하는 순서도를 작성하여라.

11. 26개의 미식축구 팀이 토너먼트에 참여한다고 하자. 각 팀은 매주 한 경기씩 총 15회의 경기를 치른다. 사용자로부터 팀 이름과 경기별로 팀이 승리한 경우 'W', 패배한 경우 'L', 비겼을 경우 'T'를 입력받는 파이썬 프로그램을 작성하여라. 각 팀은 토너먼트에서 승리한 경우 3점을 획득하고 비겼을 경우 1점을 획득한다. 가장 많은 점수를 획득한 팀을 찾아 팀 이름을 출력한다. 단, 동일한 점수를 획득한 팀은 없다고 가정한다.

12. 지구에서 자유낙하를 하는 물체는 9.81의 중력가속도(g)를 가진다. 어떤 학생이 실험을 통해 중력가속도를 계산하려고 한다. 실험에서는 열 개의 서로 다른 물체를 일정 높이에서 낙하시킨 후 지면에 닿을 때까지의 시간을 측정한다. 각 물체에 대해 20번을 낙하시킨다. 사용자로부터 물체의 낙하 높이와 낙하 시간을 입력받는 파이썬 프로그램을 작성하여라. 이 프로그램은 g를 계산하고 계산된 모든 값을 10 × 20 크기의 리스트에 저장한다. 사용자의 시계가 항상 정확한 것은 아니기 때문에 각 물체별로 g의 최솟값과 최댓값, 전체 물체에 대해 g의 최솟값과 최댓값을 출력한다. 계산 수식은 다음과 같다.

$$S = u_o + \frac{1}{2}gt^2$$

- S는 물체의 낙하 높이를 의미한다(m).
- u_0는 물체가 낙하하기 시작할 때의 초기 속도를 의미한다. 그러나 자유낙하를 하는 물체는 초기 속도가 0이어야 한다(m/s).
- t는 자유낙하를 하는 물체가 바닥까지 도착하는데 걸린 시간(초)을 의미한다.
- g는 중력가속도를 의미한다(m/s²).

13. 10개 도시마다 관측소가 있고, 각 관측소는 자신이 위치한 도시에 대해 1년 동안 매일 이산화탄소 수치를 기록한다. 사용자로부터 각 도시의 이름과 매일 정오에 측정된 이산화탄소 수치를 입력받는 파이썬 프로그램을 작성하여라. 이 프로그램은 평균 이산화탄소 수치가 가장 낮은 도시의 이름을 출력한다.

14. N × M 크기인 리스트 A에서 각 행마다 가장 작은 값과 가장 큰 값을 찾는 순서도를 설계하여라.

15. 20개의 미식축구 팀이 토너먼트에 참여하며, 각 팀은 매주 한 경기씩 총 10회의 경기를 치른다. 사용자로부터 팀 이름과 경기별로 팀이 승리한 경우 'W', 패배한 경우 'L', 비겼을 경우 'T'를 입력받는 파이썬 프로그램을 작성하여라. 각 팀은 토너먼트에서 승리한 경우 3점을 획득하고 비겼을 경우 1점을 획득한다. 또한, 가장 많은 점수를 획득한 세 개의 팀에 순서대로 금메달, 은메달, 동메달을 수여한다. 이 프로그램은 금메달, 은메달, 동메달을 획득한 팀의 이름을 출력해야 한다. 문제 해결을 위해 변형된 버블 정렬 알고리즘을 사용하여라. 단, 동일한 점수를 획득한 팀은 없다고 가정한다.

    그리고 이 프로그램은 사용자로부터 팀 이름과 경기결과를 입력받을 때 입력값을 확인하도록 하며, 사용자가 W, L, T 이외의 값을 입력한 경우 오류 메시지를 출력해야 한다.

16. 사용자로부터 50명의 이름과 키 정보를 입력받는 파이썬 프로그램을 작성하여라. 이 프로그램은 키 값을 내림차순으로 정렬해 출력해야 한다. 만약, 두 사람 이상이 동일한 높이의 키를 가지는 경우에 대해서는 알파벳순으로 이름을 출력한다. 문제 해결을 위해 버블 정렬 알고리즘을 문제에 알맞게 적용하여라.

17. 노래 경연대회에 10명의 심사위원과 12명의 참가자가 있다고 가정해 보자. 이 노래 경연대회는 10명의 심사위원이 매긴 점수 중에 최고 점수와 최저 점수를 제외하고 총점을 계산한다. 사용자로부터 참가자 이름과 각 참가자가 심사위원으로부터 받은 점수를 입력받는 파이썬 프로그램을 작성하여라. 이 프로그램은 다음 항목을 출력해야 한다.
    a. 각 참가자의 이름과 이들이 받은 점수 중 최고 점수와 최저 점수를 제외한 총점
    b. 가장 높은 점수를 획득한 참가자의 이름. 단, 동일한 점수를 획득한 참가자들에 대해서는 이름을 알파벳순으로 출력한다. 문제 해결을 위해 버블 정렬 알고리즘을 문제에 알맞게 적용하여라.

18. 5 × 10 크기인 리스트 A의 각 열에 대해 선택 정렬 알고리즘을 사용하여 오름차순으로 정렬하는 순서도를 작성하여라. 단, 리스트 A는 숫자값만 가진다고 가정한다.

19. 스도쿠 대회에서 10명의 참가자가 각자 여덟 개의 다른 스도쿠 퍼즐을 가장 빠르게 해결하려 한다. 사용자로부터 참가자의 이름과 각 퍼즐을 해결하는 데 걸린 시간을 입력받는 파이썬 프로그램을 작성하여라. 이 프로그램은 다음 항목을 출력해야 한다.
    a. 각 참가자의 이름과 문제 해결에 가장 적게 걸린 세 개의 시간
    b. 금메달, 은메달, 동메달을 획득한 참가자의 이름. 단, 금메달, 은메달, 동메달은 모든 문제를 해결하는 데 걸린 평균 시간을 적은 순서대로 부여한다. 단, 동일한 점수를 획득한 참가자는 없다고 가정한다.

20. 20 × 8 크기인 리스트 A의 각 열에 대해 삽입 정렬 알고리즘을 사용하여 내림차순으로 정렬하는 순서도를 작성하여라. 단, 리스트 A는 숫자값만 가진다고 가정한다.

21. 5개 도시마다 관측소가 있고, 각 관측소는 2일 동안 매시간 이산화탄소 수치를 기록한다. 사용자로부터 각 도시의 이름과 매시간(00:00~23:00)마다 측정한 이산화탄소 수치를 입력받는 파이썬 프로그램을 작성하여라. 이 프로그램은 다음 항목을 출력해야 한다.

　a. 각 도시의 이름과 평균 이산화탄소 수치

　b. 매 시간마다 모든 도시의 평균 이산화탄소 수치

　c. 평균적으로 가장 대기 오염이 심했던 시간대

　d. 가장 높은 이산화탄소 수치를 가지는 시간대와 도시

　e. 평균적으로 가장 대기가 좋지 않은 세 개 도시. 단, 문제 해결을 위해 삽입 정렬 알고리즘을 사용하여라.

22. N개의 요소를 가지는 리스트 a에서 선형 검색 알고리즘을 사용하여 needle 값을 찾아 해당 위치를 출력하는 순서도를 작성하여라. needle이 리스트에 없을 경우, "찾지 못했습니다." 메시지를 출력한다. 단, 리스트 a는 숫자값만을 가진다고 가정한다.

23. N개의 요소를 가지는 리스트 a에서 이진 검색 알고리즘을 사용하여 needle 값을 찾아 해당 위치를 출력하는 순서도를 작성하여라. needle이 리스트에 없을 경우, "찾지 못했습니다." 메시지를 출력한다. 단, 리스트 a는 숫자값만을 가진다고 가정한다.

24. 10개 미식축구 팀이 토너먼트에 참여하며, 각 팀은 매주 한 경기씩 총 16번의 경기를 치른다. 사용자로부터 팀 이름, 경기별 득점수와 실점수를 입력받는 파이썬 프로그램을 작성하여라. 경기에서 승리한 경우 승점 3점을 획득하고, 비겼을 경우 승점 1점을 획득한다. 이 프로그램은 사용자로부터 팀 이름을 입력받아 해당 팀이 획득한 총 승점을 출력해야 한다. 입력받은 팀 이름이 없을 경우, "팀 이름이 존재하지 않습니다."라는 메시지를 출력해야 한다. 단, 동일한 이름의 팀은 없다고 가정한다. 그리고 이 프로그램은 입력값이 유효한지 확인하여 숫자가 아니거나 음수를 입력한 경우, 오류 메시지를 출력하도록 한다.

25. 고등학교에 각각 20명과 25명이 있는 두 개 학급이 있다고 하자. 사용자로부터 학급을 나타나는 두 개 리스트에 학생 이름을 입력받는 파이썬 프로그램을 작성하여라. 이 프로그램은 각 학급별로 학생 이름을 오름차순으로 출력해야 한다. 그리고 사용자로부터 이름을 입력받아 두 리스트에 입력한 이름이 있는지 검색한다. 리스트에 이름이 있으면 "학생이 발견되었습니다. 학급 번호:"를 출력하고, 없는 경우 "학생이 학급에서 발견되지 않았습니다."를 출력해야 한다. 단, 각 리스트는 고유 이름을 가진다고 가정한다.

    힌트: 리스트가 정렬되어 있고, 중복된 이름이 없기 때문에 이진 검색 알고리즘을 사용할 수 있다.

26. 두 리스트 usernames와 passwords는 어떤 회사의 사원 100명에 대한 로그인 정보를 가지고 있다. 사용자로부터 사용자 이름과 암호를 입력받아 유효한 경우 "로그인 OK!" 메시지를 출력하고, 유효하지 않은 경우 "로그인 실패!" 메시지를 출력하는 순서도를 작성하여라. 단, 사용자 이름은 고유하다(즉, 중복이 없다). 그리고 사용자 이름과 암호는 대소문자를 구별하지 않는다.

27. 두 리스트 names와 SSNs는 미국 시민 1,000명의 이름과 사회보장번호를 가지고 있다. 사용자로부터 이름이나 사회보장번호를 입력받아 이와 일치하는 모든 사람의 이름을 출력하는 파이썬 프로그램을 작성하여라. 입력값과 일치하는 사람이 없으면 "입력값과 일치하는 사람이 없습니다."라는 메시지를 출력한다.

28. 12명의 학생에 대해 학생별로 여섯 개 과목에 대한 성적이 있다고 가정하자. 사용자로부터 각 학생별로 모든 과목의 성적을 입력받아 평균 점수가 70점보다 낮은 학생이 있을 경우, 메시지를 출력하는 파이썬 프로그램을 작성하여라. 그리고 입력값이 유효한지 확인해야 하며, 사용자가 숫자가 아니거나 음수나 100보다 큰 값을 입력한 경우, 각 경우마다 서로 다른 오류 메시지를 출력해야 한다.

다음 문제에 대해 답하여라.

1. 리스트에는 없지만 변수가 가지는 한계는 어떤 것이 있는가?

2. 리스트란 무엇인가?

3. 리스트의 각 항목을 무엇이라고 부르는가?

4. 100개 요소를 가지는 리스트의 마지막 인덱스는 무엇인가?

5. '열에 따라 반복하기'란 무엇을 의미하는가?

6. '행에 따라 반복하기'란 무엇을 의미하는가?

7. 프로그래머에게 변수 i와 j는 어떤 점에서 중요한가?

8. 정방 행렬은 무엇인가?

9. 정방 행렬의 주대각선은 무엇인가?

10. 정방 행렬의 역대각선은 무엇인가?

11. 오류 메시지 없이 데이터 입력의 유효성을 검사하는 코드의 일반 형태를 작성하여라.

12. 오류 종류에 상관없이 하나의 오류 메시지를 출력하면서 데이터 입력의 유효성을 검사하는 코드의 일반 형태를 작성하여라.

13. 각 오류마다 서로 다른 오류 메시지를 출력하면서 데이터 입력의 유효성을 검사하는 코드의 일반 형태를 작성하여라.

14. 정렬 알고리즘은 무엇인가?

15. 다섯 가지 정렬 알고리즘의 이름을 작성하여라.

16. 어떤 알고리즘이 정렬 알고리즘 중 가장 비효율적인가?

17. 정렬 알고리즘을 이용하여 리스트의 최솟값과 최댓값을 찾을 수 있는가?

18. 리스트의 최솟값과 최댓값을 찾을 때 정렬 알고리즘이 최선의 방법이 아닌 이유는 무엇인가?

19. 버블 정렬 알고리즘을 사용하여 N개 요소를 가지는 리스트 a를 정렬하는 코드를 작성하여라. 단, 리스트는 숫자값만을 가진다고 가정한다.

20. 버블 정렬 알고리즘은 몇 번의 비교를 수행하는가?

21. 버블 정렬 알고리즘이 가장 많은 비교를 수행할 때는 언제인가?

22. 리스트 a가 N개 요소를 가지는 리스트 b와의 관계를 유지하면서 리스트 a를 버블 정렬 알고리즘을 사용하여 오름차순으로 정렬하는 파이썬 프로그램을 작성하여라. 단, 리스트 a는 숫자값만을 가진다고 가정한다.

23. 변형된 버블 정렬 알고리즘을 사용하여 N개 요소를 가지는 리스트 a를 오름차순으로 정렬하는 파이썬 프로그램을 작성하여라. 단, 리스트는 숫자값만을 가진다고 가정한다.

24. 선택 정렬 알고리즘을 사용하여 N개 요소를 가지는 리스트 a를 오름차순으로 정렬하는 파이썬 프로그램을 작성하여라. 단, 리스트는 숫자값만을 가진다고 가정한다.

25. 삽입 정렬 알고리즘을 사용하여 N개 요소를 가지는 리스트 a를 오름차순으로 정렬하는 파이썬 프로그램을 작성하여라. 단, 리스트는 숫자값만을 가진다고 가정한다.

26. 검색 알고리즘은 무엇인가?

27. 가장 보편적으로 사용되는 두 가지 검색 알고리즘의 이름을 적어라.

28. 선형 검색 알고리즘의 장단점은 무엇인가?

29. 선형 검색 알고리즘을 사용하여 리스트 a에서 needle 값을 검색하는 파이썬 프로그램을 작성하여라. 단, 리스트는 숫자값만을 가진다고 가정한다.

30. 이진 검색 알고리즘의 장단점은 무엇인가?

31. 이진 검색 알고리즘을 사용하여 리스트 a에서 needle 값을 검색하는 파이썬 프로그램을 작성하여라. 단, 리스트는 숫자값만을 가진다고 가정한다.

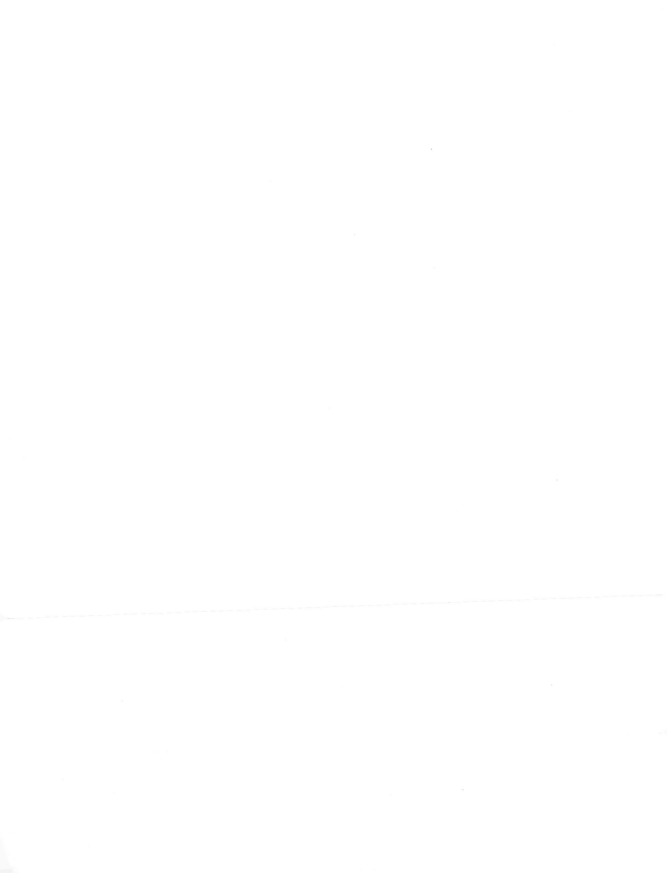

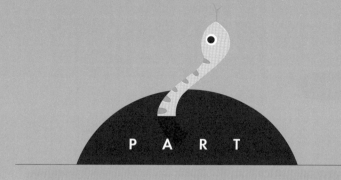

VII

부프로그램

PART VII 부프로그램

부프로그램 소개

36.1 절차적 프로그래밍이란?

마약 남용 문제를 해결하기 위한 프로젝트가 있다고 가정해 보자. 아주 어렵고, 심지어는 불가능할 수도 있는 해결 방법 중 하나는 혼자서 그 문제를 해결하는 것이다. 좀 더 나은 해결 방법은 문제를 예방, 치료, 재활 등의 작은 하위 문제로 세분화하고, 다양한 분야의 전문가들의 도움으로 마약 문제를 해결할 수 있는 팀을 구성하는 것이다. 다음 그림은 각각의 하위 문제들이 어떻게 더 작은 하위 문제들로 분할될 수 있는지 보여 준다.

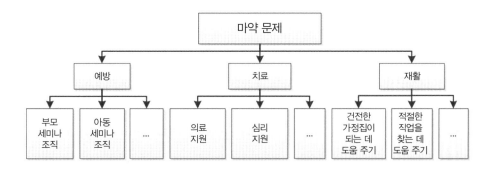

이 프로젝트의 책임자로서 여러분은 건물을 임대하고 그 안에 세 개 부서인 예방과, 치료과, 재활과를 만들 수 있다. 각 부서별로 하위 부서를 또한 만들 수 있다. 이제 직원을 고용하고 해당 업무를 진행할 수 있다.

절차적 프로그래밍(procedural programming)은 이와 동일한 방식으로 동작한다. 초기 문제를 작은 하위 문제들로 세분화하고, 그 하위 문제를 더 작은 하위 문제로 세분화한다. 마지막으로 가장 작은 단위의 하위 문제를 작성하고 관리자(주 프로그램)는 일을 할 직원들(부프로그램)을 고용(호출)한다.

절차적 프로그래밍은 다음과 같은 장점을 가지고 있다.

- 코드가 필요할 때마다 그 코드를 복사할 필요 없이 동일한 코드를 재사용할 수 있게 해준다.
- 상대적으로 구현하기 쉽다.
- 프로그래머가 실행 흐름을 쉽게 따라가도록 도와준다.

주목할 것! 매우 큰 프로그램 전체를 하나의 단위로 디버깅하고 관리하는 것은 매우 힘든 작업이다. 이러한 이유 때문에 큰 프로그램을 명확하게 정의된 프로세스(process)의 실행 단위인 작은 하위 프로그램으로 나누어 처리하는 것이 훨씬 쉽다.

 주목할 것! 큰 프로그램을 작은 부프로그램으로 세분화하지 않고 코딩하면 '스파게티 코드(spaghetti code)[1]'를 만들 가능성이 매우 높아진다.

36.2 모듈러 프로그래밍이란?

모듈러 프로그래밍(modular programming)은 공통 기능을 가지는 부프로그램들을 개별 모듈로 묶고, 각 모듈은 각자의 데이터 집합을 가지도록 하는 것이다. 그래서 하나의 프로그램은 하나 이상의 부분(모듈)으로 구성될 수 있고, 각 부분(모듈)은 한 개 이상의 부프로그램을 가질 수 있다.

앞의 마약 문제에서 모듈러 프로그래밍을 사용한다면 첫 번째 빌딩은 예방과, 두 번째 빌딩은 치료과, 세 번째 빌딩은 재활과로 구성될 수 있으며, 각 부서는 자신의 모든 하위 부서를 관장한다. 다음 그림에서 알 수 있듯이 세 개의 빌딩을 세 개의 서로 다른 모듈로 생각할 수 있다.

---

1 컴퓨터 프로그램의 소스 코드가 복잡하게 얽힌 모습을 스파게티의 면발에 비유한 표현이다. 스파게티 코드는 정상적으로 작동되지만, 코드를 읽으면서 코드 내용을 이해하기는 매우 어렵다.

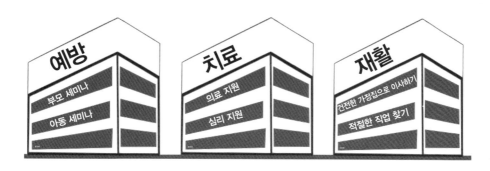

36.3 부프로그램의 정확한 의미는 무엇인가?

컴퓨터 과학에서 부프로그램(subprogram)은 특정 작업을 수행하는 명령문들로 묶은 블록을 의미한다. 하나의 부프로그램은 특정 작업의 수행이 필요할 때마다 프로그램에서 여러 번 호출될 수 있다.

파이썬의 내장 함수는 이런 부프로그램의 한 예다. 이전에 배운 abs( ) 함수를 예로 들어 보자. 이 함수는 'abs'라는 이름으로 묶인 명령문 블록으로 구성되어 있고, 숫자의 절댓값을 반환하는 작업을 수행한다.

주목할 것!

abs( ) 함수 내부에 어떤 종류의 명령문이 있는지 궁금해할 것이다. 다음은 이 함수 내부에 작성되어 있을 명령문 블록을 나타낸다.

```
        if number < 0:
    return number * (-1)
else:
    return number
```

부프로그램은 일반적으로 함수(function)와 프로시저(procedure)로 나뉜다. 함수와 프로시저의 차이점은 함수는 결과를 반환하지만 프로시저는 결과를 반환하지 않는다는 것이다. 그러나 일부 컴퓨터 프로그래밍 언어에서는 이러한 차이가 불분명한 경우도 있다. 함수가 프로시저처럼 동작하여 결괏값을 반환하지 않는 프로그래밍 언어도 있는 반면, 프로시저가 한 개 이상의 결괏값을 반환하는 프로그래밍 언어도 있다.

주목할 것! 컴퓨터 프로그래밍 언어에 따라 '함수'와 '프로시저'에 대한 의미는 매우 다양하다. 예를 들어, 비주얼 베이직(Visual Basic)에서는 함수와 프로시저를 각각 '함수'와 '부프로시저(subprocedure)'로 명명하여 사용하는 반면, 포트란(Fortran)에서는 '함수'와 '서브루틴(subroutine)'이라는 이름을 사용한다. 한편, 파이썬은 두 가지 역할을 모두 수행하는 함수만을 제공한다. 이들을 어떻게 사용하느냐에 따라 함수처럼 사용할 수도 있고, 프로시저처럼 사용할 수도 있다.

36.4 복습문제: 참/거짓

다음 문제를 읽고 **참** 또는 **거짓**으로 답하여라.

1. 절차적 프로그래밍은 '스파게티 코드'를 작성할 수 있게 한다.
2. 절차적 프로그래밍은 초기 문제를 작은 하위 문제로 세분화한다.
3. 절차적 프로그래밍의 장점은 필요한 코드의 복사 없이 필요 시 재사용할 수 있는 점이다.
4. 절차적 프로그래밍은 프로그래머가 실행 흐름을 좀 더 쉽게 이해할 수 있도록 해 준다.
5. 모듈러 프로그래밍은 프로그램의 실행 속도를 높여 준다.
6. 모듈러 프로그래밍에서 공통 기능을 가진 부프로그램들은 개별 모듈로 묶인다.
7. 모듈러 프로그래밍에서 각 모듈은 자신만의 데이터 집합을 가질 수 있다.
8. 모듈러 프로그래밍은 구조적 프로그래밍과 다른 구조를 사용한다.
9. 하나의 프로그램은 한 개 이상의 모듈로 구성될 수 있다.
10. 부프로그램은 특정 작업을 수행하는 단위로 묶인 명령문 블록이다.
11. 함수와 프로시저의 차이점은 프로시저는 결과를 반환하는 반면, 함수는 결과를 반환하지 않는다는 것이다.
12. 두 종류의 부프로그램이 존재한다.
13. 파이썬은 프로시저만을 지원한다.

CHAPTER

37

사용자–정의 함수

37.1 파이썬에서 함수 작성하기

대다수 프로그래밍 언어와 마찬가지로 파이썬에도 두 가지 형태의 함수가 있다. 하나는 abs( ), int( ), float( ) 등과 같이 파이썬에서 기본적으로 제공하는 내장 함수(built-in function)고, 다른 하나는 사용자가 직접 정의하여 사용할 수 있는 사용자–정의 함수(user-defined function)다. 파이썬의 기본적인 함수 형태는 다음과 같다.

```
def name([arg1, arg2, arg3, ...]):
    명령문 블록

    return value1 [, value2, value3, ... ]
```

* name은 함수 이름이며, 변수 이름을 정하는 것과 동일한 규칙을 따른다.
* arg1, arg2, arg3 등은 함수를 호출하는 호출자(caller)가 이 함수로 전달하는 값, 즉 인자를 나타낸다. 인자의 개수는 경우에 따라 여러 개가 될 수 있으며, 없을 수도 있다.
* value1, value2, value3 등은 함수가 호출자에게 반환하는 값으로, 변수, 표현식, 리스트 등이 될 수 있다.

))) 주목할 것! 함수의 인자는 선택사항(옵션)이다. 즉, 인자가 없을 수도 있다.

))) 주목할 것! 함수는 호출자에게 최소한 하나의 값을 반환해야 한다.

예를 들어, 다음 코드는 두 수를 더한 값을 반환하는 함수의 예다.

```
def get_sum(num1, num2):
    result = num1 + num2
    return result
```

위 코드는 다음과 같이 작성할 수도 있다.

```
def get_sum(num1, num2):
    return num1 + num2
```

다음 코드는 두 수의 합과 차를 계산하고, 그 결과를 반환하는 함수의 예다.

```
def get_sum_dif(num1, num2):
    s = num1 + num2
    d = num1 - num2
    return s, d
```

37.2 함수를 호출하는 방법

사용자-정의 함수를 호출하는 방법은 다음과 같다. 함수의 반환값을 변수에 할당하는 명령문 내부, 혹은 직접 표현식 내부에 함수 이름을 적는다. 그런 다음, 필요 시 인자 목록을 함수 이름 다음에 작성한다. 예를 들어, 세제곱근을 계산하는 cube_root()라는 함수는 하나의 인자를 받고, 그 값의 세제곱근을 반환한다고 가정하자. 그리고 다음 수식을 계산해야 한다고 가정해 보자.

$$y = \sqrt[3]{x} + \frac{1}{x}$$

위 식의 계산을 위해 다음과 같이 cb라는 변수에 세제곱근을 할당하고, y를 계산할 수 있다.

```
x = float(input())
cb = cube_root(x)
y = cb + 1 / x
print(y)
```

또는 다음과 같이 cube_root() 함수를 표현식에서 직접 호출할 수도 있다.

```
x = float(input())
y = cube_root(x) + 1 / x
print(y)
```

명령문의 수를 좀 더 줄이려면 다음과 같이 print() 명령문 안에 함수를 포함한 계산식을 작성할 수도 있다.

```
x = float(input())
print(cube_root(x) + 1 / x)
```

좀 더 복잡한 예를 살펴보자. 다음 파이썬 프로그램은 get_message()라는 함수를 정의하며, 메인 코드에서 get_message() 함수를 호출한다. 함수의 반환값은 변수 a에 할당된다.

file_37_2a

```
def get_message():
    msg = "안녕 철수"        get_message() 함수를 생성한다.
    return msg


# 메인 코드
print("안녕!")
a = get_message()           이 부분이 메인 코드다.
print(a)
```

 주목할 것! 함수는 위 파이썬 프로그램과 같이 프로그램 코드 맨 앞에 위치해 있다고 하더라도 프로그램 시작과 동시에 수행되지는 않는다. 위 파이썬 프로그램에서 맨 먼저 수행되는 명령문은 print("안녕!")이다.

함수에 인자가 있는 경우, 함수에 값을 전달할 수 있다. 인자를 전달할 때에는 함수 이름 다음에 나오는 괄호 안에 인자를 기입한다. 다음 예제는 color 인자에 서로 다른 값이 전달되어 display() 함수가 세 번 호출되는 것을 보여 준다.

file_37_2b

```
def display(color):
    msg = "무지개에 " + color + "이 있다."
    return msg

# 메인 코드
print(display("빨간색"))
print(display("노란색"))
print(display("파란색"))
```

위 파이썬 프로그램의 결과는 다음과 같다.

다음 파이썬 프로그램에서 display() 함수를 호출할 때에는 두 개의 인자가 필요하다.

file_37_2c

```python
def display(color, exists):
    neg = "이 있다."
    if exists == False:
        neg = "은 없다."

    return "무지개에 " + color + neg

# 메인 코드
print(display("빨간색", True))
print(display("노란색", True))
print(display("검은색", False))
```

위 파이썬 프로그램의 결과는 다음과 같다.

파이썬에서 사용자-정의 함수는 메인 코드 위에 위치해야 한다. 자바, PHP 등의 프로그래밍 언어에서는 함수가 메인 코드 위나 아래 어느 곳에 위치해도 동작하지만 프로그램 코드의 가독성을 위해 대부분의 프로그래머는 메인 코드 위에 함수를 놓는다.

주목할 것!

앞서 언급했듯이, 파이썬에서 함수는 하나 이상의 값을 반환할 수 있다. 다음 예제는 사용자로부터 영문 성과 영문 이름을 입력받아 이들을 화면에 출력한다.

file_37_2d

```
def get_fullname():
    first_name = input("영문 이름을 입력하여라: ")
    last_name = input("영문 성을 입력하여라: ")
    return first_name, last_name

# 메인 코드
fname, lname = get_fullname()
print("영문 이름:", fname)
print("영문 성:", lname)
```

37.3 형식인자와 실인자

함수는 '형식인자 목록(formal argument list)'이라고 불리는 인자 목록을 가지고 있다. 물론, 함수에서 인자는 선택사항이기 때문에 형식인자 목록이 없을 수도 있고, 형식인자 목록에 여러 개의 인자가 존재할 수도 있다.

함수가 호출될 때 인자 목록이 함수에 전달되는데, 이때 전달되는 인자 목록을 '실인자 목록(actual argument list)'이라 부른다. 다음 예제에서 n1, n2, n3은 형식인자 목록을 나타내며, 변수 a, b, c는 실인자 목록을 나타낸다.

file_37_3

```
def add(n1, n2, n3 ):

    result = n1 +            형식인자 목록
    return result

# 메인 코드
a = float(input())
b = float(input()                       실인자 목록
c = float(input()

total = add(a, b, c

print(total)
```

주목할 것! 형식인자와 실인자는 일대일로 대응된다는 점에 주목하자. 실인자 a의 값이 형식인자 n1로 전달되고, 실인자 b의 값이 형식인자 n2로 전달된다. 실인자 c도 마찬가지로 형식인자 n3과 대응된다.

37.4 함수는 어떻게 수행되는가?

메인 코드에서 함수를 호출할 때에는 다음 절차를 따른다.

- 메인 코드의 명령문 실행 흐름은 잠시 중지된다.
- 실인자 목록에 있는 변숫값이나 표현식의 결과가 형식인자 목록에 대응하는 변수로 전달된 후, 실행 흐름은 호출된 함수 쪽으로 넘어간다.
- 함수의 명령문 블록이 실행된다.
- 실행 흐름이 호출된 함수의 마지막 명령문에 이르면 반환값이 메인 코드로 전달되고, 실행 흐름은 함수 호출 전의 다음 명령문으로 바뀐다.

다음 파이썬 프로그램에서 maximum( ) 함수는 두 개의 인자(숫자값)를 받아 두 숫자 중에 큰 숫자를 반환한다.

```
file_37_4

def maximum(val1, val2):
    m = val1
    if val2 > m:
        m = val2
    return m

# 메인 코드
a = float(input())
b = float(input())

maxim = maximum(a, b)

print(maxim)
```

위 파이썬 프로그램이 실행될 때 가장 먼저 수행되는 명령문은 함수 코드가 아닌 메인 코드의 a = float(input( ))이다(이 명령문이 위 파이썬 프로그램에서 첫 번째 명령문이다). 사용자가 3과 8을 입력했다고 가정해 보자. 이에 대한 추적표는 다음과 같으며, 이 추적표를 통해 메인 코드의 변수 a와 b의 값이 어떻게 함수로 전달되고, 함수가 종료될 때 반환값이 어떻게 메인 코드로 전달되는지 확인할 수 있다.

단계	메인 코드의 명령문	a	b	maxim
1	a = float(input())	**3**	–	–
2	b = float(input())	3	**8**	–
3	maxim = maximum(a, b)			

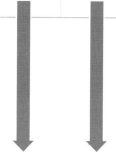

maximum( ) 함수를 호출하면 메인 코드
의 실행 흐름이 중지되고, 변수 a와 b의 값이
maximum( ) 함수의 형식인자인 val1과 val2로
각각 복사(할당)된 후, 실행 흐름이 함수로 넘어
간다.

단계	maximum( ) 함수의 명령문	val1	val2	m
4	m = val1	3	8	**3**
5	if val2 > m:		True로 평가된다.	
6	m = val2	3	8	**8**
7	return m			

실행 흐름이 함수의 마지막 명령문에 이르면, 8
이라는 값이 메인 코드로 전달되고, 실행 흐름
은 함수 호출 전의 다음 명령문으로 바뀐다.

단계	메인 코드의 명령문	a	b	maxim
8	print(maxim)	3	8	**8**

예제 37.4-1 기본을 다시 살펴보자 – 두 수의 합 계산하기

다음을 해결해 보자.

i.   두 수를 형식인자로 입력받아 두 수의 합을 반환하는 total( )이라는 함수를 작성하여라.

ii. total( ) 함수를 사용하여 사용자로부터 두 수를 입력받고, 이들의 합을 출력하는 파이썬
프로그램을 작성하여라. 그리고 입력값이 (i) 2, 4와 (ii) 10, 20일 때 각 단계별로 변숫값
이 어떻게 변하는지 나타내는 추적표를 만들어라.

풀이

이 예제에서는 두 수를 인자로 받아 두 수의 합을 계산하고 그 결과를 반환하는 함수를 작성해야 한다. 이에 대한 파이썬 프로그램은 다음과 같다.

file_37_4_1

```python
def total(a, b):
    s = a + b
    return s

# 메인 코드
num1 = int(input())
num2 = int(input())
result = total(num1, num2)
print(num1, "+", num2, ":", result)
```

이제 위 파이썬 프로그램에 대한 추적표를 만들어 보자. 이제는 추적표를 만드는 것에 익숙해졌을 것이기 때문에 추적표에서 '설명' 열은 제거하도록 한다.

i. 입력값이 2, 4일 경우의 추적표는 다음과 같다.

단계	명령문	메인 코드			total( ) 함수		
		num1	num2	result	a	b	s
1	num1 = float(input())	2	-	-			
2	num2 = float(input())	2	4	-			
3	result = total(num1, num2)				2	4	-
4	s = a + b				2	4	6
5	return s	2	4	6			
6	print("num1 ...	"2 + 4 : 6" 메시지가 출력					

ii. 입력값이 10, 20일 경우의 추적표는 다음과 같다.

단계	명령문	메인 코드			total( ) 함수		
		num1	num2	result	a	b	s
1	num1 = float(input())	10	-	-			
2	num2 = float(input())	10	20	-			
3	result = total(num1, num2)				10	20	-
4	s = a + b				10	20	30
5	return s	10	20	30			
6	print("num1 ...	"10 + 20 : 30" 메시지가 출력					

예제 37.4-2 적은 수의 명령문을 사용하여 두 수의 합 계산하기

적은 수의 명령문을 사용하여 이전 예제에 대한 파이썬 프로그램을 재작성하여라.

풀이

파이썬 프로그램은 다음과 같다.

```
file_37_4_2
def total(a, b):
    return a + b

# 메인 코드
num1 = int(input())
num2 = int(input())

print(num1, "+", num2, ":", total(num1, num2))
```

이전 예제와 달리, total( ) 함수에서 두 수 합을 변수 s에 저장하지 않고 직접 계산한 후에 바로 반환하였다. 또한, 메인 코드에서도 total( ) 함수의 반환값을 변수에 할당하지 않고 print( ) 명령문에 포함시켜 바로 출력하였다.

 주목할 것! 사용자-정의 함수도 파이썬의 내장 함수와 동일한 방식으로 호출된다.

37.5 복습문제: 참/거짓

다음 문제를 읽고 **참** 또는 **거짓**으로 답하여라.

1. 파이썬에는 두 가지 종류의 함수가 있다.
2. 함수에 값을 전달하는 데 사용되는 변수를 인자라고 부른다.
3. int( ) 함수는 사용자-정의 함수다.
4. 사용자-정의 함수는 파이썬의 내장 함수와 동일한 방식으로 호출된다.
5. 함수의 형식인자 목록은 원하는 수만큼의 인자를 가질 수 있다.
6. 함수에서 형식인자 목록은 최소 하나 이상의 인자를 가져야 한다.
7. 함수에서 형식인자 목록은 선택사항(옵션)이다.
8. 함수는 리스트를 반환할 수 없다.

9. 다음 코드는 정상적인 파이썬 명령문이다.

```
return x + 1
```

10. 형식인자는 표현식이 될 수 있다.

11. 실인자는 표현식이 될 수 있다.

12. 함수의 실인자 목록에 인자가 없을 수도 있다.

13. 다음 명령문은 cube_root( ) 함수를 세 번 호출한다.

```
cb = cube_root(x) + cube_root(x) / 2 + cube_root(x) / 3
```

14. 다음 두 코드는 동일한 값을 출력한다.

```
cb = cube_root(x)
y = cb + 5
print(y)


print(cube_root(x) + 5)
```

15. 파이썬에서 함수는 반드시 return 명령문을 포함해야 한다.

16. play-the-guitar라는 이름은 함수 이름으로 적합하다.

17. 파이썬에서 사용자-정의 함수는 메인 코드의 앞이나 뒤 어느 곳이나 위치할 수 있다.

18. 메인 코드에서 함수를 호출하면, 메인 코드의 실행 흐름은 중지된다.

19. 일반적으로, 함수는 이 함수의 호출자에게 아무런 값도 전달하지 않을 수 있다.

20. abs( ) 함수는 파이썬의 내장 함수다.

21. 다음 파이썬 프로그램은 0.5를 출력한다.

```
def add(a, b):
    return a / b

a = 10.0
b = 5.0
print(add(b, a))
```

22. 다음 코드는 y = 5 + cube_root( )와 동일하다.

```
y = cube_root(x)
y += 5
```

37.6 프로그래밍 연습문제

다음 프로그래밍 연습문제를 완성하여라.

1. 다음 코드에 두 개의 오류가 있다. 어디에 어떤 오류가 있는가?

```
def find_max(a, b)
    if a > b:
        maximum = a
    else:
        maximum = b
```

2. 다음 파이썬 프로그램의 각 단계별 변숫값을 나타내는 추적표를 작성하여라.

```
def sum_digits(a):
    d1 = a % 10
    d2 = a // 10

    return d1 + d2

s = 0
for i in range(25, 28):
    s += sum_digits(i)
print(s)
```

3. 다음 파이썬 프로그램의 각 단계별 변숫값을 나타내는 추적표를 작성하여라.

```
def sss(a):
    total = 0
    for k in range(1, a + 1):
        total += k
    return total

i = 1
s = 0
while i < 6:
    if i % 2 == 1:
        s += 1
    else:
        s += sss(i)
    i += 1

print(s)
```

4. 다음 파이썬 프로그램의 각 단계별 변숫값을 나타내는 추적표를 작성하여라. 단, 사용자 입력값은 12라고 가정한다.

```python
def custom_div(b, d):
    return (b + d) // 2

k = int(input())
m = 2
a = 1
while a < 6:
    if k % m != 0:
        x = custom_div(a, m)
    else:
        x = a + m + custom_div(m, a)
    print(m, a, x)
    a += 2
    m += 1
```

5. 형식인자 목록을 통해 실숫값을 전달받아 소수점 둘째 자리에서 반올림한 결과를 반환하는 my_round( ) 함수를 작성하여라. 단, 파이썬 내장 함수 round( )를 사용하지 않아야 한다.

6. 다음 파이썬 프로그램을 작성하여라.

   i. 형식인자 목록을 통해 두 수를 전달받고, 두 수 중 작은 값을 반환하는 find_min( ) 함수를 작성하여라.

   ii. find_min( ) 함수를 이용하여 사용자로부터 두 수를 입력받고, 두 수 중 작은 값을 출력하는 파이썬 프로그램을 작성하여라.

7. 다음 파이썬 프로그램을 작성하여라.

   i. 형식인자 목록을 통해 켈빈(Kelvin) 온도를 전달받고, 이를 화씨(Fahrenheit) 온도로 변환하여 반환하는 Kelvin_to_Fahrenheit( ) 함수를 작성하여라.

   ii. 형식인자 목록을 통해 켈빈(Kelvin) 온도를 전달받고, 이를 섭씨(Celsius) 온도로 변환하여 반환하는 Kelvin_to_Celsius( ) 함수를 작성하여라.

   iii. Kelvin_to_Fahrenheit( )와 Kelvin_to_Celsius( ) 함수를 사용하여 사용자로부터 켈빈 온도값을 입력받아 화씨와 섭씨 온도로 변환한 값을 출력하는 파이썬 프로그램을 작성하여라. 온도 변환 수식은 다음과 같다.

$$켈빈\ 온도 = \frac{화씨\ 온도 + 459.67}{1.8}$$

$$켈빈\ 온도 = 섭씨\ 온도 + 273.15$$

8. 다음에서 요구하는 파이썬 프로그램을 작성하여라.

i. 형식인자 목록을 통해 키값과 몸무게값을 전달받고, 다음 표에 따라 적절한 메시지를 출력해 주는 bmi( ) 함수를 작성하여라.

BMI	메시지
BMI < 16	몸무게를 많이 늘려야 합니다.
16 ≤ BMI < 18.5	몸무게를 조금 늘려야 합니다.
18.5 ≤ BMI < 25	현 몸무게를 유지해야 합니다.
25 ≤ BMI < 30	몸무게를 조금 줄여야 합니다.
30 ≤ BMI	몸무게를 많이 줄여야 합니다.

체질량지수(BMI)는 사람의 키와 몸무게를 기준으로 과체중인지 저체중인지를 판단하는 데 사용하는 지수다. BMI의 계산 수식은 다음과 같다.

$$BMI = \frac{몸무게}{키^2}$$

ii. bmi( ) 함수를 이용하여 사용자로부터 키(미터), 몸무게(킬로그램), 나이를 입력받아 BMI 지수에 따라 위 표의 메시지를 출력하는 파이썬 프로그램을 작성하여라. 입력 데이터에 대한 검증을 수행해야 하며, 사용자가 다음과 같은 값을 입력하였을 때 오류 메시지를 출력해야 한다.

a. 키값에 대해 숫자가 아니거나 음숫값을 입력한 경우

b. 몸무게값에 대해 숫자가 아니거나 음숫값을 입력한 경우

c. 나이값에 대해 숫자가 아니거나 18보다 작은 값을 입력한 경우

사용자-정의 프로시저

38.1 사용자-정의 프로시저 작성하기

프로시저와 함수의 차이점은 프로시저는 반환값이 없지만, 함수는 반환값이 있다는 점이다. 파이썬은 비주얼 베이직이나 포트란 프로그래밍 언어와 달리, 프로시저 자체를 지원하지 않는다. 프로시저 동작을 흉내 내기 위해 파이썬에서는 결괏값을 반환하지 않는 함수 형태를 프로시저로 사용한다. 따라서, 파이썬은 프로시저를 간접적으로 지원한다고 말할 수 있다.

파이썬에 대해 다른 사람에게 이야기할 때 주의할 점이 있다. 프로시저를 파이썬에서 지원하지 않는다고 말하면 상대방은 웃음을 감추지 못할 수 있다. 파이썬은 원칙적으로 함수만을 지원하지만 이 책에서는 경우에 따라 일부 함수 형태를 프로시저라고 언급하겠다. 함수와 프로시저를 구분하는 이유는 이 책의 목표가 '알고리즘적 사고'를 배양하는 것이기 때문이다. 따라서 여러분이 차후에 프로시저를 지원하는 다른 프로그래밍 언어를 배울 기회가 있을 수 있기 때문에 혼동을 막기 위해 프로시저를 함수와 이론적으로 구분하고자 한다. 이런 이유로 이 책에서만 파이썬에서 프로시저와 함수를 구분하여 설명하고 있다고 생각해 주기 바란다.

파이썬의 기본적인 프로시저 형태는 다음과 같다.

```
def name([arg1, arg2, arg3, ...]):
    명령문 블록
```

- name은 프로시저 이름을 나타내며, 변수 이름을 정하는 것과 동일한 규칙을 따른다.
- arg1, arg2, arg3 등은 프로시저를 호출하는 호출자가 이 프로시저에게 전달하는 값, 즉 인자를 나타낸다. 인자의 개수는 경우에 따라 여러 개가 될 수 있고, 없을 수도 있다.

주목할 것! 프로시저의 인자는 선택사항(옵션)이다. 즉, 인자가 없을 수도 있다.

 기억할 것! 함수와 프로시저의 차이점은 함수는 반환값이 있고, 프로시저는 반환값이 없다는 점이다.

예를 들어, 다음 프로시저는 두 수의 합을 계산한 후 그 값을 출력한다.

```python
def display_sum(num1, num2):
    result = num1 + num2
    print(result)
```

 기억할 것! 일반적으로 컴퓨터 과학 분야에서 의미하는 프로시저는 반환값이 없다. 파이썬은 프로시저 자체를 지원하지 않지만, 값을 반환하는 명령어(즉, 반환 명령어)를 사용하지 않음으로써 프로시저를 흉내 낼 수 있다.

 주목할 것! C와 C++와 같은 프로그래밍 언어에서는 반환값이 없는 부프로그램을 void 함수라 한다.

38.2 프로시저를 호출하는 방법

프로시저를 호출하기 위해서는 프로그램의 원하는 위치에 프로시저 이름을 적으면 된다. 다음 파이썬 프로그램은 display_line( )이라는 프로시저를 생성하고, 메인 코드에서 한 줄을 출력하고 싶을 때마다 프로시저를 호출하는 예를 보여 준다.

file_38_2a
```python
def display_line():
    print("---------------------------")

# 메인 코드
print("안녕하세요!")
display_line()
print("어떻게 지내세요?")
display_line()
print("당신의 이름은 무엇입니까?")
display_line()
```

프로시저 선언문의 괄호 안에 최소 하나의 인자가 명시되어 있다면 프로시저를 호출할 때마다 값을 전달할 수 있다. 다음 파이썬 프로그램은 display_line( )라는 프로시저를 세 번 호출하며, 이 프로시저를 호출할 때마다 서로 다른 값을 length라는 인자에 전달하여 줄 길이를 달리하여 출력하고 있다.

file_38_2b

```
def display_line(length):
    for i in range(length):
        print("-", end = "")
    print()

# 메인 코드
print("안녕하세요!")
display_line(12)
print("어떻게 지내세요?")
display_line(14)
print("당신의 이름은 무엇입니까?")
display_line(18)
```

주목할 것!

프로시저는 반환값이 없으므로 프로시저의 결괏값을 변수에 할당할 수 없다. 따라서 다음 코드는 잘못된 것이다.

```
            y = display_line(12)
```

같은 이유로 다음과 같이 프로시저를 명령문 내부에 작성할 수 없다. 다음 코드도 잘못된 것이다.

```
print( "안녕!", display_line(12) )
```

38.3 형식인자와 실인자

프로시저는 '형식인자 목록'이라 불리는 인자 목록을 가지고 있다. 물론, 프로시저에서 인자는 함수와 마찬가지로 선택사항이기 때문에 형식인자 목록이 비어 있을 수도 있고, 여러 개의 인자가 존재할 수도 있다.

프로시저가 호출될 때 인자 목록이 프로시저에 전달되는데, 이때 전달되는 인자 목록을 '실인자 목록'이라 부른다. 다음 예제에서 n1, n2, n3, n4는 형식인자 목록, 변수 a, b, c, d는 실인자 목록을 나타낸다.

file_38_3

```
def add_and_display ( n1, n2, n3, n4 ):

    result = n1 + n2 + n3 + n4
    print(result)

# 메인 코드
a = float(input())
```

형식인자 목록

```
b = float(input())
c = float(input())
d = float(input())
add_and_display ( a, b, c, d          실인자 목록
```

기억할 것! 형식인자와 실인자는 일대일로 대응된다는 점에 주목하자. 실인자 a의 값은 형식인자 n1로 전달되고, 실인자 b의 값은 형식인자 n2로 전달된다. 실인자 c와 d도 마찬가지로 형식인자 n3과 n4에 각각 대응된다.

38.4 프로시저는 어떻게 수행되는가?

메인 코드에서 프로시저를 호출할 때에는 다음 절차를 따른다.

- 메인 코드의 명령문 실행 흐름이 잠시 중지된다.
- 실인자 목록에 있는 변숫값이나 표현식 결과가 형식인자 목록에 대응하는 변수로 전달된 후, 실행 흐름은 호출된 프로시저로 넘어간다.
- 프로시저의 명령문 블록이 실행된다.
- 실행 흐름이 호출된 프로시저의 마지막 명령문에 이르면, 실행 흐름은 프로시저 호출 전의 다음 명령문으로 바뀐다.

다음 파이썬 프로그램에서 minimum( ) 프로시저는 세 개의 인자(숫자값)를 받아 세 숫자 중 가장 작은 숫자를 출력한다.

file_38_4
```
def minimum(val1, val2, val3):
    minim = val1
    if val2 < minim:
        minim = val2
    if val3 < minim:
        minim = val3
    print(minim)

# 메인 코드
a = float(input())
b = float(input())
c = float(input())
minimum(a, b, c)
print("끝")
```

위 파이썬 프로그램을 실행이 때 가장 먼저 수행되는 명령문은 프로시저의 내부 코드가 아닌 메인 코드의 a = float(input())이다. 사용자가 9, 6, 8을 입력했다고 가정해 보자. 이에 대한 추적표는 다음과 같다.

단계	메인 코드의 명령문	a	b	c
1	a = float(input())	**9**	–	–
2	b = float(input())	9	**6**	–
3	c = float(input())	9	6	**8**
4	minimum(a, b, c)			

minimum( ) 프로시저를 호출하면 메인 코드의 실행 흐름이 중지되고 변수 a, b, c의 값이 minimum( ) 프로시저의 형식인자인 val1, val2, val3로 각각 복사(할당)된 후, 실행 흐름이 프로시저로 넘어간다.

단계	minimum( ) 함수의 명령문	val1	val2	val3	minim
5	minim = val1	9	6	8	**9**
6	if val2 < minim:	if 구문의 결과는 True			
7	minim = val2	9	6	8	**6**
8	if val3 < minim:	if 구문의 결과는 False			
9	print(minim)	6이 출력됨			

실행 흐름이 프로시저의 마지막 명령문에 이르면, 실행 흐름은 프로시저 호출 전의 다음 명령문으로 바뀐다.

단계	메인 코드의 명령문	a	b	c
10	print("끝")	메시지 "끝"이 출력됨		

 주목할 것! 단계 10에서 어떤 값도 프로시저에서 메인 코드로 전달되지 않는다.

 기억할 것! 컴퓨터 과학에서 프로시저는 반환값이 없다는 의미를 가진다. 파이썬에서는 값을 반환하는 명령어를 사용하지 않음으로써 프로시저를 흉내 낼 수 있다.

예제 38.4-1 **절댓값 구하기**

다음 설명을 만족하는 파이썬 프로그램을 작성하여라.

i. 한 개의 숫자를 형식인자로 입력받아 절댓값을 출력하는 display_abs()라는 프로시저를 작성하여라. 단, 파이썬의 abs() 함수를 사용하지 말아라.

ii. display_abs() 프로시저를 사용하여 사용자로부터 한 개의 숫자를 입력받고, 절댓값과 사용자 입력값을 출력하는 파이썬 프로그램을 작성하여라. 그리고 입력값이 (i) 5와 (ii) −5 일 때, 각 단계별로 변숫값이 어떻게 변하는지 나타내는 추적표를 작성하여라.

풀이

이 예제에서는 메인 코드에서 한 개의 숫자를 인자로 받아 display_abs() 프로시저로 전달한 후 절댓값을 계산해야 한다. 파이썬 프로그램은 다음과 같다.

file_38_4_1

```
def display_abs(n):
    if n < 0:
        n = (-1) * n
    print(n)

# 메인 코드
a = float(input())
display_abs(a)              # 입력값에 대한 절댓값을 출력한다.
print(a)                   # 입력값을 출력한다.
```

i. 입력값이 5일 경우의 추적표는 다음과 같다.

단계	명령문	메인 코드	프로시저 display_abs()
		a	n
1	a = float(input())	5	
2	display_abs(a)		5
3	if n < 0:	if 구문의 결과는 False	
4	print(n)	5 값이 출력	
5	print(a)	5 값이 출력	

ii. 입력값이 –5일 경우의 추적표는 다음과 같다.

단계	명령문	메인 코드	프로시저 display_abs()
		a	n
1	a = float(input())	**-5**	
2	display_abs(a)		**-5**
3	if n < 0:	if 구문의 결과는 True	
4	n = (-1) * n		**5**
5	print(n)	5 값이 출력	
6	print(a)	-5 값이 출력	

주목할 것!

단계 5에서 프로시저의 변수 n은 5 값을 가지고 있지만, 단계 6에서 프로그램의 실행 흐름이 메인 코드로 돌아왔을 때 메인 코드의 변수 a는 –5 값을 가지고 있다. 단계 1 이후로 메인 코드의 변수 a는 값이 변하지 않았다.

예제 38.4-2 **환율 변환기**

다음 설명을 만족하는 파이썬 프로그램을 작성하여라.

i. 다음 메뉴를 출력하는 display_menu() 프로시저를 작성하여라.

1. 달러를 유로로 변환하기

2. 유로를 달러로 변환하기

3. 종료

ii. display_menu() 프로시저를 사용하여 사용자로부터 메뉴의 선택값과 금액을 입력받고, 변환 금액을 출력하는 파이썬 프로그램을 작성하여라. 3번 메뉴를 선택하지 않는 한, 이 과정을 반복해야 한다. 단, 1달러 = 0.72유로다.

풀이

파이썬 프로그램은 다음과 같다.

file_38_4_2

```python
def display_menu():
    print("1. 달러를 유로로 변환하기")
    print("2. 유로를 달러로 변환하기")
    print("3. 종료")
```

```
    print("--------------------------")
    print("선택하여라: ", end = "")

# 메인 코드
while True:
    display_menu()
    choice = int(input())

    if choice != 3:
        amount = float(input("금액을 입력하여라: "))
        if choice == 1:
            print(amount, "달러 =", amount * 0.72, "유로로")
        else:
            print(amount, "유로 =", amount / 0.72, "달러로")
    else:
        print("종료합니다.")
        break
```

38.5 복습문제: 참/거짓

다음 문제를 읽고 **참** 또는 **거짓**으로 답하여라.

1. C++ 프로그래밍 언어에서 반환값이 없는 부프로그램을 void 함수라고 한다.

2. 파이썬에서 프로시저를 호출하려면 프로시저 이름을 프로그램 안에 적으면 된다.

3. 메인 코드에서 프로시저 호출이 발생했을 때 실인자 목록에는 메인 코드의 변수만이 들어갈 수 있다.

4. 프로시저에서 모든 형식인자는 반드시 서로 다른 이름을 가져야 한다.

5. 실인자는 표현식(expression)이 될 수 있다.

6. 프로시저에서 형식인자 목록은 최소한 하나 이상의 인자를 가져야 한다.

7. 형식인자와 실인자는 일대일로 대응된다.

8. 명령문 내부에서 프로시저를 호출할 수 있다.

9. 프로시저 내부에서의 실행 흐름이 마지막 명령문에 이르면, 실행 흐름은 프로시저의 호출 전 다음 명령어로 바뀐다.

10. 프로시저는 호출자에게 아무런 값도 반환하지 않는다.

11. 프로시저는 호출자로부터 어떠한 인자도 전달받지 않을 수 있다.

12. 프로시저 호출은 함수 호출과는 다른 방식으로 이루어진다.

13. 다음 파이썬 프로그램에서 가장 먼저 수행되는 명령문은 print("안녕 철수!")이다.

```python
def message():
    print("안녕 철수!")


print("안녕!")
message()
```

38.6 프로그래밍 연습문제

다음 프로그래밍 연습문제를 완성하여라.

1. 다음 파이썬 프로그램에서 입력값이 3, 7, 9, 2, 4일 때의 추적표를 작성하여라.

```python
def display(a):
    if a % 2 == 0:
        print(a, " : 짝수")
    else:
        print(a, " : 홀수")


for i in range(5):
    x = int(input())
    display(x)
```

2. 다음 파이썬 프로그램의 각 단계별 변숫값을 나타내는 추적표를 작성하여라.

```python
def division(a, b):
    b = b // a
    print(a * b)


x = 20
y = 30
while x % y < 30:
    division(y, x)
    x = 4 * y
    y += 1
```

3. 다음 파이썬 프로그램에 대하여 입력값이 2, 3, 4일 때의 추적표를 작성하여라.

```python
def calculate(n):
    s = 0
    for j in range(2, 2 * n + 2, 2):
        s = s + j ** 2

    print(s)


for i in range(3):
    m = int(input())
    calculate(m)
```

4. 다섯 개의 인자를 형식인자 목록으로 받아 그중 가장 큰 수를 출력하는 프로시저를 작성하여라.

5. 다음 파이썬 프로그램을 작성하여라.

   i. 월과 연도를 인자로 입력받아 해당 월의 날짜 수를 출력하는 num_of_days( )라는 이름의 프로시저를 작성하여라. 단, 윤년을 고려해야 한다. 윤년인 경우 2월은 29일이고, 윤년이 아닌 경우 2월은 28일이다.

   힌트: 윤년은 4로 나누어떨어지되, 100으로는 나누어떨어지면 윤년이 아니며, 전자에 상관없이 400으로 나누어떨어지면 윤년이다. 400으로 나누어진다.

   ii. num_of_days( ) 프로시저를 이용하여 사용자로부터 월과 년도를 입력받고, 해당 월의 날짜 수를 출력하는 파이썬 프로그램을 작성하여라.

6. 다음 파이썬 프로그램을 작성하여라.

   i. 다음 메뉴를 출력하는 display_menu( )라는 이름의 프로시저를 작성하여라.

      1. 미터를 마일로 변환하기

      2. 마일을 미터로 변환하기

      3. 종료

   ii. 미터 값을 형식인자 목록으로 받으면, "○○미터는 ◇◇마일입니다" 형태로 출력하는 meters_to_miles( ) 프로시저를 작성하여라.

   iii. 마일 값을 형식인자 목록으로 받으면, "○○마일은 ◇◇미터입니다" 형태로 출력하는 miles_to_meters( ) 프로시저를 작성하여라.

   iv. 작성한 display_menu( ), meters_to_miles( ), miles_to_meters( ) 프로시저를 사용하여 사용자로부터 메뉴값을 입력받고, 사용자가 선택한 항목에 따라 변환된 단위를 출력하는 파이썬 프로그램을 작성하여라. 단, 1마일은 1609.344미터다.

7. 통신회사는 매달 10,000원의 기본금과 총 통화시간에 따른 추가금을 합하여 통화료를 부과한다. 통화시간에 따른 추가금은 다음 표와 같다.

통화시간(초)	추가금(원/초)
1~600	무료
601~1200	10원
1201 이상	20원

앞의 표를 참고하여 다음을 만족하는 파이썬 프로그램을 작성하여라.

i. 형식인자 목록으로 월 단위의 총 통화시간을 인자로 받아 총 지불 금액을 계산하고 출력하는 amount_to_pay( ) 프로시저를 작성하여라. 단, 지방세를 포함한 세금이 부가되며, 통화료의 11%다.

ii. amount_to_pay( ) 프로시저를 사용하여 사용자로부터 월 단위의 총 통화시간을 입력받은 후, 총 지불 금액을 출력하는 파이썬 프로그램을 작성하여라.

부프로그램에 대한 유용한 정보

39.1 두 개의 부프로그램에서 같은 이름의 변수를 사용할 수 있는가?

부프로그램을 사용할 때 알아 두어야 할 점은 각각의 부프로그램은 자신의 변숫값을 저장하기 위해 자신만의 메모리 공간을 사용한다는 것이다. 메인 코드조차도 자신의 메모리 공간을 가지고 있다. 다시 말해, 'test'라는 이름의 변수를 메인 코드와 부프로그램에서 모두 사용할 수 있다는 것이다. 동일 프로그램 안에 있는 서로 다른 부프로그램들도 마찬가지로 'test'라는 변수를 사용할 수 있다. 이런 식으로 메인 코드와 부프로그램에서 'test'라는 이름의 변수를 사용했다면, 두 변수는 이름은 같지만 각기 독립적인 메모리 공간을 가지고 있고, 서로 다른 값을 저장하고 있는 완전히 다른 변수라고 할 수 있다.

다음 파이썬 프로그램에 대한 추적표를 살펴봄으로써 메인 코드와 부프로그램에서 같은 이름의 변수를 사용하였을 때 어떤 일이 일어나는지를 이해할 수 있다.

file_39_1a

```python
def f1():
    test = 22
    print(test)
    return True

def f2(test):
    print(test)

# 메인 코드
test = 5
print(test)
ret = f1()
```

```
f2(10)
print(test)
```

단계	명령문	설명	메인 코드		f1() 함수	f2() 함수
			test	ret	test	test
1	test = 5		**5**	-		
2	print(test)	5를 출력	5	-		
3	ret = f1()	함수 f1() 호출			-	
4	test = 22				**22**	
5	print(test)	22를 출력			22	
6	return True	메인 코드로 True 반환	5	**True**		
7	f2(10)	함수 f2() 호출				**10**
8	print(test)	10을 출력				10
9	print(test)	5를 출력	5	**True**		

위 추적표를 통해 알 수 있듯이, test라는 이름의 세 개 변수는 서로 다른 메모리 공간에 각기 다른 값을 가지고 있다.

이와 관련된 다른 예를 살펴보자. 다음 파이썬 프로그램은 메인 코드의 test 변수가 인자로서 함수 f1()에 전달되는데, 함수 f1()의 인자 이름으로 test라는 이름의 변수를 사용한다. 앞서 설명했듯이, 두 변수의 이름이 같더라도 메인 코드와 부프로그램의 test 변수는 서로 다른 메모리 공간에 존재하는 서로 다른 변수다. 따라서 함수 f1() 내부에서 test 변수의 값이 변경되더라도 수행 흐름이 다시 메인 코드로 되돌아왔을 때 메인 코드의 test 변수에는 아무런 영향을 주지 않는다.

file_39_1b

```
def f1(test):
    test += 1
    print(test)                    # f1() 프로시저의 test 변수를 출력한다(6을 출력).

# 메인 코드
test = 5
f1(test)
print(test)                        # 메인 코드의 test 변수를 출력한다(5를 출력).
```

주목할 것! 부프로그램의 변수는 부프로그램이 수행되고 있는 동안에만 '유효하다'. 다시 말해, 부프로그램을 호출하기 전에는 부프로그램의 변수는 물론 형식인자 목록도 주기억 장치에 존재하지 않는다. 부프로그램의 호출이 이루어진 후에 비로소 부프로그램의 변수들이 주기억 장치에 생성되고, 부프로그램의 수행이 완료되어 수행 흐름이 호출자로 되돌아가면 생성된 공간은 주기억 장치에서 모두 제거된다. 파이썬 프로그램이 수행하고 있는 동안 '유효한' 변수는 메인 코드의 변수와 전역 변수뿐이다.

39.2 부프로그램이 다른 부프로그램을 호출할 수 있는가?

39장을 공부하면서 '부프로그램은 메인 코드에서만 호출될 수 있다'라고 알고 있을 수 있다. 실제로는 그렇지 않다. 부프로그램은 다른 부프로그램을 호출할 수 있고, 이렇게 호출한 부프로그램에서 또 다른 부프로그램을 호출할 수도 있다. 원하는 만큼의 부프로그램을 다른 부프로그램에서 호출할 수도 있다. 예를 들어, 함수가 프로시저를 호출하거나, 프로시저에서 함수를 호출하거나, 함수에서 다른 함수를 호출하거나, 프로그래밍 언어에서 제공하는 내장 프로시저를 함수에서 호출할 수도 있다.

다음 파이썬 프로그램은 이런 예를 보여 준다. 메인 코드에서 display_sum() 프로시저를 호출하고, 이 프로시저에서 add() 함수를 호출한다.

file_39_2

```python
def add(number1, number2):
    result = number1 + number2
    return result

def display_sum(num1, num2):
    print(add(num1, num2))

# 메인 코드
a = int(input())
b = int(input())

display_sum(a, b)
```

주목할 것! 부프로그램이 여러 개가 있는 경우, 부프로그램이 정의된 순서는 중요하지 않다. 위 파이썬 프로그램에서 display_sum()이 먼저 정의되고 add()가 나중에 정의되어도 프로그램 수행에는 아무런 영향을 주지 않는다.

예제 39.2-1 함수와 프로시저를 사용하는 환율 변환기

다음을 수행하여라.

i.   다음 메뉴를 출력하는 display_menu( )라는 이름의 부프로그램을 작성하여라.

1. USD를 EUR로 변환

2. USD를 GBP(British Pound Sterling)로 변환

3. USD를 JPY(Japanese Yen)로 변환

4. USD를 CAD(Canadian Dollar)로 변환

5. 종료

ii. 형식인자 목록을 통해 금액을 입력받은 후, 해당 통화로 변환한 금액을 반환해 주는 USD_to_EUR( ), USD_to_GBP( ), USD_to_JPY( ), USD_to_CAD( )라는 부프로그램을 각각 작성하여라.

iii. 위에서 언급한 다섯 개의 부프로그램을 사용하여 사용자로부터 환율 변환 메뉴에 대한 값(1, 2, 3, 4, 5 중 하나)과 미국 달러 단위의 금액을 입력받아 원하는 통화로 변환한 금액을 출력하는 파이썬 프로그램을 작성하여라. 이런 과정은 사용자가 종료 메뉴를 선택할 때까지 반복된다. 환율 정보는 다음과 같다.

- \$1 = 0.72EUR(€)
- \$1 = 0.60GBP(£)
- \$1 = 102.15JPY(¥)
- \$1 = 1.10CAD(\$)

풀이

이 문제를 해결하기 위해서는 함수와 프로시저를 모두 사용해야 한다. 환율을 변환해 주는 네 개 함수는 인자를 통해 금액을 전달받은 후에 이 금액을 원하는 통화로 변환하고, 그 결괏값을 반환한다. 파이썬 프로그램은 다음과 같다.

file_39_2_1

```python
def display_menu():
    print("1. USD를 EUR로 변환")
    print("2. USD를 GBP로 변환")
    print("3. USD를 JPY로 변환")
    print("4. USD를 CAD로 변환")
```

```
        print("5. 종료")
        print("------------------------------------------")
        print("메뉴를 선택하여라: ", end = "")

def USD_to_EU(value):
    return value * 0.72

def USD_to_GBP(value):
    return value * 0.6

def USD_to_JPY(value):
    return value * 102.15

def USD_to_CAD(value):
    return value * 1.1

# 메인 코드
while True:
    display_menu()
    choice = int(input())

    if choice == 5:
        print("종료!")
        break
    else:
        amount = float(input("금액을 입력하여라(USD): "))
        if choice == 1:
            print(amount, "USD =", USD_to_EU(amount), "EUR")
        elif choice == 2:
            print(amount, "USD =", USD_to_GBP(amount), "GBP")
        elif choice == 3:
            print(amount, "USD =", USD_to_JPY(amount), "JPY")
        elif choice == 4:
            print(amount, "USD =", USD_to_CAD(amount), "CAD")
```

39.3 값에 의한 인자 전달과 참조에 의한 인자 전달

파이썬에서 변수는 "값(value)에 의한 전달" 방식을 통해 부프로그램으로 전달된다. 값에 의한 전달의 의미는 인자의 값이 부프로그램 내부에서 변경되더라도 부프로그램 외부에는 어떠한 영향도 주지 않는다는 것이다. 다음 예제를 살펴보자.

```
def f1(b):
    b += 1
    print(b)        # 11이 출력됨


# 메인 코드
a = 10
f1(a)
print(a)            # 10이 출력됨
```

위 파이썬 프로그램에서 10 값을 가지고 있는 변수 a가 프로시저 f1()의 인자 b로 전달된다. 이 프로시저 안에서 b의 값이 변경되었지만, 프로시저의 수행이 완료되고 수행 흐름이 메인 코드로 되돌아오더라도 메인 코드의 변수 a에는 아무런 영향을 주지 않는다. 메인 코드와 부프로그램에서 서로 다른 이름을 가진 서로 다른 변수를 사용하고 있기 때문이다. 만약, 메인 코드와 부프로그램에서 같은 이름의 변수를 사용하더라도 결과는 똑같다. 다음 파이썬 프로그램은 위 파이썬 프로그램과 정확히 동일한 방식으로 동작하며, 이전 프로그램의 결과와 동일한 결과를 출력한다.

file_39_3b

```
def f1(a):
    a += 1
    print(a)        # 11이 출력됨


# 메인 코드
a = 10
f1(a)
print(a)            # 10이 출력됨
```

부프로그램의 인자로 리스트를 전달하는 것은 변수 하나를 전달하는 것만큼이나 쉽다. 다음 파이썬 프로그램은 프로시저 display()에 리스트 a를 전달하고, 그 리스트의 값을 출력하는 예다.

file_39_3c

```
ELEMENTS = 10

def display(b):
    for i in range(ELEMENTS):
        print(b[i], end = "\t")

# 메인 코드
a = [None] * ELEMENTS
```

```
for i in range(ELEMENTS):
    a[i] = int(input())

display(a)
```

파이썬에서 리스트는 "참조(reference)에 의한 전달" 방식을 통해 부프로그램으로 전달된다. 여기서 참조에 의한 전달의 의미는 인자로 전달받은 리스트의 값이 부프로그램 내부에서 변경되는 경우, 그 변경이 부프로그램 외부에 반영될 수 있다는 의미다. 다음 파이썬 프로그램은 인자로 전달받은 리스트의 인덱스 0에 해당하는 요솟값을 부프로그램에서 변경하면 메인 프로그램에도 영향을 미친다는 것을 보여 준다.

file_39_3d

```
def f1(a):
    a[0] += 1
    print(a[0])   # 6이 출력됨

# 메인 코드
a = [5, 10, 15, 20]
print(a[0])       # 5가 출력됨
f1(a)
print(a[0])       # 6이 출력됨
```

위 예제를 통해 알 수 있듯이, 부프로그램에게 참조에 의해 전달되는 리스트는 하나 이상의 값을 반환할 때 사용될 수 있다. 그러나 하나 이상의 값을 반환하기 위해 리스트를 사용하는 것은 파이썬에서 일반적인 방법은 아니다. 이미 배웠듯이, 이를 위한 더 편리한 방식을 파이썬이 제공하고 있기 때문이다. 그럼에도 학습을 위해 이에 대한 예를 살펴보자. 다음 파이썬 프로그램은 my_divmod() 함수에서 변수 a를 변수 b로 나눈 정수 몫과 정수 나머지를 구한다. 정상적인 계산이라면(입력값 b가 0이 아닌 경우) True를 반환하고, 그렇지 않을 경우에는 False를 반환한다. 또한, 리스트인 results를 통하여 계산된 몫과 나머지를 간접적으로 반환한다.

file_39_3e

```
def my_divmod(a, b, results):
    return_value = True

    if b == 0:
        return_value = False
    else:
        results[0] = a // b
        results[1] = a % b
```

```
        return return_value

# 메인 코드
res = [None] * 2

val1 = int(input())
val2 = int(input())
ret = my_divmod(val1, val2, res)
if ret == True:
    print(res[0], res[1])
else:
    print("잘못된 입력값입니다.");
```

 주목할 것! 형식인자 목록의 인자와 관련된 좋은 습관은 값에 의한 전달 방식을 먼저 작성한 후 참조에 의한 전달 방식을 작성하는 것이다.

예제 39.3-1 **논리 오류 찾기**

다음 파이썬 프로그램을 통해 사용자로부터 다섯 개의 정수를 입력받은 후에 각 숫자의 자릿수를 출력해야 한다고 가정해 보자. 예를 들어, 사용자가 35, 13565, 113, 278955, 9999를 입력한다면 다음과 같은 결과를 출력하도록 한다.

        2 은/는 35의 자릿수입니다.

        5 은/는 13565의 자릿수입니다.

        3 은/는 113의 자릿수입니다.

        6 은/는 278955의 자릿수입니다.

        4 은/는 9999의 자릿수입니다.

그러나 불행히도 다음과 같은 결과가 출력된다.

        2 은/는 0의 자릿수입니다.

        5 은/는 0의 자릿수입니다.

        3 은/는 0의 자릿수입니다.

        6 은/는 0의 자릿수입니다.

        4 은/는 0의 자릿수입니다.

위와 같은 결과가 나오는 이유는 무엇인가? 다음 파이썬 프로그램에서 논리 오류를 찾아라.

```
ELEMENTS = 5

def get_num_of_digits(x, index):
    count = 0
    while x[index] != 0:
        count += 1
        x[index] = x[index] // 10
    return count

# 메인 코드
val = [None] * ELEMENTS

for i in range(ELEMENTS):
    val[i] = int(input())

for i in range(ELEMENTS):
    print(get_num_of_digits(val, i), "은/는", val[i], "의 자릿수입니다.")
```

풀이

get_num_of_digits( ) 함수는 29장에서 배운 방식으로 리스트 x의 특정 위치(인덱스)에 있는 숫자의 자릿수를 계산한다. 다음 풀이 과정을 보기 전에 여러분 스스로 위 파이썬 프로그램의 논리 오류를 찾아보아라. 문제는 get_num_of_digits( ) 함수에서 리스트의 각 요소가 결국에는 0이 된다는 점이다. 참조에 의한 전달 방식으로 리스트 val이 메인 코드로 전달되고, get_num_of_digits( ) 함수 안에서 0으로 바뀐 사항이 함수 외부에 반영되기 때문이다.

이 문제를 해결하기 위해서는 보조 역할을 할 변수를 만들어 리스트의 각 요소를 이 변수에 할당하는 것이다. 그래서 원래 리스트의 값은 바뀌지 않는다. 파이썬 프로그램은 다음과 같다.

```
ELEMENTS = 5

def get_num_of_digits(x, index):
    count = 0

    aux_var = x[index]

    while aux_var != 0:
        count += 1
        aux_var = aux_var // 10
    return count
```

```
# 메인 코드
val = [None] * ELEMENTS

for i in range(ELEMENTS):
    val[i] = int(input())

for i in range(ELEMENTS):
    print(get_num_of_digits(val, i), "은/는", val[i], "의 자릿수입니다.")
```

39.4 리스트 반환하기

다음 파이썬 프로그램은 리스트 t에서 가장 작은 숫자 세 개를 출력한다. 이를 위해 리스트를 형식인자 a를 통해 get_list() 프로시저로 전달한 후, 삽입 정렬 알고리즘을 사용하여 리스트 a를 오름차순으로 정렬한다. 수행 흐름이 메인 코드로 되돌아왔을 때 리스트 t는 정렬되어 있다. 리스트 t가 참조에 의해 전달되기 때문이다. 마지막으로, 메인 코드에서 리스트의 요소들 중 처음 세 개를 차례대로 단순히 출력한다.

file_39_4a

```
ELEMENTS = 10                    파이썬에서 리스트는 참조에 의해 전달된다.

def get_list(a):
    for m in range(1, ELEMENTS):
        element = a[m]
        n = m
        while n > 0 and a[n - 1] > element:
            a[n] = a[n - 1]
            n -= 1
        a[n] = element

# 메인 코드
t = [75, 73, 78, 70, 71, 74, 72, 69, 79, 77]

get_list(t)

print("가장 작은 수:", t[0], t[1], t[2])

# 이 단계에서 리스트 t는 정렬되어 있음
for i in range(ELEMENTS):
    print(t[i], end = "\t")
```

주목할 것! 메인 코드의 리스트 t는 참조에 의한 전달 방식으로 프로시저에 전달되므로 수행 흐름이 메인 코드로 되돌아왔을 때 리스트 t는 정렬되어 있다.

그러나 리스트를 참조에 의한 전달 방식으로 전달했을 때 발생하는 여러 문제점도 있다. 다음과 같이 두 개의 리스트가 있다고 가정하자. 리스트 names에는 10개 도시에 대한 이름이 저장되고 있고, 리스트 t에는 해당 도시 정오의 온도값이 저장되어 있다.

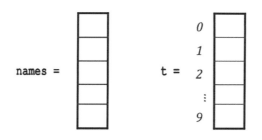

리스트 t에서 온도가 가장 낮은 값 세 개를 출력한다고 가정해 보자. 이전 파이썬 프로그램의 get_list() 프로시저를 사용한다면, 한 가지 문제가 발생한다. 비록 원하는 대로 가장 낮은 온도 세 개 값을 출력하기는 하지만 프로시저를 수행한 이후에 리스트 t는 정렬된다. 그래서 리스트 t의 요솟값과 리스트 names의 요솟값과 일대일 대응 관계는 사라진다.

이를 해결할 수 있는 한 가지 방법은 리스트 t를 보조 리스트로 복사하고, 이 보조 리스트를 활용하는 함수를 작성하는 것이다. 이 함수는 보조 리스트를 사용하여 정렬을 수행하고 가장 작은 값 세 개만을 포함하고 있는 리스트를 반환하도록 한다. 파이썬 프로그램은 다음과 같다.

file_39_4b

```
ELEMENTS = 10

def get_list(a):
    aux_list = [None] * ELEMENTS

    # 리스트를 보조 리스트에 복사한다.
    for m in range(ELEMENTS):
        aux_list[m] = a[m]

    # 보조 리스트를 정렬한다.
    for m in range(1, ELEMENTS):
        element = aux_list[m]
        n = m
        while n > 0 and aux_list[n - 1] > element:
            aux_list[n] = aux_list[n - 1]
            n -= 1
        aux_list[n] = element
```

```
        ret_list = [aux_list[0], aux_list[1], aux_list[2]]
        return ret_list

# 메인 코드
names = ["도시1", "도시2", "도시3", "도시4", "도시5",    \
         "도시6", "도시7", "도시8", "도시9", "도시10"]

t = [75, 73, 78, 70, 71, 74, 72, 69, 79, 77]

low = get_list(t)
print("가장 낮은 온도:", low[0], low[1], low[2])

# 이 단계에서 리스트 t는 정렬되어 있지 않음
for i in range(ELEMENTS):
    print(t[i], "\t", names[i])
```

위 파이썬 프로그램을 좀 더 파이썬다운 방식으로 재작성하면 다음과 같다.

file_39_4c

```
def get_list(a):
    return sorted(a)[0:3]

# 메인 코드
names = ["도시1", "도시2", "도시3", "도시4", "도시5",    \
         "도시6", "도시7", "도시8", "도시9", "도시10"]

t = [75, 73, 78, 70, 71, 74, 72, 69, 79, 77]

low = get_list(t)
print("가장 낮은 온도:", low[0], low[1], low[2])

# 이 단계에서 리스트 t는 정렬되어 있지 않음
for i in range(len(t)):
    print(t[i], "\t", names[i])
```

39.5 기본 인자값과 키워드 인자

형식인자 목록의 인자값으로 기본값을 사용하고 싶다면, 부프로그램을 호출할 때 어떤 값도 인자값으로 전달하지 않으면 기본값이 사용된다. 다음 예제에서 prepend_title() 함수는 이름 앞에 접두어를 붙여 준다. 그러나 title 인자의 값으로 어떤 값도 전달하지 않으면 기본값인 "Mr."가 접두어로 사용된다.

```
def prepend_title(name, title = "Mr."):
    return title + " " + name

# 메인 코드

# Mr. John King 출력
print(prepend_title("John King"))

# Ms. Maria Miller 출력
print(prepend_title("Maria Miller", "Ms."))
```

주목할 것! 형식인자 목록의 인자값으로 기본값이 사용되는 경우, 이런 인자를 선택적 인자(optional argument)라 한다.

주목할 것! 형식인자 목록에서 선택적 인자는 비선택적 인자(non-optional argument)의 오른쪽에 나와야 한다. 즉, 왼쪽에 나오면 안 된다.

파이썬은 argument_name = value와 같은 형태를 가지는 키워드 인자를 사용하여 함수를 호출할 수 있다. 파이썬에서 키워드 인자는 옵션(선택사항)이다. 그래서 함수 호출 시에 인자가 지정되어 있지 않으면 기본값이 사용된다.

```
def prepend_title(first_name, last_name, title = "Mr.", reverse = False):
    if reverse == False:
        return_value = title + " " + first_name + " " + last_name
    else:
        return_value = title + " " + last_name + " " + first_name
    return return_value

# 메인 코드
# Mr. John King 출력
print(prepend_title("John", "King"))

# Ms. Maria Miller 출력
print(prepend_title("Maria", "Miller", "Ms."))

# Ms. Miller Maria 출력
print(prepend_title("Maria", "Miller", "Ms.", True))

# 키워드 인자를 사용하여 Mr. King John 출력
print(prepend_title("John", "King", reverse = True))
```

주목할 것! ···· PHP, C#, 비주얼 베이직과 같은 프로그래밍 언어에서는 '키워드 인자' 용어를 사용하는 대신, '명명된 인자(named argument)'라는 용어를 사용한다.

39.6 변수의 범위

변수의 범위(scope)는 변수가 효력을 미치는 영역을 의미한다. 파이썬에서 변수는 지역 범위(local scope)나 전역 범위(global scope)를 가질 수 있다. 부프로그램 내부에 선언된 변수는 지역 범위를 가지며, 그 부프로그램 내부에서만 사용할 수 있다. 반면, 부프로그램 외부에 선언된 변수는 전역 범위를 가지며, 메인 코드에서뿐만 아니라 어떠한 부프로그램에서도 사용할 수 있다.

다음 파이썬 프로그램은 전역 변수 test를 선언하고, 이 전역 변수를 프로시저 내부에서 사용하고 출력하는 예를 보여 준다.

file_39_6a
```
def display_value():
    print(test)      # 10 출력

# 메인 코드
test = 10
display_value()
print(test)          # 10 출력
```

여기서 한 가지 궁금한 사항은 display_value() 함수 내부에서 지역 변수 test의 값을 변경한다면 어떤 일이 발생하는지다. 전역 변수 test에 영향을 줄까? 다음 파이썬 프로그램은 20과 10을 결과로 출력한다.

file_39_6b
```
def display_value():
    test = 20
    print(test)      # 20 출력

# 메인 코드
test = 10
display_value()
print(test)          # 10 출력
```

위 프로그램은 주기억 장치에 동일 이름의 변수를 두 개 선언하고 사용한 것으로, 하나는 전역 변수 test고, 다른 하나는 지역 변수 test다.

자, 위의 첫 번째 예제와 두 번째 예제를 합성해 보자. 다음 프로그램에서 볼 수 있듯이, 우선

test 변수에 접근해 어떤 값을 test 변수에 할당한다.

```
def display_value():
    print(test)      # 이 명령문에서 오류가 발생한다.
    test = 20
    print(test)

# 메인 코드
test = 10
display_value()
print(test)
```

불행하게도 위 프로그램은 "local variable 'test' referenced before assignment."라는 오류 메시지를 출력한다. display_value() 함수 내부의 test = 20이라는 명령문 때문인데, 파이썬은 처음 print(test) 명령문에서 지역 변수 test를 사용하는 것으로 가정하고 동작하기 때문이다. 따라서 첫 번째 print(test) 명령문에 대해 오류 메시지를 출력한 것이다. 전역 변수라고 명시적으로 알려 주지 않으면, 부프로그램 내부에서 생성되거나 수정되는 변수는 모두 지역 변수다. 파이썬에서 전역 변수를 사용하고 싶다면 다음 파이썬 프로그램과 같이 'global'이라는 키워드를 사용해야 한다.

```
def display_value():
    global test
    print(test)      # 10 출력
    test = 20
    print(test)      # 20 출력

# 메인 코드
test = 10
display_value()
print(test)          # 20 출력
```

 주목할 것! 전역 변수가 부프로그램 내부에서 수정이 됐다면 부프로그램의 외부에도 영향을 준다. 따라서 메인 코드의 마지막 print(test) 명령문은 20을 출력한다.

 기억할 것! global 키워드를 사용하여 전역 변수라고 명시적으로 알려 주지 않으면, 부프로그램 내부에서 생성되거나 수정되는 변수는 모두 지역 변수다.

다음 파이썬 프로그램은 전역 변수 a, display_values() 프로시저에서 지역 변수 a와 b, 그리고

display_other_values( ) 프로시저에서 지역 변수 a와 b를 선언하고 있다. 전역 변수 a와 두 개의 지역 변수 a인 총 세 개의 변수는 모두 다른 변수다.

```python
def display_values():
    a = 7
    b = 3
    print(a, b)      # 7 3 출력
def display_other_values():
    a = 9
    b = 2
    print(a, b)      # 9 2 출력

# 메인 코드
a = 10
print(a)             # 10 출력
display_values()
display_other_values()
print(a)             # 10 출력
```

 주목할 것!　서로 다른 부프로그램에서 별도로 선언된 같은 이름의 변수는 해당 부프로그램 내부에서만 사용할 수 있는 지역 변수다.

39.7 프로그램 코드의 일부를 부프로그램으로 바꾸기

이미 언급하였듯이, 거대 프로그램을 부프로그램으로 나누지 않고 작성한다면 '스파게티 코드'를 만들게 된다. 스파게티 코드가 있다고 가정하고, 이 스파게티 코드를 여러 개의 작은 문제들로 나누어 부프로그램을 작성한다고 가정해 보자. 다음 파이썬 프로그램은 이런 절차를 설명하는 예를 보여 준다. 이 프로그램에서 점선으로 표시된 코드는 부프로그램으로 재작성될 수 있다.

```
total_yes = 0
female_no = 0
for i in range(100):
    while True:
        temp1 = input("성별을 입력하세요(" + str(i + 1) + "): ")
        sex = temp1.lower()              # 영어 입력일 경우 소문자로 변경
        if sex == "남자" or sex == "여자": break

    while True:
        temp2 = input("오후에 조깅을 하나요?")
        answer = temp2.lower()           # 영어 입력일 경우 소문자로 변경
        if answer == "예" or answer == "아니요" or answer == "종종": break

    if answer == "예":
        total_yes += 1

    if sex == "여자" and answer == "아니요":
        female_no += 1

print("긍정적인 답변의 수:", total_yes)
print("여성의 부정적인 답변의 수:", female_no)
```

위 프로그램에서 점선으로 표시된 부분의 코드를 부프로그램으로 변경할 때에는 다음 사항을 고려해야 한다.

- 점선으로 표시된 코드 각각에 대해 함수나 프로시저로 변경할지의 여부를 결정해야 한다. 함수로 만들지, 프로시저로 만들지에 대해서는 반환값의 여부에 따라 달라진다. 반환값이 있다면 함수로, 반환값이 없다면 프로시저로 만든다.

- 부프로그램에서 사용할 변수들과 이들 변수의 역할을 결정해야 한다. 다음은 이런 과정에서 변수가 무엇을 할지, 부프로그램으로 변수가 전달되어야 할지, 결과를 반환해야 할지, 부프로그램 내부에서 지역 변수로 사용될지 등을 결정하는 데 유용한 순서도를 보여준다.

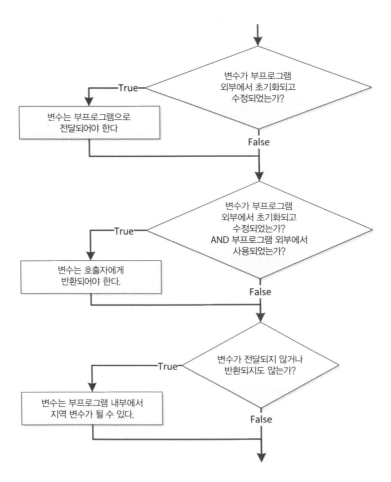

 주목할 것! 파이썬에서 함수는 하나 이상의 결과값을 반환할 수 있다.

위 순서도를 따라 부프로그램으로 변환될 코드 각각을 하나씩 살펴보자. 사각형 점선으로 표시되지 않은 코드는 메인 코드로 구성된다.

첫 번째 코드 부분

첫 번째 코드 부분에서는 i, temp1, sex라는 세 개의 변수가 있다. 그러나 이들 변수 모두 형식 인자 목록에 포함되어야 하는 것은 아니다. 그 이유를 살펴보자.

- 변수 i
  - 이 변수는 부프로그램 외부에서 초기화/수정되었다. 따라서 이 변수는 부프로그램

으로 전달해야 한다.

  - 이 변수는 부프로그램 내부에서 수정되지 않는다. 따라서 이 변수를 호출자에게 반환하지 않아도 된다.

- 변수 temp1
  - 이 변수는 부프로그램 외부에서 초기화/수정되지 않았다. 따라서 이 변수는 부프로그램으로 전달하지 않아도 된다.
  - 이 변수는 부프로그램 내부에서 초기화되었지만, 부프로그램 외부에서는 사용되지 않는다. 따라서 이 변수를 호출자에게 반환하지 않아도 된다.

앞서 살펴본 순서도에 따르면, 변수 temp1은 전달되지도, 반환되지도 않기 때문에 이 변수를 부프로그램 내부에서 지역 변수로 사용하면 된다.

- 변수 sex
  - 이 변수는 부프로그램 외부에서 초기화/수정되지 않았다. 따라서 이 변수는 부프로그램으로 전달하지 않아도 된다.
  - 이 변수는 부프로그램 내부에서 초기화되었고, 부프로그램 외부에서 사용된다. 따라서 이 변수를 호출자에게 반환해야 한다.

그러므로 이런 이유로 반환해야 할 변수는 sex 하나뿐이다. 첫 번째 코드 부분에 대한 부프로그램은 다음과 같다.

```
def part1(i):
    while True:
        temp1 = input("성별을 입력하세요(" + str(i + 1) + "): ")
        sex = temp1.lower()
        if sex == "남자" or sex == "여자": break

    return sex
```

두 번째 코드 부분

두 번째 코드 부분에서는 temp2와 answer라는 두 개의 변수가 있다. 그러나 이 변수들은 모두 형식인자 목록에 포함하지 않아도 된다. 그 이유를 살펴보자.

- 변수 temp2
  - 이 변수는 부프로그램 외부에서 초기화/수정되지 않는다. 따라서 이 변수는 부프로그램으로 전달하지 않아도 된다.

- 이 변수는 부프로그램 내부에서 초기화/수정되지만, 부프로그램 외부에서 사용되지 않는다. 따라서 이 변수는 호출자로 반환하지 않아도 된다.

앞서 살펴본 순서도에 따르면, temp2 변수는 부프로그램으로 전달되거나 반환되지 않아도 된다. 따라서 이 변수를 부프로그램 내부에서 지역 변수로 사용하면 된다.

- 변수 answer
    - 이 변수는 부프로그램 외부에서 초기화/수정되지 않았다. 따라서 이 변수는 부프로그램으로 전달하지 않아도 된다.
    - 이 변수는 부프로그램 내부에서 초기화되었고, 부프로그램 외부에서 사용된다. 따라서 이 변수를 호출자에게 반환해야 한다.

그러므로 이런 이유로 반환해야 할 변수는 answer 하나뿐이다. 두 번째 코드 부분에 대한 부프로그램은 다음과 같다.

```python
def part2():
    while True:
        temp2 = input("오후에 조깅을 하나요? ")
        answer = temp2.lower()
        if answer == "예" or answer == "아니요" or answer == "종종": break

    return answer
```

세 번째 코드 부분

세 번째 코드 부분에는 answer, total_yes, sex, female_no라는 네 개의 변수가 있다. 이들 변수 모두는 형식인자 목록에 포함되어야 한다. 그 이유를 살펴보자.

- 변수 answer와 sex
    - 이 변수는 부프로그램 외부에서 초기화/수정되었다. 따라서 이 변수는 부프로그램으로 전달되어야 한다.
    - 이 변수는 부프로그램 내부에서 수정되지 않는다. 따라서 이 변수는 호출자에게 반환되지 않아도 된다.
- 변수 total_yes와 female_no
    - 이 변수는 부프로그램 외부에서 초기화된다. 따라서 이 변수는 부프로그램으로 전달되어야 한다.
    - 이 변수는 부프로그램 내부에서 수정되고, 부프로그램 외부에서 사용된다. 따라서

이 변수는 호출자에게 반환되어야 한다.

이와 같은 이유로 두 변수의 값은 메인 코드로 반환되어야 한다. 세 번째 코드 부분에 대한 부프로그램은 다음과 같다.

```python
def part3(answer, sex, total_yes, female_no):
    if answer == "예":
        total_yes += 1

    if sex == "여자" and answer == "아니요":
        female_no += 1

    return total_yes, female_no
```

네 번째 코드 부분

네 번째 코드 부분에는 total_yes와 female_no라는 두 개의 변수가 있다.

- 변수 total_yes와 female_no
  - 이 변수는 부프로그램 외부에서 수정되었다. 따라서 이 변수는 부프로그램으로 전달되어야 한다.
  - 이 변수는 부프로그램 내부에서 수정되지 않았다. 따라서 이 변수는 호출자로 반환되지 않아도 된다.

그러므로 이와 같은 이유로 어떤 변수의 값도 메인 코드로 반환되지 않는다. 네 번째 코드 부분에 대한 부프로그램은 다음과 같다.

```python
def part4(total_yes, female_no):
    print("긍정적인 답변의 수:", total_yes)
    print("여성의 부정적인 답변의 수:", female_no)
```

최종 프로그램

메인 코드와 위에서 살펴본 네 개의 부프로그램을 포함한 최종 파이썬 프로그램은 다음과 같다.

file_39_7b

```python
def part1(i):
    while True:
        temp1 = input("성별을 입력하세요(" + str(i + 1) + "): ")
        sex = temp1.lower()
        if sex == "남자" or sex == "여자": break
```

```
        return sex

def part2():
    while True:
        temp2 = input("오후에 조깅을 하나요? ")
        answer = temp2.lower()
        if answer == "예" or answer == "아니요" or answer == "종종": break

    return answer

def part3(answer, sex, total_yes, female_no):
    if answer == "예":
        total_yes += 1

    if sex == "여자" and answer == "아니요":
        female_no += 1

    return total_yes, female_no

def part4(total_yes, female_no):
    print("긍정적인 답변의 수:", total_yes)
    print("여성의 부정적인 답변의 수:", female_no)

# 메인 코드
total_yes = 0
female_no = 0
for i in range(100):
    sex = part1(i)
    answer = part2()
    total_yes, female_no = part3(answer, sex, total_yes, female_no)

part4(total_yes, female_no)
```

39.8 재귀

재귀(recursion)는 부프로그램이 자기 자신을 호출하는 프로그래밍 기술을 말한다. 얼핏 보기에
재귀를 사용하면 무한 반복과 같이 보일 수 있다. 하지만 실제로는 그렇지 않다. 재귀를 사용
하는 부프로그램은 유한성의 속성을 만족하도록 작성해야 한다.

집을 찾는 다음 파이썬 프로그램을 살펴보자. 다음 프로그램은 find_your_way_home( ) 프로
시저에서 자기 자신을 호출하므로 재귀가 발생한다.

```
def find_your_way_home ():
    if you_are_already_at_home == True:
        stop_walking()
    else:
        take_one_step_toward_home()
        find_your_way_home()

# 메인 코드
find_your_way_home()
```

이제 실제 예를 통해 재귀 프로그램을 분석해 보자. 다음 파이썬 프로그램은 재귀를 이용하여 5의 팩토리얼(factorial)을 계산한다.

file_39_8

```
def factorial(value):
    if value == 1:
        return_value = 1
    else:
        return_value = value * factorial(value - 1)

    return return_value

# 메인 코드
print(factorial(5)) # 120 출력
```

 기억할 것! 수학에서 팩토리얼은 계승이라고도 하며 1부터 n까지의 연속된 자연수를 차례로 곱한 값이다. 기호로는 n!으로 표시하며, 0의 계승은 1이다. 예를 들어, 5의 계승은 5! = 5 × 4 × 3 × 2 × 1 = 120이다.

 주목할 것! factorial() 함수 안에서 자기 자신을 호출하므로 재귀가 일어난다.

 주목할 것! 이 예제에서는 반복 제어 구조가 사용되지 않았다.

위 파이썬 프로그램을 보고 당혹스러울 수도 있다. 어떻게 반복 제어 구조를 사용하지 않고 1 × 2 × 3 × 4 × 5의 값을 계산할 수 있을까? 다음 그림을 살펴보면 이해하는 데 도움이 될 것이다. factorial() 함수를 호출하여 5에서부터 차례대로 1씩 감소한 값과 곱셈 연산이 이루어진다. 그림에서 factorial() 함수가 가장 상위의 factorial() 함수까지 값을 반환하면서 최종 결과를 얻을 수 있다.

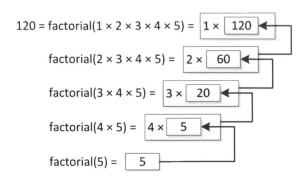

재귀 호출을 하는 모든 부프로그램은 다음 세 가지 규칙을 따라야 한다.

1. 종료 조건이 있어야 한다.
   - 자기 자신의 부프로그램을 무한히 호출하면 안 되고, 재귀 호출의 종료 조건이 있어야 한다는 의미다. factorial() 함수의 종료는 factorial(1)일 때 발생한다. factorial(1)을 호출하면, 불리언 식 value == 1의 결과가 True가 되므로 더 이상의 재귀는 발생하지 않는다.

2. 호출할 때마다 함수 상태가 바뀌어야 하며, 결국에는 종료 조건에 도달해야 한다.
   - 재귀 호출이 일어날 때마다 함수의 명령문 블록에서 데이터 또는 변수의 값을 변경해야 한다는 것을 의미한다. factorial() 함수에서는 재귀 호출을 할 때마다 value − 1의 값을 전달하여 재귀 호출이 일어날 때마다 종료 조건에 가까워진다는 것을 알 수 있다.

3. 자기 자신의 부프로그램을 호출해야 한다.

예제 39.8-1 재귀를 이용하여 피보나치 수열 계산하기

피보나치 수열의 예는 다음과 같다.

$$1, 1, 2, 3, 5, 8, 13, 21, 34, 55, \cdots$$

정의에 의해 처음 두 개의 숫자인 1과 1로 시작하며, 다음 항목의 값은 바로 앞의 두 숫자의 합이 된다.

사용자로부터 양수 n을 입력받고 n번째 피보나치 수열을 출력하는 파이썬 프로그램을 작성하여라.

풀이

다음 파이썬 프로그램은 Fib( ) 함수가 자기 자신을 재귀적으로 호출하여 n번째 피보나치 수열을 계산한다. 다음 알고리즘이 피보나치 수열을 나열하는 최적의 알고리즘은 아니지만, 재귀 함수를 통해 해결하는 과정을 보여 준다.

file_39_8_1

```
def Fib(n):
    if n == 0 or n == 1:
        return_value = n
    else:
        return_value = Fib(n - 1) + Fib(n - 2)

    return return_value

# 메인 코드
num = int(input())
print(Fib(num))
```

알고리즘의 흐름을 이해하기 위해 입력값에 따라 어떻게 재귀 호출이 이루어지는지 살펴보자.

입력값이 3인 경우

입력값이 3인 경우의 재귀 호출은 다음 그림과 같다.

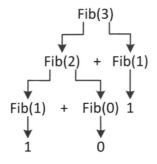

재귀 호출에 의해 계산하면 다음과 같다.

$$(1 + 0) + 1 = 2$$

피보나치 수열의 세 번째 항목의 값은 2다.

입력값이 4인 경우

입력값이 4일 때 재귀 호출은 다음 그림과 같다.

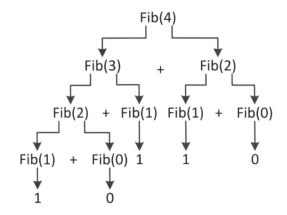

재귀 호출에 의해 계산하면 다음과 같다.

$$((1 + 0) + 1) + (1 + 0) = 3$$

피보나치 수열의 네 번째 항목의 값은 3이다.

입력값이 5인 경우

입력값이 5인 경우의 재귀 호출은 다음 그림과 같다.

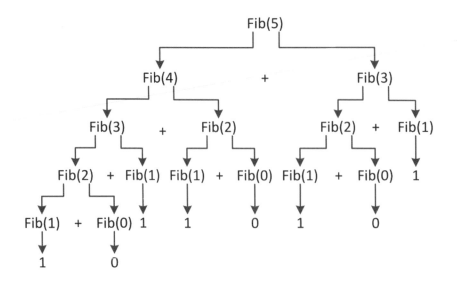

재귀 호출에 의해 계산한다면 다음과 같다.

$$(((1 + 0) + 1) + (1 + 0)) + ((1 + 0) + 1) = 5$$

피나보치 수열의 다섯 번째 항목의 값은 5다.

> 🔊 **주목할 것!** 피보나치 수열의 각 항목을 계산할 때 재귀 호출의 수는 기하급수적으로 증가한다. 예를 들어, 피보나치 수열의 500나 60번째 항목을 재귀 함수를 통해 계산하고자 할 때 생각보다 오랜 시간이 걸린다.

재귀는 프로그램을 창의적이고 세련되게 작성하는 데 도움을 주지만, 재귀가 항상 최적의 선택은 아니다. 재귀의 가장 큰 단점 중 하나는 프로그래머가 재귀적 프로그램을 포함하고 있는 코드의 논리적 흐름을 따라가기 어렵다는 데 있다. 따라서 재귀 호출이 있는 코드 부분의 디버깅이 어려울 수 있다. 어떤 경우에는 재귀를 사용하지 않는 알고리즘이 재귀를 사용하는 알고리즘보다 훨씬 좋은 경우가 있다. 재귀 함수를 사용하는 알고리즘은 많은 CPU와 메모리 자원을 사용하는 경향이 있기 때문이다. 키스(KISS) 원칙에 따라 재귀를 사용하지 않고 반복 제어 구조를 이용하는 알고리즘을 작성하는 것이 좋은 경우도 있다.

> 🔊 **주목할 것!** 키스(KISS) 원칙은 'Keep It Simple, Stupid!'를 의미한다. 불필요한 복잡성을 피하고 가능한 한 단순하게 코드를 작성해야 한다는 원칙이다.

39.9 복습문제: 참/거짓

다음 문제를 읽고 **참** 또는 **거짓**으로 답하여라.

1. 각각의 부프로그램은 자신의 변수를 저장하기 위한 자신만의 메모리 공간을 사용한다.

2. 부프로그램에서 사용되는 변수는 부프로그램이 수행되고 있는 동안에만 '유효하다'.

3. 파이썬 프로그램이 수행되는 동안 계속 '유효'한 변수는 메인 코드의 변수와 전역 변수뿐이다.

4. 부프로그램은 메인 코드를 호출할 수 있다.

5. 인자가 값에 의해 전달되고 부프로그램 내부에서 수정된다면 그 인자는 부프로그램 외부에 영향을 주지 않는다.

6. 실인자와 이와 대응되는 형식인자는 반드시 동일해야 한다.

7. 선택적 인자(optional argument)가 없다고 가정할 때 형식인자의 총 수는 실인자의 총 수보다 클 수 없다.

8. 표현식(expression)은 부프로그램에 전달될 수 없다.

9. 파이썬에서 리스트는 참조에 의해 전달된다.

10. 프로시저에 리스트를 전달할 수 있지만, 프로시저는 호출자에게 리스트를 반환할 수는 없다.

11. 함수는 형식인자 목록을 통해 리스트를 받을 수 있다.

12. 일반적으로 프로시저는 어떤 함수도 호출할 수 있다.

13. 일반적으로 함수는 어떤 프로시저도 호출할 수 있다.

14. 명령문 안에서 함수는 한 번만 호출될 수 있다.

15. 프로시저는 형식인자 목록을 통해 값을 반환할 수 있다.

16. 부프로그램은 다른 부프로그램이나 메인 코드에서 호출될 수 있다.

17. 형식인자 목록의 인자에 기본값을 할당하면, 그 인자에 어떠한 값이 전달되든 상관없이 기본값이 사용된다.

18. 실인자 목록의 인자에 기본값이 할당되어 있을 때, 이 인자를 선택적 인자(optional argument)라고 한다.

19. 선택적 인자는 비선택적 인자의 왼쪽에 있어야 한다.

20. 인자의 기본값은 문자열이 될 수 없다.

21. 변수의 영역은 변수가 효력을 미치는 영역을 의미한다.

22. 전역 변수의 값이 부프로그램 내부에서 변경되면 이러한 변경이 부프로그램 외부에 영향을 끼친다.

23. 동일한 이름을 가지는 두 개의 전역 변수를 가질 수 있다.

24. 재귀는 부프로그램이 자기 자신을 호출하는 프로그래밍 기술을 말한다.

25. 재귀 알고리즘은 종료 조건이 있어야 한다.

26. 문제 해결을 위해 재귀를 사용하는 것이 항상 최적의 선택은 아니다.

39.10 프로그래밍 연습문제

다음 프로그래밍 연습문제를 완성하여라.

1. 다음 파이썬 프로그램의 수행 결과는 무엇인가?

```python
def f1():
    a = 22
def f2():
    a = 33

a = 5
f1()
f2()
print(a)
```

2. 다음 파이썬 프로그램의 수행 결과는 무엇인가?

```python
def f1(number1):
    return 2 * number1

def f2(number1, number2):
    return f1(number1) + f1(number2)

a = 3
b = 4
print(f2(a, b))
```

3. 다음 파이썬 프로그램의 수행 결과는 무엇인가?

```python
def f1(number1):
    return number1 * 2

def f2(number1, number2):
    number1 = f1(number1)
    number2 = f1(number2)
    return number1 + number2

a = 2
b = 5
print(f2(a, b))
```

4. 다음 파이썬 프로그램의 입력값이 12일 때, 추적표를 작성하여라.

```python
def swap(x, y):
    x, y = y, x
    return x, y

k = int(input())
m = 1
a = 1
while a < 8:
    if k % m != 0:
        x = a % m
        m, a = swap(m, a)
    else:
        x = a + m + int(a - m)

    print(m, a, x)

    a += 2
    m += 1
    a, m = swap(a, m)
```

5. 다음 파이썬 프로그램의 수행 결과는 무엇인가?

```python
def display(s = "hello"):
    s = s.replace("a", "e")
    print(s, end = "")
display("hello")
display()
display("hallo")
```

6. 다음 파이썬 프로그램의 수행 결과는 무엇인가?

```python
def f1():
    global a
    a = a + b

a = 10
b = 5
f1()
b -= 1

print(a)
```

7. 다음 파이썬 프로그램의 수행 결과는 무엇인가?

```python
def f2():
    global a
    a = a + b

def f1():
    global a
    a = a + b
    f2()

a = 3
b = 4
f1()

print(a, b)
```

8. 다음 파이썬 프로그램에서 점선으로 표시한 부분을 부프로그램으로 변경하고, 최종 프로그램을 완성하여라.

```python
STUDENTS = 10
LESSONS = 5

names = [None] * STUDENTS
grades = [ [None] * LESSONS for i in range(STUDENTS) ]
for i in range(STUDENTS):
    names[i] = input("이름을 입력하여라(" + str(i + 1) + "): ")
    for j in range(LESSONS):
        grades[i][j] = int(input("성적을 입력하여라(수업" + str(j + 1) + "): "))

average = [None] * STUDENTS

for i in range(STUDENTS):
    average[i] = 0
    for j in range(LESSONS):
        average[i] += grades[i][j]
    average[i] /= LESSONS

for m in range(1, STUDENTS):
    for n in range(STUDENTS - 1, m - 1, -1):
        if average[n] > average[n - 1]:
            average[n], average[n - 1] = average[n - 1], average[n]
            names[n], names[n - 1] = names[n - 1], names[n]
        elif average[n] == average[n - 1]:
            if names[n] < names[n - 1]:
                names[n], names[n - 1] = names[n - 1], names[n]

for i in range(STUDENTS):
    print(names[i], "\t", average[i])
```

9. 다음 파이썬 프로그램에서 점선으로 표시한 부분을 부프로그램으로 변경하고 최종 프로그램을 완성하여라.

```
message = input("메시지를 입력하여라: ").lower()
```

```
message_clean = ""
for i in range(len(message)):
    if message[i] not in " ,.?":
        message_clean += message[i]
```

```
middle_pos = (len(message_clean) - 1) // 2
j = len(message_clean) - 1
palindrome = True
for i in range(middle_pos + 1):
    if message_clean[i] != message_clean[j]:
        palindrome = False
        break
    j -= 1
```

```
if palindrome == True:
    print("메시지는 회문입니다.")
```

10. 다음 파이썬 프로그램은 네 개의 값 중 가장 큰 값을 찾아 준다. 부프로그램을 사용하지 않고 다음 파이썬 프로그램을 재작성하여라.

```
def my_max(n, m):
    if n > m:
        m = n
    return m

a = int(input())
b = int(input())
c = int(input())
d = int(input())

maximum = a
maximum = my_max(b, maximum)
maximum = my_max(c, maximum)
maximum = my_max(d, maximum)

print(maximum)
```

11. 세 개의 숫자를 형식인자 목록을 통해 전달받고, 이들 숫자의 합과 평균을 반환하는 부프로그램을 작성하여라.

12. 하나의 실수와 하나의 정수를 형식인자 목록을 통해 전달받고, 전달받은 실수를 전달받은 정수만큼의 자릿수에서 반올림한 결과를 반환하는 my_round() 함수를 작성하여라. 만약, 정수가 전달되지 않으면 기본적으로 실수를 소수점 둘째 자리에서 반올림하도록 한다. 단, 파이썬의 내장함수 round()를 사용하지 않아야 한다.

13. 다음을 수행하여라.

    i. 사용자로부터 'yes' 또는 'no'를 입력받아 yes를 입력한 경우 True, no를 입력한 경우 False를 반환하는 get_input()이라는 이름의 부프로그램을 작성하여라. 단, 입력값은 대소문자를 구분하지 않는다. 즉, 'yes', 'YES', 'Yes', 'No', 'NO', 'nO' 등은 모두 가능한 입력값이다.

    ii. 형식인자 목록을 통해 평행 사변형의 가로와 세로 크기를 전달받아 평행 사변형의 면적을 반환하는 find_area()라는 이름의 부프로그램을 작성하여라.

    iii. get_input()과 find_area() 부프로그램을 사용하여 사용자로부터 평행 사변형의 가로와 세로 크기를 입력받은 후, 평행 사변형의 면적을 계산하고 그 결과를 화면에 출력하는 파이썬 프로그램을 작성하여라. 평행 사변형의 면적을 한 번 계산한 후에는 사용자로부터 yes 또는 no를 입력받아 yes를 입력한 경우 프로그램을 반복하여 다른 평행 사변형의 면적을 구할 수 있어야 한다.

14. 다음을 수행하여라.

    i. 사용자로부터 학생 100명의 이름과 성적을 입력받고, 이름과 성적을 각각 names와 grades라는 리스트에 저장하는 get_lists()라는 부프로그램을 작성하여라. 두 리스트 (names, grades)는 호출자에게 반환되어야 한다.

    ii. 형식인자 목록을 통해 리스트 grades를 받아 평균 성적값을 반환하는 average()라는 부프로그램을 작성하여라.

    iii. 형식인자 목록을 통해 names와 grades 리스트를 전달받아 grades 리스트를 삽입 정렬을 사용하여 내림차순으로 정렬하는 sort_lists()라는 부프로그램을 작성하여라. 단, names와 grades 리스트의 각 요소 간에는 일대일 관계가 유지되어야 한다.

    iv. get_lists(), average(), sort_lists() 부프로그램을 이용하여 사용자로부터 학생 100명의 이름과 성적을 입력받은 후, 내림차순으로 평균 이하의 성적을 가진 학생의 이름을 출력하는 파이썬 프로그램을 작성하여라.

15. 노래 경연대회에서 10명의 심사위원이 있다. 대회 참가자의 점수는 10명의 심사위원 점수 중 최대 점수와 최소 점수를 제외한 총점으로 계산한다. 이에 대해 다음을 수행하여라.

    i. 사용자로부터 10명의 심사위원 점수를 입력받고, 입력받은 값을 리스트에 저장한 후 그 리스트를 반환하는 get_list( )라는 부프로그램을 작성하여라.

    ii. 형식인자 목록을 통하여 리스트를 전달받아 리스트의 요솟값 중 최댓값과 최솟값을 반환하는 find_min_max( )라는 부프로그램을 작성하여라.

    iii. get_list( )와 find_min_max( ) 부프로그램을 이용하여 사용자로부터 대회 참가자의 이름과 각 심사위원의 점수를 입력받고, "참가자 ○○의 총점은 ◇◇입니다."라는 메시지를 출력하는 파이썬 프로그램을 작성하여라.

16. 체스판 위의 각 사각형에 밀알을 두 배씩 증가시켜 놓아야 한다(즉, 첫 번째 사각형에는 한 알, 두 번째 사각형에는 두 알, 세 번째 사각형에는 네 알, 네 번째 사각형에는 여덟 알 등). 이에 대해 다음을 수행하여라.

    i. 형식인자 목록으로 체스판의 사각형의 인덱스를 입력받아 해당 사각형에 놓아야 할 밀알의 개수를 반환하는 woc( )라는 부프로그램을 작성하여라. 체스판에는 $8 \times 8 = 64$개의 사각형이 있으므로 인덱스의 값으로 1부터 64까지의 정수를 사용한다.

    ii. woc( ) 부프로그램을 사용하여 체스판에 놓아야 할 총 밀알의 개수를 계산하고, 그 결과를 출력하는 파이썬 프로그램을 작성하여라.

17. 다음을 수행하여라.

    i. 형식인자 목록을 통해 정수 n을 전달받아 n의 팩토리얼 값을 반환하는 factorial( )이 라는 재귀 함수를 작성하여라.

    ii. factorial( ) 재귀 함수를 사용하여 다음 테일러 급수(Taylor series)로 코사인 x를 계산하는 my_cos( )이라는 재귀 함수를 작성하여라.

$$cosx = 1 - \frac{x^2}{2!} + \frac{x^4}{4!} - \frac{x^6}{6!} + \cdots + \frac{x^{40}}{40!}$$

힌트: x는 라디안 값이며, $\frac{x^0}{0!}$이다.

    iii. my_cos( ) 재귀 함수를 사용하여 코사인 45°를 계산하고, 그 결과를 출력하는 파이썬 프로그램을 작성하여라.

CHAPTER

‹ 40 ›

순서도와 부프로그램

40.1 순서도에서 부알고리즘의 설계와 호출

순서도에서 부알고리즘(sub-algorithm)은 프로그램 내부에 있는 부프로그램을 의미한다. 즉, 특정한 일을 수행하기 위해 하나의 단위로 묶인 명령문 블록을 말한다. 따라서 부알고리즘은 함수나 프로시저가 될 수 있다. 40장에서는 부알고리즘이 순서도에서 어떻게 표현되는지 살펴본다. 아울러 부알고리즘에 대한 호출이 순서도에서 어떻게 표현되는지도 살펴본다.

이미 배웠듯이, 내장 함수이든 사용자-정의 함수이든 상관없이 함수 호출은 모두 동일한 방식으로 이루어진다. 함수 이름을 먼저 적고, 필요한 경우 인자 목록을 적는다. 이런 방식의 함수 호출문은 할당 연산자를 사용하여 반환값을 할당받을 변수와 함께 명령문에 적어 주거나 표현식(expression) 내부에 직접 표현할 수 있다. 물론, 순서도에서도 같은 방식으로 함수 호출을 적용한다. 다음은 내장 함수 abs( )에 대한 호출의 예다.

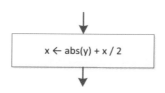

파이썬에서와 마찬가지로, 순서도에서도 프로시저에 대한 호출과 함수에 대한 호출을 다르게 표현한다. 미리 정의된 프로세스 기호 안에 프로시저 이름을 기입하여 프로시저의 호출을 표현한다. 프로세스 기호는 4장에서 배웠다. 그래서 40장에서 따로 언급하지는 않겠다. 다음 순서도는 사용자-정의 프로시저 display_line( )을 두 개 인자와 함께 호출하는 모습을 보여 준다.

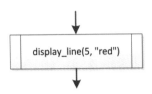

미리 정의된 프로세스 기호는 다른 곳에 형식적으로 정의된 프로시저를 표현할 때 사용한다. 이 기호는 하나의 입구와 하나의 출구를 가진다.

그렇다면 순서도에서 부알고리즘을 어떻게 표현할까? 다음 예제들을 살펴보자.

예제 1

이 예제는 두 수를 더한 값을 반환하는 total() 함수를 호출하는 메인 알고리즘의 모습을 보여 준다.

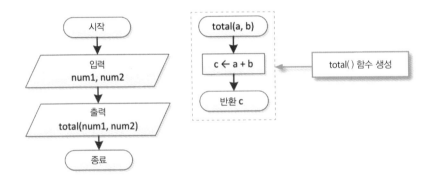

예제 2

이 예제는 어떤 수의 절댓값을 계산하고 반환하는 my_abs() 함수를 호출하는 메인 알고리즘 의 모습을 보여 준다.

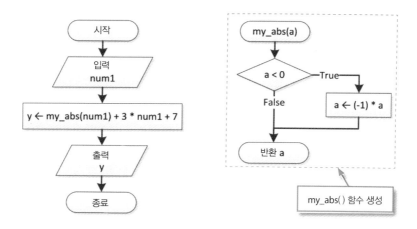

예제 3

이 예제는 통화 변환 메뉴를 보여 주는 display_menu( ) 프로시저를 호출하는 메인 알고리즘의
모습을 보여 준다.

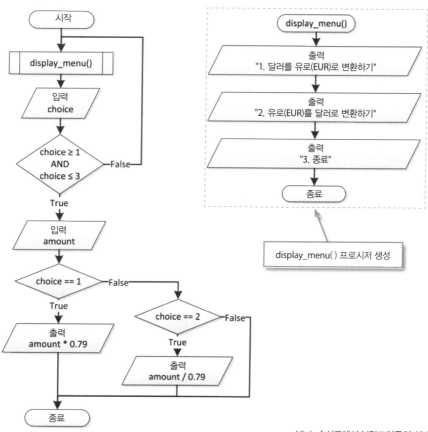

40.2 파이썬 프로그램을 순서도로 변환하기

다음 예제를 통해 파이썬 프로그램을 순서도로 변환해 보자.

예제 40.2-1 순서도 설계하기

다음 파이썬 프로그램을 순서도로 변환하여라.

```python
def find_sum(n):
    s = 0
    for i in range(1, n + 1):
        s = s + i
    return s

n = int(input("양수를 입력하여라: "))
while n > 0:
    print(find_sum(n))
    n = int(input("양수를 입력하여라: "))
```

풀이

위 파이썬 프로그램에 대한 순서도는 다음과 같다.

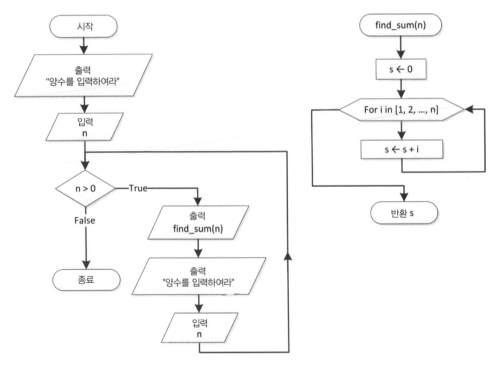

예제 40.2-2 **순서도 설계하기**

다음 파이썬 프로그램을 순서도로 변환하여라.

```
def get_num_of_digits(x):
    count = 0
    while x != 0:
        count += 1
        x = x // 10
    return count

while True:
    val = int(input("네 자릿수 정수를 입력하여라: "))
    if get_num_of_digits(val) == 4: break

print("축하합니다.")
```

풀이

위 파이썬 프로그램에 대한 순서도는 다음과 같다.

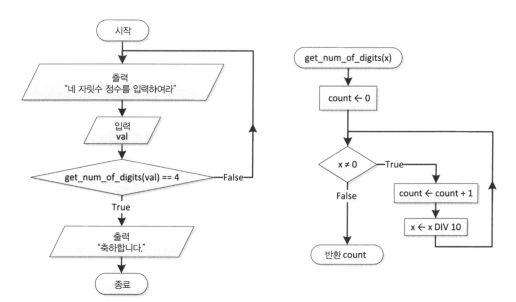

다음 파이썬 프로그램을 순서도로 변환하여라.

```python
def my_divmod(a, b, results):
    results[0] = 1
    if b == 0:
        results[0] = 0
    else:
        results[1] = a // b
        results[2] = a % b


val1 = int(input())
val2 = int(input())

results = [None] * 3
my_divmod(val1, val2, results)
if results[0] == 1:
    print(results[1], results[2])
else:
    print("잘못된 값이 입력되었습니다.")
```

풀이

위 파이썬 프로그램은 프로시저 my_divmod()에서 간접적으로 results 리스트를 통해 세 개의 값을 반환한다. 이렇게 하는 이유는 파이썬에서 리스트는 참조에 의한 전달 방식으로 사용되기 때문이다.

이 책에서 여러 번 언급했듯이, 순서도는 알고리즘을 표현하는 데 딱 들어맞는 정교한 도구는 아니다. 따라서, byref라는 키워드를 도입하여 참조에 의한 전달 방식을 표현하고자 한다. 위 파이썬 프로그램에 대한 순서도는 다음과 같다.

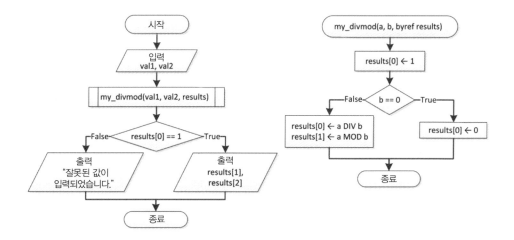

byref라는 키워드 대신, inout이라는 키워드를 사용하는 프로그래머도 있다. 두 키워드 모두 같은 의미며, inout은 변수가 값을 받아들이는 입력값(input)과 값을 반환하는 출력값(output) 모두의 의미를 가지고 있다.

주목할 것!

40.3 순서도를 파이썬 프로그램으로 변환하기

예제 40.3-1 파이썬 프로그램 작성하기

다음 순서도에 대한 파이썬 프로그램을 작성하여라.

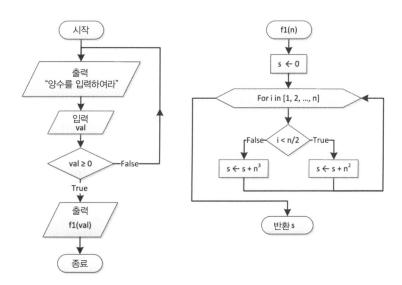

풀이

이 예제는 매우 간단하므로 추가 설명은 생략한다. 파이썬 프로그램은 다음과 같다.

```python
def f1(n):
    s = 0
    for i in range(1, n + 1):
        if i < n / 2:
            s += n ** 2
        else:
            s += n ** 3
    return s

while True:
    val = int(input("양의 정수를 입력하여라: "))
    if val >= 0: break

print(f1(val))
```

예제 40.3-2 파이썬 프로그램 작성하기

다음 순서도에 대한 파이썬 프로그램을 작성하여라.

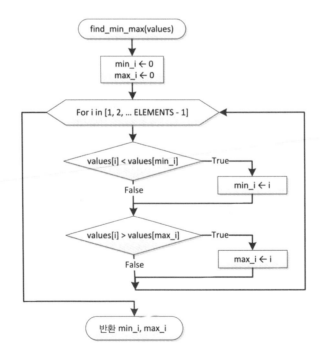

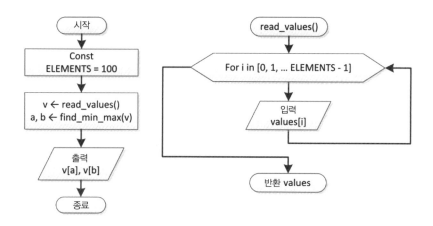

풀이

위 순서도에는 read_values( )와 find_min_max( )라는 두 개의 함수가 있다. find_min_max( )
함수는 두 개의 값을 반환한다. 파이썬 프로그램은 다음과 같다.

```python
ELEMENTS = 100
def read_values():
    values = [None] * ELEMENTS
    for i in range(ELEMENTS):
        values[i] = float(input())
    return values

def find_min_max(values):
    min_i = 0
    max_i = 0
    for i in range(1, ELEMENTS):
        if values[i] < values[min_i]:
            min_i = i
        if values[i] > values[max_i]:
            max_i = i

    return min_i, max_i

# 메인 코드
v = read_values()
a, b = find_min_max(v)
print(v[a], v[b])
```

주목할 것! find_min_max() 함수가 values 리스트에서 최솟값과 최댓값의 위치를 어떻게 찾는지 주의 깊게 살펴보길 바란다. 이 방법은 35장에서 배운 방법과 같지 않기 때문에 이전 방법의 대안으로 사용할 수 있다.

40.4 프로그래밍 연습문제

다음 프로그래밍 연습문제를 완성하여라.

1. 다음 파이썬 프로그램을 순서도로 변환하여라.

```python
def test_integer(number):
    return_value = False
    if number == int(number):
        return_value = True
    return return_value


def test_positive(number):
    return_value = False
    if number > 0:
        return_value = True
    return return_value


total = 0
count = 0
x = float(input())
while test_positive(x) == True:
    if test_integer(x) == True:
        total += x
        count += 1
    x = float(input())

if count > 0:
    print(total / count)
```

2. 다음 파이썬 프로그램을 순서도로 변환하여라.

```python
PEOPLE = 30

def get_age():
    while True:
        x = int(input())
        if x > 0: break
    return x

def find_max(a):
    max_i = 0
    for i in range(1, PEOPLE):
```

```
            if a[i] > a[max_i]:
                max_i = i
        return max_i

    first_names = [None] * PEOPLE
    last_names = [None] * PEOPLE
    ages = [None] * PEOPLE
    for i in range(PEOPLE):
        first_names[i] = input()
        last_names[i] = input()
        ages[i] = get_age()

    index_of_max = find_max(ages)

    print(first_names[index_of_max])
    print(last_names[index_of_max])
    print(ages[index_of_max])
```

3. 다음 파이썬 프로그램을 순서도로 변환하여라.

```
PEOPLE = 4

def my_swap(a, index1, index2):
    temp = a[index1]
    a[index1] = a[index2]
    a[index2] = temp

def my_sort(a):
    for m in range(PEOPLE - 1):
        for n in range(PEOPLE - 1, m, -1):
            if a[n] < a[n - 1]:
                my_swap(a, n, n - 1)

def display_list(a, ascending):
    if ascending == True:
        for i in range(PEOPLE):
            print(a[i])
    else:
        for i in range(PEOPLE - 1, -1, -1):
            print(a[i])

names = [None] * PEOPLE
for i in range(PEOPLE):
    names[i] = input()

my_sort(names)
display_list(names, True)
display_list(names, False)
```

4. 다음 파이썬 프로그램을 순서도로 변환하여라.

```python
def get_consumption():
    kWh = int(input("전력 소비량을 입력하시요(kWh): "))
    while kWh < 0:
        kWh = int(input("오류! 전력 소비량을 입력하시요(kWh): "))
    return kWh


def find_amount(kWh):
    if kWh <= 450:
        amount = kWh * 0.07
    elif kWh <= 2200:
        amount = 450 * 0.07 + (kWh - 450) * 0.2
    else:
        amount = 450 * 0.07 + 1750 * 0.2 + (kWh - 1750) * 0.33

    amount += 0.22 * amount
    return amount


while True:
    kWh = get_consumption()
    print(find_amount(kWh))

    answer = input("반복하겠습니까? ")
    if answer.upper() != "YES": break
```

5. 다음 순서도에 대한 파이썬 프로그램을 작성하여라.

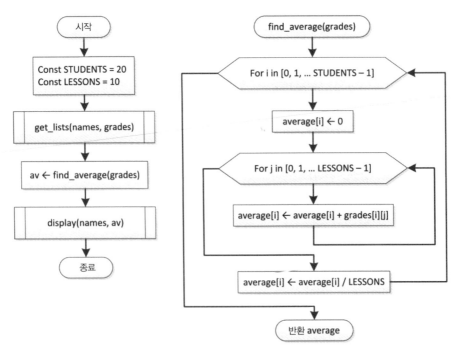

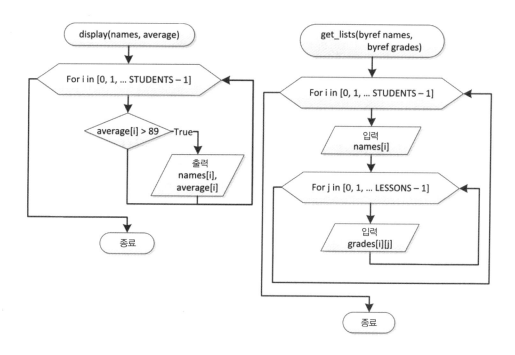

6. 다음 순서도에 대한 파이썬 프로그램을 작성하여라.

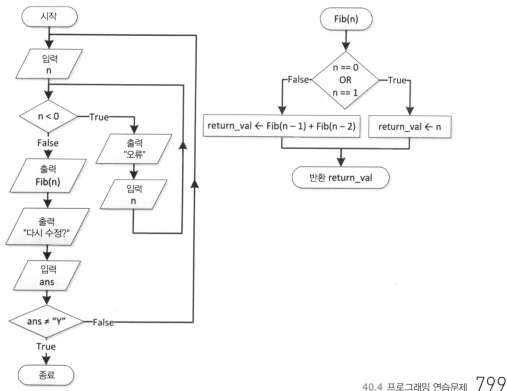

심화 예제: 부프로그램

41.1 부프로그램에 관한 이해하기 쉬운 예제

예제 41.1-1 **양수들의 평균값 구하기**

다음을 수행하여라.

i. 형식인자 목록을 통해 숫자를 전달받아 그 값이 정수이면 True를 반환하고, 그렇지 않으면 False를 반환하는 test_integer( )라는 부프로그램을 작성하여라.

ii. test_integer( )를 이용하여 사용자가 실수를 입력할 때까지 반복하여 정수를 입력받고, 이들 정수 중 양수들의 평균값을 출력하는 파이썬 프로그램을 작성하여라.

풀이

부프로그램 test_integer( )는 True 혹은 False를 반환하기 때문에 함수로 작성되어야 한다. 이에 대한 파이썬 프로그램은 다음과 같다.

file_41_1_1

```
def test_integer(number):
    return_value = False

    if number == int(number):
        return_value = True
    return return_value


# 메인 코드
total = 0
count = 0
```

```
    x = float(input())
while test_integer(x) == True:
    if x > 0:
        total += x
        count += 1
    x = float(input())

if count > 0:
    print(total / count)
```

주목할 것!

마지막의 단일-택일 결정 구조인 if count > 0을 유심히 살펴보길 바란다. 이 명령문은 명확성 속성을 만족시키기 위해 필요하다. 사용자가 첫 번째 숫자로 실수를 입력하면 count의 값은 0이 되며, 이 명령문으로 인해 0으로 나누는 일이 발생하지 않는다.

예제 41.1-2 **홀수인 양수들의 총합 구하기**

다음을 수행하여라.

i. 형식인자 목록을 통해 숫자를 전달받아 그 숫자가 정수이면 True를 반환하고, 그렇지 않으면 False를 반환하는 test_integer( )라는 부프로그램을 작성하여라.

ii. 형식인자 목록을 통해 숫자를 전달받아 그 숫자가 홀수이면 True를 반환하고, 그렇지 않으면 False를 반환하는 test_odd( )라는 부프로그램을 작성하여라.

iii. 형식인자 목록을 통해 숫자를 전달받아 그 숫자가 양수이면 True를 반환하고, 그렇지 않으면 False를 반환하는 test_positive( )라는 부프로그램을 작성하여라.

iv. 사용자가 음수를 입력할 때까지 반복하여 숫자를 입력받고, 홀수인 양수들의 총합을 계산하여 출력하는 파이썬 프로그램을 작성하여라(test_integer( ), test_odd( ), test_positive( ) 부프로그램을 활용해야 함).

풀이

이번 예제는 이전 예제와 매우 유사하다. 각각의 부프로그램은 True 혹은 False를 반환하기 때문에 함수로 작성되어야 한다. 이에 대한 파이썬 프로그램은 다음과 같다.

```
def test_integer(number):
    return_value = False

    if number == int(number):
        return_value = True
    return return_value

def test_odd(number):
    return_value = False

    if number % 2 != 0:
        return_value = True
    return return_value

def test_positive(number):
    return_value = False

    if number > 0:
        return_value = True
    return return_value

# 메인 코드
total = 0
x = float(input())
while test_positive(x) == True:
    if test_integer(x) == True and test_odd(x) == True:
        total += x
    x = float(input())

print(total)
```

예제 41.1-3 y 값 구하기

다음 수식에서 y 값을 구하는 파이썬 프로그램을 작성하여라.

$$y = \begin{cases} \dfrac{3x}{x-5} + \dfrac{7-x}{2x}, & x \geq 1 \\ \dfrac{45-x}{x+2} + 3x, & x < 1 \end{cases}$$

형식인자 목록을 통해 전달받은 x의 값에 따라 서로 다른 수식을 계산하고 출력하는 부프로그램을 작성해야 한다. 계산이 불가능한 경우, 오류 메시지를 출력하도록 한다.

풀이

전체 수식이 조건에 따라 두 개 부분으로 구성되어 있기 때문에 두 개의 부프로그램을 작성해야 한다. 각각의 부프로그램은 x 값에 따라 y 값을 정상적으로 계산하거나 계산이 불가능한 경우에 해당하며, 계산이 불가능한 경우에는 오류 메시지를 출력해야 한다. 이들 부프로그램은 반환값이 없기 때문에 프로시저 형태로 작성되어야 한다. 이에 대한 파이썬 프로그램은 다음과 같다.

file_41_1_3

```python
def formula1(x):
    if x == 5:
        print("오류! 0-나눗셈")
    else:
        y = 3 * x / (x - 5) + (7 - x) / (2 * x)
        print(y)

def formula2(x):
    if x == -2:
        print("오류! 0-나눗셈")
    else:
        y = (45 - x) / (x + 2) + 3 * x
        print(y)

# 메인 코드
x = float(input("x 값을 입력하여라: "))
if x >= 1:
    formula1(x)
else:
    formula2(x)
```

예제 41.1-4 주사위를 굴려라!

다음을 수행하여라.

i.   주사위의 1부터 6까지의 무작위 수를 반환하는 dice()라는 부프로그램을 작성하여라.

ii. 형식인자 목록을 통해 정수와 리스트를 전달받아 인자로 전달받은 정수가 리스트에 몇 개 있는지를 반환하는 search_and_count()라는 부프로그램을 작성하여라(dice() 부프로그램을 활용해야 함).

iii. 1부터 6까지의 무작위 수를 100개 생성하여 리스트에 저장하고, 사용자로부터 한 개의 정수를 입력받아 사용자가 입력한 정수가 리스트에 몇 개 있는지를 찾아 출력하는 파이썬 프로그램을 작성하여라(dice()와 search_and_count() 부프로그램을 활용해야 함).

풀이

두 개의 부프로그램 모두 하나의 반환값이 있기 때문에 함수 형태로 작성되어야 한다. dice() 함수는 1부터 6까지의 무작위 수를 반환하고, search_and_count() 함수는 인자로 전달받은 정수가 리스트에 몇 개 있는지를 반환한다. 이에 대한 파이썬 프로그램은 다음과 같다.

file_41_1_4

```python
import random
ELEMENTS = 100

def dice():
    return random.randrange(1, 7)
def search_and_count(x, a):
    count = 0
    for i in range(ELEMENTS):
        if a[i] == x:
            count += 1
    return count

# 메인 코드
a = [None] * ELEMENTS
for i in range(ELEMENTS):
    a[i] = dice()

x = int(input())
print("입력한 정수가 리스트에", search_and_count(x, a), "번 나왔습니다.")
```

예제 41.1-5 주사위를 던진 결과 중 주사위의 숫자별로 나온 개수 구하기

이전 예제에서 작성한 dice()와 search_and_count() 부프로그램을 이용하여 100개의 무작위 정수(1부터 6까지)를 가진 리스트를 생성하고, 주사위의 해당 숫자가 몇 번씩 나오는지를 출력하는 파이썬 프로그램을 작성하여라.

풀이

반복 제어 구조를 사용하지 않는다면, 다음과 같이 파이썬 프로그램을 작성할 수 있다.

```python
# 리스트 a의 숫자 1의 개수를 변수 n1에 할당
n1 = search_and_count(1, a)

# 리스트 a의 숫자 2의 개수를 변수 n2에 할당
n2 = search_and_count(2, a)
```

```
           .
           .
           .
# 리스트 a의 숫자 6의 개수를 변수 n6에 할당
n6 = search_and_count(6, a)

# 리스트 a에서 주사위의 해당 숫자가 몇 번 나왔는지를 출력
print(n1, n2, n3, n4, n5, n6)

# n1부터 n6 중 최댓값 찾기
maximum = n1
max_i = 1

if n2 > maximum:
    maximum = n2
    max_i = 2

if n3 > maximum:
    maximum = n3
    max_i = 3
           .
           .
           .
if n6 > maximum:
    maximum = n6
    max_i = 6

# 리스트 a에서 가장 많이 나온 주사위의 숫자를 출력
print(max_i)
```

한편, 위 프로그램에서와 같이 search_and_count( ) 함수의 결과를 n1, n2, n3, n4, n5, n6 변수 각각에 할당하기보다는 다음과 같이 n이라는 리스트에 0, 1, 2, 3, 4, 5 위치별로 할당하여 저장하는 것이 더 좋다.

```
n = [None] * 6
for i in range(6):
    n[i] = search_and_count(i + 1, a)
```

다음으로, 리스트 n에서 최댓값을 찾으면 된다. 최종 파이썬 프로그램은 다음과 같다.

file_41_1_5

```
import random
ELEMENTS = 100

def dice():
    return random.randrange(1, 7)
```

```python
def search_and_count(x, a):
    count = 0

    for i in range(ELEMENTS):
        if a[i] == x:
            count += 1
    return count


# 메인 코드

# 1과 6 사이의 무작위 수를 가진 리스트 a를 생성
a = [None] * ELEMENTS
for i in range(ELEMENTS):
    a[i] = dice()

# 리스트 n을 생성하고, 리스트 a에 주사위의 각 숫자가 몇 번 나왔는지를 출력
n = [None] * 6
for i in range(6):
    n[i] = search_and_count(i + 1, a)
    print((i + 1), "이(가)", n[i], "번 나왔습니다.")

# 리스트 n에서 최댓값 찾기
maximum = n[0]
max_i = 0
for i in range(1, 6):
    if n[i] > maximum:
        maximum = n[i]
        max_i = i

# 리스트 n에서 가장 많이 나온 숫자를 출력
print((max_i + 1), "이(가) 리스트에서 가장 많이 나옴: ", maximum, "번")
```

41.2 부프로그램의 일반 사항에 대한 예제

예제 41.2-1 데이터 입력 검증하기

다음을 수행하여라.

i. 사용자로부터 나이값을 입력받고, 입력받은 나이값을 반환하는 **get_age()**라는 부프로그램을 작성하여라. 숫자가 아니거나 음수가 입력된 경우, 오류 메시지를 출력하도록 한다.

ii. 형식인자 목록을 통해 리스트를 전달받아 리스트에서 최댓값이 있는 인덱스 값을 반환하는 **find_max()**라는 부프로그램을 작성하여라.

iii. 사용자로부터 50명의 영문 성, 영문 이름, 나이값을 입력받아 세 개의 리스트에 각각을 저장하고, 나이가 가장 많은 사람의 영문 성과 영문 이름을 출력하는 파이썬 프로그램을 작성하여라(get_age( )와 find_max( ) 부프로그램을 활용해야 함).

풀이

get_age( ) 부프로그램은 하나의 반환값이 있기 때문에 함수로 작성되어야 한다. 마찬가지로, find_max( )도 하나의 반환값이 있기 때문에 함수로 작성하면 된다. 메인 코드에서는 사용자로부터 50명의 나이값과 함께 영문 성과 영문 이름을 입력받아 ages, first_names, last_names 리스트에 각각을 저장한다. 그런 다음, find_max( ) 함수를 이용하여 ages 리스트의 최댓값에 대한 인덱스 위치를 찾을 수 있다. 이에 대한 파이썬 프로그램은 다음과 같다.

file_41_2_1

```python
import re
IS_NUMERIC = "^[-+]?\\d+(\\.\\d+)?$"
PEOPLE = 50

def get_age():
    inp = input("나이를 입력하여라: ")
    while not re.match(IS_NUMERIC, inp) or int(inp) <= 0:
        print("오류: 올바르지 않은 나이값입니다.")
        inp = input("양수를 입력하여라: ")
    return int(inp)

def find_max(a):
    maximum = a[0]
    max_i = 0
    for i in range(1, PEOPLE):
        if a[i] > maximum:
            maximum = a[i]
            max_i = i
    return max_i

# 메인 코드
first_names = [None] * PEOPLE
last_names = [None] * PEOPLE
ages = [None] * PEOPLE

for i in range(PEOPLE):
    last_names[i] = input("영문 성을 입력하여라(" + str(i + 1) + "): ")
    first_names[i] = input("영문 이름을 입력하여라(" + str(i + 1) + "): ")
    ages[i] = get_age()
```

```
    index_of_max = find_max(ages)

print("나이가 가장 많은 사람:", last_names[index_of_max], first_names[index_of_max])
print("나이가 가장 많은 사람의 나이는", ages[index_of_max], "세 입니다.")
```

예제 41.2-2 리스트 정렬하기

다음을 수행하여라.

i. 형식인자 목록을 통해 리스트를 전달받아 리스트를 버블 정렬 알고리즘을 이용하여 정렬하는 my_sort()라는 부프로그램을 작성하여라. 작성된 부프로그램은 오름차순이나 내림차순으로 정렬할 수 있어야 하며, 이를 위해 형식인자 목록을 통해 불리언 값을 전달하도록 한다.

ii. 형식인자 목록을 통해 리스트를 전달받아 리스트의 내용을 출력하는 display_list()라는 부프로그램을 작성하여라.

iii. 사용자로부터 20명의 이름을 입력받고, 이름을 기준으로 한 번은 오름차순으로, 다른 한번은 내림차순으로 출력하는 파이썬 프로그램을 작성하여라(my_sort()와 display_list() 부프로그램을 활용해야 함).

풀이

다음 파이썬 프로그램에서 볼 수 있듯이, 프로시저 my_sort()는 인자값에 따라 오름차순이나 내림차순으로 리스트를 정렬한다. 전달된 인자의 값이 True인 경우에는 오름차순으로 정렬하고, False인 경우에는 내림차순으로 정렬한다. 이에 대한 파이썬 프로그램은 다음과 같다.

file_41_2_2

```
PEOPLE = 20

def my_sort(a, ascending = True):
    for m in range(PEOPLE - 1):
        for n in range(PEOPLE - 1, m, -1):
            if ascending == True:
                if a[n] < a[n - 1]:
                    a[n], a[n - 1] = a[n - 1], a[n]
            else:
                if a[n] > a[n - 1]:
                    a[n], a[n - 1] = a[n - 1], a[n]
def display_list(a):
    for i in range(PEOPLE):
```

```
        print(a[i])

# 메인 코드
names = [None] * PEOPLE
for i in range(PEOPLE):
    names[i] = input("이름을 입력하여라: ")

my_sort(names)              # 이름을 오름차순으로 정렬
display_list(names)        # 정렬된 이름 출력

my_sort(names, False)      # 이름을 내림차순으로 정렬
display_list(names)        # 정렬된 이름 출력
```

 주목할 것! my_sort( ) 프로시저에서 ascending 인자는 옵션(선택사항)이다. 따라서, 어떤 값도 ascending 인자로 전달되는 값이 없으면 기본값인 True가 사용된다.

예제 41.2-3 전력 소비량과 누진율

전기회사는 가입자들에게 다음 표에 근거하여 전기요금을 부과하고 있다.

시간당 킬로와트(kWh)	kWh당 가격(원)
kWh ≤ 400	110
401 ≤ kWh ≤ 1500	220
1501 ≤ kWh ≤ 3000	350
3001 ≤ kWh	500

다음을 수행하여라.

i. 사용자로부터 한 달 동안의 총 전력 소비량(kWh)을 입력받아 그 값을 반환해 주는 get_consumption( )이라는 부프로그램을 작성하여라. 데이터 입력을 검증해야 하며, 숫자가 아니거나 음수를 입력한 경우, 오류 메시지를 출력하도록 한다.

ii. 형식인자 목록을 통해 전력 소비량(kWh)을 전달받아 총 전기요금을 반환해 주는 find_amount( )라는 부프로그램을 작성하여라.

iii. 사용자로부터 총 전력 소비량을 입력받고, 총 전기요금을 출력하는 파이썬 프로그램을 작성하여라(get_consumption( )과 find_amount( ) 부프로그램을 활용해야 함). 프로그램은 사용자가 원하는 만큼 반복해야 한다. 그래서 총 전기요금을 출력한 후에는 프로그램의 반복 여부를 물어봐야 한다. 'yes'이면 프로그램을 반복한다. 'YES', 'Yes', 'yeS' 등의 모든 가능한 'yes' 형태에 대해서도 동작할 수 있도록 해야 한다.

세금 부과를 위해 계산된 전기요금에 26%의 비용을 추가하라.

풀이

누진율에 대해서는 이미 다루었기 때문에 새롭게 언급할 내용이 없다. 만일 이 내용을 잊어버렸다면 22장의 프로그래밍 연습문제를 참조하기 바란다. 파이썬 프로그램은 다음과 같다.

file_41_2_3

```python
import re
IS_NUMERIC = "^[-+]?\\d+(\\.\\d+)?$"

def get_consumption():
    inp = input("전력 소비량을 입력하여라(kWh): ")
    while not re.match(IS_NUMERIC, inp) or int(inp) < 0:
        print("오류: 올바르지 않은 입력값입니다.")
        inp = input("양수를 입력하여라: ")
    return int(inp)


def find_amount(kWh):
    if kWh <= 400:
        amount = kWh * 110
    elif kWh <= 1500:
        amount = 400 * 110 + (kWh - 400) * 220
    elif kWh <= 3000:
        amount = 400 * 110 + 1100 * 220 + (kWh - 1500) * 350
    else:
        amount = 400 * 110 + 1100 * 220 + 1500 * 350 + (kWh - 3000) * 500

    amount += 0.26 * amount
    return amount


# 메인 코드
while True:
    kWh = get_consumption()
    print("총 전기요금:", find_amount(kWh))
    answer = input("반복할까요? ")
    if answer.upper() != "YES": break
```

41.3 프로그래밍 연습문제

다음 프로그래밍 연습문제를 완성하여라.

1. 다음을 수행하여라.

   i. 형식인자 목록을 통해 정수 n을 전달받아 n의 팩토리얼을 반환하는 factorial( )이라는 부프로그램을 작성하여라.

   ii. factorial( ) 부프로그램을 이용하여 형식인자 목록을 통해 x 값을 전달받아 sinx 값을 반환하는 my_sin( )이라는 부프로그램을 작성하여라. 다음 테일러 급수(Taylor series)를 사용해야 하며, 오차는 0.0000000001 이하이어야 한다.

   $$sinx = x - \frac{x^3}{3!} + \frac{x^5}{5!} - \frac{x^7}{7!} + \cdots$$

   단, $\frac{x^1}{1!} = x$ 다.

   iii. 형식인자 목록을 통해 각도 값을 전달받아 이 각도 값에 대응되는 라디안 값을 반환하는 degrees_to_rad( )라는 부프로그램을 작성하여라. 단, $2\pi = 360°$이다.

   iv. 0°부터 360°까지의 모든 정수에 대해 sinx 값을 출력하는 파이썬 프로그램을 작성하여라(my_sin( )과 degrees_to_rad( ) 부프로그램을 활용해야 함).

2. 다음을 수행하여라.

   i. 형식인자 목록을 통해 연도를 전달받아 윤년인 경우에는 True, 그렇지 않은 경우에는 False를 반환하는 is_leap( )이라는 부프로그램을 작성하여라.

   ii. 형식인자 목록을 통해 연도와 월을 전달받아 해당 월의 날짜 수를 출력하는 num_of_days( )라는 부프로그램을 작성하여라. 단, 윤년을 고려해야 한다.

   iii. 형식인자 목록을 통해 연도, 월, 일을 전달받아 해당 일이 유효한지 여부에 따라 True나 False를 반환하는 check_date( )라는 부프로그램을 작성하여라.

   iv. 사용자로부터 날짜(연도, 월, 일)를 입력받아 그 날짜로부터 현재까지 며칠이 지났는지를 출력하는 파이썬 프로그램을 작성하여라(is_leap( )와 num_of_days( ) 부프로그램을 활용해야 함). 또한, 데이터 입력을 검증해야 하며, 사용자가 올바르지 않은 날짜를 입력하였을 경우에는 오류 메시지를 출력하도록 한다.

3. 컴퓨터 게임에서 각 플레이어는 두 개의 주사위를 던진다. 각 플레이어가 번갈아 가면서 두 개의 주사위를 던졌을 때, 주사위의 합이 가장 높게 나온 플레이어가 1점을 획득한다고 가정한다. 이에 대해 다음을 수행하여라.

   i. 1부터 6 사이의 무작위 정수를 반환하는 dice( )라는 부프로그램을 작성하여라.

   ii. 사용자로부터 2명의 플레이어 이름을 입력받고 각 플레이어는 동시에 두 개의 주사위를 던지는 파이썬 프로그램을 작성하여라(dice( ) 부프로그램을 활용해야 함). 이런 과정이 10회 반복되고, 총합이 가장 높은 플레이어가 출력되도록 한다.

4. 렌터카 회사는 총 40대의 자동차(하이브리드, 가솔린, 디젤 차로 분류됨)를 운영하며, 다음 기준의 표에 따라 자동차 대여 비용을 청구한다.

대여일	자동차 유형(원/일)		
	가솔린	디젤	하이브리드
1 ~ 5일	24,000	28,000	30,000
6 ~ 8일	22,000	25,000	28,000
9일 이상	18,000	21,000	23,000

이에 대해 다음을 수행하여라.

   i. 다음 메뉴를 출력하는 get_choice( )라는 부프로그램을 작성하여라.

     1. 가솔린

     2. 디젤

     3. 하이브리드

     get_choice( ) 부프로그램은 사용자로부터 자동차 유형(1, 2, 3 중 한 숫자)을 입력받고 이 값을 호출자에게 반환한다.

   ii. 사용자로부터 총 대여일을 입력받고, 이 값을 호출자에게 반환하는 get_days( )라는 부프로그램을 작성하여라.

   iii. 형식인자 목록을 통해 자동차 유형(1, 2, 3 중 한 숫자)과 대여일을 전달받아 총 대여금액을 출력해 주는 get_charge( )라는 부프로그램을 작성하여라. 단, 10%의 세금이 추가로 부가된다.

iv. 사용자로부터 자동차 대여에 관한 정보를 입력받아 다음 항목을 출력하는 파이썬 프로그램을 작성하여라(get_choice( ), get_days( ), get_charge( ) 부프로그램을 활용해야 함).

   1. 각 자동차마다 세금을 포함한 총 대여 금액

   2. 대여된 하이브리드 자동차의 수

   3. 세금을 제외한 회사의 총 순이익

   단, 대여일에 따른 누진율을 적용해야 한다.

5. TV 시청자에 관한 조사를 수행하는 미디어 연구소는 10개의 서로 다른 TV 채널의 뉴스 시청자 수에 대한 정보를 수집하고자 하며, 이런 정보를 얻기 위해 이 연구소는 소프트웨어 애플리케이션을 개발하고 있다. 이에 대해 다음을 수행하여라.

   i. 사용자로부터 채널 이름과 일주일 동안(월요일부터 일요일까지)의 채널 시청자 수를 입력받아 이를 두 개의 리스트에 각각 저장하고 호출자에게 반환하는 get_data( )라는 부프로그램을 작성하여라. 단, 월요일부터 일요일까지 일주일 동안의 시청자 수를 입력받도록 한다.

   ii. 형식인자 목록을 통해 다섯 개의 숫자값 요소로 이루어진 1차원 리스트를 전달받아 이 리스트의 평균값을 반환하는 get_average( )라는 부프로그램을 작성하여라.

   iii. 사용자로부터 채널 이름과 일주일 동안의 채널 시청자 수를 입력받아 다음 사항을 출력하는 파이썬 프로그램을 작성하여라(get_data( )와 get_average( ) 부프로그램을 활용해야 함).

      a. 주중 시청률보다 주말 시청률이 20% 이상 높은 채널의 이름

      b. 시청률이 지속적으로 증가한 채널의 이름(이에 해당되는 채널이 없는 경우, 메시지를 출력해야 함)

6. 여론조사 회사는 300명의 주민을 대상으로 작년 한 해 동안 병원을 방문한 적이 있는지를 조사하였다. 이에 대해 다음을 수행하여라.

   i. 사용자로부터 주민번호와 답변 값(yes 또는 no)을 입력받아 이를 RRNs와 answers라는 두 개의 리스트에 저장하는 input_data( )라는 부프로그램을 작성하여라. 이들 두 개의 리스트는 호출자에게 반환되어야 한다.

   ii. 형식인자 목록을 통해 RRNs와 answers 리스트를 전달받은 후 선택 정렬 알고리즘을 이용하여 RRNs 리스트를 오름차순으로 정렬하는 sort_lists( )라는 부프로그램을 작성하여라. 정렬 후에도 두 리스트의 일대일 관계는 유지되어야 한다.

iii. 형식인자 목록을 통해 RRNs와 하나의 주민번호를 전달받아 RRNs 리스트에서 전달받은 주민번호의 인덱스 위치값을 반환하는 search_list( )라는 프로그램을 작성하여라. 이 주민번호가 RRNs 리스트에 없으면 "주민번호를 찾지 못했습니다."라는 메시지를 출력하고 반환값으로 -1 값을 반환하도록 한다. 단, 이진 검색 알고리즘을 사용하여라.

iv. 형식인자 목록을 통해 answers 리스트와 답변값(yes 또는 no)을 전달받아 answers 리스트에 동일한 답변값이 몇 개 있는지를 반환해 주는 count_answers( )라는 부프로그램을 작성하여라.

v. 사용자로부터 300명 주민의 주민번호와 답변값을 입력받는 파이썬 프로그램을 작성하여라(sort_lists( ), search_list( ), count_answers( ) 부프로그램을 활용해야 함). 그런 다음, 사용자로부터 하나의 주민번호를 입력받고, 이 주민번호를 가진 주민의 답변값을 출력하도록 한다. 또한, 이 주민과 동일한 답변을 한 주민의 비율도 출력해야 한다. 이러한 과정을 거친 후, 사용자로부터 yes 또는 no를 입력받아 yes를 입력한 경우에는 이런 과정을 다시 반복하도록 한다.

7. 8개 팀이 축구 토너먼트에 참가하고 있으며, 각 팀은 한 주에 한 경기씩 총 12번의 경기를 한다. 이에 대해 다음을 수행하여라.

i. 사용자로부터 팀 이름과 게임별 경기 결과(이긴 경우 'W' 문자, 진 경우 'L' 문자, 또는 비긴 경우 'T' 문자로 표기)를 입력받아 이를 두 개의 리스트에 각각 저장하고 반환하는 input_data( )라는 부프로그램을 작성하여라.

ii. 사용자로부터 문자(W, L 또는 T)를 입력받아 입력받은 문자에 해당하는 경기의 팀 이름, 경기 주차를 출력하는 display_result( )라는 부프로그램을 작성하여라. 예를 들어, 사용자가 'L'을 입력한 경우, 각 팀별로 진 경우에 해당하는 경기 주차(3번째 주, 5번째 주 등)를 출력해야 한다.

iii. 사용자로부터 팀 이름을 입력받고, 팀 이름 리스트에서 입력받은 팀 이름의 인덱스 값을 반환하는 find_team( )이라는 부프로그램을 작성하여라. 팀 이름이 리스트에 존재하지 않을 경우, -1을 반환하도록 한다.

iv. 사용자로부터 팀 이름과 게임별 경기 결과(이긴 경우 'W' 문자, 진 경우 'L' 문자, 또는 비긴 경우 'T' 문자로 표기)를 입력받는 파이썬 프로그램을 작성하여라. 그런 다음, 사용자로부터 하나의 문자(W, L 또는 T)를 입력받고 입력받은 문자에 해당하는 경기의 팀 이름, 경기 주차를 출력한다. 마지막으로 사용자로부터 팀 이름을 입력받고, 입력받은 팀이 존재할 경우, 이 팀의 총점을 출력하고, 그런 다음, 다른 팀 이름을 입력받도록 한다. 이 과정은 사용자가 기존의 팀 이름을 입력하는 경우에 반복되며, 사용자가 부정확한 팀 이름을 입력한 경우 "팀을 찾지 못하였습니다."라는 메시지와 함께 프로그램을 종료하도록 한다. 이긴 경우에 3점을 부여받고, 비긴 경우에는 1점을 부여받는다.

8. 제2차 세계대전 후의 미소 간 냉전 중에 통신 메시지를 전송하고자 할 때에는 메시지를 암호화하여 전송하였으며, 이 경우 암호화 키를 가지고 있는 경우에만 메시지를 복호화하여 원본 메시지의 내용을 볼 수 있었다. 이런 암호화 방식 중 가장 단순한 알고리즘으로는 시저 암호(Caesar cipher)가 있다. 이 방식은 암호화하고자 하는 내용을 알파벳 문자별로 일정한 거리만큼 이동하여 다른 알파벳 문자로 치환하는 방식이다. 예를 들어, 암호화 키가 2라면 문자 A는 문자 C로 치환되고, 문자 B는 문자 D로 치환된다. 이에 대해 다음을 수행하여라.

 i. 형식인자 목록을 통해 메시지와 암호화 키를 전달받아 암호화된 메시지를 반환하는 my_encrypt( )라는 부프로그램을 작성하여라.

 ii. 형식인자 목록을 통해 암호화된 메시지와 암호화 키를 전달받아 복호화된 메시지를 반환하는 my_decrypt( )라는 부프로그램을 작성하여라.

iii. 다음 메뉴를 출력하는 display_menu( )라는 부프로그램을 작성하여라.

    1. 메시지 암호
    2. 메시지 복호
    3. 종료

iv. 앞서 언급한 메뉴를 출력하고 사용자로부터 선택값(1, 2, 3 중 하나)을 입력받는 파이썬 프로그램을 작성하여라(my_encrypt( ), my_decrypt( ), display_menu( ) 부프로그램을 활용해야 함). 선택값이 1인 경우는 사용자로부터 메시지와 암호화 키를 입력받아 암호화된 메시지를 출력해야 한다. 선택값이 2인 경우는 사용자로부터 암호화된 메시지와 암호화 키를 입력받아 복호화된 메시지를 출력해야 한다. 선택값이 3인 경우는 프로그램을 종료해야 하며, 나머지 값인 경우에는 프로그램 수행을 반복하도록 한다. 단, 사용자는 메시지를 소문자로 입력하며, 암호화 키는 1부터 26까지의 숫자만을 허용한다고 가정한다.

1. 절차적 프로그래밍이란 무엇인가?

2. 절차적 프로그래밍의 장점은 무엇인가?

3. 스파게티 코드란 무엇인가?

4. 모듈러 프로그래밍이란 무엇인가?

5. 부프로그램이란 무엇인가? 부프로그램의 예를 들어라.

6. 파이썬에서 함수를 일반 형태로 작성하여라.

7. 함수의 호출 방법을 기술하여라.

8. 메인 코드에서 함수를 호출하였을 때 수행되는 각 단계를 설명하여라.

9. 함수와 프로시저의 차이점은 무엇인가?

10. 프로시저란 무엇인가?

11. 파이썬에서 프로시저를 일반 형태로 작성하여라.

12. 프로시저의 호출 방법을 기술하여라.

13. 메인 코드에서 프로시저를 호출하였을 때 수행되는 각 단계를 설명하여라.

14. 형식인자 목록이란 무엇인가?

15. 실인자 목록이란 무엇인가?

16. 하나의 프로그램이 같은 이름의 변수를 사용하는 두 개의 부프로그램을 가질 수 있는가?

17. 부프로그램의 변수는 메모리에서 얼마나 오랫동안 '유효'한가?

18. 메인 코드의 변수는 메모리에서 얼마나 오랫동안 '유효'한가?

19. 부프로그램이 다른 부프로그램을 호출할 수 있는가? 그렇다면 예를 들어라.

20. '값에 의한 인자 전달'이란 무슨 의미를 가지는가?

21. '참조에 의한 인자 전달'이란 무슨 의미를 가지는가?

22. 선택적 인자란 무엇인가?

23. 변수의 범위란 무엇인가?

24. 지역 변수가 가지는 특징은 무엇인가?

25. 전역 변수가 가지는 특징은 무엇인가?

26. 지역 변수와 전역 변수의 차이점은 무엇인가?

27. 재귀란 무엇인가?

28. 재귀 알고리즘을 사용할 때 지켜야 할 세 가지 규칙은 무엇인가?

찾아보기